666, 그들은 누구인가?

666, Who are They?

벽암(碧岩) 조영래(趙永來) 著

Rev. Young Rae Cho, Ph. D

| 저자 서문

조영래 목사 |

밝히 보여주시고
정확히 가르쳐주셨는데도
왜? 이렇게 글을 쓴다는 것이 어려운지
책의 량이 늘어갈수록
한 숨이 깊어가고 있다
제 1권, 멜기세덱, 그는 누구인가?
제 2권, 이 땅의 주, 그는 누구인가?
제 3권, 두 감람나무와 두 촛대, 그들은 누구인가?
제 4권, 네 생물, 그들은 누구인가?
제 5권(부록), 장안산
제 6권, 666, 그들은 누구인가?
각 책의 제목만으로도
힘들고 어려운 글을 쓰시게 하셨구나!
긴 탄식소리가 턱 밑까지 차 오른다
그러면서도
은혜의 계시 속에 있었던 그 청사진을

올바로 복사하지 못한
아쉬움과 부끄럼이 온 몸에
가시 같은 소름이 파고 든다
그렇다고 정정하여 다시 쓸 수도 없다
다시 해보았자
내 능력의 한계는 여기까지다
그것을 아시기에
네게 책임을 묻지 않겠다 하셨다
비록 어리버리 할지라도
그 정도의 흔적만이라도 남긴다면
주후 2000년 동안 떠벌려온
그 어떤 거짓말들보다는
조금은 괜찮아 보인다고 하셨다
생각해보라
이 제목들이 성경에서 가장 난해한
내용들이다
어떤 주석 성경학자, 목사들 중에
이 내용에 대해 목숨 걸고
쓰고 외친 자가 있었는가?
누구든 간에 큰 소리 치는 자에 휩쓸려
따라가며 가르쳤던 것이
오늘의 실세가 아니었던가?

차라리 모른다면 모른다고 하든지
이름값을 의식해서인지
말도 안 되는 억지소리를 외치고 있는
그대들이여
죽일 때는 죽이더라도
다시 한 번 이 책들을 읽어보라
어려울 것이다
왜 어려운가?
성경을 읽지 않기 때문이다
세종대왕 어록
아무리 어려운 책이라도 백번을 읽으면
스스로 깨닫게 되느니라
백번이 안 되면 이백 번 삼백 번
계속 계속 읽어보라
읽는 자, 듣는 자, 행하는 자, 복이 있다
하셨다
성경을 천 번 이상 읽으면
그 역사에 등장하고 있는 실제 인물들을
은혜 안에 믿음으로 만날 수 있다고 하셨다
아는 분 중에
성경을 이천 번 가까이 읽으신 분의
소견이시다

성경 한 구절 말씀을 가지고 쪼개고 쪼개는
어리석은 우를 범치 말고
믿음의 확신에 찬 비답을 얻을 때까지
끊임없이 무시로 힘써 애써 성경을
읽어보라
그런 그 고뇌의 터 위에서
이 글이, 이 책들이 펼쳐지고 있는 것이다
가난은 죄가 아니라 했다
그러나 무지는 죄다
내 백성이 나를 아는 지식이 없으므로
망한다고 했다
오직 예수
부르짖는 그대들이여
진정 그대들은 얼마만큼이나
예수님을 알고 있는가?
작금 펼쳐지고 있는 이 모든 책들이
하나님의 비밀인 예수 안에 있었던
마지막,
보화이며 보배임을
왜?
그대들은 모르고 있는가?
젖이나 먹고 단단한 식물을 먹지 못하는

초보신앙
어린 신앙이기에
멜기세덱이 어렵다고 하지 않았는가?
멜기세덱이 아브라함보다
어떻게 더 높은 사람인 것을 생각해보라
하셨다
예수님께서 멜기세덱 반차를 따라
하늘의 대제사장이 되셨다
다른 길이 없기에
처음부터 예언된 그 길을 따라
하늘에서 오시고 가신 것 아닌가?
하나님이 사람 오신 그분도 그 길을 따라
하늘의 영광을 이루셨는데
오늘에 그대들은 과연
어느 길을 따라 하늘에 갈 것인가?
어느 길을 따라 하늘의 제사장이 될 것인가?
멜기세덱 반차
산 자들만이 갈 수 있는 길이다
그대들이 그 길을 모른다는 것은
그대 자신들이
산 자가 아닌 죽은 자들이기에
믿음의 결국은 영혼구원이라는

겨우 죽어서 영혼구원 받는
그 길을 따라 걷는 자들이 아닌가?
첫째 부활,
영육 간에 부활 받는 의인의 부활이
있다는 것을 스스로 포기하는 자들이
아닌가?
나를 믿는 자는 죽어서도 살고
살아서 믿는 자는 영생을 얻으리라
살아서 말씀을 받고 있는 그대들은
왜, 죽어서 천국가기를 가르치고 있는가?
왜 살아 있는 자들에게
산 자의 복음을 전하지 못하고
죽어서 구원받는 죽는 자의 복음을
전하고 있는가?
그러한 그대들이
이 땅에서 이루어지고 있는 하늘 역사
영적인 세계를
어찌 알 수 있겠는가?

666,
이 땅에서 인자
인간들을 통해서 이루어지고 있는

하늘 역사다
붉은 용도 자신이 하늘에서 쫓겨나서야
자신의 처지를 알았다고 했다
종말론적인 오늘의 역사 속에서도
세 짐승으로 등장하는 그들,
쓰임 받고서, 패하고서야
자신들의 존재를 알게 될 것이다
그러므로
악인은 점점 악해진다고 했다
인간 영혼을 파리 목숨처럼 삼키는
그대들이여,
그대들의 아비는 마귀요
처음부터 살인한 자요
진리가 그 속에 없으므로 진리에 서지
못하고 거짓을 말할 때마다
제 것으로 말하나니
이는 저가 거짓말장이요
거짓의 아비가 되었음이라
땅이여, 땅이여, 땅이여,
땅을 친다는 것
결코!
쉬운 일이 아니다

666. 그들은 누구인가?

그것도
부실하기 그지없는
가장 부끄러운 죄인으로서……,
시키니
하는 것이다
명하시니 하는 것이다
모든 것
용서해 주신다니
하는 것이다
모든 것
다 용서해 주신다니
죽는다는 것
손해라고 생각지 않는다
잘못된 글이라 비웃는 자들아
이 글을
이 책을 찢어보라
불태워보라
결코
이 글은
찢고 찢는다 하여도
태워도 태운다 하여도
찢어지지 않고

태워지지 않는
하늘과 땅을 진동시킬 우레가 되리라

2018년 10월 3일
저자 조 영 래 목사

목 차

저자서문 ─────────────────── 3

서론: 666, 그들은 누구인가? ──────── 18

제 1장. 궁창의 세계에서 발생한 죄의 원조 ──── 33

Ⅰ. 궁창이란 무엇인가? ───────────── 35
1. 왜 궁창을 하늘이라 칭하셨는가? ─────── 35
2. 왜 궁창의 세계를 물로 표현하는가? ────── 43
3. 왜 궁창을 중심으로 윗물과 아랫물로 나누셨는가? ── 52

Ⅱ. 둘째 날 천사의 세계는 어떻게 탄생되었는가? ──── 63
1. 왜 흑암을 빛보다 먼저 지으셨는가? ─────── 63
2. 천사는 어떻게 지어진 존재인가? ──────── 77
3. 궁창의 세계에 천사를 지으신 이유는 무엇인가? ─── 91
4. 궁창의 세계는 어떤 조직으로 이루어졌는가? ──── 98
5. 천사 창조와 사람 창조의 차이점은 무엇인가? ──── 109
6. 왜 물질세계의 인간이 비물질세계의 주인이 되는가? ── 121

Ⅲ. 루시엘 천사장의 타락 ─────────── 131
1. 루시엘, 그는 어떤 존재로 지음을 받았는가? ──── 131
2. 루시엘이 덮은 영광의 내용은 무엇인가? ────── 136
3. 왜 루시퍼가 죄의 원조가 되었는가? ─────── 148
4. 죄를 지은 결과 "찍혀 떨어졌다"는 의미는 무엇인가? ── 155

제 2장. 에덴동산의 타락 ─────────── 167

Ⅰ. 아담의 타락 ──────────────── 169
  1. 아담을 중심으로 세우신 하나님의 구원 계획 ─────── 169
  2. 아담이 생령으로서 걸어야 할 구도의 길은 무엇인가? - 190
  3. 생령인 아담이 타락한 과정은 무엇인가? ─────── 195
  4. 선악과를 먹은 아담을 부르신 이유는 무엇인가? ──── 208
  5. 아담이 저지른 죄의 결과는 무엇인가? ───────── 213
  6. 아담은 어떻게 에덴동산을 오고 갔는가? ─────── 220

Ⅱ. 선악을 알게 하는 나무의 정체와 실상 ─────── 228
  1. 선악을 알게 하는 나무는 어떤 나무인가? ─────── 228
  2. 선악을 알게 하는 나무 열매를 먹는다는 뜻이 무엇인가?
    ───────────────────────── 234
  3. 에덴동산 한가운데 생명나무와 선악을 알게 하는 나무를
    두신 이유 ─────────────────── 240
  4. 왜 선악을 알게 하는 나무 열매를 먹으면 죽는다고 하셨
    는가? ───────────────────── 251
  5. 언제 에덴동산에 생명나무와 선악을 알게 하는 나무를
    두셨는가? ────────────────── 256
  6. 왜 하나님께서 선악을 알게 하는 나무에 대해서만 언급하
    셨는가? ─────────────────── 260

Ⅲ. 아담의 타락을 회복하는 방편으로 주신 십계명 ── 264
  1. 시편 119편에 담긴 십계명의 본질 ──────────── 264
  2. 왜 십계명을 지켜야 하는가? ──────────── 268
  3. 예수께서 짊어지신 십자가의 내용은 무엇인가? ───── 276

목 차

Ⅳ. 들짐승 중 간교한 뱀의 정체와 실상 ─── 301
  1. 에덴동산에 침투한 뱀의 정체는 무엇인가? ─── 301
  2. 아담의 벗었음을 최초로 고한 자가 누구인가? ─── 305
  3. 아담을 타락시킨 뱀이 받은 저주는 무엇인가? ─── 309
  4. 쫓겨난 이후의 뱀의 행적은 무엇인가? ─── 312
  5. 예수님의 발꿈치를 문 뱀은 누구인가? ─── 327
  6. 재림 마당에서 뱀은 어떻게 역사하는가? ─── 335
  7. 왜 에스겔 성전에 등장한 단지파가 마지막 때 사라졌는가?
     ─── 343

제 3장. 666의 정체와 실상 ─── 357

Ⅰ. 세 마당에 등장한 666 ─── 359
  1. 구약 마당에 등장한 666, 그들은 누구인가? ─── 359
  2. 신약 마당에 등장한 666, 그들은 누구인가? ─── 363
  3. 재림 마당에 등장한 666, 그들은 누구인가? ─── 368

Ⅱ. 666의 정체와 실상 ─── 383
  1. 붉은 용은 누구인가? ─── 383
  2. 바다의 짐승은 누구인가? ─── 398
  3. 땅에서 올라오는 새끼 양은 누구인가? ─── 405

Ⅲ. 666도 자기의 때를 가지고 있는가? ─── 410

제 4장. 해를 입은 여인과 붉은 용의 싸움 ——————425

Ⅰ. 하늘의 두 가지 이적 ——————427
  1. 왜 해를 입은 여인과 붉은 용의 이적이 하늘의 이적인가?
     ——————————————————————427
  2. 해를 입은 여인은 어떻게 탄생하는가? ——————444
  3. 해를 입은 여인이 역사하는 내용은 무엇인가? ——452
  4. 해를 입은 여인이 양육받는 내용은 무엇인가? ——459
  5. 해를 입은 여인이 받은 큰 독수리의 두 날개는 무엇인가?
     ——————————————————————465
  6. 해를 입은 여인이 간 광야는 어떤 곳인가? ——————471

Ⅱ. 제 밭 안의 알곡과 가라지의 싸움 ——————479
  1. 마귀가 뿌린 가라지의 실체는 누구인가? ——————479
  2. 왜 마귀는 제 밭에 가라지를 뿌렸는가? ——————484
  3. 왜 추수 때까지 가라지를 뽑지 말라고 하셨는가? ——488

Ⅲ. 왜 붉은 용이 해를 입은 여인을 공격하는가? ——502
  1. 왜 붉은 용이 토한 강물을 땅이 삼키는가? ——————502
  2. 붉은 용이 서는 바다 모래는 누구인가? ——————511

목 차

제 5장. 666, 최후의 종말 ——— 517

Ⅰ. 후 3년 반에 666이 행할 최후의 발악 ——— 519
1. 왜 짐승의 때에 성도들이 666의 표를 받을 수밖에 없는가? ——— 522
2. 왜 하나님께서 성도의 권세를 깨시는가? ——— 531
3. 왜 예수께서 창세 이후 전무후무한 환난이라고 하셨는가? ——— 538
4. 후 3년 반, 짐승의 때에 순교의 역사가 이루어진다 — 550

Ⅱ. 666이 주는 표를 받지 않는 방법은 무엇인가? ——— 565
1. 성부와 성자와 성령의 세 인을 받아야 한다 ——— 566
2. 인치는 자는 누구인가? ——— 569
3. 인침의 역사는 언제 이루어지는 것인가? ——— 573
4. 세 인을 받으려면 어떻게 해야 하는가? ——— 576
5. 인치는 역사는 무엇으로 하는가? ——— 578

Ⅲ. 666, 그들이 받을 심판은 무엇인가? ——— 582
1. 무저갱이란 무엇인가? ——— 582
2. 음부(스올)와 지옥(불못)의 차이는 무엇인가? ——— 594
3. 음녀가 받을 최후의 심판 ——— 605

제 6장. 맺음말 ——— 637
1. 왜 "인자가 올 때 믿음을 보겠느냐?"라고 하셨는가? 639
2. 천년왕국은 어떤 세계인가? ——— 663
3. 왜 666의 정체와 실상을 알아야 하는가? ——— 673

666, 그들은 누구인가?

참고문헌 ———————————————————————683

666, 그들은 누구인가?

　한 때 한국 기독교계에서는 잘못된 종말론으로 혹세무민(惑世誣民)하는 많은 무리들이 "666이 주는 표를 받지 말라"고 선동함으로 인해 술렁이는 분위기에 휩싸인 적이 있었다. 666이 주는 표를 받기만 하면 아무리 평생 열심히 신앙생활을 한 성도라 할지라도 지옥의 불 못에 떨어지는 결과를 초래한다는 것이다. 그런 점에서 666이라는 단어는 한 마디로 공포, 그 자체였다.
　따라서 교회마다 목회자들이 자기 교인들을 지키기 위해 666을 설교의 주제로 삼기도 하고, 영화나 시청각자료로 만들어 부흥회나 특별 사경회를 통해 경고하기도 하였다.
　비단 그 시절뿐만 아니라 현재에 이르기까지 666의 명확한 정체와 실상에 관해 이렇다할만한 근거를 가지고 밝힌 성경학자나 주석학자는 아직 없다. 그 점이 현대를 살아가는 성도들에게 자못 불안감을 자아내는 큰 문제점이 되기도 한다.

> 벧후 3:5　이는 하늘이 옛적부터 있는 것과 땅이 물에서 나와 물로 성립한 것도 하나님의 말씀으로 된 것을 저희가 부러 잊으려 함이로다

그러나 생각하고 싶지 않고 두렵고 떨리는 내용이라고 해서 요한계시록에 분명하게 예언된 말씀을 '부러 잊으려' 해서는 되겠는가?

그렇다면 과연 666의 정체와 실상은 무엇인가?

계 13:16-18 저가 모든 자 곧 작은 자나 큰 자나 부자나 빈궁한 자나 자유한 자나 종들로 그 오른손에나 이마에 표를 받게 하고 누구든지 이 표를 가진 자 외에는 매매를 못하게 하니 이 표는 곧 짐승의 이름이나 그 이름의 수라 지혜가 여기 있으니 총명 있는 자는 그 짐승의 수를 세어 보라 그 수는 사람의 수니 육백 육십 륙이니라

위 구절을 표면적으로만 이해하면, 이마나 손에 666의 표를 받지 않으면 매매(賣買)를 못하게 하기 때문에 대부분의 성도들이 666의 표를 받을 수밖에 없고, 그 결과 짐승에게 인침을 당한다는 것이다. 그런 내용 때문에 많은 사람들이 666을 물건을 사고파는 데에 사용되는 바코드나 베리칩[1], 또는 컴퓨터라고 생각하기도 한다.

---

1) 베리칩(Verichip)은 확인용 칩(Verification chip)의 약어. 쌀알 크기 정도로 주사기를 통해 간단히 인체에 주입할 수 있으며 기본적으로 개인 신분을 확인할 수 있는 유전자 정보, 또는 고유번호가 저장되어 신분확인, 건강관리, 자산관리 등에 유용하게 사용될 수 있으나 위치추적, 개인정보 유출 등 문제점도 가지고 있다.

과연 그들의 주장대로 이마와 손에 666의 표를 받는다는 것이 그런 의미인가? 성경에서 이마가 뜻하는 바는 사상, 생각을 의미하고, 손은 행함을 의미한다. 이마와 손에 표를 받는다는 것은 666이 인간의 생각과 사상을 좌지우지함으로 666이 원하는 대로 행하게 되고, 그 결과 짐승에게 인침을 받게 된다는 것이다.

그렇다면 그들이 주장하는 대로 컴퓨터나 바코드, 베리칩이 인간의 사상을 주관하며 통제할 수 있다는 말인가? 컴퓨터나 바코드, 베리칩 등은 인간의 생활의 편이(便易)를 위해 만든 문명의 이기일 뿐, 결코 인간의 사상이나 개념을 통제하는 수단은 될 수 없다.

혹자는 666은 교황의 면류관에 있는 숫자를 상징한 것이라고 주장하는 사람들도 있다.[2] 초대교회 성도들에게 네로 황제를 숭배하도록 강요한 사건처럼 마지막 때에도 우상숭배를 강요하는 존재라고 한다. 또, 혹자는 솔로몬 왕이 이방나라에서 거두어드린 하루 세입금 666 금달란트로 자신을 위한 우상을 만들어서 레바논의 백향목으로 지은 궁전에 세워 놓은 사건을 빙자하여, 재림 때에도 솔로몬과 같은 자가 등장하여 거짓목자들로 하여금 누구든지 그 이마와 오른 손에 표를 받게 하는 사건이 있다고 주장하고 있다.

그러나 지금까지 어느 누구도 666에 대하여 확실한 성경

[2] 재림교 성경주석(한글판) 제 14권 562, 563

적 근거를 토대로 밝힌 내용은 없다. 그러기에 "더 이상 666에 대해서 논의할 필요성이 없다. 왜냐하면 예수 그리스도께서 말세의 성도들을 안전하게 지키고 보호해주실 것이다"라는 안일 무사한 주장을 하는 견해도 난무하고 있다.

그렇다면 그들이 주장하는 대로 모든 책임과 의무는 주님께 맡기고, 666의 정체와 실상에 대한 관심과 알아보고자 하는 의도조차 외면하는 것이 과연 올바른 성도의 태도가 되는 것일까? 마치 어린아이가 부모에게 의존하여 "모든 것을 알아서 해 주시겠지"라고 하듯, 과연 하나님께서는 안일 무사한 신앙을 요구하고 계시는 것일까?

분명히 요한계시록 13:18에서 "지혜가 여기 있으니 총명 있는 자는 그 짐승의 수를 세어 보라"고 했다. 그 말은 지혜가 있고 총명이 있는 자는 666의 정체와 실상을 알 수 있으니, 반드시 지혜와 총명을 동원하여 그들의 근본, 본질을 알아야 한다는 당부가 아니겠는가?

다니엘 12:10에서도 "많은 사람이 연단을 받아 스스로 정결케 하며 희게 할 것이나 악한 사람은 악을 행하리니 악한 자는 아무도 깨닫지 못하되 오직 지혜있는 자는 깨달으리라"고 했다. 마지막 때에는 성경 속에서 하나님의 구속사의 뜻을 헤아리며 깨달아야 하는 때이므로 지혜가 절실히 요구되는 때라는 것을 알 수 있다.

계 2:7 귀 있는 자는 성령이 교회들에게 하시는 말씀을 들을찌어다 이기는 그에게는 내가 하나님의 낙원에 있는 생명나무의 과실을 주어 먹게 하리라

계 2:11 귀 있는 자는 성령이 교회들에게 하시는 말씀을 들을찌어다 이기는 자는 둘째 사망의 해를 받지 아니하리라

계 2:17 귀 있는 자는 성령이 교회들에게 하시는 말씀을 들을찌어다 이기는 그에게는 내가 감추었던 만나를 주고 또 흰 돌을 줄 터인데 그 돌 위에 새 이름을 기록한 것이 있나니 받는 자 밖에는 그 이름을 알 사람이 없느니라

요한계시록은 사도 요한이 밧모섬에서 재림에 관해 계시를 받은 예언서이다. 요한계시록 2-3장에는 성령이 아시아의 일곱 교회들에게 당부하시는 말씀 중에 '이기는 자'가 받을 상급, 영광이 기록되어 있다(계 2:7, 2:11, 2:17, 2:26, 3:5, 3:12, 3:21). 분명히 재림 마당의 성도들은 '이기는 자'가 되어야 하나님께서 주시는 축복을 받는다는 것이다.

이처럼 '이기는 자'가 되기를 간곡하게 당부하시는 것은 반드시 성도들이 싸워 이겨야 하는 과정이 있기 때문이다. 야곱도 얍복강에서 밤새 목숨을 내걸고 하나님의 사자와 싸워 이긴 결과 '이스라엘'이라는 새 이름의 축복을 받았다(창 32:28). 성도들이 '이기는 자'가 되려면 반드시 그 싸움의 대상을 알아야 할 것이다. 자신이 싸워 이겨야 할 상대가 누구인지조차 알지 못하는 자가 어떻게 그를 이길 수 있겠는가?

그렇다면 과연 666의 정체와 실상은 무엇인가? 모든 의문에 대한 해답은 성경에서 찾아야 한다. 요한계시록 13:18

을 자세히 보면, "지혜가 여기 있으니 총명 있는 자는 그 짐승의 수를 세어 보라 그 수는 사람의 수니 육백육십 륙이니라"고 기록되어 있다.

분명히 성경에서는 666은 컴퓨터, 베리칩, 바코드, 교황이 아니라, 6은 사람의 수라는 것이다. 그리고 그들의 무리를 가리켜 짐승의 수라고 했다. 그들이 짐승이면서 또 사람이라는 의미는 무엇인가?

시 49:12 사람은 존귀하나 장구치 못함이여 멸망하는 짐승 같도다

시 49:20 존귀에 처하나 깨닫지 못하는 사람은 멸망하는 짐승 같도다

사람은 영, 혼, 몸이라는 세 가지 구성요소를 가지고 있다. 세 가지 구성요소 중 한 가지라도 빠진다면 온전한 사람이 되지 못하기에 "너희 온 영과 혼과 몸이 우리 주 예수 그리스도 강림하실 때에 흠 없게 보전되기를 원하노라"(살전 5:23)고 하신 것이 아니겠는가?

예수께서도 "살리는 것은 영이니 육은 무익하니라 내가 너희에게 이른 말이 영이요 생명이라"(요 6:63)고 하셨다. 즉 예수님의 말씀이 영이기에 말씀을 받지 못한 사람은 혼과 몸만 가진 존재라는 결론에 이르게 된다.

"인생의 혼은 위로 올라가고 짐승의 혼은 아래 곧 땅으로 내려가는 줄을 누가 알랴"(전 3:21)는 말씀에서 짐승에게도

혼이 있다는 것을 알 수 있다. 즉 하나님의 말씀인 영을 받지 못하여 위로 올라가지 못하는 혼과 육신의 몸만 가진 사람은 짐승과 같은 사람이라는 것이다.

그렇다면 666은 재림 마당에 등장한 짐승과 같은 사람들로서 하나님의 뜻을 대적하는 적그리스도의 무리라는 해석이 가장 합리적이며 설득력이 있지 않겠는가?

요한계시록 13장에는 바다에서 나오는 짐승이 붉은 용에게 권세와 능력을 받게 되는데(계 13:2), 그 붉은 용은 옛 뱀, 마귀, 사단이라고 하며 온 천하를 꾀는 자라고 했다(계 12:9, 20:2). 또 땅에서 나오는 뿔이 있는 새끼 양이 등장한다(계 13:11). 그리고 요한계시록 17장에는 많은 물 위에 앉은 음녀가 출현하고 있다. 붉은 용이 바다의 짐승, 땅의 새끼양, 음녀들을 이용하여 역사할 때, 그 무리를 가리켜 666이라고 표현하고 있다. 그들은 단수가 아닌 복수의 의미를 가지고 있다.

요한계시록은 재림 마당에서 이루어질 예언서이다. 재림 마당에서는 하늘의 천사들이 이 땅에 인자화된 천사로 등장하여 역사한다. 그런데 문제는 창세기 1:6-7에 천군의 세계가 윗물과 아랫물로 나뉘어짐으로 타락한 천군의 세계, 타락하지 않은 천군의 세계로 구성되어 있다는 것이다. 즉 타락한 천사들도 인자화된 천사로 이 땅에 등장한다는 것이다. 그렇기 때문에 타락한 천군의 세계에서 시작된 죄의 근원과 거기에서부터 파생된 666의 정체를 깨닫는 것이 무엇보다 시급한 일이다.

하나님 편에서 성부, 성자, 성령의 하나님을 삼위일체라고 한다. 상대적으로 악의 입장에서의 성부격, 성자격, 성령격의 세 사람을 가리켜 666(육백육십육)이라고 표현한 것이다. 그리고 그들이 행하는 가공할만한 놀라운 기사이적이 기록되어 있다.

> 계 13:1-15 내가 보니 바다에서 한 짐승이 나오는데 뿔이 열이요 머리가 일곱이라 그 뿔에는 열 면류관이 있고 그 머리들에는 참람된 이름들이 있더라 -(중략)- 내가 보매 또 다른 짐승이 땅에서 올라오니 새끼 양 같이 두 뿔이 있고 용처럼 말하더라 저가 먼저 나온 짐승의 모든 권세를 그 앞에서 행하고 땅과 땅에 거하는 자들로 처음 짐승에게 경배하게 하니 곧 죽게 되었던 상처가 나은 자니라 큰 이적을 행하되 심지어 사람들 앞에서 불이 하늘로부터 땅에 내려오게 하고 짐승 앞에서 받은바 이적을 행함으로 땅에 거하는 자들을 미혹하며 땅에 거하는 자들에게 이르기를 칼에 상하였다가 살아난 짐승을 위하여 우상을 만들라 하더라 저가 권세를 받아 그 짐승의 우상에게 생기를 주어 그 짐승의 우상으로 말하게 하고 또 짐승의 우상에게 경배하지 아니하는 자는 몇이든지 다 죽이게 하더라

그들이 이 땅에서 행하는 기사이적의 내용이다. 마치 "저런 존재야말로 하나님이 아닌가? 재림주가 아닌가?" 착각할 수밖에 없도록 짐승들이 놀라운 능력을 행한다는 것이다.

단 9:24-27 네 백성과 네 거룩한 성을 위하여 칠십 이레로 기한을 정하였나니 허물이 마치며 죄가 끝나며 죄악이 영속되며 영원한 의가 드러나며 이상과 예언이 응하며 또 지극히 거룩한 자가 기름부음을 받으리라 그러므로 너는 깨달아 알찌니라 예루살렘을 중건하라는 영이 날 때부터 기름부음을 받은 자 곧 왕이 일어나기까지 일곱 이레와 육십 이 이레가 지날 것이요 -(중략)- 그가 장차 많은 사람으로 더불어 한 이레 동안의 언약을 굳게 정하겠고 그가 그 이레의 절반에 제사와 예물을 금지할 것이며 또 잔포하여 미운 물건이 날개를 의지하여 설 것이며 또 이미 정한 종말까지 진노가 황폐케 하는 자에게 쏟아지리라 하였느니라

하나님께서 인류 구속사역의 기한을 70이레로 정하셨다. 구약의 율법 시대를 통하여 62이레가 이루어지고, 예수님이 오셔서 7이레를 이루셨고, 재림 마당에서 남은 한 이레의 역사를 이루어야 한다(단 9:24-27). 한 이레 중 전 3년 반은 빛이 있는 때로서 하나님의 사람들이 역사하고, 나머지 후 3년 반은 어둠의 때로서 어둠의 주관자들인 666이 역사하게 된다.

어둠의 권세를 잡은 자들, 666은 후 3년 반에 자기들의 때를 맞이하여 죽게 되었던 상처가 나은 자로서 불이 하늘에서 내려오게 하고, 짐승으로 하여금 사람처럼 말하게 하고, 그 우상에게 절하지 않는 자는 다 죽이는 놀라운 이적을 행한다. 그러기에 그들에게 경배하지 않는 사람이 없을 정도이며, 그런 절체절명의 위기 속에서 성도들의 인내와 믿음이 절실히

요구되는 절박한 상황이 벌어지는 것이다(계 13:10).

666, 그들은 어떤 존재이기에 그런 가공할만한 능력을 가질 수 있는 것인가?

신구약 성경을 자세히 살펴보면 그것이 처음 있는 새삼스러운 일이 아니라는 것을 발견하게 된다.

구약의 히스기야 왕 때 앗수르 왕이 대군을 이끌고 유다를 침공했다. 앗수르 왕이 이끄는 대군에 의해 이스라엘이 거의 다 초토화된 상태에서 오직 남은 곳이라고는 예루살렘 성뿐이었다. 게다가 그가 히스기야 왕에게 하나님을 비난하고 조롱하는 편지를 보내 항복하기를 회유했다. 그 당시 궁중목사로 있던 이사야 선지자와 히스기야 왕이 앗수르 왕이 저주의 말을 써서 보낸 편지를 하나님의 성전 앞에 펴놓고 합심해서 눈물로 기도함으로써 하나님께서 들으시고 한 천사를 보내셨다. 그래서 18만 5천명의 앗수르 대군이 하룻밤 사이에 다 죽은 것이다. 우리나라 군대 편성으로 보면 18개 사단과 5천 명을 한 천사가 다 죽였다는 것이다(왕하 18:17-19:35).

여기서 강조하고자 하는 것은, 많은 천사가 아닌 한 천사가 하룻밤 사이에 그 많은 사람들을 모두 죽였다는 사실이다.

또, 이스라엘 백성들이 출애굽할 당시 유월절의 사건을 생각해보자. 이스라엘 백성들의 집에는 문설주와 문인방에 양의 피를 발랐기에 천사가 그냥 넘어가고, 애굽인은 바로의 장자로부터 모든 백성의 장자와 맷돌을 돌리는 여종의 장자를 비롯해 짐승의 첫 새끼들까지 다 죽였다. 하나님의 거룩한 천사가 애굽 전역에 걸쳐 그들을 다 쳐 죽인 것이다(출 12:1-13).

이렇게 성경 말씀을 소개하는 이유는 인간의 입장으로는 상상할 수 없는 천사가 가진 가공할만한 능력의 세계를 조심스럽게 펼치고 있는 것이다. 그런 천사들 중에도 뛰어난 능력을 가지고 있는 천사라면 인간의 상상을 초월하는 더더욱 무서운 대상이라고 말할 수 있다.

성경을 자세히 살펴보면 불을 다스리는 천사가 있고(계 14:18, 사 6:6), 물을 다스리는 천사가 있고(계 16:5), 바람을 다스리는 천사가 있고, 식물의 세계를 다스리는 천사가 있고, 열매 맺는 나무와 수목의 세계를 다스리는 천사가 있다. 그래서 천사도 열두 천사장이 있다고 한다.

> 마 26:53-54 너는 내가 내 아버지께 구하여 지금 열두 영 더되는 천사를 보내시게 할 수 없는 줄로 아느냐 내가 만일 그렇게 하면 이런 일이 있으리라 한 성경이 어떻게 이루어지리요 하시더라

예수께서 친히 증거하신 말씀이다. 하늘에는 열두 영이 더되는 천사의 조직이 있다는 것이다. 기본적인 조직이 열두 영

이고, 그 외에 네 생물이라는 특수 천사의 조직이 있다는 말씀이다.[3]

"하늘에서 이룬 것 같이 땅에서 이루어지이다"(마 6:10)라고 했듯이, 하늘의 조직이 그렇게 구성되어 있기 때문에 이 땅에서도 열두 지파 외에 열세 번째 지파인 레위지파가 존재하는 것이다. 하늘에 열두 천사장이 존재함으로 이 땅에도 열두 지파가 존재하고, 열두 지파가 존재함으로 열두 사도가 열두 지파의 수장으로 존재할 수 있는 것이다. 예수께서 "내가 진실로 너희에게 이르노니 세상이 새롭게 되어 인자가 자기 영광의 보좌에 앉을 때에 나를 좇는 너희도 열두 보좌에 앉아 이스라엘 열두 지파를 심판하리라"(마 19:28)고 하셨다. 예수님의 열두 사도들이 장차 이스라엘의 열두 지파를 다스린다고 친히 말씀하신 것이다. 그런 모든 성경적 근거는 하늘 세계의 조직에서 비롯된 것이다.

그렇기 때문에 인간과 천사의 관계를 하나님의 인류 구속사적 관점에서 밝히 알지 않으면 안 된다.

왜 666의 정체와 실상에 대해 알아야 하는가?

고전 6:3 우리가 천사를 판단할 것을 너희가 알지 못하느냐 그러하거든 하물며 세상 일이랴

---

3) '종말론적 구속사 시리즈' 제 4권 <네 생물, 그들은 누구인가?> 281-288쪽, 벽암 조영래 저, 도서출판 오색이슬

히 1:14 모든 천사들은 부리는 영으로서 구원 얻을 후사들을 위하여 섬기라고 보내심이 아니뇨

분명히 천사는 하나님의 후사들을 받들며 섬기는 종이며, 하나님의 후사가 될 사람들이 천사들을 심판하며 다스리게 된다고 했다. 천사들은 영의 존재이며 하늘을 비상하는 존재이고, 흙으로 지음을 받은 인간들은 하늘의 발등상이 되는 낮고 천한 땅에서 사는 존재이다.

그렇다면 어떻게 하나님께서는 하늘의 세계와 비교될 수 없는 이 낮고 천한 흙으로 지음을 받은 인간들에게 천사들을 다스릴 수 있는 지휘권과 주권을 허락하셨는가? 그 이유는 비록 지금은 흙 차원의 낮고 천한 인생들이지만 하나님께서는 인간을 하나님의 후사가 될 수 있고, 비상하는 존재인 천사들보다 월등한 능력을 가질 수 있는 근본의 존재로 지으셨기 때문이다.

왜 하나님께서는 비상하는 천사들만 못한 흙 차원의 낮고 천한 인생들을 하나님의 후사로 세우셨는가? 그 이유는 고린도전서 1:26-29에서 찾아볼 수 있다.

고전 1:26-29 형제들아 너희를 부르심을 보라 육체를 따라 지혜 있는 자가 많지 아니하며 능한 자가 많지 아니하며 문벌 좋은 자가 많지 아니하도다 그러나 하나님께서 세상의 미련한 것들을 택하사 지혜 있는 자들을 부끄럽게 하려 하시고 세상의 약한 것들을 택하사 강한 것들을 부끄럽

게 하려 하시며 하나님께서 세상의 천한 것들과 멸시 받는 것들과 없는 것들을 택하사 있는 것들을 폐하려 하시나니 이는 아무 육체라도 하나님 앞에서 자랑하지 못하게 하려 하심이라

하나님의 뜻은 미련한 자들을 택하사 지혜있다고 자랑하는 자들을 부끄럽게 하시고, 약한 자들을 택하사 강한 자들을 부끄럽게 하시는 것이다. 그 이유는 아무 육체라도 하나님 앞에서 자랑하지 못하게 하시고, 교만하지 못하게 하시고자 그렇게 역사하신다는 것이다.

같은 물건을 만들어도 하루 동안에 쉽게 만든 것과, 열흘 동안 심혈을 기울여 만든 것이 있다면 그 중에서 어느 것에 애착이 가겠는가? 당연히 열흘 동안 정성을 기울여 만든 것에 더 애착이 갈 것이다.

따라서 흙 차원의 인생들을 하나님의 후사로 삼아 장차 영의 존재인 천사들을 다스리고 심판할 수 있는 세계를 이룩하게 하시는 것이 하나님의 뜻이라는 것이다.

그렇기 때문에 우리가 천사들을 다스리려면 반드시 천군의 세계의 모든 구조, 조직, 현황을 알아야 한다.

분명히 성경에 기록된 예언대로 666이라는 존재들은 이 땅에 등장하여 자신의 무대를 연출하며 역사할 것이다. 물론 그들의 최후는 성경에 기록된 대로 하나님의 권세와 능력에 의해 심판받게 되어 있다. 그러나 그들이 역사하는 과정에서

성도들이 겪어야 할 환난과 신앙의 결과가 매우 중요한 문제이다.

　지피지기 백전백승(知彼知己 百戰百勝), 즉 "적을 알아야 적을 이길 수 있다"는 말이 있다. 666은 그들이 가진 권세와 능력으로 성도들의 모든 내용을 다 주시하여 파악하고 있다. 그런데 하나님의 자녀들이 자신이 상대할 적그리스도를 알지 못하고 막연히 "666은 컴퓨터, 베리칩, 바코드가 아닌가?"라고 한다면, 과연 가공할 능력을 가진 666을 상대로 싸워 이길 수가 있을 것인가?

　재림 마당의 성도라면 반드시 666에 대한 모든 비밀과 암호와 정체와 실상을 올바르고 정확하게 알아야 하지 않겠는가? 따라서 본서에서는 666의 본질, 정체와 실상, 하늘에서 시작된 죄의 원조 등, 죄의 원론적인 문제와 666이 장차 나타나 행할 사건, 최후의 심판 등에 대하여 자세히 살펴보고자 한다.

제 1장

궁창의 세계에서 발생한
죄의 원조

I
궁창이란 무엇인가?

1. 왜 궁창을 하늘이라 칭하셨는가?

창 1:1 태초에 하나님이 천지를 창조하시니라

요 1:1 태초에 말씀이 계시니라 이 말씀이 하나님과 함께 계셨으니 이 말씀은 곧 하나님이시니라

'태초(太初)'라는 주제를 놓고 신학자들 간에 다양한 견해가 있다. 창세기의 '태초'는 요한복음 1:1에서 말씀으로 창조하신 태초의 세계를 손으로 지은 재창조의 역사라고 주장하는 학자들이 많이 있다.

다시 말하면 창세기의 '태초'는 아사의 창조, 즉 물질로 이루어지는 재창조의 태초이며, 요한복음의 '태초'는 바라의 창조, 즉 말씀으로 이루어지는 본래 창조의 태초라는 의견이 가장 유력하게 통용되고 있다.

그렇다면 그들이 주장하는 학설은 과연 성경에 입각하여 타당한 것인가?

한편, 왜 '태초'라는 문제를 제기하고자 하는가? 태초를 정확하게 알아야 하기 때문이다. 그 이유는 이 문제가 구속사의 세계를 시작하는 첫 단추가 되기 때문이다. 옷을 입을 때에도 첫 단추를 잘못 끼우면 전체가 잘못 끼워지기 때문에, 태초의 문제를 정확하게 알아야 할 필요가 있다.

> 창 1:6-8 하나님이 가라사대 물 가운데 궁창이 있어 물과 물로 나뉘게 하리라 하시고 하나님이 궁창을 만드사 궁창 아래의 물과 궁창 위의 물로 나뉘게 하시매 그대로 되니라 하나님이 궁창을 하늘이라 칭하시니라 저녁이 되며 아침이 되니 이는 둘째 날이니라

둘째 날은 궁창을 만드신 날이다. 그 둘째 날의 내용에는 "물 가운데 궁창이 있어 물과 물로 나뉘게 하리라"고 하셨다. 둘째 날에 물을 만드셨다는 말씀은 없다. 그런데 궁창을 만드심으로 궁창을 중심으로 해서 윗물과 아랫물로 나뉘었다고 했다.

분명히 "하나님이 가라사대 물 가운데 궁창이 있어"라고 했다. 그러면 이 물은 언제 만드신 것일까? 창세기 1:2에 "땅이 혼돈하고 공허하며 흑암이 깊음 위에 있고 하나님의 신은 수면에 운행하시니라"고 했다. 분명히 창세기 1:2에 '수면'이라는 말씀이 나온다. 이미 첫째 날 창조 이전에 물이 만들어져 존재하고 있었음을 알 수 있다.

그리고 나서 창세기 1:3에 "하나님이 가라사대 빛이 있으라

하시매 빛이 있었고"라는 첫째 날의 역사가 등장한다. 그렇다면 이 문제를 해결하지 않고는 다음에 전개되는 셋째 날, 넷째 날, 다섯째 날, 여섯째 날을 완전하게 이해할 수 없다는 사실을 인정해야 한다.

우리가 당면하고 있는 오늘의 말씀의 세계는 막연히 이해하고 진행하는 입장이 되어서는 안 된다. 창세기 6:9에서 "노아는 당대의 의인이요 완전한 자라"고 하신 말씀처럼, 또 히브리서 6:2에서 "완전한데 나아갈찌니라"고 하신 말씀처럼 완전한 길로 나아가야 하기 때문이다.

"태초에 하나님이 천지를 창조하시니라"(창 1:1)는 말씀은 창세기 전체, 구속사의 세계를 대표하고 있는 총론적인 말씀이다.
그리고 "땅이 혼돈하고 공허하며 흑암이 깊음 위에 있고 하나님의 신은 수면에 운행하시니라"(창 1:2)에서 하나님의 신은 수면 위에 운행하신다는 말씀은 하나님이 지으신 세계에 친히 개입하지 못하고 배회하시는 모습을 연상하게 된다.
하나님의 신이 수면에 운행하신다. 운행하시던 하나님께서 친히 개입하시기 위해서는 누군가 하나님이 개입하실 수 있는 믿음의 무대를 만들어드려야 한다. 아브라함이 이삭을 바침으로 그곳이 '여호와 이레(뜻: 여호와께서 준비하시다)'가 되어 그 장소에 솔로몬 성전, 스룹바벨 성전, 헤롯 성전이라는 세 번의 성전을 지을 수 있었던 것처럼, 하나님께서 수면 안으로 들어가실 수 있는 믿음의 무대를 만들어드려야만 수면에 운행하시던 하나님께서 개입하실 수가 있는 것이다.

이 내용을 물들의 세계를 통해서 설명하고자 한다.

> 창 1:2-3 땅이 혼돈하고 공허하며 흑암이 깊음 위에 있고 하나님의 신은 수면에 운행하시니라 하나님이 가라사대 빛이 있으라 하시매 빛이 있었고

창세기 1:3에서 첫째 날 "빛이 있으라!"는 역사를 행하시기 이전에 이미 땅과 물이 있었다는 것이다.

그렇다면 창세기 1:1-2의 세계는 누가 지은 세계라고 말씀할 수 있는가? 창세기 1:3에서 태초의 말씀께서 독자적으로 만유를 지으시기 이전에 하나님 아버지께서 지으신 세계이다. 아버지께서 천지를 창조하신 세계 속에는 땅과 물이 이미 다 존재하고 있다. 그렇기 때문에 "내 아버지는 만유보다 크시다"(요 10:29)라고 하신 것이다.

통상적으로 알고 있듯이 빅뱅을 통해서 우주가 점점 커지는 것이 아니라, 처음부터 우주는 태초의 말씀으로 지으신 것이 분명하다(요 1:3).

그러나 인간의 과학 문명의 이기를 통해서 우리가 알지 못하던 우주의 세계를 점차적으로 발견하고 찾아내어, 지금까지 보이지 않던 부분이 드러남으로 마치 우주가 빅뱅으로 점점 커지는 것처럼 느껴질 뿐이다.

태초의 말씀으로 지으신 우주는 처음부터 끝까지 지어진 세계라고 말할 수 있다. 지어진 세계 안에서 빅뱅을 통해 팽창하는 부분이 있는 것처럼 보이는 반면, 블랙홀을 통해서 소멸하는 부분도

있다. 이렇게 팽창과 소멸을 통해 우주 전체가 자연스럽게 평균을 이루며 진행되고 있는 것이다.

이미 창조하신 그 세계에서 제일 먼저 첫째 날에 무엇을 지으셨는가? 창세기 1:3 말씀에서 "빛이 있으라 하시매 빛이 있었고"라는 빛을 지으셨다. 그 빛은 어떤 빛을 말하는가?

> 요 1:1-4 태초에 말씀이 계시니라 이 말씀이 하나님과 함께 계셨으니 이 말씀은 곧 하나님이시니라 그가 태초에 하나님과 함께 계셨고 만물이 그로 말미암아 지은바 되었으니 지은 것이 하나도 그가 없이는 된 것이 없느니라 그 안에 생명이 있었으니 이 생명은 사람들의 빛이라

"태초에 말씀이 계시니라. 이 말씀이 하나님과 함께 계셨으니 이 말씀은 곧 하나님이시니라"고 했다. 말씀 안에 빛이 있었고 영원한 생명이 있었다. 태초의 말씀이신 그 빛으로 하여금 땅과 물로 이루어진 만유 안에서 첫째 날의 주인이 되어서 지으신 세계가 둘째 날, 셋째 날, 넷째 날, 다섯째 날, 여섯째 날까지 전개되고 있다.

> 창 2:24 이러므로 남자가 부모를 떠나 그 아내와 연합하여 둘이 한 몸을 이룰찌로다

> 엡 5:31-32 이러므로 사람이 부모를 떠나 그 아내와 합하여 그 둘이 한 육체가 될찌니 이 비밀이 크도다 내가 그리스도와 교회에 대하여 말하노라

자식이 장성하면 부모를 떠나 아내와 합하는 것이 인생들이 살아가는 당연하고 보편적인 이치이거늘 왜 "이 비밀이 크도다"라고 했는가? 아버지의 품에 독생하신 태초의 말씀께서 아버지께서 이루시는 창조 역사에 함께 동참하였다가, 이제는 장성하여 분가할 수 있는 성자 하나님의 분량이 되었기에 말씀께서 '창조자'가 되어 독자적으로 창세기의 역사를 이루시는 것이다.

> 잠 8:22-30 여호와께서 그 조화의 시작 곧 태초에 일하시기 전에 나를 가지셨으며 만세 전부터, 상고부터, 땅이 생기기 전부터 내가 세움을 입었나니 아직 바다가 생기지 아니하였고 큰 샘들이 있기 전에 내가 이미 났으며 산이 세우심을 입기 전에, 언덕이 생기기 전에 내가 이미 났으니 하나님이 아직 땅도, 들도, 세상 진토의 근원도 짓지 아니하셨을 때에라 그가 하늘을 지으시며 궁창으로 해면에 두르실 때에 내가 거기 있었고 그가 위로 구름 하늘을 견고하게 하시며 바다의 샘들을 힘 있게 하시며 바다의 한계를 정하여 물로 명령을 거스리지 못하게 하시며 또 땅의 기초를 정하실 때에 내가 그 곁에 있어서 창조자가 되어 날마다 그 기뻐하신 바가 되었으며 항상 그 앞에서 즐거워하였으며

위 구절에서 보듯이 태초의 말씀께서 장성하여 스스로 창조자가 되어 만유의 세계를 지으실 수 있도록 분가하여 내보내시는 모습이 창세기 1:3의 첫째 날 "빛이 있으라 하시매 빛이 있었고"의 말씀이다.

따라서 요한복음 1:1의 말씀은 창세기 1:3의 말씀과 동일한 의미라고 할 수 있다.

궁창을 왜 하늘이라 칭하는가?

만유 바깥에 계시던 아버지의 품 속에서 독생하신 말씀께서 궁창 한 가운데 생명나무로 뛰어드셨다. 아버지의 품 속에서 독생하신 말씀은 본래 궁창에 계시던 분이 아니시다. 그런데 만유를 지으신 그 분이 만유 안에서 만유를 지으신 자로서 영광을 받으시고자 만유 안으로 들어오신 것이다(고전 15:28). 그곳이 바로 궁창의 세계이고, 성경에서는 에덴동산 한 가운데라고 말씀하고 있다.

> 사 43:21 이 백성은 내가 나를 위하여 지었나니 나의 찬송을 부르게 하려 함이니라

이처럼 만유를 지으신 분은 지으신 이의 분명한 목적을 가지고 계신다. 구속사의 세계를 이루시고, 또 자신이 지으신 피조물들로부터 영광을 받으신다는 분명한 목적을 이루시고자 만유를 지으셨기에, 그 지으신 세계에 직접 들어오신 것이다. 그분은 지으신 이의 신성과 능력으로 지어진 모든 세계를 친히 능력의 말씀으로 붙잡고 운행하고 계신다. 자신이 지으신 피조물들로부터 영광을 받으시려면 영광을 받으시기 위해 계획된 자기의 일을 가지고 있어야 한다.

자기의 계획과 뜻을 가지고 하늘나라를 이루시고자 궁창에 들어오셨기에 그곳이 하늘이 되는 것이다. 통상적으로 하나님이 계신 곳이 하늘나라라고 말한다. "초막이나 궁궐이나 내 주 예수 모신 곳이 그 어디나 하늘나라"라는 찬송가 가사를 생각해 보아도

하나님께서 이 땅 어디에 계신다 해도 그곳이 하늘이 되는 것이다. 하나님께서 이 땅에 계신다면 이 땅이 하늘이고, 설사 지옥에 계신다 해도 그곳은 하늘나라가 되는 것이다.

왜냐하면 그 하늘에는 하나님의 보좌가 있고, 생명나무가 있고, 생명나무 안에는 장차 구속사의 세계를 통해 이루실 하나님의 원대한 경륜이 준비되어 있기 때문이다. 즉 하나님의 뜻과 때와 수가 준비되어 있는 곳이다.

예수께서 주기도문에서 "하늘에서 이루어진 뜻대로 이 땅에서도 이루어지이다"라고 하신 내용대로 장차 이 땅에서 이루실 인류 구속사역의 원대한 뜻이 하늘이라는 궁창에서 이미 준비되고 예정되었다는 것이다.

왜 지구를 하늘의 발등상이라고 하는가?

> 사 66:1 여호와께서 이같이 말씀하시되 하늘은 나의 보좌요 땅은 나의 발등상이니 너희가 나를 위하여 무슨 집을 지을꼬 나의 안식할 처소가 어디랴

> 행 7:49 주께서 가라사대 하늘은 나의 보좌요 땅은 나의 발등상이니 너희가 나를 위하여 무슨 집을 짓겠으며 나의 안식할 처소가 어디뇨

우리가 살고 있는 이 지구를 하늘의 발등상이라고 표현하고 있다. 발등상이라는 말은 영적으로는 하나로 연결되어 있지만 가장 밑바닥을 말하는 것이다. 그렇다면 발등상 위에 있는 세계는

상대적으로 하늘이라고 말할 수 있을 것이다.

'발바닥으로부터 머리 끝, 정수리에 이르기까지'라는 표현이 있다. 사람의 몸이 머리 꼭대기부터 발끝까지 다 하나로 연결되어 이루어졌듯이, 영적으로 말하면 하늘도 영맥을 통하여 궁창으로부터 지구에 이르기까지 다 하나로 이루어져 있는 것이다.

그렇기 때문에 궁창에서 이 땅으로 만나를 공급해주시고, 비를 내려주시고, 생명체를 보내주시는 것이다.

> 시 78:23-25 그러나 저가 오히려 위의 궁창을 명하시며 하늘 문을 여시고 저희에게 만나를 비같이 내려 먹이시며 하늘 양식으로 주셨나니 사람이 권세 있는 자의 떡을 먹음이여 하나님이 식물을 충족히 주셨도다

이스라엘 백성들이 광야길에서 만나를 먹은 것도 궁창에서 하늘 문을 열고 내려주신 것이다. 이 땅이 하늘의 발등상이기 때문에 이 땅에 존재하는 모든 생명체들은 지구에서 생성된 것이 아니라, 궁창에서부터 온 것임을 알 수 있다.[4]

2. 왜 궁창의 세계를 물로 표현하는가?

창 1:6-8 하나님이 가라사대 물 가운데 궁창이 있어 물과 물로 나뉘게 하리

---

[4] '종말론적 구속사 시리즈' 제 4권 <네 생물, 그들은 누구인가?> 384쪽, 벽암 조영래 저, 도서출판 오색이슬

라 하시고 하나님이 궁창을 만드사 궁창 아래의 물과 궁창 위의 물로 나뉘게 하시매 그대로 되니라 하나님이 궁창을 하늘이라 칭하시니라 저녁이 되며 아침이 되니 이는 둘째 날이니라

위 구절에서 둘째 날 궁창의 세계를 물로 표현하고 있다. 여기서 물로 표현한 궁창의 세계는 천사의 세계를 말한다. 그런데 천사가 있는 궁창의 세계를 지으시면서 천사들이 어떤 존재로 지음을 받았다는 내용은 전혀 기록되지 않았다.

인류의 구속사적 첫 시조 아담은 흙, 사람, 생령으로 그가 어떤 재료에 의해서 지음을 받았는지 그 구체적인 내용이 제시되어 있는 반면(창 2:7), 둘째 날 물로 이루어진 궁창의 세계의 천사들은 어떤 재료에 의해서 어떻게 지음을 받았는지 구체적인 내용이 기록되어 있지 않다.

왜 궁창의 세계를 물로 표현하고 있는가? 물은 자기의 본래의 고유적인 형상과 모양이 없다. 담겨지는 그릇의 모양에 따라 물의 형태가 달라지는 것이다.

그러나 물이 고정화(固定化) 되어 고체가 되면 물도 고유적인 자기의 형상이 나타난다. 예를 들면 액체 상태의 물은 담는 그릇에 따라 모양이 달라지지만, 눈, 얼음 같은 고체로 바뀌면 자기의 고유적인 형상이 나타난다. 눈과 얼음을 현미경으로 보면 대부분 육각형의 모양을 지니고 있지만, 결정체마다 나름대로 고유적인 모양을 가지고 있다. 즉 형상적인 측면에서 같은 육각형이지만 내용에 따라서 그 모양이 다 달라진다. 이는 무엇을 의미하고 있는가?

천사들도 창조원리의 길을 따라 이 땅에 온다면 고유적인 자기의 형상과 모양을 가진 존재가 될 수 있다는 것이다.

> 눅 20:35-36 저 세상과 및 죽은 자 가운데서 부활함을 얻기에 합당히 여김을 입은 자들은 장가가고 시집가는 일이 없으며 저희는 다시 죽을 수도 없나니 이는 천사와 동등이요 부활의 자녀로서 하나님의 자녀임이니라

예수께서 사두개인들과 변론하는 과정에서 천사에 관해 최초로 증거하신 말씀이다. 이 땅에서 생명의 부활로 부활 받는 사람들은 천사가 된다는 것이다. 천사들이 고유적인 자기의 형상과 모양을 가질 수 있는 유일한 방법을 말씀하신 것이다.

그러나 궁창의 세계를 담당하던 천사들이 그러한 고유적인 자기의 품성과 인격을 갖기까지에는 순서가 있다. 그들은 하나님의 후사가 되는 사람들보다 절대 먼저 이루어지지 못한다. 만일 천사들이 사람보다 더 존귀한 존재였다면 사람보다 앞서 그들의 영광이 이루어지게 되어 있을 것이다. 그러나 그들이 하나님의 후사가 되는 사람의 영광보다 앞서지 못하기 때문에 그들의 영광의 세계가 먼저 이루어지지 않는다.

단 그들의 영광이 이루어지는 데에는 조건이 있다. 물과 같은 그들이 이 땅에 무엇으로 와야 하는가? 자기의 인격과 품성을 가진 존재로 이 땅에 등장해야 한다. 그 말은 천사들도 자기의 영광을 입기 위해서는 사람들처럼 창조원리의 길, 여인의 길을 통해서 이 땅에 와서 생명의 부활로 부활체가 됨으로 말미암아 그들이 하

나님 후사가 되는 아들, 딸들의 대속의 영이 되고 부리는 종이 될 수 있다는 것이다(히 1:14, 고전 6:3).

그래서 둘째 날을 물로 표현하는 것이다. 천사들의 존재가 드러날 수 있는 영광의 세계가 사람의 영광 다음에 이루어지는 세계가 됨으로, 그들이 먼저 지음을 받았음에도 천사의 세계에 대한 내용을 구체적으로 표현하지 않고 물의 세계로 포괄적인 표현을 한 것이다.

궁창의 세계는 둘째 날 창조된 세계이고, 하나님의 형상과 모양대로 지음을 받은 사람들은 여섯째 날 창조된 대상들이다. 순서상으로는 궁창의 세계가 둘째 날로 앞서 있지만, 여섯째 날 지음 받은 사람의 영광이 이루어지고 난 다음에 천사의 존재가 확정되기 때문에, 그들이 먼저 지음을 받았음에도 불구하고 구체적으로 창조의 과정을 설명하지 않고 단순하고 순수하게 물의 세계로써 표현하고 있는 것이다.

> 히 11:3 믿음으로 모든 세계가 하나님의 말씀으로 지어진 줄을 우리가 아나니 보이는 것은 나타난 것으로 말미암아 된 것이 아니니라

하나님께서 믿음으로 천지를 지으실 때, 제일 먼저 하나님께서 지으신 존재가 하나님의 기업을 이어받을 하나님의 후사가 될 사람이다.

사람은 말씀으로는 여섯째 날 지음을 받았지만 믿음으로는 제일 먼저 지어진 존재이다. 믿음의 세계에서 사람을 먼저 지으시고 그 사람을 바라보시면서 만물의 세계를 지으신 것이다.

그런 이치로 인해서 만물은 안식일의 주인공이 될 수 없다. 하나님의 형상과 모양대로 지음을 받은 '사람'만이 안식일의 주인이다. 그런 사람을 위해서 그에게 맞는 모든 만물을 지으신 것이다. 믿음으로는 사람을 먼저 지으시고 말씀으로는 사람을 여섯째 날, 마지막으로 지으셨다는 의미는 믿음으로도 첫째가 사람이고, 말씀으로도 마지막이 사람이라는 뜻이다. 사람이 주인이고 사람이 중심이다. 그래서 구속사의 세계에서도 믿음으로 시작해서 믿음의 역사의 완성을 약속으로 이루는 것이다(히 11:39-40).

> 히 11:39-40 이 사람들이 다 믿음으로 말미암아 증거를 받았으나 약속을 받지 못하였으니 이는 하나님이 우리를 위하여 더 좋은 것을 예비하셨은즉 우리가 아니면 저희로 온전함을 이루지 못하게 하려 하심이니라

하나님께서 제일 먼저 생각한 존재의 첫째가 구원의 중심이 되며 하나님의 후사가 되는 '사람'들이라면, 둘째 날 궁창의 세계에는 누가 존재해야 되는가?

"모세는 사환으로서 하나님의 온 집에서 충성했고 예수는 집 맡은 아들로 충성했다"(히 3:5-6)는 그 말씀을 깊이 궁구하면서 궁창의 세계를 지어야 될 필요성을 먼저 생각해보자는 것이다.

> 요 15:15 이제부터는 너희를 종이라 하지 아니하리니 종은 주인의 하는 것을 알지 못함이라 너희를 친구라 하였노니 내가 내 아버지께 들은 것을 다 너희에게 알게 하였음이니라

갈 4:6-7 너희가 아들인고로 하나님이 그 아들의 영을 우리 마음 가운데 보내사 아바 아버지라 부르게 하셨느니라 그러므로 네가 이 후로는 종이 아니요 아들이니 아들이면 하나님으로 말미암아 유업을 이을 자니라

위 구절에서 "종은 하나님을 아버지라고 부를 수 없다"고 했다. 그렇기 때문에 종은 아버지의 비밀을 알 수 없는 것이다. 그래서 예수께서 "너희를 이제부터는 종이라고 하지 않고 친구라고 하겠다. 그럼으로 너희가 아바, 아버지라고 부를 수 있지 않느냐?"는 의미로 말씀하신 것이다.

이처럼 말씀으로는 사람이 여섯째 날 지음을 받았지만 믿음으로는 사람이 첫째로 지음을 받았다면 그들을 도울 수 있는 존재가 있어야 하지 않겠는가?

갈 3:24 이같이 율법이 우리를 그리스도에게로 인도하는 몽학선생이 되어 우리로 하여금 믿음으로 말미암아 의롭다 함을 얻게 하려 함이니라

갈 4:8 그러나 너희가 그 때에는 하나님을 알지 못하여 본질상 하나님이 아닌 자들에게 종노릇 하였더니

위 구절에 보면 우리가 본질적으로는 하나님의 후사들이었지만, 그 본질의 세계를 이해하지 못해서 참 하나님이신 예수님이 오시기 전까지는 본질상 하나님이 아닌 자들에게 종노릇을 했다는 것이다. 즉 여호와 하나님이 우리의 후견인, 청지기, 몽학선생

이 되어서 다스린 것이다.

> 출 3:1-2 모세가 그 장인 미디안 제사장 이드로의 양무리를 치더니 그 무리를 광야 서편으로 인도하여 하나님의 산 호렙에 이르매 여호와의 사자가 떨기나무 불꽃 가운데서 그에게 나타나시니라 그가 보니 떨기나무에 불이 붙었으나 사라지지 아니하는지라

> 행 7:35 저희 말이 누가 너를 관원과 재판장으로 세웠느냐 하며 거절하던 그 모세를 하나님은 가시나무떨기 가운데서 보이던 천사의 손을 의탁하여 관원과 속량하는 자로 보내셨으니

> 행 7:38 시내산에서 말하던 그 천사와 및 우리 조상들과 함께 광야 교회에 있었고 또 생명의 도를 받아 우리에게 주던 자가 이 사람이라

> 행 7:53 너희가 천사의 전한 율법을 받고도 지키지 아니하였도다 하니라

스데반은 순교하기 직전에 고별설교를 통해서 시내산에서 율법을 전해준 여호와 하나님을 천사라고 증거하고 있다.

> 창 32:24-30 야곱은 홀로 남았더니 어떤 사람이 날이 새도록 야곱과 씨름하다가 그 사람이 자기가 야곱을 이기지 못함을 보고 야곱의 환도뼈를 치매 야곱의 환도뼈가 그 사람과 씨름할 때에 위골되었더라 그 사람이 가로되 날이 새려하니 나로 가게 하라 야곱이 가로되 당신이 내게 축복하지 아니하면 가게 하지 아니하겠나이다 그 사람이 그에게 이르되 네 이름이 무엇이냐 그

가 가로되 야곱이니이다 그 사람이 가로되 네 이름을 다시는 야곱이라 부를 것이 아니요 이스라엘이라 부를 것이니 이는 네가 하나님과 사람으로 더불어 겨루어 이기었음이니라 야곱이 청하여 가로되 당신의 이름을 고하소서 그 사람이 가로되 어찌 내 이름을 묻느냐 하고 거기서 야곱에게 축복한지라 그러므로 야곱이 그곳 이름을 브니엘이라 하였으니 그가 이르기를 내가 하나님과 대면하여 보았으나 내 생명이 보전되었다 함이더라

호 12:3-4 야곱은 태에서 그 형의 발뒤꿈치를 잡았고 또 장년에 하나님과 힘을 겨루되 천사와 힘을 겨루어 이기고 울며 그에게 간구하였으며 하나님은 벧엘에서 저를 만나셨고 거기서 우리에게 말씀하셨나니

호세아 선지자는 야곱이 얍복강에서 하나님과 밤새 씨름하여 이김으로 새 이름을 준 그 하나님이 천사라고 증거하고 있다.

이처럼 구약 때 창조주 하나님, 성부 하나님이라고 믿고 있었던 여호와 하나님은 창조주 하나님이 아니라는 것이 성경에 분명하게 기록되어 있다.

그렇다면 왜 구약 때는 참 하나님이 등장하지 못하고 천사가 하나님 노릇을 한 것인가?

갈 4:1-5 내가 또 말하노니 유업을 이을 자가 모든 것의 주인이나 어렸을 동안에는 종과 다름이 없어서 그 아버지의 정한 때까지 후견인과

청지기 아래 있나니 이와 같이 우리도 어렸을 때에 이 세상 초등학문 아래 있어서 종노릇 하였더니 때가 차매 하나님이 그 아들을 보내사 여자에게서 나게 하시고 율법 아래 나게 하신 것은 율법 아래 있는 자들을 속량하시고 우리로 아들의 명분을 얻게 하려 하심이라

하나님의 유업을 상속받을 하나님의 후사들이 죄로 인해 종노릇하는 때이고, 신앙이 장성하지 못한 어린 차원이기에 그들은 하나님을 대면할 수도 없고, 하나님께서 직접 다스릴 수 없는 존재였기 때문이다. 구약 마당은 초등학문에 맞는 지도자, 초등학문에 맞는 율법이 필요한 때였다.

그렇기 때문에 참 하나님이 오시지 못하고 천사들이 후견인, 청지기, 몽학선생이 되어 다스리는 때였다. 그렇다면 언제까지 천사들이 하나님의 후사가 될 인간을 다스려야만 하는 것인가? 구속사의 세계를 마감할 때까지 천사들이 그들을 다스려야만 하는가?

분명히 여호와 하나님이 율법으로 하나님의 자녀들을 다스리는 기간이 정해져 있었다. "때가 차매"(갈 4:4) 약속의 자손이신 예수님이 오실 때까지 하나님의 후사가 될 자녀들이 그들의 종이 되고, 그들이 하나님의 자녀들의 잠정적인 주인 노릇을 했다. 그 말씀을 지금 둘째 날에 적용시켜보고자 하는 것이다.

다시 말하면 둘째 날 하늘, 궁창의 세계를 지었는데 아직 궁창의 세계의 주인이 탄생되지 않았다. 그렇기 때문에 하나님의 후사가 되는 하나님의 아들들이 나타나며 이루어지기까지는 천사들이 하늘, 궁창의 세계를 지키고 다스려야 한다.

히 1:14 모든 천사들은 부리는 영으로서 구원 얻을 후사들을 위하여 섬기라고 보내심이 아니뇨

고전 6:3 우리가 천사를 판단할 것을 너희가 알지 못하느냐 그러하거든 하물며 세상 일이랴

천사들은 하나님의 후사가 되는 하나님의 아들들을 위해서 종으로 지은 존재라는 것이다. 이 땅에서도 약속의 자손이 오시기까지 천사들이 우리의 후견인, 청지기, 몽학선생이 되어서 우리를 다스렸다. 상대적으로 이 땅에서도 그러했는데 하물며 하늘에서도 하늘의 집이 비어있도록 방치할 수는 없지 않겠는가?

모세가 하나님의 집에 사환으로 충성한 것처럼(히 3:5-6), 하늘나라의 주인공들이 나타나며 이루어질 때까지 궁창의 세계를 지키고 다스리는 대상으로 천사들을 지으셨다는 것이다.

그 지으신 세계를 "하나님이 가라사대 물 가운데 궁창이 있어 물과 물로 나뉘게 하리라"고 표현한 것이다. 이 땅에서 의인의 부활(계 20:4-6), 생명의 부활, 심판의 부활이 이루어지듯이(요 5:29) 천사의 세계도 그런 기구와 편제와 조직으로 이루어졌다는 것을 알 수가 있다.

3. 왜 궁창을 중심으로 윗물과 아랫물로 나누셨는가?

창 1:6-8 하나님이 가라사대 물 가운데 궁창이 있어 물과 물로 나뉘게 하리라 하시고 하나님이 궁창을 만드사 궁창 아래의 물과 궁창 위의 물로 나뉘게 하시매 그대로 되니라 하나님이 궁창을 하늘이라 칭하시니라 저녁이 되며 아침이 되니 이는 둘째 날이니라

왜 둘째 날 창조하신 궁창의 세계를 윗물과 아랫물로 나누셨는가? 여기서 이 점을 기억해야 한다. "하나님이 가라사대 궁창 위에 물이 있으라, 궁창 아래에 물이 있으라"고 하시지 않고, "하나님이 가라사대 물 가운데 궁창이 있어 물과 물로 나뉘게 하리라"고 하셨다. 둘째 날 하나님이 궁창의 세계를 지으신 것이지, 물의 세계를 지으신 것이 아니다. 궁창의 세계를 지으시고 이미 존재해 있던 물을 궁창을 중심으로 나누신 것이다.

시 148:4 하늘의 하늘도 찬양하며 하늘 위에 있는 물들도 찬양할찌어다

또 강조하고자 하는 내용이 있다. 첫째 하늘이건, 둘째 하늘이건, 셋째 하늘이건 하나님이 창조하신 가장 본질적이고 기본적이고 근본된 세계에는 땅과 물이 있다는 것이다. 아직 생명체가 지음을 받기 전에 하나님께서 창조하신 창조본연의 세계에는 땅과 물이 있었다. 지구에 땅과 물이 있듯이 첫째 하늘에도 땅과 물이 있고, 둘째 하늘에도 땅과 물이 있고, 셋째 하늘에도 땅과 물이 있다.

궁창의 세계에는 물만 있는 것이 아니라 땅도 있다. 에스겔 31장에 보면 애굽의 바로를 물가에 심기운 백향목으로 비유한 내용이 기록되어 있다.

> 겔 31:8-9 하나님의 동산의 백향목이 능히 그를 가리우지 못하며 잣나무가 그 굵은 가지만 못하며 단풍나무가 그 가는 가지만 못하며 하나님의 동산의 아무 나무도 그 아름다운 모양과 같지 못하였도다 내가 그 가지로 많게 하여 모양이 아름답게 하였더니 하나님의 동산 에덴에 있는 모든 나무가 다 투기하였느니라

애굽의 바로가 강가에서 자란 백향목처럼 자라서 구름에 닿았다는 내용이다. 그러자 "에덴동산에 있는 나무들이 다 투기했더라"는 말씀이다.

> 창 2:16 여호와 하나님이 그 사람에게 명하여 가라사대 동산 각종 나무의 실과는 네가 임의로 먹되

> 계 22:1-2 또 저가 수정 같이 맑은 생명수의 강을 내게 보이니 하나님과 및 어린 양의 보좌로부터 나서 길 가운데로 흐르더라 강 좌우에 생명나무가 있어 열두 가지 실과를 맺히되 달마다 그 실과를 맺히고 그 나무 잎사귀들은 만국을 소성하기 위하여 있더라

에덴동산에도 신령한 각종 나무들이 존재하고, 생명 강 좌우에 생명나무가 열두 가지 실과를 맺히되 달마다 실과를 맺힌다고 되어있다.

우리는 궁창의 세계는 영적인 존재가 사는 신령한 세계이기 때문에, 신령한 능력을 가진 존재들이 물질이 없어도 살아가고 있는 세계인 것처럼 생각한다. 그러나 성경 말씀을 깊이 궁구하면 이 땅에 있는 것은 궁창의 세계에도 똑같이 다 있다는 것을 알게

된다.

다만 해와 달 대신 어린 양이 등이 되신다고 했다(계 21:23). 해와 달은 한계를 가진 물질로 생성되어 언젠가는 소멸되기 때문에 어린 양이 등이 되시는 것이다. 이 땅에 있는 물질들은 다 하나님께서 주관하시고 섭리하시는 궁창에서 오는 것이지, 지구 자체에서 스스로 생성되는 것은 아무 것도 없다.

일본 작가인 에모토 마사루가 지은 '물은 답을 알고 있다'에 수록된 미국 아이오와 대학의 루이스 프랭크 박사의 논문에 의하면 지구 대기권 안으로 100톤짜리 얼음덩어리가 정확하게 1분에 20개씩 날아온다는 것이다.[5] 그 얼음 속에 궁창에 있는 생명체가 담겨 이 땅으로 운반되는 것이다. 다만 그 얼음덩어리가 지구 대기권에 들어오는 순간 물로 변하기 때문에 육안으로 식별되지 않을 뿐이다.

이 학설은 나사(NASA)에서도 인정받은 바 있다. 다만 그 사실을 과학적으로 입증할 수 있는 논리적 근거와 원리를 찾아내지 못했고, 또 지금까지 지구과학 분야에서 정립된 학설을 혼란에 빠뜨리는 위험부담으로 인해 발표하지 않을 뿐이다.

지구 표면의 70%를 차지하는 바다의 그 많은 물들이 어디에서 온 것일까? 지구에 존재하는 물질에 포함된 물로 인해 바닷물이 생성되었다는 논리는 더 이상 설득력이 없다. 그 물들은 지구가 생성된 이래 지금까지 모두 궁창에서 운반되어 온 것이다. 따

---

[5] "물은 답을 알고 있다", 90, 108쪽, 에모토 마사루 저, 나무 심는 사람

라서 궁창에 있는 생명체들이 물을 다스리는 천사들이 운반하는 얼음덩어리를 통해 지구로 운반되는 것이다.

그렇기 때문에 성경에는 하늘이 3층으로 표현되고, 그 하늘마다 다 물이 있다고 증거하고 있다(시 148:4).
창세기의 둘째 날, 궁창을 중심으로 궁창 위의 물과 궁창 아래의 물로 나뉘게 하심으로 궁창의 세계가 아랫물, 윗물, 궁창이라는 3단계로 이루어졌다(창 1:6-8). 그러므로 하늘이 첫째 하늘, 둘째 하늘, 셋째 하늘로 이루어진 것이다.

그렇다면 성경에 하늘이 첫째 하늘, 둘째 하늘, 셋째 하늘로 이루어졌다는 것을 증거하는 구절이 있는가?

> 왕상 8:27 하나님이 참으로 땅에 거하시리이까 하늘과 하늘들의 하늘이라도 주를 용납지 못하겠거든 하물며 내가 건축한 이 전이오리이까

> 대하 6:18 하나님이 참으로 사람과 함께 땅에 거하시리이까 하늘과 하늘들의 하늘이라도 주를 용납지 못하겠거든 하물며 내가 건축한 이 전이오리이까

이 기도는 솔로몬이 성전 건축을 마치고 봉헌식을 하면서 올린 기도이다. 자신이 지은 성전을 하나님께 바치는 기도이다. 그렇기 때문에 이 기도의 내용은 솔로몬 스스로 하는 기도라기보다는 성령께서 함께 해주시고 인도해주시는 내용이기 때문에 이 기도의 전문이 기록되어 있는 것이다. 따라서 솔로몬이 하는 말은

성령께서 증거하시는 말씀과 같다는 뜻이다. 즉 하늘이 첫째 하늘, 둘째 하늘, 셋째 하늘로 나누어져 있다는 것을 성령께서 솔로몬의 입을 통해 친히 증거하시는 내용이다.

그런 의미에서 "하나님이 가라사대 물 가운데 궁창이 있어 물과 물로 나뉘게 하라"고 하신 이 말씀의 의미를 살펴보면 '가운데'라는 말씀이 처음으로 표현되고 있다. 첫째 날에는 '가운데'라는 말씀이 나오지 않는다.

빛과 어두움을 나누는 데에는 빛과 어둠의 경계가 있게 마련이다. 빛이 미치는 영역과 빛이 미치지 않는 영역에는 분명히 경계가 있는 것이다. 그렇기 때문에 이면적으로 말하면 여기에도 '가운데'가 있다. 다시 말하면 빛이 어두움까지 비출 수 없도록 제한해놓은 경계지역이 분명히 있다는 것이다. 그 경계지역을 궁창으로 만들어놓으셨다는 것이 둘째 날의 내용이다. 그 경계지역으로 만들어놓으신 궁창이 곧 하늘이다. 둘째 날의 의미를 깊이 헤아려보면 그렇게 구분되어 있다. 궁창의 세계에서 윗물과 아랫물을 나누신 중심은 궁창이다. 궁창이 있기에 윗물과 아랫물로 나누실 수 있었던 것이다.

> 눅 16:25-26 아브라함이 가로되 얘 너는 살았을 때에 네 좋은 것을 받았고 나사로는 고난을 받았으니 이것을 기억하라 이제 저는 여기서 위로를 받고 너는 고민을 받느니라 이뿐 아니라 너희와 우리 사이에 큰 구렁이 끼어 있어 여기서 너희에게 건너가고자 하되 할 수 없고 거기서 우리에게 건너 올 수도 없게 하였느니라

이는 마치 부자가 간 스올과 나사로가 간 낙원 사이에 큰 구렁이 있는 것과 같다.

궁창은 몇째 하늘에 해당되는가?

창세기 1장의 첫째 날부터 여섯째 날까지 모두 "보시기에 좋았더라"고 하셨고(창 1:4, 1:10, 1:12, 1:18, 1:21, 1:25), 여섯째 날 사람을 창조하신 후에는 "보시기에 심히 좋았더라"(창 1:31)고 하셨는데, 둘째 날 궁창의 세계를 지으시고 나서는 왜 "보시기에 좋았더라"고 하지 못하신 것일까? 그 이유가 무엇인가?

궁창의 세계에 "보시기에 좋았더라"고 하지 못할 어떤 문제점이 생겼다는 것을 알 수 있다. 다시 말하면 죄가 발생한 것이다. 야고보서 1:15에 "욕심이 잉태한즉 죄를 낳고 죄가 장성한즉 사망을 낳느니라"고 했다. 천군의 세계에 타락이라는 문제가 생겼기에 하늘이 통일되지 못하고 분리된 것이다.

분리는 곧 심판이라고 말할 수 있다. 창세기 1:6절에서는 "하나님이 가라사대 물 가운데 궁창이 있어 물과 물로 나뉘게 하리라"고 물과 물로 나누었을 뿐이다. 그것은 심판은 아니다. 물의 세계의 어떤 상하조직과 기구, 질서 등을 구분한 것이지 심판은 아니다. 그러나 창세기 1:7에서는 "하나님이 궁창을 만드사 궁창 아래의 물과 궁창 위의 물로 나뉘게 하시매 그대로 되니라"고 궁창을 중심으로 윗물과 아랫물로 완전히 분리하셨다.

다시 말하면 창세기 1:7에서 윗물과 아랫물로 나누신 것은 심판을 받아야 될, 구별을 받아야 될 내용이 물의 세계에서 나타났기 때문에 부득이 윗물과 아랫물로 나누었다고 말씀할 수 있는 것이다. 분리라는 말은 곧 죽음을 의미하기도 하는 것이다. 영혼과 육신이 분리되는 것이 곧 죽음이다. 즉 윗물과 아랫물로 나누었다는 말은 이미 물의 세계에서 심판이 이루어졌다는 것이다.

> 창 6:5-7 여호와께서 사람의 죄악이 세상에 관영함과 그 마음의 생각의 모든 계획이 항상 악할 뿐임을 보시고 땅위에 사람 지으셨음을 한탄하사 마음에 근심하시고 가라사대 나의 창조한 사람을 내가 지면에서 쓸어버리되 사람으로부터 육축과 기는 것과 공중의 새까지 그리하리니 이는 내가 그것을 지었음을 한탄함이니라 하시니라

왜 노아 때 하나님이 심판하셨는가? 왜 하나님이 인간 지으심을 후회하셨는가? 영과 혼이 타락했는데 거기에 마지막 남은 몸까지 타락하여 전적인 타락이 이루어졌기 때문이다. 죄가 관영(貫盈, 꿸 관, 찰 영-죄가 차고 넘침)했다는 것은 영, 혼, 몸의 완전 타락을 의미한다. 그런 결과로 인해 하나님께서 인생 지으심을 후회하사 물로 심판하셨다.

마찬가지다. 땅에서 물로 심판하신 것처럼 하늘에서도 동일하게 궁창을 중심으로 윗물과 아랫물로 나누는 심판이 이루어졌다면, 궁창의 세계에 타락이 있었다는 것이다. 사람들이 영과 혼과 몸을 빼앗긴 것처럼 천사들의 세계에서도 그렇게 타락된 존재들이 나타났다는 것을 알 수 있다. 그런 타락과 심판이 있었기 때문에 하나님께서 창세기의 둘째 날, "보시기에 좋았더라"는 말씀을 하지 못하신 것이다.

이처럼 분리된 첫째 하늘, 둘째 하늘, 셋째 하늘을 살펴보면, 궁창이 셋째 하늘이고, 윗물이 둘째 하늘이고, 아랫물이 첫째 하늘이 된다. 즉 윗물의 세계는 타락하지 않은 천사들의 세계이고, 아랫물의 세계는 타락한 천사, 즉 부정한 천군의 세계라는 것을 알 수 있다. 윗물에 속한 천사들은 아랫물에 속한 천사들과 다른 품성, 내용, 근본을 가지고 있다는 것이다.

따라서 윗물의 세계에서 이 땅에 온 짐승들은 정결한 짐승이고, 아랫물의 세계에서 이 땅에 온 짐승들은 부정한 짐승이다. 그렇기 때문에 레위기 11:1-47에 정결한 짐승은 먹되, 부정한 짐승은 먹지 못하도록 구별하신 것이다. 정결한 짐승과 부정한 짐승으로 구별된 것은 그들이 다 궁창에서 온 존재들이기 때문이다. 만일 그들이 이 땅에서 진화의 과정으로 바뀔 수 있는 입장이라면 새, 짐승, 어족에 대해 그렇게 단정적으로 정결한 짐승, 부정한 짐승이라고 구별하지는 않았을 것이다.

하나님께서 노아의 방주를 3층층으로 짓게 하신 것도 그런 원리적인 근거에 의해서 명령하신 것이다. 방주 1층에는 부정한 짐승, 2층에는 정결한 짐승, 3층에는 성가정(聖家庭)인 노아의 여덟 가족을 태우라는 하나님의 말씀도 그런 원리적인 근거에 의해 명령하시고, 노아가 그 명령에 순종하여 방주를 짓고 방주 안에 그런 대상들을 태운 것이다.

말 1:2-3 여호와께서 가라사대 내가 너희를 사랑하였노라 하나 너희는 이르기를 주께서 어떻게 우리를 사랑하셨나이까 하는도다 나 여호와가 말하노라 에서는 야곱의 형이 아니냐 그러나 내가 야곱을 사

랑하였고 에서는 미워하였으며 그의 산들을 황무케 하였고 그의
산업을 광야의 시랑에게 붙였느니라

롬 9:10-13 이뿐 아니라 또한 리브가가 우리 조상 이삭 한 사람으로 말미암아 잉태하였는데 그 자식들이 아직 나지도 아니하고 무슨 선이나 악을 행하지 아니한 때에 택하심을 따라 되는 하나님의 뜻이 행위로 말미암지 않고 오직 부르시는 이에게로 말미암아 서게 하려 하사 리브가에게 이르시되 큰 자가 어린 자를 섬기리라 하셨나니 기록된바 내가 야곱은 사랑하고 에서는 미워하였다 하심과 같으니라

마치 에서와 야곱이 아직 나지도 않고, 선과 악을 행하지도 않았는데 하나님께서 야곱은 사랑하고 에서는 미워했다는 내용과 같다. 공의의 하나님께서 그렇게 하시는 이유는 에서와 야곱의 근본, 출처, 본질을 바라보시고 그렇게 하신 것이다.

분명히 이삭과 리브가라는 같은 부모에게서 에서와 야곱이 태어났다. 그런데 어떻게 에서는 악하고, 야곱은 선한 존재로 태어날 수 있었는가? 이삭의 씨에는 수억 개의 씨알(정자)들이 들어있다. 그 중에 악한 씨알을 불러 열매 맺게 하신 것이 에서가 되고, 선한 씨알을 불러 열매 맺게 하신 것이 야곱이 되었다. 하나님께서 그 많은 씨알들 중에서 그런 근본을 바라보시고 선택하셨기에 에서는 미움의 대상이고, 야곱은 사랑의 대상이라고 선포하신 것이다.

그렇기 때문에 하나님의 하시는 시종을 인생들이 헤아릴 수

없다는 것이다(롬 11:33, 전 3:11). 그야말로 신묘막측한 하나님의 역사이기에 보이는 육안을 가진 인생들로서는 신령한 세계의 비밀을 깨닫기 어렵다는 것이다(시 139:14).

II
둘째 날 천사의 세계는 어떻게 탄생되었는가?

궁창의 세계의 천사들은 어떻게 지어진 존재인지, 궁창의 세계는 어떤 조직으로 이루어졌는지, 왜 궁창의 세계에서 타락한 천사들이 탄생했는지, 지금부터 천군의 세계의 타락의 원인, 이유, 결과, 영향에 대해 심도있게 말씀을 전개하고자 한다.

1. 왜 흑암을 빛보다 먼저 지으셨는가?

창 1:2 땅이 혼돈하고 공허하며 흑암이 깊음 위에 있고 하나님의 신은 수면에 운행하시니라

창 1:3 하나님이 가라사대 빛이 있으라 하시매 빛이 있었고

창세기 1:2의 세계는 첫째 날 "빛이 있으라!"는 역사를 하시기 전이므로 아직 빛이 없는 세계이다. 땅이 혼돈하고 공허하며 흑암이 깊음 위에 있어서 하나님의 신이 임할 수 없기에 수면에 운행하셨다는 것이다.

왜 하나님께서는 "빛이 있으라!"는 역사를 하시기 전 흑암을 먼저 지으셨는가? 여기서 이 점을 오해해서는 안 된다.

하나님께서 창세기 1:3에 "빛이 있으라 하시매 빛이 있었고"라고 하신 것은 아버지 품안에 독생하신 태초의 말씀을 독자적으로 역사하실 수 있는 빛으로 독립시키신 것이지, 빛을 처음 지으셨다는 의미가 아니다. 아버지 품속에 함께 하던 태초의 말씀이 장성하여 분가할 수 있게 됨으로(창 2:24, 엡 5:31-32), 구속사의 세계를 시작하는 첫 출발점이 된 것을 선포하시는 것이다. 따라서 요한복음 1:1의 태초의 말씀과 창세기 1:3의 빛은 동일한 존재이다.

창세기 1:2의 '땅이 혼돈하고, 공허하며, 흑암이 깊음 위에 있는 세계'는 빛이 등장하기 이전의 세계, 태초의 말씀을 분가시켜 만물을 지으시기 이전의 세계(요 1:1-3), 아직 하나님이 인류 구속사역에 개입하지 않으신 세계이다.

여기서 땅은 지구에만 있는 물질이 아니다. 첫째 하늘이나, 둘째 하늘이나, 셋째 하늘이나 피조의 세계에는 다 땅이라는 물질이 있다. 그런데 하늘의 땅이나, 지구의 땅이나 아직 빛이 등장하지 않은 상태이므로 혼돈하고, 공허하며, 흑암이 깊음 중에 있다는 것이다. 빛이 없는 세상은 당연히 어둠으로 가득 찰 수밖에 없다. 빛의 세계에서는 선한 양심을 가지고 있기에 선을 추구하려는 쪽으로 움직이기 마련이나, 어둠의 세계에서는 빛이 없기 때문에 대부분의 사람들이 선한 양심을 가질 수가 없다. 그렇기 때문에 혼돈, 공허, 흑암의 세계에서는 구속사의 대상이 되는 사람들이 죄를 지을 수도 있는 것이다.

구속사의 입장에서 보아도 구속사의 첫 사람인 아담이 등장하기 이전에 이미 짐승 같은 차원의 인간들이 살고 있었다. 아담 이전의 사람들은 약육강식(弱肉强食)이라는 본능적인 삶을 사는 가운데 남의 물건을 약탈하고, 빼앗고, 사람을 죽이는 일들이 비일비재했을 것이다. 그러나 율법이 존재하기 전에는 죄가 죄로 드러나지 않듯이(롬 5:13), 그들은 죄 가운데 살면서도 죄라는 사실을 인식하지 못하고 살고 있었다. 그런 세계를 가리켜 혼돈하고, 공허하며, 흑암이 깊은 세계라고 한다. 그들은 아직 "빛이 있으라!"는 역사를 행하기 이전이기 때문에 빛을 경험하지 못하고, 빛의 세계를 알지 못하는 자들이다. 따라서 그들은 혼돈, 공허의 과정을 통해 흑암이라는 죄의 열매를 맺을 수밖에 없다. 그런 세계에 사는 대상들을 가리켜 성경에서는 수에 칠 가치조차 없는 멸망 받을 짐승과 같은 자들이라고 말씀하고 있다(시 49:12, 49:20, 사 2:22).

그런 때에 "빛이 있으라"는 입장에서 아담이 선택받은 것이다. 아담이 인류 구속사의 첫 사람으로 선택받음으로 혼돈, 공허, 흑암의 세계가 빛의 세계로 전환되었다. 멸망 받을 짐승과 같은 자들이 사람다운 사람, 인격적인 존재, 빛의 사람으로 거듭나서 존귀한 존재로 변화 받아 완성될 수 있는 기회가 주어진 것이다. 첫째 아담이 그렇게 선택받은 것처럼, 태초의 말씀으로 계시던 예수님이 "빛이 있으라"는 말씀으로 등장하신 것이 창세기 1:3의 중심이다. 예수께서 말씀이 육신으로 이 땅에 오심으로(요 1:14) 빛과 어둠, 낮과 밤이 구별되었다.

"내가 야곱은 사랑하였고 에서는 미워하였다"(말 1:2-3, 롬 9:13)는 말씀은 하나님은 빛을 사랑하고, 어둠은 미워한다는 입장의 표명이시다. 이 원칙은 태초의 역사에만 적용되는 것이 아니라, 오늘날에도 동일하게 적용된다. 빛의 자녀들은 빛의 역사에 거하기 때문에 빛의 열매를 맺을 수 있지만, 어둠의 자녀들은 혼돈, 공허, 흑암의 세계에 거하기 때문에 죄의 열매를 맺을 수밖에 없다. 따라서 빛으로 오신 예수님을 영접하지 않는 자는 혼돈, 공허, 흑암의 세계에 거하는 자들이라는 결론에 이르게 된다.

그렇다면 하나님께서 처음부터 "빛이 있으라"는 역사만 하셨다면 "보시기에 좋았더라"는 세계만 전개되었을 텐데, 왜 흑암을 지으셨는가? 그런 문제를 제기할 수 있다. 그것은 방향을 바꾸면 이런 질문과 같다. "에덴동산에 선악나무를 두시지 않았다면 아담이 타락하지 않았을 텐데, 왜 선악나무를 두셔서 아담으로 하여금 죄를 짓게 하셨는가?"라는 질문과 같은 내용이다.

여기서 본래 하나님께서 피조물을 지으신 데에 대한 본질적이고 근본적인 뜻이 무엇인지 생각해 볼 수 있다. 분명히 아담에게 자유의지를 주셔서 생명나무와 선악나무를 선택하게 하신 것처럼 하늘 차원에서도 그런 선택을 동일하게 하신 것이라고 할 수 있다.

즉 다시 말하면 먼저 흑암을 지으시고 이어서 빛을 지으신 것이다. 물론 그 흑암 자체도 아버지께서 말씀으로 지으신 것이다. 그렇기 때문에 원리적인 근본을 말한다면 말씀 앞에는 빛이나 어둠이나 다 같은 입장이 되는 것이다. 다시 말하면 아담에게만 그런 선택권을 주신 것이 아니라, 창조의 세계에 있어서 모든 피조물들에게도 동일하게 수리성의 과정을 통해서 상대적인 존재를 놓고 선택하게 한 것이라고 말할 수 있다. 하나님께서 아담에게 생명나무와 선악나무를 두고 선택하게 하신 것처럼, 피조세계의 모든 피조물들에게도 흑암과 빛의 세계를 놓고 선택하게 한 것이라고 말할 수 있는 것이다.

창세기 1:2의 세계와 창세기 1:3의 세계는 서로 상반되게 등장하고 있다. 즉 어둠의 세계와 빛의 세계가 서로 대립하고 있는 것이다. 그러나 빛의 세계와 어둠의 세계가 서로 다른 차원에서 따로 지어진 것이 아니라, 다 첫째 날에 지어졌다. 따라서 빛이 등장함으로 어둠의 세계가 상대적으로 드러나고 구별됨으로, 사람들이 '혼돈, 공허, 흑암의 길'을 통하여 어둠의 권세에 소속될 수도 있고, '빛이 있으라 하시매 빛이 있었고'라는 빛의 길을 통해서 영생을 얻을 수도 있다는 두 가지의 방편을 상대적으로 지으신 것이다. "빛이 세상에 왔으되 사람들이 자기 행위가 악하므로 빛보다 어두움을 더 사랑한 것이니라"(요 3:19)는 말씀에서 빛보다 어둠을 더 사랑하는 사람들은 혼돈, 공허, 흑암의 3단계 과정을 밟고 있는 자들이다.

다시 말하면 하나님께서 창조본연의 세계, 선악나무를 만드신 이유, 밤을 만들어놓으신 이유를 올바르게 이해하고 깊이 궁구하면 만물의 영장인 사람을 괴롭히기 위함이 아니라 모든 피조물들과 만물의 영장인 사람까지도 보다 유익하고 영화롭고 영광스러운 상급을 주기 위해서, 면류관을 주기 위해서, 승리자를 만들기 위해서 그런 창조원리의 수리성을 적용한다는 것을 알게 된다.

그렇다면 왜 빛보다 혼돈, 공허, 흑암의 세계를 먼저 지으신 것인가? 분명히 "땅이 혼돈하고 공허하며 흑암이 깊음 위에 있고 하나님의 신은 수면 위에 운행하시니라"고 하시고 나서 "빛이 있으라 하시매 빛이 있었고"의 역사가 이어진다.

이 선후(先後)의 관계적 질서를 통해서 무엇을 깨달을 수 있는 것인가? 창세기의 첫째 날의 역사를 시작하기 이전부터 혼돈, 공허, 흑암이라는 죄가 형성될 수 있는 요소가 존재하고 있었다는 것이다. 물론 처음부터 죄가 있었던 것은 아니다. 다만 죄를 지을 수 있는 빛의 상대적인 존재가 창조원리 속에 들어있었다고 말할 수 있다. 그러기에 빛과 흑암이라는 상대적인 존재를 깊이 살펴볼 필요가 있다.

그 점에 대해 이런 이치를 생각할 수 있다. 어떤 스토리를 전개하거나 역사의 진행 과정에서 결과적인 효과를 특별하게 나타내기 위해서 반전(反轉)이라는 방편을 사용하기도 한다. 구속사의 세계를 바라볼 때 땅에서나 하늘에서나 반전이 거듭될수록 결과적인 효과는 더욱더 특별하게 나타날 수가 있다.

창세기의 하루는 저녁부터 시작해서, 밤을 지나, 새벽, 낮, 저녁 이렇게 구성되어 있다. 저녁부터 시작해서 다음날 저녁까지가 하루이다. 그런데 그 하루 속에는 밤이라는 시간이 들어있다. 왜 하나님께서 밤이라는 시간을 두신 것일까? 세상 말에도 눈물 젖은 빵을 먹어본 사람만이 진정한 인생의 가치를 알 수 있다고 한다.

하루 속에 들어있는 밤은 특별한 존재만 겪는 밤이 아니라, 창조 원리에서 빛을 더욱 더 영화롭게 나타내기 위한 상대적 입장의 밤이다. 그렇기 때문에 그 밤은 창조물 중 어느 대상도 그냥 지나

칠 수 없는, 초월하거나 벗어날 수 없는 그런 밤이라는 것이다.

> 신 8:2 네 하나님 여호와께서 이 사십년 동안에 너로 광야의 길을 걷게 하신 것을 기억하라 이는 너를 낮추시며 너를 시험하사 네 마음이 어떠한지 그 명령을 지키는지 아니 지키는지 알려하심이라

이스라엘 백성들로 하여금 광야길을 걷게 하신 그 광야길 자체가 영적으로 말하면 밤이라는 길을 걷게 하신 것이다. 하나님의 의지로써, 하나님의 은혜로써 이스라엘 백성들로 하여금 밤이라는 때의 과정을 걷게 하신 것이다. 누구도 광야길을 걷지 않고는 젖과 꿀이 흐르는 가나안 땅에 들어갈 수가 없는 것이다. 광야길에서 이긴 자만이 천국을 상징하는 젖과 꿀이 흐르는 가나안 땅에 들어갈 수 있다. 광야길이 곧 혼돈, 공허, 흑암의 길이기 때문에 그 길을 걸어야만 의의 태양이신 예수님을 영접하는 빛의 자녀가 된다. 그렇기 때문에 광야길 자체가 오늘날의 길이 되는 것이다(히 3:7, 4:7).

이처럼 하루 가운데 밤을 만들어놓으신 이유, 구도의 과정 안에서 에덴동산에 선악나무를 만들어놓으신 이유, 땅이 혼돈하고, 공허하며, 흑암이 깊은 과정을 만들어 놓으신 이유가 다 같은 맥락이다. 다시 말하면 에덴동산에서 선악나무를 이기지 못하고는 절대 생명나무 열매를 먹을 수가 없다. 생명나무 열매를 먹을 수 있는 자격자를 만들기 위해서 선악나무를 둔 것이다.

그렇기 때문에 밤을 통과해야만 광명한 새벽별의 의미를 가지고 있는 새벽을 맞이할 수 있는 것이다. 밤을 통과한 자만이 진정

한 새벽과 낮이라는 존재의 가치를 깊이 평가할 수 있다. 그런 이치대로 하나님께서 광명에 반대되는 밤이라는 시간, 과정을 상대적으로 적용시킨 것이다. 다시 말하면 창조세계에는 모든 만물의 대상을 상대적으로 지으셨다는 상대성 원리가 창세기 1장부터 적용되고 있는 것이다.[6)]

다시 한 번 정리하면 빛의 열매가 등장하기 이전에 먼저 죄의 열매를 맺게 하시는 것은 광명한 세계의 영광을 더욱 더 특별한 영광으로 나타내시기 위한 하나님의 의도적인 반전의 과정이라고 말할 수 있다.

그 과정이 즉흥적인 상황에서 전개된 것이 아니다. 빛을 짓기 전에 '혼돈과 공허와 흑암의 세계'를 먼저 선언하신 것은 하나님이 계획하시는 계획의 내용 속에 앞서 언급한 광명한 세계의 영광을 더욱 더 특별한 영광으로 나타내시고자 하신 의도가 숨겨져 있는 것이다. 그 과정을 가리켜서 하루라는 시간에서는 '밤'이라고 말하고 있고, 창조원리의 과정에서는 '흑암'이라고 표현하는 것이다.

예수님도 자신을 빛으로 말씀하시면서도 "때가 아직 낮이매 나를 보내신 이의 일을 우리가 하여야 하리라. 밤이 오니 그때는 아무도 일할 수 없느니라"(요 9:4)고 하셨다. 밤이 되면 일할 수 없다는 그 밤은 단순히 자연계시적인 밤이 아니라 빛이 역사할 수 없는 어둠의 시간을 말씀하신 것이다. 그런 밤이 구속사의 세계 안에 필연적으로 들어있다는 것이다.

---

6) 하나님께서는 다섯 가지 창조원리에 의해서 우주만물을 창조하셨다. 영원성, 상대성, 수리성, 절대성, 완전무결성이다.

창 2:17 선악을 알게 하는 나무의 실과는 먹지 말라 네가 먹는 날에는 정녕 죽으리라 하시니라

그런 의미를 정리해본다면 구속사의 세계에서도 하나님께서 먼저 아담에게 "선악을 알게 하는 나무의 실과를 먹으면 정녕 죽으리라"는 계명을 주신 것은 창세기 1:2의 말씀이 창세기 1:3의 말씀보다 앞서 존재한다는 사실을 뒷받침하는 말씀이다. 창조원리적인 입장에서 합리적으로 먼저 그들을 선언하신 그 목적을 증거하는 것이다.

그렇게 하신 이유를 이해한다면, 왜 하나님께서 창조원리의 입장에서 죄를 먼저 열매 맺게 하셨는지도 알 수 있고, 하나님께서 경영하시는 경륜의 세계의 비밀을 풀어낼 수도 있는 것이다.

우리가 하나님의 경륜의 비밀을 깨닫고 이해할 수 있다면 광명한 천사로 역사하고자 하는 흑암의 권세를 깨뜨리고 이길 수 있는 것이다. 적을 모르고 싸우면 이기기가 힘들지만 적을 알고 싸우면 적을 이길 수가 있는 것이다.

마찬가지다. 하나님께서 마지막 때 한 이레의 역사, 7년 대환난 속에서 전 3년 반과 후 3년 반을 구별하신 의미도 상대적으로 역사하시는 창조원리의 세계를 끝까지 정확하고 완전하게 이루고자 하신 것이다.

한 가지 경우를 살펴보고자 한다. 한 이레의 절반인 전 3년 반이 빛의 역사이고, 후 3년 반이 어둠의 역사, 흑암의 역사이다. 분명히 지금까지는 흑암의 권세가 앞서 우선권을 갖고 있었다. 그런

데 마지막 때는 어떻게 빛이 먼저 우선권을 가질 수 있는 것인가? 그런 문제도 지금 말씀의 원리에 비추어 깨달을 수 있는 것이다.

그 이유는 예수께서 말씀이 육신으로 이 땅에 오셔서 십자가의 사역을 통하여 사망 권세를 깨시고 승리하심으로 인해 마귀가 가져간 장자권을 빼앗아 오셨기 때문이다. 그래서 재림 마당의 한 이레의 역사는 전 3년 반이 흑암의 역사가 아니라 빛의 역사로 먼저 이루어진 것이라고 말할 수 있다.

만일 예수님이 안식일의 주인으로서 안식일을 회복하지 못했다면 오늘날 우리들이 지키고자 하는 성일, 주님의 날이 존재할 수가 없다. 그분이 안식일을 회복하심으로써 우리가 주일을 지킬 수가 있고, 또 이 땅에 주님의 몸 된 인격적인 성전을 지을 수가 있고, 또 재림 마당에서 빛이 전 3년 반을 먼저 주관하고 섭리할 수가 있는 것이다.

그러면 빛이 먼저 역사하는 것과 나중에 역사하는 것, 그 차이점은 무엇인가?

이런 점을 생각해 볼 수 있다. 장자의 권리가 차자의 두 배가 되는 이유가 무엇인가? 장자는 기력의 시작이 되기 때문이다(신 21:17). 따라서 한 이레의 절반 중, 전 3년 반을 하늘의 역사가 먼저 행한다는 것은 장자의 권리를 가진 것과 같은 것이다. 후 3년 반을 통해서 역사하는 어둠의 권세가 가지고 있는 기득권보다 두 배의 큰 효과를 가지고 역사할 수 있는 것이다.

왜냐하면 빛의 역사가 먼저 역사함으로써 하나님께서 바라고 원하시는 목적대로 최대한의 빛의 열매를 얻을 수 있는 데 반하여, 어둠의 권세가 먼저 역사한다면 이 땅에 남아있는 자들로서는 하나님께서 이루고자 하시는 구원의 수, 순교의 수, 부활의 수, 변화의 수를 이룰 수 없다는 것이다. 왜냐하면 그 날과 그 때를 감해주지 않으면 택한 자라도 견딜 수가 없는 창세 이후 전무후무한 환난이 오기 때문이다(마 24:21-22). 그렇게 무서운 환난이 먼저 이 땅에서 역사된다면 하나님의 백성들이 살아남기 힘들고, 하나님께서 구속하고자 하시는 구원의 수를 확보할 수가 없다. 그렇기 때문에 그런 결과를 바라보시면서 예수님이 유다 지파를 통해서 세상 끝에 오신 것이다(히 9:26).[7]

다시 말하면 어둠이 먼저 전 3년 반에 대한 우선권을 갖지 못하고 빛이 먼저 전 3년 반의 우선권을 가진 것은 우연한 일이 아니다. 막연히 어떤 계약에 의해서 "내가 먼저 할 테니 네가 후에 행하라"는 뜻이 아니다. 예수님이 십자가를 통해서 승리하신 승리의 결과로 말미암아 빛이 먼저 한 이레의 시작인 전 3년 반을 역사하고, 흑암이 뒤를 이어서 후 3년 반을 역사하게 되는 것이다.

그렇기 때문에 마귀가 자기들의 불리함을 회복하고자, 불리한 자기들의 조건을 극복하고자, 좋은 씨를 뿌린 제 밭에 밤중에 몰래 가라지를 뿌린 것이다(마 13:24-30).

쉽게 말한다면 흑암을 먼저 지은 것은 하나님께서 더 극적인

---

7) 유다의 며느리 다말의 쌍태인 베레스와 세라가 태중에서 장자권의 싸움을 통해 베레스가 장자가 되었다(창 38:1-30). 야곱과 에서도 태 밖에서 장자권의 싸움을 했다. 그러나 태중에서 장자권의 회복이 이루어진 경우는 유다 지파가 유일무이하다. 그렇기 때문에 예수님은 유다 지파를 통해서 오실 수밖에 없는 것이다.

거룩한 영광을 취하시기 위해서 그런 반전의 상황을 설정하신 것이라고 말하고 있는 것이다. 그렇기 때문에 밤을 통과해야 하고 광야길을 걸어야 하는 것이다(신 8:2).

그렇다면 혼돈, 공허, 흑암이라는 세 가지의 표현은 무엇에 비교할 수 있는가?

약 1:15 욕심이 잉태한즉 죄를 낳고 죄가 장성한즉 사망을 낳느니라

욕심이 잉태하여 죄가 되고, 죄가 자라서 사망에 이른다는 3단계 수리성을 말씀하신 것이다. 창세기 1:2의 말씀을 이 구절에 비교하면 혼돈하다는 것은 욕심에 해당되는 말이고, 공허하다는 것은 죄에 해당되는 말이고, 흑암이라는 것은 사망에 해당되는 말이다. 욕심이 잉태해서 죄가 되고, 죄가 장성해서 사망에 이른다는 말씀처럼, 땅이 혼돈하고 공허한 결과 흑암이라는 열매를 맺게 된다는 3단계의 수리성을 보여주신 것이다.

하늘이 첫째 하늘, 둘째 하늘, 셋째 하늘로 구별되었다. 그 중에서 셋째 하늘이 한 가운데로서 중심이 되는 것처럼, 흑암이 땅의 한가운데가 된다. 그래서 흑암이 있는 곳에서 땅의 열매를 맺는 것이다. 즉 혼돈, 공허의 단계를 지나 흑암에서 어둠이 열매를 맺는 것을 말한다.

궁창의 세계에도 한가운데가 있고, 땅의 세계에도 한가운데가 있다. 하나님께서 아브라함에게 그 한가운데라는 장소를 가르

쳐주시고자 이삭을 바치게 하심으로 아브라함이 '여호와이레'(창 22:14-여호와께서 준비하심)를 깨닫게 되었다. 한가운데란 이미 만세 전에 하나님께서 예비하시고 준비하신 땅이다. 따라서 '여호와이레' 그 장소에 솔로몬 성전, 헤롯 성전, 스룹바벨 성전이라는 세 성전이 지어진 것이다.

땅의 세계의 한가운데를 흑암이라고 했다. 흑암이란 모르는 사람의 입장에서는 죄의 결과라고 말할 수 있지만, 아는 사람의 입장에서는 하나님의 어떤 보배, 보화를 보이지 않게 가려놓은 것을 흑암이라고 할 수도 있다. 예를 들면 성소와 지성소 사이를 가려놓은 휘장을 흑암이라고 말할 수도 있다. 그래서 예수께서 십자가에서 운명하시는 순간 성소 휘장이 위로부터 아래까지 찢어짐으로 누구나 휘장 안으로 들어올 수 있게 하셨다(마 27:51).

흑암을 구체적으로 설명하는 것은 결코 쉽고 간단한 문제가 아니다. 흑암이란 죄가 머물러 있는 곳, 죄가 역사할 수 있는 곳, 죄가 가장 좋아하는 곳이면서, 또한 죄의 입장에서 가장 거룩한 곳이라고 말할 수 있다.

아담의 입장으로서 정리해보고자 한다. 하나님께서 아담을 부르신 것은 언제인가? 노아가 방주에서 비둘기를 내어보내 감람 새 잎을 물고 돌아온 것이 언제인가? 저녁이다(창 8:11). 아담도 어느 의미에서 보면 비둘기가 물고 온 감람 새 잎 같은 대상이다. 따라서 아담도 저녁 때 부르심을 받은 것이다.

저녁 때 아담을 부르시고 저녁 때 아담에게 주신 말씀이 자유율법이다. 즉 행위언약을 받았다. 그 내용이 "동산 각종 나무의 실과는 네가 임의로 먹되 선악을 알게 하는 나무의 실과는 먹지 말

라. 먹으면 정녕 죽으리라"(창 2:17)는 것이다.

그리고 들짐승 가운데 가장 간교한 뱀이 아담의 가정에 침범했을 때는 언제인가? 밤이라고 말할 수 있다. 그 때가 영적인 밤이었기 때문에 뱀이 아담의 가정을 침범할 수 있었던 것이다.

> 사 9:2 흑암에 행하던 백성이 큰 빛을 보고 사망의 그늘진 땅에 거하던 자에게 빛이 비취도다

> 시 107:10-11 사람이 흑암과 사망의 그늘에 앉으며 곤고와 쇠사슬에 매임은 하나님의 말씀을 거역하며 지존자의 뜻을 멸시함이라

다시 말하면 창세기 1:2에서 말한 흑암, 밤은 빛의 상대적인 존재가 역사할 수 있는 때를 말하는 것이다(출 10:22, 시 107:14, 112:4, 사 5:20, 마 4:16, 유 1:13).

하루의 시간을 살펴보아도 밤이 낮보다 앞서 있다는 그 의미 자체가 하나님이 세우신 공정성이라고도 말할 수 있는 것이다. 그러한 하루의 의미 속에도 그런 상대성과 수리성이 적용되어 있다.

마찬가지다. 밤이라는 과정을 두신 의미도 먼저 밤을 통과함으로써만이 빛의 존재와 가치와 거룩함을 더욱 더 의미 있게 깨달을 수 있기 때문이다. 그런 의미에서 빛보다 흑암을 먼저 앞서 지으신 것이다.

2. 천사는 어떻게 지어진 존재인가?

지금까지 대부분의 성경학자들이나 주석학자들은 궁창의 세계는 신령한 세계이므로 무에서 유를 창조한 바라의 창조라고 주장하고 있다. 따라서 그 세계에 존재하는 천사들 역시 신령한 존재이므로 말씀으로 창조되었다고 믿고 가르치고 있다. 그것이 오늘날 가장 보편적으로 인정을 받는 학설이다.

그렇다면 과연 천사들이 무에서 유로 창조되는 바라의 창조로 지음을 받았을까? 이 점을 깊이 생각해 보고자 한다.

> 눅 20:34-36 예수께서 이르시되 이 세상의 자녀들은 장가도 가고 시집도 가되 저 세상과 및 죽은 자 가운데서 부활함을 얻기에 합당히 여김을 입은 자들은 장가가고 시집가는 일이 없으며 저희는 다시 죽을 수도 없나니 이는 천사와 동등이요 부활의 자녀로서 하나님의 자녀임이니라

위 구절은 예수께서 생명의 부활로 구원 받는 대상들이 천사라는 것을 최초로 증거하신 말씀이다. 이 땅에서 부활한 자들이 천사가 된다는 말씀이다. 이 말씀을 깊이 궁구하면 천사들은 절대 무에서 유의 존재로, 말씀으로 창조된 대상이 아니라는 결론에 도달한다.

만일 천사들이 무에서 유의 존재로, 말씀으로 창조되었다면 큰 모순이 생기게 된다. 그렇다면 하나님께서는 처음부터 천사들을 악한 천사와 선한 천사의 존재로 만들었다는 결과가 되는 것이다.

아담에게 "선악을 알게 하는 나무 열매를 따먹지 말라"는 말씀을 주신 것은 아담에게 자유의지를 주셨기 때문에 자율적인 선택에 의해서 선과 악을 선택하게 하신 것이다.

마찬가지로 천사들에게도 천군의 세계에서 지켜야 할 율례와 규례를 주셨다.

> 유 1:6 또 자기 지위를 지키지 아니하고 자기 처소를 떠난 천사들을 큰 날의 심판까지 영원한 결박으로 흑암에 가두셨으며

천사들도 자기 지위를 지키지 않고, 자기 처소를 떠나면 영원한 결박으로 흑암에 가두는 죄가 되는 법을 주신 것이다. 이처럼 하늘에서도 하늘을 통치하시고 다스리시는 율례와 규례, 율법이 있었던 것이다.

따라서 하나님께서 처음부터 악한 천사와 좋은 천사로 창조하신 것이 아니라, 하나님께서 세우신 천군 세계의 율례와 규례를 따르는 여부에 따라 결과가 정해지는 이치대로 천사들을 지으신 것이다. 그렇기 때문에 천사들은 바라의 창조, 무에서 유로 지어진 존재가 아니라 아사의 창조, 재창조의 존재로 지음을 받은 것이다.

만일 천사들이 무에서 유로 창조되어 있는 근본적인 존재라면, 그들은 본질적으로 인간들보다 월등히 뛰어난 존재가 되기에 하나님의 후사가 되는 자녀들을 받들며 섬기는 종이 될 수가 없다.

또 천사들이 무에서 유로 창조된 존재라면 그들이 소유할 수

있는 모든 것을 독자적으로 가진 존재이기 때문에 하나님께서 그들을 간섭하거나 제재하기 어려워진다. 오직 그것을 간섭할 수 있는 길은 하나님께서 모든 구속사의 세계를 다 이룬 후에 자기 영광의 보좌에 앉으실 때 심판하는 방법 밖에 없다. 그런 이유에서, 절대로 천사들은 바라의 창조가 아니라 아사의 창조, 재창조의 대상이 되는 것이다.

그렇다면 천사들은 어떻게 만들었을까? 천사들을 만들려면 천사들을 만들어야 하는 천사의 기준이 있어야 한다. 하나님께서 즉흥적으로 천사들을 만드신 것이 아니다.

예를 들어, 집을 지으려면 집 지을 터를 선정해야 하고, 그 터가 정해지면 집을 지을 설계도가 있어야 한다. 보이는 물질의 세계에서도 어떤 대상을 만들기 위해서 그런 철저한 사전적인 준비가 있어야 되는데, 궁창의 세계의 중심이 될 만군, 천사들을 만드는데 하나님께서 아무 계획 없이 즉흥적으로 만드시겠는가? 얼마나 철저하게 예비하고 준비하셨겠는가?

따라서 천사를 만들기 위해서는 그런 천사들의 대표가 되는 존재를 최초로 만들어야 한다는 것이다. 천상의 세계와 지상 세계는 전혀 그 근본과 본질의 영광이 다른 세계이다. 땅에 붙어서 사는 사람들과 시공간을 초월하고 비상하며 하늘의 영계를 자유롭게 드나들 수 있는 존재들은 서로 차원이 다르다.

과연 천사를 지을 수 있는 최초의 모본(模本), 표본이 되는 존재는 누구인가? 그 존재를 알기 전에 먼저 천상 세계의 창조의 순서부터 짚어보고자 한다.

천상 세계는 어떤 순서로 지어졌는가?

> 요 14:2-3 내 아버지 집에 거할 곳이 많도다 그렇지 않으면 너희에게 일렀으리라 내가 너희를 위하여 처소를 예비하러 가노니 가서 너희를 위하여 처소를 예비하면 내가 다시 와서 너희를 내게로 영접하여 나 있는 곳에 너희도 있게 하리라

이 구절에서 말씀하신 '아버지의 집'은 어디를 말씀하신 것인가? 스스로 계신 하나님께서 제일 먼저 자기의 집을 지으셨다. 스스로 계시는 분이 무한한 우주공간에 그냥 계실 수는 없다. 그분 스스로가 머물 수 있는 집을 지어야 한다.

그래서 스스로 계신 하나님께서 제일 먼저 하신 일이 자기 집을 지으셨다는 것이다. 그 집은 빛의 보좌로 이루어졌다. 그래서 아버지의 집, 아버지가 계신 곳을 백 보좌라고 말한다(계 20:11). 백 보좌란 어둠과 그늘이 없는 곳, 무에서 유를 창조한 영광의 세계, 빛의 세계라는 것이다.

> 요 1:1-4 태초에 말씀이 계시니라 이 말씀이 하나님과 함께 계셨으니 이 말씀은 곧 하나님이시니라 그가 태초에 하나님과 함께 계셨고 만물이 그로 말미암아 지은바 되었으니 지은 것이 하나도 그가 없이는 된 것이 없느니라 그 안에 생명이 있었으니 이 생명은 사람들의 빛이라

하나님께서 무에서 유를 창조할 수 있는 창조의 대상은 빛이다. "그가 태초에 하나님과 함께 계셨고 만물이 그로 말미암아 지

은바 되었으니 지은 것이 하나도 그가 없이는 된 것이 없느니라. 그 안에 생명이 있었으니 이 생명은 사람들의 빛이라"고 하신 빛의 세계는 바라의 세계를 말하는 것이다. 이처럼 무에서 유를 창조한 세계가 곧 빛의 세계, 아버지의 집을 말씀하는 것이다.

아버지께서 집을 지으시고, 혼자 계신다면 굳이 집을 지을 필요가 없다. 그 집을 관리하는 사람이 있어야 한다. 아버지의 집, 백 보좌의 세계, 백 보좌가 있는 빛의 세계는 어둠과 그늘이 존재할 수 없는 곳이다. 그렇기 때문에 관리자도 빛의 사람이 되지 않고는 안 된다. 그 관리자로 지음을 받은 존재가 바로 네 생물이다.[8]

그 세계는 어둠이 존재할 수 없는 세계, 악이 존재할 수 없는 세계이다. 그렇기 때문에 네 생물 자체도 첫째 날의 역사를 행하시기 이전에 이미 빛으로 지음을 받았다. 그렇다고 해서 네 생물이 무에서 유를 창조한 창조의 대상으로 지음을 받았다는 의미는 아니다.

그렇다면 네 생물은 어떤 재료로 만들어졌는가? 네 생물을 창조할 수 있는 표본, 모본, 원형의 모델이 있어야 하지 않겠는가? 만약에 네 생물을 지을 수 있는 풋대가 없었다면 네 생물은 무(無)에서 유(有)로 창조된 존재가 될 것이다.

무에서 유로 창조하는 바라의 창조는 어떤 창조인가? 보이지 않는 존재가 보이는 존재로 나타나는 창조의 근거, 창조의 원리는 무엇인가? 그것이 바로 "말씀이 육신이 되어 오셨다"(요 1:14)는 의미이다. 보이지 않는 말씀이 보이는 육신으로 오신 것이 '무에

---

8) '종말론적 구속사 시리즈' 제 4권 <네 생물, 그들은 누구인가?> 137-139쪽, 벽암 조영래 저, 도서출판 오색이슬

서 유로 창조되었다'는 것을 의미하는 것이다. 즉 무에서 유로 나타나는 것은 오로지 창조주에게만 국한된 경우에 해당된다.

인간들이 생각하는 존재의 기준은 첫째, 그 대상이 눈에 보여야 한다. 둘째, 그 대상이 손으로 만져져야 한다. 셋째, 그 대상과 대화를 할 수 있어야 한다. 그래서 "하나님은 인격적인 하나님이시라"는 말씀을 하는 것이다.

> 요일 1:1-2 태초부터 있는 생명의 말씀에 관하여는 우리가 들은 바요 눈으로 본 바요 주목하고 우리 손으로 만진 바라 이 생명이 나타내신바 된지라 이 영원한 생명을 우리가 보았고 증거하여 너희에게 전하노니 이는 아버지와 함께 계시다가 우리에게 나타내신 바 된 자니라

이 구절에서 "우리가 그분을 들은 바요, 본 바요, 주목하고 만진 바"라는 것도 그런 의미에서 말씀한 것이다. 첫째, 하나님은 보이는 하나님이다. 영육 간에 몸을 갖고 계신 분이다. 둘째, 만져지는 하나님이란 우리와 함께 하신다는 뜻이다. '여호와삼마'(겔 48:35-하나님이 함께 거하심)가 그런 뜻이다. 그래서 '인격적인 하나님'이란 '보이고 만져지고 말씀하시고 사랑하시는 하나님'을 말한다. 그리고 질서의 하나님이시다. 그것이 하나님의 인격이라는 것이다.

그런 이유에서 '보이지 않는 형태에서 보이는 하나님으로 나타나신 것'을 가리켜 '말씀이 육신이 되셨다'라고 표현한 것이고, 그것을 가리켜 바라의 창조라고 하는 것이다.

네 생물은 빛의 세계의 관리자로 지음을 받았다. 그렇다면 네 생물은 보이지 않던 존재를 보이게 만들었다는 뜻인가? 그렇지 않다. 단 그들이 죄와 상관이 없는 존재로 지음을 받기 위해서는 그들을 그렇게 지을 수 있는 폿대, 표상이 있어야 한다는 것이다. 그러면 그들을 지을 수 있는 표본, 표상은 누구인가?

하나님 품에 독생하셨던, 말씀이 육신이 되어 오신 예수님이다. "우리의 형상을 따라 우리의 모양대로 사람을 만들자"(창 1:26)라는 말씀처럼, 네 생물도 하나님 품에 계셨던 예수 그리스도를 폿대로 해서 만들었기 때문에 비록 재창조의 대상이 되기는 했지만, 빛의 집에 거할 수 있는 대상이 된 것이다.

태초의 말씀이신 예수님과 네 생물은 어떤 차이가 있는가?

'무에서 유로 지어진다'는 말씀은 무(無) 자체에서 스스로 존재하던 자가 때에 맞게 유(有)로 나타난다는 의미이다. 네 생물은 무에서는 존재하지 않았던 존재이다. 그러나 무에서 존재하고 있던 예수님의 형상과 모양대로 네 생물을 지으셨다는 것이다.

예수님은 아버지의 독생하신 품속에서 말씀으로 존재하고 계셨다. 즉 무에서도 존재하고 계셨다. 그러나 네 생물은 무에서는 존재하지 않던 대상이다. 네 생물은 무에서 존재하지 않았지만, 그들에게 특별한 입장을 부여하기 위해서 하나님 품에 독생하셨던 말씀을 바라보면서 만드신 것이다.

따라서 네 생물은 생명나무 자체로 계시던 그분을 보고 만든 특별한 존재이다. 네 생물은 죄가 거할 수 없는 곳에서 하나님의 집을 관리하는 관리자로 지음을 받은 특별한 존재라고 말할 수 있다.

아담이 이 땅에서 첫 번째 조상인 것처럼, 네 생물이 천군의 세계에서 첫 번째 조상이라고 말할 수 있는 것이다. 천군의 세계의 최초의 신령한 존재로 지음을 받은 존재라고 말할 수 있다. 그렇기 때문에 천군의 세계의 모든 천사들은 네 생물의 형상과 모양대로 지음을 받은 것이라고 말할 수 있는 것이다.

천사는 어떤 재료로 지음을 받았는가?

이 땅에서 인간이 생존, 번식하는 방법은 남녀가 결합하여 후손을 생산하는 것이다. 만일 하늘의 세계에서도 이 땅에서처럼 남녀의 결합으로 천사의 세계가 이루어진다면 그 세계에도 당연히 족보가 생기고, 그 족보의 계열이 그 세계의 질서, 권위, 계급이 될 것이다.

그렇다면 궁창의 세계에서 물질로 이루어진 천사들은 어떻게 만들어지는 것인가? 인간들처럼 남녀가 육체로 결합하는 과정을 통하지 않고 어떻게 천사가 지어질 수 있는가?

그림자의 차원에서 이 땅에서도 육체의 결합 없이 후손을 번식하는 예를 찾아볼 수 있다. 오늘날 의학이 최고도로 발달한 결과, 정자은행에서 정자를 보관하였다가 필요한 때 수십 년 후에라도 생명을 탄생시킬 수 있게 되었다. 또 줄기세포를 이용하여 문제가 있는 부분의 세포를 재생하여 치료를 할 수 있다. 그뿐 아니라 과학자들이 빙하시대에 묻혀 있던 짐승의 뼈를 찾아 다시 복원시켜서 그 시대의 환경과 그 시대 상황을 연구하는 시도를 하기도 한다.

아마 앞으로는 여자의 태(胎)를 통하지 않고도 인간을 복제할 수 있을 것이다. 인간 생명체의 재료, 원료만 있으면 얼마든지 재생할 수 있다는 것이다. 물론 각 나라마다 윤리, 도덕의 기준에 의해서 법으로 제제를 받기 때문에 쉽게 결정할 문제는 아니지만, 기술면에서는 오랜 세월 동안 의학과 과학의 터에서 그런 금자탑을 쌓은 것이다.

그렇다면 성경에는 육체의 결합 없이도 인간이 탄생한 경우는 없는가? 성경에 기록된 인류 구속사의 최초의 사람인 아담의 갈비뼈로 여자를 만들었다(창 2:21-23). 현대 의학이 아무리 발달되었어도 하늘의 창조 세계의 원리에 비하면 그림자에 불과할 뿐이다.

창조의 세계 속에서는 이미 현대 의학보다 더 높은 차원에서 인간의 생명체를 복원하고 복제하여 만들 수 있는 그런 능력의 손길이 있었다. 이 땅에서 그런 창조가 있었다면 그보다 더 높은 차원의 궁창의 세계에서도 당연히 그런 창조의 역사가 있지 않았겠는가?

> 살전 5:23 평강의 하나님이 친히 너희로 온전히 거룩하게 하시고 또 너희 온 영과 혼과 몸이 우리 주 예수 그리스도 강림하실 때에 흠없게 보전되기를 원하노라

> 전 3:21 인생의 혼은 위로 올라가고 짐승의 혼은 아래 곧 땅으로 내려가는 줄을 누가 알랴

인간은 영, 혼, 몸으로 구성되어 있다. 따라서 사람은 영을 가진 존재이다. 단 성경적인 사람, 중생이 된 사람, 또 중생의 차원을 넘어 성화의 길에 들어선 사람에게만 영과 혼과 몸이 있다. 중생되지 못한 짐승차원의 인간은 영이 없고 혼과 몸만 있다.

그렇게 영과 혼과 몸을 가진 사람의 영이 무엇이 될 수 있는가? 각자의 고유적인 천사가 될 수 있는 본질, 재료, 근본이 되는 것이다. 단 여기서 우리가 오해해서는 안 될 부분이 있다.

> 히 11:39-40 이 사람들이 다 믿음으로 말미암아 증거를 받았으나 약속을 받지 못하였으니 이는 하나님이 우리를 위하여 더 좋은 것을 예비하셨은즉 우리가 아니면 저희로 온전함을 이루지 못하게 하려 하심이니라

약속의 자녀가 아니라, 믿음의 증거를 받는 사람으로 태어난 사람들은 태어날 때부터 영을 가지고 태어나는 것이 아니다. 그리스도의 말씀을 들음으로써 믿음이 생기고, 그 믿음을 통해서 중생이 된 사람에게만 영이 생기는 것이다.

그렇기 때문에 몸과 혼만 가지고 있던 사람들이 영이 생기는 순간 중생이 되면서, 작은 의미에서 진정한 사람으로서 이 땅에 처음 탄생하는 것이다. 작은 의미로 "내가 오늘 너를 낳았다"라고 말할 수 있는 것이다. 사람에게 몸과 혼과 영이 생겼을 때 하나님께서 그 사람의 영혼을 본질, 재료로 삼아서 각자의 천사를 만드

시는 것이다.

그렇게 영으로 이루어졌기 때문에 천사는 신령한 인격적인 존재들이다. 그들의 내성과 본질은 흙으로 이루어진 것이 아니라 신령한 물질로 이루어진 것이다.

이처럼 천사는 말씀으로 창조되었지만 무에서 유로 창조된 존재가 아니라, 재료를 가지고 만들어지는 존재라는 것을 말씀하는 것이다. 모든 피조물들은 다 하나님의 신성과 능력이 들어있는 물질로 창조된 대상들이다(롬 1:20).

그렇기 때문에 천사는 사람을 받들며 섬기라고 지어진 존재, 하나님 후사가 되는 자녀들의 종이 되는 것이다. 사람의 몸속에 있는 영혼을 재료로 해서 만들었기 때문에 그의 소속은 그 사람에게 한정될 수밖에 없고, 그 사람에게 소속될 수밖에 없는 것이다. 그렇기 때문에 각자의 천사가 존재하는 것이다. 각자의 천사는 그에게 소속된 고유적인 그의 종이고 그를 받들며 섬기라고 지음을 받은 천사라는 것이다.

> 마 18:10 삼가 이 소자 중에 하나도 업신여기지 말라 너희에게 말하노니 저희 천사들이 하늘에서 하늘에 계신 내 아버지의 얼굴을 항상 뵈옵느니라

> 행 12:13-15 베드로가 대문을 두드린대 로데라 하는 계집아이가 영접하러 나왔다가 베드로의 음성인줄 알고 기뻐하여 문을 미처 열지 못하고 달려 들어가 말하되 베드로가 대문 밖에 섰더라 하니 저희가 말하되 네가 미쳤다 하나 계집아이는 힘써 말하되 참 말이라 하니 저희가 말하되 그러면 그의 천사라 하더라

베드로가 옥에 갇혔을 때 천사의 도움을 받아서 옥에서 나올 수 있었다. 베드로도 그 순간은 마치 자기 자신에 관한 환상을 보는 것이라고 착각할 정도였다(행 12:5-9). 베드로가 옥에서 나와 마가의 집에 찾아가 대문을 두들겼다. 로데라는 계집아이가 나와서 베드로를 보자 너무 놀랍고 반가워서 문을 미처 열어주지 못하고, 도로 집에 들어가서 베드로가 왔다고 전했다. 마침 경건한 자녀들이 옥에 갇힌 베드로를 위해 기도하던 중에, "너 미쳤구나. 베드로가 찾아오다니"라고 하자 "아닙니다. 정말 베드로가 왔습니다"라고 하니 "그렇다면 베드로가 아니라 그의 천사겠지"라고 했다. 이런 대화 속에서 사람에게는 각자 자기에게 소속된 천사가 다 있다는 것을 알 수 있다.

사람에게 각자 고유적인 천사가 있다는 것은 하늘에 두고 온 자신의 신성이 되기도 하고, 세상 말로 표현하면 자신의 분신이라고도 할 수 있다. 그들은 자기 주인에게 소속되었기에 자기 주인의 기도를 금향로에 담아 분량이 차면 하나님께 가지고 가기도 하고(계 8:3-4), 주인에 대한 모든 행동을 살피고 보살피며 하나님께 보고하는 존재들이다(마 18:10).

궁창의 세계의 창조원리를 깨달으면 이 땅에서의 부활의 결과도 자연히 알 수 있게 된다. 인간이 이 땅에서 첫째 부활, 의인의 부활로 부활을 받게 되면 완전한 인성과 완전한 신성을 가진 존재로 부활을 받는다. 즉 하늘에 두고 온 자신의 신성인 천사보다도 더 뛰어난 신성과 능력을 가진 존재가 된다.

그렇기 때문에 부활한 그 순간부터는 완전한 인성과 신성의 고유적인 몸을 가진 존재로서 시공간을 초월하고, 모든 환경에 예속되지 않고 모든 환경을 지배할 수 있는 대상이 되는 것이다. 천사도 시공을 초월하는 신령한 존재이지만 고유적인 몸을 갖지 못했다는 점이 인간의 부활체와 다른 점이다.

이상의 내용으로도 천사들은 무에서 유로, 말씀으로 창조된 존재라고 주장하는 신학에 모순이 있음을 알 수 있다. 신학의 주장대로라면 그 천사들이 사람보다 높은 존재라는 결론이 된다. 그렇다면 고린도전서 6:3에서 "사람이 천사들을 판단한다(심판한다)"는 말씀과, 히브리서 1:14에서 "천사는 하나님의 후사들을 위하여 섬기라고 보내신 부리는 영이라"는 말씀이 맞지 않는다.

혹자는 이런 염려를 할 수도 있다. "만일 내 영으로 천사를 만든다면 나는 영이 없는 사람이 되는 것이 아닌가?" 그렇게 오해해서는 안 된다. 하나님께서 하나님의 후사들에게 요구하시는 것은 십일조이다. 그 이치대로 우리 영혼의 십분의 일만 사용해서 각자의 천사를 만드는 것이다. 하나님께 십일조를 바치라는 것이 얼마나 오묘하고 깊은 이치의 말씀인지 알아야 한다.

하나님께 물질의 십일조만 바치는 것이 아니다. 마음의 십일조, 시간의 십일조, 믿음의 십일조, 마지막으로 영의 십일조까지 다 바쳐야 한다. 십일조를 바친다는 말에는 그런 의미가 포괄적으로 함축되어 있다. 하나님께서 각자 영의 십일조를 바치게 하셔서, 그 영혼을 가지고 각자의 고유적이고 절대적인 각자에게 소속된 종, 천사들을 만드는 것이다. 그렇기 때문에 비록 지금은 이 땅에 천사보다 못한 존재로, 낮고 천하게 태어난 인간들이기는 하지만 그 사람들을 통해서 천사들을 마지막 때 심판하게 하시는 것이다.

그렇다면 하늘에 있는 수많은 천사들이 다 고유적인 인격을 가진 천사들로 변화되는 것인가?

> 왕상 22:19-21 미가야가 가로되 그런즉 왕은 여호와의 말씀을 들으소서 내가 보니 여호와께서 그 보좌에 앉으셨고 하늘의 만군이 그 좌우편에 모시고 서 있는데 여호와께서 말씀하시기를 누가 아합을 꾀어 저로 길르앗 라못에 올라가서 죽게 할꼬 하시니 하나는 이렇게 하겠다 하고 하나는 저렇게 하겠다 하였는데 한 영이 나아와 여호와 앞에 서서 말하되 내가 저를 꾀이겠나이다

미가야 선지자가 이스라엘 아합 왕에게 천군의 세계를 소개하는 내용이다. 하나님의 보좌 주위에 만군의 천사들이 모시고 있는 장면을 증거하고 있다. 이처럼 하늘에는 신성으로만 지음을 받은 천사들이 있다. 그들은 네 생물 안의 신성을 재료로 지음을 받은 존재들이다. 궁창의 세계에서 셀 수 없는 수많은 별들을 운행하며 다스리려면 별의 숫자보다 훨씬 더 많은 천사들이 필요할 것이다.

그들은 이 땅에서 생명의 부활이라는 과정을 통해서 탄생한 천사들과는 차이가 있다. 생명의 부활로 탄생한 천사들은 고유적인 인성과 신성으로 완전한 자기의 인격의 모습을 가진 천사들이다. 그들의 몸은 부활의 몸으로서 거룩한 몸이고 또 영화로운 몸이기 때문에 어떤 물질에도 제제를 받거나, 시공간의 제한을 받지 않는다. 그렇기 때문에 신성으로만 지음을 받은 천사와는 확연하게 구별되는 존재들이다. 그렇다고 해서 신성으로만 지음을 받은 천사들이 다 생명의 부활로 인격적인 몸을 입기 위해 이 땅에 오

는 것은 아니다.

생명의 부활로 인격적인 몸을 입기 위해 이 땅에 오는 천사들은 하나님의 후사들을 받들며 섬기기 위해 오는 천사들이고, 나머지는 신성만을 가지고 궁창의 세계에 존재하는 천사들이 대부분이다.

이처럼 생명의 부활로 인격적인 몸을 입은 천사와 신성만을 가진 천사와는 차이가 있다.

3. 궁창의 세계에 천사를 지으신 이유는 무엇인가?

"하나님께서 왜 이 땅에 사람을 지으셨을까?" 하는 것과 "궁창의 세계에서 왜 천사들을 만들었을까?" 하는 것은 같은 맥락이라고 말할 수 있다. 하나님께서 하늘의 발등상인 이 땅에 구속사의 주인공들을 만든 이유와, 궁창의 세계를 위해서 천사들을 만든 이유는 영광의 차이는 있지만 의미는 같다고 볼 수 있다.

그렇다면 왜 하나님께서 천사들을 만드셨는가? 그 이유는 무엇인가?

첫째, 궁창의 세계를 관리하고, 감독하며, 지키고, 다스리기 위해 지으셨다.

> 히 3:5-6 또한 모세는 장래에 말할 것을 증거하기 위하여 하나님의 온 집에서 사환으로 충성하였고 그리스도는 그의 집 맡은 아들로 충성하였으니 우리가 소망의 담대함과 자랑을 끝까지 견고히 잡으면 그의 집이라

하나님께서 궁창의 세계를 지으셨다면, 그 세계를 관리하고 지키고 다스릴 존재가 필요하다. 모세는 하나님의 집에서 사환으로서 충성했고, 예수님은 하나님의 아들로서 집을 지은 자로서 충성했다고 했다. 모세처럼 그 집을 관리하고 감독하며 지키고 다스릴 수 있는 존재가 있어야 하기에 천사들을 지으신 것이다.

다시 바꾸어 말하면 하나님께서 지구에 생명체가 존재할 수 있는 환경을 만들기 시작했다. 물을 다스리는 천사를 통해서 수억 년 동안 물을 이 땅에 보내기 시작했다. 그래서 지구가 거대한 바다를 이루게 된 것이다. 그렇게 하시는 이유는 이 땅을 그저 보기 좋게 하기 위해서 그렇게 하시는 것이 아니라, 네 생물의 형상과 모양대로 사람을 만들고[9] 그 사람을 이 땅에 거주하게 하기 위해서, 또 그들을 통해서 하나님께서 바라시고 원하시는 소망을 이루기 위해서 지구를 생명체가 살아갈 수 있는 환경으로 만든 것이다.

마찬가지다. 궁창의 세계가 얼마나 크고 넓은지 짐작할 수는 없지만 그 세계를 지으신 하나님께서 첫째 하늘, 둘째 하늘, 셋째 하늘이라는 영역을 설정하시고 그곳에 맞는 천사들로 하여금 그곳을 지키고 다스리게 하기 위해서 천사들을 지으신 것이다.

그것을 일축한 말씀이 "모세는 하나님의 온 집에서 사환으로

---

[9] '종말론적 구속사 시리즈' 제 4권 <네 생물, 그들은 누구인가?> 383-387쪽, 벽암 조영래 저, 도서출판 오색이슬

충성하였고 예수님은 집 맡은 아들로 충성하였다"(히 3:5-6)는 말씀이다. 하나님의 기업으로서 하나님께 제사를 드리기 위해서 레위 지파를 만드신 것처럼, 천사들로 하여금 궁창의 세계를 잘 관리하게 하기 위해서 그들을 지었다고 말씀할 수 있다.

둘째, 하나님을 영화롭게 찬양하기 위해서 천사들을 지으셨다.

> 사 43:21 이 백성은 내가 나를 위하여 지었나니 나의 찬송을 부르게 하려 함이니라

궁창의 세계에는 열두 영이 더 되는 천사의 조직이 있다. 즉 열두 천사장과 열세 번째 천사장이 있다. 그들이 각기 맡고 있는 직무가 다르기는 하지만 그들이 존재할 필요성은 하나님의 영광을 찬송하게 하기 위해서 지었다는 것이다.

> 겔 28:13 네가 옛적에 하나님의 동산 에덴에 있어서 각종 보석 곧 홍보석과 황보석과 금강석과 황옥과 홍마노와 창옥과 청보석과 남보석과 홍옥과 황금으로 단장하였었음이여 네가 지음을 받던 날에 너를 위하여 소고와 비파가 예비되었었도다

하나님께서 루시엘 천사장을 짓고도 그를 영화로운 존재로 만들기 위해서 다른 천사들로 하여금 소고와 비파로 그를 찬양하게 하셨다. 하물며 하나님께서 영광을 받으시기 위해서 천사들을 지었다는 것은 지극히 당연한 말씀이다.

하나님의 후사가 될 사람들도 하나님의 영광을 찬양하기 위해서 지으신 것이다. 따라서 하나님께 향하는 찬송이 얼마나 거룩하고 귀중한 것인지 알 수 있다.

셋째, 구속사 세계의 주인공이 될 하나님의 후사들을 돕기 위해서 천사들을 지으셨다.

하나님께서 천사를 지으신 것은 구속사의 주인공인 사람들을 돕기 위해서 천사들을 지으신 것이다. 지금은 천사들이 신령한 존재이므로 그들의 능력이 사람들보다 뛰어나 대단한 존재로 보이지만, 구속사의 주인공인 하나님의 후사들이 본래 지음의 목적대로 회복되면 천사들을 심판하게 되어 있다(고전 6:3).

여기서 하나님의 후사가 되는 자녀들은 누구를 말하는가? 첫째 부활, 의인의 부활에 참여하는 사람들이다(계 20:4-6). 생명의 부활로 구원 받는 사람들은 하나님의 후사가 아니다. "믿음의 결국 곧 영혼의 구원을 받음이라"(벧전 1:9)고 했다. 영혼 구원을 받는 사람들은 천사들이다. 하나님의 후사, 약속의 자녀들은 의인의 부활, 첫째 부활의 주인공들이다. 생명의 부활로 구원 받는 사람들은 하나님 후사들의 부리는 종이고 대속사의 품꾼들이다.

계 20:4-5 또 내가 보좌들을 보니 거기 앉은 자들이 있어 심판하는 권세를 받았더라 또 내가 보니 예수의 증거와 하나님의 말씀을 인하여 목 베임을 받은 자의 영혼들과 또 짐승과 그의 우상에게 경배하지도 아니하고 이마와 손에 그의 표를 받지도 아니한 자들이 살아서 그리스도로 더불어 천년 동안 왕노릇 하니 (그 나머지 죽은 자들은 그 천년이 차기까지 살지 못하더라) 이는 첫째 부활이라

요 5:29 선한 일을 행한 자는 생명의 부활로, 악한 일을 행한 자는 심판의 부활로 나오리라

이처럼 부활이라고 해서 다 같은 부활이 아니라 세 종류의 부활이 있다. 그러나 부활에 세 종류의 부활이 있다는 사실조차도 오늘날 기독교인들은 알지 못하고 있다.

첫째 부활, 의인의 부활은 약속의 자녀로서 하나님의 후사가 되며, 천사의 주인이 되는 부활이다(계 20:4-6). 둘째 부활, 즉 생명의 부활은 약속의 자녀들의 종인 천사가 되는 부활이다(요 5:29). 셋째 부활, 즉 심판의 부활은 지옥, 불 못에 빠지는 부활이다(요 5:29).

하나님은 영을 심판하지 않으신다. 영혼과 육신이 함께 있는 자를 심판하신다. 그렇기 때문에 모든 존재를 영육 간에 부활시켜 놓고 첫째 부활의 영광을 입게 하시고, 생명의 부활의 영광을 입게 하시고, 심판의 부활로 심판하시는 것이다.

넷째, 우주만물을 운행하며 다스리기 위해서 천사들을 지으셨다.

시 147:4 저가 별의 수효를 계수하시고 저희를 다 이름대로 부르시는도다

우주 안에 있는 별들의 세계가 현대과학으로도 셀 수가 없을

정도로 광활하게 펼쳐진다. 그런데 하나님께서는 그 별들의 이름을 다 부르신다고 했다. 별들에게 이름을 다 주셨다는 것이다. 만일 별들이 아무 쓸모없는 것이라면 굳이 그들을 지을 필요가 있겠는가? 별들을 지으셨을 때는 지은이의 신성과 능력이 개입되어서 지었기 때문에(롬 1:20) 지은이의 목적이 있는 것이다. 지은이의 목적이 담겨있는 세계라면 그곳도 하나님께서 운행하시는 대상이 된다. 그런 차원에서 별들도 다 천사들이 관리하며 운영하며 운행하는 것이다.

그렇기 때문에 천사들은 인간들과 차원이 다른 물질로 지어진 것이다. 만일 천사들이 인간들과 같은 물질로 된 몸이라면 빛의 수십 만 배의 속도를 가지고 우주를 오가며 광활한 우주 안에 있는 모든 세계를 어떻게 지키고 보호하고 운행하고 다스릴 수 있겠는가? 그렇기 때문에 천사들은 시공을 초월할 수 있는 완전한 물질, 영적인 물질로 지어진 것이다.

천사들의 신령한 몸은 빛으로 이루어진 몸이기 때문에 인간들의 눈에 보이지 않는다. 그들이 특별한 사명을 가지고 이 땅에 올 경우 스스로 인간들에게 나타내는 경우가 아니면 보이지 않는다.

> 시 104:2-4 주께서 옷을 입음 같이 빛을 입으시며 하늘을 휘장(揮帳) 같이 치시며 물에 자기 누각의 들보를 얹으시며 구름으로 자기 수레를 삼으시고 바람 날개로 다니시며 바람으로 자기 사자를 삼으시며 화염으로 자기 사역자를 삼으시며

만일 천사들이 유한적인 물질로만 이루어진 몸을 가졌다면 시편 104편에서 구름, 바람, 화염 등으로 표현된 사역자들로 쓰임

받을 수 없다. 신성의 능력을 가진 존재로 지음을 받았기 때문에 그들이 그런 대상으로 쓰임을 받고 있는 것이다. 천사들이 신성으로 지어졌기 때문에 궁창의 세계에서 물을 이 땅으로 운반할 수 있고, 그 물 속에 생명체를 담아 이 땅으로 다 운반할 수도 있는 것이다.

> 시 78:23-25 그러나 저가 오히려 위의 궁창을 명하시며 하늘 문을 여시고 저희에게 만나를 비같이 내려 먹이시며 하늘 양식으로 주셨나니 사람이 권세 있는 자의 떡을 먹음이여 하나님이 식물을 충족히 주셨도다

이 땅에 존재하는 생명체들은 이 땅에서 자생한 것이 아니라 다 궁창에서 온 것이다. 그 머나먼 하늘나라에서 물을 다스리는 천사들이 지구로 옮기는 것이다.

> 계 16:8 네째가 그 대접을 해에 쏟으매 해가 권세를 받아 불로 사람들을 태우니

또, 불을 다스리는 천사가 있다(계 16:8, 14:18, 사 6:6). 태양은 영원한 존재가 아니라, 소멸하는 피조물의 존재이다. 태양을 구성하는 수소와 헬륨이라는 물질이 타면서 빛과 열을 발하는 것이다. 만약에 태양이 스스로 자기 안에서 태울 수 있는 재료를 가지고 있다면 태양은 피조물이라고 말할 수 없다. 자기 스스로 자기 불을 가진 존재라고 말할 수밖에 없다. 그러나 태양도 한계를 가진 원료를 가지고 있기에 불을 다스리는 천사가 태양에 열을 낼

수 있는 재료를 쏟아부어주고 있는 것이다. 불을 다스리는 천사들이 그 원료를 공급하고 있는 것이다. 그런 천사들에 의해서 우주가 질서 있게 운행되고, 영위되고, 보존되고, 진행되고 있다.

또, 우주에는 블랙홀이 있다. 자기 삶을 다한 별들은 블랙홀로 사라지고, 사라진 별들이 다시 재탄생하게 되어 있는 세계가 별들의 세계이다. 그렇다면 소멸하는 별들이 저절로 블랙홀에 빠지는 것인가? 과학적으로는 그렇게 말할 수밖에 없다. 과학은 천사들의 세계를 인정하지 않는다. 그러나 천사의 세계를 아는 입장에서 말한다면 그 사명을 다한 별들을 천사들이 이동시키는 것이다.

그 밖에도 열두 천사장에 소속된 수많은 천사들이 자기 입장에 맞는 역할을 담당하기 때문에 그들에 의해서 우주가 질서 있게 운행되고 있는 것이다. 그처럼 우주를 운행하며 다스리는 역할이 필요하기 때문에 하나님께서 천사들을 지으신 것이다.

4. 궁창의 세계는 어떤 조직으로 이루어졌는가?

하나님께서 둘째 날 궁창의 세계를 지으시고 궁창을 중심으로 윗물과 아랫물을 나누셨다(창 1:6-8). 그러므로 하늘이 아랫물, 윗물, 궁창으로 구별되어 첫째 하늘, 둘째 하늘, 셋째 하늘로 이루어지게 되었다. 그 중에서 셋째 하늘을 가리켜 궁창이라고 칭하고, 그 궁창의 한가운데를 가리켜 에덴동산, 낙원이라고 말씀했다. 큰 틀의 입장에서 말하면 하늘나라를 첫째 하늘, 둘째 하늘, 셋째 하늘로 만드신 것이다.

그렇다면 첫째 하늘, 둘째 하늘, 셋째 하늘이 어떻게 이루어졌으며, 첫째 하늘에서는 어떤 일을 하고, 둘째 하늘에서는 어떤 일을 하고, 셋째 하늘에서는 어떤 일을 하는지 그 하늘의 세계를 이 땅의 일로 조명해서 비추어 보고자 한다.

이 땅에서 이루어지고 있는 하늘나라의 구성의 모형으로 야곱의 가정을 생각해 보고자 한다.

> 창 48:1-5 이 일 후에 혹이 요셉에게 고하기를 네 부친이 병들었다 하므로 그가 곧 두 아들 므낫세와 에브라임과 함께 이르니 혹이 야곱에게 고하되 네 아들 요셉이 네게 왔다 하매 이스라엘이 힘을 내어 침상에 앉아 요셉에게 이르되 -(중략)- 내가 애굽으로 와서 네게 이르기 전에 애굽에서 네게 낳은 두 아들 에브라임과 므낫세는 내 것이라 르우벤과 시므온처럼 내 것이 될 것이요

야곱이 낳은 열두 아들이 기초가 되어서 이스라엘의 열두 지파가 탄생된다. 그 중에서 요셉은 영적 장자이며, 산 자의 열매이므로 죽는 족보에 둘 수가 없는 존재이다. 그래서 야곱이 요셉을 족보에서 빼고 그 대신 요셉의 두 아들인 에브라임과 므낫세, 즉 자기 손자들을 아들 반열에 올렸다(창 48:5). 장자는 차자의 두 몫이라는 말씀대로(신 21:17) 요셉을 뺀 대신 요셉의 두 아들 에브라임과 므낫세가 야곱의 열두 아들의 반열에 오르게 되어 열두 지파가 열세 지파로 늘어나게 되었다.

야곱의 열세 지파 중에서 레위 지파를 다시 빼내어 열두 지파로 만들고, 빼낸 레위 지파를 하나님을 섬기는 기업의 지파로 만들었다. 그렇기 때문에 레위 지파는 열두 지파에 들지 않는, 하나

님을 받들어 섬기며 하나님께 거룩한 제사를 드리는 장자의 지파로 선택받게 되었다.

이 내용이 비록 이 땅의 일이지만 하늘에서 열두 천사장이 만들어지고 존재하는 내용과 같은 맥락이라는 것을 의미하고 있다. 하늘에서도 그런 조직으로 이루어진 것이다. 하늘, 궁창의 세계에도 열두 천사장 외에 또 다른 한 천사장이 있다.

> 마 26:53 너는 내가 내 아버지께 구하여 지금 열두 영 더 되는 천사를 보내시게 할 수 없는 줄로 아느냐

예수께서 겟세마네 동산에서 마지막 기도를 하시고 추포되기 전에 하신 말씀이다. 성질 급한 베드로가 예수님을 잡으러 온 자들 중에서 말고라 하는 대제사장의 종의 귀를 칼로 내리치니(요 18:10) 예수께서 "내가 열두 영 '더 되는' 그들을 통해서 이들을 즉시 제압할 수 있지만 그렇게 하면 성경이 어떻게 이루어지겠느냐?"라고 하셨다.

그 말씀을 통해서도 하늘에는 열세 영[10]의 군단이 있다는 것, 열세 영의 천사장이 있다는 것을 알게 된다. 그러나 열두 천사장과 열세 번째 천사장은 그 직분에 있어서 상급, 영광이 다르다.

바꾸어 말하면 열두 지파와 레위 지파는 근본이 다르다. 열두 지파는 땅에서 기업을 받지만 열세 번째 지파, 즉 레위 지파는 땅의 기업이 없고 하늘의 기업이 그들의 기업이 된다. 그렇기 때문

---

10) 열두 진영이라는 의미, 개역개정, 새번역, 공동번역에는 열두 군단으로 기록되었다.

에 하늘에서도 열두 천사장과 열세 번째 천사장의 직분, 상급, 영광은 근본이 다르다는 것을 미루어 짐작할 수 있다.

천군의 세계의 조직은 어떻게 구성되어 있는가?

하나님께서 모세를 산 위로 부르셔서 하늘의 도성, 예루살렘 성을 바라보게 하시고, 모세가 본대로 이 땅에서 하나님의 장막을 짓게 하셨다. 이 땅에서 진행하시고 역사하시는 모든 내용은 모세로 하여금 창의적으로 짓게 하신 것이 아니라 하늘의 모습을 보여주신 대로 이 땅에서 짓게 하신 것이다.

물론 하늘의 세계와 이 땅의 세계는 차원이 다르고 영광이 다르기 때문에 지어지는 물질과 내용에 있어서는 이 땅에서 이루어지는 역사들이 낮고 천한 재료에 불과한 것이다. 그러나 본질적인 의미로는 동일한 입장에서 동일한 말씀에 의해서 이루어지는 역사의 세계라고 말할 수 있는 것이다.

그렇기 때문에 이 땅에서 이루어지는 모든 조직, 기구, 그들을 통해서 진행되는 역사의 내용은 예수님이 주기도문을 통해서 가르쳐주신 "하늘에서 이루어진 뜻대로 이 땅에서 이루어지이다"(마 6:10)라는 말씀처럼 차원은 다르지만 하늘의 모형대로 동일한 말씀의 역사로 이루어지는 것이다.

민 2:3-31 동방 해 돋는 편에 진 칠 자는 그 군대대로 유다의 진 기에 속한 자라 유다 자손의 족장은 암미나답의 아들 나손이요 그 군대는 계수함을 입은 자 칠만 사천 육백 명이며 그 곁에 진 칠 자는 잇사갈 지파라 잇사갈 자손의 족장은 수알의 아들 느다넬이요 그 군대는 계수함을 입은 자 오만 사천사백 명이며 또 스불론 지파라 -(중략)- 그 다음에 회막이 레위인의 진과 함께 모든 진의 중앙에 있어 진행하되 그들의 진 친 순서대로 각 사람은 그 위치에서 그 기를 따라 앞으로 행할찌니라 -(중략)- 단의 진에 속한 계수함을 입은 군대의 총계가 십오만 칠천육백 명이라 그들은 기를 따라 후대로 진행할찌니라 하시니라

이스라엘 백성들이 광야길을 진행할 때에는 뱀진으로, 일렬로 진행했다. 맨 앞에는 유다 지파가 선두에 서고, 가운데에는 레위 지파, 맨 뒤에는 단 지파의 순서로 행군하였다. 레위지파는 항상 행군하는 진의 한가운데 머물러 있었다(민 2:3-31).

뱀진으로 진행하던 그들이 행군을 멈추고 장막을 칠 때에는 겉사진(四陣)과 속사진으로 구성된 팔진법(八陣法)을 통해서 장막을 쳤다. 동쪽에는 유다, 잇사갈, 스불론의 세 지파가 진을 쳤고(민 2:3-9), 남쪽에는 르우벤, 시므온, 갓의 세 지파가 진을 쳤고(민 2:10-16), 서쪽에는 에브라임, 므낫세, 베냐민의 세 지파가 진을 쳤고(민 2:18-24), 북쪽에는 단, 아셀, 납달리의 세 지파가 진을 쳤다(민 2:25-31).

이스라엘 열두 지파가 동서남북의 4방위로 겉사진을 치고 레위 지파는 고핫, 므라리, 게르손, 모세와 아론이 속사진을 쳤다(민 3:23-38). 여기서도 한가운데는 항상 레위 지파가 차지하고 있었다.

속사진의 동쪽에는 모세와 아론(민 3:38), 남쪽에는 고핫 자손(민 3:29), 서쪽에는 게르손 자손(민 3:23), 북쪽에는 므라리 자손이 진을 쳤다(민 3:35). 그리고 속사진 안에는 하나님의 장막이

있고, 장막 안은 성소와 지성소로 구별되어 있다. 그 속사진 안에 서는 아론의 반차를 통해서 30세 이상으로 선발된 제사장들이 성막과 성소와 지성소를 통해서 하나님께 제사를 드린다. 이 땅의 속사진 안에서 진행되는 역사의 세계가 셋째 하늘나라에서 진행되고 있는 궁창의 모습이라고도 말할 수 있는 것이다.

그런데 여기서 한 가지 유의해야 할 점은 겉사진과 속사진 사이에는 상당한 거리가 있었다. 즉 겉사진을 칠 때는 속사진을 친 데서 2천 규빗, 즉 900m[11]가 떨어진 곳에 장막을 쳤다는 것이다 (민 35:3-4). 성경 말씀에 법궤로부터 2천 규빗 안에 침범하는 자는 누구를 막론하고 레위 지파 사람들이 그를 죽이게 되어 있다 (수 3:4). 속사진은 아무도 범접할 수 없는 거룩한 지역이기에, 속사진을 친 그 위치만큼은 누구도 들어와서는 안 되는 장소라는 것이다.

사도 바울이 고린도후서 12:1-4 말씀에 셋째 하늘나라에 가서 가히 사람으로서는 도무지 이해할 수 없는 놀라운 말씀을 들었다고 했다. 그래서 "여러 계시를 받은 것이 지극히 크므로 너무 자고하지 않게 하시려고 내 육체에 가시 곧 사단의 사자를 주셨으니"(고후 12:7)라고 한 것이다. 그만큼 셋째 하늘나라는 가기가 어려운 곳이다. 둘째 하늘과 셋째 하늘 사이에는 성경적 의미로도 2천 규빗의 거리가 있다.

그렇기 때문에 겉사진에 존재하는 대상들이 속사진으로는 절대 들어갈 수 없다. 그 원칙을 범하면 누구를 막론하고 레위 지파가 그를 죽이게 하신 것이다.

---

[11] 1규빗은 약 45센티미터로 2천 규빗은 약 900미터가 된다.

> 창 6:14-16 너는 잣나무로 너를 위하여 방주를 짓되 그 안에 간들을 막고 역청으로 그 안팎에 칠하라 그 방주의 제도는 이러하니 장이 삼백 규빗, 광이 오십 규빗, 고가 삼십 규빗이며 거기 창을 내되 위에서부터 한 규빗에 내고 그 문은 옆으로 내고 상 중 하 삼층으로 할찌니라

노아 방주의 구조는 하늘의 그림자라고 말할 수 있다. 방주를 3층으로 만들고 층과 층 사이에는 칸을 막고 역청으로 칠해 아무나 왕래하지 못한다. 1층에 소속된 짐승이 2층으로 갈 수 없고, 2층에 소속된 짐승이 3층으로 갈 수 없다. 마치 아브라함이 부자에게 "이뿐 아니라 너희와 우리 사이에 큰 구렁이 끼어 있어 여기서 너희에게 건너가고자 하되 할 수 없고 거기서 우리에게 건너 올 수도 없게 하였느니라"(눅 16:26)고 한 것과 같다.

이 땅에서도 이런 율례와 규례를 지키지 않는 자는 레위 지파가 처단하게 되어 있다. 하물며 신령한 하늘 세계의 법칙 또한 허술하게 세우시지 않았을 것은 분명한 사실이다.

이런 레위 지파의 진법은 사람들이 만든 법이 아니다. 하나님께서 모세를 통해서 친히 명령하신 하늘의 규례에 따라서 이 땅에서 진행되고 있는 세계이다. 이처럼 하늘에서 이루어지고 진행되는 역사의 세계가 이 땅에서도 동일하게 진행되고 있음을 알게 되는 것이다.

그렇다면 이스라엘 열두 지파가 레위 지파를 위해서 할 수 있는 일이 무엇인가? 겉사진이 할 수 있는 일은 속사진의 사명을 돕

기 위한 것이다. 이스라엘 열두 지파가 겉사진으로서 속사진을 위해서 하나님께 제사 드리는 데 필요한 모든 것을 충당해주었다. 어느 의미에서 본다면 겉사진의 열두 지파는 속사진을 위해서 존재한다고 말할 수 있는 것이다.

여리고 성을 무너뜨릴 때 일곱째 날은 새벽부터 일곱 바퀴를 돌았다. 앞뒤로 군대가 호위하는 그 가운데에 나팔 부는 제사장들이 있었다.

또 속사진에도 하나님의 거룩하신 영광의 상징이 되는 법궤를 중심으로 한가운데에 레위 지파가 집결되어 있었다. 이처럼 하나님의 진으로나, 하나님의 구속사의 세계의 입장으로 보나 하나님의 법궤를 중심으로 해서 이스라엘의 레위 지파와 제사장들이 항상 그 중심에, 한가운데 있었다.

그렇기 때문에 속사진은 셋째 하늘나라를 말하고 겉사진은 둘째 하늘나라로 비교해서 말할 수 있는 것이다. 속사진을 가리켜 장자의 지파로 말하고 겉사진을 가리켜 차자의 지파라고도 말할 수 있다. 장자는 기력의 시작이기 때문에 차자의 두 몫을 받는다고 한다(신 21:15-17). 그런 의미에서 장자 지파인 레위지파가 속사진을 이루는 것이다.

레위 지파는 어떻게 장자 지파가 될 수 있었는가?

히 7:9-10 또한 십분의 일을 받는 레위도 아브라함으로 말미암아 십분의 일을 바쳤다 할 수 있나니 이는 멜기세덱이 아브라함을 만날 때에 레위는 아직 자기 조상의 허리에 있었음이니라 레위 지파가 장자 지파가 된 근거, 이유 중의 하나는 아브라함이 멜기세덱에게 십일조를 바칠 때 레위 지파도 십일조를 바쳤다는 것이다. 아브라함의 허리춤에 레위 지파만 있던 것이 아니라, 열두 지파가 다 있었는데 그중에서 레위 지파를 위해서 십일조를 바쳤다는 것이다. 그렇기 때문에 레위 지파가 장자의 지파가 될 수 있는 것이다.

그 레위 지파를 통해서 모세와 아론과 미리암이 등장한 것이다. 모세의 아버지 아므람과 어머니 요게벳이 다 레위 지파 출신이었다(출 6:18-20). 부모가 둘 다 레위 지파였기에 모세와 아론은 순수한 레위 지파 소속의 사람이 될 수 있었던 것이다. 따라서 아브라함이 십일조를 바친 것은 레위 지파를 위해서 바쳤다고 기록되었지만, 궁극적으로는 모세와 아론을 위해서 바친 것이라고 정리할 수 있다.

앞서 겉사진 열두 지파는 레위 지파를 위해서 존재하는 것이라고 했다. 레위 지파에 필요한 모든 것을 다 준비하고 해결하고 보호하고 지켜주는 것이다. 그것이 둘째 하늘나라에 있는 천사들이 할 일이라는 것이다.

그렇다면 첫째 하늘나라는 어떤 나라인가? 이스라엘을 제외한 세상 나라, 즉 겉사진과 속사진을 제외한 세상 나라가 첫째 하늘나라를 상징한다고 말할 수 있다.

레위기에 보면 부정한 것과 정결한 것의 기준이 나온다. 부정한 짐승들은 첫째 하늘에서 온 대상들을 말하는 것이고, 정결한 짐승은 둘째 하늘에서 온 대상들을 말하는 것이다. 예를 들어 말하면 비늘이 없는 짐승은 부정한 것이니 먹지 말고, 비늘이 있는 것은 정한 것이니 먹어도 좋다고 했다(레 11:1-47). 이렇게 부정한 것과 정결한 것의 기준이 설정된 이유는 궁창의 세계에서 죄로 말미암아 타락이 있었기 때문에 셋째 하늘인 궁창을 중심으로 해서 윗물과 아랫물로 나누었기 때문이다.

> 계 17:1 또 일곱 대접을 가진 일곱 천사 중 하나가 와서 내게 말하여 가로되 이리 오라 많은 물위에 앉은 큰 음녀의 받을 심판을 네게 보이리라

> 계 17:15 또 천사가 내게 말하되 네가 본바 음녀의 앉은 물은 백성과 무리와 열국과 방언들이니라

세상 물 위에 앉은 음녀가 소개되어 있다. 세상 물은 타락한 물을 상징하기 때문에 타락한 물 위에 앉은 여자를 가리켜 음녀라고 말하고 있다. 이 음녀가 소속되어 있는 곳이 바로 아랫물이다. 이 땅에 존재하는 부정한 생명체는 다 아랫물에서 온 것이고, 정결한 생명체는 다 윗물에서 온 것이다. 그것을 하늘 차원에서 말한다면 첫째 하늘에서 온 것은 부정한 존재이고, 둘째 하늘에서 온 것은 정결한 존재이고, 셋째 하늘에서 온 것은 거룩한 존재가 되는 것이다.

궁창의 세계에는 천군 천사가 있고, 천군 천사가 존재하므로 말미암아 천사장이 존재할 수 있다. 다시 말하면 하늘나라가 이루어지기 위해서는 세 가지 조건이 이루어져야 한다.

첫째 구원의 대상이 있어야 한다. 다시 말하면 하늘나라의 신

민, 구속사의 주인공들이 있어야 한다. 두 번째는 땅이 있어야 한다. 거주할 영역, 거주할 장소가 있어야 한다. 세 번째는 하나님의 주권이 있어야 한다. 국가에는 헌법이라는 것이 있다. 그것은 땅의 입장에서의 주권이고 하늘의 입장에서는 하나님의 주권이라고 말한다. 이 세 가지가 존재해야만 하늘나라가 이루어지게 되어 있는 것이다.

그렇기 때문에 아브라함을 세 번째 인류의 조상으로 부르시고 아브라함·이삭·야곱을 통해서 열두 아들을 낳게 하시고, 열두 아들을 통해서 70가족이 이루어지고, 70가족이 애굽에 들어옴으로써 430년 동안 200만 명의 하늘의 별·바다 모래 같은 많은 백성들을 탄생시켰다. 그들은 400년 종살이를 통해 진 자로서 이긴 자에게 빚을 갚았다. 그럼으로 하나님께서는 그들을 출애굽시켜서 시내산 앞에 장막을 짓게 하시고, 시내산을 중심으로 모세를 부르시는 가운데 이스라엘 백성들과 짐승의 피로 언약을 맺으시고 그들에게 계명과 율법을 주셨다. 이로써 그들은 이스라엘이라는 국호, 나라의 이름을 명명받게 되었다(출 24:1-11). 이 과정이 하늘나라가 이루어지는 역사의 과정임을 상징적으로 보여주신 것이다.

마찬가지다. 궁창의 세계도 그렇게 이루어진 것이다. 먼저 궁창의 세계의 대상들이 되는 인격적인 생명체들을 만들어야 한다. 그들이 천사들이 되기도 한다. 그들을 만들어놓고 그들이 거해야 될 영역, 땅, 장소를 제한적으로 만드신 것이다.

인류의 조상 아담에게 "선악을 알게 하는 나무의 실과를 따먹으면 정녕 죽으리라"(창 2:17)는 행위언약을 주신 것처럼 천사들에게도 계명을 주셨다. 천사들에게 주신 첫 계명은 유다서 1:6에 "자기 지위와 처소를 떠나지 말라"고 한 것이다. 자기 지위와 처소를 떠나는 자는 무조건 무저갱에 들어가야 한다. 그것이 천사들에게 준 첫 계명이다. 그러기에 하늘도 첫째 하늘, 둘째 하늘, 셋째 하늘이라는 그들이 거해야 될 장소를 분명하고 확실하게 제한한 것이다. 그래서 천군 천사를 만드시고 또 그들이 거해야 될 땅을 정하시고, 그들에게 계명을 주심으로 말미암아 하늘의 주권을 세우신 것이다.

그러므로 궁창 세계의 조직은 첫째 하늘, 둘째 하늘, 셋째 하늘과 그곳을 다스리는 열두 천사장으로 이루어진 것이다.

5. 천사 창조와 사람 창조의 차이점은 무엇인가?

겔 1:10 그 얼굴들의 모양은 넷의 앞은 사람의 얼굴이요 넷의 우편은 사자의 얼굴이요 넷의 좌편은 소의 얼굴이요 넷의 뒤는 독수리의 얼굴이니

계 4:7 그 첫째 생물은 사자 같고 그 둘째 생물은 송아지 같고 그 세째 생물은 얼굴이 사람 같고 그 네째 생물은 날아가는 독수리 같은데

앞서 궁창의 세계에 있는 천사들을 짓는 첫 모델, 원형이 네 생물이라고 증거한 바 있다. 그러나 더 정확하게 말한다면 네 생물 속에 들어있는 네 가지 인격적인 내용을 가지고 지은 것이다.

네 생물 속에는 네 가지 얼굴이 있다. 사자, 송아지, 사람, 독수리이다. 네 생물 안에 있는 신령한 네 인격의 신성을 이용해서 궁창 세계의 천사들을 지으신 것이다.

인성의 존재들은 이 땅에 물질을 가진 존재로, 육체로 태어났기 때문에 고유적인 자기 모양을 갖고 있다. 그러나 천사들은 자기의 고유적인 형상과 모양이 없기 때문에 말씀하신 분의 명령에 따라서 다양한 모습으로 다양한 능력을 가지고 이 땅에 오갈 수 있고, 이 땅에 와서 말씀대로 순종하고 역사하는 존재라는 것을 알 수 있다.

천사들이 자기의 고유적인 모습을 가지려면 어떻게 해야 하는가? 창조의 길을 통해서 이 땅에 와야 한다. 그러나 천사들이 창조의 길을 통해서 이 땅에 온 모습이 영원불변한 고유적인 모습은 아니다. 죽었다가 부활한 모습이 영원불멸한 고유적인 자신의 모습이다. 그렇기 때문에 천사들도 고유적인 자기의 인격의 모습을 갖기 위해서는 이 땅에 와서 죽었다가 부활해야 한다.

예수께서 친히 "저희는 다시 죽을 수도 없나니 이는 천사와 동등이요 부활의 자녀로서 하나님의 자녀임이니라"(막 12:18-25, 눅 20:36)고 하심으로 생명의 부활로 구원받은 존재들은 천사가 된다는 것을 최초로 증거하셨다.

생명의 부활로 부활한 자들만이 고유적인 인성과 신성을 가진 천사가 되는 것이다. 인성과 신성을 가진 천사가 된다는 말은 완전한 천사가 된다는 것이다.

그렇다면 생명의 부활로 변화 받은 사람과 첫째 부활, 의인의 부활로 변화 받은 사람의 권세와 능력과 영광은 어떤 차이가 있는가?

누가복음 16장에서 아브라함이 부자에게 결론적으로 이렇게 말했다. "이뿐 아니라 너희와 우리 사이에 큰 구렁이 끼어 있어 여기서 너희에게 건너가고자 하되 할 수 없고 거기서 우리에게 건너올 수도 없게 하였느니라"(눅 16:26)고 한 것처럼, 생명의 부활을 받은 몸이라고 할지라도 첫째 부활, 의인의 부활을 받은 몸과는 큰 차이가 있다.

> 요 3:13 하늘에서 내려온 자 곧 인자 외에는 하늘에 올라간 자가 없느니라

> 요 14:2 내 아버지 집에 거할 곳이 많도다 그렇지 않으면 너희에게 일렀으리라 내가 너희를 위하여 처소를 예비하러 가노니

예수님이 말씀하신 아버지의 집에 가기 위해서는 부활의 몸 중에서도 특수한 몸을 갖지 않고는 갈 수가 없다. 예수께서 "인자 외에는 거기서 온 자도 없고 간 자도 없다"는 것은 예수님 같이 그런 거룩한 영광의 몸으로 변화 받은 사람만이 갈 수 있는 곳을 말씀하신 것이다.

그 말씀의 의미는 이런 뜻이다. 의인의 부활로 부활된 몸과 생명의 부활로 부활된 몸은 전혀 다르다. 다시 말하면 의인의 부활로 부활된 몸은 주님의 인도하심을 받아서 어디든지 갈 수 있지만, 생명의 부활로 부활된 몸은 아브라함의 말처럼 어떤 절대적인 벽의 한계를 넘어서지 못한다. 그 한계를 넘어 이동하지 못한다는 것이다.

생명의 부활로 부활하여 인성과 신성을 가진 천사들도 그러한데, 하물며 인성을 갖지 못하고 신성만 가진 천사들은 더더욱 자기의 의지를, 자기 스스로 선택할 수 있는 자유의지를 갖지 못한 존재들이기 때문에 더욱 더 어려운 입장이 되는 것이다.

그렇기 때문에 구속사의 세계에서 "해의 영광도 다르며 달의 영광도 다르며 별의 영광도 다른데 별과 별의 영광이 다르도다"(고전 15:41)라고 한 질서가 천사의 세계에서도 존재한다고 말할 수 있는 것이다.

> 말 2:15 여호와는 영이 유여하실찌라도 오직 하나를 짓지 아니하셨느냐 어찌하여 하나만 지으셨느냐 이는 경건한 자손을 얻고자 하심이니라 그러므로 네 심령을 삼가 지켜 어려서 취한 아내에게 궤사를 행치 말찌니라

이 구절의 의미는 다음과 같다. 하나님께서 순식간에 많은 천사들을 만들 수 있는 능력이 있지만, 경건하고 거룩한 천사들을 선택하기 위해서 그렇게 천사들을 다량으로 생산하지 않으신다는 것이다. 인간 뿐만 아니라 인간에게 소속된 천사들도 순서에 의해 차례대로 지으시는 것이지, 한꺼번에 많은 천사들을 만드시는 것이 아니라는 것이다.

그들이 다 인성과 신성을 갖춘 고유적인 천사가 되기 위해서는 반드시 이 땅에 와서 부활이라는 과정을 거쳐야 한다. 그렇기 때문에 부활이 가장 귀하고 거룩한 영광이 되는 것이다.

그렇다면 사람은 어떻게 지어진 존재인가?

> 창 1:26 하나님이 가라사대 우리의 형상을 따라 우리의 모양대로 우리가 사람을 만들고 그로 바다의 고기와 공중의 새와 육축과 온 땅과 땅에 기는 모든 것을 다스리게 하자 하시고

하나님께서 사람을 창조하실 때 "우리의 형상을 따라 우리의 모양대로 우리가 사람을 만들고"라고 하셨다. 그 말씀 때문에 믿는 성도들이 대부분 인간은 예수님의 형상과 모양대로 지음을 받았다고 생각한다. 그렇다면 '우리의 형상과 모양'이란 과연 예수님의 형상과 모양을 말하는 것일까?

종말론적 구속사 시리즈 제 4권 <네 생물, 그들은 누구인가?>에서 '우리'의 형상은 네 생물 속에 있는 네 가지 인격 중에서 '사람'의 형상과 모양이며, 그 '사람'의 형상과 모양을 본 따서 사람을 지은 것이라는 내용을 자세히 소개한 바 있다.[12]

> 계 4:6-7 보좌 앞에 수정과 같은 유리 바다가 있고 보좌 가운데와 보좌 주위에 네 생물이 있는데 앞뒤에 눈이 가득하더라 그 첫째 생물은 사자 같고 그 둘째 생물은 송아지 같고 그 세째 생물은 얼굴이 사람 같고 그 네째 생물은 날아가는 독수리 같은데

독수리는 독수리 새끼들을 낳고, 사람은 사람을 낳는다. 그렇기 때문에 네 생물 속에 있는 네 얼굴 중에서 '사람'의 육체는 최

---

12) '종말론적 구속사 시리즈' 제 4권 <네 생물, 그들은 누구인가?> 369-374쪽, 벽암 조영래 저, 도서출판 오색이슬

초의 사람을 만들 수 있는 형상과 모양이며, 최초의 퐛대 같은 존재이다. 그 사람을 통해서 사람이 만들어진 것이다. 그 '사람'의 형상과 모양대로 사람의 육체를 지었다는 것이다(창 1:26). 이렇게 네 가지의 얼굴을 가지고 있는 네 생물의 네 가지의 인격이 네 가지 육체를 가지고 있는 사람들을 만들 수 있는 조상이 되는 것이다.[13] 그렇기 때문에 사람에게도 네 종류의 육체가 있는 것이다.

> 고전 15:39 육체는 다 같은 육체가 아니니 하나는 사람의 육체요 하나는 짐승의 육체요 하나는 새의 육체요 하나는 물고기의 육체라

하나님께서 네 생물을 모본(模本), 표본 삼아 인간을 지으셨다. 즉 네 생물 안에 있는 신령한 네 가지의 얼굴 중에서 인성을 이용해서는 지구촌의 인간들을 지으셨고, 신성을 이용해서는 궁창의 세계의 천사들을 지으셨다.

다시 말하면 천사를 만드는 모델, 원형이나 하늘의 발등상이 되는 지구촌에서 거주하고 있는 우리 인생들이나 지을 때 표본이 된 모델은 같다. 영광의 순서만 바뀌었을 뿐이지 네 생물이라는 같은 모델로 지어진 존재들이다. 사람도 네 생물 안에 있는 네 가지의 원형을 따라서 지어졌고, 천사들도 네 생물 안에 있는 네 가지의 원형으로 하늘 차원에서 지어진 것이다. 따라서 네 생물은 모든 피조물의 조상이라고 말할 수 있다.

> 창 2:7 여호와 하나님이 흙으로 사람을 지으시고 생기를 그 코에 불어 넣으시니 사람이 생령이 된지라

---

13) '종말론적 구속사 시리즈' 제 4권 <네 생물, 그들은 누구인가?> 497-501쪽, 벽암 조영래 저, 도서출판 오색이슬

이 구절에서 아담이 생령이 되었다는 의미는 인성을 가진 자로서 신성을 부여받았다는 의미가 된다.

그렇다면 아담을 통하여 보여주신 흙, 사람, 생령의 3단계는 무슨 의미인가? 인성으로 지음을 받은 인생들이지만 하나님의 말씀을 통하여 그리스도의 장성한 형상과 분량으로 자라면(엡 4:13) 장차 그리스도의 신성을 부여받을 수 있다는 것이다. 완전한 인성과 신성을 가진 존재, 즉 산 자가 될 수 있다는 것이다.

여기서 그리스도의 인성이란 무엇을 말하는 것인가? 네 생물 안에 있는 '사람'은 그리스도의 인성을 말하는 것이다. 그리고 '독수리'는 그리스도의 신성을 말하는 것이다.

> 겔 1:10 그 얼굴들의 모양은 넷의 앞은 사람의 얼굴이요 넷의 우편은 사자의 얼굴이요 넷의 좌편은 소의 얼굴이요 넷의 뒤는 독수리의 얼굴이니

우편은 사자, 좌편은 송아지인데 서로 등이 붙어있다면 사자와 송아지가 하나가 된다. 앞이 사람이고, 뒤가 독수리인데 서로 등이 붙어있다면 사람과 독수리가 하나가 된다.

분명히 네 생물 안에 네 가지의 얼굴, 네 가지의 육체, 네 가지의 인격이 존재하지만, 인성과 신성이 완전한 하나를 이룬다는 입장에서 본다면 넷이 아니라 두 사람을 가리키는 것이다. 그렇기 때문에 네 생물이 이 땅의 주 앞에 선 두 감람나무, 두 촛대로 등장할 때에는 두 사람으로 등장하는 것이다.

> 계 11:4 이는 이 땅의 주 앞에 섰는 두 감람나무와 두 촛대니

두 감람나무, 두 촛대의 경우도 숫자로는 넷이라고 표현할 수 있다. 그러나 인성과 신성을 통한 완전한 인격체로 표현한다면 두 사람이라고 말하는 것이다.

네 생물 속에 포함된 '사람'이라고 해서 아무 사람이나 해당되는 것이 아니라, 그리스도의 인격을 말하는 것이다. 네 생물 안에 있는 '사람'이라는 존재는 아직 특정한 이름을 부여받지는 못했지만 그리스도와 같은 사람을 말하는 것이다.

그리스도라는 의미는 하나님께서 기름 부으신 자, 하나님께서 말씀으로 낳는 자를 말한다. 시편 2:7에서 "너는 내 아들이라 오늘날 내가 너를 낳았도다"라고 하나님께서 낳은 자로 공식적으로 인정하신 자를 말하는 것이다. 예수께서 사망의 권세를 깨시고 부활하시는 순간 "내가 오늘날 너를 낳았다"(행 13:33, 히 1:5, 5:5)라고 말씀하셨다. 그것은 하나님께서 낳으신 것이다. 사람은 여인의 태를 통해서 낳지만, 하나님은 말씀의 태를 통해서 낳으시는 것이다. 그래서 사람이 낳는 것과 하나님이 낳는 것은 전혀 다르다.

> 엡 4:13 우리가 다 하나님의 아들을 믿는 것과 아는 일에 하나가 되어 온전한 사람을 이루어 그리스도의 장성한 분량이 충만한 데까지 이르리니

성경에서는 어떠한 정해져 있는 기준, 한계의 정점을 가리켜 어느 분량까지 자라라는 표현을 사용한다. 다시 말하면 네 생물 안에 있는 신령한 인격적인 존재들이 자기의 분량, 자기의 몫을 다 채워서 영광을 받기까지는 그들도 하루아침에 갑자기 완성되는 것이 아니다.

예를 들어 말하면 네 생물 안에 송아지와 사자가 있다. 그들도 이 땅에 와서 송아지로서, 사자로서 걸어야 할 과정을 통해서 사람이 될 수 있고, 독수리가 될 수 있는 것이다. 그런 과정이 있기 때문에 구속사의 중심인물들은 이 땅에 올 때 한 번만 오지 않는다.

모세도 세 번 등장하게 되어 있다. 구약 마당에 등장한 모세, 신약 마당에서 변화의 산에 등장한 모세, 재림 마당에 구중의 유리바닷가에 모세의 노래가 등장한다(계 15:2). 요셉도 구약 마당에 등장한 애굽의 총리 요셉, 신약 마당에서 예수님의 양부로 등장한 요셉, 재림 마당에서 요셉이라는 이름은 아니지만 영적 장자라는 입장에서 분명히 요셉이 다시 오는 것이다.

이렇게 세 번씩 오는 이유가 무엇인가? 그들도 그리스도의 장성한 분량으로 자라서 구속사의 주인공이 되기 위해서는 분명히 네 생물 안에 존재하고 있는 그러한 과정의 길을 걸어야 하기 때문이다. 그래서 그들도 정해진 하늘의 율례와 규례와 법도에 따라서 이 땅에 등장할 수밖에 없는 것이다.

그들은 육신적으로 이 땅에 한 번 와야 되고, 영적으로 또 한 번 와야 된다. 한 번은 완전한 인성을 이루기 위해서 와야 되고, 한 번은 신성의 대상으로서 이 땅에 다시 와야 하는 것이다.

> 히 9:28 이와 같이 그리스도도 많은 사람의 죄를 담당하시려고 단번에 드리신바 되셨고 구원에 이르게 하기 위하여 죄와 상관없이 자기를 바라는 자들에게 두 번째 나타나시리라

그렇기 때문에 예수님도 어느 의미에서는 초림과 재림으로 표

현이 되고 있다. "죄와 상관없이 자기를 바라는 자들에게 두 번째 나타나시리라"고 하셨다. 그 두 번째의 의미를 강조하신 의미는 분명히 한 번은 인성을 가지고 인자로 오셨고, 한 번은 신성으로 이 땅에 오신다는 것이다. 인성으로 오신 것을 가리켜 "말씀이 육신이 되어 오셨다"(요 1:14)라고 하는 것이다. 그리고 재림 마당에서는 신성으로 오시는 것이다.

재림 마당에서는 어떻게 신성으로 오시는가?

> 요 1:1 태초에 말씀이 계시니라 이 말씀이 하나님과 함께 계셨으니 이 말씀은 곧 하나님이시니라

> 요 5:43 나는 내 아버지의 이름으로 왔으매 너희가 영접지 아니하나 만일 다른 사람이 자기 이름으로 오면 영접하리라

"다른 사람이 자기의 이름으로 오신다"는 자기의 이름은 무엇인가? 바로 예수님이 피 속에 감추어 이 땅에 떨치셨던 태초의 말씀이 예수님의 본래의 이름이다. 요한복음 1:1에서 '태초에 하나님과 함께 계셨던 말씀'이 예수님의 본래 이름이다. 그 본래의 이름, 자기 이름으로 예수님 대신 다른 사람이 오신다는 것이다. 예수님은 인성을 가지고 오셨지만, 다시 오시는 분은 신성을 이루기 위해서 오시는 것이다.

네 생물의 얼굴이 사자, 송아지, 사람, 독수리로 여러 개의 얼

굴이 있다는 것은 사명도 여러 가지가 있다는 것을 말한다. 그 사명은 네 생물 안에 존재하는 신령한 인격자들이 가질 수 있는 것이지, 다른 사람이 사자가 되고 다른 사람이 송아지가 될 수 있는 것은 아니다.

따라서 네 생물 안에 있는 사자와 송아지는 신성을 입을 수 있는 대상은 아니다. 사람과 독수리만이 신성을 입을 수 있는 근본적인 존재라는 것이다. 다시 말하면 송아지, 사자가 이 땅에 와서 자기 역할을 다하면, 그 다음 단계로 사람, 즉 그리스도가 될 수 있는 것이다. 아담도 흙에서 사람으로, 코에 생기를 받아 생령이 되었다. 마찬가지로 사자와 송아지가 이 땅에 와서 자기의 본분, 사역을 다 이룸으로써 그들이 다음에 사람이 되는 것이다. 다시 이 땅에 사람으로 등장해서 자기의 사명을 완수함으로써 다음에 독수리가 되는 것이다. 사람의 단계에서 그 다음 단계로 독수리가 되는 것이다.

그래서 이런 과정의 길을 걷는 것을 가리켜 신앙의 삼일길을 걷는다고 말하는 것이다. 믿음의 길, 뜻의 길, 영의 길이라는 삼일길을 통해서 우리의 심령이 중생, 성화, 영화라는 3단계의 과정을 통해서 완전한 인성과 신성을 가진 존재, 즉 산 자가 되는 것이다.

사람의 척량이 곧 천사의 척량이라는 의미는 무엇인가?

계 21:17 그 성곽을 척량하매 일백 사십 사 규빗이니 사람의 척량 곧 천사의 척량이라 천사의 규빗이나 사람의 규빗이 같다는 것이 무슨 뜻인가? 천사나 사람이 지음을 받는 과정은 다르지만 결과는 같다는 뜻이다. 즉 척량의 대상이 천상이나 지상에 동일하게 존재한다는 뜻이다.

다시 말하면 지구촌에 있는 물질이 천사가 있는 궁창의 세계에도 다 있다는 것이다. 다만 같은 장미꽃이라도 이 땅에서 피는 장미꽃과 궁창의 세계에서 피는 장미꽃은 다르다.

에스겔 31:8에도 에덴동산에 백향목, 잣나무, 단풍나무 등이 다 있다. 지상에 있는 나무 이름과 천상에 있는 나무 이름이 똑같다. 다시 말하면 궁창의 세계에도 꽃 피는 나무, 열매 맺는 과목 등 다 있는데, 다만 그 차원이 다르기 때문에 그 존재의 가치가 달라질 뿐이다.

궁창의 세계에는 죽음과 소멸이라는 현상이 없다. 이 땅에는 비가 오지 않으면 가뭄이 들어서 식물들이 말라 죽지만 궁창의 세계는 어떤 생명의 존재이건 죽음과 소멸이라는 것이 존재하지 않는다. 궁창의 세계에 죽음이 존재하지 않는 이유는 무엇인가? 궁창의 세계는 물질의 세계이지만 그 물질이 신령한 물질이기 때문이다.

> 요 6:63 살리는 것은 영이니 육은 무익하니라 내가 너희에게 이른 말이 영이요 생명이라

살리는 것은 영이나 육은 무익하기 때문에 몸을 가지고 있는 존재는 끝이 있다. 즉 죽음이 있다는 것이다. 바꾸어 말하면 흙으로 지어진 존재는 죽음을 가지고 있는 존재라고 말할 수 있다. 몸이 있으되 신령한 몸이 아니라 죽는 몸이기 때문이다.

고전 15:44 육의 몸으로 심고 신령한 몸으로 다시 사나니 육의 몸이 있은즉 또 신령한 몸이 있느니라

육의 몸과 신령한 몸의 차이가 무엇인가? 육의 몸은 죽는 몸이고 신령한 몸은 죽지 않는 몸이다. 이 땅에 여인의 길로 태어나는 사람들은 다 육의 몸을 가지고 오기 때문에 한 번은 죽어야 한다(히 9:27). 그리고 신령한 몸으로 거듭나서 하늘로 가야 한다. 육의 몸이 신령한 몸으로 거듭나는 것을 가리켜 부활이라고 한다.

따라서 구속사의 세계에서 부활이 가장 거룩한 영광, 상급이 되는 것이다.

6. 왜 물질세계의 인간이 비물질세계의 주인이 되는가?

앞서 천사의 창조와 사람 창조의 차이점을 살펴본 바 있다. 사람들은 먼저 차원이 낮은 물질의 세계, 하늘의 발등상이 되는 이 땅에 존재해야 하기 때문에 네 생물 안에 있는 인성을 통해서 사람을 지으셨다. 그리고 궁창의 세계는 지상세계와는 현저하게 차원이 다르고 영광이 다른 비물질세계이기 때문에 그곳에 존재하는 천사들은 네 생물 안에 있는 신성을 통해서 지으셨다.

시 8:5 저를 천사보다 조금 못하게 하시고 영화와 존귀로 관을 씌우셨나이다

예수님도 이 땅에 인자(人子)로 오신 이상은 잠시 동안 천사의 영광만 못하다고 하셨다. 그렇게 이 땅과 하늘의 세계는 영광의 차원이 다르다는 것을 알 수 있다.

그러나 흙 차원으로 지은 인생들이라고 해서 궁창의 세계의 천사들과는 전혀 그 본질, 근본이 다르다고는 말할 수 없다는 것이다. 왜냐하면 비록 물질의 세계에서 살아가는 흙 차원의 인생들이지만 본질은 다 한 곳, 네 생물 안에서 출발하고 있기 때문이다. 다만 존재하는 삶의 차원이 다를 뿐이다. 인간들은 물질의 세계에서 살고 천사들은 비물질의 세계에서 살아가고 있는 존재라는 것이 다른 점이지, 네 생물 안에서부터 구속사의 세계를 이루고자 출발했다는 점은 같다.

그렇다면 흙 차원의 몸을 가진 인간들을 신령한 몸을 가진 천사들보다 더 큰 영광으로 지으신 이유는 무엇인가?

고전 1:26-29 형제들아 너희를 부르심을 보라 육체를 따라 지혜 있는 자가 많지 아니하며 능한 자가 많지 아니하며 문벌 좋은 자가 많지 아니하도다 그러나 하나님께서 세상의 미련한 것들을 택하사 지혜 있는 자들을 부끄럽게 하려 하시고 세상의 약한 것들을 택하사 강한 것들을 부끄럽게 하려 하시며 하나님께서 세상의 천한 것들과 멸시 받는 것들과 없는 것들을 택하사 있는 것들을 폐하려 하시나니 이는 아무 육체라도 하나님 앞에서 자랑하지 못하게 하려 하심이라 하나님의 뜻은 하늘의 발등상이 되는 지구촌에 있는 낮고 천한 흙차원의 인생들로 하여금 천사들의 주인을 삼으시고, 하늘의 기업을 받을 하나님 후사로 만드시는 것이다.

그 이유가 무엇인가? 어떤 조각가가 100일 동안 작품을 만든 것과 하루에 만든 것 중에서 어떤 것이 더 비싸겠는가? 당연히 하루에 만든 물건보다는 정성을 들여서 100일 동안 만든 작품의 가치가 더 귀한 것이다.

"여호와 하나님이 흙으로 사람을 지으시고 생기를 그 코에 불어 넣으시니 사람이 생령이 된지라"(창 2:7)는 내용을 단순하고 간단하게 사람을 지으신 것처럼 생각해서는 안 된다. 인류의 기원으로 볼 때 지구촌 안에 생명의 존재가 언제 형성이 되었는지는 알 수 없지만 이미 과학적으로 발견된 인간의 두개골로 보아도 600만년 이상 걸렸다는 것이 드러나고 있다. 다시 말하면 구속사의 첫 사람 아담을 만드시는 것만 해도, 드러난 인류학적 증거로 보아도 600만년 이상이 걸렸다는 것이다. 인류의 역사의 터 위에서 아담이 탄생이 된 것이기 때문에 아담을 등장시키는 데 600만년이 걸렸다는 것이 무리한 표현이 아니다. 그러나 아직 발견되지 않은 전 시대의 인간의 존재를 추적해본다면 천만 년이 될 수도 있고 2천만 년이 될 수도 있다. 그런 차원에서 생각해본다면 신성으로 지음을 받은 천사들보다 인성으로 지음을 받은 인생들에게 하나님께서 더 무한한 공력을 쏟으셨다고 말할 수 있다.

우리가 살고 있는 지구촌이 하늘의 발등상이라고 했다. 즉 생명이 존재하는 세계에서는 가장 낮고 천한 곳으로, 생명체가 살아가기 힘든 곳이다. 그렇기 때문에 궁창의 세계에 있는 생명체들이 이 땅에 와서 적응하는 데에는 무구한 세월을 경과하지 않으면 안 된다.

궁창에서 오는 얼음 덩어리 속에 생명체의 씨들을 담아 이 땅에 보냈다고 해서 이 땅에 들어오자마자 바로 적응하여 생활하지 못한다. "모든 만물은 환경의 지배를 받는다"는 세상 말이 있다. 궁창의 세계에서 이 땅에 온 생명의 씨알들이 이 땅에서 정상적으로 살아갈 수 있는 입장이 되기까지는 많은 시련과 고통과 적응의 아픔을 겪어야만 하나님이 주신 신성과 능력의 모양대로 이 땅에서 존재할 수 있는 것이다.

그러나 천상에 있는 신성으로 만들어진 존재들은 그런 아픔을 겪지 않는다. 그들은 이 땅에서 살아보지 않았기 때문에 그런 고통을 알 수 없다.

그렇다면 하나님은 구속사의 대상들을 궁창에서 열매 맺게 하지 않으시고 생명체가 살아가기 힘든 가장 천하고 낮은 이 땅에서 태어나게 하시고, 또 이 땅을 통해서 다시 한 번 하늘의 본향으로 돌아오게 하신 저의는 무엇인가? 거기에는 필연적인 하나님의 섭리와 경륜과 뜻이 있는 것이다.

오늘의 '나'라는 한 개체는 단순히 외형적으로는 어머니의 태를 통해서 이 땅에 태어났다. 그러나 한 개체가 형성되기까지의 근원, 뿌리를 살펴본다면 '나'라는 한 사람을 만들기 위해서 이 땅에서 얼마나 장구한 세월의 연륜이 존재했는지 모른다. 아담도 그런 장구한 세월 끝에 이루어진 구속사의 첫 사람이라고 했다. 아담이 그렇다면 우리는 아담보다 더 오래 걸린 사람이다. '나' 한 사람이 태어나기까지 우리의 원시 조상들이 지구의 환경에 적응하기 위해서 얼마나 많은 고난과 고통의 길을 걸었을지 생각해본다면 오늘의 '나'의 존재가 얼마나 존귀한 존재인지 알게 된다.

그렇기 때문에 "존귀에 처하나 깨닫지 못하는 사람은 멸망하는 짐승 같도다"(시 49:12, 49:20)라고 했다. 아무리 우리가 이 땅에서 비참한 생활을 한다고 할지라도 '나' 한 사람을 위해서 우리의 원형이 지구촌이라는 이 열악한 환경에서 얼마나 많이 죽으며 희생당했는지 생각해본다면 내가 아무리 사람들로부터 천하고 낮은 사람으로 비웃음을 받을지라도 그 생명만큼은 존귀한 생명이 된다. 정말 인간이 얼마나 귀한 존재인지 모른다. 천사들과 비교가 되지 않는 존재라는 것이다.

그렇다면 인간들을 만드는데 그런 많은 공력을 쏟으셔야만 하시는 이유는 무엇인가?

> 고전 6:3 우리가 천사를 판단할 것을 너희가 알지 못하느냐 그러하거든 하물며 세상 일이랴

그렇게 하신 이유는 사람을 구속사의 주인공으로 세우시고 하나님의 후사로 세우셔서 천사들의 주인을 삼으시려는 것이다. 이 땅에서 지어진 존재를 통해서 궁창의 세계를 지키고 다스릴 수 있는 하나님의 후사로 세우시기 위해서 처음부터 그렇게 뜻을 세우시고 역사하신 것이다.

다시 말하면 인간은 인성으로 지음을 받았지만, 물질의 세계

인 이 땅에서 살아가고 존재하고 있던 인간들이 결과적으로는 다시 신성의 세계로 돌아가는 것이다. 그렇기 때문에 이 땅이 우리의 고향은 될 수 있어도 본향은 아니다. 본향은 우리가 본래 살던 곳이고, 고향은 이 땅에 우거하면서 잠시 머물렀다 가는 곳이다. 따라서 우리가 이 땅에서 생을 마감하면 우리의 본향으로 돌아갈 수밖에 없는 것이다.

인간이 신성의 세계로 돌아갈 때에는 신성으로 지음 받은 천사들이 갖지 못한 고유적인 형상과 모양과 인격을 가지고 올라가는 것이다. 그 형상과 모양과 인격은 영원불멸한 고유적인 자기 모습이다. 그렇기 때문에 신성으로 지음을 받았지만 아직 인성을 갖지 못한 천사들과는 비교도 안 될 만큼 거룩한 존재로서 하늘로 올라가는 것이다.

즉 다시 말하면 부활의 몸, 영원불멸한 자기의 고유적인 몸을 가지고 하늘로 올라가기 때문에 인간이 천사들의 주인이 될 수 있고 천사들은 인간의 종이 될 수밖에 없는 것이다(히 1:14).

우리가 비록 낮고 천한 이 땅, 물질의 세계에서 살아가고 있지만 하나님이 기뻐하시는 믿음을 통해서 거룩한 신성을 입게 된다면 우리는 하루아침에 천사들보다 뛰어난 신분이 되는 것이다.

그렇다면 상대적인 입장에서 천사들은 영원히 신성으로만 존재할 것인가? 거기에는 두 종류가 있다. 각양각색으로 위로부터 주시는 말씀의 명령에 의해서 신성으로만 존재하는 천사들이 있고, 첫째 부활에 참여하는 거룩한 인성과 신성을 가진 존재에게 소속된 그들의 고유적인 천사들이 있다. 첫째 부활에 참여한 자들에게는 부활의 몸을 가진 고유적인 천사들이 필요한 것이다.

계 4:4-9 또 보좌에 둘려 이십 사 보좌들이 있고 그 보좌들 위에 이십 사 장로들이 흰 옷을 입고 머리에 금 면류관을 쓰고 앉았더라 보좌로부터 번개와 음성과 뇌성이 나고 보좌 앞에 일곱 등불 켠 것이 있으니 이는 하나님의 일곱 영이라 보좌 앞에 수정과 같은 유리 바다가 있고 보좌 가운데와 보좌 주위에 네 생물이 있는데 앞뒤에 눈이 가득하더라 -(중략)- 그들이 밤낮 쉬지 않고 이르기를 거룩하다 거룩하다 거룩하다 주 하나님 곧 전능하신 이여 전에도 계셨고 이제도 계시고 장차 오실 자라 하고 그 생물들이 영광과 존귀와 감사를 보좌에 앉으사 세세토록 사시는 이에게 돌릴 때에

보좌를 중심으로 해서 보좌의 영광을 나타내는 존재들이 있다. 네 생물, 24보좌에 앉은 24장로들이 하늘보좌에서도 하나님의 영광을 친히 경배 드리고, 거룩함을 찬양하는 신령한 존재들로 등장한다. 그들은 무형의 존재가 아니라 이 땅에서 영원한 자기의 모습과 인격을 갖춘 존재들이다.

마찬가지다. 우리가 하나님의 후사, 자녀들이 된다면 우리들에게도 무형의 존재인, 신성만을 가진 천사들이 아니라 우리를 받들며 섬기는 우리의 종이 되는 인격적인 천사들을 소유하게 되는 것이다. 그렇기 때문에 하나님께서도 그러한 섭리적 역사의 세계를 펼치고자 이 땅에 창조의 길을 통해서 천사들을 보내신다. 그들이 "믿음의 결국은 영혼 구원이라"(벧전 1:9)는 생명의 부활로 고유적인 자기 인격을 갖추어 하늘에 올라감으로써 그들이 하나님의 후사들의 개인적인 종의 역할을 담당하는 것이다.

그렇다면 시작과 동시에 그 결과가 이루어지기까지 만드시는

분의 입장에서 보면 천사와 사람 중, 누구에게 더 많은 공력과 시간을 주고 계시는가? 사람에게 더 많은 시간을 할애하고 있다.

천사는 처음부터 죽지 않는 신령한 몸으로 지었다. 그런데 인간은 낮고 천한 이 땅에서 죽는 몸으로 지음을 받았다. 낮고 천하게 지음 받은 자들을 사람으로 만드시고, 그 코에 생기를 불어넣어서 생령으로 만드시고, 생령으로 하여금 하늘의 구도의 도장을 걷게 해서 생령의 첫 열매가 되는 멜기세덱으로 탄생하게 하신 것이다. 그가 산 자의 하나님, 영광의 주가 되심으로 말미암아 그의 길을 따르는 모든 사람들도 첫 열매인 그리스도 안에서 자기 반차의 서열, 순서에 따라서 영광을 받게 된다(고전 15:23-24).

그러나 천사들은 처음부터 끝까지 동일한 존재로서, 인간이 걸어야 하는 과정이 필요 없는 존재들이다. 그 이유가 무엇인가? 만세 전에 준비하신 구속사 세계의 영광을 위해서 하나님의 구원의 대상은 아브라함의 후손으로 이미 결정해 놓으셨다(히 2:16). 그렇기 때문에 이 땅에 뿌려진 좋은 씨알들이 하나님의 구원의 중심, 구속의 대상의 사람들이다.

천사들은 네 생물 안에 있는 신령한 인격 그대로 지음을 받은 대상들이다. 그러나 인간이 네 생물 안에 있는 신령한 인격을 이루는 과정이 얼마나 험난하고 힘들겠는가? 그 과정이 힘들고 험난하기 때문에 인간이 천사들보다 귀하고 거룩한 존재가 될 수 있고, 천사들의 주인이 될 수 있는 것이다.

인간들이 네 생물 안에 있는 인격을 완성해 간다는 것은 결코 쉬운 길이 아니다. 그 길을 가려면 꼭 믿음의 길, 뜻의 길, 영의 길이라는 삼일길을 걸어야만 하늘의 구도의 도장에 도전할 수 있는 것이다.

> 창 2:7 여호와 하나님이 흙으로 사람을 지으시고 생기를 그 코에 불어 넣으시니 사람이 생령이 된지라

하늘의 발등상이 되는 지구촌의 흙차원에서는 지음을 받는 과정이 흙이 되고, 사람이 되고, 생령이 되었다. 여기서 생령이 되었다는 말은 신앙의 차원에서 말하면 믿음의 길이나 뜻의 길에서 이루어진 존재가 아니라 영의 길이라는 차원에서 이루어진 존재라는 것이다.

다시 말하면 물질의 세계에서 물질적인 근본을 통해서는 절대 생령이 탄생하지 못한다는 것이다. "생기를 그 코에 불어 넣으시니 사람이 생령이 된지라"는 말씀을 깊이 생각해 보아야 한다. 흙차원의 인생들이 도(道)의 길, 믿음의 길, 뜻의 길을 통해서 사람이라는 인격적인 존재로 어느 분량에까지는 자랄 수 있다.

그러나 "생기를 그 코에 불어 넣으시니 사람이 생령이 된지라"는 말씀을 깊이 생각해보면 이 땅에서는 생령이 될 수 없다. 오직 하늘의 구도의 도장을 통해서만이 생령이 될 수 있는 것이다. 그래서 아담에게도 코에 생기를 불어넣어 생령을 만드시고 에덴동산, 즉 하늘의 구도의 도장으로 인도해 가신 것이다.

그렇기 때문에 많은 사람들이 셋째 하늘이라는 구도의 도장에 가기 위해서 도전하는 것이다. 이 땅에서 구도의 길을 걸은 사람들이 더 큰 영예로움을 얻기 위해서, 더 큰 영광을 받기 위해서 하늘의 구도의 도장으로 가는 것이다. 하늘의 구도의 도장을 통해서 생령으로서의 열매를 맺을 수 있기 때문이다.

아담은 생령으로서 이름도 못 받고 타락한 사람이다.[14] 생령으로서 이름을 받았다는 말은 생령으로서 열매를 맺었다는 말이다. 아담이 생령으로서의 도적 과정을 통해서 이기는 자가 됨으로써 이름을 받게 되는 것이다. 생령으로서 받는 그 이름이 바로 멜기세덱이다. 아담이 싸워 이기는 자가 되어야 멜기세덱이라는 이름을 받는 것이다.

아담이 에덴동산에서 하나님의 말씀에 순종하여 선악나무 열매를 따먹으라는 유혹을 물리치고, 이긴 자로서 생명나무 열매를 먹었다면 멜기세덱이 되었을 것이다. 하나님께서는 아담이 셋째 하늘의 구도의 도장에서 삼일길을 통해서 생명나무 열매를 따먹고, 살려주는 영인 하늘의 대제사장 멜기세덱이 되기를 바라고 원하신 것이다.

---

14) 아담이라는 이름은 '사람'이라는 뜻으로 고유명사가 아닌 보통명사이다. 이사야 65:20에서 생령의 세계에서는 '백 세가 못 되어 죽은 자는 저주받은 자'라는 의미로 볼 때 아담은 이름도 받지 못하고 저주 받은 자이다.

III
루시엘 천사장의 타락

1. 루시엘, 그는 어떤 존재로 지음을 받았는가?

겔 28:13-14 네가 옛적에 하나님의 동산 에덴에 있어서 각종 보석 곧 홍보석과 황보석과 금강석과 황옥과 홍마노와 창옥과 청보석과 남보석과 홍옥과 황금으로 단장하였었음이여 네가 지음을 받던 날에 너를 위하여 소고와 비파가 예비되었었도다 너는 기름 부음을 받은 덮는 그룹임이여 내가 너를 세우매 네가 하나님의 성산에 있어서 화광석 사이에 왕래하였었도다

위 성구에 보면 루시엘 천사장을 지은 내용이 기록되어 있다. 루시엘은 열 가지 보석으로 지은 존재이다. 10이라는 수의 의미는 세상에 속한 최대수, 꽉 찬 수, 만수(滿數)를 의미한다. 루시엘을 열 가지 보석으로 지었다는 것은 가장 아름답고 완벽한 존재로 지었다는 것이다. 오죽하면 그를 지으시고 소고와 비파로 찬양을 하게 하셨다고 했다.

또 그는 기름 부음을 받은 덮는 그룹이라고 했다. 하나님께서 그를 세우시매 하나님의 성산에서 화광석 사이를 왕래하였다. 하

나님께서 그에게 기름을 부으시고 하나님의 영광을 덮는 천사장으로 가장 가까이에 두신 존재이다.

예수께서도 열두 제자 가운데서 베드로, 야고보, 요한 세 제자를 제일 사랑하셨다. 변화산에서 아버지의 영광으로 변형되신 예수께서 모세와 엘리야와 함께 십자가에서 별세하실 것을 의논하시는 중에도 세 제자들을 동참시키셨고(마 17:1, 막 9:2, 눅 9:28), 회당장 야이로의 딸을 살리는 자리에도 세 제자들 외에는 함께 있는 것을 허락지 않으셨다(막 5:37-38, 눅 8:51-52). 그 밖에도 중요한 자리에는 항상 그들을 배석(陪席)시키셨다.

마찬가지다. 이 땅에서 세 제자를 가장 사랑하신 것처럼 하늘에서도 세 천사장들을 제일 사랑하셨다.

루시엘은 몇 번째 천사장으로 지음을 받았는가?

열두 천사장 중에서도 하나님께서 가장 가까이 동행해주는 천사장이 첫 번째 대군 미가엘 천사장이고, 두 번째 가브리엘 천사장이고, 세 번째 루시엘 천사장이었다.

이 땅의 조직을 살펴보면 야곱의 열두 아들 중에서 레위는 세 번째 아들이었다. 그런데 야곱이 요셉의 두 아들, 즉 손자인 에브라임과 므낫세를 아들 반열에 올려놓고 산 자의 열매인 요셉을 족보에서 빼냄으로 열세 아들이 되었다(창 48:5). 그 중에서 레위를 장자로 삼아 제사장 지파가 되게 하였다. 즉 레위는 세 번째 아들로 태어났지만 결과적으로는 열세 번째 아들이 되어 하나님을 받들며 섬기는 제사장 지파가 되었다.

마찬가지다. 루시엘도 세 번째로 지음을 받은 천사장이었지만 사명적 입장에서는 열세 번째 천사장으로서 하나님의 영광을 덮는 그룹이 된 것이다.

> 겔 28:12 인자야 두로 왕을 위하여 애가를 지어 그에게 이르기를 주 여호와의 말씀에 너는 완전한 인이었고 지혜가 충족하며 온전히 아름다왔도다

'완전한 인(印)이었고, 지혜가 충족하며, 온전히 아름다운 존재'가 루시엘 천사장의 모습이었다. 그는 천군의 세계에서 가장 아름답고 지혜로운 완벽한 천사장이었다.

왜 루시엘은 그런 뛰어난 선택을 받게 된 것인가?

> 잠 3:13-18 지혜를 얻은 자와 명철을 얻은 자는 복이 있나니 이는 지혜를 얻는 것이 은을 얻는 것보다 낫고 그 이익이 정금보다 나음이니라 지혜는 진주보다 귀하니 너의 사모하는 모든 것으로 이에 비교할 수 없도다 그 우편 손에는 장수가 있고 그 좌편 손에는 부귀가 있나니 그 길은 즐거운 길이요 그 첩경은 다 평강이니라 지혜는 그 얻은 자에게 생명나무라 지혜를 가진 자는 복되도다

> 시 111:10 여호와를 경외함이 곧 지혜의 근본이라 그 계명을 지키는 자는 다 좋은 지각이 있나니 여호와를 찬송함이 영원히 있으리로다

위 구절에서 보면 지혜가 하늘에서 가장 뛰어난 보배 중의 보배라는 것이다. 하나님께서 지혜로 하늘을 지으셨고(시 136:5),

땅을 세우셨다고 했다(잠 3:19). 따라서 지혜를 얻는 것은 정금으로 비교할 수 없고, 진주보다 귀하다고 했다. 그런 지혜로 지음을 받은 세 번째 천사장이기에 사명적으로는 하나님의 영광을 덮는 천사장으로 선택받을 수 있었다.

그렇다면 루시엘 천사장은 누가 지었는가? 루시엘 천사장 뿐만 아니라 열두 천사장은 누가 지었는가? 그냥 막연하게 하나님이 지으셨다고 말할 수 있는가? 물론 총체적으로는 하나님이 지으셨겠지만, 구체적으로 하나님에 의해서 누가 지었는가? 하나님은 천지를 지으셨다. 그 다음은 누가 지은 것인가? 하나님께서 "빛이 있으라 하시매 빛이 있었고"(창 1:3)라고 하신 그 빛 되신 예수께서 만물의 세계를 지으셨기에 만물 속에는 하나님의 신성과 능력이 들어있다(롬 1:20). 그렇다면 분명히 예수께서 우주만물을 지으셨다고 말씀할 수가 있다. 그렇다면 정말 예수께서 만물의 세계를 모두 다 지으신 것일까?

예를 들면, 자동차 한 대를 만드는데 필요한 여러 부품들이 있다. 그 부품들이 한 자리에서 다 만들어지는 것이 아니라 분산되어 있는 여러 공장에서 부분적인 부속품들을 다 만든 다음에, 마지막으로 전체 부품들을 다 조립하여 한 대의 완제품을 만들어내는 것이다. 이것이 능률적인 기능의 조합이라고 말할 수 있는 것이다.

하늘도 마찬가지다. 하늘의 일을 받들며 섬기게 하기 위해서 열두 천사장을 지으셨다. 그 조직이 하늘의 기능을 가장 잘 질서 있게 조화시킨 놀라운 은혜의 조직이라고 말할 수 있다. 가장 능률적으로 어떤 결정적인 일을 잘 진행할 수 있는 가장 거룩한 조합이라고 말할 수 있다.

　사람도 태 속에서 제일 먼저 머리가 생기고, 척추가 생기고, 각 기관이 생긴다. 천군의 세계에도 위계질서가 성립되려면 순서에 의해서 제일 먼저 천사장들을 만들어야 하고, 그 천사장들이 자기에게 속한 천사들을 만들어야 한다. 예를 들면, 대군 미가엘에 속한 모든 계열은 대군 미가엘 천사장이 만들고, 가브리엘에 속한 모든 계열은 가브리엘 천사장이 만들었다고 말할 수 있다.

　야곱의 열두 지파의 첫 사람이 야곱의 열두 아들들이다. 그 사람들이 열두 지파의 각 첫 사람이다. 그들에 의해서 그 지파 사람들이 탄생된 것이다. 그렇다면 하늘의 열두 계열의 천사장 계열이 있다면 그 계열에 속한 천사들은 다 그 천사장을 통해서 지어졌다고 말할 수 있는 것이다.

　다시 말하면 믿음의 조상 한 사람을 지음으로 그 사람의 허리춤에 있던 모든 씨알들을 통해서 하나님께서 구속사의 구원의 수를 이룰 수 있는 나라와 민족들을 이루어 나가시는 것처럼, 각각의 열두 천사장들을 세우심으로써 그들을 통해서 열두 천사장 계열의 모든 천사들을 낳는 것이다. 열두 천사장의 조직이 있다면 각 천사장을 수장으로 지어 그로 하여금 자기의 조직을 하나하나 채워가게 한 것이다.

　앞서 언급한 것처럼 사람이나, 천사장이나 다 네 생물의 형상과 모양으로 지음을 받은 것이다. 즉, 네 생물이 사람과 천사들의 조상이 된다. 결론으로 말하면, 루시엘 천사장을 지은 존재는 네 생물이라고 할 수 있다.

2. 루시엘이 덮은 영광의 내용은 무엇인가?

겔 28:14 너는 기름 부음을 받은 덮는 그룹임이여 내가 너를 세우매 네가 하나님의 성산에 있어서 화광석 사이에 왕래하였었도다

루시엘이 덮고 있던 영광 안에는 어떤 내용이 있었는가? 루시엘이 어떤 영광을 덮고 있었는지 그 부분에 대해서 성경에는 자세히 언급된 말씀이 없다. 그렇기 때문에 하늘에서 이루어진 뜻대로 이 땅에서 이루어지는 역사를 통해서, 즉 결과의 세계를 통해 원인의 세계를 조명해 볼 필요가 있다.

지구촌의 중심은 이스라엘이고, 이스라엘의 중심은 예루살렘이고, 예루살렘의 중심은 예루살렘 성전이고, 예루살렘 성전의 중심은 지성소이고, 지성소의 중심은 법궤이다.

그렇다면 루시엘이 덮고 있던 하나님의 영광을 상징하는 하늘의 법궤 속에는 무엇이 들어있었을까?

첫째, 십계명이 있었다

요 13:34 새 계명을 너희에게 주노니 서로 사랑하라 내가 너희를 사랑한 것 같이 너희도 서로 사랑하라

예수께서 부활의 능력으로 사망의 권세를 깨시고 하나님 아들로 인정받으시고(롬 1:4), 주신 첫 계명이다. "내가 너희에게 새

계명을 주노니 너희는 서로 사랑하라"는 사랑의 계명을 주셨다. 그렇다고 해서 그 계명이 새로운 계명은 아니다. 그 계명은 십계명 안에 들어있는 계명이라는 것을 알 수 있다.

> 마 22:37-40 예수께서 가라사대 네 마음을 다하고 목숨을 다하고 뜻을 다하여 주 너의 하나님을 사랑하라 하셨으니 이것이 크고 첫째 되는 계명이요 둘째는 그와 같으니 네 이웃을 네 몸과 같이 사랑하라 하셨으니 이 두 계명이 온 율법과 선지자의 강령이니라

예수께서 십계명을 두 가지로 정리하셨다. 첫째는 하나님 사랑, 둘째 이웃 사랑이다. 이 두 계명이 온 율법과 선지자의 강령이라고 일축해서 말씀하셨다. 그렇기 때문에 사랑은 온 율법을 이루는 것이다. 하나님 사랑, 이웃 사랑을 내 몸을 사랑하듯 실천하는 사람은 이미 율법을 다 이룬 사람이다.

> 마 5:17 내가 율법이나 선지자나 폐하러 온 줄로 생각지 말라 폐하러 온 것이 아니요 완전케 하려 함이로라

그 율법을 예수님이 십자가를 통해서 자기 영혼을 속건 제물로 산제사를 드림으로써 이루셨다. 따라서 십자가는 사랑의 확증이 된다. 다시 말하면 십자가가 사랑의 확증이 되기 때문에, 율법을 완전하게 이루신다는 입장에서 "내가 새 계명을 주노니 너희는 서로 사랑하라"고 말씀하신 것이다.

만일 아담이 들짐승 중 가장 간교한 뱀의 유혹을 물리치고 "선

악나무 열매를 먹지 말라"는 첫 계명을 지켰다면 하나님께서 아담에게 다음 단계로 어떤 계명을 주셨을까? 아마 그때는 아담에게 십계명이 아니라 '사랑의 계명'을 주셨을 것이다. 아브라함에게 주신 7대 명령 중에도 "완전하라"(창 17:1)는 말씀이 있다. 그 완전은 신앙의 완전과 사랑의 완전을 말씀하고 있는 것이다.

그렇기 때문에 예수님이 부활하시고 나서 우리에게 "새 계명을 주노니 너희는 서로 사랑하라"고 하신 것이다. 따라서 사랑이 가장 큰 계명이 된다.

창세기 1장의 내용은 하나님께서 열 번의 가라사대의 말씀, 열 마디의 말씀으로 6일 창조의 세계를 이루신 내용이다. 시편 119편에는 열 마디의 말씀이 잘 소개되어 있다. 시편 119편이 가지고 있는 의미는 무엇인가? 시편 119편의 열 마디 말씀이 성경의 한가운데라는 것이다. 실제로 신구약 성경 1,723페이지 속에 시편 119편은 거의 한가운데 중심에 들어있다. 이것을 우연의 일치라고 생각하면 안 된다. 에덴동산의 생명나무와 선악나무를 한가운데 두신 것처럼, 한가운데 십계명을 두신 것이다.

그런데 하늘에서는 루시엘이 덮고 있는 하나님의 영광 안에 무엇이 들어있는지 아무도 그 당시에는 알 수 없기 때문에 그것을 표면화시킬 수 없었고, 드러낼 수 없었다. 그런 드러낼 수 없는 것을 비유와 상징으로 시편 119편을 통해서 성경의 한 가운데 열 마디의 말씀의 세계를 펼쳐놓은 것이다. 더 정리해서 말한다면 루시엘이 덮고 있는 하나님의 영광 속에는 시편 119편에서 증거하고 있는 열 마디의 말씀, 십계명이 들어있었다고 말할 수 있다.

10이라는 수는 영적으로 말하면 세상사에 속한 최대수, 더 이상 담을 수 없는 수이다. 더 이상 담으면 흘러넘치고 만다. 그래서 1부터 시작해서 10까지, 그리고 10이 되면 다음 시작의 수로 넘어가게 되어 있다. 그래서 아담부터 노아까지가 10대, 노아부터 아브라함까지가 10대로 이루어져있다. 룻기에 나오는 다윗의 족보도 "베레스의 세계는 이러하니라"로 시작해서 다윗까지 10대가 소개되어 있다(룻 4:18-22). 10이 가진 영적인 세계의 의미를 분명히 알아야 하는 것이다.

그렇게 10수는 세상에 속한 최대수를 말한다. 라반이 야곱과 약정한 품삯을 열 번이나 지키지 않았다(창 31:41)는 말씀도 10이라는 의미가 가지고 있는 숫자의 의미를 표현하고 있는 것이다.

설사 루시엘이 하나님의 영광의 상징인 법궤를 덮고 있었다 해도 그 속에 무엇이 있는지 알지 못했고, 아무도 알 수 없었다. 그렇기 때문에 시편 기자가 시편 119편을 통해서 그 비밀을 상징적으로 가르쳐준 것이다. 따라서 시편 119편 속에 들어있는 열 마디의 말씀을 모르는 사람은 십계명의 의미를 정확히 알지 못하고 표면적으로만 아는 사람이다.

"에덴동산 가운데에는 생명나무와 선악을 알게 하는 나무도 있더라"(창 2:9)고 했다. 생명나무가 어떤 존재이고 선악나무가 어떤 존재인지를 알려면 시편 119편에 기록된 열 마디의 말씀으로 이루어진 그 세계의 주인공과 그 세계를 이루는 역사에 동참하고 있는 천군, 천사의 세계를 알아야 한다. 그것을 아는 사람만이 그 세계를 접할 수 있는 것이다.

이 땅의 법궤 안에 첫째, 모세를 통해 주신 십계명이 있었던 것처럼, 궁창의 세계에서 루시엘이 덮고 있는 영광 안에는 첫째로 열 마디의 말씀으로 이루어진 시편 119편의 십계명이 들어있었다.

둘째, 만나가 있었다

출 16:14 그 이슬이 마른 후에 광야 지면에 작고 둥글며 서리 같이 세미한 것이 있는지라

민 11:9 밤에 이슬이 진에 내릴 때에 만나도 같이 내렸더라

요 6:48 내가 곧 생명의 떡이로라

계 2:17 귀 있는 자는 성령이 교회들에게 하시는 말씀을 들을찌어다 이기는 그에게는 내가 감추었던 만나를 주고 또 흰 돌을 줄 터인데 그 돌 위에 새 이름을 기록한 것이 있나니 받는 자 밖에는 그 이름을 알 사람이 없느니라

성경에는 만나가 세 번 등장한다. 이스라엘 백성들이 '광야길에서 먹은 만나'가 있었고(출 16:14, 민 11:9), 말씀이 육신으로 오신 예수께서 자신을 가리켜 '공개된 만나'(요 6:48-50)라고 하셨고, 마지막 때 이기는 자에게 주시는 '감추었던 만나'가 있다(계 2:17).

이스라엘 백성들이 광야길에서 먹은 만나에 대해, 하나님께서 궁창을 명하시며 하늘 문을 여시고 만나를 비 같이 내리셨다고 했

다(시 78:23-24). 그 만나는 분명히 이 땅에서 생성된 만나가 아니라, 하나님께서 하늘에서 내려주신 만나이다. 출애굽한 이스라엘 백성들이 광야길에서 39년 11개월 동안 궁창에서 내린 만나를 먹고 산 것이다.

그런데 문제는 이스라엘 백성들이 한 달 모자라는 40년 동안 하늘 문을 열고 비 같이 내려주신 만나를 먹었어도 죽었다. 그들이 먹은 만나는 천사들이 먹는 도식(道食)이었기에 만나를 먹고도 죽은 것이다. 그 만나는 영생을 줄 수 있는 만나가 아니었다.

> 요 6:48-50 내가 곧 생명의 떡이로라 너희 조상들은 광야에서 만나를 먹었어도 죽었거니와 이는 하늘로서 내려오는 떡이니 사람으로 하여금 먹고 죽지 아니하게 하는 것이니라

예수께서도 자신을 가리켜 '생명의 떡'이라고 하시면서 이스라엘 백성들이 광야에서 먹고도 죽은 만나와 다른 만나라고 하셨다.

> 레 19:23-25 너희가 그 땅에 들어가 각종 과목을 심거든 그 열매는 아직 할례 받지 못한 것으로 여기되 곧 삼년 동안 너희는 그것을 할례 받지 못한 것으로 여겨 먹지 말것이요 제 사년에는 그 모든 과실이 거룩하니 여호와께 드려 찬송할 것이며 제 오년에는 그 열매를 먹을찌니 그리하면 너희에게 그 소산이 풍성하리라 나는 너희 하나님 여호와니라

과목을 심은 첫 해에도 열매가 열릴 수 있다. 그러나 3년까지는 할례받지 못한 것이니 먹지 말고, 4년째 맺힌 열매는 하나님께

드리고, 5년째 맺힌 열매는 사람들이 먹으라고 하셨다.

아브라함, 이삭, 야곱의 3대는 할례받지 못한 열매들이고, 4대째 맺힌 열매인 요셉은 산 자의 열매로서 하나님께서 열납하셨다. 그리고 요셉의 후손으로 오신 예수님은 5대째 맺힌 열매로서 사람들이 먹을 수 있는 열매이다(창 48:6, 마 1:16). 그래서 예수께서 "내 살과 내 피를 먹고 마시라"(마 26:26-28, 막 14:22-24, 요 6:53-55)는 말씀을 강조하셨다. 그러나 그 당시 그 말씀을 믿을 수 있는 사람은 아무도 없었다. 오늘날에도 믿기 어려운 말씀을 그 당시 믿을 수 있겠는가?

이스라엘 백성들은 하나님께서 베풀어주신 만나를 두 번 놓치고 말았다.

재림 마당에서는 어떤 만나를 먹어야 사는가?

계 2:17 귀 있는 자는 성령이 교회들에게 하시는 말씀을 들을찌어다 이기는 그에게는 내가 감추었던 만나를 주고 또 흰 돌을 줄 터인데 그 돌 위에 새 이름을 기록한 것이 있나니 받는 자 밖에는 그 이름을 알 사람이 없느니라

위 구절에서 이기는 자에게 감추었던 만나를 주고 흰 돌을 줄 터인데 받은 자만이 그 흰 돌 위에 쓰인 이름을 알 수 있다고 했다. 단, 조건은 이기는 자에 한해서 감추었던 만나를 주신다는 것이다.

그렇다면 광야길에서 내렸던 만나와 감추었던 만나의 차이는

무엇인가? 광야길에서 먹은 만나는 완전한 만나가 아니지만, 감추었던 만나는 완전한 하늘의 양식이기 때문에 감추었던 만나를 먹는 사람들은 어떠한 정죄나 심판도 받지 않는다는 것이다.

즉 감추었던 만나를 먹는다는 것은 생명나무 열매를 주어 먹는 것과 같은 것이다. 성령이 아시아의 일곱 교회에게 주신 축복과 책망의 말씀 가운데 에베소 교회에게 주신 말씀이 "이기는 자에게 내가 생명나무의 과실을 주어 먹게 하리라"(계 2:7)는 것이다.

그렇다면 감추었던 만나는 누구인가? 예수님은 감추었던 만나로 오신 분이 아니라 공개된 만나로 이 땅에 오신 분이다.

> 요 5:43 나는 내 아버지의 이름으로 왔으매 너희가 영접지 아니하나 만일 다른 사람이 자기 이름으로 오면 영접하리라

위 성구에서 "다른 사람이 자기 이름으로 오면"의 그 '다른 사람'이 누구인가? 예수께서 십자가에서 흘리신 피 속에 태초의 말씀을 담아 이 땅에 떨치셨다. 그 역사를 하기 위해서 변화산에 모세와 엘리야를 불러 십자가 사건에 대해 의논하셨다(눅 9:30-31).

겟세마네 동산에서 세 번 기도하시는 중에 "내 원대로 마옵시고 아버지의 원대로 하옵소서"(마 26:39, 막 14:36, 눅 22:42)라고 하신 '아버지의 원대로'의 내용이 무엇인가? 예수께서 가지고 계신 태초의 말씀을 이 땅에 떨치고 오라는 것이다. 말씀을 버리고 순수한 인간 예수로 스올에 들어가서 믿음의 능력으로 부활하라는 것이다. 로마서 1:4의 말씀처럼 '성결의 영으로 부활하여 능

력으로 하나님 아들로 인정받으신 그 길'이 하나님의 아들과 방불한 하늘의 제사장 멜기세덱이 되는 길이다. 그 말씀에 순종하여 예수께서 십자가에서 흘리신 피와 물 속에 태초의 말씀과 은혜와 진리를 이 땅에 다 두고 가셨다.

따라서 예수께서 흘리신 보혈 속에 태초의 말씀을 이 땅에 두고 가셨다는 비밀 중의 비밀을 아는 사람은 오직 모세와 엘리야뿐이다.

그렇다면 하나님께서는 아무 방책도 세우지 않으시고 태초의 말씀을 이 땅에 방치해 두시겠는가? 타락한 아담이 생명나무 열매를 따먹고 영생하지 못하도록 그룹과 화염검으로 생명나무로 가는 길을 지키셨다(창 3:22-24). 마찬가지다. 이 땅에 두고 가신 태초의 말씀도 화염검을 가진 그룹이 지키는 것이다. 그 비밀을 아는 모세와 엘리야 중에서 화염검을 가진 그룹과 싸워 이겨서 태초의 말씀을 입은 사람이 해를 입은 여인이 되는 것이다. 그러나 그분이 인자로서 태초의 말씀, 즉 해를 입은 여인이 되었지만 해를 입은 자체로는 아직 완전한 인성과 신성을 가진 존재는 아니다.

말씀이 육신으로 오신 예수께서도 사망 권세를 깨고 승리하심으로 하나님의 아들로 인정받으셨다(롬 1:4). 즉 하늘의 대제사장 멜기세덱이 되는 길을 보여주신 것이다. 예수께서 만들어 놓으신 멜기세덱 반차의 길을 따라 재림 마당의 해를 입은 여인이 죽었다 살아남으로 멜기세덱이 되는 것이다. 그것을 가리켜 큰 독수리의 두 날개를 받아 광야 자기 곳으로 날아가 한 때·두 때·반 때를 양육 받는다고 표현한 것이다(계 12:14).

예수께서 말씀하신 '다른 사람이 자기 이름으로 오는 존재'가 바로 멜기세덱이다. 왜 그 만나를 먹으면 죽지 않는가? 그 만나가 이 땅에 와서 그도 예수님처럼 죽었다가 한 때·두 때·반 때를 지나서 사망의 권세를 깨시고 부활의 능력으로 하나님의 아들 같은 사람이 되었기 때문에(롬 1:4), 그 감추었던 만나를 먹는 사람은 절대 죽지 않는다. 따라서 재림 때의 감추었던 만나는 멜기세덱을 말하는 것이다.

이 땅에서 법궤 안에 만나가 담긴 항아리가 있었던 것처럼, 루시엘이 덮고 있던 영광 안에는 두 번째로 감추었던 만나가 들어있었다.

셋째, 아론의 싹 난 지팡이가 있었다

> 민 17:2-8 너는 이스라엘 자손에게 고하여 그들 중에서 각 종족을 따라 지팡이 하나씩 취하되 곧 그들의 종족대로 그 모든 족장에게서 지팡이 열둘을 취하고 그 사람들의 이름을 각각 그 지팡이에 쓰되 레위의 지팡이에는 아론의 이름을 쓰라 -(중략)- 이튿날 모세가 증거의 장막에 들어가 본즉 레위 집을 위하여 낸 아론의 지팡이에 움이 돋고 순이 나고 꽃이 피어서 살구 열매가 열렸더라

지성소의 법궤 안에 아론의 싹 난 지팡이가 들어있었다. 아론의 싹 난 지팡이를 등장시킨 하나님의 의도는 무엇인가? 이스라엘 열두 지파들이 레위 지파가 가지고 있는 권위에 대해서 불평하기 시작하여 그 원망이 극에 달했다. "야곱의 열두 아들로 구성된

다 똑같은 열두 지파, 같은 자손들인데 왜 레위지파만 특권을 가지고 있느냐?"라는 것이다. 그래서 하나님께서 그 문제를 영원히 잠재우기 위해서 열두 지파 대표들에게 각자의 이름을 쓴 지팡이를 가져다 지성소 안에 두라고 하셨다.

다음날 아침에 꺼내보니까 아론의 이름이 쓰인 살구나무 지팡이에만 움이 돋고 순이 나고 꽃이 피어 살구나무 열매가 맺혔다. 그것은 곧 하나님께서 레위 지파에게 주신 권위였다. 즉 레위 지파에게 대적하는 것은 하나님이 주신 권위를 대적하는 것과 같다. 그것은 사형에 해당되는 죄라는 것이다(롬 1:32). 그래서 "나의 기름 부은 자를 만지지 말라"(대상 16:22, 시 105:15)고 하신 것이다. 하나님이 기름 부으신 사람은 하나님이 책임지시기 때문에 다른 사람이 그를 만지는 것은 하나님께 도전하는 것이다.

구약 때 레위 지파는 재림 마당에서의 멜기세덱 지파를 상징하고 있다. 낳고, 죽고를 반복하는 땅의 제사장이 아닌 영원한 생명을 가진 하늘의 제사장, 멜기세덱 지파가 있다는 것이다. 이 땅에서 낳고, 죽고를 반복해서야 어찌 하늘의 제사장이 될 수 있겠는가?

아론의 싹난 지팡이는 하나님의 권위로 기름 부으신 참 제사장, 하늘의 제사장, 멜기세덱이 탄생될 것을 상징적으로 보여주신 것이다.

> 계 11:19 이에 하늘에 있는 하나님의 성전이 열리니 성전 안에 하나님의 언약궤가 보이며 또 번개와 음성들과 뇌성과 지진과 큰 우박이 있더라

그런데 법궤 안에 있던 세 가지 성물이 사라졌다. 이스라엘 백성들이 언제 어느 때에 법궤 안에 있던 세 가지 성물이 사라졌는지 아무도 알지 못한다. 대략적으로 블레셋에게 법궤를 빼앗겼을 때 사라졌을 확률이 가장 많다고 주석에 기록되었다. 그것은 추측에 불과한 것이지 확실한 것은 아니다. 그러나 확실한 것은 사라진 법궤가 하늘의 하나님의 성전에 보관되어 있다는 점이다.

다시 말하면 인간에 의해 거룩한 성물이 탈취된 것은 인정하지만, 하나님의 주권 하에서 그런 일이 벌어진 것이라고 말할 수 있다.

그 이유가 무엇인가? 만일 인간에 의해 거룩한 성물의 역사가 이어지면 어떻게 되는가?

> 민 21:8-9 여호와께서 모세에게 이르시되 불 뱀을 만들어 장대 위에 달라 물린 자마다 그것을 보면 살리라 모세가 놋 뱀을 만들어 장대 위에 다니 뱀에게 물린 자마다 놋 뱀을 쳐다본즉 살더라

> 왕하 18:3-4 히스기야가 그 조상 다윗의 모든 행위와 같이 여호와 보시기에 정직히 행하여 여러 산당을 제하며 주상을 깨뜨리며 아세라 목상을 찍으며 모세가 만들었던 놋 뱀을 이스라엘 자손이 이때까지 향하여 분향하므로 그것을 부수고 느후스단이라 일컬었더라

이스라엘 백성들이 광야길에서 원망하고 불평한 죄로 하나님께서 불 뱀을 보내 물게 했다. 모세가 기도함으로 여호와께서 놋 뱀을 만들어 장대 위에 달라고 했다. 불 뱀에 물려 죽어가는 자가

놋 뱀을 쳐다보니 살아났다는 것이다. 한낱 놋으로 만든 뱀인데, 그 사건 이후 이스라엘 백성들이 그 자체를 성물로 여겨 우상처럼 받들기 때문에 히스기야 왕 때에 놋 뱀을 부수고 '느후스단'[15]이라고 불렀다.

마찬가지다. 법궤 안의 거룩한 세 가지 성물이 이스라엘 백성들에게 계속 이어진다면 그것 또한 이스라엘 백성들에게 신앙의 우상이 될 것이다. 성물이란 상징적인 의미를 함축할 뿐이지, 그 자체가 하나님이 될 수는 없다. 그래서 하나님께서 하나님의 주권 하에 하늘에 있는 하나님의 성전으로 법궤를 옮기신 것이다.

3. 왜 루시퍼가 죄의 원조가 되었는가?

겔 28:15-17 네가 지음을 받던 날로부터 네 모든 길에 완전하더니 마침내 불의가 드러났도다 네 무역이 풍성하므로 네 가운데 강포가 가득하여 네가 범죄하였도다 너 덮는 그룹아 그러므로 내가 너를 더럽게 여겨 하나님의 산에서 쫓아내었고 화광석 사이에서 멸하였도다 네가 아름다우므로 마음이 교만하였으며 네가 영화로우므로 네 지혜를 더럽혔음이여 내가 너를 땅에 던져 열왕 앞에 두어 그들의 구경거리가 되게 하였도다

---

15) '느후스단'의 의미는 '놋조각'이라는 뜻이다. 거룩한 성물도 한낱 놋조각에 불과하다는 것을 보여주신 것이다.

겔 28:2-5 인자야 너는 두로 왕에게 이르기를 주 여호와의 말씀에 네 마음이 교만하여 말하기를 나는 신이라 내가 하나님의 자리 곧 바다 중심에 앉았다 하도다 네 마음이 하나님의 마음 같은 체 할찌라도 너는 사람이요 신이 아니어늘 네가 다니엘보다 지혜로와서 은밀한 것을 깨닫지 못할 것이 없다 하고 네 지혜와 총명으로 재물을 얻었으며 금, 은을 곳간에 저축하였으며 네 큰 지혜와 장사함으로 재물을 더하고 그 재물로 인하여 네 마음이 교만하였도다

위 구절은 루시엘 천사장을 두로 왕에 비유하고 있다. 바다의 중심에 앉은 섬나라 두로 왕이 루시엘 천사장과 같은 존재였다. 그는 부와 지혜와 총명을 겸비한 자로서 바다의 중심에 앉아 하나님 행세를 한 존재였다.

왜 루시엘을 두로 왕에 비유하는가? 루시엘과 두로 왕 사이에는 공통점이 있기 때문이다. 두로 왕은 다윗과 솔로몬 때 이웃 나라 왕 중에서 제일 큰 도움을 준 사람이다. 두로 왕 히람이 다윗과 솔로몬을 어떻게 도와주었는가? 백향목을 보내서 다윗의 집을 짓게 하고, 채석장의 돌을 치석하고, 레바논의 백향목을 베어서 바닷가에 뗏목으로 운반하여 솔로몬이 성전을 지을 수 있도록 도와주었다(삼하 5:11, 왕상 5:1-11, 9:11, 10:11-12, 10:22, 대상 14:1). 그러던 자가 결국은 하나님을 대적하는 자가 되었다. 처음부터 그가 하나님 자리에 앉아 하나님을 대적한 것은 아니다.

루시엘도 처음부터 죄를 지은 것이 아니다. 루시엘은 하나님의 영광을 덮는 그룹의 존재였다. 그의 근본은 하나님의 영광을 덮는 그룹의 존재로서 영화롭고 지혜로운 천사장이었다. 그러나

아무리 완전한 인(印)이었고, 지혜가 충족하며 아름다울지라도 그는 신이 아닌 피조물에 불과한 존재이다(겔 28:12). 그 말은 언제라도 타락할 소지를 가진 존재라는 것이다. 그렇다면 그가 자신에게 주신 영화로움과 지혜로움을 지키려면 어떻게 했어야 하는가?

고전 9:27 내가 내 몸을 쳐 복종하게 함은 내가 남에게 전파한 후에 자기가 도리어 버림이 될까 두려워함이로라

루시엘이 자기 안에 욕심이 생겨 교만하지 않도록, 항상 자신을 쳐 복종하게 하여 이긴 자가 되어야 했다. 자신을 그토록 영화롭게 지어주신 하나님께 늘 감사해야 했다. 그런데 루시엘의 결과를 볼 때 그렇게 행하지 못했다.

약 1:15 욕심이 잉태한즉 죄를 낳고, 죄가 장성한즉 사망을 낳느니라

위 구절은 죄가 열매를 맺는 죄의 3단계의 과정을 보여주는 말씀이다. 루시엘이 죄의 3단계의 과정을 통하여 결국은 죄의 열매를 맺고 말았다. 처음에는 그가 하나님의 영광을 덮는 그룹으로서 완전한 길을 걸었으나, 무역이 풍성하여 거래가 많아짐으로 서서히 욕심이 생겼다(겔 28:16).

단 12:4 다니엘아 마지막 때까지 이 말을 간수하고 이 글을 봉함하라 많은 사람이 빨리 왕래하며 지식이 더하리라

위 구절에서 '빨리 왕래하며'라는 말씀처럼 루시엘이 무역이 왕성했다는 말은 궁창의 세계 안에서 민첩하고 신속하게 거래를 왕성하게 했다는 그런 뜻만이 아니다. 다시 말하면 무역이 풍성해지고 거래가 활발하다는 것은 루시엘이 정해진 지위와 처소를 이탈했다는 의미이다.

루시엘이 "자기 지위와 처소를 지키라"(유 1:6)는 천사들이 지켜야 할 율례와 규례를 무시하고 많은 천사들과 왕래하며 자기의 영역을 넓혀간 것이다. 영적으로 말하면 궁창의 세계에서 지혜의 천사장을 따르는 많은 천군, 천사들이 늘어난 것이다.

열두 조직으로 이루어진 천군의 세계를 지휘하고 다스리며, 화광석 사이를 거닐던 루시엘이었기에 불을 다스리는 천사들까지도 루시엘에게 동조했던 것이다. 많은 천군 천사들이 그를 따르고 그의 영역에 적극적으로 동참함으로 그가 자기의 지혜로, 아름다움으로 스스로 교만해졌다.

그러던 어느 날 아담의 등장으로 루시엘은 장차 하나님께서 궁창의 세계뿐만 아니라 하늘의 발등상이 되는 지구촌을 통해서 하나님의 후사를 세우신다는 것을 어렴풋이나마 알게 되었다. 하늘에서 쫓겨난 루시엘의 상징인 두로가 바다 한가운데 앉았다는 말씀을 새겨본다면 루시엘이 하늘의 발등상이 되는 지구촌 안에서 하나님께서 이루시고자 계획하신 일을 알게 된 것이다.

그런 분위기에서 루시엘이 궁창의 세계 뿐 아니라 지구촌에 이르기까지 다 섭렵하여 다스리고자 하는 욕심이 생긴 것이다. "나도 하나님처럼 할 수 있다. 나도 하나님이 하시고자 하는 일을 할 수 있다"는 욕심이 생겼다. 그 욕심이 죄를 낳고, 죄가 점점 장성하여 하나님께 도전을 한 것이다. "하나님이 하실 수 있는 일을 나도 할 수 있다"는 것이 그가 저지른 죄의 결과이다. 그것을 성경에서는 "하나님과 비기려고 했다"(사 14:12-14)고 표현한 것이다.

루시엘이 하나님의 영광을 덮는 그룹이었을 때는 생명나무가 에덴동산에 등장하기 전이었다. 그렇다면 루시엘이 덮고 있었던 그 영광의 존재는 누구인가? 구약 마당에서는 이스라엘 백성들에게 하나님을 대신한 존재가 여호와 하나님이었다. 즉, 루시엘이 덮고 있던 그 영광은 네 생물이었다.[16]

다시 말하면 루시엘 때는 생명나무가 궁창의 세계에 등장하지 않았다. 루시엘이 쫓겨났을 때 생명나무가 에덴동산 한가운데 등장한 것이다. 더 구체적으로 말한다면 아담을 짓고 나서 생명나무가 등장한 것이다. 흙으로 사람을 지으시고, 코에 생기를 불어넣어 아담을 에덴동산 한가운데로 인도하기 위해서 생명나무가 등장한 것이다.

> 롬 5:14 그러나 아담으로부터 모세까지 아담의 범죄와 같은 죄를 짓지 아니한 자들 위에도 사망이 왕노릇하였나니 아담은 오실 자의 표상이라

둘째 아담으로 오신 분은 첫째 아담의 표상이다. 첫째 아담을 위해서 생명나무이신 예수님이 이미 오신 것이다. 그분이 영광의 주가 될지, 고난의 주가 될지는 첫째 아담으로 인해서 결정되는

---

16) '종말론적 구속사 시리즈' 제 4권 <네 생물, 그들은 누구인가?> 216-217쪽, 벽암 조영래 저, 도서출판 오색이슬

것이다.

하나님께서 타락한 아담으로 하여금 에녹의 승천을 보지 못하게 하셨다.[17] 마찬가지로, 루시엘은 생명나무를 알 수가 없었다. 생명나무는 오직 하나님의 후사가 될 수 있는 사람만이 볼 수 있는 것이다. 하나님의 후사로 제일 먼저 선택 받은 사람이 첫째 아담이다. 그렇기 때문에 본질적으로 루시엘은 생명나무를 볼 수가 없는 대상이다. 루시엘이 덮고 있던 영광은 생명나무가 아니라, 네 생물이었다.

왜 그는 생명나무를 덮을 수 없는 것인가? 그는 하나님의 후사가 될 수 있는 본질을 갖고 있는 자가 아니었기 때문에 생명나무를 덮는 그룹이 아니었다는 것이다. 창세기 1:1의 "태초에 하나님이 천지를 창조하시니라"는 역사를 시작하기 전에 만유보다 크신 아버지의 영광 안에서 지어진 존재만이 생명나무를 덮는 그룹이 될 수 있다. 그렇기 때문에 오직 그만이 장차 재림 마당에서 구속사의 주인공인 신랑, 신부가 될 수 있는 존재가 될 수 있는 것이다. 그 외에는 누구도 생명나무를 지킬 수 있는 그룹이 될 수 없다.

네 생물 속에 있는 네 가지 인격으로 이루어진 구속사의 주인공들이 궁창의 세계의 주인이다. 다시 말하면 그들이 궁창의 세계의 주인이며, 장차 큰 광명과 작은 광명으로서 재림의 마당에서 신랑 신부가 될 사람들이다.[18]

루시엘이 이 사실을 몰랐기 때문에 그가 "저런 피조물들이 할 수 있는 일이라면 나도 할 수 있다"라고 생각한 것이다.

---

17) '구속사 시리즈' 제 1권 <창세기 족보> 148-155쪽, 박윤식 저, 휘선
18) '종말론적 구속사 시리즈' 제 4권 <네 생물, 그들은 누구인가?> 466-468쪽, 벽암 조영래 저, 도서출판 오색이슬

하나님의 뜻은 이 땅에서 흙 차원으로 지음을 받은 존재들이 하나님의 후사가 되는 것이다. 이 땅에 있는 사람들이 하나님의 후사가 되려면 셋째 하늘나라에 가서 하늘의 구도의 도장을 걸어서 이기는 자가 되어야 한다. 그렇다면 흙 차원의 인간들이 하늘의 구도의 과정을 걷는 것보다는 본래 궁창의 세계에 있는 존재들이 그 길을 걷는 것이 더 쉽고 빠르지 않겠는가? 단순한 입장에서 생각해보면 궁창의 세계에 존재하고 있는 그들이 하늘의 구도의 도장을 걷는 것이 더 빠르고 쉽다고 생각할 수 있다.

그렇기 때문에 루시엘이 그 길에 도전한 것이다. 루시엘이 하나님께 기름 부음을 받은 영광을 덮는 그룹으로서 그 길을 걸으려고 했던 것이다. 그러나 궁창의 세계에 존재하는 그들이 궁창 안에 있는 하늘의 구도의 도장을 걷게 하는 것은 하나님의 뜻이 아니다.

그 이유가 무엇인가? 만일 하나님께서 궁창의 세계에 있는 천사들을 구원의 대상으로 뜻을 세우셨다면 궁창의 세계에 있는 신령한 자들로 하여금 셋째 하늘의 도장을 걷게 하실 것이다. 그러나 하나님은 하늘의 발등상이 되는 이 땅에서 흙으로 지음 받은 흙, 사람, 생령의 과정을 통해서 등장하는 인생들을 구속의 대상으로 삼으셨다. 그렇기 때문에 비록 궁창에 있는 신령한 존재라고 할지라도 그들은 절대 하늘에 있는 구도의 도장을 걸을 수가 없는 것이다.

만일 그들이 하늘에 있는 구도의 도장을 걸으려면 창조의 길을 통해서 이 땅에 와야 한다. 오직 그들이 구도의 길을 걷는 방법은 이 땅에 창조원리의 길을 통해 흙차원의 사람으로 와서 이 땅에서 믿음의 길, 뜻의 길, 영의 길을 통해서 하늘의 구도의 도장을 걷는 것이다. 그것을 루시엘이 깨닫지 못한 것이다. 하나님께서 섭리해놓으신 구속사의 세계의 청사진을 루시엘이 깨닫지 못하고 이해하지 못함으로, 너무도 단순하고 쉽게 그 구속사의 세계를 자기가 처한 입장, 자기가 받은 상급의 차원에서 생각을 한 것이다.

한 가지 분명한 것은 천사들은 절대 구속사의 세계의 중심을 이루는 구속의 대상이 아니다.

4. 죄를 지은 결과 "찍혀 떨어졌다"는 의미는 무엇인가?

궁창의 세계와 하늘의 발등상이 되는 지구촌은 생명의 끈으로 연결되어 있는 곳이다. 어떻게 보면 지구는 가장 낮은 궁창의 세계라고 말할 수 있다. 그것을 가리켜 하늘과 땅이라고 표현하고 있다. 왜냐면 궁창의 세계는 신성으로 지은 곳이고, 이 땅은 신성이 배제되고 인성으로 지은 곳이기 때문에 하늘과 땅이라고 구별하여 말한다. 그러나 큰 틀로 말하면 지구도 궁창의 세계에서 가장 낮은 처소로 같이 연결되어 있는 곳이다.

사 14:12-14 너 아침의 아들 계명성이여 어찌 그리 하늘에서 떨어졌으며 너 열국을 엎은 자여 어찌 그리 땅에 찍혔는고 네가 네 마음에 이르기를 내가 하늘에 올라 하나님의 뭇별 위에 나의 보좌를 높이리라 내가 북극 집회의 산 위에 좌정하리라 가장 높은 구름에 올라 지극히 높은 자와 비기리라 하도다

위 구절에서 아침의 아들 계명성이란 루시엘 천사장을 말한다. 그가 죄를 지은 결과 "어찌 그리 하늘에서 떨어졌으며, 어찌 그리 땅에 찍혔는고"라고 했다.

이 구절을 읽으면 마치 죄를 지은 루시엘에게 "너는 여기 살면 안 돼! 꺼져버려라"고 하시면서 쫓아낸 것으로 생각된다. 그를 다시는 기사회생하지 못하도록 매장한 것처럼 보인다. 그러나 세상 말에도 미운 놈은 떡 하나 더 준다는 말이 있다. 밉지만 할 수 없이 떡을 주어야만 하는 상황이 있는 것이다. 다시 말하면 하나님께서 구속사의 세계에 그들에게 먼저 우선권을 주었다는 것이다. 그 기회를 주기 위해서 찍어 쫓아냈다는 것이다. 일반적으로 생각하는 개념과 본질적으로 상당히 개념이 다르다. 미워서 보기 싫다고 쫓아낸 것이 아니다. 어쨌든 그들이 이긴 자가 되었기 때문이다.

루시엘이 찍혀 떨어진 땅은 어디를 말하는가?

아담과 뱀은 셋째 하늘, 에덴동산에서 하늘의 발등상이 되는 이 땅으로 쫓겨났다. 그렇다면 타락한 루시엘은 어디로 쫓겨났는가? 궁창을 중심으로 윗물과 아랫물로 분리된 아랫물로 쫓겨난 것이다. 쫓겨난 아랫물에서 그가 무엇을 하고 있었겠는가? 하나님이 하시고자 하시는 대로 그도 아랫물의 세계를 통해서 자기의 보좌를 만들고 자기의 궁창의 세계를 만들어 놓았다.

여기서 우리가 정말 정확하게 알아야 할 문제가 발생한다. 기독교 서점에 가보면 입신에 관한 책들이 많이 있다. '내가 본 천국', '내가 다녀온 낙원', '내가 간 하늘나라' 등이다. 과연 그들이 보고 온 천국, 낙원이 정말 셋째 하늘인가?

고후 12:1-4 무익하나마 내가 부득불 자랑하노니 주의 환상과 계시를 말하리라 내가 그리스도 안에 있는 한 사람을 아노니 십 사년 전에 그가 세째 하늘에 이끌려 간 자라 (그가 몸 안에 있었는지 몸 밖에 있었는지 나는 모르거니와 하나님은 아시느니라) 내가 이런 사람을 아노니 (그가 몸 안에 있었는지 몸 밖에 있었는지 나는 모르거니와 하나님은 아시느니라) 그가 낙원으로 이끌려가서 말할 수 없는 말을 들었으니 사람이 가히 이르지 못할 말이로다

    사도 바울이 셋째 하늘에 갔다 온 내용을 14년 동안 간직하고 있다가 조심스럽게 끄집어내고 있다. "그가 몸 안에 있었는지 몸 밖에 있었는지 나는 모르거니와 하나님이 아시느니라"고 했다. 여기서 중요한 핵심은 셋째 하늘나라에 갔다 오면 하나님이 아신다는 것이다. 다시 말하면 셋째 하늘에 다녀오는 것은 하나님께서 인정해주어야만 한다는 것이다. 하나님이 인정해야 진짜 셋째 하늘나라에 갔다 온 것이지 하나님이 인정해주지 않으면 셋째 하늘나라에 갔다 온 것이 아니라는 것이다. 지금까지 입신했다고 주장하는 사람들은 자기들이 보고 온 낙원의 세계가 하나님이 인정해주시는 곳인지 증명할 수 있는가?
    만약 입신한 사람들이 보고 온 낙원이 셋째 하늘나라가 아니라면 그들은 어떤 하늘나라를 간 것인가? 루시퍼가 있는 아랫물, 첫째 하늘에 갔다 온 것이다. 그는 "하나님이 하시는 일을 나도 할 수 있다"는 존재이다. 그는 에덴동산 한가운데 들어갔다가 나온 존재이다. 그러니까 첫째 하늘을 마치 셋째 하늘인 것처럼 똑같이 만들어놓은 것이다.

오늘날 기독교인들이 그 점을 분별하는 지혜를 가져야 한다. 무조건 신기한 꿈과 계시라고 해서 하나님께서 주신 것이라고 생각하는 고정관념을 버려야 한다.

하늘 구름에 닿는 자는 어떤 존재인가?

겔 31:8-9 하나님의 동산의 백향목이 능히 그를 가리우지 못하며 잣나무가 그 굵은 가지만 못하며 단풍나무가 그 가는 가지만 못하며 하나님의 동산의 아무 나무도 그 아름다운 모양과 같지 못하였도다 내가 그 가지로 많게 하여 모양이 아름답게 하였더니 하나님의 동산 에덴에 있는 모든 나무가 다 투기하였느니라

에덴동산에 있는 잣나무, 단풍나무 등 모든 나무들이 백향목을 다 시기하고 질투했다고 했다. 에덴동산에 있는 단풍나무가 백향목의 가는 가지만도 못하다고 기록되어 있다. 그 이유는 백향목이 물가에 심겨 구름에 닿았기 때문이다.

그렇다면 물가에 심겨서 하늘 구름에 닿도록 자란 이 백향목은 하늘에서 어떤 존재였을까? 이 땅에서 두로 다음에 가장 큰 나라가 애굽이었다. 그 당시 가장 큰 나라가 하나는 두로, 하나는 애굽이었다.

겔 17:2-8 인자야 너는 수수께끼와 비유를 이스라엘 족속에게 베풀어 이르기를 주 여호와의 말씀에 채색이 구비하고 날개가 크고 깃이 길고 털이 숱한 큰 독수리가 레바논에 이르러 백향목 높은 가지를

취하되 그 연한 가지 끝을 꺾어 가지고 장사하는 땅에 이르러 상고의 성읍에 두고 -(중략)- 또 날개가 크고 털이 많은 큰 독수리 하나가 있었는데 그 포도나무가 이 독수리에게 물을 받으려고 그 심긴 두둑에서 그를 향하여 뿌리가 발하고 가지가 퍼졌도다 그 포도나무를 큰 물 가 옥토에 심은 것은 가지를 내고 열매를 맺어서 아름다운 포도나무를 이루게 하려 하였음이니라

이 비유는 바벨론 왕과 애굽 왕을 비유로 설명한 내용이다.

겔 17:12-16 너는 패역한 족속에게 묻기를 너희가 이 비유를 깨닫지 못하겠느냐 하고 그들에게 고하기를 바벨론 왕이 예루살렘에 이르러 왕과 방백을 사로잡아 바벨론 자기에게로 끌어가고 그 왕족 중에 하나를 택하여 언약을 세우고 그로 맹세케 하고 또 그 땅의 능한 자들을 옮겨 갔나니 -(중략)- 나 주 여호와가 말하노라 내가 나의 삶을 두고 맹세하노니 바벨론 왕이 그를 왕으로 세웠거늘 그가 맹세를 업신여겨 언약을 배반하였은즉 그 왕의 거하는 곳 바벨론 중에서 왕과 함께 있다가 죽을 것이라

위 구절은 여호야김 왕이 바벨론 왕을 배신하고 애굽 왕을 의지함으로 죽임을 당한 것을 비유로 말씀한 것이다. 여기서 백향목은 애굽 왕 바로를 비유로 설명하고 있는 것을 알 수 있다.

사 14:14 가장 높은 구름에 올라 지극히 높은 자와 비기리라 하도다

겔 31:10-14 그러므로 나 주 여호와가 말하노라 그의 키가 높고 꼭대기가 구름에 닿아서 높이 빼어났으므로 마음이 교만하였은즉 -(중략)- 이는 물 가에 있는 모든 나무로 키가 높다고 교만치 못하게 하며 그 꼭대기로 구름에 닿지 못하게 하며 또 물 대임을 받는 능한 자로 스스로 높아 서지 못하게 함이니 그들을 다 죽는데 붙여서 인생 중 구덩이로 내려가는 자와 함께 지하로 내려가게 하였음이니라

한 마디로 말하면, 구름에 닿는 자는 마음이 교만한 자라고 정죄하셨다. 하나님께서는 그들을 결코 용납하지 않으시며, 교만치 못하게 하시고, 꼭대기로 구름에 닿지 못하게 하신다. 그들의 결국은 인생 구덩이로 내려가는 자들과 함께 지하로, 즉 스올, 음부로 내려가게 하신다는 것이다.

왜 하나님께서는 나무들이 구름에 닿는 것을 용납하지 않으시는가?

그 이유는 이미 만세 전에 구름에 닿는 나무를 예비하시고 준비하셨기 때문이다. 이미 정한 자가 있다는 말씀이다.

마 20:20-23 그 때에 세베대의 아들의 어미가 그 아들들을 데리고 예수께 와서 절하며 무엇을 구하니 예수께서 가라사대 무엇을 원하느뇨 가로되 이 나의 두 아들을 주의 나라에서 하나는 주의 우편에, 하나는 주의 좌편에 앉게 명하소서 예수께서 대답하여

> 가라사대 너희 구하는 것을 너희가 알지 못하는도다 나의 마시려는 잔을 너희가 마실 수 있느냐 저희가 말하되 할 수 있나이다 가라사대 너희가 과연 내 잔을 마시려니와 내 좌우편에 앉는 것은 나의 줄 것이 아니라 내 아버지께서 누구를 위하여 예비하셨든지 그들이 얻을 것이니라

야고보, 요한의 어머니 살로메가 예수님께 와서 자기 두 아들을 하나는 오른편, 하나는 왼편에 앉게 해달라고 간청하는 장면이다. 그 때 "너희가 말씀을 오해했도다"라고 핀잔하지 않으시고(마 22:29, 막 12:24, 12:27), "내 좌우편에 앉는 것은 내 아버지께서 예비하신 자가 앉게 된다"라고 대답하셨다. 즉 좌우편의 자리는 있으나 그 자리에 앉을 사람이 이미 정해져 있다는 것이다.

> 창 28:12 꿈에 본즉 사닥다리가 땅위에 섰는데 그 꼭대기가 하늘에 닿았고 또 본즉 하나님의 사자가 그 위에서 오르락 내리락하고

야곱이 꿈에 본 사닥다리가 이 땅에서 하늘에 닿았고, 사닥다리 위로 천사들이 오르락내리락 하는 장면을 보았다. 야곱이 본 계시의 주인공은 누구인가? 야곱의 열한 번째 아들이며, 4대인 요셉이 산 자의 첫 열매로서 하나님께 열납되는 존재이다(레 19:23-25). 즉 구름에 닿는 나무가 되는 것이다.[19]

그는 네 생물 안에 들어있는 인격이 장차 재림 마당의 구속사의 세계에 뛰어들어 두 감람나무로서, 재림주의 신부로서 영광을

---

19) '종말론적 구속사 시리즈' 제 1권 <멜기세덱, 그는 누구인가?> 231-236쪽, 벽암 조영래 저, 도서출판 오색이슬

받을 존재이다.[20] 그런 존재가 이미 만세 전에 준비되어 있기에 누구든지 구름에 닿고자 하는 자는 하나님께서 용서하지 않으신다.

인자에게 죄를 지으면 70번씩 일곱 번이라도 용서를 받을 수 있지만, 영적으로 짓는 죄는 절대 사함 받지 못한다(마 12:32). 즉 성령에게 죄를 지으면 영원히 용서받지 못한다는 것이다.

지금 아프리카에 있는 흑인종들이 얼마나 비참한 삶을 영유해 나가고 있는지 매일 기독교방송에서 도움의 손길을 호소하고 있다. 그들도 우리와 똑같은 생명을 가진 인간들인데 왜 그렇게 비참한 삶을 살아갈 수밖에 없는 것인가? 역사적으로 단기간에 걸친 비참함이 아니라 오랜 시간을 통해서 그렇게 비참한 삶의 현장 속에서 헤어나지 못하고 있다. 그렇다면 그들이 무언가 하나님께로부터 무서운 저주를 받은 대상들이었기 때문에 그런 비참한 삶에서 헤어나지 못하고 있는 것은 아닌가? 그들은 어떤 죄를 지은 존재인가?

그들의 죄는 영적으로 지은 죄가 아닌가 생각할 수밖에 없다. 첫째, 그들이 하늘 구름에 닿으려고 했고 둘째, 선민 이스라엘 백성들에게 참혹한 죄와 허물을 저지른 역사적 사실 때문이 아니겠는가? 그렇기 때문에 그들은 영원히 저주 받은 저주의 대상들이라고 말할 수 있는 것이다.

그리고 그들은 노아로부터 저주를 받은 대상들이다. "가나안

---

20) '종말론적 구속사 시리즈' 제 3권 <두 감람나무와 두 촛대, 그들은 누구인가?> 483-492쪽, 벽암 조영래 저, 도서출판 오색이슬 / '종말론적 구속사 시리즈' 제 4권 <네 생물, 그들은 누구인가?> 227-230쪽, 벽암 조영래 저, 도서출판 오색이슬

은 종의 종이 되기를 원하노라"(창 9:27)고 한 가나안이 함의 후손이다. 그렇기 때문에 함의 장자인 애굽의 후손들이(시 78:51) 그런 비참한 삶의 현실 속에서 살아갈 수밖에 없는 대상들이 되었다.

> 히 6:4-6 한번 비침을 얻고 하늘의 은사를 맛보고 성령에 참예한바 되고 하나님의 선한 말씀과 내세의 능력을 맛보고 타락한 자들은 다시 새롭게 하여 회개케 할 수 없나니 이는 자기가 하나님의 아들을 다시 십자가에 못 박아 현저히 욕을 보임이라

아담도 생령의 차원까지 올라간 사람이었기 때문에 한 번의 죄로 말미암아 하나님의 아들을 십자가에 못 박는 죄를 짓고 말았다. 그래서 쫓겨난 것이다. 모세도 한 번의 죄로 말미암아 젖과 꿀이 흐르는 가나안 땅에 들어가지 못했다(민 20:10-11, 시 106:32-33). 모세도 얼굴에 광채가 나던 생령 차원의 존재였기 때문에(출 34:29-30, 고후 3:7) 한 번의 죄를 지어도 결코 용서받을 수 없는 그런 입장이 되었다.

루시엘도 분명히 궁창의 세계에서 열 가지 보석으로 그를 치장해주심으로써 영화로운 존재로 만드셨고, 그로 하여금 하나님의 영광을 덮는 그룹으로 지으셨다. 그렇기 때문에 그는 완전한 인(印)이라고 말씀하고 있는 것이다.

하나님께서 "지위와 처소를 지키라"(유 1:6)는 천군의 세계의 율례와 규례를 천사들에게 주셨기에, 루시엘이 자기 처소를 떠나서는 안 되는 것이다. 루시엘이 무역이 풍성하고 교역이 왕성해졌다는 것은 영적으로 말하면 궁창의 세계에서 지혜의 천사장을 따

르는 많은 천군, 천사들이 늘어난 것이다. 그를 따름으로 그의 영역에 적극적으로 동참함으로 그가 자기의 지혜와 아름다움으로 교만해졌다. 그렇기 때문에 그도 한 번의 죄와 허물로 쫓겨나고 말았다. 그리하여 그는 궁창의 세계에서 죄로 말미암아 하나님께 최초로 저주 받은 존재가 되었다.

그러나 아담의 후손들은 예수께서 이 땅에 오셔서 자기의 영혼을 속건제물로 산 제사 드림으로써(사 53:10) 의문의 증서인 율법에서, 죄와 허물 속에서 속량해주셨다. 하나님의 후사가 될 수 있는 아담의 후손들은 "나는 너희 하나님이 되고 너희는 나의 백성이 되리라"(출 6:7, 레 26:12, 렘 30:22)는 시내산 율법의 언약을 통해서, 또 횃불언약을 통해서 언약을 맺었기 때문에 예수께서 그들을 위해서 십자가를 져주셨다. 그러나 궁창의 세계에 있는 천사들을 위해서는 예수님이 십자가를 져주시지 않는다.

예를 들면 루시엘의 죄를 해결해주려면 예수님이 또 십자가를 져주셔야 하는데 예수님은 천사들을 위해서 십자가를 지시지 않는다. 예수님은 하늘의 발등상이 되는 인간들을 위해서 십자가를 지시기 위해서 우리와 같은 인성과 신성을 가진 자로, 흙차원의 길, 여인의 길, 창조의 길을 통해서 이 땅에 오신 것이다. 예수께서 루시엘을 비롯한 하늘에 있는 신령한 존재로 지음을 받은 천사들을 위해서 십자가를 짊어지신 것은 아니다. 또 짊어질 수도 없는 것이다.

그 이유 중 하나는 천사들도 하늘의 발등상이 되는 이 땅에 오게 되어 있다. 창조의 길을 통해서 이 땅에 오는 천사들은 예수님의 보혈의 능력과 관계가 있다. 이 땅에 창조의 길을 통해서 인자로 태어나면 그들도 십자가의 공로를 의지할 수가 있다. 그러나 하늘의 신령한 존재는 십자가 공로에 의지하지 못한다.

    그렇다면 루시엘도 하늘에서 쫓겨나 이 땅에 온 자라면 십자가의 공로에 의지하여 구속의 은총을 받을 수 있지 않겠는가? 그렇게 반문할 수가 있다. 그러나 그들은 예수께서 이 땅에 오시기 전에 악의 입장에서 하늘에서 자기들이 취하려고 했던 그 욕심을 이 땅에서도 실현시키고자 최선을 다한 존재들이다. 그렇기 때문에 그들은 절대 구원의 대상이 되지 못하는 것이다.

    그들이 하늘에서 쫓겨난 이유가 무엇인가? 하나님과 비기려고 하고, 하나님의 자리에 앉으려고 하다가 이 땅으로 쫓겨났다. 이 땅에 쫓겨 와서도 그들은 다시 이 땅에서 구속의 은총을 받는 하나님의 백성들을 통해서 자기 야욕을 이루고자 역사했던 존재들이기 때문에 그들은 결단코 구원의 대상이 될 수 없는 존재들이다.

제 2장
에덴동산의 타락

I
아담의 타락

1. 아담을 중심으로 세우신 하나님의 구원 계획

> 창 2:7 여호와 하나님이 흙으로 사람을 지으시고 생기를 그 코에 불어 넣으시니 사람이 생령이 된지라

보통의 경우 아담을 인류의 첫 시조(始祖)라고 말한다. 성경에 나타난 연대로 보면 아담은 지금부터 약 6천 년 전에 태어난 존재이다.

과연 아담이 생물학적인 인류의 첫 사람인가? 고고학자들이나 인류학자들이 주장하는 바에 의하면 아담 이전에도 수많은 사람들이 살고 있었다. 최근에 발견된 화석에 의하면 약 600만 년 전의 원시인이 지구상에 존재하고 있었던 흔적을 발견하기도 한다.[21]

---

21) 가장 오래된 화석은 오스트랄로피테쿠스(약 400만 년 전), 호모 하빌리스(약 240만 년 전), 호모 에렉투스(약 180만 년 전)이며, 현생 인류의 화석은 호모 사피엔스(약 30만 년 전)로 추정된다. 최근에는 약 600만 년 전의 인간 발자국 화석이 그리스 크레타 섬에서 발견되기도 했다.

그렇다면 왜 성경은 여호와 하나님이 최초로 아담을 지으신 것으로 기록하고 있는가? 성경에서 흙으로 사람을 지으시고 생기를 코에 불어 넣어 생령이 되게 한 아담은 누구인가? 한 마디로 아담은 하나님의 구속사 세계의 최초의 사람이다. 하나님께서 이 땅에 구속사의 세계를 펼치시고자 최초로 등장시킨 사람이라는 뜻이다. 즉 하나님께서 아담을 구심점으로 인류 구속사역을 펼치시려는 뜻을 세우신 것이다.

흙으로 사람을 지으셨다는 의미는 무엇인가?

창 1:1-2:3 태초에 하나님이 천지를 창조하시니라 땅이 혼돈하고 공허하며 흑암이 깊음 위에 있고 하나님의 신은 수면에 운행하시니라 하나님이 가라사대 빛이 있으라 하시매 빛이 있었고 -(중략)- 천지와 만물이 다 이루니라 하나님의 지으시던 일이 일곱째 날이 이를 때에 마치니 그 지으시던 일이 다하므로 일곱째 날에 안식하시니라 하나님이 일곱째 날을 복 주사 거룩하게 하셨으니 이는 하나님이 그 창조하시며 만드시던 모든 일을 마치시고 이 날에 안식하셨음이더라

창 2:4 여호와 하나님이 천지를 창조하신 때에 천지의 창조된 대략이 이러하니라

창세기 1:1-2:3에는 하나님께서 창조하신 7일 창조의 세계가 펼쳐지고 있다. 그리고 다시 창세기 2:4부터 여호와 하나님이 창

조하신 세계의 대략이 전개된다. 여기서 대략이란 "천지를 창조하신 내용의 세계의 어떤 특징을 지적하여 말한다면"이라는 뜻이다.

창세기 1:1-2:3에서 하나님의 창조 세계와 창세기 2:4부터의 여호와 하나님의 창조 세계의 차이는 무엇인가? 성경을 자세히 살펴보면 여기에는 분명한 차이가 있음을 발견하게 된다. 창세기 1:1-2:3의 내용에는 한결같이 '하나님'이 창조의 주체가 되고 있는데 반해, 창세기 2:4부터는 '여호와 하나님'이 창조의 주체가 되고 있다. 여호와 하나님이 지은 세계는 구속사의 세계를 말한다. 하나님께서 첫째 날부터 일곱째 날까지 창조하신 세계 속에 또 다른 의미의 창조의 세계를 지은 것이다. 즉 하나님께서 말씀으로 창조하신 바라 창조의 세계를 여호와 하나님이 아사 창조로 재창조한 세계라고 정리할 수 있다.

또 창세기 1:1-2:3의 창조에는 흙으로 지었다는 내용이 없는데 반해, 창세기 2:4부터는 흙으로 지었다는 내용이 기록되어 있다(창 2:7, 2:19).

여호와 하나님이 흙으로 지으신 세계는 어떤 세계인가?

지구를 가리켜 하늘의 발등상이라고 하는 것은 지구가 하늘에 소속되었지만 가장 낮고 천한 장소라는 뜻이다. 궁창의 세계에는 천사를 중심으로 하는 구속사의 세계가 있고, 이 땅에는 흙으로 지은 인간을 중심으로 하는 구속사의 세계가 있다. 궁창의 세계의 천사들은 네 생물의 거룩한 신성을 이용해서 지었기 때문에, 흙보다 더 거룩한 물질로 지은 신령한 존재이다. 그러나 하늘의 발등상이 되는 지구에 사는 존재들은 네 생물의 거룩한 인성을 이용해서 지은 존재이다.

> 창 1:26 하나님이 가라사대 우리의 형상을 따라 우리의 모양대로 우리가 사람을 만들고 그로 바다의 고기와 공중의 새와 육축과 온 땅과 땅에 기는 모든 것을 다스리게 하자 하시고

궁창의 천사들은 '우리의 형상대로' 지은 대상이고, 이 땅의 인간들은 '우리의 모양대로' 지은 대상이다. 여기서 형상은 내성의 꼴이고, 모양은 외형의 꼴이다. 형상과 모양이라는 양면이 있는데, 형상을 따라 모양대로 짓지 못하고 모양대로만 지은 존재가 흙으로 지은 존재이다. 즉, 형상은 주지 않고 외형의 모양대로만 지은 존재이다. 그래서 궁창의 천사와 사람은 모양이 같다. 성경에 나타난 천사를 보면 날개가 달린 존재가 아니라 우리와 똑같은 모양의 사람으로 등장한 것을 알 수 있다(창 18:1-2, 19:1-5, 삿 13:3-23, 행 12:15). 그러나 그들은 우리와 외형은 같지만 시공을 초월할 수 있다는 차이가 있다.

> 히 11:1-3 믿음은 바라는 것들의 실상이요 보지 못하는 것들의 증거니 선진들이 이로써 증거를 얻었느니라 믿음으로 모든 세계가 하나님의 말씀으로 지어진 줄을 우리가 아나니 보이는 것은 나타난 것으로 말미암아 된 것이 아니니라

하나님의 모든 세계를 믿음 안에서 말씀으로 지었기 때문에

보이는 것은 그림자요, 보이지 않는 것이 실상이다. 그러므로 보이는 세계를 지으려면 보이는 물질로 지어야만 그 세계를 나타낼 수가 있는 것이다. 그런 의미에서 흙이란 어떤 재료의 가장 기본이 되는 물질이라고 말할 수 있다. 따라서 여호와 하나님이 이 땅에서 지은 대상을 흙으로 지었다고 표현한 것이다.

본서 제 1장에서 이 땅에 존재하는 모든 생명체들은 이 땅에서 자생한 것이 아니라, 궁창에서 온 존재들이라는 것을 소개한 바 있다. 그들이 이 땅에 와서 환경의 지배를 받고 적응하는 과정에서 순조롭게 자기들의 생명력을 발휘한다는 것은 결코 쉬운 일이 아니다. 궁창에서 무한적인 존재들이 이 땅에 와서 살아가려면 유한적인 존재들이 되어야 한다.

마찬가지로 아담 한 사람을 세우는 데에도 장구한 세월이 소요되었을 것이다. 아담 이전의 원시인간들이 처음에는 짐승처럼 기어 다니다가 직립하기까지만 해도 얼마나 오랜 세월이 걸렸겠는가? 그런 그들의 영혼이 짐승과 같은 차원에서 사람 차원으로 장성하기까지만 해도 수백만 년이 걸렸을 것이다. 그런 입장을 통틀어 아담을 비롯한 이 땅의 존재들은 흙으로 지어졌다고 표현한 것이다(창 2:7).

인간은 흙 차원의 한계를 벗어날 수가 없다. 삶의 시작부터 죽음에 이르기까지 땅을 초월할 수 있는 인간은 아무도 없다. 인간이 사는 환경은 모두 흙을 바탕으로 이루어져 있다. 귀천을 막론하고 누구든 땅에 집을 짓고, 땅에서 모든 농작물을 얻고, 땅에서 교육을 받고, 땅에서 일하고, 땅에서 인생을 마친다. 어느 누구도 땅을 밟지 않고 살아가는 인생은 없다.

이처럼 흙을 벗어날 수 없는 한계의 삶이기에 인간 자체를 흙 차원이라고 말할 수밖에 없다. 흙에서 태어난 인간들은 흙을 중심으로 살다가 죽어서 흙으로 돌아갈 수밖에 없는 존재들이다(창 3:19). 그러므로 흙으로 사람을 지으셨다는 의미는 보이는 물질의 흙을 말한 것이 아니다.

성경에서는 흙을 가리켜 무엇이라고 말하는가?

시 18:42 내가 저희를 바람 앞에 티끌 같이 부숴뜨리고 거리의 진흙 같이 쏟아버렸나이다

시 146:4 그 호흡이 끊어지면 흙으로 돌아가서 당일에 그 도모가 소멸하리로다

호흡이 끊어지면 사망의 음부 속으로 들어갈 수밖에 없는 시한부적인 인생을 흙이라고 했다.

렘 17:13 이스라엘의 소망이신 여호와여 무릇 주를 버리는 자는 다 수치를 당할 것이라 무릇 여호와를 떠나는 자는 흙에 기록이 되오리니 이는 생수의 근원이신 여호와를 버림이니이다

하나님을 배반하여 떠나는 자는 수치를 당하고, 멸망 받을 존재로서 흙에 기록된다고 했다.

사 64:8 그러나 여호와여 주는 우리 아버지시니이다 우리는 진흙이요 주는 토기장이시니 우리는 다 주의 손으로 지으신 것이라

하나님은 진흙으로 그릇을 만드시는 토기장이시므로 우리 인생들은 하나님의 손에 의해서, 하나님의 주권에 의해서 지어질 수밖에 없는 것이다.

이처럼 생노병사(生老病死)에 시달리는 시한부적 인생들, 언젠가 영혼과 육신이 분리되면 사망의 음부 속으로 들어갈 수밖에 없는 인생들을 흙 차원의 인생이라고 표현하고 있다.

시 49:12 사람은 존귀하나 장구치 못함이여 멸망하는 짐승 같도다

시 49:20 존귀에 처하나 깨닫지 못하는 사람은 멸망하는 짐승 같도다

존귀함에 처하나 그 존귀를 깨닫지 못하는 자는 짐승과 같은 인생이라는 것이다.

흙은 사람의 심전(心田)을 상징한다.

마 13:3-8 예수께서 비유로 여러 가지를 저희에게 말씀하여 가라사대 씨를 뿌리는 자가 뿌리러 나가서 뿌릴 쌔 더러는 길 가에 떨어지매 새들이 와서 먹어버렸고 더러는 흙이 얇은 돌밭에 떨어지매 흙이 깊지 아니하므로 곧 싹이 나오나 해가 돋은 후에 타져서 뿌

리가 없으므로 말랐고 더러는 가시떨기 위에 떨어지매 가시가 자라서 기운을 막았고 더러는 좋은 땅에 떨어지매 혹 백 배, 혹 육십 배, 혹 삼십 배의 결실을 하였느니라

예수께서 말씀하신 씨 뿌리는 비유에 네 가지 밭의 종류가 등장하고 있다. 길 가의 밭, 돌밭, 가시 밭, 좋은 땅에 떨어진 씨들이 어떤 결과를 이루는지에 대한 말씀이다. 같은 땅이지만 30배, 60배, 100배로 수확하는 좋은 땅이 있고, 마귀가 좋아하는 땅도 있다. 마귀는 열매 맺지 못하는 모래 땅의 심전을 가진 사람을 좋아한다. 그래서 붉은 용이 하늘에서 쫓겨 와서 바다 모래 위에 선다고 했다(계 12:17).

    살전 5:23 평강의 하나님이 친히 너희로 온전히 거룩하게 하시고 또 너희 온 영과 혼과 몸이 우리 주 예수 그리스도 강림하실 때에 흠없게 보전되기를 원하노라

    전 3:21 인생의 혼은 위로 올라가고 짐승의 혼은 아래 곧 땅으로 내려가는 줄을 누가 알랴

사람의 구성은 영, 혼, 몸으로 되어 있으나, 짐승 차원의 인생들은 영이 없고 혼과 몸으로만 이루어져 있다.

    요 6:63 살리는 것은 영이니 육은 무익하니라 내가 너희에게 이른 말이 영이요 생명이라

예수님의 말씀이 곧 영이요, 생명이라고 하셨다. 따라서 말씀을 받지 못한 사람은 혼과 육만이 존재하는 대상이라고 말할 수 있다. 그런 짐승 차원의 인생들의 혼은 아래로, 땅으로 내려간다는 것이다. 즉 음부, 스올로 내려가는 것을 말한다.

> 창 3:19 네가 얼굴에 땀이 흘러야 식물을 먹고 필경은 흙으로 돌아 가리니 그 속에서 네가 취함을 입었음이라 너는 흙이니 흙으로 돌아갈 것이니라 하시니라

> 창 3:14 여호와 하나님이 뱀에게 이르시되 네가 이렇게 하였으니 네가 모든 육축과 들의 모든 짐승보다 더욱 저주를 받아 배로 다니고 종신토록 흙을 먹을지니라

그렇다면 "너는 흙이니 흙으로 돌아가라"는 말은 축복인가? 저주인가? 분명히 위 구절은 타락한 아담에게 하신 저주의 내용이다. 흙은 옛 뱀, 마귀가 먹는 소산물이다. 즉 흙 차원의 인생은 마귀에게 소속되어, 종신토록 마귀를 주인으로 섬기는 존재라는 것이다.

우리의 본향은 하늘이다. 비록 육신은 흙에 묻힐지라도 영혼만은 하늘로 가야 한다. "흙으로 돌아가라"는 말은 하늘로 올라가지 못하고 땅으로 내려갈 수밖에 없는 영혼이라는 뜻이다. 즉, 흙으로 돌아가라는 인생은 저주받은 것이다.

그런데 장례식장에서 예배를 인도하는 목사, 신부들이 "너는 흙이니 흙으로 돌아갈지어다"라고 기도하는 경우가 비일비재하니 이 얼마나 황당한 일인가? "흙으로 돌아가라"는 것은 분명히

타락한 아담에게 내리신 하나님의 저주인데, 양들의 영혼을 책임지고 인도할 목자들이 이처럼 선악을 분별하지 못한다면 어찌 어둠의 권세의 정체와 실상을 올바르게 깨우쳐 바른 길로 인도할 수 있겠는가?

> 고전 15:47-49 첫 사람은 땅에서 났으니 흙에 속한 자이거니와 둘째 사람은 하늘에서 나셨느니라 무릇 흙에 속한 자는 저 흙에 속한 자들과 같고 무릇 하늘에 속한 자는 저 하늘에 속한 자들과 같으니 우리가 흙에 속한 자의 형상을 입은 것 같이 또한 하늘에 속한 자의 형상을 입으리라

위 구절에서 흙에 속한 자의 형상과 하늘에 속한 자의 형상이라는 두 가지 형상을 비교해서 말씀하고 있다. 첫 아담은 흙에 속한 자의 형상이고, 둘째 아담으로 오신 예수님은 하늘에 속한 자의 형상이라는 것이다. 분명히 외형은 동일한 사람이지만 흙에 속한 자의 형상과 하늘에 속한 자의 형상이라는 두 종류의 사람이 있음을 비교하고 있다. 우리가 지금은 비록 흙에 속한 자의 형상을 입은 인간들이지만 언젠가는 하늘에 속한 자의 형상을 입을 수 있다는 말씀이다.

하나님은 인생들이 영원히 땅에 소속되기를 바라시는 분이 아니다. 비록 지금은 흙 같은 인생들이라 할지라도 장차 하늘로 비상하여 하늘에서 가장 영광스러운 존재가 되는 것이 하나님의 뜻이다.

하늘의 발등상이 되는 이 땅에서 흙 차원의 존재가 하늘 차원

의 존재보다 더 거룩하게 되는 것을 가리켜 "잃어버린 한 마리의 양을 찾는 것이 하늘에 있는 아흔아홉 마리 양을 찾는 것보다 더 귀하다"(마 18:12-13, 눅 15:4-7)라고 하신 것이다. 왜냐하면 하늘의 신령한 존재들보다 이 땅의 인생들이 더 많은 시간과 공력과 아픔 속에서 지어진 존재들이기 때문이다. 같은 물건이라도 열흘 동안 만든 물건보다 백 일 동안 만든 물건에 더 애착이 가기 마련이다.

그렇기 때문에 흙 차원의 인생들이 장차 비상할 수 있도록 영혼의 날개를 주시는 것이다.

하늘로 비상할 수 있는 방법은 여러 가지가 있다. 네 생물처럼 여섯 날개를 가진 존재도 있고(사 6:2, 계 4:8), 날개는 없지만 타의에 의해서 간접적으로 가는 경우도 있다. 에녹이 하나님과 300년 동행함으로 하나님이 그를 데려가셨고(창 5:24), 엘리야는 불말과 불 수레를 타고 하늘로 갔다(왕하 2:11).

그러나 무엇보다 가장 거룩한 길은 예수님이 가신 멜기세덱 반차이다(히 5:6, 5:10, 6:20, 7:11, 7:17). 하늘로 가는 길 중에서 그 길이 가장 거룩한 길이기에 우리를 위해 친히 그 길을 예비하셨다(히 6:20). "내가 곧 길이요 진리요 생명이니 나로 말미암지 않고는 아버지께로 올 자가 없느니라"(요 14:6)고 말씀하신 '길'이 바로 멜기세덱 반차를 가리키고 있는 것이다.

아담을 통해 이루고자 하신 하나님의 뜻은 무엇인가?

인류의 역사를 살펴보면 지구촌에 적응하기까지 수많은 세월이 흘렀다. 짐승과 다를 바 없이 살던 그들이 직립원인이 되어 보행하기 시작하고, 또 스스로 자구책을 마련해서 의식주를 해결하기까지 수십만 년, 또는 수백만 년이 될지도 모르는 장구한 세월이 걸렸을 것이다.

그러던 중 약 3만 년 전 원시인들 중에서 원시종교 형태의 흔적을 발견하게 된다.[22] 비록 저급한 차원이지만 조금이나마 영적인 세계를 동경하는 인생들이 된 것이다. 하나님께서는 그런 차원의 인간이 등장하기까지 오랜 세월을 기다리신 것이다.

아담의 본질은 그런 흙 차원의 인생이었으나, 부르심을 입고 빼내심을 입어 사람 차원이 되었는데(롬 8:28, 11:29, 고전 1:26, 7:24, 엡 4:1, 계 17:14), 그것을 가리켜 중생이라고 표현한다. 아담 당시에도 이미 수많은 흙 차원의 인생들이 존재하고 있었지만 하나님이 개입하셔서 아담을 구속사의 첫 사람으로 선택하신 것이다. 그리고 그 코에 생기를 불어넣어 생령의 차원에까지 이른 존재이다. 아담은 영원성, 상대성, 수리성, 절대성, 완전무결성이라는 하나님의 다섯 가지 창조 원리에 의해서 지음을 받은 존재이다.

아담이 흙 차원에서 사람 차원으로, 사람 차원에서 생령이 되기까지에는 분명한 도(道)의 길을 걷는 과정이 있었을 것이다. 지금도 이스라엘에는 아담의 무덤이 존재하고 있다고 한다. 다시 말

---

22) 원시종교로는 애니미즘, 토테미즘, 샤머니즘이 가장 대표적인 토속신앙들이다. 애니미즘은 정령숭배사상으로 동식물이나 무생물에 영이 존재하는데 무시로 드나드는 인격적인 존재라고 믿고, 토테미즘은 부족을 상징하는 동식물을 신성시 여긴다. 샤머니즘은 샤먼이라는 주술사가 매개체가 되어 인간과 신이 교류하며 샤먼의 힘으로 병을 고치거나 제사를 드리기도 하고 죽은 사람을 다음 세상으로 인도한다고 믿는 것을 말한다.

하면 아담이 흙에서 사람, 사람에서 생령이 되어 셋째 하늘에 올라갈 수 있기까지의 과정을 지낸 장소가 이 땅에 있다는 것이다.

> 창 2:15-16 여호와 하나님이 그 사람을 이끌어 에덴동산에 두사 그것을 다스리며 지키게 하시고 여호와 하나님이 그 사람에게 명하여 가라사대 동산 각종 나무의 실과는 네가 임의로 먹되

생령된 아담을 에덴동산, 즉 셋째 하늘로 이끌어 거기에 두셨다. 아담은 생령이 되었기에 셋째 하늘에 갈 수 있는 존재이다.

아담이 간 에덴동산이 셋째 하늘이라는 것을 알지 못하는 많은 신학자들이 중동지방 어디엔가 에덴동산이 있을 것이라는 추측으로 탐색을 하기도 했지만 어디에도 에덴동산이라는 확실한 증거는 없었다.[23]

에덴동산은 분명히 셋째 하늘이다. 사도 바울도 셋째 하늘, 낙원에 갔다 왔다고 고린도후서 12:1-4에서 증거하고 있다. 사도 바울은 영육 간에 갔다 온 것이 아니라, 육신은 이 땅에 있고 영혼만 갔다 온 것이다.

그러나 아담은 영적으로만 간 것이 아니라, 영육 간에 간 존재이다. 그 사실을 성경 어디에서 찾아볼 수 있는가?

> 요 3:13 하늘에서 내려온 자 곧 인자 외에는 하늘에 올라간 자가 없느니라

예수께서 친히 하신 말씀이다. 여기서 인자란 예수님 자신을

---

[23] 에덴동산을 적시는 네 강 중에서 힛데겔(티그리스), 유브라데 강이 지구상에 현존하는 강이기 때문에 에덴동산이 중동지방에 있을 것이라고 추측하는 것이다.

가리킨다. 에덴동산 한가운데 생명나무로 계시던 예수께서 이 땅으로 오실 때는 인자로, 여인의 후손으로 오셨다. 인자란 사람의 아들, Son of Man이다. 예수께서 말씀이 육신으로 이 땅에 인자로 오셨기에 육신을 가지고 하늘로 올라가실 수 있었다.

둘째 아담의 입장으로 오신 예수께서 첫 아담의 실패한 부분을 회복하러 오셨다면 반드시 영혼과 육신을 가진 존재로서 하늘로 가셔야 한다. 예수께서 영육 간에 부활하셔서 하늘로 가셨다면 첫 아담 역시 영혼과 육신을 가진 존재로서 하늘로 부름을 받아 올라간 것임을 미루어 짐작할 수 있다.[24] 그런 입장에서 아담은 "오실 자의 표상이라"(롬 5:14)고 한 것이다.

그 때까지 아담 외에는 어느 누구도 영육 간에 셋째 하늘, 낙원에 오고간 존재는 없었다. 그것이 생령이 가진 능력이다. 그렇다면 아담이 생령이 되기까지 이 땅에는 흙에서 사람으로 이끄시고, 사람에서 생령으로 이끄시는 구도의 도장, 장소가 분명히 있었을 것이다. 에녹도 하나님을 기쁘시게 하는 믿음으로(히 11:5) 300년 동행하는 가운데 하나님께서 에녹을 데려가셨다는 역사를 통해, 구속사의 첫 사람에게 역사하고자 하신 하나님의 의중을 미루어 짐작할 수 있게 된다.

흙으로 사람을 지으시고, 코에 생기를 넣어 만든 생령은 어떤 존재인가?

---

[24] 첫째 아담과 둘째 아담이신 예수께서 영육 간에 하늘로 갔다는 사실을 분명하고 확실하게 인지해야 예수님이 영혼으로만 부활했다는 오류를 범하지 않는다.

생령은 한 마디로 산 영이다. 산 영, 즉 생령은 어떤 권세와 능력을 가진 존재인가? 생령이 사는 세계는 어떤 세계인가?

> 겔 31:8 하나님의 동산의 백향목이 능히 그를 가리우지 못하며 잣나무가 그 굵은 가지만 못하며 단풍나무가 그 가는 가지만 못하며 하나님의 동산의 아무 나무도 그 아름다운 모양과 같지 못하였도다

에덴동산의 모든 생명체들은 차원은 다르지만 이 땅에 있는 생명체들과 같다. 에덴동산에 있는 백향목, 잣나무, 단풍나무 등은 이 땅의 나무와 이름도 같다. 그런데 무엇이 다른가? 에덴동산의 잣나무는 이 땅에 있는 잣나무보다 더 거룩한 차원의 세계에 존재함으로 말미암아 더 영화로운 입장의 잣나무라는 것이다.

예를 들면 이 땅에도 장미꽃이 있고, 에덴동산에도 장미꽃이 있다. 그런데 이 땅에 있는 장미꽃은 물질로 이루어지는 환경의 지배를 받는다. 그렇다면 에덴동산에 있는 장미꽃은 환경의 지배를 받지 않는가? 에덴동산의 장미꽃은 거룩하고 신성한 지배를 받는다. 그렇기 때문에 그 장미꽃은 절대 시들거나 죽거나 타의에 의해서 해를 받거나 상처를 입지 않는다. 분초마다 꽃 색깔이 바뀌고 향기가 바뀌고 모습이 바뀌는 것이다. 영원한 생명의 세계에서 똑같은 냄새, 똑같은 모습으로 있다면 대번 식상하게 되고 질려버리게 된다. 하늘에서는 만물들이 진선미의 조화롭고 거룩한 지배를 받기 때문에 차원과 영광이 다르다.

이 땅에서 만물들이 지배를 받는 환경은 물질로 이루어진 환경이다. 태양의 빛은 물질로 이루어진 빛이다. 영원한 생명의 빛,

스스로 있는 빛이 아니다. 다 물질로 이루어진 빛 안에서, 물질로 이루어진 공간에서 이루어진 공기, 물 등이다. 그렇기 때문에 이 땅에서는 사람들에게 의식주가 절대적으로 필요하다. 이 땅에 사는 동안은 먹지 않으면 안 되고, 입지 않아도 안 되고, 또 몸을 보존할 수 있는 집도 있어야 한다.

그렇다면 궁창의 세계는 하늘의 세계이니까 땅도 없고 영으로만 존재하는 것인가? 그렇지 않다. 하늘에도 땅이 있고 물이 있다. 땅이 있으니까 만물이 존재하고 나무가 심겨진 것이다. 이 땅에 있는 것은 하늘에도 다 있다. 이 땅의 모든 것은 다 하늘에서 온 것이기 때문에 스스로 자생하는 것은 하나도 없다. 하나님의 말씀에 의해서 하늘에서 이루어진 뜻대로 이 땅에서 다 이루어지고 있다. 다만 차이가 있다면 그 나라에는 해와 달이 없고 영원한 생명의 빛이 되시는 어린 양이 등이 되신다고 했다(계 21:23).

그 나라는 먹기는 먹어도 물질로 이루어진 대상이 아니라 신성한 거룩한 물질로 이루어져 있기 때문에 먹자마자 원동력으로 바뀌고 배설되지 않아 화장실에 갈 필요가 없다.

> 눅 24:38-43 예수께서 가라사대 어찌하여 두려워하며 어찌하여 마음에 의심이 일어나느냐 내 손과 발을 보고 나인 줄 알라 또 나를 만져보라 영은 살과 뼈가 없으되 너희 보는 바와 같이 나는 있느니라 이 말씀을 하시고 손과 발을 보이시나 저희가 너무 기쁘므로 오히려 믿지 못하고 기이히 여길 때에 이르시되 여기 무슨 먹을 것이 있느냐 하시니 이에 구운 생선 한 토막을 드리매 받으사 그 앞에서 잡수시더라

위 구절은 부활하신 예수께서 보여주신 장면이다. 부활하신 예수님은 완전한 인성과 신성으로 거룩한 영광을 받으신 하나님의 아들이다. 귀신처럼 뼈와 살이 없는 존재가 아니라 육신을 가지고 시공을 초월하는 존재로 나타나셔서 음식을 드셨다.

아담이 생령으로서 구도의 길을 걸어 생명나무 열매를 먹으면 어떤 결과를 이룰 수 있는 것인가?

> 사 65:17-25 보라 내가 새 하늘과 새 땅을 창조하나니 이전 것은 기억되거나 마음에 생각나지 아니할 것이라 -(중략)- 거기는 날 수가 많지 못하여 죽는 유아와 수한이 차지 못한 노인이 다시는 없을 것이라 곧 백 세에 죽는 자가 아이겠고 백 세 못되어 죽는 자는 저주 받은 것이리라 -(중략)- 그들이 부르기 전에 내가 응답하겠고 그들이 말을 마치기 전에 내가 들을 것이며 이리와 어린 양이 함께 먹을 것이며 사자가 소처럼 짚을 먹을 것이며 뱀은 흙으로 식물을 삼을 것이니 나의 성산에서는 해함도 없겠고 상함도 없으리라 여호와의 말이니라

하나님께서 아담을 중심으로 이루고자 하신 구속사의 세계는 아담과 하와를 통하여 영원한 생명을 가진 산 자를 탄생하는 산실(産室)을 만드시고자 하신 것이다(사 66:7-8). 만일 그 세계에 백 세에 죽는 자가 있다면 그는 어린 아이와 같고, 백 세가 못 되어 죽는 자가 있다면 그는 저주 받은 자일 것이다. '부르기 전에 응답하겠고'란 무엇이 먹고 싶다고 생각하면 이미 그것이 입에 들어와 있고, 어디에 가고 싶다고 생각하면 생각과 동시에 몸이 그

곳에 가 있는 세계라는 뜻이다. 즉 시공(時空)을 초월하는 세계이며, 약육강식이 없는 해함과 상함도 없는 지상 낙원의 세계이다.

> 창 1:29-30 하나님이 가라사대 내가 온 지면의 씨 맺는 모든 채소와 씨 가진 열매 맺는 모든 나무를 너희에게 주노니 너희 식물이 되리라 또 땅의 모든 짐승과 공중의 모든 새와 생명이 있어 땅에 기는 모든 것에게는 내가 모든 푸른 풀을 식물로 주노라 하시니 그대로 되니라

본래 하나님께서 창조하신 세계는 모든 짐승들이 풀을 먹는 세계로, 약육강식이 없는 세계였다. 아담이 하나님께서 바라시는 분량에까지 이르러 생령으로서 완성되면 이러한 지상낙원의 세계를 이루게 되는 것이다.

또, 아담으로 하여금 이 땅 뿐만 아니라, 궁창의 세계의 천사들까지 주관하며 다스리는 세계를 이루고자 하셨다(고전 6:3, 히 1:14).

아담이 뱀의 유혹에 넘어가지 않고 선악나무 열매를 따먹지 않았다면, 구도의 과정을 통하여 이 땅과 하늘까지 주관하며 다스릴 수 있는 하나님의 후사, 하늘의 대제사장이 되었을 것이다.

다시 말하면 아담은 흙, 사람, 생령이라는 3단계 수리성을 통해서 절대적인 존재로 지음을 받았다. 절대적인 존재로 지음을 받았다는 의미는 에덴동산 각종나무 열매를 임의로 따먹을 수 있는 절대자가 되었다는 것이다. 그리고 따먹는 것으로 그치는 것이 아니라 그것을 따먹음으로 말미암아 완전무결성으로 나아갈 수 있

는 존재로 지음을 받은 것이다.

　에덴동산 각종나무 열매는 곧 지혜를 말한다(잠 3:18). 아담이 각종나무 열매를 따먹고 지혜를 수렴하고 나서 생명나무 열매를 따먹었다면 무엇이 되는가? 아담은 선악나무와 상관이 없는, 선악나무로부터 어떤 제재도 받지 않는 완전무결한 자가 될 수 있었던 것이다. 즉 하나님께 제사를 드릴 수 있는 하늘의 대제사장, 멜기세덱이 되는 것이다(창 14:17-20, 시 110:4, 히 7:1-3).

루시엘과 아담 창조의 차이점은 무엇인가?

> 겔 28:13 네가 옛적에 하나님의 동산 에덴에 있어서 각종 보석 곧 홍보석과 황보석과 금강석과 황옥과 홍마노와 창옥과 청보석과 남보석과 홍옥과 황금으로 단장하였음이여 네가 지음을 받던 날에 너를 위하여 소고와 비파가 예비되었었도다

　루시엘을 열 가지의 보석으로 단장하여 영화롭게 해주었다. 열 가지 보석으로 지었다는 말씀은 시편 119편에서 열 번의 말씀으로,[25] 창세기 1장에서 열 번의 '가라사대'(창 1:3, 1:6, 1:9, 1:11, 1:14, 1:20, 1:22, 1:24, 1:26, 1:29)로 지었다는 뜻이다. 그렇기 때문에 그가 죄를 지으면 열 가지를 다 범한 죄에 해당하는 것이다.

---

25) 시편 119편에 등장하는 '말씀'의 히브리 원어는 열 가지로 구분된다. 토라(율법), 에두트 또는 에다(증거), 미쉬파트(판단, 규례), 호크(율례), 다바르(말씀), 픽쿠드(법도), 미츠바(계명), 데레크(길, 도), 이므라(말씀, 약속), 에메트 또는 에무나(진리, 성실)라는 본질을 가지고 있다.
　- '구속사 시리즈' 제 7권 <영원한 만대의 언약 십계명> 155-197쪽, 박윤식 저, 휘선

겔 28:14 너는 기름 부음을 받은 덮는 그룹임이여 내가 너를 세우매 네가 하나님의 성산에 있어서 화광석 사이에 왕래하였었도다

하늘에서 루시엘이 얼마나 영화롭게 지어진 존재이면 소고와 비파를 예비하셨겠는가? 또 그는 기름 부음을 받은 덮는 그룹으로서 하나님의 성산, 화광석 사이를 거닐던 존재였다.

루시엘을 그렇게 지었다면 당연히 아담도 그렇게 지었다는 것은 분명한 사실이다. 그 이유는 그 둘은 정당하게 싸워야 될 대상이기 때문이다.

공의의 하나님께서 주관하시는 싸움은 정당해야 한다. 권투시합이나 씨름을 할 때에도 같은 체급끼리 시합을 한다. 같은 체급끼리 싸워야 정당한 싸움이 되는 것이다. 정당하게 싸움을 시키려면 정당한 조건을 갖추어 싸움을 시켜야 공의로운 싸움, 공정한 싸움이 된다.

하나님께서 세우신 인류 구속사역은 하나님의 후사가 될 아브라함의 후손들이 천사들을 심판하고 다스리는 것이다(히 2:16, 고전 6:3). 아담을 지은 것은 하늘의 천사장, 루시엘과 싸워 이겨 정복시키기 위해서 지었다고도 말할 수 있다.

그렇다면 하나님께서 아담을 그렇게 영화로운 존재로 지었다는 성경적인 근거는 어디 있는 것인가? 물론 아담은 루시엘처럼 표면적으로 열 가지의 보석으로 지으셨다는 내용은 기록되어 있지 않다. 그러나 하나님께서 아담에게도 놀라운 은총을 주셨다는 것을 알 수 있다.

창 2:15-21 여호와 하나님이 그 사람을 이끌어 에덴동산에 두사 그것을 다스리며 지키게 하시고 -(중략)- 여호와 하나님이 흙으로 각종 들짐승과 공중의 각종 새를 지으시고 아담이 어떻게 이름을 짓나 보시려고 그것들을 그에게로 이끌어 이르시니 아담이 각 생물을 일컫는 바가 곧 그 이름이라 아담이 모든 육축과 공중의 새와 들의 모든 짐승에게 이름을 주니라 아담이 돕는 배필이 없으므로 여호와 하나님이 아담을 깊이 잠들게 하시니 잠들매 그가 그 갈빗대 하나를 취하고 살로 대신 채우시고

하나님께서 아담에게 에덴동산에 있는 모든 나무의 이름을 짓게 하시고 또 생령인 아담에게 에덴동산을 지키고 다스릴 수 있는 권세도 주셨다. 그리고 나아가서는 아담을 깊이 잠들게 하시고 그의 갈비뼈로 여자를 지으셨다. 물론 아담 스스로가 자기의 갈비뼈로 여자를 만든 것이 아니다. 여호와 하나님께서 아담을 깊이 잠들게 하시고 그의 갈비뼈로 여자를 만들었다.

아담을 그런 차원으로 지었기 때문에 아담이 한 가지의 계명을 범하면 열 가지의 계명을 다 범한 것과 같은 입장이 되는 것이다. 그렇기 때문에 하나님께서 사람들에게 십계명을 주신 것은 당연한 것이다. 십계명은 아담의 후손들이 지켜야 될 당연한 본분이며, 도리이며, 책임이며, 의무가 되는 것이다.

2. 아담이 생령으로서 걸어야 할 구도의 길은 무엇인가?

> 겔 28:12 인자야 두로 왕을 위하여 애가를 지어 그에게 이르기를 주 여호와의 말씀에 너는 완전한 인이었고 지혜가 충족하며 온전히 아름다왔도다

루시엘을 완전한 인으로 지었다면, 아담도 루시엘을 지은 그 분량으로 지었다고 말할 수 있다. 아담도 흙으로 사람을 지으시고, 코에 생기를 넣어 생령이 되었다는 것은 산 자로 지으신 것이다. 비록 아담이 이제 막 탄생한 어린 차원의 생령이지만 산 자로 지었기 때문에 산 자로서 걸어야 될 구도의 길을 걷게 하신 것이다. 아담이 그 과정을 순종함으로 걸었다면 그리스도의 장성한 분량으로 자랄 수 있는 대상이 되는 것이다(엡 4:13).

> 고전 15:45 기록된바 첫 사람 아담은 산 영이 되었다 함과 같이 마지막 아담은 살려 주는 영이 되었나니

> 고전 15:48-49 무릇 흙에 속한 자는 저 흙에 속한 자들과 같고 무릇 하늘에 속한 자는 저 하늘에 속한 자들과 같으니 우리가 흙에 속한 자의 형상을 입은 것 같이 또한 하늘에 속한 자의 형상을 입으리라

한 가지 분명한 것은 아담은 산 영이지 살려주는 영으로 지어진 존재는 아니다. 그러나 장차 아담이 하나님의 말씀에 순종해서

이기는 자가 된다면 아담도 살려주는 영이 될 수 있다는 것이다. 그 사실을 깨우쳐주기 위해서 하나님이신 예수께서 둘째 아담으로 오신 것이다. 둘째 아담으로 오셨다고 순서를 매긴 것은 첫 아담이 이루지 못한 부분을 회복하고자 오셨다는 뜻이 담겨있지 않은가?

따라서 첫째 아담이 어떤 분량으로 지음을 받았는지 미루어 짐작할 수 있는 것이다. 다만 둘째 아담으로 오신 예수님은 살려주는 영으로 오셨고, 첫째 아담은 산 영으로 지음을 받았다. 살려주는 영은 자신이 영원한 생명을 가지신 분이기 때문에 절대 선악나무에 종속되는 대상이 아니다. 그러나 산 영은 아직 생명나무 열매를 따먹지 못했기 때문에 선악나무 열매를 먹으면 죄에 종속될 수밖에 없는 절대관계를 가진 존재이다.

그렇다면 피조물이 어떻게 살려주는 영이 될 수 있는 것인가? 성경에는 살려주는 영이 될 수 있는 기준이 있다.

> 욥 40:10-14 너는 위엄과 존귀로 스스로 꾸미며 영광과 화미를 스스로 입을찌니라 너의 넘치는 노를 쏟아서 교만한 자를 발견하여 낱낱이 낮추되 곧 모든 교만한 자를 발견하여 낮추며 악인을 그 처소에서 밟아서 그들을 함께 진토에 묻고 그 얼굴을 싸서 어둑한 곳에 둘찌니라 그리하면 네 오른손이 너를 구원할 수 있다고 내가 인정하리라

욥이 왜 이토록 자신이 참혹한 환난을 받아야 하는지 묻자, 하나님께서 주신 응답의 내용이다. "너의 넘치는 노를 쏟아서 교만

한 자를 발견하여 낱낱이 낮추되 곧 모든 교만한 자를 발견하여 낮추며, 악인을 그 처소에서 밟아서 그들을 함께 진토에 묻고, 그 얼굴을 싸서 어둑한 곳에 두면 네 오른손이 너를 구원할 수 있다고 내가 인정하리라"고 하셨다. 교만한 자를 낮추고, 악인을 심판할 수 있는 자라면 스스로 자기 자신도 구원할 수 있다는 말씀이다. 욥이 그런 차원에까지 이르기를 바라셨다는 것이다.

그것이 산 영과 살려주는 영의 차이점이다. 산 영은 자기 스스로 구원 받지 못하는 존재이다. 그러나 살려주는 영은 자기 자신을 구원할 수 있는 존재이다. 장님이 장님을 인도할 수 없는 것처럼(마 15:14, 눅 6:39) 자기 자신도 구원하지 못하는 존재가 남을 구원하지 못한다. 따라서 자기 자신을 구원할 수 있는 존재가 되어야만 남도 구원할 수 있다는 말씀이 성립되는 것이다. 그런 입장을 가리켜 예수께서 "내가 다시 목숨을 얻기 위하여 목숨을 버림이라 나는 버릴 권세도 있고 다시 얻을 권세도 있으니라"(요 10:17-18)고 말씀하신 것이다.

> 마 4:1-2 그 때에 예수께서 성령에게 이끌리어 마귀에게 시험을 받으러 광야로 가사 사십 일을 밤낮으로 금식하신 후에 주리신지라

예수께서 광야에서 40일 금식하시고 마귀에게 세 번 시험을 받기 전의 분량이 첫째 아담의 분량이었다. 둘째 아담으로 오신 예수님이 첫째 아담의 시험의 분량에서 마귀로부터 세 번 시험을 받으시고 이기신 것이다. 예수께서 마귀의 시험에서 이기셨기 때문에 그 때부터 공생애 과정을 시작하실 수 있었다.

예수께서 하나님이라고 해서 무조건 자신의 뜻을 펼치시는 것

이 아니라, 공의의 원칙에 따라 역사하신다. 그 이유는 하나님이라고 해서 자신이 세우신 원칙을 위반하면 마귀가 절대 그 결과에 대해 승복하지 않기 때문이다. 따라서 예수께서 이 땅에서 걸으신 공생애 과정의 시작은 첫째 아담이 타락하기 직전의 모습으로 첫 도전을 하신 것이다.

예수께서 40일 금식하심으로 마귀에게 도전권을 얻으신 것이다. 마귀에게 정식으로 도전할 수 있는 도전권을 얻기 위해서는 반드시 40일 금식을 하셔야 되는 것이다. 동서남북 사방팔달수인 4수로부터 인정을 받아야 한다.

> 호 2:21-22 여호와께서 가라사대 그 날에 내가 응하리라 나는 하늘에 응하고 하늘은 땅에 응하고 땅은 곡식과 포도주와 기름에 응하고 또 이것들은 이스르엘에 응하리라

하늘과 땅과 만물과 사람들로부터 정식으로 인정을 받아야 하는 과정이 필요하다. "당신 정도면 마귀에게 도전할 수 있는 자격을 갖추었다"라는 인정을 받기 위해서 예수께서 40일 금식하신 것이다. 그리고 나서 성령이 예수님을 이끄시고 마귀에게 끌고 갔다. 그리고 마귀에게 세 번 시험을 받고 이기심으로써 공생애 과정을 시작할 수 있는 자격자가 된 것이다.

이 말씀을 첫째 아담에게 적용시킨다면 아담이 들짐승 중 가장 간교한 뱀의 시험에서 이겼다면 그때부터는 궁창의 세계, 셋째 하늘나라에서 하나님이 말씀하신 대로 정식으로 에덴동산을 지키고 다스릴 수 있는 구도자로서의 구도의 길을 걸을 수 있었다.

하나님께서는 이미 구도의 길에 대해서 구체적으로 말씀하셨다.

"에덴동산을 지키고 다스려라", "흙으로 만든 짐승들에게 이름을 지어주라"고 하셨고, 또 "그들을 생육, 번성, 충만시킬 수 있는 그런 능력을 주시겠다"고 약속하신 것이다.

아담이 그런 말씀은 받았지만 그것을 행할 수 있는 자격자가 되려면 반드시 시험에서 이겨야만 그 사명을 감당할 수 있는 존재가 될 수 있다. 그런데 아담은 시험에서 이기지 못했기에 사명을 행할 수 있는 능력을 받지 못했다. 자신에게 주어진 사명과 직분을 받았지만 행해보지도 못하고 에덴동산에서 쫓겨난 것이다.

그러나 둘째 아담으로 오신 예수님은 마귀의 시험에서 이기셨기 때문에 3년의 공생애 길을 걸으실 수 있었던 것이다.

만일 아담이 간교한 뱀의 유혹을 물리치고 이겼다면 하늘의 구도의 도장, 에덴동산에서 하나님의 사명자로서 공생애 길을 걸을 수 있었을 것이다. 생령으로서의 삼일길을 걸을 수 있었을 것이다. 아담이 선악나무와의 시험에서 이겼다고 해서 금방 멜기세덱이 되는 것이 아니다. 하늘의 제사장인 멜기세덱이 되기까지 셋째 하늘, 에덴동산에서 구도의 길을 걸어야 한다.

그리고 아담이 하늘에서 구도의 길을 다 걷고 나면 이 땅으로 와야 한다. 말씀이 육신으로 오신 분도 때가 차매 이 땅에 오셨다(요 1:14, 갈 4:4). 아담이 멜기세덱이라는 새 이름을 받으면 그도 이 땅에 올 수 있는 자기 때가 있을 것이다. 아담이 이긴 자가 된다면 본래의 자기 이름, 즉 멜기세덱이라는 새 이름으로 이 땅에 올 수 있는 자가 될 것이다.

다시 한 번 예수님이 둘째 아담으로 오셨다는 의미를 깊이 생각해보고자 한다. 하나님께서 둘째 아담으로, 즉 사람으로 오셨다는 것을 통해 첫째 아담의 영광이 얼마나 존귀한지 상대적으로 알 수 있다. 아담이 가지고 있는 고유적인 능력에는 네 가지가 있다. 그를 통해서 새로운 생명의 세계를 이루어나갈 수 있는 ①구원력, ②능력, ③왕권, ④거룩하심을 가지고 있다.

그러므로 아담은 하나님께로부터 첫째 인류의 조상으로서 영원성과 상대성과 수리성과 절대성과 완전무결성의 다섯 가지 창조 원리로 지음을 받았기 때문에, 만일 그가 승리자가 되지 못할 때에는 상대적으로 그 다섯 가지를 적용시킬 수밖에 없다. 그런 영광으로 지음 받은 자가 그 영광을 지키지 못했기 때문에 그 법을 가지고 그를 심판할 수밖에 없고, 그에게 주셨던 영광을 빼앗을 수밖에 없는 것이다. 영광스러운 존재로 지음을 받은 자가 타락했기 때문에 그렇게 지음을 받게 한 그 원인이 그를 심판할 수 있는 기준이 되는 것이다.

3. 생령인 아담이 타락한 과정은 무엇인가?

창 2:17 선악을 알게 하는 나무의 실과는 먹지 말라 네가 먹는 날에는 정녕 죽으리라 하시니라 하나님께서 아담에게 주신 최초의 계명, 행위언약[26]이다. 동산 각종 나무의 실과는 임의로 먹되 선악을 알게 하는 나무의 실과는 먹으면 반드시 죽는다고 하셨다.

> 창 3:1-6 여호와 하나님의 지으신 들짐승 중에 뱀이 가장 간교하더라 뱀이 여자에게 물어 가로되 하나님이 참으로 너희더러 동산 모든 나무의 실과를 먹지 말라 하시더냐 여자가 뱀에게 말하되 동산 나무의 실과를 우리가 먹을 수 있으나 동산 중앙에 있는 나무의 실과는 하나님의 말씀에 너희는 먹지도 말고 만지지도 말라 너희가 죽을까 하노라 하셨느니라 뱀이 여자에게 이르되 너희가 결코 죽지 아니하리라 너희가 그것을 먹는 날에는 너희 눈이 밝아 하나님과 같이 되어 선악을 알줄을 하나님이 아심이니라 여자가 그 나무를 본즉 먹음직도 하고 보암직도 하고 지혜롭게 할만큼 탐스럽기도 한 나무인지라 여자가 그 실과를 따먹고 자기와 함께한 남편에게도 주매 그도 먹은지라

그런데 첫 시조로 부름을 받은 아담이 하와가 건네주는 선악나무 열매를 먹고 말았다.

들짐승 중 가장 간교한 뱀이 먼저 하와에게 접근했다. 그 당시 아담은 하나님께서 기름 부으신 생령의 존재였으며, 흙으로 지은 각종 들짐승의 이름을 지어준 존재였다(창 2:19). 아담이 뱀의 이름을 지어주었다면 뱀의 속성을 누구보다 잘 아는 존재였을 것이

---

[26] 아담이 생명나무와 선악을 알게 하는 나무를 선택하는 행위 여부에 따라 영생과 죽음이 결정된다는 의미에서 행위언약이라고 부른다-'구속사 시리즈' 제 2권 <잊어버렸던 만남> 51쪽, 박윤식 저, 휘선

다. 그렇기 때문에 간교한 뱀은 아담보다는 우선 접근이 쉬운 여자를 선택하였다. 하와를 유혹하여 우회적으로 아담을 쓰러뜨리고자 계획한 것이다.

그리고 에덴동산의 핵심적인 비밀을 알아내고자 하와에게 "하나님이 참으로 너희더러 동산 모든 나무의 실과를 먹지 말라 하시더냐?"라는 유도질문을 했다. 루시엘은 분명히 이 땅의 흙 차원의 인생들을 하나님의 후사로 세우신다는 것은 알았지만, 구체적으로 아담과 하와에게 주신 계명이 무엇인지는 알지 못했다. 하나님께서 이미 천사들에게 "지위와 처소를 떠나지 말라"(유 1:6)는 계명을 주신 바가 있기에 장차 하나님의 후사가 될 아담에게도 당연히 계명을 주셨을 것이라고 생각한 것이다. 그래서 뱀으로 하여금 에덴동산에 침투하여 그것을 알아내고자 시도한 것이다.

그런데 하와가 "동산 나무의 실과를 우리가 먹을 수 있으나 동산 중앙에 있는 나무의 실과는 하나님의 말씀에 너희는 먹지도 말고 만지지도 말라 너희가 죽을까 하노라 하셨느니라"고 대답한 것이 화근이었다. 하와가 아담의 돕는 배필로 지음을 받았다면 뱀의 질문에 대해 아담과 상의를 했어야 한다. 아니, 처음부터 뱀의 접근을 받아들이거나 대화를 하지 말았어야 했다.

게다가 하와가 뱀에게 대답한 내용에는 하나님의 명령을 더하거나 빼는 가감(加減)이 발생한 것이다. 하나님께서는 "선악을 알게 하는 나무의 실과를 먹으면 정녕 죽으리라"(창 2:17)고 하셨는데 "먹지도 말고 만지지도 말라"며 자기의 생각을 보탰고, "정녕 죽으리라"고 하셨는데 "죽을까 하노라"며 본질을 흐렸다.

계 22:18-19 내가 이 책의 예언의 말씀을 듣는 각인에게 증거하노니 만일 누구든지 이것들 외에 더하면 하나님이 이 책에 기록된 재앙들을 그에게 더하실 터이요 만일 누구든지 이 책의 예언의 말씀에서 제하여 버리면 하나님이 이 책에 기록된 생명나무와 및 거룩한 성에 참예함을 제하여 버리시리라

에덴동산에서부터 하나님의 말씀에 가감하는 죄가 발생했기에 요한계시록의 마지막에서는 더하거나 빼지 말라고 무섭게 경고하고 계신다. 에덴동산에서 주신 첫 계명이 가감하는 역사로 잘못되었기에, 마지막으로 성도들에게 주신 경고의 말씀이다.

하와는 왜 선악나무 열매를 따먹고 말았는가?

에덴동산 한가운데에는 분명히 생명나무와 선악나무가 있었다(창 2:9). 하와가 에덴동산 한가운데에 있는 두 나무를 바라보았지만 생명나무에 대한 반응은 전혀 기록되지 않고, 선악나무에 대해서만 "먹음직도 하고, 보암직도 하고, 지혜롭게 할 만큼 탐스럽기도 한 나무인지라"(창 3:6)고 기록되어 있다. 이 내용으로 하와가 선악나무 열매를 따먹은 이유를 심층적으로 분석해 볼 수 있는 것이다.

첫째, 루시엘의 영화로움에 이끌렸다.

루시엘은 열 가지 보석으로 지음을 받은 영화롭고 아름다운 천사장이었다(겔 28:14-17). 그는 미가엘 천사장, 가브리엘 천사장에 이어 세 번째 지음을 받은 지혜의 천사장이자 사랑의 천사장이었다. 그는 처음부터 신성적인 아름다움을 가진 존재였기에 하나님께서 "선악나무 열매를 따먹으면 정녕 죽으리라"(창 2:17)고 가르쳐주지 않으면 누구든지 선악나무를 우선적으로 선택할 수밖에 없는 대상이다.

하와의 눈에 비추어진 선악나무가 '먹음직하고, 보암직하고, 지혜롭게 할 만큼 탐스러운 나무'라는 것을 볼 때, 그의 신성적인 영화로움이 얼마나 뛰어난 존재인지 알게 된다.

비록 궁창의 세계에서 루시엘이 타락하여 죄의 원조, 루시퍼가 되어 궁창 아랫물로 찍혀 떨어졌지만 아직도 그의 거룩한 신성은 가지고 있는 상태였다. 그렇기 때문에 그가 궁창 아랫물에서 공중의 권세를 잡고 하나님 노릇을 하면서 "하나님이 하시고자 하는 일을 나도 할 수 있다"고 큰소리치는 것이다. 하나님께서 6천년을 통해 이루시려는 구속사역을 자기도 행할 수 있다는 것이다.

재림 마당에 등장하는 붉은 용이 일곱 머리, 열 뿔을 가진 존재(계 12:3, 13:1)라는 것을 보아도 그가 신성의 능력과 거룩함을 가지고 첫째 하늘에서 하나님 노릇을 하고 있다는 것을 알 수 있다.

> 요일 2:16 이는 세상에 있는 모든 것이 육신의 정욕과 안목의 정욕과 이생의 자랑이니 다 아버지께로 좇아 온 것이 아니요 세상으로 좇아 온 것이라

사도 요한은 "먹음직하고, 보암직하고, 지혜롭게 할 만큼 탐스럽다"는 것을 구체적으로 '육신의 정욕, 안목의 정욕, 이생의 자랑'이라고 결론지었다.

첫째, '먹음직하다'는 의미는 '육체의 정욕'에 비유할 수 있다. 즉 무교병과 유교병으로 비교할 수 있다. 무교병에 비해 유교병은 생김새가 그럴 듯하고, 맛과 향기가 뛰어나 저절로 손이 가는 대상이라는 것이다. 그런 입장에서 하나님께서 우리에게 무교병을 먹으라고 하시는 것이다. 특히 유월절 다음 날부터 일주일 동안은 무교병을 먹으라고 하셨다. 집안에 유교병을 두는 자는 백성 중에서 끊어진다, 즉 죽는다고 하신 의미를 깊이 헤아릴 줄 알아야 한다(출 12:15-20).

둘째, '보암직하다'는 의미는 '안목의 정욕'에 비유할 수 있다. 사람은 모든 사물의 세계를 눈으로 본다. 눈으로 판단하고 눈으로 측정하고, 외형적인 것에 의미를 부여한다. 세상 말에도 '옷이 날개'라는 말이 있듯이 좋은 옷을 입은 사람과 초라한 옷을 입은 사람은 비교가 안 된다. 그러기에 오죽하면 "사람은 외모를 보거니와 나 여호와는 중심을 보느니라"(삼상 16:7)고 하셨겠는가?

셋째, '지혜롭게 할 만큼 탐스럽기도 한지라'는 의미는 '이생의 자랑'이라고 했다. 이생의 자랑이라는 말은 명예에 해당되는 말이다.
이 모든 것은 하나님 아버지께로부터 온 것이 아니라, 세상으로부터 온 것이다.

둘째, 하와가 뱀의 유혹에 넘어가도록 하와를 이긴 소리가 있었다.

> 창 3:4-5 뱀이 여자에게 이르되 너희가 결코 죽지 아니하리라 너희가 그것을 먹는 날에는 너희 눈이 밝아 하나님과 같이 되어 선악을 알줄을 하나님이 아심이니라

뱀이 하와에게 "그것을 먹는 날에는 너희 눈이 밝아 하나님처럼 된다"고 했다. 뱀이 하나님처럼 된다고 한 것은 어떤 입장을 말한 것인가? 피조물로서 어떻게 하나님이 될 수 있는가? 그렇다면 하나님처럼 된 자가 있다는 것이 아니겠는가? 생령의 분신으로 지음을 받은 하와가 납득할만한 구체적인 대상이 있었을 것이다.

뱀이 여자에게 말한 '하나님'은 루시퍼를 가리킨 말이다. 셋째 하늘, 에덴동산에서 타락하여 찍혀 떨어진 루시퍼가 궁창 아랫물에서 공중 권세를 잡고 자기 나름대로의 천군의 세계를 전개하며 하나님 행세를 하고 있었다. 따라서 '하나님처럼 된다'는 것은 보이지 않는 가상의 하나님을 말하는 것이 아니다. 첫째 하늘이라는 자기 하늘을 갖고 있는 루시퍼를 말하는 것이다. 루시퍼가 아랫물에서는 하나님과 같은 존재로 군림하고 있었다. 그가 무역이 풍성하였던 천군들과 손을 잡고 자기의 세계를 구축한 것이다.

뱀이 "그것을 먹는 날에는 너희 눈이 밝아 하나님처럼 된다"고 한 것은 "너도 선악나무 열매를 따먹으면 그런 세계의 주인이 될 수 있다"라고 유혹한 것이다. 그래서 하와가 그 소리에 넘어가고 말았다.

하와의 입장에서는 하나님의 계명을 어긴다는 사실이 무척 두렵기도 하였을 것이다. 그러나 그 두려움보다 더 큰 존재가 등장한다면 그 두려움을 이기고 더 큰 존재를 선택할 것이다. 하와에게 더 큰 존재는 바로 뱀의 소리였다. 그 뱀의 소리가 이긴 것이다.

세상 말에도 콩깍지가 씌워지면 눈에 보이는 것이 없다고 한다. 마음을 빼앗기면 육신은 자동적으로 따라가는 것이다. 그만큼 마음이 중요하다는 것이다. 이미 하와의 심령이 그런 상태였기에 선악나무 옆에 있는 생명나무는 아예 쳐다보지도 않았다.

그렇게 하와의 마음이 뱀에게 이미 점령당했기 때문에 하와는 생령의 분신이면서도 신령한 눈으로 선악나무를 보지 못했다. 즉 다시 말하면 뱀이 준 사상과 뱀이 준 말로 선악나무를 보았기 때문에 '먹음직하고, 보암직하고, 지혜롭게 할 만큼 탐스럽기도 한 선악나무'를 선택할 수밖에 없었던 것이다.

그 결과 하와는 믿음으로 생명나무 열매를 따먹지 못하고 뱀이 준 사상으로, 뱀이 유혹한 소리에 의해서 선악나무 열매를 따먹었다.

> 마 27:19-26 총독이 재판 자리에 앉았을 때에 그 아내가 사람을 보내어 가로되 저 옳은 사람에게 아무 상관도 하지 마옵소서 오늘 꿈에 내가 그 사람을 인하여 애를 많이 썼나이다 하더라 -(중략)- 빌라도가 아무 효험도 없이 도리어 민란이 나려는 것을 보고 물을 가져다가 무리 앞에서 손을 씻으며 가로되 이 사람의 피에 대하여 나는 무죄하니 너희가 당하라 백성이 다 대답하여 가로되 그 피를 우리와 우리 자손에게 돌릴찌어다 하거늘 이에 바라바는 저희에게 놓아주고 예수는 채찍질하고 십자가에 못 박히게 넘겨주니라

빌라도의 아내가 예수님에 대한 긍정적인 꿈을 꾸고 남편에게 간곡히 권면함으로 빌라도는 예수님을 놓아주고 싶었다. 그러나 대제사장과 장로들이 "예수는 못 박고 강도 바라바를 사면하라"고 강력하게 요구했다. "만일 예수의 피가 무죄한 피라면 그 피를 너희가 어찌 하려느냐?"는 빌라도의 말에 유대인들은 "그 피를 우리와 우리 자손에게 돌릴찌어다"라고 피를 걸고 맹세하였다.

> 요 19:12 이러하므로 빌라도가 예수를 놓으려고 힘썼으나 유대인들이 소리 질러 가로되 이 사람을 놓으면 가이사의 충신이 아니니이다 무릇 자기를 왕이라 하는 자는 가이사를 반역하는 것이니이다

게다가 "예수를 놓아주면 가이사의 충신이 아니니이다 무릇 자기를 왕이라 하는 자는 가이사를 반역하는 것이라"는 소리에 빌라도는 결국 예수님을 십자가에 못 박게 넘겨주고 말았다.

> 눅 23:22-23 빌라도가 세 번째 말하되 이 사람이 무슨 악한 일을 하였느냐 나는 그 죽일 죄를 찾지 못하였나니 때려서 놓으리라 한대 저희가 큰 소리로 재촉하여 십자가에 못 박기를 구하니 저희의 소리가 이긴지라

결국 저희의 소리가 이긴 것이다. 마찬가지다. "그 열매를 따 먹으면 하나님처럼 된다"는 뱀의 소리가 하와를 이긴 것이다. 그 소리가 하와를 완전히 사로잡아서 용기를 내어 선악나무 열매를 따먹고, 아담에게도 주어 먹게 한 것이다.

그렇다면 아담은 어떤 상황에서 선악나무 열매를 먹었겠는가? 하와가 선악나무 열매를 준다고 해서 아담이 아무 것도 모르는 상태에서 먹었을까? 아담도 절대 무심결에 먹은 것이 아니다. 하와 자신이 "하나님처럼 된다"는 말에 넘어가서 먹은 것처럼, 하와가 아담에게 줄 때에도 "하나님처럼 된다"는 말로 설득했을 것이다. 아담 역시 "그 소리가 이긴지라"는 입장에서 선악나무 열매를 먹은 것이다.

하와는 왜 시험을 통과하지 못했는가?

창 2:20-23 아담이 모든 육축과 공중의 새와 들의 모든 짐승에게 이름을 주니라 아담이 돕는 배필이 없으므로 여호와 하나님이 아담을 깊이 잠들게 하시니 잠들매 그가 그 갈빗대 하나를 취하고 살로 대신 채우시고 여호와 하나님이 아담에게서 취하신 그 갈빗대로 여자를 만드시고 그를 아담에게로 이끌어 오시니 아담이 가로되 이는 내 뼈 중의 뼈요 살 중의 살이라 이것을 남자에게서 취하였은즉 여자라 칭하리라 하니라

여호와 하나님이 아담을 깊이 잠들게 하시고 갈빗대를 하나 취하여 하와라는 여자를 만들었다. 즉 하와는 생령된 아담의 갈빗대로 지음을 받은 생령의 분신으로서 아담을 돕는 배필이다. 그런 하와가 왜 선악나무 열매를 따먹고 말았는가?

하와는 어디에서 지음을 받은 존재인가? 아담은 이 땅에서 흙으로 사람을 지으시고, 코에 생기를 넣어 생령이 되어 셋째 하늘

로 간 존재이다. 그러나 하와는 셋째 하늘에서 지음을 받았다. 물론 하와는 아담의 갈빗대로 지음을 받았기 때문에 아담의 인성이나 신성을 닮았다는 것은 부인할 수 없다. 그러나 지음을 받은 장소가 하와에게 어떤 영향력을 끼쳤는지 생각할 필요가 있다. 즉 하와를 지은 장소가 선악나무 열매를 따먹는데 어떤 영향을 주었는지 생각해 보자는 것이다.

예를 들면, 같은 한국 사람이지만 미국에서 태어난 사람이 한국에 와서 사는 것과, 한국에서 태어난 사람이 한국에서 사는 내용은 분명한 차이가 있다. 마찬가지다. 지상에서 흙, 사람의 단계를 거쳐 생령이 되어 셋째 하늘로 이끌려온 아담과 본래 셋째 하늘에서 지음을 받은 하와의 입장은 많은 차이가 있다. 하와의 삶의 방식은 하늘 양식에 가까운 입장이었을 것이다.

그런 하와가 뱀을 경계하기 전에 먼저 대화를 시작했다. 이는 마치 야곱의 딸 디나가 외국의 세겜 사람들이 어떻게 사는지 궁금하여 구경을 나갔다가 세겜 추장에게 강간을 당한 것처럼, 하와도 아담의 가정에 침투한 뱀을 경계하기보다는 호기심과 궁금증으로 받아들인 것이다.

창 18:9 그들이 아브라함에게 이르되 네 아내 사라가 어디 있느냐 대답하되 장막에 있나이다

아브라함에게 찾아온 여호와 하나님께서 사라의 처소성을 물을 때 "장막에 있나이다"라는 대답에 기뻐하셨다. 마찬가지다. 하와도 아담을 돕는 배필로서의 처소를 지켰다면 에덴동산에 침범한 뱀을 자기 집안으로 끌어들이지 않았을 것이다. 그러나 하와는

아담을 돕는 배필이라는 자신의 사명을 망각하고 뱀을 기꺼이 맞이한 것이다. 그 이유는 하와가 이 땅이 아닌 하늘에서 지음 받은 존재이기 때문이다.

> 고전 11:8-10 남자가 여자에게서 난 것이 아니요 여자가 남자에게서 났으며 또 남자가 여자를 위하여 지음을 받지 아니하고 여자가 남자를 위하여 지음을 받은 것이니 이러므로 여자는 천사들을 인하여 권세 아래 있는 표를 그 머리 위에 둘찌니라

하와 또한 생령의 분신이라면 이긴 자로서 시험을 통과해야 한다. 그런데 하와가 선악나무 열매를 보니 "먹음직하고, 보암직하고, 지혜롭게 할 만큼 탐스럽다"는 것은 이미 세 번의 시험이 있었으며 그 시험을 통과하지 못했다는 것을 알 수 있다.

하와는 어떤 시험을 통과해야만 했는가? 하와는 아담의 갈비뼈로 지음을 받은 존재이기에 아담을 머리로 받들며 섬겨야 한다. 아담의 지체인 하와의 사명은 아담의 말에 절대적으로 복종하고 순종하는 것이다. 그런데 아담을 돕는 배필로 지음을 받은 하와가 자신의 사명을 깊이 깨닫지 못하고 망각하고 말았다. 이는 하와를 본 아담이 "이는 내 뼈 중의 뼈요, 살 중의 살이라"(창 2:23)고 고백한 내용으로 보아, 하와에 대한 아담의 사랑이 너무 지극하여 하와가 오만불손한 경지에 이른 것이 아닌지 그 정황을 미루어 짐작할 수 있다.

사도 바울이 이러한 에덴동산의 타락의 과정을 간파하였기에 "여자는 교회에서 잠잠하라"(고전 14:34)고 하며, "만일 무엇을 배우려거든 집에서 자기 남편에게 물을찌니 여자가 교회에서 말

하는 것은 부끄러운 것임이라"(고전 14:35)고 단호하게 주장한 것이 아니겠는가?

그런 점에서 인류의 셋째 시모인 사라의 경우를 살펴보고자 한다.

> 벧전 3:6 사라가 아브라함을 주라 칭하여 복종한 것 같이 너희가 선을 행하고 아무 두려운 일에도 놀라지 아니함으로 그의 딸이 되었느니라

사라가 아브라함을 주(主)라 시인하고 복종한 것과 같은 믿음을 갖는 자는 사라의 딸이 될 수 있다는 말씀이다. 사라가 남편 아브라함을 머리로, 주(主)로 섬긴 것을 성령께서도 인정하고 있는 것이다. 그런 점에서 인류의 첫 시모(始母)인 하와는 셋째 시모인 사라와 같은 믿음을 갖지 못한 것이다.

만일 하와가 뱀의 소리를 이겼다면 하와는 아마 공정한 입장에서 생명나무와 선악나무, 두 나무를 바라보았을 것이다. 그러면 하와가 무슨 나무를 선택했을까? 남자는 여자의 머리이고, 여자는 남자의 지체이다. 비록 열매는 여자가 딸 수 있지만 그 열매의 비밀은 남자가 가르쳐주어야 하는 것이다. 하와가 아담과 상의하면 에덴동산에서 하나님과 일문일답(一問一答)하던 아담은 당연히 하나님께 여쭈어 보았을 것이다. 그런 방법이 있었음에도 불구하고 초반에 하와가 뱀의 유도심문에 걸려 넘어지고 말았다.

4. 선악과를 먹은 아담을 부르신 이유는 무엇인가?

> 창 3:8-10 그들이 날이 서늘할 때에 동산에 거니시는 여호와 하나님의 음성을 듣고 아담과 그 아내가 여호와 하나님의 낯을 피하여 동산 나무 사이에 숨은지라 여호와 하나님이 아담을 부르시며 그에게 이르시되 네가 어디 있느냐 가로되 내가 동산에서 하나님의 소리를 듣고 내가 벗었으므로 두려워하여 숨었나이다

이 구절에서 하나님께서 선악나무 열매를 먹고 나무 사이에 숨은 아담을 부르신다. "아담아, 아담아, 네가 어디 있느냐?"라고 부르신 것은 하나님이 아담이 숨어있는 곳을 몰라서 부르신 것이 아니다. 태양보다 7배나 밝은 하나님의 빛 앞에 숨을 수 있는 존재가 있겠는가?

> 유 1:6 또 자기 지위를 지키지 아니하고 자기 처소를 떠난 천사들을 큰 날의 심판까지 영원한 결박으로 흑암에 가두셨으며

하나님께서 궁창의 세계의 모든 천사들에게 주신 첫 계명은 첫째, 지위를 지키라는 것이고 둘째, 처소를 지키라는 것이다. 물론 내용은 다르지만 아담에게 주셨던 것처럼 최초의 원시계명을 주셨다. 궁창에서 천사들에게 원시계명을 주실 당시에는 천군의 세계에 죄가 없었기 때문에 주신 계명이 죄와 상관된 계명이 아니었다. 아직 궁창의 세계에 죄가 형성되지 않았을 때이기에 지위와 처소라는 원시계명을 주신 것이다.

그러나 아담에게 원시계명을 주셨을 때는 이미 루시퍼라는 죄의 원조가 존재하고 있었기 때문에 죄를 이기라는 계명을 주신 것이다. 이처럼 아담에게 주신 계명과 천사들에게 주신 계명의 내용은 본질적으로 다르다. 천사들에게는 단순의지를 주셨고, 아담에게는 자유의지를 주신 것이다.

천사들에게는 선택할 수 있는 계명이 아니라, 위로부터 지위와 처소를 지키라는 단순 계명을 주셨다. 천사들은 자기의 생각과 판단에 의해서 행동하는 존재가 아니라 절대적인 명령에 순종해야 하는 지휘계통으로 지어진 존재이다. 그렇기 때문에 천사들이 자기 지위를 지키지 못하고 자기의 처소를 떠나면 무조건 무저갱에 들어가야 한다.

그러나 아담에게는 따먹을지 아니면 따먹지 말아야 할지를 선택해야 하는 계명을 주셨다. "선악나무 열매를 보니 먹음직하고, 보암직하고, 지혜롭게 할 만큼 탐스러운 열매인데 왜 이것을 먹으면 죽는다고 하셨을까?"라고 생각할 수 있는 계명을 주셨다. 즉 아담에게는 복합적인 계명, 스스로 깊이 이해하고 판단해서 선택할 수 있는 합리적인 이성적 계명을 주셨다.

그런데 결과적으로 아담이 선악나무 열매를 먹고 말았다. 왜 하나님께서는 "아담아, 아담아 네가 어디 있느냐?"라고 죄를 지은 아담을 부르셨는가? 아담도 어느 의미에서는 에덴동산 안에 있는 생령이기 때문에 천군에게 주신 계명을 지켜야 할 의무가 있다. 천군의 세계를 지키고 다스려야 할 사람이 천사들이 지키는 계명을 스스로 위반해서는 안 된다. 아담이 천사들을 지키고 다스리는 사람으로서 당연히 아담도 그들에게 주셨던 원시계명을 지켜야 할 의무가 있는 것이다. 그런 이유에서 하나님께서 먼저 아담의 죄를 지적하기 이전에 아담의 지위와 처소성을 확인하기 위해서 부르신 것이다.

지금 하나님께서 "아담아, 아담아 네가 어디 있느냐?"라고 부르신 것은 잃어버린 아담의 처소성을 지적하신 것이다. 처소성을 지적하셨다는 말은 "본래 그 자리는 네가 있어야 될 자리가 아닌데, 네가 왜 거기 가 있느냐?"라는 내용을 상기시켜주시기 위해서 아담을 부르신 것이다. 그가 궁창의 세계에서 지켜야 될 계명을 지키지 못한 죄와 허물을 지적한 것이다. 먼저 에덴동산에 있던 자로서, 궁창의 세계를 지키고 다스리는 자로서 궁창의 세계의 법을 지키지 못한 아담의 죄를 지적하고 책망하기 위해서 부르신 것이다.

그리고 나서 아담에게 선악나무 열매를 따먹은 죄를 지적하기 시작하셨다. 그러자 아담은 하와에게, 하와는 뱀에게 핑계를 대는 모습을 성경을 통해 바라볼 수 있다(창 3:12-13).

하나님께서는 아담이 에덴동산에 머물러 있던 자로서 먼저 에덴동산을 지키고 다스릴 수 있는 원시계명을 범한 죄를 지적하고 책망하고, 그 다음에 선악나무 열매를 따먹은 죄와 허물을 지적한 것이다.

"아담아, 아담아"라고 부르신 영적인 의미는 무엇인가?

첫째 아담의 타락으로 하나님께서 둘째 아담을 부르실 수밖에 없었다. 물론 보이는 입장에서는 무화과나무 사이에 숨은 아담을 부르시고 있지만 영적으로는 둘째 아담을 부르신 것이다. 에덴동산 한가운데 계셨던 생명나무, 말씀이 육신이 되어 오실 예수님을 부르신 것이다.

> 요 12:50 나는 그의 명령이 영생인줄 아노라 그러므로 나의 이르는 것은 내 아버지께서 내게 말씀하신 그대로 이르노라 하시니라

> 시 40:7-8 그 때에 내가 말하기를 내가 왔나이다 나를 가리켜 기록한 것이 두루마리 책에 있나이다 나의 하나님이여 내가 주의 뜻 행하기를 즐기오니 주의 법이 나의 심중에 있나이다 하였나이다

다시 말하면 하나님께서 "네가 둘째 아담으로 가서 첫째 아담이 빼앗긴 영광을 회복하고 첫째 아담을 통해서 이루고자 하셨던 구속사의 큰 뜻을 이루라"는 명령을 하신 것이다. 그렇기 때문에 예수께서 말씀하시기를 "나는 그의 명령이 영생인줄 아노라"고 하셨고, "두루마리에 기록된 아버지의 뜻을 내가 행하러 왔나이다"라고 말씀하셨다.

둘째 아담으로 오신 예수께서 30년의 사생애를 마치시고 공생애 길을 걷기 위해서 광야 빈들에 가서 40일 금식기도를 하신 후 성령의 인도를 받아 마귀에게 이끌려 가셨다(마 4:1-2, 막 1:12-13). 예수님 스스로 마귀에게 가신 것이 아니라, 성령께서 예수님을 이끌어 인도하시고 마귀에게 가신 것이다.

왜 예수께서 40일 금식을 하셔야 하는가? 예수께서 40일 금식하는 그 순간이 첫째 아담이 에덴동산에서 "선악나무 열매를 따먹지 말라"는 행위언약을 받은 그 순간이라고도 말할 수 있다.

진 자는 이긴 자의 종이라고 했다(벧후 2:19). 타락한 아담의 자리에서 다시 둘째 아담으로서 구도의 길을 통해서 마귀에게 도전을 하려면 40일 금식을 통해서만 그 도전권을 얻을 수 있다. 그러나 40일 금식을 했다고 해서 아무나 마귀에 대한 도전권을 얻을 수 있는 자격자가 되는 것은 아니다. 성경 말씀을 깊이 헤아려보면 마귀에게 도전권을 얻는 것은 결코 쉬운 일이 아니다.

성경에 기록된 원칙은 땅의 4수로부터 인정을 받아야 한다. 40일 금식을 하는 과정에서도 하늘과 만물과 땅과 또 천사들에게까지도 인정을 받아야만(호 2:21-22) 마귀에 대한 도전권을 얻는 흠이 없는 금식이 된다는 것이다. 오직 예수님만이 하늘과 땅과 만물과 천사들이 인정하는 올바른 금식을 하신 최초의 사람이 되신 것이다. 예수님이 마귀에 대한 도전권을 얻음으로 성령의 이끄심을 받아서 마귀에게 시험을 받으신 것이다.

여기서 우리는 첫째 아담이 빼앗긴 영광을 회복하는 과정에 있어서 인류의 두 번째 시조인 노아를 통해서 회복하거나, 인류의 세 번째 시조인 아브라함을 통해서 회복할 수 있지 않았을까 생각할 수 있다. 그러나 그들이 그 길을 걷지 못하고 말씀이 육신이 되어 오신 예수께서 둘째 아담으로서 그 길을 걸으신 이유는 무엇일까?

왜 노아와 아브라함은 둘째 아담으로서 아담이 빼앗긴 세계를 회복할 수 있는 입장이 되지 못하는가? 노아, 아브라함은 하늘의 구도의 도장을 바라보면서 하늘에서 이루어진 뜻을 이 땅에서 행하고자 하는 구도자로서 하나님의 말씀에 의지하였다. 그 결과 노아는 의의 후사가 되었고(히 11:7), 아브라함은 믿음의 조상이 되었다(갈 3:6-9).

그러나 그들이 걸었던 그 길은 하늘에서 구도의 길을 걸은 것이 아니라 이 땅에서 구도의 길을 걸은 것이다. 오직 하늘에서 오신 예수님만이 첫째 아담을 대신해서 둘째 아담으로서 이 땅에서 첫째 아담이 잃어버린 세계를 회복하실 수 있는 유일한 분이다. 둘째 아담으로 오셔서 아담의 후손들의 원죄, 유전죄, 자범죄를 사해주시고자 십자가를 지시고, 사망의 권세를 깨시고 부활의 능력으로 산 자가 되실 수 있는 분은 예수님 밖에 없는 것이다.

5. 아담이 저지른 죄의 결과는 무엇인가?

창 3:7 이에 그들의 눈이 밝아 자기들의 몸이 벗은 줄을 알고 무화과나무 잎을 엮어 치마를 하였더라

아담과 하와가 선악나무 열매를 따먹는 순간 "눈이 밝아 자기들의 몸이 벗은 줄을 알고"란 무슨 뜻인가? 예수께서 "이 세대의 아들들이 자기 시대에 있어서는 빛의 아들들보다 더 지혜로움이니라"(눅 16:8)고 하셨다. 하나님의 자녀들보다 세상 자녀들은 우선적으로 주어진 자기 시대의 세상이기 때문에 세상을 통찰하는 눈이 더 밝을 수밖에 없다.

아담과 하와는 하늘의 사람으로서 세상 옷을 입지 않고 하늘의 옷, 빛의 옷을 입고 있었다. 은혜가 충만했을 때에는 은혜의 세계만을 볼 수 있다. "작은 뿔은 볼 수 있는 눈과 말할 수 있는 입을 가졌다"(단 7:8)는 말씀처럼, 영적인 사람은 영의 세계, 실존

의 영광의 세계를 볼 수 있는 눈을 가지고 있다. 그렇게 하늘만을 바라보던 아담의 눈이 선악나무 열매를 따먹는 순간, 영적인 영광의 세계를 보지 못하고, 세상 것만을 볼 수 있는 눈으로 바뀌어진 것이다. 선악나무 열매를 먹는 순간 하늘을 바라볼 수 있는 눈이 아니라, 흙 차원의 눈으로 바뀌어졌기 때문에 "너는 흙이니 흙으로 돌아갈 것이니라"(창 3:19)고 말씀하신 것이다.

따라서 아담과 하와는 빛의 옷, 하늘의 영광의 옷을 빼앗긴 자기들의 모습을 보게 되었고, 순간 너무도 당황한 나머지 무화과나무 잎으로 자기들의 부끄러운 곳을 가렸다.

> 창 3:8 그들이 날이 서늘할 때에 동산에 거니시는 여호와 하나님의 음성을 듣고 아담과 그 아내가 여호와 하나님의 낯을 피하여 동산 나무 사이에 숨은지라

왜 그들이 "날이 서늘할 때에"라는 추위를 느꼈을까? 입었던 빛의 옷을 빼앗겨 몸이 벗은 줄을 알게 되므로 무언가 오싹한 추위를 느끼게 된 것이다. 빛의 옷을 입으면, 은혜의 옷을 입으면 어떤 기후, 어떤 상황 속에서도 절대 서늘함을 느끼지 않는다. 은혜의 옷을 입으면 평안하면서도 거룩하고 아름다운 정서를 느낄 수 있다.

> 창 3:16-19 또 여자에게 이르시되 내가 네게 잉태하는 고통을 크게 더하리니 네가 수고하고 자식을 낳을 것이며 너는 남편을 사모하고 남편은 너를 다스릴 것이니라 하시고 아담에게 이르시되 네가 네 아내의 말을 듣고 내가 너더러 먹지 말라 한 나무 실과를 먹

었은즉 땅은 너로 인하여 저주를 받고 너는 종신토록 수고하여
야 그 소산을 먹으리라 땅이 네게 가시덤불과 엉겅퀴를 낼 것
이라 너의 먹을 것은 밭의 채소인즉 네가 얼굴에 땀이 흘러야
식물을 먹고 필경은 흙으로 돌아가리니 그 속에서 네가 취함을
입었음이라 너는 흙이니 흙으로 돌아갈 것이니라 하시니라

그들이 죄를 지은 결과 하와에게는 잉태와 해산의 고통이 더해지고, 아담에게는 얼굴에 땀이 흐르도록 종신토록 수고하여야 식물을 먹을 수 있고, 필경은 "너는 흙이니 흙으로 돌아가라"는 저주가 더해졌다.

그렇다면 타락한 아담에게 "너는 흙이니 흙으로 돌아가라"고 하신 의미는 무엇인가? 생령이었던 아담이 흙 차원으로 전락했다는 의미는 아니다. 아담의 본래 거처하던 고향으로 돌아가라는 것이다. "너는 본래 흙 차원의 인생 중에서 부르심을 입은 대상이 아니냐? 그러니 네 고향인 땅으로 내려가라"는 뜻이다.

아담은 타락하는 순간 무엇을 빼앗겼는가? 아담의 영과 혼과 몸 중에서 영만을 빼앗겼다. 생령으로서 가지고 있던 영, 생기, 빛, 생령의 영광을 빼앗김으로 혼과 몸만 가진 상태에서 이 땅으로 쫓겨난 것이다. 그렇기 때문에 이 땅에 쫓겨온 아담이 가인과 아벨을 낳을 당시에 혼과 몸을 전수해줄 수 있었던 것이다. 만일 아담이 혼과 몸까지 빼앗긴 육체로 전락했다면 가인과 아벨을 육체를 가진 대상으로밖에 낳을 수 없었을 것이다. 가인과 아벨이 혼과 몸을 가진 대상이었지만 제사 사건으로 가인이 아벨을 쳐죽임으로 혼을 빼앗겼다(창 4:3-8). 즉 제사권, 예배를 드릴 수 있는 권위를 빼앗기고 몸만 남았다. 아담 때에 영을 빼앗기고, 아벨 때

에 혼을 빼앗기고, 마지막으로 남은 몸마저 셋의 계열들이 가인 계열의 딸들에게 빼앗김으로 완전 타락하여 육체가 된 것이다(창 6:2-3).

비록 아담이 타락하여 이 땅으로 쫓겨났지만 혼과 몸을 가진 상태였기에 "땅이 네게 가시덤불과 엉겅퀴를 낼 것이라 너의 먹을 것은 밭의 채소인즉 네가 얼굴에 땀이 흘러야 식물을 먹고"라고 하셨다. 아담이 열심히 구도의 길을 걷다 보면 아담의 혼은 위로 올라갈 수 있는 입장이 될 수 있다는 것이다(전 3:21). 땅 아래로 내려가는 멸망 받을 짐승과 같은 입장은 아니라는 것이다.

왜 아담이 생명나무 열매를 먹지 못하도록 그룹들과 화염검으로 하여금 생명나무의 길을 지키게 하셨는가?

> 창 3:22-24 여호와 하나님이 가라사대 보라 이 사람이 선악을 아는 일에 우리 중 하나 같이 되었으니 그가 그 손을 들어 생명나무 실과도 따먹고 영생할까 하노라 하시고 여호와 하나님이 에덴동산에서 그 사람을 내어 보내어 그의 근본된 토지를 갈게 하시니라 이같이 하나님이 그 사람을 쫓아내시고 에덴동산 동편에 그룹들과 두루 도는 화염검을 두어 생명나무의 길을 지키게 하시니라

아담이 선악나무 열매를 먹고 타락한 결과, 아담과 하와는 에덴동산에서 쫓겨나고 그들이 두 번 다시 생명나무 열매를 따먹지 못하도록 그룹들과 화염검으로 생명나무의 길을 지키게 하셨다. 생령의 영광과 능력을 빼앗긴 아담은 다시 하늘로 올라갈 수 없는

입장이 되었다. 열심히 기도하면 기도의 향이나 하늘로 올라갈 수 있을 정도의 차원이 되고 말았다. 그들은 이미 생명나무 열매를 따먹을 수 있는 능력을 갖지 못한 자가 되었다. 그런데 왜 하나님께서 아담이 생명나무 열매를 따먹을세라 그룹들과 화염검으로 생명나무의 길을 지키게 하셨는가?

그 이유는 비록 아담이 흙 차원의 존재로 전락했지만, 그는 "에덴동산을 지키며 다스리라"(창 2:15), "흙으로 지은 각종 생물들의 이름을 지으라"(창 2:19), "생육하고 번성하며 땅에 충만하라"(창 1:28)는 축복을 받은 바 있는 존재이다. 비록 아담이 생령으로서 가지고 있는 능력은 상실했지만 사람으로서 가지고 있던 지식과 존귀는 상실하지 않았다(시 49:12, 49:20). 그는 셋째 하늘, 에덴동산의 구조적인 내용을 다 아는 존재이다. 그렇기 때문에 마귀가 아담이 가진 지식을 이용하여 생명나무로 가는 길을 침범할세라 그룹들과 화염검으로 생명나무의 길을 지키게 하신 것이다.

그래서 죄를 지어 에덴동산에서 쫓겨나는 아담에게 양을 잡아서 가죽옷을 지어 입히신 것이다(창 3:21). 지금은 비록 쫓겨나는 신세가 되었지만 그의 후손을 통해서 다시 구속사의 세계를 이루고자 하는 의중을 두시고 자비와 긍휼을 베풀어주신 것이다.

전직 대통령들을 국가적 차원에서 경호하는 것은 그들이 국가의 기밀 정보를 다 알고 있기 때문에 자국의 기밀 유출을 막고 보안을 유지하고자 보호하는 것이다. 마찬가지다. 생령으로서 에덴동산 한가운데 있었던 아담이 가지고 있던 비밀을 빼앗고자 사단, 마귀, 옛 뱀이 얼마나 호시탐탐 노리겠는가? 그런 입장에서 아담도 그냥 방치해서는 안 되는 존재이다.

생명나무의 길을 지켜야 하는 또 하나의 이유는 다음과 같다. 하와가 선악나무 열매를 따먹고 아담에게도 주었다는 것은 선악나무가 있는 에덴동산 한가운데가 어디인지 그 위치를 알고 있었다는 것이다. 다시 말하면 하와가 에덴동산 한가운데 선악나무가 있는 곳으로 가는 길을 알고 들어갔다는 것이다.

아담 역시 에덴동산 한가운데 들어갈 수 있는 길을 알고 있었던 사람이다. 그곳에 들어갔다 나온 경험이 있는 사람이다. 그들이 그 길을 알고 있기 때문에 "저가 그 손을 들어 생명나무 실과도 따먹고 영생할까 하노라"고 하셨다.

아담과 하와는 비록 쫓겨나기는 했지만, 생명나무와 선악나무를 다 본 사람들이다. 두 가지를 다 보았기 때문에 "저가 선악을 아는 일에 우리와 같이 되었으니"(창 3:22)라고 한 것이다. 그래서 하나님의 선한 형상을 보여달라는 모세에게도 "나를 보고 살 자가 없다"(출 33:20)고 하신 것이다.

그들은 육신을 가진 인자로서 생명나무와 선악나무를 다 보았고, 또 그리로 들어가는 한가운데 길도 아는 존재이다. 하늘 차원에서는 아담의 영광을 빼앗아간 어둠의 권세가 그들을 이용해서 역사할 수 있는 가능성을 배제하기 위해서 그룹들과 화염검으로 생명나무의 길을 지키게 하신 것이다(창 3:24).

> 사 65:20 거기는 날 수가 많지 못하여 죽는 유아와 수한이 차지 못한 노인이 다시는 없을 것이라 곧 백 세에 죽는 자가 아이겠고 백 세 못되어 죽는 자는 저주 받은 것이리라

아담은 히브리어로 '사람'이라는 뜻이지, 고유명사가 아니다.

아담은 진 자로서 저주를 받았기 때문에 이름도 받지 못한 상태에서 쫓겨난 것이다. 즉 백 세가 못되어 죽는 자가 되고 말았다. 따라서 아담의 이름은 생명록에 기록되지 못했다. 만일 아담의 이름이 생명록에 기록된 상태에서 진 자가 되어 저주를 받는다면 큰 문제가 발생할 것이다.

그렇다면 생령인 아담의 이름이 언제 생명록에 기록되는 것일까? 아담이 생명나무 열매를 따먹어야만 생명록에 기록되는 것이다. 아담은 생명나무 열매를 따먹지 못했기에 생명록에 기록되지 못하고 쫓겨나는 신세가 되고 말았다.

> 창 3:15 내가 너로 여자와 원수가 되게 하고 너의 후손도 여자의 후손과 원수가 되게 하리니 여자의 후손은 네 머리를 상하게 할 것이요 너는 그의 발꿈치를 상하게 할 것이니라 하시고

아담이 진 자로서 이긴 자에게 종이 되고 말았지만(벧후 2:19), 뱀은 정정당당하게 이긴 것이 아니다. 다시 말하면 남의 인감을 훔쳐서 가짜 서류를 만들어 사기를 치는 것처럼 하나님의 이름을 도용(盜用)해서 이겼다. 그렇기 때문에 뱀을 이긴 자로 인정은 하지만, 하나님께서 여자의 후손으로 이 땅에 오실 수 있는 명분이 생긴 것이다. 이 구절이 구속사의 시작이 되어 예수께서 말씀이 육신으로, 인자(人子)로, 여인의 길을 통해서 오실 수가 있었다.

예수께서 둘째 아담으로 오신 것은 뱀의 머리를 상하게 하려는 것이다. 즉 마귀를 멸하러 오신 것이다(막 1:24, 눅 4:34). 그 대신 뱀은 여자의 후손으로 오시는 예수님의 발꿈치를 물어 십자

가에 달리게 하는 하나님과 마귀와의 쌍방 계약 문서가 체결된 것이라고 말할 수 있다.

6. 아담은 어떻게 에덴동산을 오고 갔는가?

> 창 2:8 여호와 하나님이 동방의 에덴에 동산을 창설하시고 그 지으신 사람을 거기 두시고

흙으로 사람을 지으시고, 코에 생기를 불어넣어 생령이 된 아담이 에덴동산으로 이끌림을 받았다. 분명히 아담은 생령으로, 즉 살아있는 몸과 영혼을 가지고 에덴동산에 올라간 자이다. 아담을 산 영이라고도 한다(고전 15:45). 산 영인 아담은 영혼으로만 존재하는 것이 아니라 영육 간의 존재였다는 것을 알 수 있다.

그렇다면 성경에서 영육 간의 존재로서 하늘로 올라간 사람이 누가 있을까? 에녹을 하나님이 데려가셨고, 엘리야가 스스로 불말과 불 수레를 타고 올라갔다. 또 모세가 부활을 받아서 올라갔으나 모세의 부활은 공개되지 않았다. 모세의 부활은 예수님의 부활의 그림자이기 때문에 영적 부활이 아닌 영육 간의 부활이다.

> 눅 16:22-23 이에 그 거지가 죽어 천사들에게 받들려 아브라함의 품에 들어가고 부자도 죽어 장사되매 저가 음부에서 고통 중에 눈을 들어 멀리 아브라함과 그의 품에 있는 나사로를 보고

마 8:11 또 너희에게 이르노니 동서로부터 많은 사람이 이르러 아브라함과 이삭과 야곱과 함께 천국에 앉으려니와

　성경에 기록된 내용은 구약 때 죽은 사람들은 에녹, 엘리야, 모세 외에는 부활 받지 못했다. 그런데 위의 구절에서 볼 때 천국에는 아브라함, 이삭, 야곱이 함께 하고 있다고 증거하고 있다.
　그렇다면 천국의 주인으로 있는 아브라함은 영적인 입장에서 천국에 있는 것일까? 그렇지 않으면 영육 간의 존재로서 천국에 있다는 말인가? 이 문제도 한 번 분명하게 살펴볼 필요가 있다.
　왜냐하면 예수님 이후로 영육 간에 낙원에 간 사람이 하나도 없다는 것이다. 사도 바울도 몸은 이 땅에 있었고 영혼만이 셋째 하늘에 갔다 왔다(고후 12:1-4).

눅 20:37-38 죽은 자의 살아난다는 것은 모세도 가시나무떨기에 관한 글에 '보였으되 주를 아브라함의 하나님이요 이삭의 하나님이요 야곱의 하나님이시라 칭하였나니 하나님은 죽은 자의 하나님이 아니요 산 자의 하나님이시라 하나님에게는 모든 사람이 살았느니라 하시니

　위 구절은 예수께서 친히 하신 말씀이다. 하나님께서 의인들을 위해 예비하신 낙원의 한 성에 있는 아브라함, 이삭, 야곱은 산 자라는 것이다. 산 자라면 분명히 영혼만 있는 존재가 아니라 영육 간의 존재이다. 그렇다면 그들이 언제 영육 간에 부활해서 올라갔을까?

> 마 27:50-53 예수께서 다시 크게 소리 지르시고 영혼이 떠나시다 이에 성소 휘장이 위로부터 아래까지 찢어져 둘이 되고 땅이 진동하며 바위가 터지고 무덤들이 열리며 자던 성도의 몸이 많이 일어나되 예수의 부활 후에 저희가 무덤에서 나와서 거룩한 성에 들어가 많은 사람에게 보이니라

예수께서 십자가에서 운명하시는 순간 성소 휘장이 찢어지고 부활한 사람들이 많이 있다. 그들이 예수께서 부활하신 후에 거룩한 성에 들어가 몸을 보였다는 것이다. 그들이 낙원의 거룩한 한 성에서 영육 간의 존재로 머물고 있다는 것을 알 수 있다.

예수님이 우편 강도에게 "오늘 네가 나와 함께 낙원에 있으리라"(눅 23:43)고 하셨다. 그렇다면 낙원을 허락받은 우편 강도는 어떤 부활을 받은 사람인가? 의인의 부활, 첫째 부활로 구원받은 사람이다. 첫째 부활은 영육 간의 부활이다.

그렇다면 아담은 낙원, 즉 에덴동산에 어떻게 올라갔을까? 분명히 아담은 영육 간에 올라간 사람이다. 그렇다면 아담이 생령, 산 영으로서 혼자 올라간 것일까? 그렇지 않으면 타인의 인도를 받아서 올라간 것일까?

에녹은 엘리야와 입장과 차원이 다르다. 에녹은 하나님이 데려가셨고(창 5:24) 엘리야는 스스로 올라갔다(왕하 2:11). 에녹과 엘리야의 영광의 차이는 비교할 수 없는 큰 차이가 있다는 것을 알 수 있다. 에녹은 엘리야처럼 스스로 하늘나라를 올라갈 수

있는 능력은 없지만, 300년 동안 하나님과 동행하는 과정에서 큰 은혜를 입은 것만은 틀림없다. 어느 의미에서는 에녹도 아주 어린 생령과도 같은 존재라고 말할 수 있지 않겠는가?

아담이 어떻게 하늘나라에 올라갔는지 에녹의 승천을 통해서 간접적으로 알 수 있다. 즉 아담은 엘리야처럼 스스로 올라간 것이 아니라, 에녹처럼 여호와 하나님이 데려가신 것이라고 말할 수 있다. 창세기 2:7에서 흙으로 사람을 지으시고, 코에 생기를 불어넣어 생령을 만든 분이 여호와 하나님이기 때문에 여호와 하나님이 아담을 데려갔다고 말할 수 있는 것이다. 만일 아담이 엘리야처럼 스스로 올라갔다면 아담은 선악나무 열매를 따먹는 우(愚)를 범하지 않았을 것이다.

그러한 하늘의 사건을 통해서 이 땅에서 동일한 말씀의 역사로 진행된 역사의 세계를 살펴보고자 한다.

> 창 11:31 데라가 그 아들 아브람과 하란의 아들 그 손자 롯과 그 자부 아브람의 아내 사래를 데리고 갈대아 우르에서 떠나 가나안 땅으로 가고자 하더니 하란에 이르러 거기 거하였으며

> 창 12:1 여호와께서 아브람에게 이르시되 너는 너의 본토 친척 아비 집을 떠나 내가 네게 지시할 땅으로 가라

> 행 7:2-3 스데반이 가로되 여러분 부형들이여 들으소서 우리 조상 아브라함이 하란에 있기 전 메소보다미아에 있을 때에 영광의 하나님이 그에게 보여 가라사대 네 고향과 친척을 떠나 내가 네게 보일 땅으로 가라 하시니

갈대아 우르에 살고 있는 아브라함에게 여호와 하나님이 나타나서 젖과 꿀이 흐르는 가나안 땅으로 인도했다. 보이는 입장에서는 여호와 하나님이라는 입장으로 아브라함을 인도했지만, 스데반은 그 사건을 가리켜 '영광의 하나님'께서 아브라함을 메소보다미아, 즉 갈대아우르에서 인도해냈다고 증거했다.[27]

여호와 하나님이 아브라함을 천국을 상징한 젖과 꿀이 흐르는 가나안 땅으로 인도한 것이다. 땅에서 이루어지는 일은 하늘에서 이루어진 일의 그림자라고도 말할 수 있다. 여호와 하나님이 아브라함을 가나안 땅으로 인도하신 것처럼 첫 아담도 여호와 하나님이 에덴동산으로 데려가신 것이라고 할 수 있다.

그렇게 영육 간에 올라간 아담이 타락함으로 다시 쫓겨 내려왔다. 아담이 다시 이 땅으로 쫓겨 올 때는 어떻게 쫓겨 왔는가?

쉽게 생각하면 '데리고 올라간 모양대로 내려올 때도 그렇게 내려오지 않았을까?'라는 생각이 들기 마련이다. 그러나 아담은 스스로 내려올 수 있는 능력을 이미 다 상실하고 말았다. 그는 저주받은 흙 차원의 존재로서 빛의 옷이 벗겨지고 물질로 이루어진 옷을 입게 되었다. 그렇기 때문에 이 땅으로 직접 내려올 수는 없다.

그런 아담을 데리고 올 수 있는 방법은 무엇인가? 세상에서도 어떤 사람을 납치해간다면 첫째 눈을 가려 데려가는 그 길을 기억하지 못하게 한다. 그리고 목적지에 가서야 눈을 풀어준다.

마찬가지다. 선악을 알게 된 아담은 에덴동산의 생명나무로 나아가는 길을 아는 사람이다. 하와도 생명나무와 선악나무가 있

---

[27] '종말론적 구속사 시리즈' 제 1권 <멜기세덱, 그는 누구인가?> 94-106쪽, 벽암 조영래 저, 도서출판 오색이슬

는 한가운데를 가보았다. 그렇기 때문에 그 기억들을 지우기 위해서는 특별한 방법을 선택하지 않으면 안 된다.

> 슥 5:5-11 내게 말하던 천사가 나아와서 내게 이르되 너는 눈을 들어 나오는 이것이 무엇인가 보라 하기로 내가 묻되 이것이 무엇이니이까 그가 가로되 나오는 이것이 에바니라 또 가로되 온 땅에서 그들의 모양이 이러하니라 이 에바 가운데에는 한 여인이 앉았느니라 하는 동시에 둥근 납 한 조각이 들리더라 그가 가로되 이는 악이라 하고 그 여인을 에바 속으로 던져 넣고 납 조각을 에바 아구리 위에 던져 덮더라 내가 또 눈을 들어 본즉 두 여인이 나왔는데 학의 날개 같은 날개가 있고 그 날개에 바람이 있더라 그들이 그 에바를 천지 사이에 들었기로 내가 내게 말하는 천사에게 묻되 그들이 에바를 어디로 옮겨 가나이까 하매 내게 이르되 그들이 시날 땅으로 가서 그를 위하여 집을 지으려함이니라 준공되면 그가 제 처소에 머물게 되리라 하더라

위 구절은 학의 날개를 가진 두 여인이 악이라는 여인을 에바 속에 넣고 납으로 때운 다음에 그가 거할 집으로 데려가는 모습이다. 왜 그 여인을 에바 속에 넣었는가? 아무 것도 보지 못하고, 듣지 못하고, 기억하지 못하게 하기 위해서 에바 속에 넣은 것이다.

다시 말하면 타락한 아담과 하와도 올라간 길과 내려간 길을 전혀 기억하지 못하도록 다 지우기 위해서 완전히 밀폐된 공간 속에 가둔 다음에 천사들을 통해서 내쫓아 보낸 것이다.

위 구절을 통해서 아담이 어떻게 하늘의 낙원에 갔는지, 또 쫓

겨날 때는 어떻게 이 땅에 내려왔는지 미루어 짐작할 수 있다. 아담은 스스로 올라간 자가 아니라 하나님의 인도하심으로 올라갔고, 내려올 때도 특별한 방법으로 타의에 의해서 내려왔다. 그러나 올라갈 때와 내려올 때는 차이점이 있다. 올라갈 때에는 거룩한 입장에서 올라갔지만 쫓겨날 때는 거룩한 입장이 아니라 가장 비천한 흙차원의 존재로서 이 땅에 쫓겨 내려온 것이다.

하나님께서 뱀에게 "네가 이렇게 하였으니 네가 모든 육축과 들의 모든 짐승보다 더욱 저주를 받아 배로 다니고 종신토록 흙을 먹을찌니라"(창 3:14)고 저주하셨다. 저주받기 전에는 비상하던 뱀이었으나, 저주받은 후부터는 "네가 어찌 그리 하늘에서 떨어졌으며 어찌 그리 땅에 찍혔는고"(사 14:12)라는 말씀처럼 비상하는 날개를 빼앗기고 배로 기어 다니는 모습이 된 것이다.

마찬가지다. 아담도 올라갈 때에는 비상하는 생명의 날개, 영혼의 날개가 있었다. 그러나 타락하는 순간 생기를 빼앗기고 인성만을 가진 존재가 되었다. 인성의 한계로는 신령한 세계의 환경을 견디지 못한다. 육의 몸은 신령한 세계에 들어가는 순간 육체의 세포가 먼지처럼 흩어져 산산조각이 나고 말 것이다. 그렇기 때문에 그를 밀폐된 공간에 가두어서 데리고 내려온 것이다.

"육의 몸이 있은즉 또 신령한 몸이 있느니라"(고전 15:44)고 했다. 그렇기 때문에 인성만을 가진 자가 영육 간에 에덴동산으로 간다는 것은 불가능한 얘기이다. 오직 산 자가 되어야만 영육 간에 올라갈 수 있다.

창 3:21 여호와 하나님이 아담과 그 아내를 위하여 가죽옷을 지어 입히시니라 아담이 선악나무 열매를 따먹는 순간 생령이었던 자가 죽는 존재가 되었다. 그렇기 때문에 하나님께서 그에게 양을 잡아 가죽옷을 지어 입혔다. 이처럼 저주받은 아담이지만 하나님께서 마지막 긍휼을 베풀어주셨다. 에덴동산에서 쫓겨나는 아담과 하와에게 가죽옷을 지어 입히신 것이다.

그 가죽은 양의 가죽이다. 구속사의 입장으로 볼 때 가죽옷은 장차 어린 양으로 이 땅에 오셔서 인류를 구원하실 예수님을 상징하는 것이다. 하나님께서 자기 후사가 될 사람들에게 얼마나 많은 공력을 들이시고, 얼마나 큰 사랑을 주셨는지 알 수 있다. 그러나 그것이 전부가 아니다.

만일 여호와 하나님이 선악나무 열매를 따먹은 아담과 하와에게 손수 양의 가죽으로 옷을 해서 입히지 않았다면 아담과 하와는 낙원에 머무는 동안 산화(酸化)되어 먼지만도 못한 티끌로 사라져버리고 말았을 것이다. 그런 존재이기 때문에 하나님께서 "너는 흙이니 흙으로 돌아가라"고 저주하셨지만, 그들에게 양을 잡아 가죽옷을 지어 입히신 것이다.

비록 죄로 인해 에덴동산에서 쫓겨나는 신세가 되었지만, 장차 이 땅에 다시 한 번 아담의 후손들을 통하여 구속사를 펼치시려는 하나님의 무한하신 사랑과 자비와 긍휼의 손길을 베풀어주신 것이다.

II. 선악을 알게 하는 나무의 정체와 실상

1. 선악을 알게 하는 나무는 어떤 나무인가?

> 창 2:9 여호와 하나님이 그 땅에서 보기에 아름답고 먹기에 좋은 나무가 나게 하시니 동산 가운데에는 생명나무와 선악을 알게 하는 나무도 있더라

"에덴동산 한가운데 생명나무와 선악을 알게 하는 나무를 두었더라"고 했다. 분명히 선악나무가 아니라 '선악을 알게 하는 나무'라고 했다. '선악나무'라는 명칭으로는 성경에 기록된 곳이 없다.

그렇다면 '선악을 알게 하는 나무'라고 하지 않고, '선악나무'라고 말한다면 어떤 문제가 있는 것인가? 만일 "동산 가운데에는 생명나무와 선악나무도 있더라"고 하면 선악을 알게 하는 나무도 본래 처음부터 존재하던 나무로 인정받는 것이다.

그렇게 되면 구속사의 세계가 처음부터 두 도맥으로 시작되었다고 말할 수밖에 없다. 선악나무와 생명나무가 동등한 입장에서 출발하게 되는 것이다. 그렇기 때문에 '선악나무'가 아니라, '선악

을 알게 하는 나무(The tree of the knowledge of good and evil)'라고 해야 한다.[28]

궁창의 세계의 신령한 천사들도 선과 악을 아는 존재로서 자기 지위나 처소를 지키지 않으면 징계를 받는다(유 1:6). 즉 천군의 세계에서도 선을 행하는 천사, 악을 행하는 천사들이 있다는 가능성을 가리켜 선악을 알게 하는 나무라고 표현하신 것이다.

단, 아담과 하와가 그 나무 열매를 따먹음으로 하나님으로부터 저주를 받고 땅에 찍혀 떨어지는 순간부터는 선악을 알게 하는 나무가 선악나무가 되었다.

> 창 3:6 여자가 그 나무를 본즉 먹음직도 하고 보암직도 하고 지혜롭게 할만큼 탐스럽기도 한 나무인지라 여자가 그 실과를 따먹고 자기와 함께 한 남편에게도 주매 그도 먹은지라

선악을 알게 하는 나무의 모습을 '먹음직도 하고 보암직도 하고 지혜롭게 할 만큼 탐스럽기도 한 나무'라고 표현하고 있다. 하나님께서 흙으로 사람을 지으시고, 코에 생기를 넣어 생령으로 만드신 아담으로 하여금 에덴동산을 지키고 다스리게 하셨다. 그 때는 이미 지혜의 천사장인 루시엘이 죄를 지음으로 쫓겨났을 때이다(겔 28:15-18, 사 14:12).

그렇다면 에덴동산 한가운데 '먹음직도 하고 보암직도 하고 지혜롭게 할 만큼 탐스럽기도 한 나무'인 선악을 알게 하는 나무는 누구인가? 분명히 루시엘 천사장이 죄를 지음으로 열 가지 보

---

[28] 여기서부터는 '선악을 알게 하는 나무'라고 표기하고, 이전까지는 편이상 '선악나무'로 표기한다.

석으로 지음을 받은 그의 영화로움을 빼앗기고, 화광석 사이를 거닐던 그가 루시퍼가 되어 에덴동산에서 쫓겨난 후이다. 그런데 에덴동산 한가운데 선악을 알게 하는 나무로 등장한 그는 과연 누구인가?

 루시퍼보다 더 큰 영광을 가진 영화로운 존재가 생명나무이신 예수님처럼 그가 또 다른 입장에서 존재하고 있었다는 말인가? 이런 의문이 자연스럽게 생길 수밖에 없다.

 한편, 생명나무는 누구를 상징하고 있는가?

 '생명을 알게 하는 나무'가 아니라, '생명나무'라고 했다. 그 이름에는 어떤 차이가 있는가? '알파와 오메가'라는 말씀처럼 생명나무는 처음부터 끝까지 변함없이 존재하는 본래의 근원, 본래의 모습, 본래의 영광을 말씀하고 있다. 그렇기 때문에 생명나무는 "나는 알파와 오메가, 처음과 나중, 시작과 끝이라"(계 22:13)고 말할 수 있는 것이다. "그는 변함도 없으시고 회전하는 그림자도 없으시니라"(약 1:17)는 말씀처럼 생명나무는 처음부터 존재했던 근본, 근원이 되었던 나무를 말씀하고 있다.

 결론으로 말하면 생명나무는 예수님을 상징하고 있다. '때가 차매'(갈 4:4) 이 땅에 말씀이 육신으로, 인자로 오시기까지 에덴동산 한가운데에 생명나무라는 상징적 존재로 계셨다. 생명나무도 나무로 등장했고, 선악을 알게 하는 나무도 나무로 등장했다.

> 마 7:16-18 그의 열매로 그들을 알찌니 가시나무에서 포도를, 또는 엉겅퀴에서 무화과를 따겠느냐 이와 같이 좋은 나무마다 아름다운 열매를 맺고 못된 나무가 나쁜 열매를 맺나니 좋은 나무가 나쁜

열매를 맺을 수 없고 못된 나무가 아름다운 열매를 맺을 수 없
느니라

　예수께서 "열매를 통해서 나무를 알 수 있다"고 친히 말씀하셨
다. 사과나무에 사과가 달리고 포도나무에 포도가 맺히듯, 좋은
나무에 나쁜 열매가 맺힐 수 없고 못된 나무에 좋은 열매가 맺힐
수 없다는 것이다. 그렇기 때문에 나무를 보고 열매를 알 수 있고,
열매를 통해서 나무를 알 수 있는 것이다.
　에덴동산의 생명나무와 선악을 알게 하는 나무는 공통적으로
나무로 등장했다. 그렇다면 두 나무는 각각 나무의 본질과 근본
을 모두 가지고 있어야 한다. 생명나무는 생명나무의 본질과 근본
을 모두 가지고 있어야 하고, 선악을 알게 하는 나무는 그 나무의
본질과 근본을 모두 가지고 있어야 한다. 그래야 자유의지를 가진
아담이 선택할 수 있는 것이다. 만일 선택의 대상이 되는 나무들
이 현저한 차이가 있다면 공정한 선택의 대상이라고 할 수 없다.

　렘 24:1-2 바벨론 왕 느부갓네살이 유다 왕 여호야김의 아들 여고냐와 유
다 방백들과 목공들과 철공들을 예루살렘에서 바벨론으로 옮긴
후에 여호와께서 여호와의 전 앞에 놓인 무화과 두 광주리로 내
게 보이셨는데 한 광주리에는 처음 익은 듯한 극히 좋은 무화과
가 있고 한 광주리에는 악하여 먹을 수 없는 극히 악한 무화과가
있더라

　예를 들면 여호와께서 예레미야 선지자에게 두 광주리의 무화
과를 보여주셨다. 한 광주리에는 극히 좋은 무화과가 담겨있고,

한 광주리에는 극히 악하여 먹지 못할 무화과가 있었다. 이스라엘 백성들로 하여금 두 광주리를 놓고 선택하라고 한다면 누구든지 좋은 무화과를 선택할 것이다.

마찬가지다. 선악을 알게 하는 나무의 모습은 '먹음직도 하고 보암직도 하고 지혜롭게 할 만큼 탐스럽기도 한 나무'라고 했다. 만일 아담이 선택해야 하는 입장에서 하나님의 공정성을 적용시킨다면 생명나무도 '먹음직도 하고 보암직도 하고 지혜롭게 할 만큼 탐스럽기도 한 나무'의 입장으로 세우셔야 하지 않겠는가? 그런데 생명나무는 '먹음직도 하고 보암직도 하고 지혜롭게 할 만큼 탐스럽기도 한 나무'라고 표현하지 않았다.

그렇다면 선악을 알게 하는 나무는 '먹음직도 하고 보암직도 하고 지혜롭게 할 만큼 탐스럽다'는 내용을 가지고 있는데, 왜 생명나무는 그런 내용을 가지고 있지 못하는 것인가?

선악을 알게 하는 나무는 타락한 루시엘을 말하는 것인가? 에덴동산 한가운데 생명나무와 선악을 알게 하는 나무를 두었다는 것은 생명나무 옆에 루시엘이라는 실존의 존재를 두신 것인가?

들짐승 중 가장 간교한 뱀을 보낸 사람이 루시엘이다. 지금 루시엘은 어디 있는가? 만일 루시엘이 에덴동산 한가운데 생명나무 옆에 있다면 언제 뱀에게 지시할 수 있는가? 과연 생명나무 옆에 선악을 알게 하는 나무인 루시엘을 잡아다가 꼼짝 못하게 하고 같이 있었다는 뜻인가?

지성소의 법궤 속에는 십계명이 있었다. 십계명은 하나님의 말씀의 거룩한 임재를 상징하고 있는 것이다. 다시 말하면 하나님의 임재를 상징하고 있는 거룩한 성물이 십계명이다. 그렇다고 해서 십계명 자체가 하나님이라는 의미는 절대 아니다.

마찬가지다. 피조물인 인간의 눈으로 볼 때 생명나무는 무형의 존재이다. 그런데 그 무형의 존재 옆에 타락한 루시엘을 잡아다가 같이 있게 할 수 있는가? 만일 루시퍼를 생명나무 옆에 둔다면 그가 아주 손쉽게 생명나무 열매를 따먹을 것이다. 그렇게 되면 선악을 알게 하는 나무가 영원히 죽지 않는 나무가 될 것이다. 그러면 결과적으로 하나님의 창조권을 그에게 다 부여하는 것인데 그것은 있을 수 없는 일이다. 타락한 아담도 생명나무 열매를 따먹지 못하도록 화염검과 그룹으로 하여금 생명나무를 지키게 하셨는데(창 3:24), 하물며 타락한 루시엘을 생명나무 옆에 두실 리가 있겠는가?

그렇다면 "에덴동산 한가운데 선악을 알게 하는 나무를 두었다"는 말은 무슨 뜻인가?

하나님의 십계명을 법궤 안에 두신 것처럼, 죄를 상징하고 죄의 모든 속성을 가지고 있는 죄의 상징물을 생명나무 옆에 두었다고 말할 수 있다.

아론의 싹 난 지팡이가 하룻밤 사이에 잎이 나고 꽃이 피고 열매를 맺었다(민 17:8). 생명나무 옆에 있는 선악을 알게 하는 나무는 죄의 속성을 가진 나무로 하나님께서 죄의 열매를 맺게 한 나무이다. 아론의 죽은 지팡이에 싹이 나고 꽃이 피고 열매를 맺게 한 것처럼, 죄의 속성을 가진 나무에 꽃이 피고 열매 맺게 한 것이다.

2. 선악을 알게 하는 나무 열매를 먹는다는 뜻이 무엇인가?

> 창 2:17 선악을 알게 하는 나무의 실과는 먹지 말라 네가 먹는 날에는 정녕 죽으리라 하시니라

에덴동산 한가운데 있는 선악을 알게 하는 나무는 타락한 루시퍼를 상징적으로 등장시킨 대상이다. 다만 자유의지를 준 아담의 선택에 공정성을 부여하기 위해서 에덴동산 한가운데 현존하는 생명나무와 선악을 알게 하는 나무의 모습 그대로 등장시킨 것이다. 선악을 알게 하는 나무는 열 가지 보석으로 지음 받은 루시퍼를 상징하는 나무로서 '먹음직하고 보암직하고 지혜롭게 할 만큼 탐스러운 나무'로 등장했다.

그렇다면 생명나무는 어떤 모양으로 어떤 입장으로 한가운데 계신 것이었을까? 생명나무는 첫째가 무교병 같은 존재이다. 외형도 볼품이 없다. 제빵을 하는데 기름, 계란, 우유, 설탕 등이 안 들어가면 모양이 없고 아무 맛도 없고 향기도 없어 먹음직스럽지 못하다.

지금 우리가 사는 세상은 어떠한가? 결혼 상대를 선택할 때, 하나님을 믿는 믿음을 최우선의 기준으로 삼기보다는 학력, 직업, 재산 등을 기준으로 선택한다. 그 세 가지 조건은 오늘날에도 인생들의 삶의 현장에서 가장 중요한 좌표가 되고 있다. 하와만 선악을 알게 하는 나무 열매를 따먹는 것이 아니라는 뜻이다. 현대를 살아가는 성도들도 다 생명나무와 선악을 알게 하는 나무 중에

서 선택하라면 열이면 아홉은 선악을 알게 하는 나무 열매를 선택한다는 것이다.

그래서 예수님도 자기 시대에 있어서는 세상의 자녀들이 하나님의 자녀들보다 더 지혜롭다고 하셨다. 외형적으로는 내성의 꼴이 보이지 않기 때문에 영화롭고, 아름답고, 지혜로울 만큼 탐스러운 곳에 눈길이 가게 마련인 것이다.

> 사 53:2-3 그는 주 앞에서 자라나기를 연한 순 같고 마른 땅에서 나온 줄기 같아서 고운 모양도 없고 풍채도 없은즉 우리의 보기에 흠모할 만한 아름다운 것이 없도다 그는 멸시를 받아서 사람에게 싫어 버린바 되었으며 간고를 많이 겪었으며 질고를 아는 자라 마치 사람들에게 얼굴을 가리우고 보지 않음을 받는 자 같아서 멸시를 당하였고 우리도 그를 귀히 여기지 아니하였도다

생명나무는 마른 땅에서 나온 연한 줄기와 같은 존재, 볼품없고 보잘 것 없는 존재이다. 오죽하면 사람들에게 싫어 버림을 받아 외면당하는 존재가 되었겠는가? 생명나무는 마른 땅에서 나온 연한 순 같은 나무이다. 하와가 보기에 외형적으로 생명나무는 선악을 알게 하는 나무와 서로 견주어 비교할 만한 가치도 없어 보였다. 생명나무는 한 마디로 볼품이 없는 나무이다.

> 골 1:26-27 이 비밀은 만세와 만대로부터 옴으로 감취었던 것인데 이제는 그의 성도들에게 나타났고 하나님이 그들로 하여금 이 비밀의 영광이 이방인 가운데 어떻게 풍성한 것을 알게 하려하심이라 이 비밀은 너희 안에 계신 그리스도시니 곧 영광의 소망이니라

골 2:2 이는 저희로 마음에 위안을 받고 사랑 안에서 연합하여 원만한 이해의 모든 부요에 이르러 하나님의 비밀인 그리스도를 깨닫게 하려 함이라

그러나 그 속에는 하나님의 각종 보화, 보배, 비밀이 감추어져 있다고 했다.

마 13:44-46 천국은 마치 밭에 감추인 보화와 같으니 사람이 이를 발견한 후 숨겨 두고 기뻐하여 돌아가서 자기의 소유를 다 팔아 그 밭을 샀느니라 또 천국은 마치 좋은 진주를 구하는 장사와 같으니 극히 값진 진주 하나를 만나매 가서 자기의 소유를 다 팔아 그 진주를 샀느니라

예수께서 천국의 일곱 가지 비유를 말씀하셨다. 밭에 감추어진 보배, 진주는 드러나 있는 현상을 말하는 것이 아니라, 은밀한 장소에 감추어져 있는 현상을 말씀하고 있는 것이다.

예수께서 오신 근본의 목적은 이 땅에 사는 사람들에게 자기의 영원한 생명을 주시기 위해서 오신 것이다.

요일 2:25 그가 우리에게 약속하신 약속이 이것이니 곧 영원한 생명이니라

예수님의 사역의 본질의 세계를 깊이 궁구해본다면 시한부 인생들에게 영원한 생명을 주시기 위함이다.

에덴동산 한가운데에 있던 생명나무가 겉으로 보기에는 참으

로 보잘 것 없고 볼품이 없고 자랑할 것이 없는 나무였다. 그런데 어떻게 그 나무의 존귀한 가치와 근본의 영광을 알 수 있을 것인가?

여호와 하나님이 아담에게 명하여 "동산 각종 나무의 실과는 네가 임의로 먹되"(창 2:16)라고 명령하셨다. 과연 아담이 에덴동산의 각종나무 열매를 취하게 된다면 무엇을 얻을 수 있는 것인가?

에덴동산에 있는 나무들이 가지고 있는 속성을 통하여 본질의 세계의 근본을 깨닫게 된다. 하나님께서 에덴동산에 각종 나무를 세우셨을 때에는 나무마다 가지고 있는 그 나름대로의 특징이 있었다.

> 삿 9:8-16 하루는 나무들이 나가서 기름을 부어 왕을 삼으려 하여 감람나무에게 이르되 너는 우리 왕이 되라 하매 감람나무가 그들에게 이르되 나의 기름은 하나님과 사람을 영화롭게 하나니 내가 어찌 그것을 버리고 가서 나무들 위에 요동하리요 한지라 나무들이 또 무화과나무에게 이르되 너는 와서 우리의 왕이 되라 하매 무화과나무가 그들에게 이르되 나의 단 것, 나의 아름다운 실과를 내가 어찌 버리고 가서 나무들 위에 요동하리요 한지라 나무들이 또 포도나무에게 이르되 너는 와서 우리의 왕이 되라 하매 포도나무가 그들에게 이르되 하나님과 사람을 기쁘게 하는 나의 새 술을 내가 어찌 버리고 가서 나무들 위에 요동하리요 한지라 이에 모든 나무가 가시나무에게 이르되 너는 와서 우리의 왕이 되라 하매 가시나무가 나무들에게 이르되 너희가 참으로 내게 기름을 부어 너희 왕을 삼겠거든 와서 내 그늘에 피하라 그리하지 아니하면 불이 가시나무에서 나와서 레바논의 백향목을 사를 것이니라 하였느니라 이제 너희가 아비멜렉을 세워 왕을 삼았으

니 너희 행한 것이 과연 진실하고 의로우냐 이것이 여룹바알과
그 집을 선대함이냐 이것이 그 행한 대로 그에게 보답함이냐

기드온의 막내아들 요담이 자기의 70형제들을 죽였던 아비멜
렉이 사는 세겜 사람들에게 저주하는 내용이다.

요담의 예언에는 포도나무, 무화과나무, 감람나무, 그리고 마
지막에 가시나무가 등장한다. 위 구절에 보면 나무로서 가지고 있
는 속성과 그들이 걸어야 될 도적(道的) 길이 있고, 그 길을 통하
여 그들이 부여받은 각자의 고유적인 사명이 다 들어있다.

무화과나무는 왕이 되기를 권유하는 말 앞에 "나는 하나님의
사람을 단 열매로 기쁘시게 해드리는 것이 도리이지 너희가 말하
는 것처럼 가서 왕 노릇하지 않겠다"라고 했다. 포도나무, 감람나
무 역시 자기들이 가진 특징과 사명을 제시하며 겸손히 사양하였
으나, 오직 가시나무를 상징하는 아비멜렉은 제안을 받아들여 왕
이 되었다.

위 구절에 등장하는 나무들 외에도 에덴동산에는 백향목, 잣
나무, 단풍나무 등 여러 나무가 소개되어 있다(겔 31:8). 그 나무
들도 각자가 가지고 있는 고유적인 본분이 있다.

만일 아담이 에덴동산의 각종 나무열매를 다 따먹다 보면, 그
들이 가지고 있는 고유적인 지혜와 특징들을 다 섭렵하게 될 것이
다. 그렇게 되면 하나님께서 에덴동산의 각종 나무들을 통해서 이
루고자 하시는 청사진을 바라볼 수 있게 되는 것이다. 그런 다음
에는 생명나무 열매가 무엇인지 깨닫게 되고, 생명나무의 지혜를
얻을 수 있기 때문에 먼저 각종나무 열매를 임의로 따먹으라고 하
신 것이다. 단 그 과정에서 선악을 알게 하는 나무의 실과는 절대

따먹어서는 안 된다고 경고하셨다.

그렇다면 아담이 선악을 알게 하는 나무 열매를 따먹었을 때는 각종 나무의 열매를 따먹은 상태였는가? 그렇지 않다. 하나님께서 아담에게 각종 나무 열매를 따먹으라는 말씀을 하신 것이지, 아직 따먹은 상태는 아니었다. 아담이 들짐승 중 가장 간교한 뱀의 유혹에 넘어가지 않고 자기 자리를 지켰다면, 각종 나무 열매를 하나하나 따먹을 수 있었을 것이다. 그러나 아담이 아직은 각종 나무 열매를 따먹지 못했기 때문에 그렇게 쉽게 선악을 알게 하는 나무에게 넘어가 버리고만 것이다.

위 구절에 보면 나무들이 자기들의 고유적 품성의 특징을 가지고 있으면서 분명히 신앙의 정절을 갖고 있다. "나는 하나님께서 부여하신 이 사명을 끝까지 지키며, 세상에서 왕 노릇하지 않겠다"는 결연한 의지가 담겨 있다. 나무들이 하나님께서 자기에게 주신 고유적인 믿음의 정절과 순결을 지키고 있다는 것이다.

아담과 하와가 그 열매들을 통해서 나무의 특징을 알고 하나님께 순종하려는 신앙의 정절을 배웠더라면, 아무리 뱀이 와서 유혹을 해도 절대 넘어가지 않았을 것이다. 그럼으로써 궁극적으로 하와의 눈에 비추어진 그 보잘 것 없던 생명나무 속에 영원한 생명이 들어있다는 것을 알게 되었을 것이다. 그런 이유에서 에덴동산 각종나무 열매를 임의로 따먹으라고 한 것이다.

3. 에덴동산 한가운데 생명나무와 선악을 알게 하는 나무를 두신 이유

> 창 2:9 여호와 하나님이 그 땅에서 보기에 아름답고 먹기에 좋은 나무가 나게 하시니 동산 가운데에는 생명나무와 선악을 알게 하는 나무도 있더라

왜 에덴동산 한가운데 생명나무와 선악을 알게 하는 나무를 두었는가? 애초에 선악을 알게 하는 나무를 에덴동산 한가운데 등장시키지 않았다면 아담이 타락하지도 않았을 것이 아닌가? 에덴동산 한가운데, 하나님의 자리에 선악을 알게 하는 나무를 불러들인 이유가 무엇인가?

하나님이 아담 때문에 선악을 알게 하는 나무를 등장시킨 것이다. 아담으로 하여금 생육, 번성, 충만하여 에덴동산을 지키고 다스리라고 하셨다. 하나님께서 아담이 선악을 알게 하는 나무 열매를 먹을 때 간섭하지 못하신 이유가 역설적으로 말하면 에덴동산 한가운데 선악을 알게 하는 나무를 두신 목적과 같다고 할 수 있다.

선악을 알게 하는 나무는 본래 어떤 존재였는가? 그는 궁창의 세계에서 하나님의 영광을 덮는 그룹이었다. 하나님께서 그를 열 가지의 보석으로 영화롭게 지으시고 그를 위해서 소고와 비파를 예비해주셨다.

그는 하나님이 기름 부으신 존재, 하나님이 영화롭게 해준 존재이다. 그런 존재였기에 하나님의 자리에 올라 비기려고 한 것이

다. 열 가지 보석으로 지음을 받았다는 의미는 무엇인가? 10수라는 말은 세상사에 속한 최대 수, 꽉 찬 수이다. 10수는 다시 시작할 수 없는 수이다. 다시 시작하려면 10수의 문제를 해결해야 열한 번째로 '다시'의 역사를 시작할 수 있게 된다. 스포츠의 세계에도 세계 랭킹 10위 안에 들어있는 사람은 챔피언에게 도전할 수 있는 권리가 있다.

마찬가지다. 루시엘도 하나님이 기름 부으신 자이기 때문에 그가 하나님 같이 되려함으로 말미암아 "당신이 하는 일은 나도 다 할 수 있습니다. 그렇기 때문에 나도 당신처럼 피조물이 아니라 창조주로서 인정을 받아야겠습니다"라고 도전을 한 것이다. 그렇기 때문에 하나님이 정정당당하게 그와 경쟁을 하려면 분명한 경쟁의 기준을 정해야 한다.

루시엘이 도전한 그 결과는 싸움의 당사자인 하나님 또는 루시엘이 선택하는 것이 아니라, 아담과 하와를 통해서 결정해야 한다. 그렇기 때문에 누가 진정한 하나님이 되고 누가 진정한 창조주가 될 것이냐는 것을 구속사의 주인공이 되는 대상들로 하여금 선택하게 한 것이다.

다시 말하면 "누가 진정한 하나님이 될 수 있는 것인가?"라는 문제를 하나님의 형상과 모양으로 지은 아담과 하와에게 맡기신 것이다.

하나님은 왜 그런 선택을 하셨을까? 그 선택 속에는 우선과 차선이라는 두 가지 도맥(道脈)이 있다. 아담이 승리했을 경우는 우선을 선택하게 되어 있고, 아담이 불순종했을 경우에는 차선을 택하게 되어있는 것이다. 다시 말하면 아담이 이긴다면 이 땅에 처음부터 영광의 주로 오시게 되어 있는 반면, 아담이 진다면 십자가를 지시는 고난의 주로 오시게 되어 있었다. 이것이 아담이 나무를 선택하기 전에 이미 하나님께서 가지고 계신 두 가지의 도맥이다.

그래서 하나님께서 아담에게 미리 말씀을 해주신 것이다. 하나님께서 단순히 선악을 알게 하는 나무를 따먹지 말라고 하셨는가? "선악을 알게 하는 나무 열매를 먹으면 정녕 죽으리라"(창 2:17)고 분명한 말씀을 하셨기 때문에 하나님의 입장에서는 아담이 승리하기를 바라시며 그 가능성에 더 많은 소망을 갖고 계셨다. 그러나 한 편으로는 아직 각종나무 열매를 따먹지 못한 어린 생령의 존재였기 때문에 하나님께서 그를 믿을 수는 없는 것이다. 그렇기 때문에 하나님은 처음부터 아담이 승리할 경우와 아담이 패배할 경우에 대한 우선책과 차선책을 가지고 계셨다.

그런데 결과적으로는 아담이 하와의 말을 듣고 선악을 알게 하는 나무 열매를 따먹음으로써 하나님께서는 차선책을 택할 수밖에 없었다. 그렇기 때문에 구속사의 세계에서 항상 하나님은 우선권을 취하지 못하시고 차선에서 하나님의 도(道)를 이루어나가실 수밖에 없었다.

아담이 타락함으로 하늘에서는 생령으로서의 축복과 영광을 빼앗겼고, 이 땅에서는 장자권을 빼앗겼다. 따라서 인류 구속사의 공통점은 항상 장자는 마귀의 소속이었다. 마귀가 이긴 자로서 생령의 영광을 넘겨받았고, 이 땅에서는 장자권을 가져갔기 때문이다. 그래서 하나님께서는 항상 차자들을 통해서 구속사역을 이루시고 뜻을 펼쳐나가신 것이다.

그렇기 때문에 마귀들이 차선책 속에서 택하신 하나님의 약속의 자녀들을 항상 도륙하고, 학대하고, 비참한 죄악의 결과로 몰아넣는 일을 서슴없이 자행하고 있었다. 첫 시조인 아담의 가정도 깨어지고 둘째 시조인 노아의 가정도 깨어졌다. 하나님께서 뜻의 가정을 세우실 때마다 그들을 무참히 짓밟았다. "칼자루를 잡은 사람이 우선권이 있다"는 세상 말처럼 예수님이 이 땅에 오실 때까지 마귀들이 이긴 자로서 항상 우선권을 가지고 있었다(벧후 2:19).

하늘의 발등상이 되는 이 땅의 인간들의 삶의 현장 속에서는 마귀가 우선권을 갖도록 잠정적으로 인정하셨다. 공의의 하나님으로서 아무리 미운 여인이 낳은 아들이라도 장자는 차자의 두 몫을 받는다는 기준을 세우셨기 때문이다.

> 신 21:15-17 어떤 사람이 두 아내를 두었는데 하나는 사랑을 받고 하나는 미움을 받다가 그 사랑을 받는 자와 미움을 받는 자가 둘 다 아들을 낳았다 하자 그 미움을 받는 자의 소생이 장자여든 자기의 소유를 그 아들들에게 기업으로 나누는 날에 그 사랑을 받는 자의 아들로 장자를 삼아 참 장자 곧 미움을 받는 자의 아들보다 앞세우지 말고 반드시 그 미움을 받는 자의 아들을 장자로 인정하여 자기의 소유에서 그에게는 두 몫을 줄 것이니 그는 자기의 기력의 시작이라 장자의 권리가 그에게 있음이니라

"누가 진정한 하나님이 될 것인가?"라는 주제의 씨름에서 하

나님이 졌다면 그 결정적인 우선권을 마귀에게 내어주어야 한다. 아담이 생명나무를 선택하지 않고, 선악을 알게 하는 나무를 선택했다면 하나님께서 선악을 알게 하는 나무에게 창조권을 부여해 주어야 되지 않겠는가?

그런데 결과적으로 하나님께서 선악을 알게 하는 나무에게 창조권을 부여하지 않았다. 그 이유가 무엇인가? 마귀가 이기기는 했지만 정당하게 이기지 못하고, 하나님의 이름을 도용했기 때문이다. 그러나 마귀가 이겼다는 사실에 대해서만큼은 하나님도 인정하셨다(벧후 2:19). 결국 하나님께서 처음에 그와 상호 간에 맺은 계약대로는 인정하지 않았다. "내가 너로 여자와 원수가 되게 하고 너의 후손도 여자의 후손과 원수가 되게 하리니 여자의 후손은 네 머리를 상하게 할 것이요 너는 그의 발꿈치를 상하게 할 것이니라"(창 3:15)는 쌍방 계약이 성립된 것이다.

예수께서 40일 금식을 하시고 마귀에게 세 번 시험을 받으신 후 이기심으로 귀신을 내쫓을 수 있었고, 물리칠 수 있었다(마 4:1-11). 만약에 예수님이 40일 금식을 하지 않고 마귀에게 세 번 시험을 받아서 이기지 못했을 경우에는 예수님이 귀신을 내쫓을 수 없다. 예수께서 귀신을 내쫓을 수 있는 능력이 없어서가 아니라, 아무리 예수님이라 할지라도 그렇게 하면 하나님께서 그들과 상호 간에 맺은 계약을 스스로 어기는 것이 되기 때문이다.

그러나 예수님이 "귀신들도 믿고 떠느니라"(약 2:19)는 말씀의 권세로써 귀신을 내쫓을 수 있고 제압할 수 있고 물리칠 수 있는 것은 예수님이 이 땅에서 40일 금식을 하시고 마귀에게 세 번 시험을 받아서 승리하셨기 때문에 본래의 잠정적인 계약의 내용과 상관없이 그들을 제압할 수 있는 것이다.

그렇기 때문에 공생애 과정에서 첫 번째 예수님이 하신 일은 40일 금식을 하심으로 정식으로 마귀와 싸울 수 있는 도전권을 얻는 일이다(마 4:1-11).

그 이유가 무엇인가? 하나님께서도 루시퍼, 마귀가 도전했을 때 정정당당하게 그들의 도전권을 받아주셨다. 마찬가지다. 예수님이 40일 금식을 하신 그 금식은 동서남북이 인정하는 완전한 금식이다. 완전한 금식을 하셨기 때문에 마귀에게 도전할 수 있는 도전권을 받으셨고, 마귀가 예수님을 세 번 시험한 것이다. 그 세 번의 시험에서 이긴 자가 되시므로 예수님이 본래 그들과 상호 간에 맺었던 잠정적인 계약의 내용과 관계없이 귀신을 제압할 수 있었던 것이다.

마찬가지다. 루시엘도 하나님이 기름 부은 자이기 때문에 하나님에게 정면으로 도전할 수 있고, 하나님께서도 그 도전권을 물리칠 수 없다. 그런 이유에서 에덴동산 한가운데 생명나무가 계신 그곳에 선악을 알게 하는 나무도 함께 있었던 것이다. 루시엘이 도전한 결과는 누구에 의해서 나타나는가? 아담과 하와가 생명나무와 선악을 알게 하는 나무 중에서 누구를 택하느냐 하는 문제는 그들의 자유의지로 선택한 결과에 따라서 나타나는 것이다.

만약에 들짐승 중에서 간교한 뱀이 하와를 유혹할 때 하나님의 이름을 도용하지 않고 정당한 방법으로 이겼다면 선악을 알게 하는 나무에게는 창조의 권한이 부여되는 것이다. 또 다른 하나님이 탄생되는 의미가 된다. "나도 하나님처럼 할 수 있다"는 주장대로 하나님과 비기게 되는 것이다.

하나님께서 욥에게 "네가 이렇게, 이렇게 하면 네 오른손이 너를 구원할 수 있다고 내가 인정하리라"(욥 40:10-14)고 하신 말씀의 의미는 "네 오른손에 창조의 능력이 있다고 내가 인정하리라"는 뜻이다. 만일 뱀이 정당한 방법으로 이겼다면 이와 같은 인정을 받았을 것이다.

그런데 뱀이 정정당당하게 이기지 못했다. 하나님의 이름을 거짓으로 이용하고, 도용(盜用)해서 이겼기 때문에 정정당당하게 이긴 승리의 결과는 부여되지 않았다. 그러나 잠정적으로 이긴 자라는 입장만은 하나님도 인정하셨다. 세상 말에도 "모로 가도 서울만 가면 된다"는 말이 있다. "어쨌든 내가 하나님의 이름을 망령되이 이용했지만 이긴 것은 이긴 것이 아닙니까?"라고 주장을 하는 그들을 하나님께서도 인정을 하셨다. 그렇기 때문에 이 땅에서 구속의 대상이 되는 인간들을 통해서는 항상 마귀가 먼저 선택권을 가질 수 있었던 것이다.

따라서 선악을 알게 하는 나무를 생명나무가 있는 에덴동산 한가운데 두신 것은 아담으로 하여금 영광의 주, 또는 고난의 주의 입장을 선택하게 하신 것이다.

또 선악을 알게 하는 나무를 에덴동산 한가운데 둔 이유는 무엇인가? 다시 말하면 대군 미가엘 천사장이나 가브리엘 천사장과 같이 타락하지 않은 천군 세계의 천사들을 생명나무와 함께 두지 않고, 타락한 천사를 에덴동산 한가운데 생명나무와 함께 둔 이유는 무엇일까?

일부 주석학자의 주장은 다음과 같다. 천사는 율법을 상징하고 생명나무는 말씀을 상징하는데 하나님의 후사가 되는 사람을 통해서 율법과 말씀을 선택하게 하기 위해서라고 한다. 결과적으로 아담이 하와가 준 선악을 알게 하는 나무 열매를 먹었기 때문에 율법이 먼저 이 땅에 등장할 수밖에 없었다는 것이다. 즉 본래에는 말씀이 이 땅에 등장해야만 원리적인 입장에서 순산(順産)이 되는 것인데, 율법이 먼저 등장했기 때문에 역산(逆産)이 되었다는 것이다. 그래서 이 땅에 하나님의 구속사의 세계를 이룰 수 있는 장자가 먼저 태어나지 못하고 율법인 차자가 장자로 태어나게 되었다고 한다. 물론 내용 자체는 맞는 부분도 있다.

그러나 그것만이 두 나무를 두신 목적이라면 굳이 선악을 알게 하는 나무를 에덴동산 한가운데 둘 필요가 없다. 타락하지 않은 천사를 두어도 되기 때문이다. 대군 미가엘 천사장이라든가, 가브리엘 천사장이라든가, 라파엘 천사장 등을 두어도 된다. 그런데 왜 타락한 천사를 두었는가? 그것은 단순히 율법과 말씀의 관계로만 그렇게 한 것이 아니다. 그런 의미도 포함되어 있지만 근본적인 이유는 아니다.

하나님께서 구속사의 세계를 이루시는 역사의 대상을 삼은 존재는 인간들이다. 구원의 대상은 천사들이 아니라 흙, 사람, 생령의 단계로 이루어지는 대상들이 구원의 대상이다. 따라서 하늘의 발등상이 되는 지구촌을 하나님의 후사로 선택받을 수 있는 구도의 도장으로 삼으신 것이다. 그렇기 때문에 구원의 대상인 사람들이 마지막 때에는 천사들을 심판하게 되어 있다(고전 6:3). 사람들이 천사를 심판해야 되는 입장이기 때문에 하나님의 입장에서는 타락하지 않은 천사를 한가운데 세우지 않으시고 타락한 천사를 에덴동산 한가운데 세우게 되신 것이다. 구원의 대상인 사람들이 타락한 천사까지도 다스려야 하는 것이 창조 원리의 근본 이치이기 때문이다.

루시엘이 하나님과 비기려는 죄를 지었을 때 하나님께서 심판하여 무저갱에 집어넣을 수도 있다. 불 못에 던져버리면 그만인데 그를 에덴동산에 두신 이유는 흙 차원의 사람으로 하여금 천상의 세계를 회복하게 하기 위해서이다.

다시 말하면 천사는 천사를 심판하지 못한다. 천사는 천사들끼리 전쟁을 할 수가 없다. 그 이유가 무엇인가? 이미 하늘의 도(道), 하늘의 율례와 규례, 하늘의 길, 하늘의 법을 통해서 그렇게 정해놓으셨기 때문이다. 오직 사람만이 천사들을 심판하게 되어 있는 것이다. 그렇기 때문에 타락한 천사인 루시퍼를 상징하는 선악을 알게 하는 나무를 에덴동산 한가운데 세울 수밖에 없었던 것이다. 만일 타락하지 않은 천사를 세운다면 하나님께서 아담에게 준 자유의지가 빛날 수 없는 것이다.

또 그렇게 선택할 수밖에 없는 이유가 있다. 창세기 1:2의 흑암이 빛의 상대적인 존재이다. 창세기 1:3에서 "빛이 있으라 하시매 빛이 있었고"라는 빛을 선언하시기 전에 이미 창세기 1:2에서 "땅이 혼돈하고 공허하며 흑암이 깊음 위에 있고"라고 하셨다. 하나님께서 천지를 창조하시는 창조 원리 속에도 이미 상대성을 이용해서 빛이 역사할 수 있는 역사의 땅을 만드셨고, 또 어둠이 역사할 수 있는 어둠의 땅, 흑암을 만드셨다. 창조원리로도 상대적으로 빛과 흑암을 지었기 때문에 구속사 세계의 첫 사람은 분명하게 빛을 선택하든지 흑암을 선택해야만 한다.

그렇다면 생명나무는 과연 어떤 모습이었을까?
생명나무로 계시던 예수께서 '때가 차매'(갈 4:4) 말씀이 육신이 되어(요 1:14) 이 땅에 예수라는 이름으로 오셨다(마 1:21). 아담의 선택의 결과로 인해 생명나무가 생명나무로 오시지 못하고 포도나무로 오셔서 이 땅에서 포도나무의 길을 걸으셨다(요 15:1).

포도나무는 피 흘리는 나무이다(사 53:2-10, 63:1-3). 자기 백성의 죄를 구원하기 위해 오신 구세주이시다(마 1:21). 아담의 후손들의 원죄, 유전죄, 자범죄를 해결해 주시고자 이 땅에서 십자가 사역을 마치셨다. 스스로 사망의 음부로 들어가 3일 만에 부활하심으로 하나님 아들로 인정 받으셨다(롬 1:4). 예수님이 결과적으로 다시 생명나무가 되신 것이다.

> 요 7:37-39 명절 끝날 곧 큰 날에 예수께서 서서 외쳐 가라사대 누구든지 목마르거든 내게로 와서 마시라 나를 믿는 자는 성경에 이름과 같이 그 배에서 생수의 강이 흘러나리라 하시니 이는 그를 믿는 자의 받을 성령을 가리켜 말씀하신 것이라 (예수께서 아직 영광을 받지 못하신 고로 성령이 아직 저희에게 계시지 아니하시더라)

위 구절에서 괄호 안에 "예수께서 아직 영광을 받지 못하신 고로 성령이 아직 저희에게 계시지 아니하시더라"는 내용이 무슨 의미인가?

포도나무로 오신 예수께서 영광을 받으시려면 생명나무가 되셔야 한다. 그 영광은 이 땅에서 받는 것이다. 포도나무가 영광을 받아야 생명나무가 되는 것이다. 이 땅에서 십자가 사역을 완성하시고 부활하셔야 생명나무로서 영광을 받는 것이다. 예수께서 부활하신 후에 오순절 마가 다락방에 성령이 임했기 때문에(행 2:1-4), 그 전까지는 성령이 계시지 않는다고 표현하실 수밖에 없는 것이다.

다시 말하면 에덴동산 한가운데에 있는 생명나무는 아직 영광을 받지 못한 나무이다. 영광을 받지 못했기 때문에 성령이 함께 하지 못한다. 성령이 함께 하시는 생명나무는 영광을 받은 생명나무이지만, 성령이 함께하지 못하는 생명나무는 영광을 받지 못한 나무이다.

> 히 1:3-5 이는 하나님의 영광의 광채시요 그 본체의 형상이시라 그의 능력의 말씀으로 만물을 붙드시며 죄를 정결케 하는 일을 하시고 높은 곳에 계신 위엄의 우편에 앉으셨느니라 저가 천사보다 얼마큼 뛰어남은 저희보다 더욱 아름다운 이름을 기업으로 얻으심이니 하나님께서 어느 때에 천사 중 누구에게 네가 내 아들이라 오늘날 내가 너를 낳았다 하셨으며 또 다시 나는 그에게 아버지가 되고 그는 내게 아들이 되리라 하셨느뇨

위 구절에서 영광을 받으신 생명나무의 거룩함, 아름다움, 존귀함을 찬양하고 있다. "어떤 천사를 통해서 내가 오늘날 너를 낳았다고 말한 천사가 있느냐? 어떤 천사를 통해서 너보다 존귀한 이름을 가진 자가 있다고 말한 자가 있느냐? 천상천하에 생명나무보다 더 귀하고 아름다운 나무는 없다"고 표현하고 있다.

아직 생명나무가 영광을 받지 못했으니까 당연히 초라해 보였을 것이다. 에스겔 31장에 등장하는 에덴동산의 백향목, 단풍나

무, 잣나무 등의 나무들에 비해서, 더구나 선악을 알게 하는 나무에 비해서 생명나무는 얼마나 보잘 것 없고, 볼품없는 초라한 나무인가?

뱀의 소리가 하와를 이기는 순간, 아담과 하와가 선악을 알게 하는 나무를 선택하는 순간, 생명나무가 얼마나 민망하고 부끄럽고 창피하였겠는가? 그 순간 이미 생명나무는 포도나무로 변한 것이다. 그러니 얼마나 초라한 나무인가? 너무도 초라한 생명나무와 비교할 수 없을 만큼 아름다운 나무가 선악을 알게 하는 나무였으니 하와의 입장에서는 당연히 그를 선택할 수밖에 없는 것이다.

그런 에덴동산의 사건을 바라보시면서 예수께서도 "이 세대의 아들들이 자기 시대에 있어서는 빛의 아들들보다 더 지혜로움이니라"(눅 16:8)고 말씀하신 것이다.

4. 왜 선악을 알게 하는 나무 열매를 먹으면 죽는다고 하셨는가?

> 창 2:17 선악을 알게 하는 나무의 실과는 먹지 말라 네가 먹는 날에는 정녕 죽으리라 하시니라

왜 선악을 알게 하는 나무의 실과를 먹으면 반드시 죽을 수밖에 없는 것인가? 앞서 선악을 알게 하는 나무는 천상의 세계에서 죄의 원조가 된 루시엘 천사장을 상징한다고 소개한 바 있다.

그의 열매를 따먹는다는 것은 그가 가진 사상과 이념, 그의 모든 근본을 받아들인다는 뜻이다. 다시 말하면 그에게 경배 드리고 그를 받들고 섬기며, 궁극적으로는 그에게 예배를 드리는 것을 말한다. 또 생령 차원의 인격적인 존재로서는 그와 한 몸을 이루는 것이 된다. 그래서 성경에는 "창기와 합하는 자는 저와 한 몸인 줄을 알지 못하느냐 일렀으되 둘이 한 육체가 된다"(고전 6:16)라고 하셨다.

선악을 알게 하는 나무 열매는 사망의 열매, 죽음의 열매이다. 그런 이유에서 그 열매를 먹으면 누구든지 죽는 것이다. 용서를 받거나 회개할 수 있는 나무가 아니기에 누구도 살아날 종자가 없다.

아하스 왕, 므낫세 왕 등이 자기 아들들을 불에 태워 몰렉에게 제물로 바쳤다. 그런 죄는 영원히 용서받지 못할 죄로서 선악을 알게 하는 나무 열매를 따먹은 죄에 해당된다(레 18:21, 20:2-5, 렘 32:35). 이스라엘 백성들이 광야길에서 우상 숭배하고, 간음하고, 하나님을 원망하고, 시험한 네 가지 죄를(고전 10:7-10) 지은 결과 603,550명 중에서 여호수아와 갈렙을 제외한 603,548명이 다 죽고 말았다. 여기서 우상 숭배하고, 간음하고, 하나님을 원망하고, 하나님을 시험한 죄는 선악을 알게 하는 나무 열매를 상징하고 있기에 그 열매를 따먹은 대상은 죽음을 면할 수 없다는 것을 보여주고 있다.

> 요일 2:16 이는 세상에 있는 모든 것이 육신의 정욕과 안목의 정욕과 이생의 자랑이니 다 아버지께로 좇아 온 것이 아니요 세상으로 좇아 온 것이라

오늘날 현대판 선악을 알게 하는 나무 열매의 내용이다. 분명히 에덴동산에만 선악을 알게 하는 나무가 있는 것이 아니라 이 땅에도 선악을 알게 하는 나무 열매가 분명히 존재하는 것이다. 생명나무의 실체이신 예수께서 이 땅에 오셔서 생명나무가 어떤 나무인지 분명하게 보여주셨다. 그리고 난 후에 선악을 알게 하는 나무의 열매를 먹으면 정녕 죽으리라고 하신 것이다.

'선악을 알게 하는 나무'(The tree of the knowledge of good and evil)란 선과 악에 대한 지식으로 선악을 분별하게 하는 나무라는 뜻이다. 그렇다면 죄를 깨닫게 하는 것이 무엇인가? 율법이다.

> 롬 3:20 그러므로 율법의 행위로 그의 앞에 의롭다 하심을 얻을 육체가 없나니 율법으로는 죄를 깨달음이니라

율법은 죄를 해결하는 법이 아니라, 죄를 깨닫게만 하는 법이다. 그렇기 때문에 율법으로는 의롭다 할 육체가 없는 것이다(롬 3:20, 갈 2:16). 율법은 죄를 지은 인간을 다스리는 법이다. 종을 치리하고 다스리는 법이다. 다시 말하면 하늘의 종, 천사를 다스리는 법이다. 그렇다면 율법이 있기 전에는 죄가 없었는가? 물론 율법 이전에도 죄는 있었다. 그러나 율법이 있기 전에는 죄를 죄로 인정하지 않았다(롬 5:13).

> 갈 3:10 무릇 율법 행위에 속한 자들은 저주 아래 있나니 기록된바 누구든지 율법 책에 기록된 대로 온갖 일을 항상 행하지 아니하는 자는 저주 아래 있는 자라 하였음이라

모세가 시내산에서 받은 율법은 613가지였다. 그 율법이 점점 가지를 쳐서 일만 가지가 되었다(호 8:12). 율법이 일만 가지가 되었다는 것은 그만큼 죄가 세분화되었다고 말할 수 있다. 결론으로 말하면 일만 가지 율법 중 한 가지라도 지키지 못하면 완전한 자가 되지 못한다.

그렇다면 일만 가지 율법을 온전히 지킬 자가 있는가? 하늘 아래 일만 가지 율법을 항상 지킬 인간은 아무도 없다. 그렇기 때문에 율법을 지키는 행위로써 구원 받을 종자는 하나도 없다. "의인은 그 믿음으로 말미암아 살리라"(합 2:4, 롬 1:17, 갈 3:11, 히 10:38)는 말씀처럼 오직 믿음으로만 구원받을 수 있는 것이다(롬 3:28, 5:1, 10:6, 갈 2:16, 3:24, 엡 2:8, 빌 3:9, 살후 2:13, 딤후 3:15).

롬 3:10 기록한바 의인은 없나니 하나도 없으며

전 7:20 선을 행하고 죄를 범치 아니하는 의인은 세상에 아주 없느니라

따라서 이 땅에는 단 한 사람의 의인도 찾아볼 수 없게 되었다. 즉 율법으로는 구원 받을 종자가 하나도 없다.

그렇기 때문에 선악을 알게 하는 나무 열매 속에는 일만 가지의 죄가 다 들어있다고 말할 수 있다. 그래서 그 열매를 따먹으면 반드시 죽을 수밖에 없는 것이다.

고전 15:56 사망의 쏘는 것은 죄요 죄의 권능은 율법이라

롬 10:4 그리스도는 모든 믿는 자에게 의를 이루기 위하여 율법의 마침이 되시니라

예수께서 선악을 알게 하는 나무 열매를 따먹은 사람들을 살리기 위해서 말씀이 육신으로 이 땅에 오셨다. 그 죄가 요구하는 일만 가지 율법을 공생애 과정 안에서 하나도 남기지 아니하고 다 이 땅에서 이루심으로 말미암아 인간의 삶의 현장 속에서 역사되고 있는 율법의 진행을 종식시키는 마침표를 찍으셨다(롬 10:4). 그럼으로써 우리가 율법에서 자유함을, 해방을 받은 것이 된다. 예수께서 그 율법을 마쳐주지 아니하셨다면 지금도 우리는 율법에 종속된 노예처럼 살 수밖에 없을 것이다.

골 2:14 우리를 거스리고 우리를 대적하는 의문에 쓴 증서를 도말하시고 제하여 버리사 십자가에 못 박으시고

예수께서 우리를 죄의 노예로 종속시키던 의문(儀文-의식[儀式]의 표)에 쓴 증서를 십자가에 못 박아 도말하심으로, 그 사실을 믿기만 하면 그 죄의 법에서 해방될 수 있는 것이다.

따라서 주님의 십자가 보혈의 능력을 통해서 우리가 종에서 자유함을 얻고 '하나님의 아들, 장자'(출 4:22, 롬 8:15, 갈 4:6)가 될 수 있는 것이다.

5. 언제 에덴동산에 생명나무와 선악을 알게 하는 나무를 두셨는가?

본래 에덴동산 한가운데 생명나무와 선악을 알게 하는 나무가 있었는가? 그렇지 않다. 본래 한가운데는 생명나무가 있을 자리이다.

> 겔 28:2 인자야 너는 두로 왕에게 이르기를 주 여호와의 말씀에 네 마음이 교만하여 말하기를 나는 신이라 내가 하나님의 자리 곧 바다 중심에 앉았다 하도다 네 마음이 하나님의 마음 같은체 할찌라도 너는 사람이요 신이 아니어늘

루시엘을 상징하는 두로 왕이 "나도 하나님의 자리 곧 바다 중심에 앉았다"고 했다. 다시 말하면 "나도 하나님이 하시는 일을 할 수 있다"고 생각한 것이다. 그 말씀을 깊이 생각해 보아도 에덴동산 한가운데는 본래가 하나님만 앉을 수 있는 자리이다.

분명히 아담을 등장시키기 전에는 선악을 알게 하는 나무가 없었다. 선악나무의 원형의 존재였던 루시엘이 타락한 후 에덴동산 한가운데에 불러들였다. 그리고 나서 아담을 등장시켰다.

궁창의 세계에서 루시엘이 타락하기 전에 에덴동산 한가운데로 부른 것이 아니다. 루시엘이 타락하고 나서 궁창을 중심으로 윗물과 아랫물로 분리하셨다. 그리고 타락한 루시엘은 아랫물로 찍혀 떨어진 것이다(사 14:12).

왜 하나님께서는 타락한 천사를 굳이 에덴동산 한가운데로 불

러들였을까? 그 이유는 아담으로 하여금 하나님의 의중, 하나님의 의지, 하나님의 마음, 하나님의 영, 하나님의 뜻을 알게 하기 위해서 불러들인 것이다.

그렇다면 하나님께서 선악을 알게 하는 나무를 불러들이고 아담으로 하여금 알게 하려고 했던 하나님의 뜻이 무엇인가? 궁창의 세계의 타락한 천사들까지도 아담으로 하여금 다스리게 하기 위해서 선악을 알게 하는 나무를 에덴동산 한가운데 두신 것이다.

> 고전 6:3 우리가 천사를 판단할 것을 너희가 알지 못하느냐 그러하거든 하물며 세상 일이랴

천사를 판단한다는 말은 심판한다는 것이다. 하나님께서 타락한 천사를 불러들여 하나님 자리에 앉혀놓고 아담에게 선택하도록 하신 의중은 타락한 천사의 세계를 아담으로 하여금 회복하게 하기 위해서이다. 아담이 타락한 천사와 싸워 이긴 자가 되어서 그들을 심판하는 심판의 권세를 주기 위해서이다.

> 마 19:28 예수께서 가라사대 내가 진실로 너희에게 이르노니 세상이 새롭게 되어 인자가 자기 영광의 보좌에 앉을 때에 나를 좇는 너희도 열두 보좌에 앉아 이스라엘 열두 지파를 심판하리라

예수님도 제자들에게 "내가 너희를 열두 보좌에 앉혀서 이스라엘 열두 지파를 심판하게 하겠다"고 하셨다. 마찬가지다. 그런 하나님의 뜻과 하나님의 마음과 하나님의 영을 아담이 깨닫지 못한 것이다. 만일 아담이 하나님의 마음, 하나님의 의지, 하나님의

의중, 하나님의 영, 하나님의 뜻을 알았다면 하나님이 주신 말씀대로 순종했을 것이다. 그러나 아담이 순종하지 못했다. 물론 첫째 책임은 여자에게 있다.

선악을 알게 하는 나무를 생명나무가 있는 하나님의 자리에 불러들여서, 아담으로 하여금 둘 중에서 선택하게 하신 그 목적은 아담을 죄 짓게 하려고 한 것이 아니다. 아담에게 더 큰 영광을 주기 위한 것이다. 천사들까지도 심판할 수 있는 권세를 주려고 했는데 천사를 주관하며 다스려야 하는 아담이 오히려 그 천사에게 굴복하고 말았다. 진 자로서 이긴 자인 천사의 종이 되고 말았다(벧후 2:19). 그것도 타락한 천사에게 무릎 꿇은 것이다.

에덴동산 한가운데 생명나무와 선악을 알게 하는 나무를 두었다고 기록되었다고 해서 단순하게 동시에 두 나무를 세우신 것이라고 생각해서는 안 된다. 선악을 알게 하는 나무가 등장하기 전에 먼저 생명나무가 궁창의 세계에 등장한 것이다.

마치 아합 왕 때 이세벨이 등장할 것을 바라보시고, 하나님께서 엘리야를 호렙산 굴에서 준비시켜 등장하게 하신 것과 같다. 따라서 외형적으로는 선악을 알게 하는 나무가 궁창의 세계에 먼저 우선권을 가지고 지배하고 있었지만 그것을 바라보시는 하나님의 입장에서는 생명나무도 함께 준비하신 것이다.

그런데 문제는 에덴동산 한가운데 있었던 생명나무가 보이는 '유형의 나무'인가? 아니면 보이지 않는 '무형의 나무'인가? 하는 점이다. 이것을 모르면 에덴동산에 대해 정확하게 말할 수 없는 것이다.

　말씀이 무형인가? 유형인가? 말씀은 보이지 않는다. 사람의 말도 그 사람의 생각대로 입에서 나오지만 보이지 않는 무형의 존재이다. 생명나무라고 표현되고 있지만 생명은 눈에 보이지 않는다. 따라서 생명나무는 에덴동산 한가운데 있기는 하지만 무형의 나무이다.

　사람이 청력으로 들을 수 있는 소리의 한계가 있고 시각으로 볼 수 있는 빛의 한계가 있다. "육체의 생명은 피에 있음이라 내가 이 피를 너희에게 주어 단에 뿌려 너희의 생명을 위하여 속하게 하였나니 생명이 피에 있으므로 피가 죄를 속하느니라"(레 17:11)고 했다. 그러나 피를 쏟는다고 해서 그 피 속에 있는 생명이 보이는 것은 아니다. 마찬가지로 분명히 생명나무는 존재하는 나무이지만, 그 나무의 생명이 너무도 거룩한 영광의 빛으로 이루어졌기 때문에 생명나무는 인간의 눈으로는 볼 수 없는 거룩한 나무이다.

> 요 1:1-4 태초에 말씀이 계시니라 이 말씀이 하나님과 함께 계셨으니 이 말씀은 곧 하나님이시니라 그가 태초에 하나님과 함께 계셨고 만물이 그로 말미암아 지은바 되었으니 지은 것이 하나도 그가 없이는 된 것이 없느니라 그 안에 생명이 있었으니 이 생명은 사람들의 빛이라

　태초의 말씀 안에 빛이 있고 빛 안에 생명이 있다. 생명나무는 인간의 눈에는 무형적인 나무로 비추어지지만, 내용면으로 보면 가장 거룩하고 영광스러운 빛으로 된 나무라고 말할 수 있다는 것

이다. 생명나무는 보이는 나무가 아니었기 때문에 영광을 덮는 그룹으로 기름 부음을 받은 루시엘도 생명나무를 보지 못했다. 루시엘이 생명나무를 보지 못했기 때문에 자기의 사심과 욕심에 빠져서 교만해지고, 교만이 자라서 하나님과 비기려고 하는, 하나님 자리에 앉으려는 죄를 짓고 말았던 것이다.

6. 왜 하나님께서 선악을 알게 하는 나무에 대해서만 언급하셨는가?

> 창 2:17 선악을 알게 하는 나무의 실과는 먹지 말라 네가 먹는 날에는 정녕 죽으리라 하시니라

하나님께서 처음으로 아담에게 선악을 알게 하는 나무에 대해 언급하셨다. 아담으로 하여금 구도의 길을 위해서 선택해야 되는 두 종류의 나무 중에서 '선악을 알게 하는 나무'의 존재를 가르쳐 주신 것이다. 왜 공의의 하나님께서 생명나무에 대해서는 전혀 언급하지 않으시고, 오직 "선악을 알게 하는 나무를 선택하지 말라"고 이처럼 강조해서 언급하신 이유는 무엇인가?

> 겔 28:15-17 네가 지음을 받던 날로부터 네 모든 길에 완전하더니 마침내 불의가 드러났도다 네 무역이 풍성하므로 네 가운데 강포가 가득하여 네가 범죄하였도다 너 덮는 그룹아 그러므로 내가 너를 더럽게 여겨 하나님의 산에서 쫓아내었고 화광석 사이

에서 멸하였도다 네가 아름다우므로 마음이 교만하였으며 네가 영화로우므로 네 지혜를 더럽혔음이여 내가 너를 땅에 던져 열왕 앞에 두어 그들의 구경거리가 되게 하였도다

죄의 원조가 어떻게 탄생되었는가? 하늘에서, 궁창의 세계에서 탄생되었다. 하늘에서 지은 죄와 이 땅에서 지은 죄는 본질과 차원이 다르다. 이 땅에 사는 인생들은 궁창의 천사들보다 죄를 더 많이 지을 수밖에 없다. 인성으로 지음을 받은 인간들은 하늘 차원의 신령한 존재보다 저급하고 낮은 차원이기 때문에 죄를 더 지을 수밖에 없다.

그래서 예수님도 그 사실을 인정하셨다. "또 누구든지 말로 인자를 거역하면 사하심을 얻되 누구든지 말로 성령을 거역하면 이 세상과 오는 세상에도 사하심을 얻지 못하리라"(마 12:32, 눅 12:10)고 하셨다. 사람에게 죄를 짓는 것은 용서받을 수 있지만 성령을 거스리는 죄는 용서받지 못한다. 그 말씀의 의미는 영으로 짓는 죄, 하늘 차원에서 짓는 죄는 절대 용서받지 못한다는 것이다. 즉, 하늘에서 짓는 죄와 이 땅에서 짓는 죄는 차원과 본질이 다르다.

아담도 하늘에서 죄를 지었기 때문에 이 땅의 사람이 그 죄를 책임지고 해결할 수가 없다. 그렇기 때문에 인류의 두 번째 시조인 노아, 세 번째 시조인 아브라함은 둘째 아담의 길을 걸을 수 없는 것이다. 하늘에서 지은 죄는 하늘의 주인만이 해결할 수 있기 때문이다.

에덴동산 한가운데에 있던 생명나무가 하늘의 주인이다. 그렇

기 때문에 생명나무이신 예수님만이 첫째 아담이 빼앗긴 모든 영광을 둘째 아담으로 오셔서 회복할 수 있는 유일한 분이 되는 것이다. 아담 이전에 궁창의 세계에 죄가 존재해 있었기 때문에 지키고 다스리라고 말씀하셨고, 이미 선악나무 열매에 대해서 분명히 말씀을 해주신 것이다.

생명나무가 등장하기 이전에 이미 선악을 알게 하는 나무가 궁창의 중심의 자리에 앉아서 궁창의 세계를 선점하고 지배했기 때문에 아담에게 선악을 알게 하는 나무에 대해서만 분명하게 공개하신 것이다.

이미 선악을 알게 하는 나무는 아담 창조 이전에 궁창의 세계에서 많은 기득권을 가지고 존재했던 대상이다. 그는 이미 열 가지 보석으로 영화롭게 지음을 받은 존재이다(겔 28:13-17). 처음부터 궁창의 세계에서 존재했던 대상이고, 막강한 위력을 발휘한 존재이다.

그러나 생명나무는 이제 구속사의 세계에 첫 사람을 등장시키는 현장에 처음 등장하는 존재이다. 그는 아직 영광을 받지 못한 존재이다. 그가 영화로운 존재로서 영광을 받으려면 이 땅에 인자라는 인격체로 오셔서 사망 권세를 깨고 영원한 산 자의 모습으로 탄생되어야 한다(롬 1:4). 그렇기 때문에 예수께서도 십자가 사역을 이루시기 이전에는 "예수께서 아직 영광을 받지 못하신고로"(요 7:39)라고 하신 것이다.

그런 이유에서 하나님께서는 당연히 공정성을 지키고자 아담에게 생명나무를 언급하기 보다는 상대적 존재인 선악을 알게 하는 나무에 대해서 그 정체를 말씀해줄 수밖에 없는 것이다.

그것은 하나님의 편견을 가지신 선언이 아니다. 왜냐하면 그의 존재를 알려주지 않으면 아담은 선악을 알게 하는 나무가 있다는 사실조차도 알지 못한다. 아담에게는 전혀 죄에 대한 정보가 없었다. 아담이 선악을 알게 하는 나무의 실과를 먹기 전, 생령이 었을 때는 죄가 무엇인지도 알지 못했던 사람이다. 아담이 선악을 알게 하는 나무 열매를 따먹었기 때문에 "보라 이 사람이 선악을 아는 일에 우리 중 하나 같이 되었으니 그가 그 손을 들어 생명나무 실과도 따먹고 영생할까 하노라"(창 3:22)고 하였다. 이 말을 자세히 생각해 보아도 아담이 타락한 후에야 선악을 알게 된 것이지, 그 전에는 알지 못했다는 것이다.

III
아담의 타락을 회복하는 방편으로 주신 십계명

1. 시편 119편에 담긴 십계명의 본질

겔 28:13 네가 옛적에 하나님의 동산 에덴에 있어서 각종 보석 곧 홍보석과 황보석과 금강석과 황옥과 홍마노와 창옥과 청보석과 남보석과 홍옥과 황금으로 단장하였었음이여 네가 지음을 받던 날에 너를 위하여 소고와 비파가 예비되었었도다

위 구절에는 루시엘 천사장을 지을 때 그를 단장한 열 가지 보석이 기록되어 있다. '단장했다'는 말씀은 그를 치장해주었다, 아름답게 꾸며주었다, 존귀한 자로 세워주셨다는 등의 여러 가지의 내용이 포함된다.

그렇다면 열 가지 보석의 정체가 무엇인가? 보이는 물질로 이루어진 보석을 말하는 것인가? 셋째 하늘나라에서 물질로 이루어진 보석이 가장 존귀하고 거룩한 물질이 될 수 있는가? 모든 성경의 짝은 성경에서 찾아야 한다.

시편 119편에 그 열 가지의 보석의 정체가 기록되어 있다는

것을 아는 사람은 흔하지 않다. 열 가지 보석이 한 마디로 얘기하면 무엇이라는 것인가?

하나님이 창조하신 창조의 세계를 이루신 열 말씀이 열 가지 보석이라는 것이다. 시편 119편에 기록된 말씀의 히브리 어원을 살펴보면 '토라(율법), 에두트 또는 에다(증거), 미쉬파트(판단), 호크(율례), 다바르(말씀), 픽쿠드(법도), 미츠바(계명), 데레크(길, 道), 이므라(말씀, 약속), 에메트 또는 에무나(진리, 성실)'[29] 등이 에스겔 28:13에서 말씀한 열 가지 보석의 내용이라는 것이다.

다시 말하면 루시엘을 영화롭게 단장한 열 가지 보석이 마치 아담에게 생령으로서의 모든 영광을 부여한 것과 같다고 말할 수 있다. 그 내용을 성경 어디에서 찾아볼 수 있을까?

> 눅 4:5-6 마귀가 또 예수를 이끌고 올라가서 순식간에 천하만국을 보이며 가로되 이 모든 권세와 그 영광을 내가 네게 주리라 이것은 내게 넘겨준 것이므로 나의 원하는 자에게 주노라

예수님을 시험하는 마귀가 높은 곳에 가서 천상천하의 영광을 순식간에 보여주면서 "네가 절하면 내가 넘겨받은 이 영광을 네게 주리라"고 했다. 분명히 마귀는 천하만국의 영광을 넘겨받았다고 했다. 그 말의 의미는 본래 자신의 것이 아니라는 것이다.

그렇다면 마귀가 받은 영광은 누구에게서 넘겨받았는가? 첫 아담에게서 넘겨받은 것이다. 다시 말하면 하나님께서 타락하기 전의 아담에게 주신 영광이 천하만국을 다스릴 수 있는 권세와 영

---

29) '구속사 시리즈' 제 7권 <영원한 만대의 언약 십계명> 156쪽, 박윤식 저, 휘선

광이라는 것이다. 그런 영광을 처음에 아담에게 주신 것이다. 그 영광의 내용이 에스겔 28:13에 나오는 열 가지 보석과도 같다는 것이다.

어떤 의미로 보면 아담에게보다도 천상에서 루시엘에게 하나님이 더 정확한 행위의 계약으로써 언약을 맺으셨다는 것을 알 수 있는 것이다.

> 고전 4:6 형제들아 내가 너희를 위하여 이 일에 나와 아볼로를 가지고 본을 보였으니 이는 너희로 하여금 기록한 말씀 밖에 넘어가지 말라 한 것을 우리에게서 배워 서로 대적하여 교만한 마음을 먹지 말게 하려 함이라

그런 의미에서 루시엘에게 열 가지의 말씀을 주신 것이다. 주셨을 때에는 그 말씀 밖을 넘어가지 말고(고전 4:6) 말씀이 영생임을 믿고 순종하라고 주신 것이다(요 12:50).

이렇게 이 말씀을 설명할 수 있고, 말씀의 세계를 해석하고 풀어낼 수 있는 것은 무엇에 근거해서 알 수 있게 된 것인가? 바로 시편 119편 속에 있는 열 말씀들이 창조세계를 이루신 열 말씀이라는 것을 알게 되므로, 에스겔 28:13의 열 가지 보석의 의미를 알게 되는 것이다.

따라서 계명 중에 하나를 범하면 모든 것을 범하게 된다. '다다익선(多多益善)'이라는 말처럼 열 말씀들이 합력하면 합력할수록, 더더욱 조화로운 영광을 나타낸다는 원리가 이루어진다. 그렇기 때문에 "보시기에 좋았더라", "보시기에 좋았더라"(창 1:4, 1:10, 1:12, 1:18, 1:21, 1:25)를 계속 반복하다가 마지막에는

"보시기에 심히 좋았더라"(창 1:31)고 하셨다.

다시 말하면 열 말씀들이 더욱 더 조화롭게 합력하면 할수록 더 보시기에 좋은 큰 영광의 세계가 이루어진다는 원리적인 말씀이 되는 것처럼, 열 말씀 중 하나를 범하면 모든 것을 범하게 되는 것과 같다. "죽은 파리가 향기름으로 악취가 나게 하는 것 같이 적은 우매가 지혜와 존귀로 패하게 하느니라"(전 10:1)고 했다. 마찬가지다. 열 말씀 중에 한 말씀만 상해도 상해진 그 부분을 통해서 순식간에 열 말씀의 영광이 가려진다는 원리적인 의미가 적용된다. 그렇기 때문에 하나를 범하면 모든 것을 범하는 것이다.

다시 말하면 이 열 말씀들은 각자 독립적인 의미, 고유적인 의미를 가지고 있지만 열 말씀들이 다 합력함으로써 '만수', '꽉 찬 수'라는 하나님의 보시기에 좋은 단장품으로써 나타날 수 있는 것이다. 그렇기 때문에 십계명 중 아홉 계명을 다 지켰는데 한 계명만 범해도 그것은 다 범한 것이 되는 것이다. 열 말씀은 만수를 채워주는 하나의 독립적인 영원한 생명과도 같은 존재가 된다. 그래서 한 부분이 상하면 그 상한 부분으로 말미암아 모든 것이 부패하게 된다. 그 말씀을 성경은 이렇게 정리하고 있다.

롬 5:15 그러나 이 은사는 그 범죄와 같지 아니하니 곧 한 사람의 범죄를 인하여 많은 사람이 죽었은즉 더욱 하나님의 은혜와 또는 한 사람 예수 그리스도의 은혜로 말미암은 선물이 많은 사람에게 넘쳤으리라

롬 5:21 이는 죄가 사망 안에서 왕노릇 한 것 같이 은혜도 또한 의로 말미암아 왕노릇 하여 우리 주 예수 그리스도로 말미암아 영생에 이르게 하려 함이니라

"한 사람의 죄로 사망이 왕 노릇하게 되었다"고 한 것처럼, 열 말씀 중에서 한 말씀이 상함으로 말미암아 그 부분을 통해서 죄가 열 말씀 위에서 왕 노릇하게 된다는 것이다.

2. 왜 십계명을 지켜야 하는가?

하나님께서 흙으로 사람을 지으시고, 코에 생기를 불어넣어 생령이 된 존재가 아담이다. 생령이라는 말은 하나님의 아들, 딸이라는 것이다.

그렇기 때문에 하나님이 "아담아, 아담아!" 부르신 것은 다시 한 번 하나님께서 그에게 주셨던 근본, 본질을 회복시켜주시기 위해서 부르신 것이다. 참고로 아담은 '사람'이라는 뜻이다. 아담은 고유명사가 아니라 보통명사이다.

만약에 아담이 본래의 이름을 가지고 타락했다면 큰 문제가 되는 것이다. 본래의 이름을 가졌다는 말은 그의 이름이 생명록에 최초로 기록되었다는 것이다. 그렇다면 생명록의 첫 장에 인류의 시조로서 이름이 기록되었을 것이다. 그러나 그는 아직 호적에도 올라가지 못한 상태이다. 그 말은 아직 생명록에 기록되지 못한 상태였기 때문에 사람이라는 뜻을 가지고 있을 뿐이라는 것이다. "백 세에 죽는 자가 아이겠고 백 세 못되어 죽는 자는 저주 받은 것이라"(사 65:20)는 산 자의 세계에 대한 말씀에 비추어 보면 아담은 백 세가 못된 상태이므로 저주받은 자에 해당된다. 영적인 차원에서 아담이 아직 이름도 받지 못한 상태에서 쫓겨났다는 것이다.

아담이 선악을 알게 하는 나무 열매를 따먹음으로 말미암아 무엇을 범한 것인가? 물론 아담과 하나님은 한 번의 행위의 계약을 맺었지만 그 언약 속에는 무엇이 들어있는가? 열 마디로 창조하신 창조의 세계의 모든 영광이 들어있다. 지키고 다스리는 자로서 불순종을 했기 때문에 그가 지키고 다스렸던 모든 대상들이 그로 말미암아 상실되고 말았다.

그런 점에서 "사람아, 사람아! 아담아, 아담아!"라고 부르신 것은 그냥 단순하게 "네가 왜 거기 가 있느냐?"라는 의미로써 부르신 것만은 아니다. 또한 아담을 통해서 잃어버렸던 영광을 회복하기 위해서 부르신 것만도 아니다. 아담은 이미 내쫓겼기 때문에 에덴동산에 다시 들어갈 수 있는 사람으로서의 자격을 근본적으로 상실한 사람이다. 그럼에도 불구하고 아담을 부르신 것은 본래의 사람의 자리에 다른 사람을 대체해서 그 자리로부터 본래의 자리의 영광을 회복하시기 위한 목적을 가지고 부르신 것이다. 아담에게 하나님의 심정을 보여주시고 나타내시기 위해서 그를 부르신 것이다.

아담이 저지른 죄의 내용은 무엇인가?

에덴동산에서 아담이 저지른 죄의 내용이 무엇인가? 결과를 통해서 원인의 세계를 추론해 나갈 수 있다. 타락한 아담의 후손들에게 주신 계명이 십계명이다. 하나님께서 모세를 통해서 주신 십계명의 내용을 살펴보고자 한다.

출 20:3 너는 나 외에는 다른 신들을 네게 있게 말찌니라

첫 계명이 "하나님 외에 다른 신을 섬기지 말라"는 것이다. 그런데 아담이 선악을 알게 하는 나무 열매를 먹었다는 것은 선악을 알게 하는 나무를 경배하고 섬겼다는 것이다. 아담이 다른 신을 섬기고 말았다. 그래서 그는 첫 계명을 범했다.

출 20:4-6 너를 위하여 새긴 우상을 만들지 말고 또 위로 하늘에 있는 것이나 아래로 땅에 있는 것이나 땅 아래 물속에 있는 것의 아무 형상이든지 만들지 말며 그것들에게 절하지 말며 그것들을 섬기지 말라 나 여호와 너의 하나님은 질투하는 하나님인즉 나를 미워하는 자의 죄를 갚되 아비로부터 아들에게로 삼사 대까지 이르게 하거니와 나를 사랑하고 내 계명을 지키는 자에게는 천 대까지 은혜를 베푸느니라

두 번째 계명이 "우상을 섬기지 말라"는 것이다. 그런데 아담은 우상을 섬겼다. 하나님처럼 되기 위해서 뱀에게 예배를 드렸다. "네가 하나님처럼 된다"는 그 말을 단순하게만 생각해서는 안 된다. 그 말 속에는 이런 뜻이 숨어있는 것이다. "네가 하나님이 되기 위해서는 하나님의 비밀을 아는 나를 통해야만 한다"는 뜻이 있는 것이다.

그렇기 때문에 아담이 선악을 알게 하는 나무 열매를 먹은 이상 뱀을 받들고 섬겨야 하는 것이다. 그런 이치로 아담이 열매를 먹는 순간 아담은 이미 우상을 섬기고만 것이다.

출 20:7 너는 너의 하나님 여호와의 이름을 망령되이 일컫지 말라 나 여호와는 나의 이름을 망령되이 일컫는 자를 죄 없다 하지 아니하리라

세 번째가 "하나님의 이름을 망령되이 부르지 말라"는 것이다. 아담은 하나님의 이름을 망령되게 불렀다. 여기서 '망령되게'라는 말은 두 주인을 섬겼다는 것이다. 지음은 하나님께 받고, 섬김은 뱀을 섬기게 된 것이다. 아담이 두 주인을 섬겨서 하나님의 이름을 망령되게 불렀다.

하나님과 맺은 언약은 한 번의 행위의 언약으로 맺었지만 내용으로 보면 하나님께서 열 마디의 말씀으로 창조하신 창조의 세계를 아담에게 맡기신 것이다. 그러나 그가 불순종함으로 말미암아 열 마디 말씀으로 창조하신 창조의 세계를 모두 무참하게 빼앗기고 말았다. 그렇기 때문에 그것을 회복하기 위해서는 반드시 십계명을 이루어야 회복할 수가 있는 것이다.

결론으로 말하면 "아담아, 아담아"라고 부르신 것은 십계명을 회복하기 위해서 부르신 것이다. 이 말씀을 깊이 생각해보면 지금까지 알지 못했던 십계명의 절대적인 중요한 의미를 깨닫게 된다. 왜 십계명이 말씀의 중심, 핵심이 되는지를 알게 된다.

오늘의 기독교인들은 성경에 등장하는 모든 말씀이 십계명에서 나온 말씀이라는 것을 깨닫지 못한다는 것이다. 십계명을 이루기 위해서는 어디에서부터 출발해야 하는가? 율법에서부터 출발해야 한다.

왜 십계명을 회복하기 위해서는 율법으로부터 출발해야 하는가? 그 이유가 무엇인가?

마 5:17 내가 율법이나 선지자나 폐하러 온 줄로 생각지 말라 폐하러 온 것이 아니오 완전케 하려 함이로라

아담이 죄를 짓고 나자 나무 사이에 가서 숨었다. 율법에 "나무에 달린 자마다 저주 아래 있는 자라 하였음이라"(갈 3:13)고 했다.

그렇다면 과연 하나님이 "아담아, 아담아!" 부르시면서 "왜 네가 나무 사이에 숨었느냐?"라고 하신 그 나무는 어떤 나무를 말하는 것인가? 아담과 하와는 어떤 나무에 숨었다고 생각하는가? 이것이 상당히 중요한 문제가 된다.

주석에 보면 여러 유형의 해석이 있다. 아담과 하와가 자기들이 벗은 것을 깨달음으로 그 수치심 때문에 무화과나무 잎으로 치마를 만들어 가렸다(창 3:7)고 되어있다. 따라서 무화과나무 아래 숨었기 때문에 무화과나무 잎으로 옷을 해 입었을 것이라는 해석이 가장 유력하다. 그러나 깊이 생각해보면 무화과나무에 숨은 것이 아니라 다른 나무에 숨었을 가능성이 크다는 것을 알 수 있다.

구약 마당에서 사람들이 죄를 짓고 생명을 구원받고자 하면 대부분 하나님의 장막으로 쫓아가서 제단 뿔을 잡았다. 하나님의 장막 안에는 제물을 태우는 번제단이 있고 번제단 네 귀퉁이에는 뿔이 있다. 네 모퉁이에 뿔이 있어서 뿔을 잡고 있으면 생명의 속량을 받을 수 있다. 그래서 죄를 지은 요압도 장막으로 가서 뿔을 잡았고(왕상 2:28), 왕이 되려고 했던 아도니야도 장막으로 가서 그 뿔을 잡음으로 솔로몬이 그 당시에는 일단 용서해 주었다(왕상 1:50-53).

마찬가지다. 아담과 하와가 자기들이 벗었다는 부끄러움을 감추기 위해서 나무 사이에 숨었다면 그 나무는 어떤 나무일까?

아담과 하와가 죄를 지은 당시 에덴동산 한가운데에는 선악을 알게 하는 나무가 있었다. 아담이 하와가 따준 선악을 알게 하는 나무 열매를 먹었다. 열매는 여자가 따주는 것이다. 그런데 그 선악을 알게 하는 나무가 에덴동산 한가운데 생명나무와 같이 있었다. 아담과 하와가 선악을 알게 하는 나무 열매를 따먹었다면 에덴동산 한가운데로 들어갔다는 것이다. 즉 에덴동산 한가운데로 가는 길을 알고 있었다는 것이다.

그렇기 때문에 하나님께서 아담을 내쫓을 때 "선악을 아는 저가 생명나무 열매를 따먹고 영생할까 두렵다"(창 3:22)고 하셨다. 아담과 하와가 에덴동산 한가운데로 들어가는 길을 알고 있기 때문에 그 길로 다시 들어와서 생명나무 열매를 따먹을까 두렵기 때문에 그 길을 지키게 하신 것이다.

그렇다면 아담과 하와는 선악을 알게 하는 나무 뒤에 숨었을 가능성이 있지 않겠는가? 예를 들면, 어떤 사람에게 사기를 당해서 있던 돈을 몽땅 날려서 억울하고 분하다면 어떻게든지 그를 찾아서 빼앗긴 돈과 잃어버린 권리를 회복하려고 할 것이다. 그렇게 하려면 어떻게든지 숨어있는 그를 찾아가서 억울함을 풀어야 할 것이다.

다시 말하면 아담과 하와의 입장에서는 자기를 속인 나무에게 "열매를 따먹으면 하나님 같이 된다더니 어떻게 이럴 수가 있느냐?"라고 할 수 있음을 짐작할 수 있다. 그렇기 때문에 그들이 나무 사이에 숨었다고 한 그 나무는 선악을 알게 하는 나무일 가능성이 크다.

타락한 아담의 위치는 어디인가?

> 벧후 2:19 저희에게 자유를 준다 하여도 자기는 멸망의 종들이니 누구든지 진 자는 이긴 자의 종이 됨이니라

아담이 진 자가 되었기에 이긴 자의 종이 되었다. 따라서 구약은 종의 시대로서 종을 다스리는 율법을 주신 것이다.

> 창 3:17-19 아담에게 이르시되 네가 네 아내의 말을 듣고 내가 너더러 먹지 말라한 나무 실과를 먹었은즉 땅은 너로 인하여 저주를 받고 너는 종신토록 수고하여야 그 소산을 먹으리라 땅이 네게 가시덤불과 엉겅퀴를 낼 것이라 너의 먹을 것은 밭의 채소인즉 네가 얼굴에 땀이 흘러야 식물을 먹고 필경은 흙으로 돌아가리니 그 속에서 네가 취함을 입었음이라 너는 흙이니 흙으로 돌아갈 것이니라 하시니라

에덴동산에서 쫓겨난 아담이 하나님께 수백 번 제사를 드리지 않았겠는가? 그러나 하나님께서는 그의 제사를 받지 않으셨다. 선악을 알게 하는 나무를 섬기고 경배 드린 죄는 원죄에 해당된다. 그렇기 때문에 선악을 알게 하는 나무 열매를 따먹은 이상은 절대 회개할 수 없다. 이로써 아담의 후손들은 아담이 지은 원죄, 또 혈통을 통해 전해지는 유전죄, 스스로 짓는 자범죄까지 삼중고에 시달리는 인생들이 되고 말았다.

> 롬 1:23 썩어지지 아니하는 하나님의 영광을 썩어질 사람과 금수와 버러지 형상의 우상으로 바꾸었느니라

썩지 않는 영원한 하나님의 영광의 형상의 모양을 금수와 버러지 형상으로 바꾸었다.

> 롬 1:29-32 곧 모든 불의, 추악, 탐욕, 악의가 가득한 자요 시기, 살인, 분쟁, 사기, 악독이 가득한 자요 수군수군하는 자요 비방하는 자요 하나님의 미워하시는 자요 능욕하는 자요 교만한 자요 자랑하는 자요 악을 도모하는 자요 부모를 거역하는 자요 우매한 자요 배약하는 자요 무정한 자요 무자비한 자라 저희가 이 같은 일을 행하는 자는 사형에 해당하다고 하나님의 정하심을 알고도 자기들만 행할 뿐 아니라 또한 그 일을 행하는 자를 옳다 하느니라

위 구절의 내용처럼 아담의 죄는 사형에 해당하는 죄이다. 영원한 생명을 낳는 산 자의 산실(産室)이 썩어질 인간, 금수와 버러지 형상을 낳는 죽는 자의 산실이 되고 말았다. 영원한 생명을 가진 산 자를 탄생시키려는 인류 구속사역이 무산되고 만 것이다.

과연 하나님께서는 인간 농사를 포기하실 것인가?

아담의 타락으로 하나님께서 준비하신 차선책은 무엇인가?

아담을 통해서 이루고자 하신 구속사의 우선책은 이 땅에 영원한 생명을 가진 산 자, 멜기세덱을 탄생시키는 것이다. 그러나 아담의 타락으로 그 뜻이 무산되었기에, 하나님께서는 차선책을 세우셔야만 했다. 우선 원죄, 유전죄, 자범죄에 시달리는 인간들

의 죄를 해결해야만 한다. 원죄, 유전죄, 자범죄를 해결하는 것은 피조물이 할 수 없는 일이다. 오직 아버지 품에 계시던 독생하신 태초의 말씀께서 창조의 책임을 짊어지고 이 땅에 오셔서 해결하셔야만 한다.

> 창 3:15 내가 너로 여자와 원수가 되게 하고 너의 후손도 여자의 후손과 원수가 되게 하리니 여자의 후손은 네 머리를 상하게 할 것이요 너는 그의 발꿈치를 상하게 할 것이니라 하시고

> 요 1:14 말씀이 육신이 되어 우리 가운데 거하시매 우리가 그 영광을 보니 아버지의 독생자의 영광이요 은혜와 진리가 충만하더라

뱀이 하나님의 이름을 도용(盜用)한 것이 명분이 되어 여인의 후손으로 오시는 길이 열렸다. 창세기 3:15 말씀이 인류 구속사의 시작이라고 말할 수 있다. 다만 구속주가 오실 때 영광의 주로 오실 수 없고, 자기 백성을 죄에서 구원하는 예수라는 이름으로 오실 수밖에 없다(마 1:21). 그 구속사의 뜻을 이루시기 위해 에덴동산에서 "아담아, 아담아"라고 부르시는 순간, 둘째 아담으로 오실 예수님은 등에 30관이나 되는 십자가를 짊어지게 되신 것이다.

3. 예수께서 짊어지신 십자가의 내용은 무엇인가?

마 26:38-39 이에 말씀하시되 내 마음이 심히 고민하여 죽게 되었으니 너희는 여기 머물러 나와 함께 깨어 있으라 하시고 조금 나아가사 얼굴을 땅에 대시고 엎드려 기도하여 가라사대 내 아버지여 만일 할 만하시거든 이 잔을 내게서 지나가게 하옵소서 그러나 나의 원대로 마옵시고 아버지의 원대로 하옵소서 하시고

눅 22:42-44 가라사대 아버지여 만일 아버지의 뜻이어든 이 잔을 내게서 옮기시옵소서 그러나 내 원대로 마옵시고 아버지의 원대로 되기를 원하나이다 하시니 사자가 하늘로부터 예수께 나타나 힘을 돕더라 예수께서 힘쓰고 애써 더욱 간절히 기도하시니 땀이 땅에 떨어지는 피방울 같이 되더라

겟세마네 동산의 기도를 앞두고 예수께서 "내 마음이 심히 고민하여 죽게 되었다"라고 하시며 세 제자들에게 "너희는 여기 머물러 나와 함께 깨어 기도하자"고 하셨다. 왜 겟세마네 동산의 기도를 앞두고 그렇게 말씀하신 것인가? 그만큼 자신의 영혼을 쥐어짜며 기도하는 고통이 십자가를 짊어지는 고통보다 더 큰 아픔이었다는 것이다. 그런데 예수님의 울타리 역할을 해야 될 세 제자인 베드로, 야고보, 요한이 맥없이 쓰러져 잠에 취해버리고 말았다.

예수께서 "내 원대로 마옵시고 아버지의 원대로 되기를 원하나이다"라고 땀이 땅에 떨어지는 핏방울이 되도록 세 번 기도하실 때, 너무 힘드신 예수님의 모습을 보다 못해 하나님께서 천사들을 보내서 예수님을 도와드렸다. 그대로 두면 예수님이 죽을 것

같았기에 천사를 보내 도와주신 것이다.

　그렇다면 겟세마네 동산의 기도가 어떤 의미를 가지고 있기에 사람으로 오신 하나님께서 이 땅에서 그렇게 힘든 기도를 하고 계시는 것일까? 과연 그 기도는 어떤 내용이기에 예수께서 그렇게 고통스러움을 감당하지 못하고 "내가 고민하여 죽게 되었노라"고 하셨는가? 거기에는 놀라운 구속사의 비밀과 암호가 들어있다.

> 고전 2:8 이 지혜는 이 세대의 관원이 하나도 알지 못하였나니 만일 알았더면 영광의 주를 십자가에 못 박지 아니하였으리라

　위 구절에 보면 그가 영광의 주인 줄 알았더라면 그를 십자가에 못 박지 않았다고 했다. 사단 마귀는 예수님이 고난의 주로서 십자가를 지시는 것이 전부인 줄만 알았지, 더 이상의 깊은 내용을 깨닫지 못했다. 그러나 예수께서는 고난의 주로서 십자가를 짊어지신 동시에, 사단, 마귀, 인간들이 알지 못하는 또 다른 의미의 십자가를 지셨다. 또 다른 의미의 십자가를 짊어지기 원하는 아버지의 뜻대로 순종하셔야 했기에 예수께서 겟세마네 동산에서 "내 원대로 마옵시고 아버지 뜻대로 하옵소서"라는 동일한 세 번의 기도를 하신 것이다.

아버지의 뜻은 무엇인가?

　예수께서 "내 원대로 마옵시고 아버지의 원대로 하옵소서"라고 하신 '아버지의 뜻'은 무엇인가? 인류의 죄를 사하시려고 고난

의 주로서 짊어지는 십자가를 이용해서 또 다른 십자가를 짊어지라고 요구하신 것이다. 즉 영광의 주로서 짊어지는 십자가를 요구하신 것이다.

혹자는 고난의 주로서 십자가를 짊어지는 것보다 영광의 주로서 십자가를 짊어지는 것이 더 영광스러운 것이 아니냐고 반문할 수 있다. 그러나 유월절 양과 아사셀 양의 차이점을 알아야 한다.

> 출 12:3-11 너희는 이스라엘 회중에게 고하여 이르라 이 달 열흘에 너희 매인이 어린 양을 취할찌니 각 가족대로 그 식구를 위하여 어린 양을 취하되 그 어린 양에 대하여 식구가 너무 적으면 그 집의 이웃과 함께 인수를 따라서 하나를 취하며 각 사람의 식량을 따라서 너희 어린 양을 계산할 것이며 너희 어린 양은 흠 없고 일 년 된 수컷으로 하되 양이나 염소 중에서 취하고 이 달 십사 일까지 간직하였다가 해 질 때에 이스라엘 회중이 그 양을 잡고 그 피로 양을 먹을 집 문 좌우 설주와 인방에 바르고 그 밤에 그 고기를 불에 구워 무교병과 쓴 나물과 아울러 먹되 날로나 물에 삶아서나 먹지 말고 그 머리와 정강이와 내장을 다 불에 구워 먹고 아침까지 남겨 두지 말며 아침까지 남은 것은 곧 소화하라 너희는 그것을 이렇게 먹을찌니 허리에 띠를 띠고 발에 신을 신고 손에 지팡이를 잡고 급히 먹으라 이것이 여호와의 유월절이니라

> 레 16:8-10 두 염소를 위하여 제비뽑되 한 제비는 여호와를 위하고 한 제비는 아사셀을 위하여 할찌며 아론은 여호와를 위하여 제비 뽑은 염소를 속죄제로 드리고 아사셀을 위하여 제비 뽑은 염소는

산대로 여호와 앞에 두었다가 그것으로 속죄하고 아사셀을 위하여 광야로 보낼찌니라

예수님은 본래 유월절 양으로 이 땅에 오신 분이었다. 유월절 양은 본래 제단 아래서 죽게 되어 있다. 그런데 예수님은 유월절 양으로서 죽지 못하고 아사셀 양으로서 영문 밖 골고다 언덕에서 죽으셨다(레 16:8-10, 히 13:11-13). 유월절 양으로 십자가를 짊어지러 오신 분이 아사셀 양의 입장에까지 내려가셔서 아사셀 양이 걸어야 될 그 사명까지 함께 짊어지게 되었다. 즉 고난의 주로서 십자가를 짊어지셔야 될 분이 영광의 주로서의 십자가도 함께 짊어지신 것이다.

고난의 주와 영광의 주는 어떻게 다른 것인가? 다시 말하면 유월절 양과 아사셀 양은 어떤 차이가 있는가?

유월절 양, 즉 고난의 주는 문 인방과 좌우 설주에 피를 바름으로 말미암아 유월(逾越)하는 존재이다(출 12:7). 죄악을 뛰어넘는 존재, 죽음을 뛰어넘는 존재, 사망을 이길 수 있는 영원한 생명과 능력을 가진 존재로 죽기 때문에 고난의 주는 죽었다가 스스로 살아날 수 있는 대상이다. 유월절 양은 아버지의 도움이 없어도 스스로 죽음을 유월할 수 있는 영원한 생명을 가지고 죽기 때문에, 예언된 말씀대로 3일 만에 스스로 살아날 수 있다. 그것이 유월절 양이 가진 특징이다.

그런데 아사셀 양은 스스로 살아나지 못한다. 아사셀 양은 양이 가진 모든 권능을 빼앗기고 이스라엘 백성들의 모든 죄를 머리에 짊어지게 하고 광야로 내보낸다. "너는 광야에 가서 마귀

의 밥이 되라"는 의미로 마귀에게 내어주는 제물이다. 하나님께서 아담을 타락시킨 뱀에게 "너는 종신토록 흙을 먹을찌니라"(창 3:14)고 저주하셨다. 마귀는 죄로 얼룩진 인간의 육신을 먹고 사는 존재이다. 그런 마귀에게 보내는 제물이 아사셀 양이다. 그렇기 때문에 아사셀 양은 스스로 살아나지 못한다.

> 히 9:26 그리하면 그가 세상을 창조할 때부터 자주 고난을 받았어야 할 것이로되 이제 자기를 단번에 제사로 드려 죄를 없게 하시려고 세상 끝에 나타나셨느니라

예수님은 자주 고난을 받지 않고 단번에 자기를 제사로 드리기 위해서 세상 끝에 오신 분이다. 그런데 세상 끝에 오셔서 한 번의 십자가의 고난으로 끝나는 것이 아니다.

다시 말하면 유월절 양으로 죽어야 하는 예수님에게 아사셀 양이 되라는 것이다. 고난의 주라는 십자가를 짊어지셔야 할 예수님이 영광의 주가 되기 위해서 또 다른 무거운 십자가를 짊어지라는 것이다.

쉽게 생각하면 영광의 십자가가 고난의 십자가보다 좋은 것이라고 생각할 수 있다. 그러나 영광의 주가 짊어지는 십자가가 고난의 주의 십자가보다 더 어렵다. 고난의 주가 짊어지는 십자가는 인류의 죄를 대신 짊어지고 죽으면 되는 것이지만, 영광의 주가 짊어지는 십자가는 마귀의 밥이 되는 십자가이기에 훨씬 더 어려운 십자가이다. 고난의 십자가는 유월절 양으로 죽지만 영광의 십자가는 유월절 양으로 죽지 못하고, 아사셀 양으로 죽어야 하기

때문이다.

두 가지 십자가를 겹쳐서 짊어져야 하기 때문에 예수님이 "내가 고민하여 죽게 되었다"라고 하신 것이다. 자주 고난을 받지 않고 단번에 십자가를 지시고자 세상 끝에 오셨는데 이미 짊어진 십자가에다 또 하나의 십자가를 겹쳐 짊어지라는 것이다. 얼마나 그 십자가의 아픔이 힘들고 어렵겠는가?

영광의 주가 짊어지는 십자가는 무엇인가?

롬 1:3-4 이 아들로 말하면 육신으로는 다윗의 혈통에서 나셨고 성결의 영으로는 죽은 가운데서 부활하여 능력으로 하나님의 아들로 인정되셨으니 곧 우리 주 예수 그리스도시니라

"죽은 가운데서 부활하여 능력으로 하나님의 아들로 인정받으셨다"는 의미가 무엇인가? 예수님은 본래 하나님의 아들이 아니신가? 아니 태초의 말씀으로 우주만물을 창조하신 창조주 하나님, 아버지가 아니신가?

요 1:1-3 태초에 말씀이 계시니라 이 말씀이 하나님과 함께 계셨으니 이 말씀은 곧 하나님이시니라 그가 태초에 하나님과 함께 계셨고 만물이 그로 말미암아 지은바 되었으니 지은 것이 하나도 그가 없이는 된 것이 없느니라

잠 8:30 내가 그 곁에 있어서 창조자가 되어 날마다 그 기뻐하신바가 되었으며 항상 그 앞에서 즐거워하였으며

태초의 말씀이 육신으로 오신 분이 예수님이다(요 1:14). "만물이 그로 말미암아 지은바 되었으니 지은 것이 하나도 그가 없이는 된 것이 없느니라"고 했다. 예수님 자신이 아버지의 태초의 말씀으로서 '창조자'가 되어서 우주만물을 창조하신 분이다.

그런 그분이 "육신으로는 다윗의 후손으로 오셨으나 성결의 영으로는 부활의 능력으로 사망의 권세를 깨시고 하나님 아들로서 인정받으셨다"고 했으니, 그 말씀이 얼마나 이해할 수 없는 말씀인가?

> 고전 12:3 그러므로 내가 너희에게 알게 하노니 하나님의 영으로 말하는 자는 누구든지 예수를 저주할 자라 하지 않고 또 성령으로 아니하고는 누구든지 예수를 주시라 할 수 없느니라

> 요 2:24-25 예수는 그 몸을 저희에게 의탁지 아니하셨으니 이는 친히 모든 사람을 아심이요 또 친히 사람의 속에 있는 것을 아시므로 사람에 대하여 아무의 증거도 받으실 필요가 없음이니라

성령을 받지 않고는 예수를 '주, 하나님'이라고 시인할 수 없다. 예수님은 하나님이시다. 그는 완전한 인성과 완전한 신성을 가진 분이다. 그분은 신성으로도 인성으로도 하나님이라는 것이다.

그 하나님이 십자가를 지심으로 사망의 권세를 깨고 부활의 영광을 입으셨다면 본래의 영광보다 더 큰 영광을 받아야 마땅한데, 부활하신 후에야 '하나님 아들로 인정받으셨다'는 것이 무언가 앞뒤가 맞지 않는 것 같이 보인다. 그 고통의 십자가를 지신 결과 당연히 더 큰 영광을 받아도 시원치 않은데, 왜 본래 가진 하나

님으로서의 영광보다 더 낮은 아들의 영광을 받으셔야만 하는가? 얼마나 아이러니한 말씀인가?

왜 예수께서 유월절 양과 아사셀 양이라는 두 가지 십자가를 짊어지셔야 하는가?

첫째, 장차 하나님의 후사가 될 인류에게 부활의 길을 열어주시기 위해서 인간 예수로 죽으셔야 하기 때문이다.

둘째, 장차 재림 마당에 등장할 붉은 용도 두 가지 종류의 권세와 영광을 가지고 등장하기 때문이다. 그는 열 가지 보석으로 지음을 받은 자기 본래의 영광과(겔 28:13-17), 생령된 아담을 이김으로 넘겨받은 권세와 영광을 가지고 있다(눅 4:5-6).

그렇기 때문에 장차 재림 마당에 등장하여 붉은 용과 싸워야 할 해를 입은 여인이라면(계 12:1-4) 그도 당연히 두 가지 권세와 능력을 가져야 한다. 따라서 예수께서 장차 재림 마당에 등장할 해를 입은 여인에게 두 가지 권세와 영광을 넘겨주기 위해서 고난의 주와 영광의 주라는 두 가지 십자가의 길을 걸으신 것이다.

그렇다면 부활하신 예수님은 어떤 존재가 되신 것인가?

창 14:17-20 아브람이 그돌라오멜과 그와 함께한 왕들을 파하고 돌아올 때에 소돔왕이 사웨 골짜기 곧 왕곡에 나와 그를 영접하였고 살렘왕 멜기세덱이 떡과 포도주를 가지고 나왔으니 그는 지극히 높으신 하나님의 제사장이었더라 그가 아브람에게 축복

하여 가로되 천지의 주재시오 지극히 높으신 하나님이여 아
브람에게 복을 주옵소서 너희 대적을 네 손에 붙이신 지극히
높으신 하나님을 찬송할찌로다 하매 아브람이 그 얻은 것에
서 십분 일을 멜기세덱에게 주었더라

시 110:4 여호와는 맹세하고 변치 아니하시리라 이르시기를 너는 멜기세덱
의 반차를 좇아 영원한 제사장이라 하셨도다

히 7:1-3 이 멜기세덱은 살렘 왕이요 지극히 높으신 하나님의 제사장이라
여러 임금을 쳐서 죽이고 돌아오는 아브라함을 만나 복을 빈 자라
아브라함이 일체 십분의 일을 그에게 나눠주니라 그 이름을 번역
한즉 첫째 의의 왕이요 또 살렘 왕이니 곧 평강의 왕이요 아비도
없고 어미도 없고 족보도 없고 시작한 날도 없고 생명의 끝도 없
어 하나님 아들과 방불하여 항상 제사장으로 있느니라

부활하신 예수님은 하늘의 대제사장, 멜기세덱이 되신 것이다. 멜기세덱이란 피조물로서 하나님께 제사를 드리는 하늘의 대제사장이다. 멜기세덱이 하나님 아들과 방불한 존재라는 말은 사망 권세를 깨시고 부활하심으로 비로소 하나님 아들로 인정받으셨다는 뜻이다.

그렇다면 예배를 받으셔야 할 하나님 자신이 피조물인 제사장이 된다는 것이 이해가 되지 않는 부분이다. 하나님의 영광과 그 하나님께 제사를 드리는 제사장의 영광은 비교가 안 된다. 당연히 제사를 받으시는 분의 영광이 더 크다.

이처럼 영광을 받으시는 하나님이 사람으로 오셔서 이 땅에서

하나님께 영광을 돌리는 제사장의 길을 걸으라고 하시는 하나님의 그 의중은 무엇인가? 바로 그 문제 때문에 예수님이 겟세마네 동산에서 땀방울이 핏방울이 되도록 기도하신 것이다.

하나님께서 예수님에게 하나님 아들로 인정받는 그 길, 즉 멜기세덱이 되는 길을 걸으라고 요구하신 것이다. 멜기세덱 반차를 통해서 멜기세덱의 영광을 이루라고 명령하신 것이다.

> 고전 15:45-47 기록된바 첫 사람 아담은 산 영이 되었다 함과 같이 마지막 아담은 살려 주는 영이 되었나니 그러나 먼저는 신령한 자가 아니요 육 있는 자요 그 다음에 신령한 자니라 첫 사람은 땅에서 났으니 흙에 속한 자이거니와 둘째 사람은 하늘에서 나셨느니라

여기서 둘째 아담은 예수님을 말한다. 아담은 피조물이고 예수님은 창조주 하나님이시다. 그렇기 때문에 예수께서 둘째 아담의 입장으로 오신 것이지, 둘째 아담으로 오신 것이 아니다. 왜 예수께서 둘째 아담의 입장으로 오셔야 하는가?

그 이유는 첫째 아담이 상실한 생령의 모든 영광을 찾아오고 회복하기 위해서이고, 그를 지으신 창조주로서 책임을 지시고자 이 땅에 둘째 아담이라는 입장으로 오셔야만 하는 것이다. 예수님이 하나님 아들로서 죽었다가 부활한다면 그것은 너무도 당연한 일이다. 예수님은 말씀이 육신이 되어 오신 분이기 때문에 스스로 계신 자로서의 영원한 생명과 빛을 가진 분이다. 그분은 천 번을 죽여도 천 번 다 살아나는 분이다. 그분의 생명은 절대 죽는 생명이 아니기 때문이다.

히 5:7 그는 육체에 계실 때에 자기를 죽음에서 능히 구원하실 이에게 심한 통곡과 눈물로 간구와 소원을 올렸고 그의 경외하심을 인하여 들으심을 얻었느니라

왜 예수께서 죽음에서 구원하실 이에게 눈물로 간구하셨는가? 인간 예수로 죽으셔야 하기 때문이다. 예수님은 스스로 살아날 수 없는 상태로 죽어야 하기 때문에 아버지께 통곡과 눈물로 기도하신 것이다. 예수님이 스스로 부활할 수 있는 부활의 능력을 가지고 죽는다면 심한 통곡과 눈물로 아버지께 자기를 살려주시라고 기도하실 필요가 없다.

예수께서 아버지의 뜻이 무엇인지 아심으로, 태초의 말씀을 피 속에 넣어 이 땅에 다 쏟으셨다. 피에는 생명이 있기에(레 17:11) 예수님의 피 속에 말씀을 담아 쏟으신 것이다.

요 19:34 그 중 한 군병이 창으로 옆구리를 찌르니 곧 피와 물이 나오더라

십자가에 달려서 가시관을 쓰신 머리와 양손, 양발에서 피를 쏟으셨다. 그리고 로마 병정이 확인사살 차원에서 두 강도는 다리를 꺾었고, 예수님은 이미 운명하셨기 때문에 옆구리를 창으로 찌르니 피와 물이 나왔다. 몸에 상처가 나면 먼저 피가 나오고, 피가 다 빠지면 물이 나온다. 예수님의 성체에서 피와 물이 나왔다는 것은 한 마디로 예수님의 성체에는 한 방울의 피도 남지 않았다는 것이다.

예수님은 우주만물을 창조하신 그 태초의 말씀을 가지고 말씀 자체로 오신 분이다. 따라서 예수님에게는 완전한 신성과 인성이

있다. 그 신성과 인성을 가지고는 스올에 들어가지 못하신다. 그렇기 때문에 예수님이 가지고 계시는 태초의 말씀은 피 속에 감추시고, 은혜와 진리는 물속에 감추시고 이 땅에 떨치셨다.

> 요 7:37-39 명절 끝날 곧 큰 날에 예수께서 서서 외쳐 가라사대 누구든지 목마르거든 내게로 와서 마시라 나를 믿는 자는 성경에 이름과 같이 그 배에서 생수의 강이 흘러나리라 하시니 이는 그를 믿는 자의 받을 성령을 가리켜 말씀하신 것이라 (예수께서 아직 영광을 받지 못하신 고로 성령이 아직 저희에게 계시지 아니하시더라)

예수께서 십자가 사역을 마치기 전까지 아직 성령이 계시지 않았다고 했다(요 7:37-39). 다시 말하면 예수님의 영이 아직 완전한 성령으로서 완성되지 못한 것이다. 그러나 사망 권세를 깨시고 승리하심으로 예수님의 영은 완전한 성령으로서 영광을 받게 된다. 그 예수님의 영이 보혜사 성령으로 오순절 마가 다락방에서 성령의 역사를 행하실 수 있었던 것이다(행 2:1-21).

> 요일 5:8 증거하는 이가 셋이니 성령과 물과 피라 또한 이 셋이 합하여 하나이니라

그렇다면 그 성령께서 예수님이 이 땅에 떨치신 피와 물을 찾지 않겠는가? 따라서 예수님의 성령이 땅에 떨치신 태초의 말씀과 은혜와 진리를 찾아 합하여 셋이 하나가 되는 것이다. 즉, 인격적인 태초의 말씀이 되는 것이다. 그것을 가리켜 성령과 물과 피

가 합하여 하나가 된다고 표현한 것이다(요일 5:8). 셋이 합하여 하나가 된 것이 인격적인 태초의 말씀, 즉 '해'가 되는 것이다.

　해는 여호와 하나님(시 84:11), 또는 신랑이라고 했다(시 19:5). 그 '해'의 정체와 실상과 비밀을 아는 사람이 인자로서 그 해를 입게 되는 것이다. 그 비밀을 아는 자가 누구인가? 변화산에서 해처럼 변형되신 예수님과 십자가 사건을 상론(相論)했던 모세와 엘리야 중 한 사람이라면(마 17:1-3, 막 9:2-4, 눅 9:28-31), 부활한 모세와 변화한 엘리야 중 영광이 더 큰 모세가 아니겠는가?(살전 4:16-17) 그가 재림 마당에 장차 우리의 신랑이 되실 이 땅의 주, 아버지로 등장하여 그 해를 입음으로 해를 입은 여인이 되시는 것이다.[30]

　예수께서 흘리신 피 속에는 태초의 말씀을 감추시고, 옆구리에서 쏟으신 피와 물 속에는 은혜와 진리를 감추셨다. 장차 재림 마당에서 이루어질 신랑과 신부의 역사를 위해 피와 물을 쏟으신 것이다.

　예수께서 오전 9시부터 오후 3시까지 여섯 시간 동안 십자가에 달리셔서 오전 세 시간은 "저들의 죄를 용서하소서"(눅 23:34), "오늘 네가 나와 함께 낙원에 있으리라"(눅 23:43), "여자여 보소서 아들이니이다, 보라 네 어머니라"(요 19:26-27)의 세 말씀을 하셨고, 오후 세 시간 동안에 "엘리 엘리 라마 사박다니"(마 27:46), "목마르다"(요 19:28), "다 이루었다"(요 19:30), "내 영혼을 아버지 손에 부탁하나이다"(눅 23:46)의 네 말씀을

---

30) '종말론적 구속사 시리즈' 제 2권 <이 땅의 주, 그는 누구인가?> 199-209쪽, 벽암 조영래 저, 도서출판 오색이슬

동시다발적으로 하셨다.

　오전에 하신 세 말씀은 아직 태초의 말씀이 떠나지 않은 상태에서 하신 말씀이다. 하나님의 아들의 입장에서 권위를 가지고 하신 말씀이다. 그렇기 때문에 육신의 어머니인 마리아에게 "여자여!"라고 창조주의 입장에서 말씀하신 것이다. 그러나 오후에 하신 네 말씀은 태초의 말씀과 은혜와 진리를 다 떨치신 상태에서 인간 예수로서 말씀하신 것이다.

> 마 27:46 제 구시 즈음에 예수께서 크게 소리질러 가라사대 엘리 엘리 라마 사박다니 하시니 이는 곧 나의 하나님, 나의 하나님, 어찌하여 나를 버리셨나이까 하는 뜻이라

　예수께서 네 번째 말씀으로 "엘리 엘리 라마 사박다니, 아버지여 아버지여 어찌하여 나를 버리셨나이까"라고 외치신 것은 자신의 성체에서 떠나가고 있는 태초의 말씀이신 아버지를 바라보시며 외치신 것이다.

　그리고 다섯 번째 말씀으로 "목마르다"(요 19:28)라고 하셨다. 하나님의 아들은 목마르신 분이 아니다. 수가촌 여인에게도 "내가 주는 물을 먹는 자는 영원히 목마르지 아니하리니 나의 주는 물은 그 속에서 영생하도록 솟아나는 샘물이 되리라"(요 4:14)고 하셨다. 그런데 오후에 네 번째 말씀을 하실 때부터는 태초의 말씀이 떠나고 인간 예수로 달리셨기에 "목마르다"라고 하신 것이다. 그리고 마지막으로 "내 영혼을 아버지 손에 부탁하나이다"(눅 23:46)라고 하시고 운명하셨다.

이제 예수님은 우리와 똑같은 성정을 가진 인간 예수로서 스올에 들어가신 것이다. 하나님 아들로 죽으신 것이 아니다. 하나님 아들로서 가지고 계신 모든 신성과 인성까지도 피와 물속에 다 감추시어 이 땅에 떨치시고, 우리와 똑같은 성정을 가진 인간 예수로 스올에 가신 것이다.

> 벧전 3:18-20 그리스도께서도 한번 죄를 위하여 죽으사 의인으로서 불의한 자를 대신하셨으니 이는 우리를 하나님 앞으로 인도하려 하심이라 육체로는 죽임을 당하시고 영으로는 살리심을 받으셨으니 저가 또한 영으로 옥에 있는 영들에게 전파하시니라 그들은 전에 노아의 날 방주 예비할 동안 하나님이 오래 참고 기다리실 때에 순종치 아니하던 자들이라 방주에서 물로 말미암아 구원을 얻은 자가 몇 명뿐이니 겨우 여덟 명이라

> 벧전 1:9 믿음의 결국 곧 영혼의 구원을 받음이라

그러나 예수님은 믿음의 주이시다(히 12:2). 비록 말씀은 이 땅에 떨쳤으나, 믿음으로 스올에 들어가셔서 부활의 복음을 전함으로써 물로 심판받은 자들이 영혼 구원을 받게 해 주셨다(벧전 1:9). 그리고 3일 만에 아버지께서 살려주시어 부활하심으로 하나님 아들로 인정을 받으셨다(롬 1:4).

만일 예수님이 하나님의 아들로서 죽었다 부활하셨다면 예수님의 부활이 우리의 부활이 될 수 있겠는가? 예수께서 우리와 똑같은 사람의 입장으로 죽었다가 부활하셨기 때문에 그분의 부활

이 곧 우리의 부활이 될 수 있는 것이다. 만일 예수께서 하나님 아들로 죽었다 부활하셨다면 피조물로서는 아무도 예수님이 가신 그 길을 따라갈 수 없다. 이처럼 예수께서 피조물의 입장으로서 부활하심으로 하나님 아들로 인정받았기 때문에 하늘의 대제사장, 멜기세덱이 되신 것이다.

그 점을 깊이 생각해야 한다. 그 점을 올바로 정해하지 못하고 무조건 예수님의 부활이 우리의 부활이라고 한다면 우리는 절대 예수님이 가신 그 길을 따를 수 없다.

심지어 일부 성도들은 부활은 예수님에게만 국한된 것이고, 성도들은 죽으면 천당에 간다고 생각하고 있다. 예수님은 본래 영원한 생명을 가지신 분이다. 예수님만 부활하시려면 굳이 이 땅에 인자로 오실 필요가 없다.

또 어느 교단에서는 예수님은 영적으로만 부활하셨다고 가르치고 있다. 산 자란 영육 간에 온전히 살아있는 존재를 말한다. 분명히 부활하신 후에 영육을 가진 상태로 잠근 문을 통과해서 나타나시고 음식을 잡수시는 모습을 보여주셨다(눅 24:36-43). 그렇기 때문에 성경을 자세히 보아야 한다(사 34:16).

예수께서 이 땅에 오신 목적은 무엇인가?

첫째, 인류의 죄를 해결하여 구원하기 위해서 오셨다(행 4:12, 롬 10:9, 고전 1:18, 엡 2:5, 살전 5:9, 딤전 1:15).

히 1:1-3 옛적에 선지자들로 여러 부분과 여러 모양으로 우리 조상들에게 말씀하신 하나님이 이 모든 날 마지막에 아들로 우리에게 말씀하셨으니 이 아들을 만유의 후사로 세우시고 또 저로 말미암아 모든 세계를 지으셨느니라 이는 하나님의 영광의 광채시요 그 본체의 형상이시라 그의 능력의 말씀으로 만물을 붙드시며 죄를 정결케 하는 일을 하시고 높은 곳에 계신 위엄의 우편에 앉으셨느니라

하나님께서 아들로 하여금 말씀으로 모든 세계를 짓게 하시고, 말씀의 권세와 능력으로 만물을 주관하시며 섭리하시고, 죄를 정결케 하신다. 이처럼 예수님은 본질적으로 죄를 사해주시는 권세를 가지신 분이기에 이 땅의 인간들의 죄를 해결하시기 위해 고난의 십자가를 짊어지셨다.

둘째, 마귀를 멸하기 위해 오셨다(막 1:24, 눅 4:34).

막 1:24 나사렛 예수여 우리가 당신과 무슨 상관이 있나이까 우리를 멸하러 왔나이까 나는 당신이 누구인줄 아노니 하나님의 거룩한 자니이다

예수께서 마귀의 머리를 징치하심으로 장자권을 빼앗았으나 마귀를 영원히 심판하지는 않으셨다. 그 이유는 예수님의 능력이 모자라서 마귀를 심판하지 못하신 것이 아니다. 예수께서 마귀를 멸할 자를 낳아서 그로 하여금 마귀를 심판하게 하시는 것이 진정한 승리이며 영원한 심판이 되기 때문이다. 즉 마귀를 멸할 수 있는 자기의 분신을 탄생시켜야 한다. 바로 멜기세덱이 원수를 무릎 꿇게 하여 예수님께 영광을 바치는 존재이다. 그 때까지 예수께서 하늘 우편 보좌, 만유 안에서 기다리시는 것이다(눅 20:43, 행 2:35, 히 1:13, 10:12-13).

> 히 10:12-13 오직 그리스도는 죄를 위하여 한 영원한 제사를 드리시고 하나님 우편에 앉으사 그 후에 자기 원수들로 자기 발등상이 되게 하실 때까지 기다리시나니

예수께서 만물을 다 지으신 분이기에, 멜기세덱과 멜기세덱의 원형이 되는 네 생물도 지으신 분이다. 그렇기 때문에 창조주로서의 책임을 지고 인류의 죄도 해결해주시고, 멜기세덱도 탄생시켜야 한다.

이 땅의 피조물로서는 멜기세덱 탄생의 길을 완성할 존재가 없기에, 예수께서 친히 인자로 오셔서 사망 권세를 깨시고 부활하셔서 멜기세덱이 되심으로 멜기세덱이 탄생하는 길을 완성하셨다. 그러나 멜기세덱은 피조물이지 창조주가 아니다. 예수께서 이 땅에 40일 계시는 동안에만 멜기세덱으로 계신 것이지, 승천하셔서 하늘 우편 보좌에 계시는 입장은 성자 하나님으로 계시는 것이다.[31]

예수께서 '아버지의 원대로' 행하신 내용은 멜기세덱이 되는 길을 완성하는 것이다.

본래 멜기세덱은 누구의 몫이었는가? 첫째 아담이 입을 영광이었다. 그런데 아담이 그 영광의 새 이름을 받지 못하고 선악을 알게 하는 나무 열매를 먹고 에덴동산에서 쫓겨났다. 둘째 아담으로 오신 예수님이 첫째 아담이 상실한 모든 천국의 비밀, 장자권을 다시 회복하기 위해서 여인의 후손으로 오셔서 뱀의 머리를 징

---

[31] '종말론적 구속사 시리즈' 제 2권 <이 땅의 주, 그는 누구인가?> 176-187쪽, 벽암 조영래 저, 도서출판 오색이슬

치하셨다(창 3:15). 첫째 아담을 통해서 이루고자 하셨던 영광을 첫 아담이 이루지 못함으로, 둘째 아담으로 오신 예수께서 다 이루셨다. 예수께서 십자가 상에서 "다 이루었다"(요 19:30)고 하신 말씀은 인류 구속사역의 전체를 다 이루셨다는 것이 아니라, 첫째 아담이 빼앗긴 모든 영광을 다 이루었다는 것이다.

오늘날 일부 성도들이 그 한계를 구별하지 못하기 때문에 예수께서 인류 구속사역의 전체를 다 이루신 것으로 생각한다. 그렇게 생각하기 때문에 "오직 예수, 오직 예수!"만을 부르짖는다. 예수님만 믿으면, 예수님만 따라가면 모든 것이 해결되고, 장차 재림 예수로 오셔서 마귀를 멸하시고 우리를 구원하신다고 굳게 믿고 있다. 과연 그렇게 인류 구속사역이 완성될 것인가?

> 요 5:43 나는 내 아버지의 이름으로 왔으매 너희가 영접지 아니하나 만일 다른 사람이 자기 이름으로 오면 영접하리라

예수께서 친히 하신 말씀이다. "나는 내 아버지의 이름으로 왔으매 너희가 영접지 아니하나 만일 다른 사람이 자기 이름으로 오면 영접하리라"고 하신 '나'는 예수님을 말한다. 예수님은 아버지의 이름으로 오신 분이다. 아버지를 보여 달라는 빌립에게 "네가 나를 보고도 아버지를 보여 달라고 하느냐? 내 안에 아버지가 있고 아버지 안에 내가 있다"(요 14:9-10)라고 하셨다. 한 마디로 예수님이 아버지이시고 하나님이라는 것이다. 그 당시 제자들은 그것을 깨닫지 못했다. 제자들만 깨닫지 못했는가? 오늘날 믿는 성도들도 그 사실을 믿지 못하기 때문에 "오직 예수, 오직 예수"만 부르짖는 게 아닌가?

분명히 "다른 사람이 자기 이름으로 오면 영접하리라"고 하셨다. 그 다른 사람은 예수가 아니다. 예수가 아닌 다른 사람이 영광의 주로 오신다면 그가 누구인가? 그가 재림주가 아니겠는가? 재림주는 고난의 주가 아니라 자기를 바라는 자들에게 오시는 분이기 때문이다(히 9:28).

종말론적 입장에서 말하면, 초림 때 창조주 하나님이 사람으로 오셔서 이 땅에서 죽었다가 부활하심으로 하나님 아들로 인정받았다. 자기 이름으로 오시는 재림주도 예수님이 걸으신 과정을 걸어야만 영광을 입을 수 있는 것이다. 그 어떤 존재가 재림주로 온다고 할지라도 그도 창조주 하나님이신 예수님이 걸었던 그 길을 걷지 않고는 하나님 아들로, 재림주로 인정받지 못하는 것이다.

우리와 같은 시한부 인생들이 재림주라고 주장한다고 해서 재림주가 될 수 있는 것인가? 밥 먹고 똥 싸는 인간은 절대 재림주가 될 수 없는 것이다. 그렇기 때문에 재림주도 이 땅에 와서 죽었다가 사망 권세를 깨고 살아나야 한다. 그래야 산 자의 영광을 입을 수 있고, 산 자의 영광을 입음으로 시공간을 초월하는 존재가 될 수 있는 것이다. 즉 멜기세덱의 영광을 입은 분이 재림주가 되는 것이다.

그리고 산 자의 영광을 입은 재림주가 이 땅에서 자기의 신부를 탄생시키셔야 한다. 그 신부 역시 시한부 인생이 아니라 영육간에 산 자가 되어야 한다. 그런 존재만이 하늘 보좌로 올라갈 수 있고, 철장으로 만국을 다스릴 남자가 되어 하늘을 통일하고 주관하며 다스릴 수 있는 것이다(계 12:5).

예수께서 겟세마네 동산에서 그 역사를 바라보시며 "내 원대로 마옵시고 아버지의 원대로 하옵소서"라고 세 번 동일한 기도를 하신 것이다.

예수께서 세 번 피를 흘리신 내용이 무엇인가?

첫째, 겟세마네 동산에서 피를 흘리셨다.

> 눅 22:44 예수께서 힘쓰고 애써 더욱 간절히 기도하시니 땀이 땅에 떨어지는 피방울 같이 되더라

예수께서 겟세마네 동산에서 힘쓰고 애써 더욱 간절히 기도하시니 땀방울이 핏방울처럼 되었다. 그 기도가 얼마나 힘이 들면 하나님께서 천사를 보내서 기도를 도우셨겠는가? 예수님은 얼굴을 땅에 대고 기도하셨다(마 26:39). 심혈을 기울인 정점에서 머리에서 핏줄이 터져 머리에서 피가 흐른 것이다.

그 피는 멜기세덱을 탄생하기 위해서 흘린 피였다. 아버지께서 그것을 요구하셨기 때문에 예수께서 땀이 피가 되도록 기도하신 것이다. 그것은 본래 가지고 오신 목적 외에 또 다른 목적이다.

> 시 40:7-8 그 때에 내가 말하기를 내가 왔나이다 나를 가리켜 기록한 것이 두루마리 책에 있나이다 나의 하나님이여 내가 주의 뜻 행하기를 즐기오니 주의 법이 나의 심중에 있나이다 하였나이다

예수께서 본래 행하시려는 두루마리에 기록된 뜻 외에 "내 원대로 마옵시고 아버지의 뜻대로 하옵소서"라는 별도의 목적을 말한다. 처음부터 그 뜻을 가져오면 마귀가 알게 되기에, 마지막 겟세마네 동산에서 아버지께서 요구하신 것이다.

> 고전 2:8 이 지혜는 이 세대의 관원이 하나도 알지 못하였나니 만일 알았더면 영광의 주를 십자가에 못 박지 아니하였으리라

마귀가 그 지혜를 알지 못하고 영광의 주를 십자가에 못 박은 것이다. 그 비밀은 예수님과 아버지만의 극비의 사이클을 통해 주고 받은 기도 중 알게 된 것이다. 따라서 겟세마네 동산에서 흘린 피는 멜기세덱의 탄생을 위해서 흘리신 피였다.

둘째, 십자가에 달려 피를 흘리셨다.

> 사 63:1-3 에돔에서 오며 홍의를 입고 보스라에서 오는 자가 누구뇨 그 화려한 의복 큰 능력으로 걷는 자가 누구뇨 그는 내니 의를 말하는 자요 구원하기에 능한 자니라 어찌하여 네 의복이 붉으며 네 옷이 포도즙 틀을 밟는 자 같으뇨 만민 중에 나와 함께한 자가 없이 내가 홀로 포도즙 틀을 밟았는데 내가 노함을 인하여 무리를 밟았고 분함을 인하여 짓밟았으므로 그들의 선혈이 내 옷에 뛰어 내 의복을 다 더럽혔음이니

이사야 53장, 시편 22편에서 예언된 것처럼 예수께서 십자가에 달리셨을 때, 가시관을 쓰신 머리에서, 양손 양발에 박힌 못자

국에서 피를 흘리셨다. 예수께서 십자가에서 흘린 피는 인류의 죄를 위해 흘리신 피였다. 우리의 머리로 짓는 죄와 허물로 인해 가시관이 박힌 머리에서 피를 흘리셨고, 손으로 짓는 죄와 허물로 인해 양손에 못이 박혀 피를 흘리셨고, 발로 짓는 죄와 허물로 인해 양발에 못이 박혀 피를 흘리셨다. 아담이 지은 원죄, 혈통으로 전해지는 유전죄, 스스로 짓는 자범죄를 짊어진 인류의 죄와 허물을 사해주시고자 예수께서 십자가에서 피를 흘리신 것이다.

셋째, 옆구리에서 피를 흘리셨다.

> 요 19:31-34 이 날은 예비일이라 유대인들은 그 안식일이 큰 날이므로 그 안식일에 시체들을 십자가에 두지 아니하려 하여 빌라도에게 그들의 다리를 꺾어 시체를 치워 달라 하니 군병들이 가서 예수와 함께 못 박힌 첫째 사람과 또 그 다른 사람의 다리를 꺾고 예수께 이르러는 이미 죽은 것을 보고 다리를 꺾지 아니하고 그 중 한 군병이 창으로 옆구리를 찌르니 곧 피와 물이 나오더라

십자가 나무에 달린 죄인이 그 날 밤이 되기 전에 운명하지 않으면 땅이 저주를 받는다고 하여(갈 3:13) 확인사살을 하는 관례가 있다. 두 강도는 다리를 꺾어 확인사살을 했으나, 예수님은 이미 운명하셨기에 옆구리를 찔러 피와 물이 나왔다. 피와 물이 나왔다는 것은 예수님의 성체에는 피 한 방울도 남지 않았다는 뜻이다.

옆구리는 허리춤, 즉 후손을 상징한다. 히브리서 7장에 허리춤

의 레위지파를 위해서 아브라함이 십일조를 바쳤다는 말씀이 기록되어 있다(히 7:9-10). 옆구리에서 흘리신 피는 장차 산 자로 탄생하실 신랑과 신부를 위해서 흘리신 피였다.

정리하면, 겟세마네 동산에서 흘린 피는 멜기세덱의 탄생을 위해서 흘리신 피였고, 십자가에서 흘리신 피는 인류의 죄를 사해 주시려고 흘리신 피였고, 로마 병정들에게 옆구리를 찔려 피와 물이 나온 것은 재림 마당에서 이루어질 신랑과 신부를 위해 흘린 마지막 피였다.

IV
들짐승 중 간교한 뱀의 정체와 실상

1. 에덴동산에 침투한 뱀의 정체는 무엇인가?

> 창 3:1 여호와 하나님의 지으신 들짐승 중에 뱀이 가장 간교하더라 뱀이 여자에게 물어 가로되 하나님이 참으로 너희더러 동산 모든 나무의 실과를 먹지 말라 하시더냐

> 사 27:1 그 날에 여호와께서 그 견고하고 크고 강한 칼로 날랜 뱀 리워야단 곧 꼬불꼬불한 뱀 리워야단을 벌하시며 바다에 있는 용을 죽이시리라

에덴동산을 침입하여 하와를 유혹한 뱀의 정체는 무엇인가? 뱀은 들짐승 중에서 가장 간교하다고 했고, 꼬불꼬불한 리워야단으로 기록되어 있다. 리워야단이 꼬불꼬불하다는 것은 자기의 정체와 실상을 감추기 위해 여러 유형으로 수시로 변형하는 모습을 표현한 것이다. 그리고 상대인 적을 향해 세차게 추진할 태세를 갖춘 모양을 말한다.

> 창 2:19 여호와 하나님이 흙으로 각종 들짐승과 공중의 각종 새를 지으시고 아담이 어떻게 이름을 짓나 보시려고 그것들을 그에게로 이끌어 이르시니 아담이 각 생물을 일컫는 바가 곧 그 이름이라

하나님께서 아담에게 에덴동산을 지키고 다스릴 수 있는 주인공으로서의 권세와 능력과 책임을 주시고자 각종 들짐승과 공중의 각종 새에게 이름을 짓게 하셨다. 아담이 명명한 대로 그들의 이름이 된 것이다. 세상 부모들도 자녀의 이름을 지을 때 정성을 기울여 아름답고 좋은 의미를 지닌 이름을 짓는다. 하물며 천상의 세계에서 아담이 이름을 지을 때에야 당연히 그 존재 속에 있는 하나님의 신성을 바라보며 지었을 것이다. 그렇다면 들짐승에 소속된 뱀의 이름 또한 아담이 이름을 지어준 대상이다.

> 마 10:16 보라 내가 너희를 보냄이 양을 이리 가운데 보냄과 같도다 그러므로 너희는 뱀 같이 지혜롭고 비둘기 같이 순결하라

예수께서 친히 하신 말씀이다. "뱀 같이 지혜롭고 비둘기 같이 순결하라"는 말씀에서 뱀의 지혜가 어떤 것인가? "들짐승 중에 뱀이 가장 간교하더라"(창 3:1)에서 뱀의 지혜는 부정적인 지혜라는 것을 알 수 있다.

예수께서 첫째 아담이 실패했던 권세와 영광을 찾아오시고자 둘째 아담의 입장으로 오셨다. 따라서 예수님은 아담이 실패했던 그 도적 과정, 시험에서 이기셔야 한다. 아담의 권세와 영광을 빼앗아간 마귀와의 싸움을 하시려면 우선 마귀에게 도전권을 제시해야 한다. 그래서 40일 금식을 하신 것이다.

그 다음에는 마귀의 세 번 시험에서 이겨야 한다. 마귀의 시험에서 이겨야만 이긴 자로서 말씀의 권세와 능력을 나타낼 수 있다. 그런데 마귀의 첫 시험이 "돌로 떡이 되게 하라"(마 4:3)는 것이다.

> 마 4:1-4 그 때에 예수께서 성령에게 이끌리어 마귀에게 시험을 받으러 광야로 가사 사십 일을 밤낮으로 금식하신 후에 주리신지라 시험하는 자가 예수께 나아와서 가로되 네가 만일 하나님의 아들이어든 명하여 이 돌들이 떡덩이가 되게 하라 예수께서 대답하여 가라사대 기록되었으되 사람이 떡으로만 살 것이 아니요 하나님의 입으로 나오는 모든 말씀으로 살 것이라 하였느니라 하시니

왜 마귀가 예수님께 돌로 떡이 되게 하라고 했는가? 예수님은 오병이어의 기적도 행하신 분이며(요 6:9-13), 발에 채는 돌덩이를 가지고도 아브라함의 자손을 만드실 수 있는 분인데(마 3:9, 눅 3:8), 자신의 굶주림을 해결할 수 있는 능력이 없겠는가?

그렇다면 여기서 마귀가 노리는 노림수가 무엇인가? 마귀가 그렇게 시험적으로 예수님을 유혹한 것은 예수님이 고유적으로 가지고 계신 말씀의 능력을 행하시게 하려는 것이다. 40일을 밤낮으로 굶주리신 예수님이 얼마나 시장하시겠는가? 마귀는 그 틈을 노린 것이다.

만일 예수님이 말씀의 능력을 가지고 돌들로 떡을 만들어서 굶주림을 해결했다면 어떤 문제가 생기는 것인가? 예수님이 첫째 아담이 실패한 도적 과정에서 그것을 회복하지 못한 상태에서 말씀의 능력을 나타내면 그 순간, 예수님도 첫째 아담처럼 도적 시

험의 과정에서 실패하는 것이다. 만일 예수님의 굶주림을 본인이 가지고 있는 말씀의 능력으로 해결한다면 그것은 말씀의 원리의 율례와 규례 안에서 뜻을 범하는 것이 되기 때문에 절대 돌을 떡으로 만들어서는 안 된다. 그러나 첫 번째 도적 시험에서 이기고 나면 그 이후로 예수님은 본래 그분이 가지고 있는 말씀의 권세와 능력을 행하실 수 있게 된다.

따라서 예수께서 가나 혼인잔치에서 포도주를 만드신 것이 첫째 기적이라고(요 2:11) 기록한 것은, 공생애 과정에서 둘째 아담으로서 첫째 아담의 도적 과정의 실패를 회복한 이후에 일어난 첫 번째 능력이었기 때문이다. 그렇기 때문에 반드시 마귀의 시험에서 이긴 후에 말씀의 능력을 행하셔야만 한다.

이처럼 예수님은 말씀이 육신으로 오신 분이기에 뱀 같은 지혜로 쓰러뜨리려는 마귀의 시험에서 이기실 수 있었다.

하와를 넘어뜨린 뱀의 간교함은 무엇인가?

> 창 3:1 여호와 하나님의 지으신 들짐승 중에 뱀이 가장 간교하더라 뱀이 여자에게 물어 가로되 하나님이 참으로 너희더러 동산 모든 나무의 실과를 먹지 말라 하시더냐

"하나님이 참으로 너희더러 에덴동산의 모든 나무의 실과를 따먹지 말라고 하셨느냐?"는 말에는 뱀의 저의가 밝히 드러나고 있다. 뱀의 입장에서는 하나님께서 아담과 하와에게 궁극적으로 어떤 계명을 주셨는지가 가장 궁금했다. 그것을 알기 위해서 하와

에게 유도 질문을 한 것이다.

그 때 하와가 아담에게 올바르게 가르침을 받았다면 이렇게 대답했어야 한다. "네가 그것을 왜 묻느냐? 궁금하면 하나님께 직접 물어보라! 나는 대답할 수 없다"라고 했다면 뱀을 물리칠 수 있었을 것이다. 그런데 마치 야곱의 딸 디나가 자기와 다른 환경에 호기심이 발동하여 구경을 나간 것처럼(창 34:1), 하와도 에덴동산 바깥 세계에 대한 호기심으로 뱀의 유도 질문에 넘어간 것이 문제가 되었다.

그런데 뱀의 기대에 비해 하와가 너무 빠르게 원하던 것 이상의 정보를 들려주었다. 다시 말하면 "선악을 알게 하는 나무의 실과를 먹으면 정녕 죽으리라"(창 2:17)는 것까지 알려준 것이다. 그 결과 뱀은 하나님께서 아담과 하와에게 주신 계명이 무엇이라는 것을 알게 되었다. 그래서 뱀은 아담과 하와에게 선악을 알게 하는 나무의 실과를 먹이면 아담의 가정을 초토화시킬 수 있다는 사실을 알게 됨으로, 하나님의 이름을 도용(盜用)해서 여자에게 먼저 열매를 따먹게 하고 아담에게도 먹게 만들었다.

이처럼 뱀이 간교한 지혜를 이용해서 하나님께서 정성으로 만드신 에덴동산을 초토화시킨 것이다.

2. 아담의 벗었음을 최초로 고한 자가 누구인가?

창 3:10-11 가로되 내가 동산에서 하나님의 소리를 듣고 내가 벗었으므로

두려워하여 숨었나이다 가라사대 누가 너의 벗었음을 네게 고
하였느냐 내가 너더러 먹지 말라 명한 그 나무 실과를 네가 먹
었느냐

아담이 "내가 동산에서 하나님의 소리를 듣고 내가 벗었으므
로 두려워하여 숨었나이다"라고 고백하자, 하나님께서 아담에게
"누가 너의 벗었음을 네게 고하였느냐?"라고 물으셨다.

성경에는 벗은 사건이 많이 나온다. 대표적인 사건이 노아의
사건이다. 노아가 포도주에 취해서 벗었음으로 둘째 아들인 함이
노아의 벗었음을 고하였다. 여기서 함이 노아의 하체를 보고 벗
었음을 고하였다는 입장은 부정적이다. 함은 셈과 야벳에게 노아
의 벗었음을 고했고, 셈과 야벳은 아비의 하체를 보지 않으려고
겉옷을 들고 뒷걸음질로 들어가서 아비의 하체를 가려주었다(창
9:20-23). 즉 고한 사람은 부정적으로 고했고, 덮어준 사람은 긍
정적인 입장에서 덮어준 것이다.

그 점을 깊이 생각해보면 분명히 아담과 하와의 경우에도 그
들의 벗었음을 고한 사람은 부정적으로 고했을 것이다. 부정적으
로 고했다는 말은 비웃고 조롱하고 저주했다는 말이다.

마 27:27-29 이에 총독의 군병들이 예수를 데리고 관정 안으로 들어가서
온 군대를 그에게로 모으고 그의 옷을 벗기고 홍포를 입히며
가시 면류관을 엮어 그 머리에 씌우고 갈대를 그 오른손에 들
리고 그 앞에서 무릎을 꿇고 희롱하여 가로되 유대인의 왕이
여 평안할찌어다 하며

막 15:17-20 예수에게 자색 옷을 입히고 가시 면류관을 엮어 씌우고 예하여 가로되 유대인의 왕이여 평안할찌어다 하고 갈대로 그의 머리를 치며 침을 뱉으며 꿇어 절하더라 희롱을 다한 후 자색 옷을 벗기고 도로 그의 옷을 입히고 십자가에 못 박으려고 끌고 나가니라

예수님이 십자가에 벌거벗고 달리셨을 때 십자가 앞에 가야바와 안나스라는 대제사장을 비롯한 관원들이 예수님에게 손가락질을 하며 "네가 자칭 하나님 아들이 아니냐? 그렇다면 하나님 아들로서 능력을 발휘하여 십자가에서 내려와 보라. 그러면 내가 너를 믿겠다"라고 했다. 거기에도 분명히 예수님을 모욕하는 비웃음과 조롱과 멸시가 들어있었다. 그것을 가리켜 고했다고 하는 것이다.

마 27:3-5 때에 예수를 판 유다가 그의 정죄됨을 보고 스스로 뉘우쳐 그 은 삼십을 대제사장들과 장로들에게 도로 갖다 주며 가로되 내가 무죄한 피를 팔고 죄를 범하였도다 하니 저희가 가로되 그것이 우리에게 무슨 상관이 있느냐 네가 당하라 하거늘 유다가 은을 성소에 던져 넣고 물러가서 스스로 목매어 죽은지라

가룟 유다가 뒤늦게나마 자기의 밀고로 인해 무고한 예수님으로 하여금 십자가를 지게 만들었다는 자책감을 갖게 되자, 먼저 은 30냥을 준 사람들에게 갖다 주었다. "내가 무고한 사람을 팔아서 감당할 수 없는 일을 저질렀다"며 도로 갖다 주었으나 그들이 받지 않았다. "네가 저지른 일이니 네가 책임지라, 그것은 네가 한

일이 아니야? 우리와는 아무 상관이 없다"고 하며 가룟 유다에게 책임을 떠넘겼다.

　이 사건의 의미를 에덴동산의 사건으로 적용시켜보고자 한다. "누가 너의 벗었음을 고하였느냐?"라는 말씀에서 에덴동산에서는 들짐승 중에서 가장 간교한 뱀이 고한 것이다. 그것이 마귀의 습성이다.

　아담이 선악을 알게 하는 나무 열매를 따먹고 난 후에 어떤 대화가 오고갔겠는가? 분명히 벗은 자가 된 아담의 입장에서 고한 자에게 한 마디 쯤은 말하지 않았겠는가? 아마 "야, 따먹으면 하나님 같이 된다더니 따먹고 나니까 우리가 이 꼴이 됐어! 이게 어떻게 된 거야?"라고 한 마디쯤은 했을 것이다.

　앞서 소개한 가룟 유다의 경우 "네가 선택한 것이니 네가 책임지라"고 한 것처럼, 뱀도 "네가 선택해서 따먹었으니까 네가 책임져라. 나는 아무 상관이 없어!"라고 말했을 것이라는 정황을 짐작해 볼 수 있다. 아담의 벗었음을 뱀이 그렇게 고한 것은 빛의 옷을 벗고 있는 아담과 하와를 비웃고, 조롱하고, 저주했다는 말이다.

　한 가지 분명한 사실은 마귀의 속성은 이용하고 나면 버린다. "아버지께서 내게 주신 자 중에서 하나도 잃지 아니하였삽나이다"(요 18:9)라고 하신 예수님은 자기 목숨을 다해서 양들을 지키지만, 마귀는 자기 필요할 때만 이용하고, 이용할 가치가 없으면 버리게 되어있다. 세상 말에도 '토사구팽'이라는 말이 있다.[32] 그것이 마귀의 습성이다. 자기가 불리하면 언제든지 자기에게 소

---

32) 토사구팽-사냥이 끝난 개는 잡아먹는다는 말이다.

속된 무리들을 자기의 먹잇감으로 사용한다는 사실이다.

누가 아담에게 고한 것인가? "선악나무 열매를 따먹으면 하나님 같이 된다"던 마귀가 아담의 벗었음을 고한 것은 함이 노아의 하체를 보고 비웃은 것처럼, 예수님의 하체를 보고 비웃고 있는 대제사장들처럼, 은 30냥으로 예수님을 팔고 그 은을 갖다 주었던 가룟유다를 비웃었던 그들처럼, 간교하고 교활하기 그지없는 자들이 아담의 벗었음을 비웃고 조롱했다는 것이다.

베드로후서 2:19에 "진 자는 이긴 자의 종이라"고 하신 말씀처럼 뱀이 아담과 하와에게 "너희는 이제 나의 종이다"라고 했을 것이다. 예레미야 25:9 말씀에 보면 하나님께서 느부갓네살을 나의 종이라고 말했다. 느부갓네살을 나의 종이라고 하신 것은 "너는 나의 종이지만 의로운 종이 아니라 악으로 쓰임 받는 나의 종이라"(잠 16:4)는 뜻으로 말씀하신 것이다.

따라서 사단 마귀가 "너는 나의 종이다. 내게 절하면 이 모든 영광을 네게 주겠다"(눅 4:5-6)는 말 속에도 그런 의미가 들어있다.

3. 아담을 타락시킨 뱀이 받은 저주는 무엇인가?

에덴동산에서 아담과 하와를 타락시킨 뱀에게 내린 저주의 내용은 무엇인가?

> 창 3:14 여호와 하나님이 뱀에게 이르시되 네가 이렇게 하였으니 네가 모든 육축과 들의 모든 짐승보다 더욱 저주를 받아 배로 다니고 종신토록 흙을 먹을지니라

타락한 아담과 뱀은 똑같이 에덴동산에서 이 땅으로 쫓겨났다. 그래도 하나님께서 아담과 하와에게는 자비와 긍휼을 베풀어 주셔서 무화과나무 잎으로 가린 대신 양을 잡아 가죽옷을 지어 입히셨다. 그리고 하나님의 긍휼을 입어 처소만큼은 자유로이 선택한 장소에 마련할 수 있었다. 그러나 뱀은 찍혀 떨어진 존재이기에 자율적인 처소를 마련하지 못하고 하나님이 지정하신 처소에 들어갔다.

또 뱀은 모든 육축과 들의 모든 짐승보다 더욱 저주를 받아 배로 다니고 종신토록 흙을 먹으라고 하셨다. 에덴동산에 존재하는 대상들은 비상하는 존재들이다. 뱀도 비상하는 존재였다. 그런 존재가 이 땅에 쫓겨옴으로 배로 다니게 되었다.

그리고 종신토록 흙을 먹고 살라고 하셨다. 그렇다면 파충류 뱀이 보이는 흙을 먹고 사는가? 어떤 짐승이든지 흙을 먹고 살 수 있는 짐승은 없다. 이 땅에 사는 뱀도 흙을 먹고 살 수는 없다. 뱀이 흙을 먹는다는 말은 무슨 뜻인가? 흙을 먹을 수 있는 권세를 주었다는 것이다.

구체적으로 흙을 먹는다는 말은 무엇을 먹는다는 것인가? 사람의 혼은 위로 올라가고 짐승의 혼은 아래로 내려간다고 했다(전 3:21). 위로 올라가지 못하는 짐승 같은 사람들의 육신은 뱀이 다 먹게 하셨다는 것이다. 타락한 아담에게 "너는 흙이니 흙으

로 돌아갈지어다"(창 3:19)라고 하셨다. 그런 흙 차원의 인생들의 육신은 다 마귀의 것이기에 죽으면 마귀가 가져간다. 인간의 육신을 뱀으로 하여금 주관하며 다스릴 수 있는 권세를 주셨기 때문이다.

그래서 모세의 시체를 놓고 마귀와 미가엘 천사장이 싸웠고(유 1:9), 흰옷 입은 두 천사가 예수님의 시체를 머리와 발쪽에서 지킨 것이다(요 20:12).

구약 마당에서 주신 율법은 죄를 깨닫게 하는 것이지 죄를 이기지 못한다(롬 3:20). 따라서 구약의 율법 시대에 죽은 사람들은 하늘로 올라가지 못하고 음부 속으로 들어간 것이다. 그렇게 하늘로 올라가지 못하고 음부 속으로 들어간 짐승 같이 살던 사람들의 육신을 뱀에게 먹어도 좋다는 권세를 주셨기에, 죄 아래 소속된 자들은 뱀의 소유가 될 수밖에 없는 것이다.

그래서 구약 4천년 동안 간직하고 있던 뱀의 권세를 빼앗기 위해서 예수님이 스스로 스올로 들어가신 것이다. 스올에 들어가셔서 뱀의 머리를 징치하심으로 마귀로부터 스올을 주관하고 다스리던 무저갱의 열쇠를 빼앗은 것이다(벧전 3:18-19, 계 20:1).

뱀은 아담, 하와에 이어 세 번째로 저주를 받은 대상으로 가장 무서운 저주를 받았다. 레위기 26장에 보면 저주는 7배씩 늘어난다(레 26:18, 26:21, 26:24, 26:28). 하와는 아담보다 7배 더 저주를 받고, 또 뱀은 하와보다 7배를 더 저주받은 것이다. 그렇기 때문에 뱀은 찍혀 떨어져 하나님이 예비하신 처소에 구금되어 있었다.

계 13:3 그의 머리 하나가 상하여 죽게 된 것 같더니 그 죽게 되었던 상처가 나으매 온 땅이 이상히 여겨 짐승을 따르고

위 구절에서 죽게 되었던 상처가 나았다는 말은 오랫동안 무저갱에 감금되어 있다가 나온 존재를 의미한다고 말할 수 있는 것이다.

4. 쫓겨난 이후의 뱀의 행적은 무엇인가?

사 14:12 너 아침의 아들 계명성이여 어찌 그리 하늘에서 떨어졌으며 너 열국을 엎은 자여 어찌 그리 땅에 찍혔는고

아침의 아들 계명성은 셋째 하늘에서 찍혀 첫째 하늘로 떨어졌지만, 들짐승 중 가장 간교한 뱀은 이 땅으로 쫓겨 왔다. 에스겔 26-28장 말씀을 통해서 아침의 아들 계명성은 죄의 원조가 된 이후에 어떤 역할을 했는지 자세히 나와 있지만, 뱀은 이 땅에 쫓겨와서 어떤 존재로 어떻게 역사했는지 알 수가 없다.

잠 30:18-19 내가 심히 기이히 여기고도 깨닫지 못하는 것 서넛이 있나니 곧 공중에 날아다니는 독수리의 자취와 반석 위로 기어 다니는 뱀의 자취와 바다로 지나다니는 배의 자취와 남자가 여자와 함께 한 자취며

이 땅에서 활발하게 활동하고도 그 자취가 남지 않는 것 네 가지가 있는데, 그 중에서 반석 위로 기어 다니는 뱀의 자취가 남지 않는다고 했다. 그렇기 때문에 하늘에서 쫓겨난 뱀이 이 땅에서 어떻게 역사했는지 그것을 살펴보기는 쉽지 않다.

그러나 성경에 나타난 사건의 정황을 통해서 뱀의 자취를 더 듬어 찾아가 보고자 한다.

뱀은 노아의 가정을 통해서 어떻게 역사했는가?

창 9:22-27 가나안의 아비 함이 그 아비의 하체를 보고 밖으로 나가서 두 형제에게 고하매 셈과 야벳이 옷을 취하여 자기들의 어깨에 메고 뒷걸음쳐 들어가서 아비의 하체에 덮었으며 그들이 얼굴을 돌이키고 그 아비의 하체를 보지 아니하였더라 노아가 술이 깨어 그 작은 아들이 자기에게 행한 일을 알고 이에 가로되 가나안은 저주를 받아 그 형제의 종들의 종이 되기를 원하노라 또 가로되 셈의 하나님 여호와를 찬송하리로다 가나안은 셈의 종이 되고 하나님이 야벳을 창대케 하사 셈의 장막에 거하게 하시고 가나안은 그의 종이 되게 하시기를 원하노라 하였더라

함의 사건을 예로 들 수 있다. 함의 사건의 원인은 나타나지 않지만 결과는 분명하고 확실하게 나타나있다. 노아가 술에서 깨자마자 아비의 하체를 본 함의 넷째 아들인 가나안을 저주했다. 분명히 함이 아비의 하체를 보았음에도 불구하고 저주는 함의 넷째 아들인 어린 가나안이 받은 것이다. 노아가 저주한 내용을 보아도

"가나안은 저주를 받아 형제의 종들의 종이 되기를 원하노라"고 저주의 대상이 가나안이라는 것이 분명하고 확실하게 나타나 있다.

그렇다면 아비의 하체는 함이 보았는데 왜 저주는 그의 넷째 아들인 가나안이 받은 것인가? 노아는 왜 눈에 넣어도 아프지 않을 손자 가나안을 저주할 수밖에 없었는가? 그 점을 깊이 살펴보는 가운데 뱀의 행적을 살펴보고자 한다.

셈, 함, 야벳은 아버지 노아와 함께 피나는 노력으로 방주의 역사에 동참했다. 5,165미터가 되는 아라랏산 그 꼭대기에서 방주를 만드는 일이 얼마나 어려운 일이었겠는가? 그것도 지정된 잣나무로만 만들어야 한다. 길이가 300규빗으로 약 130미터가 넘는 큰 배를 만들려면 아름드리 잣나무를 베어서 산꼭대기로 운반해야 한다. 오죽했으면 젊은 자부들이 방주 짓는 동안에는 아이를 낳지 못했다. 노아 부부와 세 아들과 세 자부, 여덟 식구가 피나는 노력으로 방주를 만드느라 젊은 자부들이지만 정상적인 임신과 출산이 불가능했을 것이다.

그렇게 하늘의 일을 위해서 함께 고군분투하며 헌신하며 희생했던 함이었는데 그 내용이 무엇이든 간에 아비의 하체를 보았다는 사실로 인해서 그의 넷째 아들인 가나안이 저주를 받았다. 함이 아비의 하체를 볼 수밖에 없고, 그로 말미암아 저주를 받기까지에는 누군가 함에게 어떤 유혹을 한 것이 아니겠는가? 함에게 어떤 미끼를 던졌기에 함이 아비의 하체를 보면서까지 그 일을 선택했을까? 그 역사를 한 사람이 누구였을까? 반석 위에 지나간 뱀의 흔적이 남지 않는다고 했다. 이 점을 생각한다면 들짐승 중 가장 간교한 뱀이 함을 유혹했을 것이라고 유추할 수 있다. 그렇다면 뱀은 함을 어떻게 유혹했을까?

창 9:18 방주에서 나온 노아의 아들들은 셈과 함과 야벳이며 함은 가나안의 아비라

창 9:22 가나안의 아비 함이 그 아비의 하체를 보고 밖으로 나가서 두 형제에게 고하매

창세기 9장의 내용만으로는 가나안이 저주 받은 이유를 알 수 없다. 그러나 함을 소개할 때마다 '가나안의 아비'라고 한 것으로 보아, 함이 자기 아들에게 가나안이라는 이름을 지어 준 것이 죄를 지은 원인을 알아가는 데 중요한 단서가 된다고 볼 수 있다.

홍수 2년 후에 셈이 아르박삿을 낳았다(창 10:21, 11:10). 그리고 야벳도 이미 아들을 낳은 상태였다(창 10:1-2). 그런데 왜 셈이나 야벳에 대해서는 '누구의 아비'라는 말이 없고 함에 대해서만 '가나안의 아비'라고 했는가? 이렇게 성경에 두 번씩이나 '가나안의 아비 함'이라고 기록된 데에는 무언가 심상치 않은 사건이 있다는 것을 짐작할 수 있지 않겠는가? 그렇다면 가나안이라는 이름에는 어떤 의미가 들어있는가?

겔 20:6 그 날에 내가 그들에게 맹세하기를 애굽 땅에서 인도하여 내어서 그들을 위하여 찾아 두었던 땅 곧 젖과 꿀이 흐르는 땅이요 모든 땅 중의 아름다운 곳에 이르게 하리라 하고

가나안은 하나님께서 '찾아 두었던 땅'이라고 했다. 즉 예비해 두었던 땅, 준비해 놓은 땅이라는 것이다. 하나님께서 어떤 목적

을 위해 그곳을 예비하셨는가? 아담이 죄를 지어 타락함으로 땅도 저주를 받았다(창 3:17). 그런데 지구 상에 유일하게 저주받지 않은 땅이 '가나안'이다.[33] 왜 '가나안' 땅은 저주에서 풀린 것인가? 노아의 의로움으로 말미암아 장차 노아를 통해 구속사의 세계를 펼치실 장소로 준비하신 땅이기 때문이다. 즉, 노아가 포도농사를 통해 만든 포도원이 '젖과 꿀이 흐르는 가나안 땅'이다.

아브라함이 이삭을 바친 '여호와이레'를 수면을 운행하시던 하나님께서 인류 구속사역을 이룰 수 있는 최초의 거점지로 삼으신 곳이 가나안 땅이다. 혼돈, 공허, 흑암의 세상에서 천국을 이룰 수 있는 유일한 곳이다. 그래서 가나안 땅을 가리켜 '젖과 꿀이 흐르는 가나안 땅'이라고 하는 것이다.

'젖과 꿀이 흐르는 가나안 땅'은 에덴동산을 적시는 네 강이 생명강의 생명수를 받아서 본래의 모습으로 회복된 곳이라고도 말할 수 있다. 예수께서 "너희 목마른 자들아 물로 나아오라 돈 없는 자도 오라 너희는 와서 사 먹되 돈 없이, 값없이 와서 포도주와 젖을 사라"(사 55:1)고 하신 생명수의 강이 흐르는 곳이다. 다시 말하면 천국을 상징하는 제 밭이(마 13:24) 곧 '젖과 꿀이 흐르는 가나안 땅'이라고 말할 수 있다.

'젖과 꿀이 흐르는 가나안 땅'이 그런 곳이기에 함이 '가나안'이라는 이름으로 유혹을 받았다는 정황을 미루어 짐작할 수 있다. 분명히 누군가 하나님께서 예비하시고 준비해두셨던 약속의 땅, '가나안'을 전제로 함을 유혹한 것이 아니겠는가? 과연 누가 그런

---

33) 가나안이라는 이름의 본래의 뜻은 '낮고 음습한 곳, 저지대, 자색의 땅'이라는 의미이다.

유혹을 한 것일까? 들짐승 중 가장 간교한 뱀이 하와를 유혹한 것처럼, 함도 같은 방법으로 유혹한 것이 아닐까? 첫 번째 인류의 시조의 가정을 무너뜨린 뱀이 둘째 인류의 시조의 가정에도 접근할 가능성은 충분하다.

왜냐하면 어떤 큰 범죄가 발생하면 전문가들이 그 범죄의 유형을 분석한다. 그리고 지금까지 동일한 범죄의 수법을 가장 많이 사용한 전과자들을 추적해서 범인을 찾아내기도 한다.

마찬가지다. 분명히 하늘에서 한 행위를 이 땅에서도 그대로 행하게 되어 있다. 이것을 가리켜 유다서에서는 본능으로 행한다고 표현하였다(유 1:10). 여기서 본능으로 행한다는 말은 타고난 선천적인 근본대로 행한다는 뜻이다. 하늘에서 죄를 지은 사람은 이 땅에 와서도 동일한 범죄를 저지르게 된다는 것이다.

그런 원리로 보아 뱀이 함을 유혹했을 가능성이 가장 크다. 함으로 하여금 아비의 하체를 보게 하는 대신 하나님이 택하신 선민에게 주고자 하셨던 약속된 땅, 준비된 땅을 차지하는 방법을 가르쳐 준 것이다. 비밀을 먼저 가르쳐주고 그것을 차지하게 하는 조건으로 아비의 하체를 보게 했다는 것이다. 그것이 간교한 뱀이 함을 유혹한 내용이다.

노아가 구도의 길을 걸은 결과 깨달은 것은 생명나무가 포도나무로 오시는 비밀이다. 아담의 타락으로 말미암아 생명나무가 생명나무 자체로 오시지 못하고, 피 흘리는 포도나무로 오신다는 것을 알게 되었다. 그래서 방주에서 내리자마자 포도농사를 지었다(창 9:20). 노아가 포도주에 취해 벌거벗은 것은 장차 포도나무로 오실 예수께서 벌거벗고 십자가에서 당하실 수욕을 재현한 것이다.

하나님께서 비록 첫 아담의 가정을 통해서는 뜻을 이루지 못하셨지만, 둘째 인류의 조상으로 세우신 의로운 노아의 가정을 통하여 노아가 만든 포도원을 중심으로 인류 구속사역을 펼치고자 하셨다. 아버지 노아를 도와 그 어려운 방주 역사에 동참한 세 아들과 세 자부들을 창조본연의 뜻을 이룰 수 있는 새 창조, 새 역사의 주인공들로 세우고자 하셨다.

그러자 마귀의 입장에서는 비상이 걸렸다. 포도원을 만들고 포도나무 사역을 막지 못하면 생명나무가 포도나무로 오시는, 말씀이 육신으로 오시는 예수께서 오시는 길을 막을 수가 없다. 그렇기 때문에 마귀가 함을 통해 역사하기 시작한 것이다. 마귀는 인류의 첫 조상의 가정을 파괴한 경력이 있다. 하와가 뱀의 유혹에 넘어가 그를 넘어뜨린 소리가 무엇인가? "하나님 같이 된다"(창 3:5)는 것이다. 동일한 입장에서 마귀가 함에게 장차 하나님의 후사가 되어 젖과 꿀이 흐르는 가나안 땅의 주인이 되게 해 주겠다는 유혹을 한 것이다.

> 창 11:10 셈의 후예는 이러하니라 셈은 일백 세 곧 홍수 후 이 년에 아르박삿을 낳았고

위 구절은 하나님께서 홍수 후 2년 만에 낳은, 셈의 아들인 아르박삿을 장자로 삼아 그를 선두로 인류 구속사역을 펼치고자 공식적인 선언을 하신 것이다. 그러나 마귀는 함에게 셈의 아들 '아르박삿' 대신 함의 아들 '가나안'이 장자가 되어 하나님의 후사가 될 수 있다는 미끼를 던진 것이다.

'가나안'이라는 이름은 처음부터 공개한 것이 아니다. 아브라함에게도 모리아 땅의 한 산으로 가라고 하셨지, 그 장소를 처음부터 정확하게 밝히지 않으셨다(창 22:2). 그런데 하나님께서 예비하시고 준비해 두신 땅의 이름이 '가나안'이라는 것을 함이 어떻게 알고, 자기 아들에게 그 이름을 지어준 것인가?

세상에서도 '베갯머리송사'[34]라는 말이 있는 것처럼, 노아의 부인이 노아를 통해서 그 포도원의 비밀과, 아울러 그 포도원의 이름이 '가나안'이라는 것을 알게 되었다.

마귀의 유혹에 넘어간 함은 장차 '가나안' 땅의 주인이 될 수 있는 비밀의 모든 방편을 마귀에게 받았다. 그 결과 함은 마귀가 요구하는 지령대로 움직일 수밖에 없게 된 것이다. 그 지령이 무엇인가? 아비의 하체, 즉 어미를 취하라는 것이다.

함이 본 아비의 하체는 무엇인가?

> 레 18:7-8 네 어미의 하체는 곧 네 아비의 하체니 너는 범치 말라 그는 네 어미인즉 너는 그의 하체를 범치 말찌니라 너는 계모의 하체를 범치 말라 이는 네 아비의 하체니라

위 구절에서 "아비의 하체는 어미의 하체니 범하지 말라"고 했다(레 20:11, 신 22:30, 27:20, 겔 22:10). 그런데 함이 마귀의

---

34) 잠자리에서 아내가 남편에게 바라는 바를 속살거리며 청하는 일이다.-네이버 사전

밀명을 받아 친모상간(親母相姦)으로 가나안이라는 자식을 낳은 것이다.

> 창 9:24-25 노아가 술이 깨어 그 작은 아들이 자기에게 행한 일을 알고 이에 가로되 가나안은 저주를 받아 그 형제의 종들의 종이 되기를 원하노라

"작은 아들(함)이 자기에게 행한 일을 알고"라고 했다. 노아가 술에서 깨었을 때 함과 노아 부인 사이에서 불륜의 자식인 가나안이 태어난 것을 비로소 알게 되고, 가나안을 저주했다. 가나안은 이미 노아가 하체를 벌거벗은 사건 이전에 탄생해 있었다(창 9:22). 그런데 노아가 그 사실을 알지 못한 것이다.

마치 르우벤이 서모 빌하와 간통한 사실을 야곱이 처음부터 알지 못한 것과 같다(창 35:22, 49:3-4). 함도 마귀의 밀명을 받아 아비의 하체, 즉 어머니를 범하여 가나안을 출생했으나 그 당시에는 노아가 그 사실을 알지 못했다.

하나님은 노아에게 포도주를 마시고 취하여 벌거벗으라고 명령하셨다. 포도주에 취해서 벌거벗은 노아가 세 아들을 축복한다는 것은 구속사에서 가장 큰 축복이다. 야곱이 열두 아들을 믿음의 분량대로 축복한 것과 같다(창 49:28). 하나님은 노아의 벗은 하체를 본 반응에 따라 세 형제들을 믿음의 분량대로 축복하시고, 가나안이라는 포도원의 주인을 세우시려고 한 것이다.

그런데 이미 영적인 아비의 하체, 즉 어머니를 범한 함의 입장에서는 심기가 불편하고 불안했다. 함은 이미 아버지 모르게 어머

니를 통해 불륜의 관계를 맺으면서까지 가나안을 차지할 수 있는 방편을 이루었다. 마귀의 명령대로 잠정적으로 자기의 목적을 이루었는데 느닷없이 아버지 노아가 최종적으로 포도주에 취하여 벌거벗는 사건을 통해 마지막 축복을 준다는 사실을 알고 초조해지기 시작했다.

예수께서 공개적으로 십자가에 달려 벌거벗으신 것처럼, 노아도 공의적인 입장에서 세 아들을 함께 불러 모두가 보는 앞에서 벌거벗으려고 했다. 그런데 함이 원칙을 어기고 셈과 야벳보다 앞서 들어가 아비의 하체를 보았다.

> 창 9:22 가나안의 아비 함이 그 아비의 하체를 보고 밖으로 나가서 두 형제에게 고하매

함이 아비의 하체를 보고 형제들에게 고했다는 것은 부정적인 입장에서 아비의 하체를 비난했다는 것이다. 즉 이미 자기의 목적을 다 이룬 마당에 이제 와서 아비의 하체 사건으로 후사를 결정한다는 것 자체에 불만을 가지고 불평했다는 것이다.

> 창 9:23 셈과 야벳이 옷을 취하여 자기들의 어깨에 메고 뒷걸음쳐 들어가서 아비의 하체에 덮었으며 그들이 얼굴을 돌이키고 그 아비의 하체를 보지 아니하였더라

뒤늦게 들어간 셈과 야벳이 뒷걸음쳐 들어가 아비의 하체를 덮어주었다는 것으로 보아, 함은 먼저 들어갔는데도 아비의 하체를 덮어주지 않고 나왔다는 것을 알 수 있다. 그 말은 함이 아비의

하체를 보고도 조금도 양심의 가책을 받지 않고, 자신의 행동에 대해 부끄러워하지 않고, 영적으로는 도리어 자신이 어머니를 범한 일에 대해 끝까지 자기 입장을 고수했음을 알 수 있다.

그렇다면 왜 하나님께서는 노아에게 벌거벗으라고 하셨을까?

함이 마귀의 유혹을 받아 아비의 하체인 어머니를 범하여 불륜의 자식을 낳고, 어머니로부터 젖과 꿀이 흐르는 가나안 땅에 대한 모든 정보를 빼낸 사실을 알지 못하는 노아에게 벌거벗는 사건을 통하여 노아 가정의 정통성을 되찾고, 참 장자를 후사로 세울 수 있는 기준으로 삼으시고자 하신 것이다. 노아가 벌거벗는 것은 개인의 생각이 아닌 하나님의 명령에 따른 것이다.

즉, 함의 죄를 지적하여 회개할 기회를 주기 위함이었다. 아담이 죄를 짓고 나무 사이에 숨었을 때 "아담아! 아담아! 네가 어디 있느냐?"(창 3:9)라고 부르신 것은 아담의 처소성과 지위를 상기시켜주기 위해서 물은 것이다. 그런데 아담이 회개하지 못하고 끝까지 변명만 하고 말았다(창 3:12).

서모 빌하를 범한 르우벤도 처음에는 저주를 받았지만(창 49:3-4) 나중에는 모세가 그 저주를 풀어주었다(신 33:6). 그 이유는 아무리 많은 채무가 있는 사람이라도 희년이 되면 본래대로 회복되는 이치처럼(레 25:10-16, 27:17-24), 젖과 꿀이 흐르는 가나안 땅에 들어간다면 이전의 모든 죄와 허물이 벗겨질 수 있기 때문에 모세가 젖과 꿀이 흐르는 가나안 땅을 바라보며 축복 기도를 해 준 것이다.

마찬가지다. 하나님의 입장에서는 그래도 함이 마지막으로 회개할 수 있도록 기회를 주시고자 긍휼을 베풀어주신 것이다. 벌거벗은 노아의 하체를 눈으로 바라보면서, 자신이 아비의 하체인 어머니를 범한 사실을 가슴 깊이 뉘우치며 회개하기를 바라셨는데, 오히려 비난하고 정죄함으로 영원한 저주를 받은 것이다.

왜 노아는 함이 죄를 지었는데 가나안을 저주했는가?

르우벤은 아비의 침상을 더럽히는 죄를 지었어도(창 49:3-4) 불륜의 자식을 생산하지는 않았다. 만일 함이 가나안을 낳지 않고 아비의 하체만 범했다면 함 자신만 저주를 받는 것으로 끝났을 것이다. 그러나 불륜의 열매를 맺었기에 하나님께서는 그 열매를 저주하실 수밖에 없는 것이다. 물론 가나안의 저주 속에는 함의 저주도 포함되어 있다.

비록 저주는 받았지만 "진 자는 이긴 자의 종이라"(벧후 2:19)는 말씀대로, 어찌되었든 함은 마귀의 명령대로 기어이 젖과 꿀이 흐르는 가나안 땅을 차지하고야 말았다.

그래서 하나님께서는 가나안 땅을 회복하는 과정이 필요했고, 그 땅을 회복하는 과정에서 절대 자비와 긍휼을 베풀지 않으셨다. 어린이와 노인에 이르기까지 다 죽이고, 짐승까지도 다 죽이고, 재물도 다 불태우라고 명령하셨다. 그리고 이스라엘 백성들이 가나안 땅에 들어가면 가나안 7족속과 절대 혼인하지 말라고 명령하셨다(출 34:15-16, 레 18:3).

뱀은 하늘에서 이 땅에 쫓겨 와서 어떤 역할을 하고 있었을까?

> 사 43:3 대저 나는 여호와 네 하나님이요 이스라엘의 거룩한 자요 네 구원 자임이라 내가 애굽을 너의 속량물로, 구스와 스바를 너의 대신으로 주었노라

애굽을 속량물로, 구스와 스바를 대신 주었다고 했다. 왜 애굽을 속량물로 주었다고 했는가?

요셉이 총리가 될 당시 애굽의 왕조는 제 15대 힉소스왕조(Hyksos, 애굽 15, 16, 17 왕조)로서 셈 족속이었다.[35] 그렇기 때문에 요셉의 꿈을 인정하고, 요셉을 하나님의 특별한 은혜를 받은 사람으로 영접하고 총리로 삼을 수 있었다.

그 셈족의 힉소스 왕조가 15대부터 17대까지 이어졌으나, 순수 애굽인인 아흐모세 1세가 혁명을 일으켜서 셈의 왕조를 무너뜨리고 제 18대 왕조를 이루게 되었다. 그가 요셉을 총리직에서 물러가게 했지만 아직도 셈족의 왕가를 받들고 섬겼던 많은 후예들이 있었고, 요셉이 쌓은 덕망이 있었기 때문에 처음에는 심하게 이스라엘 백성들을 학대하지 못했다. 그러다가 요셉이 죽고 입관되고 나서부터 본격적으로 이스라엘 백성들을 학대하기 시작했다.

셈의 왕조를 무너뜨리고 순수 애굽인 왕이 애굽 왕가를 이루었을 때 자기를 가리켜 '태양의 아들'이라고 했다. 왜 애굽인 왕이 자기를 '태양의 아들'이라고 말했을까? 그 이유는 그들이 여호와를 상대적으로 낮추고 자기들이 받들며 섬기는 태양신이 전 우주

---

35) '구속사 시리즈' 제 2권 <잊어버렸던 만남> 188쪽, 박윤식 저, 휘선

의 유일신이라는 것을 내세우기 위해서 자기를 '태양의 아들'이라고 말한 것이다.

애굽인의 왕조를 세우기 위해 그 셈족의 왕가를 무너뜨리게 한 대상이 누구인가? 뱀이 그렇게 역사한 것이다.

> 겔 31:8 하나님의 동산의 백향목이 능히 그를 가리우지 못하며 잣나무가 그 굵은 가지만 못하며 단풍나무가 그 가는 가지만 못하며 하나님의 동산의 아무 나무도 그 아름다운 모양과 같지 못하였도다

뱀은 하늘에서 쫓겨난 존재이기에 에덴동산의 비밀을 알고 있다. 위 성구에서 애굽을 상징하는 물가에 심긴 백향목이 하늘 구름에 닿으려고 하는데 에덴동산 안에 있는 굵은 단풍나무는 그 백향목의 가는 가지만 못하다고 했다.

또 실제로 애굽에는 애굽의 젖줄이며 애굽의 신이라고도 말하는 나일강이 있다. 그래서 나일강을 끼고 있는 애굽이 들짐승 중에 가장 간교한 뱀의 도움과 지략을 받아서 어떻게든지 백향목을 구름에 닿게 하려고 했다. 백향목이 구름에 닿았다는 것은 무슨 뜻인가? 만일 백향목이 구름에 닿는다면 그 의미는 무엇으로 해석할 것인가? 땅에서 자란 나무가 하늘 구름에 닿았다면 그것은 멜기세덱 반차를 말한다.[36] 반차란 사닥다리를 의미한다. 땅에서 만들어진 사닥다리가 하늘에 닿는 것처럼(창 28:12). 땅에서 자란 나무가 하늘에 닿으면 그것이 하늘로 올라가는 사닥다리, 즉 멜기세덱 반차가 되는 것이다.

---

36) '종말론적 구속사 시리즈' 제 1권 <멜기세덱, 그는 누구인가?> 231-238쪽, 벽암 조영래 저, 도서출판 오색이슬

> 겔 31:14 이는 물가에 있는 모든 나무로 키가 높다고 교만치 못하게 하며 그 꼭대기로 구름에 닿지 못하게 하며 또 물 대임을 받는 능한 자로 스스로 높아 서지 못하게 함이니 그들을 다 죽는데 붙여서 인생 중 구덩이로 내려가는 자와 함께 지하로 내려가게 하였음이니라

그래서 물가에 심긴 어떤 나무든지 구름에 닿고자 하는 나무가 있다면 하나님께서 절대로 용서치 않고 단호하게 잘라버린다고 하셨다. 그 이유는 만세 전에 구름에 닿게 하시려는 나무가 예정되어 있기 때문이다. 그런데 누가 그 나무로 하여금 구름에 닿게 하려고 한 것인가? 뱀이 한 것이다. 뱀만이 그 지혜를 갖고 있고 그것을 알고 있기 때문이다. 비상하던 존재가 땅에 기어 다니다 보니 얼마나 답답했겠는가? 그러기에 땅에서 하늘로 갈 수 있는 길을 만들려고 몸부림치고 있었다. 어떻게든지 다시 하늘로 올라가려는 것이 그가 가진 마지막 최후의 소망이다.

두로는 아침의 아들 계명성을 상징하고, 애굽은 뱀을 상징한다. 하늘에서 찍혀 떨어진 아침의 아들 계명성이 두로의 호국신이 되었고, 하늘에서 쫓겨난 뱀이 애굽의 호국신이 되었다는 것이다. 이처럼 하나님의 저주로 이 땅으로 쫓겨난 뱀이 잠시도 멈추지 않고 자신의 영역을 펼치고자 몸부림을 치고 있었다.

5. 예수님의 발꿈치를 문 뱀은 누구인가?

> 마 26:39 조금 나아가사 얼굴을 땅에 대시고 엎드려 기도하여 가라사대 내 아버지여 만일 할 만하시거든 이 잔을 내게서 지나가게 하옵소서 그러나 나의 원대로 마옵시고 아버지의 원대로 하옵소서 하시고

> 마 27:46 제 구시 즈음에 예수께서 크게 소리 질러 가라사대 엘리 엘리 라마 사박다니 하시니 이는 곧 나의 하나님, 나의 하나님, 어찌하여 나를 버리셨나이까 하는 뜻이라

예수께서 겟세마네 동산에서 자신의 영혼을 쥐어짜면서 "아버지여! 할 만하시거든 이 잔을 내게서 지나가게 하옵소서"라는 세 번의 기도를 하셨다. 혹자는 예수께서 겟세마네 동산에서 "이 잔을 내게서 지나가게 하옵소서"라고 기도하신 것과, 십자가에 달리셨을 때 "엘리 엘리 라마 사박다니"라고 부르짖으신 내용 때문에, 비록 하나님 아들이시라도 십자가의 아픔을 두고 인간적인 고뇌로 그렇게 힘들어하셨다고 생각하는 사람들이 있다.

과연 예수께서 십자가의 아픔을 피하고자 그런 기도를 하신 것인가?

> 막 14:1-2 이틀을 지나면 유월절과 무교절이라 대제사장들과 서기관들이 예수를 궤계로 잡아 죽일 방책을 구하며 가로되 민요가 날까 하노니 명절에는 말자 하더라

유월절 양이신 예수께서는 유월절에 맞추어 달리셔야만 한다.

그런데 제사장들이 유월절에 예수님을 십자가에 달 경우 많은 군중들이 행여 민란을 일으켜 큰 문제를 만들 수도 있기 때문에 명절이 지난 다음에 체포하려고 했다(마 26:1-5, 막 14:1-2). 그 사실을 아신 예수께서 가룟 유다를 정신적으로 압박하기 시작하셨다.

> 요 12:3-8 마리아는 지극히 비싼 향유 곧 순전한 나드 한 근을 가져다가 예수의 발에 붓고 자기 머리털로 그의 발을 씻으니 향유 냄새가 집에 가득하더라 제자 중 하나로서 예수를 잡아 줄 가룟 유다가 말하되 이 향유를 어찌하여 삼백 데나리온에 팔아 가난한 자들에게 주지 아니하였느냐 하니 이렇게 말함은 가난한 자들을 생각함이 아니요 저는 도적이라 돈 궤를 맡고 거기 넣는 것을 훔쳐 감이러라 예수께서 가라사대 저를 가만 두어 나의 장사할 날을 위하여 이를 두게 하라 가난한 자들은 항상 너희와 함께 있거니와 나는 항상 있지 아니하리라 하시니라

마리아가 예수님의 장례 준비를 위해 옥합을 깼을 때 가룟 유다가 앞장서서 불평을 터뜨렸다. 가룟 유다가 비싼 향유를 가난한 자들에게 나누어 주지 않고 허비한다는 불평을 하였으나, 그의 생각은 정말 가난한 자들을 위해서가 아니라, 회계를 맡은 입장에서 비싼 나드 향을 팔아 그 돈을 훔쳐가려는 흑심을 품고 있었던 것이다. 그러나 예수께서는 마리아의 손을 들어주고 가룟 유다를 책망하였다. 그러자 가룟 유다의 마음에 사단이 들어가 앙심을 먹고 예수를 넘겨줄 기회만 노리고 있었다.

> 눅 22:1-6 유월절이라 하는 무교절이 가까우매 대제사장들과 서기관들이

예수를 무슨 방책으로 죽일꼬 연구하니 이는 저희가 백성을 두려워함이더라 열둘 중에 하나인 가룟인이라 부르는 유다에게 사단이 들어가니 이에 유다가 대제사장들과 군관들에게 가서 예수를 넘겨줄 방책을 의논하매 저희가 기뻐하여 돈을 주기로 언약하는지라 유다가 허락하고 예수를 무리가 없을 때에 넘겨줄 기회를 찾더라

대제사장들과 서기관들이 예수를 죽일 명분이 없었으나 그의 제자 중 하나가 자기 스승을 넘겨주겠다고 하니 너무 기뻐 돈을 주며 약속하였다.

> 막 14:10-11 열둘 중에 하나인 가룟 유다가 예수를 넘겨주려고 대제사장들에게 가매 저희가 듣고 기뻐하여 돈을 주기로 약속하니 유다가 예수를 어떻게 넘겨 줄 기회를 찾더라

> 마 26:14-16 그 때에 열둘 중에 하나인 가룟 유다라 하는 자가 대제사장들에게 가서 말하되 내가 예수를 너희에게 넘겨주리니 얼마나 주려느냐 하니 그들이 은 삼십을 달아 주거늘 저가 그 때부터 예수를 넘겨줄 기회를 찾더라

예수께서 잡히시기 직전에 마지막으로 제자들과 성만찬식을 할 때 가룟 유다는 이미 예수를 팔기로 작정하고 대제사장에게 은 30냥을 받아가지고 왔다. 가룟 유다의 마음에 이미 사단이 들어가 예수를 팔기로 작정하고 참석한 것이다.

> 막 14:18-21 다 앉아 먹을 때에 예수께서 가라사대 내가 진실로 너희에게 이르노니 너희 중에 한 사람 곧 나와 함께 먹는 자가 나를 팔리라 하신대 저희가 근심하여 하나씩 하나씩 여짜오되 내니이까 이르시되 열둘 중 하나 곧 나와 함께 그릇에 손을 넣는 자니라 인자는 자기에게 대하여 기록된 대로 가거니와 인자를 파는 그 사람에게는 화가 있으리로다 그 사람은 차라리 나지 아니하였더면 제게 좋을 뻔하였느니라 하시니라

그 마음을 바라보시는 예수께서 "너희 중 한 사람이 나를 팔리라"고 하시고 "나와 함께 떡 그릇에 손을 넣는 자가 나를 팔 자라"고 하셨다. '나와 함께 떡 그릇에 손을 넣는 자'란 무슨 뜻인가? 성만찬식에 함께 참석하는 것을 말한다. 여기서 놀라운 사실은 가룟 유다가 성만찬식에서 예수께서 베풀어주시는 살과 피를 상징하는 떡과 포도주를 다 먹고 나가서 그런 일을 저질렀다는 것이다. 그렇기 때문에 예수께서는 미리 사전적으로 그것을 아시고 "그 사람은 차라리 나지 아니하였더면 제게 좋을 뻔하였느니라"(마 26:24, 막 14:21)고 하셨다.

가룟 유다가 예수님을 팔려는 마음을 먹은 상태에서 성만찬식에 참여했기 때문에 사단이 들어간 것이다. 성만찬식은 정결하고 깨끗하고 거룩한 마음과 몸으로 참여해야 하는 것이다.

오늘날도 마찬가지다. 더럽고 추악한 마음을 가진 상태에서 성만찬식에 참여하면 큰 병에 걸리거나 죽는다고 했다(고전 11:27-30). 그래서 성만찬식을 잘못함으로 저주를 받아 죽는 자가 많다는 것이다.

가롯 유다는 예수님이 제자들과 떨어져 홀로 계실 때 예수님을 넘겨주려고 했다. 그런데 예수님이 혼자 있는 시간이 없었다. 그래서 주저하고 있었는데 예수님이 그런 말씀을 거듭하시니 자기가 할 일을 들킨 것이라는 생각에 심리적으로 초조하고 불안했다. 예수께서는 그런 가롯 유다를 향해서 "네가 할 일을 속히 행하라"고 재촉하셨다.

> 요 13:26-30 예수께서 대답하시되 내가 한 조각을 찍어다가 주는 자가 그니라 하시고 곧 한 조각을 찍으셔다가 가롯 시몬의 아들 유다를 주시니 조각을 받은 후 곧 사단이 그 속에 들어간지라 이에 예수께서 유다에게 이르시되 네 하는 일을 속히 하라 하시니 -(중략)- 유다가 그 조각을 받고 곧 나가니 밤이러라

유다가 조각을 받고 나갈 때 밤이었다(요 13:30). 그 밤은 영적인 밤을 말한 것이다. 빛으로 오신 예수께서 십자가 사건으로 운명하실 시간이 다가오고 있는 것이다. 영적으로 말하면 예수님도 한 이레의 전 3년 반이 끝나고 후 3년 반이 시작되는 경계에서 추포당하시고, 다음날 오전 9시에 십자가에 달리셨다.

재림 마당에서 예수님처럼 두 감람나무가 전 3년 반과 후 3년 반의 경계에서 죽는다는 점이(계 11:7-8) 동일한 말씀의 역사 속에서 이루어지는 공통점이다(벧후 3:7).

예수님은 가롯 유다의 정체를 알지 못하셨는가?

> 눅 6:12-13 이 때에 예수께서 기도하시러 산으로 가사 밤이 맞도록 하나님께 기도하시고 밝으매 그 제자들을 부르사 그 중에서 열둘을 택하여 사도라 칭하셨으니

> 요 17:12 내가 저희와 함께 있을 때에 내게 주신 아버지의 이름으로 저희를 보전하와 지키었나이다 그 중에 하나도 멸망치 않고 오직 멸망의 자식뿐이오니 이는 성경을 응하게 함이니이다

예수께서 열 두 제자들을 부르실 때 밤새워 기도하시고 부르셨다. 열둘 중 하나는 마귀의 씨, 멸망의 자식이라는 것을 이미 아시고 제자로 선택하신 것이다. 그러나 예수님은 공생애 3년 동안 단 한 번도 가룟 유다의 정체를 공개하신 적이 없다. 비록 마귀의 자식이지만 끝까지 그의 인격을 존중해주신 예수님의 고매하신 인격을 엿볼 수 있다.

> 창 4:18 에녹이 이랏을 낳았고 이랏은 므후야엘을 낳았고 므후야엘은 므드사엘을 낳았고 므드사엘은 라멕을 낳았더라

창세기에 가인의 족보가 등장한다. 즉 마귀의 후손의 족보가 기록되어 있다. 가인, 에녹, 이랏, 므후야엘, 므드사엘, 라멕까지 아담으로부터 7대가 기록되었고 그 이후의 족보는 기록되지 않아 마치 마귀의 족보가 단절된 것처럼 보인다. 그러나 구약 마당에서 시대마다 가인의 후손들이 하나님의 구속사의 역사를 방해하고 단절시키려고 얼마나 몸부림쳤는가?

> 창 6:2-3 하나님의 아들들이 사람의 딸들의 아름다움을 보고 자기들의 좋아하는 모든 자로 아내를 삼는지라 여호와께서 가라사대 나의 신이 영원히 사람과 함께 하지 아니하리니 이는 그들이 육체가 됨이라 그러나 그들의 날은 일백이십 년이 되리라 하시니라

아담이 타락함으로 영을 빼앗기고, 가인이 아벨을 쳐 죽임으로 혼을 빼앗기고, 육신만 남게 되었다. 그런데 사람의 딸들, 즉 가인의 딸들이 하나님의 아들들, 즉 셋의 후손들을 타락시켜 하나마저 남은 몸까지 완전히 타락하고 말았다. 이제 하나님께서는 완전히 타락하여 죄악이 관영(貫盈)한 인간들을 더 이상 두고만 볼 수 없어서 물로 심판하게 된 것이다.

이처럼 시대마다 마귀의 역사는 끊임없이 진행되어 예수님 대에 이르기까지 지속되었다.

> 막 1:13 광야에서 사십 일을 계셔서 사단에게 시험을 받으시며 들짐승과 함께 계시니 천사들이 수종들더라

> 눅 4:13 마귀가 모든 시험을 다 한 후에 얼마 동안 떠나니라

예수께서 광야에서 마귀에게 세 번 시험을 이긴 후, 마귀가 얼마 동안 떠났다. 마귀는 어디를 간 것일까? 자기 아버지격인 붉은 용에게 예수라는 존재에 대해 보고하러 갔다. 즉 다시 말하면 마귀들만으로는 감당할 수 없는 존재가 나타난 것에 대해 경악하고, 도움을 요청하러 간 것이다. 그 결과 하늘에서 사단이 마귀를 지원하고자 이 땅에 투입된다.

눅 10:18 예수께서 이르시되 사단이 하늘로서 번개 같이 떨어지는 것을 내가 보았노라

마귀는 광야에서 잠시 동안 예수님 곁을 떠났을 때를 빼고는 예수님이 십자가에 달리시기까지 한시도 떠나지 않고 그를 지키고 있었다. 언제 예수께서 돌발적인 상황의 기사이적을 행하실 것인지에 대해 초긴장 속에서 예의주시하고 있었던 것이다.

인간들은 마귀의 씨가 누구인지 알 수 없으나, 신령한 영안을 가지신 예수께서는 가룟 유다가 마귀의 자식인 줄 이미 알고 계셨다.

마 23:33 뱀들아 독사의 새끼들아 너희가 어떻게 지옥의 판결을 피하겠느냐

마 12:34 독사의 자식들아 너희는 악하니 어떻게 선한 말을 할 수 있느냐 이는 마음에 가득한 것을 입으로 말함이라

예수께서 친히 하신 말씀이다. 바리새인, 사두개인들을 향해 "뱀들아! 독사의 새끼들아!"라고 하신 것을 그 당시 이해할 수 있는 인간은 아무도 없었을 것이다. 바리새인, 사두개인들이 이 땅에 말씀이 육신으로 오신 독생하신 하나님을 십자가에 못 박았다. 그 시대의 뱀 같은 종교지도자들이 가룟 유다라는 뱀을 앞세워서 하나님의 아들을 십자가에 못 박는 일을 자행하였다.

그러나 예수님은 십자가에서 운명하시자 스올에 들어가셔서 3일 만에 사망 권세를 깨시고 부활하심으로 뱀의 머리를 상하게 하신 것이다.

> 창 3:15 내가 너로 여자와 원수가 되게 하고 너의 후손도 여자의 후손과 원수가 되게 하리니 여자의 후손은 네 머리를 상하게 할 것이요 너는 그의 발꿈치를 상하게 할 것이니라 하시고

이로써 예수님은 뱀의 머리를 징치하시고, 뱀은 여인의 후손으로 오신 예수님의 발꿈치를 물어 상하게 하는 여인의 후손과 뱀의 싸움이 이루어진 것이다.

6. 재림 마당에서 뱀은 어떻게 역사하는가?

> 고전 2:8 이 지혜는 이 세대의 관원이 하나도 알지 못하였나니 만일 알았더면 영광의 주를 십자가에 못 박지 아니하였으리라

예수님이 영광의 주인 줄 몰랐던 대상은 누구였을까? 귀신들이 "나사렛 예수여 우리가 당신과 무슨 상관이 있나이까? 우리를 멸하러 왔나이까? 나는 당신이 누구인줄 아노니 하나님의 거룩한 자니이다"(막 1:24, 눅 4:34)라고 한 것을 보면 그들은 예수님이 하나님 아들인 줄 알고 벌벌 떨었다. 귀신은 마귀에게 소속되어 있는 대상들이다.

그렇다면 마귀도 모를 리가 없을 것이다. 오직 그들에게 소속되어 있는 인간들만 몰랐다는 것이다. 그렇다면 왜 마귀들은 알고 있었는데 자기에게 소속되어 있는 자기의 사람들에게는 가르쳐 주지 않았을까? 예수께서 영광의 주인 줄 알게 되면 그들도 회심

(回心)할 수가 있기 때문에 가르쳐주어서는 안 된다. 마귀는 자기가 뿌린 씨알들에게 절대 예수님의 정체와 실상을 가르쳐줄 수가 없었다. 예수님을 죽이면서도 그것이 하나님을 기쁘시게 해드리는 것인 줄로 믿게 해야 하기 때문이다(요 16:2). 사울이었던 바울도 한 때는 마귀에게 소속되어 예수 믿는 자들을 잡아가고 죽이는 것이 하나님을 기쁘시게 하는 일인 줄 알고 그 일에 미쳐 있었다(행 9:2, 22:4-5, 22:19-20).

마귀들이 그렇게 예수님을 죽였지만 예수님이 사망의 권세를 깨시고, 3일 만에 부활하셔서 40일 동안 계시면서 열한 번 제자들에게 보이시고, 열한 번째에는 500명이 보는 가운데 하늘로 승천하셔서(행 1:3, 1:9, 고전 15:6) 오른쪽 보좌로 올라가셨다(막 12:36, 16:19, 눅 20:43, 22:69, 행 2:35, 골 3:1, 히 1:3, 1:13, 8:1, 12:2). 그 사실을 누가 아는가? 마귀들도 알고 사단도 알고 또 붉은 용도 알고 있는 것이다.

그러면 사단 마귀들이 재림주로 오시는 분이 누구인지 모르겠는가? 사단 마귀들은 재림주로 오시는 분이 누구인지 알고 있다. 그들은 오른쪽 보좌에 올라가신 그분이 다시 오시지 않는다는 것을 너무도 잘 알고 있다.

그분이 다시 오신다면 사단 마귀들이 광명한 천사로(고후 11:14) 역사할 수 없다. '한 번 실수는 병가지상사'라고 했는데 그들이 두 번째에도 창조주 하나님에게 또 대적할 수 있을 것인가? 하늘로 올라가신 주님이 다시 오신다면 그분을 절대 대적할 수가 없다. 사단 마귀들은 이미 한 번의 실패를 통해서 오른쪽 보좌에 올라가신 그분이 다시 이 땅에 오시는 것이 아니라는 것을 알고 있다. 다른 사람이 자기 이름으로 오시는 것을 그들도 알고 있다는 것이다.

　만약에 보좌에 계신 그분이 다시 이 땅에 오신다면 그분은 이제 아들로 오시는 것이 아니라 아버지의 영광을 가지고 오시기 때문에 아무도 그분을 대적할 수가 없다.

　또 그분이 오시지 못하는 이유도 그들이 너무 잘 알고 있다. 씨름은 비슷한 체중의 같은 체급끼리 씨름을 하게 되는 것이다. 창조주와 피조물이 마지막 재림 마당에서 씨름을 한다는 것은 말이 되지 않는다.

　만일 재림 마당에 광명한 분이 오신다면 그 광명을 입고 오시는 분은(슥 14:6) 광명한 천사로 역사하는 사단과(고후 11:14) 같은 계열의 존재로 등장한다고 말할 수 있다.

　　고후 11:14 이것이 이상한 일이 아니라 사단도 자기를 광명의 천사로 가장
　　　　　　　하나니

　예수님만이 살려주는 영을 가진 창조주 하나님, 독생하신 하나님이시다. 재림 마당에 등장하는 광명한 자의 본질은 누구인가? 본질이 하나님인가? 하나님은 한 분뿐이신 유일하신 분이다.

　그렇다면 그분은 누구인가? 그분은 창조주가 아니라 피조물 중에서 특별한 선택과 특별한 은혜와 특별한 은총과 특별한 영광을 입은 사람이라고 말할 수 있다.

　그분이 광명한 존재로 오기 때문에 사단도 광명한 천사로 역사할 수밖에 없는 것이다. 다시 말하면 생령 차원의 두 존재가 씨

름을 할 수밖에 없는 것은 원리적인 입장에서 너무나 보편적이고 타당성이 있는 공평한 싸움이라고 말할 수 있지만, 창조주와 피조물이 마지막 싸움을 한다는 것은 있을 수가 없는 것이다.

> 계 12:1-4 하늘에 큰 이적이 보이니 해를 입은 한 여자가 있는데 그 발아래는 달이 있고 그 머리에는 열두 별의 면류관을 썼더라 이 여자가 아이를 배어 해산하게 되매 아파서 애써 부르짖더라 하늘에 또 다른 이적이 보이니 보라 한 큰 붉은 용이 있어 머리가 일곱이요 뿔이 열이라 그 여러 머리에 일곱 면류관이 있는데 그 꼬리가 하늘 별 삼분의 일을 끌어다가 땅에 던지더라 용이 해산하려는 여자 앞에서 그가 해산하면 그 아이를 삼키고자 하더니

두 가지 하늘의 이적인 해를 입은 여인과 붉은 용은 대등한 입장과 상황에서 싸우는 것이라고 말할 수 있다(계 12:1-4).

마지막 재림 마당에 등장하는 광명한 자가 어떤 존재라는 것을 알기 때문에 붉은 용도 이 땅에 온 것이다. 재림 마당에 붉은 용이 보좌를 버리고 이 땅에 온다는 것은 쉬운 일이 아니다. 예수께서 이 땅에서 사망의 권세를 깨시고 승리하지 못하셨다면 하늘 우편 보좌로 올라가시지 못한다. 그렇게 중요한 보좌를 비워놓고 이 땅에 온다는 것은 웬만한 결심이 없이는 힘든 일이다. 만약에 자기가 싸울 수 없는 절대적인 존재라면 붉은 용이 이 땅에 오지 않는다. 붉은 용의 입장에서 싸워볼 만한 대상이기 때문에 자기 나름대로 구축해서 이룩한 보좌를 두고 이 땅에 온 것이지, 승산이 없는 싸움이라면 절대 오지 않는다.

재림 마당에서 이루어질 세계의 판도를, 광명한 천사로 위장

한 그들도 너무 잘 알고 온 것이다. 같은 피조물의 입장으로서 씨름해 볼 만하기 때문에 온 것이지, 창조주를 대상으로 하는 싸움이라면 절대 이 땅에 오지 못할 것이다.

그가 이 땅에 와서 바다의 짐승에게 권세를 주고(계 13:1-2) 땅의 짐승에게 권세를 주는 것은(계 13:11-15), 마치 넷째 날의 광명이 자기 때에 큰 광명과 작은 광명을 만드는 것과 동일한 맥락이라고도 말할 수 있다.

> 창 1:16 하나님이 두 큰 광명을 만드사 큰 광명으로 낮을 주관하게 하시고 작은 광명으로 밤을 주관하게 하시며 또 별들을 만드시고

광명이 존재함으로 큰 광명과 작은 광명을 만드는 것처럼, 후 3년 반에 붉은 용도 이 땅에 광명한 천사로 와서 두 광명과 같은 존재를 만들어내는 것이다. 붉은 용이 후 3년 반, 자기 때를 통해서 이 땅에서 역사한다는 것은 너무도 자명한 일이다. 그들도 광명한 존재로 이 땅에 와서 두 광명과 같은 존재를 만들어 그들로 하여금 낮과 밤을 주관하는 역사의 세계를 펼치려고 하는 것이다.

그들이 해를 입은 여자와 대적한다는 것은 재림의 마당에 등장하는 광명의 존재, 즉 해를 입은 여자, 이 땅의 주를 잘 알고 있다는 것이다. 마치 마귀가 3년의 공생애 과정에서 예수님의 곁을 떠나지 않고 주시하며 대적했던 것처럼, 붉은 용도 그렇게 해를 입은 여인으로 오신 이 땅의 주에게 끊임없이 대적하며 도전하는 것이다.

예수께서 마귀의 시험에서 이기시고 난 후에 마귀가 얼마 동

안 떠난(눅 4:13) 후로는 예수께서 십자가에 달려서 운명하시기까지 마귀는 한 번도 예수님 곁을 떠난 적이 없다. 마찬가지다. 해를 입은 여인, 이 땅의 주이신 아버지께서 역사하시는 역사의 과정 내내 그들도 떠나지 않고 끊임없이 대적하는 것이다. 마귀들이 자기의 씨알들을 통해서 그분을 끊임없이 대적하는 것이다.

따라서 그들은 인간들이 믿고 있는 것처럼 재림 예수가 다시 온다고 알고 있는 그런 어리석은 존재가 아니다. 예수님은 하늘 우편 보좌에 계시고, 그분의 이름으로 다른 사람이 온다는 것을 마귀들은 다 알고 있다. 다른 사람이 자기 이름을 가지고 오시는 그분의(요 5:43) 정체와 실상과 비밀을 그들은 이미 알고 있었다는 것이다. 그렇기 때문에 하늘에 두 가지 이적이 대립되어 도전하고 있고, 겨루어보려고 대기하고 있는 것이다.

> 계 16:15 보라 내가 도적 같이 오리니 누구든지 깨어 자기 옷을 지켜 벌거벗고 다니지 아니하며 자기의 부끄러움을 보이지 아니하는 자가 복이 있도다

> 살전 5:2 주의 날이 밤에 도적 같이 이를 줄을 너희 자신이 자세히 앎이라

혹자는 재림주가 도적 같이 오신다고 하니까 사단, 마귀도 모르게 오시는 것으로 생각한다. "그 날과 그 때는 아무도 모르나니 하늘의 천사들도, 아들도 모르고 오직 아버지만 아시느니라"(마 24:36)는 것은 오시는 때를 알지 못한다고 말씀하신 것이지 오시는 분의 정체와 실상과 비밀과 암호에 대해 말한 것은 아니다. 그들은 재림주로 오시는 분을 너무도 잘 알고 있다.

그 점을 분명히 알아야 붉은 용, 바다의 짐승, 땅의 새끼 양, 이 세 짐승이 후 3년 반에 모여서 어떤 역사를 하게 되는지 그들의 정체와 실상에 대해 확실하게 알 수 있는 것이다.

사단이 자기를 광명한 천사로 가장한다는 그 천사는 피조물이다. 멜기세덱도 피조물 중의 한 사람이다. 본질은 흙으로 시작된 사람의 존재이다. 그러나 그가 태초의 말씀을 입음으로써 하나님의 아들이 된 존재이다. 태초의 말씀을 입었다는 말은 곧 생명나무 열매를 따먹은 사람이라는 뜻이다.

그렇다면 우리는 생명나무 열매를 따먹는 존재인가, 주어 먹는 존재인가? 우리는 생명나무를 주어 먹는 존재이다. 따먹는 것과 주어 먹는 것은 어떤 차이가 있는가? 따먹었다는 것은 최초로 열매를 따먹은 그 사람이 먹은 열매 외에는 더 이상 딸 수 있는 열매가 없다는 뜻이다.

> 겔 47:12 강 좌우 가에는 각종 먹을 실과나무가 자라서 그 잎이 시들지 아니하며 실과가 끊치지 아니하고 달마다 새 실과를 맺으리니 그 물이 성소로 말미암아 나옴이라 그 실과는 먹을 만하고 그 잎사귀는 약 재료가 되리라

위 구절에 강 좌우에 각종 나무가 달마다 열매를 맺힌다고 했다. 사람들이 따먹을 수 있는 나무 열매는 각종 나무 열매이지 생명나무 열매가 아니다. 따라서 생명나무 열매는 최초에 따먹은 사람만이 그 열매의 능력과 영광을 가질 수 있는 처음이자 마지막 존재가 되는 것이다. 최초로 한 사람이 따먹으면 다음 사람이 따

먹고, 또 다음 사람이 순서에 의해서 따먹는 것이 아니다. 오직 해를 입은 여인만이 최초로 생명나무 열매를 따먹은 존재가 되는 것이다.

그렇다면 생명나무 열매가 무엇인가? 생명나무이신 예수님이 이 땅에 포도나무로 오셨다. 그러나 그의 본질은 생명나무이시다. 그분이 이 땅에 오셔서 피 속에 있던 태초의 말씀을 두고 가셨다. 두고 가신 태초의 말씀이 바로 생명나무 열매이다.

그 말씀을 입은 사람이 그 열매를 따먹은 주인공이고, 우리는 생명나무 열매를 따먹은 분으로부터 열매 안에 있는 내용을 전수받을 수 있는 것이다. 그것을 가리켜 "생명나무 열매를 주어 먹는다"라고 표현하는 것이다.

예를 들면, 천국에 고구마가 하나 있는데 어떤 사람이 와서 그 고구마를 먹었다면 천국에는 이미 고구마가 사라지고 없다. 다음 사람들이 그곳에 가서 또 고구마를 먹을 수 있는가? 고구마의 정체와 실상과 비밀을 알려면 먹은 사람에게 가서 가르침을 받아야 한다. 그것을 가리켜 '주어 먹는다'라고 하는 것이다.

> 계 2:7 귀 있는 자는 성령이 교회들에게 하시는 말씀을 들을찌어다 이기는 그에게는 내가 하나님의 낙원에 있는 생명나무의 과실을 주어 먹게 하리라

성령이 아시아의 일곱 교회에게 하시는 말씀 중에서 첫 번째 에베소 교회에게 "이기는 자에게 생명나무 과실을 주어 먹게 하리라"(계 2:7)고 하셨다. 이기는 자에게 주시는 축복의 내용이 생명나무 열매를 주어 먹게 하는 것이다.

7. 왜 에스겔 성전에 등장한 단 지파가 마지막 때 사라졌는가?

> 창 49:17 단은 길의 뱀이요 첩경의 독사리로다 말굽을 물어서 그 탄 자로 뒤로 떨어지게 하리로다

야곱이 열두 아들을 분량대로 축복하는 가운데(창 49:28) 다섯 번째 아들인 단에게 말한 내용이다. 단은 뱀이요, 독사로서 말 탄 자의 발을 물어 떨어지게 할 종자라는 것이다.

하나님께서 뱀을 저주하시는 가운데 "내가 너로 여자와 원수가 되게 하고 너의 후손도 여자의 후손과 원수가 되게 하리니, 여자의 후손은 네 머리를 상하게 할 것이요 너는 그의 발꿈치를 상하게 할 것이니라"(창 3:15)고 하셨다. 단이 말 탄 자의 발꿈치를 물어 상하게 할 장본인이라는 것이다(창 49:17, 계 19:11-16). 한 마디로 하나님을 대적하는 마귀의 자식이라는 것이다.

자기 자식에게 이런 저주를 하는 아버지가 어디 있겠는가? 인간의 상식으로는 이해가 되지 않는 내용이다. 그러나 성령으로 잉태된 하나님의 사람, 야곱의 입장에서는 하나님께서 보여주신 내용대로 열두 아들들에게 가감없이 축복과 저주를 하고 있는 것이다.

> 신 33:22 단에 대하여는 일렀으되 단은 바산에서 뛰어나오는 사자의 새끼로다

모세의 경우는 열두 지파를 축복하는 가운데 단에 대해 '바산에서 뛰어나오는 사자의 새끼'라고 했다. 표면적인 말씀만으로는

야곱이 단에 대하여 저주한 말씀과 모세가 단 지파에 대해 한 말씀과는 상당한 차이가 있어 보인다. 그런데 놀라운 것은 단이 바산에서 뛰어나오는 사자 새끼라는 것이다.

왜 단이 바산에서 뛰어나오는가? 바산은 어떤 의미를 가진 장소인가?

> 시 68:15-16 바산의 산은 하나님의 산임이여 바산의 산은 높은 산이로다 너희 높은 산들아 어찌하여 하나님이 거하시려 하는 산을 시기하여 보느뇨 진실로 여호와께서 이 산에 영영히 거하시리로다

바산은 하나님의 산이며, 높은 산이라고 했다. 그런 높은 산들이 하나님께서 역사하시고자 거하시려는 산을 시기하는 것이다. 예수께서 십자가를 지신 이유도 그 당시 종교지도자들의 시기 때문이라고 했다.

> 마 27:18 이는 저가 그들의 시기로 예수를 넘겨준 줄 앎이러라

> 막 15:10 이는 저가 대제사장들이 시기로 예수를 넘겨준 줄 앎이러라

태초의 말씀으로 큰 권세와 능력을 행하시는 예수님으로 인해 안식일마다 성전이 텅텅 비게 됨으로, 대제사장을 비롯한 당시 24,000명의 제사장들이 예수님을 시기, 질투한 결과 십자가에 못 박았다고 성령께서 분명하게 말씀하고 있다.

그렇다면 왜 단 지파를 가리켜 사자 새끼라고 했는가?

야곱의 열두 아들 중 유다 지파가 사자를 상징하고 있다. 그래서 유다 지파 진기(陣旗)에는 사자가 그려져 있다. 그런데 하나님의 산에서 사자의 새끼가 뛰어나온다는 것이 무슨 뜻일까?

사자는 맹수의 왕으로서 하나님의 제물이 될 수 없는 짐승이다. 다윗이 성전을 지으려고 하자 하나님께서 "너는 군인이라 피를 흘렸으니 내 이름을 위하여 전을 건축하지 못하리라"(대상 28:3)고 하셨다. 다윗이 군인이라서 피를 많이 흘린 이유도 있겠지만 다윗의 본질이 제물이 될 수 없는 사자였기 때문에 성전을 짓지 못하게 하신 것이다.

이처럼 이미 사자가 존재하는데 사자로 인정받지 못한 단 지파가 하나님의 산에서 사자 새끼로 등장한다는 것은 결코 긍정적인 말씀이 아니다. 사단도 광명한 천사로 역사한다(고후 11:14)는 말씀처럼, 본질적으로 사자가 아닌 단 지파가 하나님의 산에서 마치 자기도 사자 새끼인 것처럼 등장한다는 것이다.

이 말씀 때문에 예수님이 밤새워 기도하시고 사자 새끼로 위장하고 바산의 산에서 뛰어 나오는 가룟 유다를 열두 사도 중 마지막 사도로 택하신 것이다.

다시 말하면 뱀은 뱀이지, 뱀이 사자가 될 수는 없다. 하나님이 만물을 지으신 창조의 대상 속에 들어있는 원리적인 율례와 규례에 의하면 절대 사람은 사람을 낳고 짐승은 짐승을 낳는 것이지, 사자가 뱀을 낳고 뱀이 사자를 낳는 경우는 있을 수 없는 것이다. 그것은 창조원리에 어긋난 것이다.

그런데 뱀이 하나님의 산에서 사자 새끼로 등장한다는 것은 참으로 무서운 말이다. 표면적으로 보면 아무 것도 아닌 말씀 같지만 이 말씀의 이면 속에 들어있는 구속사의 비밀을 알았을 때는 너무 놀라운 말씀이라는 것이다. 모세가 단 지파인 뱀을 아주 의미 있게 비유적으로 저주한 말씀이다. "여호와께서 온갖 것을 그 씌움에 적당하게 지으셨나니 악인도 악한 날에 적당하게 하셨느니라"(잠 16:4)고 했다. 모세가 장차 예수께서 단 지파인 가룟 유다를 어떻게 쓰실 것을 아시고 아주 은밀하게 비유의 말씀으로 그를 등장시킨 내용이다.

> 마 5:17-18 내가 율법이나 선지자나 폐하러 온 줄로 생각지 말라 폐하러 온 것이 아니요 완전케 하려 함이로라 진실로 너희에게 이르노니 천지가 없어지기 전에는 율법의 일점일획이라도 반드시 없어지지 아니하고 다 이루리라

예수께서 밤새워 기도하시고 가룟 유다를 열두 사도 중 마지막 사도로 부르심으로, 모세가 이스라엘 열두 지파를 축복한 그 말씀의 이면의 뜻을 이 땅에서 완전하게 이루셨다.

야곱과 모세에게 저주받은 단 지파가 어떻게 에스겔 성전에 함께 있는가?

> 겔 48:31-35 그 성읍의 문들은 이스라엘 지파들의 이름을 따를 것인데 북으로 문이 셋이라 하나는 르우벤 문이요 하나는 유다 문이요

> 하나는 레위 문이며 -(중략)- 서편도 사천오백 척이니 또한 문이 셋이라 하나는 갓 문이요 하나는 아셀 문이요 하나는 납달리 문이며 그 사면의 도합이 일만 팔천 척이라 그 날 후로는 그 성읍의 이름을 여호와삼마라 하리라

하나님께서 보여주신 에스겔 성전을 '여호와삼마'라고 한다. '여호와삼마'의 의미는 '하나님께서 우리와 함께 하시다'라는 뜻이다. 성전 벽을 사이에 두고, 한 쪽 방에 하나님이 계신다면 다른 쪽 방에 사람이 있는 성전이다. 지금까지 지구상에는 그런 성전이 한 번도 존재하지 않았다.

참고로 성경에 기록된 에스겔 성전의 규모를 살펴보면 전체 면적이 가로 세로 각각 500규빗(겔 42:15-20)으로 약 15,000평 넓이의 아주 큰 성전이다.

그렇다면 하나님께서 임마누엘 되시는 '여호와삼마', 과연 그 에스겔 성전이 언제 지어질 것인가? 이것은 난해하여 주석학자, 성경학자들이 도저히 풀 수 없는 말씀이다.

그러나 에스겔 성전은 실제로 이 땅에 존재했었는데, 인간들이 그 에스겔 성전을 알지 못한 것뿐이다. 에스겔 성전이 정말 지구상에 존재한 적이 있었는가? 그렇다면 그 성전은 누가 지은 것인가? 언제 하늘의 발등상이 되는 지구촌 안에 에스겔 성전이 존재하고 있었는가?

게다가 하나님께서 직접 사람들과 함께 예배를 드리고 영광을 드리는 그 에스겔 성전 안에 단 지파가 들어있다는 것도 놀라운 사실이다. 저주 받은 단 지파가 어떻게 에스겔 성전에 열두 지파

중 인침 받은 존재로 등장하고 있는 것인가?

예수께서는 이 땅에서 사생애 30년, 공생애 3년, 또 영생(永生)의 40일을 계셨다.

본래 예수님은 완전한 신성과 인성을 가지신 분이다(요 2:24-25). 그분은 말씀이 육신이 되어 오신 분이다(요 1:14). 하나님이 사람으로 오신 분이 예수님이다. 그렇기 때문에 그분은 사람으로서도 완전하신 분이고 하나님으로서도 완전하신 하나님이라는 것이다. 그런 그분이 창조의 길, 여인의 길을 통해서 이 땅에 오셨다. 예수님이 어린 양으로서 십자가에 달리셔서 생축의 자리까지 자기 몸을 비우고 낮추셨다(엡 5:2, 빌 2:5-8). 예수님이 십자가를 지시기 위해서 스스로 신성을 버리신 것이다.

> 롬 1:4 성결의 영으로는 죽은 가운데서 부활하여 능력으로 하나님의 아들로 인정되셨으니 곧 우리 주 예수 그리스도시니라

태초의 말씀을 가지고 오신 예수님의 생명은 스스로 계신 자의 영원한 생명이기 때문에 피조물이 어떠한 형태로도 소멸시킬 수 없는 생명이다. 그분이 하나님의 아들로서 죽었다가 하나님 아들로서 부활 받으신다면 그의 부활은 하나님 아들의 부활이지, 티끌 같은 인생들의 부활이라고 말할 수 없다. 그분이 하나님 아들로서 스올에 들어가셔서 사망의 권세를 깨고 다시 부활하셨다면 그 부활은 우리의 부활이 되지 못한다. 그렇게 된다면 인간들은 하나님의 아들들이 아니라, 하나님의 백성일 뿐이다.

그렇기 때문에 자신의 부활을 티끌 같은 인생들의 부활로 만

들어주기 위해서 그분이 스스로 십자가 상에서 흘리신 피 속에 태초의 말씀을 담아서 한 방울도 남기지 않고 이 땅에 다 떨쳐버리셨다. 그러므로 성결의 영으로는 부활의 능력으로 사망의 권세를 깨고 이기심으로써 하나님의 아들로 인정받으신 것이다(롬 1:4).

예수님이 부활의 능력으로 3일 만에 살아나심으로 하나님 아들로 인정받으신 그 이름은 '예수'가 아니다. 하나님 아들과 방불한 제사장, 멜기세덱이라는 이름이다.

예수께서 부활하셔서 40일 동안 이 땅에 계시는 동안에 예루살렘 성전에 한 번도 올라가지 않으셨다. 예루살렘 성전에는 이미 죽는 자들이 대제사장으로 있었기 때문에 하늘의 대제사장이신 예수께서 그곳에 가실 수 없었다. 다시 말하면 예수님이 부활하시고 이 땅에 40일 계신 그 기간이 하늘의 대제사장으로서 이 땅에 머물러 계신 기간이다.

> 요 2:19-22 예수께서 대답하여 가라사대 너희가 이 성전을 헐라 내가 사흘 동안에 일으키리라 유대인들이 가로되 이 성전은 사십륙 년 동안에 지었거늘 네가 삼 일 동안에 일으키겠느뇨 하더라 그러나 예수는 성전된 자기 육체를 가리켜 말씀하신 것이라 죽은 자 가운데서 살아나신 후에야 제자들이 이 말씀하신 것을 기억하고 성경과 및 예수의 하신 말씀을 믿었더라

예수께서 "이 성전을 헐라 내가 사흘 동안에 일으키리라"고 하셨을 때, 제자들이 깨닫지 못했으나 부활하신 후에야 예수님을 가리킨 것이라고 깨닫게 되었다. 부활하신 예수님이 바로 '여호와삼

마'로서 하나님이 사람들과 함께 거하는 그런 성전이었다는 것이다.

> 요 4:20-23 우리 조상들은 이 산에서 예배하였는데 당신들의 말은 예배할 곳이 예루살렘에 있다 하더이다 예수께서 가라사대 여자여 내 말을 믿으라 이 산에서도 말고 예루살렘에서도 말고 너희가 아버지께 예배할 때가 이르리라 너희는 알지 못하는 것을 예배하고 우리는 아는 것을 예배하노니 이는 구원이 유대인에게서 남이니라 아버지께 참으로 예배하는 자들은 신령과 진정으로 예배할 때가 오나니 곧 이때라 아버지께서는 이렇게 자기에게 예배하는 자들을 찾으시느니라

예수님이 사마리아의 수가촌 우물가에서 여인과 도담(道談)을 나누셨다. "네 남편을 불러오라", "저는 남편이 없습니다", "네 말이 맞다. 네가 지금 살고 있는 남편도 네 남편이 아니고 전에 살던 다섯 사람도 네 남편이 아니다"라고 하셨다. 그 여자는 어떤 여자인가? 남편이 아닌 다섯 남자와 살았다는 것이다. 그 말을 듣고 그 여자가 깜짝 놀라며 "당신은 선지자로소이다"라고 했다(요 4:16-19).

여기서 놀라운 도담이 이루어진다. "유대 사람은 그 어디에서도 예배를 드리지 말고 오직 예루살렘에 있는 하나님의 성전에 와서만 예배를 드리라고 합니다"라고 하자, 예수께서 그 여인에게 "아니다. 이 산도 저 산도 아니고 예루살렘 성전도 아니고, 너희가 신령과 진정으로 아버지께 예배드릴 때가 오나니 하나님은 그런 자들을 찾으시느니라"고 하셨다.

그렇다면 언제 이 땅에 아버지께 신령과 진정으로 예배드리는 기간이 있었는가? 부활의 능력으로 멜기세덱, 하늘의 대제사장으로서 40일 계시는 동안 예수님이 살아 역사하시는 하나님의 성전이시면서 동시에 하늘의 대제사장으로 계셨다.

그때는 단 지파에게도 예수님이 함께 해주셨다는 것이다. 왜 그러한가? 예수님은 자기 백성을 죄에서 구원하기 위해서 오신 분이다(마 1:21). 그래서 바리새인들에게 "건강한 자에게는 의원이 쓸데없고 병든 자에게라야 쓸데 있느니라 내가 의인을 부르러 온 것이 아니요 죄인을 부르러 왔노라"(마 9:12-13, 막 2:17, 눅 5:31-32)고 하셨다.

> 행 10:9-15 이튿날 저희가 행하여 성에 가까이 갔을 그 때에 베드로가 기도하려고 지붕에 올라가니 시간은 제 육시더라 시장하여 먹고자 하매 사람이 준비할 때에 비몽사몽간에 하늘이 열리며 한 그릇이 내려오는 것을 보니 큰 보자기 같고 네 귀를 매어 땅에 드리웠더라 그 안에는 땅에 있는 각색 네 발 가진 짐승과 기는 것과 공중에 나는 것들이 있는데 또 소리가 있으되 베드로야 일어나 잡아먹으라 하거늘 베드로가 가로되 주여 그럴 수 없나이다 속되고 깨끗지 아니한 물건을 내가 언제든지 먹지 아니하였삽나이다 한대 또 두 번째 소리 있으되 하나님께서 깨끗케 하신 것을 네가 속되다 하지 말라 하더라

유대인들은 하루 세 번 아침, 점심, 저녁에 기도한다. 베드로가 점심시간에 기도하러 지붕 위에 올라가 기도하는 중에 보니 환상 가운데 하늘에서 바구니가 내려왔다. 하늘에서 "네가 잡아먹으

라"고 하시어, 보니까 다 부정한 짐승들이었다. 그래서 베드로가 "내가 지금까지 살아오는 동안에 부정한 짐승을 먹은 적이 없습니다"라고 거절했다. 그러자 다시 하늘에서 소리가 나면서 "하나님께서 깨끗하게 하신 것을 너는 왜 부정하다고 말하느냐?"라고 하셨다.

이처럼 예수님은 죄인을 구원하러 오셨기 때문에 저주 받은 단 지파까지도 구원의 대상으로 삼아주신 것이다.

다시 말하면 에스겔 48장에서 말한 '여호와삼마'라는 에스겔 성전은 곧 누구를 가리키는 것인가? 사망의 권세를 깨시고 부활하신 멜기세덱을 가리키는 것이다. 멜기세덱이 곧 에스겔 성전이었다는 것이다. 그 성전은 손으로 지은 성전이 아니다. 부활의 능력으로 하나님 아들로 인정받으신 하나님 자신의 성전이었다. 그렇기 때문에 그 성전 안에는 누구를 막론하고 자기의 죄를 시인하고 회개하는 사람은 모두 구원의 대상이 되었다. 그것을 가리켜 '에스겔 성전'이라고 말씀하시고 그 안에 이스라엘 열두 지파가 인침 받는 내용 중, 뱀인 단 지파도 구원의 대상으로 인정받은 것이다.

그렇다면 에스겔 성전에까지도 등장했던 단 지파가 왜 재림 마당에서 사라졌는가?

계 7:4-8 내가 인 맞은 자의 수를 들으니 이스라엘 자손의 각 지파 중에서 인 맞은 자들이 십사만 사천이니 유다 지파 중에 인 맞은 자가 일만 이천이요 르우벤 지파 중에 일만 이천이요 갓 지파 중에 일만

이천이요 아셀 지파 중에 일만 이천이요 납달리 지파 중에 일만
이천이요 므낫세 지파 중에 일만 이천이요 시므온 지파 중에 일만
이천이요 레위 지파 중에 일만 이천이요 잇사갈 지파 중에 일만
이천이요 스불론 지파 중에 일만 이천이요 요셉 지파 중에 일만
이천이요 베냐민 지파 중에 인 맞은 자가 일만 이천이라

위 구절에서 14만 4천인의 인침을 받고 있는 지파 속에 두 지파가 사라졌다. 단 지파와 에브라임 지파이다. 그러나 에브라임 지파는 사라진 대신에 요셉 지파가 들어갔다. 에브라임 지파는 더 큰 영역으로 구원의 대상으로 확장되었다는 의미이지, 사라졌다는 의미는 아니다.

즉 하나님께서 잘못된 단 지파를 제거하기 위해서 새로운 지파를 영입하기 위한 방편과 모략과 지혜를 사용하신 것이다. 그래서 결국 야곱과 모세가 저주한 대로 단 지파가 14만 4천인으로 인침을 받는 대상에서 제외 당하고 말았다.

인간적으로 표현한다면 그들이 얼마나 불쾌하고, 부끄럽고, 화가 나겠는가? 자기 지파가 제외되고, 구원의 대상에서 외면당했기 때문에 그들이 가만히 있을 리는 없다. 단 지파의 시작이 뱀으로 시작되었다면 마지막 때의 단 지파는 무엇으로 역사하겠는가? 불 뱀으로 역사한다는 것을 알아야 한다.

사 14:29 블레셋 온 땅이여 너를 치던 막대기가 부러졌다고 기뻐하지 말라 뱀의 뿌리에서는 독사가 나겠고 그 열매는 나는 불 뱀이 되리라

불 뱀과 뱀의 차이는 무엇인가? 뱀은 비상하지 못한다. 그러나 불 뱀은 불을 사용할 줄 아는 동시에 비상하는 뱀이라는 뜻이다.

두 감람나무도 불을 사용한다. 자기를 해하고자 하는 자들을 입에서 나오는 불로 죽인다(계 11:5). 마찬가지다. 요한계시록 13장에 보면 세 짐승 가운데 한 짐승이 하늘에서 불이 내려오게 하고(계 13:13) 우상에게 생기를 주어 말하게 한다(계 13:15). 그것이 짐승이 가지고 있는 능력이라는 것이다.

불 뱀도 그런 종류이다. 따라서 구원의 대상에서 제외당한 단 지파가 절대 그냥 있을 리가 없다. 이를 갈며 저주하며 대적할 수밖에 없다.

단 지파는 무서운 존재이다. 하나님께서 "여인의 후손이 네 머리를 상하게 할 것이요 너는 여인의 후손의 발꿈치를 상하게 하리라"(창 3:15)고 저주하셨다. 그 사건을 두고 야곱은 "단은 길의 뱀이요 첩경의 독사리로다 말굽을 물어서 그 탄 자로 뒤로 떨어지게 하리로다"(창 49:17)라고 했다. 단 지파는 뱀 지파이다. 뱀이 마지막 때에는 독사가 되어서 하나님의 구원의 대상들을 절대 그냥 두지 않는다. 그렇다고 그들이 "나는 독사다. 뱀이다. 불 뱀이다"라고 이마에 쓰고 다니는 것이 아니다.

반석 위로 지나가는 뱀은 흔적을 남기지 않는다고 했다(잠 30:19). 흔적을 남기지 않는다는 의미가 무엇인가? 뱀은 귀신 들린 자와는 차원이 다르다. 귀신 들린 사람들은 가장 낮은 차원의 대상들이다. 뱀은 그들보다는 차원이 높은 대상들이다. 교회를 파괴하고, 하나님의 성전을 무너뜨리고, 성도들로 하여금 짐승의 표를 받게 하고, 우상에게 경배 드리게 하는 일들을 자행하는 것이 뱀이 하는 짓이다. 그들은 거짓된 자기 생각에 따라 마음대로 말을 바꾸고 거짓된 사실을 진실로 믿는 사람들이다. 그런 것을 가리켜 제 것으로 말하는 사람이라고 한다. 그런 사람들은 완전히 인자화 된 뱀들이다. 인간 뱀의 종자들이다.

> 요 8:44 너희는 너희 아비 마귀에게서 났으니 너희 아비의 욕심을 너희도 행하고자 하느니라 저는 처음부터 살인한 자요 진리가 그 속에 없으므로 진리에 서지 못하고 거짓을 말할 때마다 제 것으로 말하나니 이는 저가 거짓말장이요 거짓의 아비가 되었음이니라

이제 재림 마당에서 뱀은 어차피 자기들은 구원의 대상이 아니라는 것을 스스로 잘 알고 있다. 마지막 재림 마당에서 야곱이 저주한 대로 독사로서 살아갈 종자들이다. 그래서 그들은 가만히 있지 않고 온갖 수단과 방법을 가리지 않고 역사하는 것이다.

제 3장

666의 정체와 실상

I
세 마당에 등장한 666

1. 구약 마당에 등장한 666, 그들은 누구인가?

창 22:15-17　여호와의 사자가 하늘에서부터 두 번째 아브라함을 불러 가라사대 여호와께서 이르시기를 내가 나를 가리켜 맹세하노니 네가 이같이 행하여 네 아들 네 독자를 아끼지 아니하였은즉 내가 네게 큰 복을 주고 네 씨로 크게 성하여 하늘의 별과 같고 바닷가의 모래와 같게 하리니 네 씨가 그 대적의 문을 얻으리라

갈 4:22-23　기록된바 아브라함이 두 아들이 있으니 하나는 계집 종에게서, 하나는 자유하는 여자에게서 났다 하였으나 계집 종에게서는 육체를 따라 났고 자유하는 여자에게서는 약속으로 말미암았느니라

믿음의 조상인 아브라함의 후손 중에는 하늘의 별, 바닷가의 모래와 같은 두 종류의 사람들이 있다. 사라가 낳은 이삭이라는 약속의 자손과, 하갈이 낳은 이스마엘이라는 육체를 따라난 자손으로 두 종류의 자손들이 있다.

그런데 육체를 따라 난 자들이 우선권을 가지고 성령을 따라 난 약속의 자손을 핍박하는 내용이 성경에 일관되게 나타난 원리이다(갈 4:29).

> 고후 3:7-9 돌에 써서 새긴 죽게 하는 의문의 직분도 영광이 있어 이스라엘 자손들이 모세의 얼굴의 없어질 영광을 인하여 그 얼굴을 주목하지 못하였거든 하물며 영의 직분이 더욱 영광이 있지 아니하겠느냐 정죄의 직분도 영광이 있은즉 의의 직분은 영광이 더욱 넘치리라

본방 이스라엘 백성들 가운데도 아브라함의 계열, 즉 믿음으로 의롭다함을 입을 수 있는 믿음의 계열이 있고 또 정죄의 직분의 계열, 다시 말하면 율법으로 정죄함을 받을 수밖에 없었던 율법에 종속되어 있는 계열이 있었다(고후 3:7-9). 그래서 출애굽한 이스라엘 백성들 속에도 섞인 무리들이 항상 중심이 되어 하늘의 뜻을 대적했다.

> 창 49:3-4 르우벤아 너는 내 장자요 나의 능력이요 나의 기력의 시작이라 위광이 초등하고 권능이 탁월하도다마는 물의 끓음 같은즉 너는 탁월치 못하리니 네가 아비의 침상에 올라 더럽혔음이로다 그가 내 침상에 올랐었도다

> 창 49:5-7 시므온과 레위는 형제요 그들의 칼은 잔해하는 기계로다 내 혼아 그들의 모의에 상관하지 말찌어다 내 영광아 그들의 집회에 참예하지 말찌어다 그들이 그 분노대로 사람을 죽이고 그 혈기

대로 소의 발목 힘줄을 끊었음이로다 그 노염이 혹독하니 저주를 받을 것이요 분기가 맹렬하니 저주를 받을 것이라 내가 그들을 야곱 중에서 나누며 이스라엘 중에서 흩으리로다

창 49:16-17 단은 이스라엘의 한 지파 같이 그 백성을 심판하리로다 단은 길의 뱀이요 첩경의 독사리로다 말굽을 물어서 그 탄 자로 뒤로 떨어지게 하리로다

야곱이 열두 아들을 분량대로 축복하는 가운데에도 르우벤, 시므온, 레위, 단이 아버지 야곱으로부터 저주를 받았다.

창 25:1-2 아브라함이 후처를 취하였으니 그 이름은 그두라라 그가 시므란과 욕산과 므단과 미디안과 이스박과 수아를 낳았고

그런가 하면 항상 이스라엘 백성들을 대적하고 침략하던 미디안도 아브라함의 후처인 그두라가 낳은 아들이었다.

창 36:12 에서의 아들 엘리바스의 첩 딤나는 아말렉을 엘리바스에게 낳았으니 이들은 에서의 아내 아다의 자손이며

에서의 자손 중에도 아말렉이라는 이스라엘 백성을 괴롭히던 자들이 있었다(출 17:14, 민 24:20, 신 25:17-19). 이스라엘 백성들이 젖과 꿀이 흐르는 가나안 땅을 가기 위해 광야길을 걸을 때 아말렉이 뒤에 처진 노약자들을 야금야금 집어 삼켰다(신 25:17). 그래서 하나님께서 사울 왕에게 아말렉을 치라고 명령하

셨는데(삼상 15:2-3) 사울 왕이 불순종함으로 하나님께서 그를 떠나 나라를 다윗에게 넘겨주는 후회의 대상이 된 것이다(삼상 28:17-18).

그런 저주 받은 백성들이 하나가 되어 이스라엘 백성들이 젖과 꿀이 흐르는 가나안 땅을 향해 진군해 들어가는 그 역사의 과정에서 돌발적으로 많은 문제를 일으키며 대적했다. 구약 마당에서는 하늘의 역사를 대적하는 대상들이 대부분 아브라함이라는 한 가정 안에 소속된 가까운 사람들이었다.

이처럼 하늘의 뜻을 대적하는 무리들은 크게 보면 가인의 계열(창 4:1), 이스마엘의 계열(창 16:15), 그두라가 낳은 미디안의 계열(창 25:1-4), 또 함의 계열(창 9:18)이다. 이 중에서 함의 계열은 젖과 꿀이 흐르는 가나안 땅을 이미 선점하고 있었기 때문에 가나안 땅에 들어가는 이스라엘 백성들 속에는 포함되지 않았다. 따라서 가인의 계열, 이스마엘의 계열, 그두라가 낳은 미디안의 계열이 이스라엘 백성들 중에 함께 섞인 무리였다고 말할 수 있다.

결과적으로 가인의 계열, 이스마엘의 계열, 그두라가 낳은 미디안의 계열이 젖과 꿀이 흐르는 가나안 땅을 향해서 광야 길을 걷고 있는 이스라엘 백성들로 하여금 40년 동안 온갖 패역한 죄를 짓게 했다. 적은 누룩이 온 덩이에 퍼지는 것처럼(갈 5:9) 섞인 무리들이 출애굽한 광야 1세대들로 하여금 우상숭배하고, 간음하고, 하나님을 시험하고, 원망하는 네 가지 죄를 짓게 하여(고전 10:7-10) 603,550명 중에서 여호수아, 갈렙 외에는 광야에서 다 죽게 만들었다. 그들이 곧 구약 마당에서 하늘의 뜻을 대적했던 중심세력이다.

2. 신약 마당에 등장한 666, 그들은 누구인가?

> 마 26:57 예수를 잡은 자들이 끌고 대제사장 가야바에게로 가니 거기 서기관과 장로들이 모여 있더라

> 행 4:6 대제사장 안나스와 가야바와 요한과 알렉산더와 및 대제사장의 문중이 다 참예하여

예수님을 율법으로 정죄하여 십자가에 못 박은 중심인물들은 그 당시 대제사장과 바리새인, 서기관 등이다. 굳이 인자의 입장에서 666으로 표현한다면 대제사장인 안나스와 가야바가 첫 번째 6에 해당되는 자들이고, 두 번째 6에 해당되는 자들은 24,000명의 제사장들이고, 세 번째 6에 해당되는 자들은 서기관, 바리새인, 유사들이라고 말할 수 있다. 이 당시 대제사장들은 로마의 권력에 의해서 지명을 받고 있었던 시대였다는 점이 깊이 생각해야 될 부분이다.[37]

> 요 9:28-29 저희가 욕하여 가로되 너는 그의 제자나 우리는 모세의 제자라 하나님이 모세에게는 말씀하신 줄을 우리가 알거니와 이 사람은 어디서 왔는지 알지 못하노라

예수님 당시의 종교지도자들은 자신들이 모세의 제자라는 긍지와 자부심만 가지고 있었지, 모세가 예수님의 그림자라는 사실

---

37) '구속사 시리즈' 제 6권 <맹세 언약의 영원한 대제사장> 297-328쪽, 박윤식 저, 휘선

은 깨닫지 못했다. 그들은 예수께서 "내가 곧 생명의 떡이다"(요 6:48), "너희는 아래서 났고 나는 위에서 났다"(요 8:23), "내 말로 네 죄를 사하노라"(마 9:2, 막 2:5, 눅 7:48)라고 하신 말씀에 대해 참람하다고 정죄하였다(마 9:3, 막 2:7, 요 10:33).

> 요 5:45-47 내가 너희를 아버지께 고소할까 생각지 말라 너희를 고소하는 이가 있으니 곧 너희의 바라는 자 모세니라 모세를 믿었더면 또 나를 믿었으리니 이는 그가 내게 대하여 기록하였음이라 그러나 그의 글도 믿지 아니하거든 어찌 내 말을 믿겠느냐 하시니라

위 구절은 자기 땅에 오신 구세주, 메시아를 알아보지 못하고 대적하며 참소한 그들을 고소하는 자는 아이러니하게도 그들이 가장 바라고 원하는 모세라는 사실을 예수께서 친히 지적하신 내용이다. 모세의 글은 율법으로서 장차 말씀이 육신으로 오실 초림 주, 메시아에 대한 예언이다. 따라서 모세의 글을 믿으면 예수님의 말씀을 믿게 되어 있는 것이다. 그들이 예수님을 영접하지 못하고 대적한 것은 결과적으로 모세의 글을 믿지 못했다는 것이다. 그들은 모세가 예언한 메시아가 곧 예수님이라는 사실을 깨닫지 못한 것이다(신 18:15). 모세의 글은 실체이신 말씀에 대한 그림자이다. 그림자를 믿지 못한 자들이 어찌 실체를 믿을 수 있었겠는가?

> 요 8:44 너희는 너희 아비 마귀에게서 났으니 너희 아비의 욕심을 너희도 행하고자 하느니라 저는 처음부터 살인한 자요 진리가 그 속에 없

으로 진리에 서지 못하고 거짓을 말할 때마다 제 것으로 말하나니 이는 저가 거짓말장이요 거짓의 아비가 되었음이니라

예수께서 친히 말씀하신대로 그들의 아비는 마귀이며 최초의 살인자, 거짓말쟁이며 모든 것을 자기 것으로 말하는 그런 대상이기 때문에 때의 주인으로 오신 예수님을 항상 대적하는 존재들이었다.

신약 마당에서도 하늘의 일을 대적하는 대상들이 인자들로 주축이 되었지만, 그들을 선동하고 충동시켜서 역사하는 하늘의 영적인 무리들이 있었다. 이스라엘 백성들은 예수님을 알아보지 못했으나, 말씀이 육신으로 오신 예수님을 제일 먼저 알아본 대상들은 귀신들이었다(막 1:23-26, 막 3:11, 눅 4:33-35). 그 귀신들을 마귀가 조종하고 있었다.

눅 4:33-35 회당에 더러운 귀신 들린 사람이 있어 크게 소리질러 가로되 아 나사렛 예수여 우리가 당신과 무슨 상관이 있나이까 우리를 멸하러 왔나이까 나는 당신이 누구인줄 아노니 하나님의 거룩한 자니이다 예수께서 꾸짖어 가라사대 잠잠하고 그 사람에게서 나오라 하시니 귀신이 그 사람을 무리 중에 넘어뜨리고 나오되 그 사람은 상하지 아니한지라

막 3:11 더러운 귀신들도 어느 때든지 예수를 보면 그 앞에 엎드려 부르짖어 가로되 당신은 하나님의 아들이니이다 하니

예수께서 친히 "사단이 하늘로서 번개 같이 떨어지는 것을 내가 보았노라"(눅 10:18)고 하셨다. 그 말씀은 마귀를 도우러 사단이 하늘에서 번개처럼 내려왔다는 것이다. 육신의 눈으로는 어느 누구도 그것을 보지 못했지만, 예수님만이 보시고 친히 말씀하신 것이다.

왜 사단이 하늘에서 번개처럼 떨어졌는가?

눅 4:13 마귀가 모든 시험을 다 한 후에 얼마 동안 떠나니라

예수께서 40일 금식하시고 성령의 인도를 따라 광야로 나가셔서 마귀에게 세 번 시험을 받으셨다. 마귀는 첫 아담을 에덴동산에서 쓰러뜨린 경력을 가지고 있는 존재이다. 이 땅에서 생령의 존재를 쓰러뜨린 마귀를 당할 존재는 아무도 없다. 승승장구하던 마귀가 예수님을 상대로 세 번 시험했으나 말씀이 육신으로 오신 예수님을 이기지 못했다. 마귀가 자기 혼자 힘으로는 예수님을 당할 수 없다는 것을 깨닫고, 자기 머리격인 붉은 용에게 지원요청을 하고자 잠시 자리를 떠난 것이다. 그 결과 붉은 용이 사단을 번개같이 이 땅에 내려 보내 마귀를 돕게 하였다.

그렇기 때문에 신약의 마당에서 부정적인 인자들을 돕는 대상들은 다 하늘에서 온 것들이다. 귀신들도 다 하늘에 소속된 존재들이다.

계 9:2-3 저가 무저갱을 여니 그 구멍에서 큰 풀무의 연기 같은 연기가 올라오매 해와 공기가 그 구멍의 연기로 인하여 어두워지며 또 황충이

연기 가운데로부터 땅 위에 나오매 저희가 땅에 있는 전갈의 권세
와 같은 권세를 받았더라

무저갱에서 나온 황충이 같은 존재처럼 사단, 마귀도 다 하늘에서 내려와서 자기 계열의 사람들을 통해서 역사하는 것이다.

눅 22:31-32 시몬아, 시몬아, 보라 사단이 밀 까부르듯 하려고 너희를 청구
하였으나 그러나 내가 너를 위하여.네 믿음이 떨어지지 않기
를 기도하였노니 너는 돌이킨 후에 네 형제를 굳게 하라

베드로의 연약한 믿음을 아는 사단이 잠시도 쉬지 않고 좌편에서 베드로를 참소하는 것을 예수께서 바라보시며 베드로에게 권면하신 말씀이다. 사단은 항상 베드로뿐만 아니라 하나님의 자녀들을 참소하고 있다. 그러나 예수께서 그들의 믿음이 떨어지지 않기를 기도해주심으로 사단에게 넘어가지 않는다는 것이다.

"너희 아비는 마귀라"고 하신 마귀의 자식, 가라지들을 통해서 하늘의 역사를 대적하게 하였고 그 결과 결국은 주님을 십자가에 못 박은 것이다.

요 13:26-27 예수께서 대답하시되 내가 한 조각을 찍어다가 주는 자가 그
니라 하시고 곧 한 조각을 찍으셔다가 가룟 시몬의 아들 유다
를 주시니 조각을 받은 후 곧 사단이 그 속에 들어간지라 이에
예수께서 유다에게 이르시되 네 하는 일을 속히 하라 하시니

대표적인 예로, 가롯 유다에게 사단이 들어가는 것을 보고 예수께서 "네 하는 일을 속히 하라"고 하심으로 그가 대제사장들에게 가서 예수를 판 것이다.

말씀도 인자를 통해서 역사하고, 사단 마귀들도 인자를 통해서 역사한다. 그 원리적인 입장을 통해서 본다면 신약 마당에서 하늘의 뜻을 대적한 자들은 인자들이었지만 그들을 영적으로 조종하는 자들은 귀신, 마귀, 사단으로 하늘에서 온 종자들이었다.

3. 재림 마당에 등장한 666, 그들은 누구인가?

하나님께서 인류 구속사역으로 정하신 70이레 중 62이레와 7이레가 이루어지고 남은 한 이레의 역사가 재림 마당에서 이루어진다(단 9:24-27). 한 이레의 역사는 산 자의 신랑과 산 자의 신부가 탄생하는 역사이다.[38] 해를 입은 여인이 때의 주인으로 등장하여 그 한 이레 역사를 이루실 때, 그 역사를 대적하며 방해하는 자들이 재림 마당의 666이라고 할 수 있다.

요한계시록에는 일곱 인, 일곱 나팔, 일곱 대접의 역사가 진행된다. 표면적으로는 일곱 인이 다 떼어지고 나면, 천사들이 일곱 나팔을 불고, 일곱 대접이 쏟아지는 것처럼 기록되어 있다. 그러

---

[38] '종말론적 구속사 시리즈' 제 3권 <두 감람나무와 두 촛대, 그들은 누구인가?> 515-548쪽, 벽암 조영래 저, 도서출판 오색이슬

나 내용을 자세히 살펴보면 첫째 인이 떼어지면 첫째 나팔이 불려지고, 첫째 나팔이 불려지면 첫째 대접이 쏟아진다.

그 중에서 넷째 인이 떼어지고 넷째 천사가 나팔을 불 때에 공중에 날아가는 독수리가 큰 소리로 땅에 거하는 자들에게 화, 화, 화가 있을 것이라고 예언하게 된다.

> 계 8:13 내가 또 보고 들으니 공중에 날아가는 독수리가 큰 소리로 이르되 땅에 거하는 자들에게 화, 화, 화가 있으리로다 이 외에도 세 천사의 불 나팔소리를 인함이로다 하더라

그렇다면 재림 마당에 임할 세 화의 내용은 무엇인가?

> 계 9:1-12 다섯째 천사가 나팔을 불매 내가 보니 하늘에서 땅에 떨어진 별 하나가 있는데 저가 무저갱의 열쇠를 받았더라 저가 무저갱을 여니 그 구멍에서 큰 풀무의 연기 같은 연기가 올라오매 해와 공기가 그 구멍의 연기로 인하여 어두워지며 -(중략)- 저희에게 임금이 있으니 무저갱의 사자라 히브리 음으로 이름은 아바돈이요 헬라 음으로 이름은 아볼루온이더라 첫째 화는 지나갔으나 보라 아직도 이 후에 화 둘이 이르리로다

첫째 화의 내용은 무엇인가?

이 세 번의 화는 분명히 땅에 거하는 자들에게 쏟아지는 화라

고 했다(계 8:13). 위 구절은 세 번의 화 중에서 첫째 화의 사건의 내용이다. 첫째 화는 다섯 번째 나팔의 사건에 의해서 이루어진다. 다섯째 인이 떼어지고 다섯째 나팔이 불리고 다섯째 대접이 쏟아지는 사건이 첫째 화의 내용이 되는 것이다.

첫째 화는 무저갱으로부터 올라오는 황충이 중심이 되어 일으키는 화를 말한다. 황충이 스스로 올라오는 것이 아니라, 하늘에서 땅으로 떨어진 별이 무저갱을 열므로 황충이 올라온다.

하늘에서 땅에 떨어진 별은 누구를 말하는가? 아기 예수를 경배하러 가는 동방 박사들을 인도한 별이 천사를 상징하는 것처럼(마 2:9), 구속사에 등장하고 있는 거룩한 천사를 말한다. 그 별은 무저갱의 열쇠를 받은 존재이다. 무저갱에는 누구나 한 번 들어가면 스스로 나오지 못한다. 무저갱에 넣으신 주인만이 그를 나오게 할 수 있는 것이다.

그런데 무저갱 열쇠를 받은 천사가 무저갱을 열어서 일부러 황충을 나오게 한다. 그리고 그로 하여금 다섯 달 동안 나무 같은 것들은 해하지 말고 이마에 하나님의 인을 받지 아니한 인간들만 해하라고 지시한다. 그러나 죽이지는 말고 다섯 달 동안 괴롭게 하라는 말씀이다.

> 계 9:3-5 또 황충이 연기 가운데로부터 땅 위에 나오매 저희가 땅에 있는 전갈의 권세와 같은 권세를 받았더라 저희에게 이르시되 땅의 풀이나 푸른 것이나 각종 수목은 해하지 말고 오직 이마에 하나님의 인 맞지 아니한 사람들만 해하라 하시더라 그러나 그들을 죽이지는 못하게 하시고 다섯 달 동안 괴롭게만 하게 하시는데 그 괴롭게 함은 전갈이 사람을 쏠 때에 괴롭게 함과 같더라

하나님의 천사가 무저갱을 열고 황충을 불러내서 하나님의 인 맞지 않은 자들을 다섯 달 동안 괴롭게 하는 이유가 무엇인가?

> 계 7:2-3 또 보매 다른 천사가 살아계신 하나님의 인을 가지고 해 돋는 데로부터 올라와서 땅과 바다를 해롭게 할 권세를 얻은 네 천사를 향하여 큰 소리로 외쳐 가로되 우리가 우리 하나님의 종들의 이마에 인치기까지 땅이나 바다나 나무나 해하지 말라 하더라

그들은 하나님의 인을 가진 천사가 144,000명을 인치는 과정에서 제외된 자들이다. 천국이 이루어지는 곳에서 인침을 받지 못했다는 것은 그들의 본질이 하나님의 백성이 아닌 섞인 무리라는 것을 알 수 있다.

> 계 9:11 저희에게 임금이 있으니 무저갱의 사자라 히브리 음으로 이름은 아바돈이요 헬라 음으로 이름은 아볼루온이더라

그들은 하나님의 뜻과 상관없는 아바돈, 아볼루온(뜻: 파괴자)에게 소속된 자들이다. 그들을 죽이지는 않고 다섯 달 동안 괴롭히는 이유는 인 맞은 자와 인 맞지 않은 자를 구별하기 위해서이다. 이는 마치 가라지를 베어 단으로 묶는 것과 같은 입장이라고 말할 수 있다.

둘째 화의 내용은 무엇인가?

둘째 화는 여섯째 인이 떼어지고 여섯째 나팔이 불려지고 여섯째 대접이 쏟아지는 사건이다. 둘째 화의 내용은 해를 입은 여인이 이 땅의 주로서 이 땅에서 펼치는 사명의 내용이다.

> 계 9:12-13 첫째 화는 지나갔으나 보라 아직도 이 후에 화 둘이 이르리로다 여섯째 천사가 나팔을 불매 내가 들으니 하나님 앞 금단 네 뿔에서 한 음성이 나서

> 계 11:14 둘째 화는 지나갔으나 보라 세째 화가 속히 이르는도다

첫째 화는 다섯째 나팔의 사건이고, 둘째 화는 여섯째 나팔의 사건이고, 셋째 화는 일곱째 나팔의 사건이다. 이미 소개하였듯이 첫째 인이 떼어짐으로 첫째 나팔이 불려지고, 첫째 나팔이 불려짐으로 첫째 대접이 쏟아지는 것이다.

첫째 화 이후에 등장하는 둘째 화는 누구를 통해서 이루어지는 것일까? 요한계시록에는 둘째 화는 첫째 화와는 달리 내용이 아주 명확하게 소개가 되어 있지 않다.

그러나 성경을 자세히 보면 둘째 화의 사건은 두 감람나무의 사건이 중심을 이루고 있다. 아담의 갈비뼈로 하와를 만든 것처럼 신랑의 갈비뼈로 신부를 만드신다. 생령으로 완성되지 못한 아담은 스스로 자신의 갈비뼈로 신부를 만들지 못했지만, 해를 입은 여인은 태초의 말씀을 가진 산 자이기에 스스로 자신의 갈비뼈로 산 자의 신부를 탄생시킬 수 있다. 그 역사를 위해 준비된 두 제물이 산비둘기와 집비둘기 새끼이다. 이 땅의 주께서 영적인 두 제

물을 실질적인 제물로 전환하여 역사하는 과정에서 이루어지는 모든 환난과 어려움이 둘째 화의 내용이다.

> 계 11:1-2 또 내게 지팡이 같은 갈대를 주며 말하기를 일어나서 하나님의 성전과 제단과 그 안에서 경배하는 자들을 척량하되 성전 밖 마당은 척량하지 말고 그냥 두라 이것을 이방인에게 주었은즉 저희가 거룩한 성을 마흔두 달 동안 짓밟으리라

두 감람나무가 갈대자를 가지고 성전 안을 척량하는 이유가 무엇인가? 의인 중에 숨어있는 악인을 골라내기 위해서이다.

성경에는 마지막 악인들을 골라내는 역사의 검을 가진 사람이 있었다. "아람 왕 하사엘의 칼을 피하는 자를 예후가 죽일 것이요 예후의 칼을 피하는 자를 엘리사가 죽이리라"(왕상 19:17)고 했다. 그 말의 의미는 설령 하사엘과 예후의 칼을 피했다 할지라도 엘리사의 칼은 어느 누구도 피할 도리가 없다는 것이다. 한 마디로 엘리사가 심판의 마지막 단계이며, 마지막으로 통과해야 할 어려운 관문이라는 것이다.

영적으로 말하면 하사엘의 칼이 첫 번째 화가 되고, 예후의 칼이 두 번째 화가 된다. 그 예후의 칼에 이세벨이 죽었다. 이세벨을 죽인 예후에게 기름 부은 사람이 다름 아닌 엘리사이다. 즉 엘리사가 예후를 통해서 이세벨을 죽이게 한 사람이라는 것이다.

그것처럼 둘째 화 안에서 중간계시의 모든 역사가 마감되는 것이다. 이 땅의 주에 의해서 이루어질 중간계시는 둘째 화로써 끝이 나는 것이다.

죽었다 살아난 두 감람나무와(계 11:11) 철장으로 만국을 다스릴 남자의(계 12:5) 차이는 무엇인가?

계 11:4-11 이는 이 땅의 주 앞에 섰는 두 감람나무와 두 촛대니 만일 누구든지 저희를 해하고자 한즉 저희 입에서 불이 나서 그 원수를 소멸할찌니 누구든지 해하려 하면 반드시 이와 같이 죽임을 당하리라 -(중략)- 저희가 그 증거를 마칠 때에 무저갱으로부터 올라오는 짐승이 저희로 더불어 전쟁을 일으켜 저희를 이기고 저희를 죽일 터인즉 저희 시체가 큰 성길에 있으리니 그 성은 영적으로 하면 소돔이라고도 하고 애굽이라고도 하니 곧 저희 주께서 십자가에 못 박히신 곳이니라 -(중략)- 삼일 반 후에 하나님께로부터 생기가 저희 속에 들어가매 저희가 발로 일어서니 구경하는 자들이 크게 두려워하더라

계 12:1-5 하늘에 큰 이적이 보이니 해를 입은 한 여자가 있는데 그 발아래는 달이 있고 그 머리에는 열두 별의 면류관을 썼더라 이 여자가 아이를 배어 해산하게 되매 아파서 애써 부르짖더라 하늘에 또 다른 이적이 보이니 보라 한 큰 붉은 용이 있어 머리가 일곱이요 뿔이 열이라 그 여러 머리에 일곱 면류관이 있는데 그 꼬리가 하늘 별 삼분의 일을 끌어다가 땅에 던지더라 용이 해산하려는 여자 앞에서 그가 해산하면 그 아이를 삼키고자 하더니 여자가 아들을 낳으니 이는 장차 철장으로 만국을 다스릴 남자라 그 아이를 하나님 앞과 그 보좌 앞으로 올려가더라

요한계시록 11:4-11에는 두 감람나무의 사건이 기록되어 있

고, 요한계시록 12:1-5에는 해를 입은 여인이 만국을 다스릴 수 있는 철장의 권세를 가진 아이를 낳아서 하늘보좌로 올리는 사건이 기록되어 있다.

그렇다면 해를 입은 여인이 낳은 철장으로 만국을 다스릴 수 있는 아이와(계 12:5), 죽은 지 삼일 반 만에 생기로 살아난 두 감람나무(계 11:11)는 어떤 관계인가?
요한계시록 12:5의 내용은 두 감람나무가 죽임을 당해 그의 시체가 큰 성길에 누워 있으나 그의 영혼은 하늘로 간 것이다. 마치 예수께서 죽으셨으나 그의 영은 살리심을 받아 스올에 들어가 노아 때 죽었던 영혼들에게 부활의 복음을 전하신 것과 같은 입장이라고 볼 수 있다(벧전 3:18-20).
그러나 요한계시록 11:11에서 두 감람나무의 시체에 생기가 들어가 두 발로 일어서는 모습은 영육 간에 산 자가 된 모습이다.

> 계 11:12 하늘로부터 큰 음성이 있어 이리로 올라오라 함을 저희가 듣고 구름을 타고 하늘로 올라가니 저희 원수들도 구경하더라

두 감람나무가 영육 간에 살아서 하늘로 올라가는 모습을 그를 죽인 원수들도 본다고 했다. 제 밭의 알곡과 가라지들이 다 보는 앞에서 하늘 보좌로 올라가는 것이다.

> 계 12:7-9 하늘에 전쟁이 있으니 미가엘과 그의 사자들이 용으로 더불어 싸울쌔 용과 그의 사자들도 싸우나 이기지 못하여 다시 하늘에서 저희의 있을 곳을 얻지 못한지라 큰 용이 내어 쫓기니 옛 뱀

곧 마귀라고도 하고 사단이라고도 하는 온 천하를 꾀는 자라 땅
으로 내어 쫓기니 그의 사자들도 저와 함께 내어 쫓기니라

철장 권세를 가진 아이가 올라가자마자 하늘의 전쟁을 일으킨
다. 그때까지 하늘에 있었던 미가엘 천사장은 영적인 신령한 존재
로 있었다. 그는 인자로서 이 땅에서 사망 권세를 깨고 부활의 능
력으로써 영육 간의 산 자가 된 존재가 아니라, 신령한 영적인 존
재이기 때문에 하늘을 통일시킬 수 있는 그리스도의 때에 찬 경륜
을 가지고 있지 못한 존재이다. 그렇기 때문에 그가 이 땅에 두 감
람나무라는 인자로 와서 구속사의 과정을 통해 영육 간에 산 자로
탄생해야만 한다.

하나님의 목적은 아브라함의 후손을 통해서 그 문제점을 회
복시키는 것이다(히 2:16). 때에 찬 경륜(엡 1:9), 은혜의 경륜(엡
3:2), 비밀의 경륜(엡 3:9), 믿음 안에서 이루어지는 경륜(딤전
1:4), 내게 주신 경륜(골 1:25) 등 다섯 가지 경륜을 통해서 회복
하시는 것이 창조원리의 세계이며, 구속사의 세계이다.

하나님의 뜻은 천사들을 통해서 구속사의 세계를 회복하는 것
이 아니다. 흙에서 사람으로, 코에 생기를 불어넣어 생령으로 지
음 받은 인자를 통해서 구속사의 세계를 회복하셔야 하기 때문에
이 땅의 인자 중에서 영육 간의 산 자를 탄생시키셔야 한다. 이 땅
에서 올라간 만국을 다스릴 수 있는 철장의 권세를 가진 아이가
하늘의 대군 미가엘 천사장 같은 존재가 됨으로써 그가 하늘의 전
쟁을 통해서 붉은 용의 수하였던 어둠의 권세의 사자들과 싸워 이
겨서 하늘을 평정시키는 것이다. 그리스도로 말미암아 하늘을 통

일시키는 것이다.

이처럼 해를 입은 여인이 철장의 권세를 가진 아이를 낳아 하늘보좌로 올리는 그 역사가 두 감람나무 사건이다. 그 사건의 전모가 이루어지는 과정에서 무저갱에서 올라오는 짐승이 두 감람나무를 죽이는 것이(계 11:7) 둘째 화의 내용 중 하나이다.

셋째 화의 내용은 무엇인가?

다섯째 천사가 나팔을 불매 첫째 화가 이르고, 여섯째 천사가 나팔을 불매 둘째 화가 이르고, 일곱째 천사가 나팔을 불매 셋째 화가 이른다.

셋째 화는 이미 공개되어 있는 화로서, 성전 밖 마당을 척량하는 역사이다. 둘째 화는 두 감람나무라는 하나님의 사람이 성전 안을 척량하였지만, 셋째 화는 666이라는 세 짐승으로 인해 제 밭 안에 있었던 자들과 성전 바깥마당에 있는 사람들이 모두 환난을 받는다.

> 계 11:14-15 둘째 화는 지나갔으나 보라 세째 화가 속히 이르는도다 일곱째 천사가 나팔을 불매 하늘에 큰 음성들이 나서 가로되 세상 나라가 우리 주와 그 그리스도의 나라가 되어 그가 세세토록 왕노릇 하시리로다 하니

둘째 화의 중심이 되는 두 감람나무의 사건이 지나고, 이제 셋째 화 하나만 남았다. 그런데 문제는 셋째 화가 끝나고 나서 재림

주가 오시면 창세 이후 전무후무한 환난 속에서 택한 자라도 살아남을 수가 없다는 것이다. 그렇기 때문에 그날과 그때를 감해주지 않으면 견딜 자가 없다(마 24:22). 그날과 그때를 감해주시려면 셋째 화가 이르기 전에 재림주가 오셔야 한다. 그래서 재림주는 도둑같이 오실 수밖에 없다. 즉 누구나 알 수 있게 오시는 것이 아니다.

> 계 16:15 보라 내가 도적 같이 오리니 누구든지 깨어 자기 옷을 지켜 벌거벗고 다니지 아니하며 자기의 부끄러움을 보이지 아니하는 자가 복이 있도다

그렇다면 당연히 어둠의 권세의 입장에서는 "재림주께서 오시려면 셋째 화가 끝나고 오셔야지, 의롭고 참되시고 거룩하신 분이 왜 그런 원칙을 무시하고 역사하시는 겁니까?"라고 항의할 것이다. 그러나 이미 성경에서는 그날과 그때를 감해주는 역사가 있었다. 법원에서도 판단하기 애매한 사건의 경우에는 판례를 따라 결정한다. 하나님께서도 그날과 그때를 감해준 역사가 있었기에 그 판례대로 역사하시는 것이다. 성경에 기록된 그 역사가 무엇인가?

> 민 33:3 그들이 정월 십오일에 라암셋에서 발행하였으니 곧 유월절 다음 날이라 이스라엘 자손이 애굽 모든 사람의 목전에서 큰 권능으로 나왔으니

> 수 4:19 정월 십일에 백성이 요단에서 올라와서 여리고 동편 지경 길갈에 진 치매

이스라엘 백성들이 출애굽하여 젖과 꿀이 흐르는 가나안으로 향할 때, 유월절 다음 날인 정월 15일에 광야길을 출발하여 만 40년째 되는 해 정월 10일에 가나안 땅 길갈에 진을 쳤다. 이스라엘 백성들이 만 40년에서 5일을 먼저 들어간 것이다.

　　그렇다면 "하나님께서 감해주실 바에는 이스라엘 백성들을 더 체계적이고 조직적으로 강하게 진두지휘해서 인도하셨다면 더 많은 시간을 감해줄 수도 있었는데 왜 5일밖에 감해주시지 않았는가?"라는 문제를 제기할 수 있을 것이다. 성경에서는 일 년이 360일이다. 360일을 40년으로 계산하면 얼마나 많은 날들인가? 표면적으로 40년에서 5일을 감해준다는 것은 극히 일부에 지나지 않는다.

　　그러나 5일은 참 중요한 의미를 갖고 있다. 그 5일은 표면적인 5일이 아니라 영적인 5일을 말하는 것이다.

> 계 2:10 　네가 장차 받을 고난을 두려워 말라 볼찌어다 마귀가 장차 너희 가운데서 몇 사람을 옥에 던져 시험을 받게 하리니 너희가 십 일 동안 환난을 받으리라 네가 죽도록 충성하라 그리하면 내가 생명의 면류관을 네게 주리라

> 계 3:10 　네가 나의 인내의 말씀을 지켰은즉 내가 또한 너를 지키어 시험의 때를 면하게 하리니 이는 장차 온 세상에 임하여 땅에 거하는 자들을 시험할 때라

　　성령이 일곱 교회에게 하신 말씀 가운데 빌라델비아 교회에게 시험의 때를 면하게 해주신다는 말씀이다. 그 환난은 10일 동안

의 환난이다. 10은 세상사에 속한 최대수이다. 다시 말하면 10일 동안 환난을 받으면 아무도 그 환난에서 살아남을 자가 없기에 거기에서 5일을 감해주신다는 것이다. 따라서 5일을 감해준다는 것은 40년 중에서 5일을 감해준다는 것이 아니라, 10일의 환난에서 5일을 감해준다는 의미가 된다.

> 단 12:11-12 매일 드리는 제사를 폐하며 멸망케 할 미운 물건을 세울 때부터 일천 이백 구십일을 지낼 것이요 기다려서 일천 삼백 삼십 오일까지 이르는 그 사람은 복이 있으리라

위 구절에서 1290일에서 기다려 1335일을 기다리는 자, 즉 45일을 기다리는 자가 복이 있다는 것이다.

왜 45일을 기다리는 자 복이 있다고 했는가? 오순절 날 50일째 되는 날 마가 다락방에 성령이 임하여 여러 나라의 말로 각종 방언을 하는 등 성령의 능력이 나타났다(행 2:1-4). 즉 노아 방주의 광이 50규빗이라는 것은 성령의 능력을 나타낸 것이다(창 6:15).

재림주께서도 본래는 50일 만에 오셔야 하는데, 5일을 단축해서 45일 만에 오시기 때문에 45일을 기다리는 자가 복이 있다는 것이다. 따라서 환난도 5일을 감해주시고, 오시는 날도 5일을 감해주시는 것이다. 이처럼 5일의 영적인 의미를 자기 자녀들에게 새겨주기 위해서 하나님께서 의도적으로 주도면밀한 계획으로 이스라엘 백성들의 40년 광야길을 5일 단축시켜주셨다. 그 5일 속에 영적인 5일의 의미를 감추신 것이다.

계 16:12-15 또 여섯째가 그 대접을 큰 강 유브라데에 쏟으매 강물이 말라서 동방에서 오는 왕들의 길이 예비되더라 또 내가 보매 개구리 같은 세 더러운 영이 용의 입과 짐승의 입과 거짓 선지자의 입에서 나오니 저희는 귀신의 영이라 이적을 행하여 온 천하 임금들에게 가서 하나님 곧 전능하신 이의 큰 날에 전쟁을 위하여 그들을 모으더라 보라 내가 도적 같이 오리니 누구든지 깨어 자기 옷을 지켜 벌거벗고 다니지 아니하며 자기의 부끄러움을 보이지 아니하는 자가 복이 있도다

그렇기 때문에 여섯째 인을 떼고 나서 도둑 같이 오시는 것이다. 일곱째 인이 떼어져야 일곱째 나팔을 불고, 일곱째 나팔을 불어야 일곱째 대접이 쏟아진다. 그런데 요한계시록 16:12-15에 보면 여섯째 인을 떼고 나서 일곱째 대접을 쏟기 전에 도둑 같이 오신다고 기록되어있다.

여섯째 인을 떼고 나서 여섯째 대접을 쏟으니 유브라데 강이 마르고 동방에서 오는 세 왕의 길이 예비된다. 그들에 의해서 아마겟돈 전쟁이 일어나는데, 그 전쟁이 끝나고 재림주가 오시면 하나님의 자녀들이라도 살아남을 자가 없다. 그러니까 아마겟돈 전쟁이 일어나기 전에 오신다는 것이다.

아마겟돈 전쟁을 주관하는 세 왕은 누구인가? 666의 세 짐승들이 아마겟돈 전쟁을 주관하는 자들이다. 노골적으로 표현하면 "우리도 어차피 끝장나는 판인데 우리만 죽으면 억울하니 너도 같이 죽자"는 식으로 이판사판이 되는 것이다. "구원받을 수 있는 구원의 후사들을 싹 죽여 버리자"고 세 왕이 마음과 뜻을 모아서 그들 나름대로 인류를 파멸시키고자 마지막 전쟁을 일으키는 것

이다.

그렇기 때문에 재림주 멜기세덱께서 아마겟돈 전쟁이 일어나기 전에 자기 자녀들을 구원하러 오시는 것이다. 그때까지 살아있는 하나님의 자녀도 있겠지만 이미 순교를 당해서 잠들어 있는 자들도 있을 것이다. 그분이 오셔서 그 때까지 살아남은 자들은 영육 간에 산 자로 변화시켜주시고, 순교로 잠이 든 사람들은 그들 각자의 이름을 불러주시고 영육 간의 산 자로 살려내신다.

> 요 5:25 진실로 진실로 너희에게 이르노니 죽은 자들이 하나님의 아들의 음성을 들을 때가 오나니 곧 이 때라 듣는 자는 살아나리라

마치 예수께서 죽은지 나흘이 지난 나사로를 친히 불러내시어 부활시켜 주시는 것처럼(요 11:43-44), 재림주 멜기세덱의 영광을 입으신 분이 첫째 부활로 구원받을 자격자들에게 개별적으로 이름을 불러주심으로, 영육 간의 산 자로 부활한 자들이 재림주 멜기세덱의 영광에 함께 동참하는 것이다. 그들을 제외한 나머지 사람들은 666이라는 세 짐승에 의해 무참히 짓밟히고 만다.

II
666의 정체와 실상

계 13:16-18 저가 모든 자 곧 작은 자나 큰 자나 부자나 빈궁한 자나 자유한 자나 종들로 그 오른손에나 이마에 표를 받게 하고 누구든지 이 표를 가진 자 외에는 매매를 못하게 하니 이 표는 곧 짐승의 이름이나 그 이름의 수라 지혜가 여기 있으니 총명 있는 자는 그 짐승의 수를 세어 보라 그 수는 사람의 수니 육백육십 륙이니라

분명히 666은 사람의 수니 세어보라고 했다. 즉 세 짐승과 같은 인자를 가리켜 666이라고 하는 것이다.

1. 붉은 용은 누구인가?

겔 28:13-14 네가 옛적에 하나님의 동산 에덴에 있어서 각종 보석 곧 홍보석과 황보석과 금강석과 황옥과 홍마노와 창옥과 청보석과 남보석과 홍옥과 황금으로 단장하였었음이여 네가 지음을 받

던 날에 너를 위하여 소고와 비파가 예비되었었도다 너는 기름 부음을 받은 덮는 그룹임이여 내가 너를 세우매 네가 하나님의 성산에 있어서 화광석 사이에 왕래하였었도다

본서 <제 1장. 궁창의 세계에서 시작된 죄의 원조>에서 하나님께로부터 열 가지 지혜로 지음을 받은 루시엘 천사장이 스스로 교만하여 타락함으로 루시퍼로 전락한 내용을 소개하였다.

겔 28:15-16 네가 지음을 받던 날로부터 네 모든 길에 완전하더니 마침내 불의가 드러났도다 네 무역이 풍성하므로 네 가운데 강포가 가득하여 네가 범죄하였도다 너 덮는 그룹아 그러므로 내가 너를 더럽게 여겨 하나님의 산에서 쫓아내었고 화광석 사이에서 멸하였도다

사 14:12-13 너 아침의 아들 계명성이여 어찌 그리 하늘에서 떨어졌으며 너 열국을 엎은 자여 어찌 그리 땅에 찍혔는고 네가 네 마음에 이르기를 내가 하늘에 올라 하나님의 뭇별 위에 나의 보좌를 높이리라 내가 북극 집회의 산 위에 좌정하리라

셋째 하늘, 에덴동산에서 화광석 사이를 거닐던 그가 첫째 하늘로 찍혀 떨어진 이유는 하나님과 비기려는 죄를 지었기 때문이다. 자기의 지혜로움과 영화로움에 교만해진 그가 천군의 세계에서 많은 천사들을 자기 소속으로 만들고, 하나님의 구속사의 세계를 자기도 이루겠다며 비기려고 하다 하나님께 저주받고 첫째 하늘로 쫓겨났다. 성경에는 찍혀 떨어졌다고만 기록되었지, 저주로

인해 추락한 모습과 이름은 나오지 않는다.

그렇다면 이런 점을 생각해 보아야 한다. 그렇게 추락한 루시퍼가 어떻게 재림 마당에 다시 등장하여 해를 입은 여인과 맞서 싸울 수 있는 것인가?

전설에는 용이 되어 하늘로 올라가지 못하고 바다에서 머무는 뱀을 이무기[39]라고 말한다. 이무기가 용이 되려면 바다에서 1,000년이라는 세월을 기다려야 한다는 설(說)이 있다. 마찬가지다. 자기의 뜻을 이루지 못하고 하나님의 저주로 쫓겨난 그가 다시 도전한다는 것은 재도전할 수 있는 어떤 반전의 기회를 잡은 것이 아닐까? 저주받은 그가 언제 자신의 권세와 능력을 만회할 기회를 얻은 것일까? 이 문제에 비추어 우리가 에덴동산의 사건을 깊이 궁구함으로 이런 결론에 도달할 수 있다. 붉은 용은 하늘에 거하는 존재이지만, 찍혀 떨어진 존재는 옛 뱀이라고 말할 수 있다.

그 뱀이 에덴동산을 침투하여 아담의 가정을 파괴시킴으로 이긴 자가 되었다. 요한계시록 2:17에서 이기는 자는 흰 돌 위에 새겨진 새이름을 받는다고 했다. 분명히 루시퍼는 타락하여 전락한 이름인데 그가 언제 붉은 용이 되었을까? 뱀이 생령인 아담을 이김으로 아담의 권세와 영광을 넘겨받아 붉은 용이라는 새이름을 받은 것이라고 미루어 짐작할 수 있다. 따라서 찍혀 떨어진 루시퍼가 이긴 자로서 다시 받은 영광의 새이름이 붉은 용이다.

계 20:2 용을 잡으니 곧 옛 뱀이요 마귀요 사단이라 잡아 일천년 동안 결박하여

---

[39] 전설 속에 등장하는 상상 속의 짐승으로 용이 되기 직전의 오래 묵은 구렁이, 또는 뱀을 말한다-위키백과

계 12:9 큰 용이 내어 쫓기니 옛 뱀 곧 마귀라고도 하고 사단이라고도 하는 온 천하를 꾀는 자라 땅으로 내어 쫓기니 그의 사자들도 저와 함께 내어 쫓기니라

위 구절에서도 붉은 용의 정체는 옛 뱀이요, 마귀요, 사단이라고 했다.

구약 성경에는 붉은 용과 뱀이 어떤 관계로 표현되어 있는가?

(개역성경)
사 27:1 그 날에 여호와께서 그 견고하고 크고 강한 칼로 날랜 뱀 리워야단 곧 꼬불꼬불한 뱀 리워야단을 벌하시며 바다에 있는 용을 죽이시리라

이 구절만 보면 뱀과 용이 서로 다른 존재인 것처럼 생각된다.

(공동번역)
사 27:1 그 날 야훼께서는 날서고 모진 큰 칼을 빼어 들어 도망가는 레비아단, 꿈틀거리는 레비아단을 쫓아가 그 바다 괴물을 찔러 죽이시리라.

(새번역)
사 27:1 그 날이 오면, 주님께서 좁고 예리한 큰 칼로 벌하실 것이다. 매끄러운 뱀 리워야단, 꼬불꼬불한 뱀 리워야단을 처치하실 것이다. 곧 바다의 괴물을 죽이실 것이다.

공동번역과 새번역에서는 뱀과 용이 같은 존재로 표현되어 있

다. 또 다른 곳에서는 뱀과 용에 대해 어떻게 설명하고 있는가?

> 계 12:13-16 용이 자기가 땅으로 내어 쫓긴 것을 보고 남자를 낳은 여자를 핍박하는지라 그 여자가 큰 독수리의 두 날개를 받아 광야 자기 곳으로 날아가 거기서 그 뱀의 낯을 피하여 한 때와 두 때와 반 때를 양육 받으매 여자의 뒤에서 뱀이 그 입으로 물을 강 같이 토하여 여자를 물에 떠내려가게 하려 하되 땅이 여자를 도와 그 입을 벌려 용의 입에서 토한 강물을 삼키니

개역성경에서도 뱀과 용은 서로 같은 존재라는 것이 분명하게 표현되어 있다. '용'이 해를 입은 여자를 핍박하는데, '뱀의 낯을 피하여'라고 했고, '뱀이 입으로 물을 토하는' 사건을 가리켜 '용의 입에서 토한 강물'로 표현되어 있다.

> 창 3:1 여호와 하나님의 지으신 들짐승 중에 뱀이 가장 간교하더라 뱀이 여자에게 물어 가로되 하나님이 참으로 너희더러 동산 모든 나무의 실과를 먹지 말라 하시더냐

뱀이 왜 들짐승 중에서 가장 간교한 존재인가? 루시엘 천사장이 긍정적인 입장에서는 열 가지 지혜를 가진 존재이나, 타락한 부정적인 입장에서는 간교하다고 표현된 것이다. 이 구절을 깊이 생각해 보아도 간교한 뱀의 근본, 본질, 원형은 지혜의 천사장 루시엘이 타락하여 찍혀 떨어진 존재라는 것을 미루어 짐작해볼 수 있다.

그렇다면 용이 옛 뱀과 같은 존재라는 것은 분명한데, 왜 용을 가리켜 옛 뱀, 마귀, 사단이라는 세 가지로 표현했는가? 마귀와 사단은 각기 다른 입장에서 역사한 존재들이 아닌가?

> 창 3:15 내가 너로 여자와 원수가 되게 하고 너의 후손도 여자의 후손과 원수가 되게 하리니 여자의 후손은 네 머리를 상하게 할 것이요 너는 그의 발꿈치를 상하게 할 것이니라 하시고

예수께서 장차 여인의 후손으로 오셔서 뱀의 머리를 상하게 하실 것에 대한 예언의 말씀이다. 그런데 예수님은 마귀를 멸하러 오셨다고 했다(막 1:24, 눅 4:34). 즉 뱀과 마귀도 같은 존재라는 것을 알 수 있다.

> 창 2:7 여호와 하나님이 흙으로 사람을 지으시고 생기를 그 코에 불어 넣으시니 사람이 생령이 된지라

흙으로 사람을 지으시고, 코에 생기를 넣어 생령이 되는 3단계 수리성의 과정이다. "빛이 있어라"(창 1:3)하시는 창조 역사 이전에 창세기 1:2에서 이미 흑암이 존재하고 있었다. 흙 차원의 인간들, 생명체가 살아가는 그곳에는 본래 흑암도 존재하고 있었다. 다시 말하면 흙 차원의 인간들에게도 죄는 존재하고 있었지만 그 때는 죄가 죄로써 드러나지 못하고 있는 때, 죄가 죄로서 자신의 권능을 가지고 있지 못하는 때였다.

그러나 흙, 사람, 생령이라는 수리성의 과정에서도 죄는 처음부터 존재했다. 흙 차원의 세계에 상응하는 어떤 죄의 대상이 있

었고, 사람 차원의 세계에 상응하는 어떤 죄의 대상이 있었고, 생령 차원에 상응하는 상대적인 죄의 대상이 있었다. 그 상대적인 대상의 차원에 따라 역사한 존재를 가리켜 옛 뱀, 마귀, 사단이라고 지칭한 것이다.

따라서 붉은 용은 때에 맞게 옛 뱀으로 역사하기도 하고, 마귀로 역사하기도 하고, 사단으로 역사하기도 한다. 즉 재림 마당에 등장한 붉은 용은 옛 뱀으로부터 시작해서 마귀, 사단의 과정을 거쳐 붉은 용이 되었다는 3단계 수리성을 표현한 것이다.

그런데 성경을 잘 보면 붉은 용은 재림 마당에 등장하기까지 어느 누구에게도 기름 부은 사실이 없다는 것을 알게 된다. 다시 말하면 아무에게도 자기가 가진 권세와 능력을 넘겨주지 않았다가 요한계시록 13장에 와서야 비로소 바다의 짐승에게 권세를 주고, 바다의 짐승은 땅의 새끼 양에게 권세를 준다. 왜 붉은 용은 자기가 가진 권세와 능력을 자기 수하에게 넘겨주지 않는 것인가? 그 이유는 붉은 용은 어느 누구도 믿지 않기 때문이다.

하나님께서 아브라함에게 복의 근원이라는 축복을 하심으로 복을 맡기셨다(창 12:2-3, 갈 3:6-9). 하나님은 거짓말을 못하시는 분이며(히 6:18), 공의의 하나님이시고, 미쁘신 하나님이시기에 복에 대한 권한을 아브라함에게 넘겨주신 이상 그 원칙을 지키신다. 따라서 우리가 복을 받으려면 아브라함을 통해서 받아야 한다.

마찬가지다. 만일 붉은 용이 어느 사람에게 자기의 권세와 능력을 부여해주면 그 권세와 능력은 그 사람의 고유적인 능력이 된다. 그렇기 때문에 붉은 용은 어느 누구에게도 기름을 부은 적이 없다. 오직 자신이 필요할 때마다 인자들을 통해 순간순간 역사했다. 그러나 필요에 따라서 그들을 이용할 뿐, 절대 자기가 지시한 내용에 대해 책임지지 않는다. 예수님을 판 가룟 유다가 제사장들이 준 은 30냥을 들고 찾아왔을 때에도 "그것이 우리와 무슨 상관이 있느냐? 네가 저지른 일이니 네가 당하라"(마 27:4)고 외면함으로 가룟 유다가 목을 매어 자살하고 말았다(마 27:5, 행 1:18). 이처럼 붉은 용은 자기 목적을 이루는 과정에서 쓰임받는 대상들을 일회용 소모품처럼 사용하고 필요가 없을 때는 내팽개치고 만다. 그 자신이 거짓말쟁이기 때문에(요 8:44) 남도 절대 믿지 못하는 것이다.

그의 본질은 하나님과 비기려다 타락하여 찍혀 떨어진 루시퍼였다(겔 28:15-17, 사 14:12). 그의 소원은 하나님께서 아담을 통해 이루고자 하신 구속사의 세계를 자기도 이루겠다는 것이다. "나도 하나님처럼 할 수 있다. 나도 하나님의 자리에 앉을 수 있다"는 것을 가리켜 '하나님과 비기려고 했다'고 표현한 것이다. 그런 입장에서 공식적으로 빛의 역사와 어둠의 역사가 동시적으로 대적하며 공존하며 역사하게 되었다.

그가 셋째 하늘에서 첫째 하늘로 찍혀 떨어진 후에 때로는 마귀를 통해 역사하기도 하고, 때로는 구천을 떠도는 귀신들을 통해 역사하고, 첫째 하늘에 소속된 자기 사자들을 통해서 역사했지만 모두 간접적으로 주관한 것이지, 자신이 직접 인자로서 역사한 적은 없다.

그런 그가 말라기 선지자 이후 400년 동안 이 땅에 짐승의 왕국을 세웠다.

단 2:32-35 그 우상의 머리는 정금이요 가슴과 팔들은 은이요 배와 넓적다리는 놋이요 그 종아리는 철이요 그 발은 얼마는 철이요 얼마는 진흙이었나이다 또 왕이 보신즉 사람의 손으로 하지 아니하고 뜨인 돌이 신상의 철과 진흙의 발을 쳐서 부숴뜨리매 때에 철과 진흙과 놋과 은과 금이 다 부숴져 여름 타작마당의 겨 같이 되어 바람에 불려 간 곳이 없었고 우상을 친 돌은 태산을 이루어 온 세계에 가득하였었나이다

느부갓네살이 본 우상의 금 머리는 바벨론, 은으로 된 가슴과 팔은 메대 바사, 놋으로 된 배와 넓적다리는 헬라, 철과 진흙으로 된 발은 로마를 상징한다고 다니엘이 해몽을 했다.

또 다니엘이 본 바다에서 나온 네 짐승의 입장에서는 첫째 짐승인 사자는 바벨론, 둘째 짐승인 곰은 메대 바사, 셋째 짐승인 표범은 헬라, 큰 철 이가 있고 열 뿔을 가진 무섭고 이름이 없는 넷째 짐승은 로마를 상징한다(단 7:3-7). 결국 네 짐승들이 유대왕국의 아론의 반차로 세운 대제사장들을 집어 삼켰다.

유대왕국이 무너지고 예수님이 오시기까지 400년은 루시퍼가 이 땅에 짐승의 왕국을 이룬 영적인 암흑기였다. 그 때는 하나님의 성전에 제우스 신상을 모셔놓고 매일 돼지피로 제사를 드렸다. 가장 거룩한 하나님 성전의 지성소에 자기들의 우상을 세운 것이다.

이것이 초림 마당에서 '멸망의 가증한 것이 거룩한 곳에 선 역사'였다(마 24:15, 단 12:11). 하나님께서 여호와닛시(여호와께서 승리하시다)로 승리의 기를 세우시듯, 어둠의 권세가 하나님의 성전에 자기들의 기를 꽂은 셈이다. 그것은 "하나님이 이 땅에

서 하시는 일을 나도 할 수 있다"는 역사를 이룬 결과임을 인정해야 한다. 이 사건이 구약 마당의 종말론의 사건이었다.

그런데 그 큰 우상이 뜨인 돌에 의해 산산조각이 났다(단 2:34-35). 예수께서 뜨인 돌로 이 땅에 오심으로 우상의 신상이 가루가 된 것이다. 마치 "한 씨를 남기지 않았다면 소돔과 고모라처럼 되었으리라"(사 1:9, 롬 9:29)는 말씀처럼 때가 차매 예수께서 거룩한 한 씨, 뜨인 돌로 이 땅에 오셨다.

예수께서 세상 끝에 오셨다(히 9:26)는 것은 세상 종말에 오셨다는 뜻이 아니라, 신약 마당에 본방 이스라엘에서 자기의 뜻을 마치고자 오셨다는 뜻이다. 예수께서 십자가에서 생축으로, 아사셀 양으로 죽으신 것이 신약 마당의 '창세 이후 전무후무한 환난'이다. 그것이 신약 마당의 종말론의 사건이다.

예수께서 말씀이 육신으로 이 땅에 오신 목적은 마귀를 멸하러 오신 것이다(막 1:24, 눅 4:34). 그 사실을 신령한 존재인 마귀가 너무 잘 알고 있었다.

> 눅 4:34 아 나사렛 예수여 우리가 당신과 무슨 상관이 있나이까 우리를 멸하러 왔나이까 나는 당신이 누구인줄 아노니 하나님의 거룩한 자니이다

그렇다면 신약 마당에 오신 예수께서 마귀를 멸하심으로 이 땅에는 어둠의 권세가 완전히 소멸되었는가? 예수님은 창조주 하나님이시다. 창조주 하나님께서 피조물인 마귀를 상대로 이긴 자가 되셨다면 공의에 어긋난다. 하나님의 뜻은 같은 피조물인 하

나님의 후사가 마귀를 멸하는 것이다. 원수를 발등상에 무릎 꿇게 하는 사람이 등장해야 그를 지으신 하나님께서 영광을 받으시는 것이다(눅 20:43, 행 2:35, 히 1:13, 10:13). 그 역사가 남아있기에 재림 마당에서 해를 입은 여인과 붉은 용의 대결이 전개되는 것이다(계 12:1-4).

그렇기 때문에 재림 마당에서는 붉은 용이 직접 등장하는 것이다. 구약과 신약 마당에서는 상징적인 용으로 등장했지만 구속사에 뛰어들어 직접 역사하는 용은 등장하지 않았다. 귀신, 마귀, 사단들만 등장했을 뿐이다.

그런데 반해서 재림 마당에서는 분명히 붉은 용으로 등장하고 있다(계 12:3-4, 12:7-9, 12:13-17, 20:2). 왜 그가 가진 본래의 이름으로 역사하는가? 재림 마당은 이 땅에서 하늘나라가 이루어지는 마당이기 때문이다. 천국은 제 밭에 좋은 씨를 뿌림으로 이 땅에 지상낙원, 새 하늘과 새 땅의 역사가 이루어지기 때문에 붉은 용이 간접적으로만 역사할 수는 없다. 그래서 좋은 씨가 뿌려진 제 밭에 가라지를 뿌린 것이다. 제 밭에 뿌려진 가라지로 하여금 어떻게든 부활과 변화의 과정을 통해 자기들 나름대로의 산 자를 만들어 때를 연장하기 위해서 필사적으로 가라지를 뿌린 것이다.

> 계 12:13 용이 자기가 땅으로 내어 쫓긴 것을 보고 남자를 낳은 여자를 핍박하는지라

붉은 용이 해를 입은 여인과 대적하던 중, 철장으로 만국을 다스릴 남자가 탄생해서 하늘의 전쟁을 일으킴으로 자기들이 패하

여 다시는 하늘에서 있을 곳을 얻지 못한다(계 12:5-9). 결국 붉은 용 자신이 땅으로 내어 쫓긴 것을 확실히 알게 됨으로 돌이킬 수가 없이 궁지에 몰리게 된다. 이제는 더 이상 지체할 시간이 없으니 마지막 카드를 사용해야 한다. 제 밭에 뿌린 가라지들에게 지금까지 넘겨주지 않았던 자기의 권세와 능력을 다 넘겨주어야 한다.

그래서 바다에서 올라오는 짐승에게 권세를 주고, 바다의 짐승은 땅에서 올라오는 새끼 양에게 권세를 주어 666이라는 세 짐승이 힘을 합해서 광명한 천사로 가장하여(고후 11:14), 하나님의 백성들에게 인을 치고, 표를 받게 하고, 자기들에게 경배 드리게 하는 무서운 역사를 하는 것이다.

과연 붉은 용은 인자로 역사하는가?

666은 인자로서 등장하는 세 짐승이라고 했는데, 그 중에서 붉은 용의 입장은 다른 짐승과 다른 부분이 있다. 바다의 짐승과 땅의 새끼 양은 바다에서, 땅에서 올라왔기 때문에 분명한 인자를 의미하는데 반해서 붉은 용은 인자가 아니다. 붉은 용은 하늘의 이적으로써 하늘에서 온 자이다. 그렇기 때문에 붉은 용은 어떤 개체적인 인자가 아닌 것은 분명한 사실이다.

> 눅 10:18 예수께서 이르시되 사단이 하늘로서 번개같이 떨어지는 것을 내가 보았노라

사단이 하늘에서 번개같이 떨어진 것은 인자의 길을 통해서 온 것이 아니라 천사의 길을 통해서 온 존재를 가리킨다.

하늘의 존재가 이 땅에 오는 길은 인자의 길과 천사의 길이라는 두 종류의 길이 있다. 말씀이 육신으로 오신 예수님은 인자의 길로 오신 분이다(요 1:14, 마 1:23, 사 7:14) 그러나 기드온에게 나타난 천사(삿 6:12-21), 삼손의 아버지 마노아에게 나타난 천사(삿 13:17-20), 세례 요한의 아버지 사가랴에게 나타난 가브리엘 천사장(눅 1:11), 마리아에게 나타난 가브리엘 천사장(눅 1:26-27) 등은 다 천사의 길로 온 존재들이다.

영적인 신령한 존재가 이 땅에 인자의 길을 통해서 오지 않고 천사의 길을 통해서 왔다는 것은 무형의 존재라는 것이다. 그는 영육 간의 존재가 아니라 신령한 존재이기 때문에 이 땅에 왔지만 그는 무형의 존재로 역사할 수밖에 없다. 무형의 존재라고 해서 형체가 보이지 않는다는 것이 아니라, 사람의 모습으로 나타난다 할지라도 그 몸은 고유적인 몸이 아니라는 뜻이다. 그렇기 때문에 그는 자기 계열의 사람, 인자를 통해서만 역사할 수 있는 것이다.

왜 붉은 용은 인자로 오지 못하는가?

예수님은 말씀이 육신으로 오신 분이다(요 1:14). 이 땅에 인자(人子, Son of Man, 사람의 아들)로 오시기 위해 마리아의 태를 통해 창조의 길로 오셨다. 재림 마당에 등장하는 이 땅의 주도 인자로 등장한다. 분명히 이 땅에서 사람으로서 해를 입은 것이다.

그런데 반해서 붉은 용은 어떻게 태어나서 등장했는지 분명한 기록이 없다. 오직 해를 입은 여인이 철장 권세를 가진 아이를 낳으면 삼키려고 대기하고 있다(계 12:1-4). 그러던 중 철장 권세를 가진 아이가 탄생하여 하늘 보좌로 올라가(계 12:5), 하늘의 전쟁을 벌인다(계 12:7). 그러자 붉은 용도 부랴부랴 하늘로 올라가 자기 사자들을 데리고 하늘의 전쟁에 참여한다(계 12:7-8). 그러나 하늘의 전쟁에서 패하여 있을 곳을 얻지 못하고 이 땅으로 내어 쫓긴다(계 12:8-9).

붉은 용은 요한계시록 12장에서만 해도 하늘에서 이 땅에 왔고, 이 땅에서 다시 하늘로 갔다가, 하늘의 전쟁에서 패해 다시 이 땅으로 쫓겨 온다. 만일 그가 예수님이나 해를 입은 여인처럼 탄생했다면 절대 전 3년 반 안에서 그렇게 종횡무진 하늘을 넘나들 수 없다. 인자로서 이 땅에서 하늘로 가려면 반드시 죽음의 통로를 건너야 하기 때문이다(히 9:27). 그런 이치로 인해 예수께서도 죽었다 부활하신 후에야 하늘로 승천하신 것이다.

예수께서 하늘로 가신 길은 어떤 길인가?

> 히 6:20 그리로 앞서 가신 예수께서 멜기세덱의 반차를 좇아 영원히 대제사장이 되어 우리를 위하여 들어가셨느니라

예수께서 하늘에서 오시고, 다시 하늘로 가신 길은 산 자만이 갈 수 있는 멜기세덱 반차의 길이다(히 5:6, 5:10, 6:20, 7:11, 7:17, 창 28:12).[40] 그 길을 완성하기 위해서 예수께서 인간 예수

---

40) '종말론적 구속사 시리즈' 제 1권 <멜기세덱, 그는 누구인가?> 244-253쪽, 벽암 조영래 저, 도서출판 오색이슬

로 죽으시고 아버지께 심한 통곡과 눈물로 간구하여 들으심을 얻어 부활의 능력으로 하나님 아들로 인정받으신 것이다(히 5:7, 롬 1:4). 영육 간에 산 자로 하늘로 가는 길은 오직 멜기세덱 반차뿐이다.

창조주께서도 그런 길을 걸으셨는데 하물며 피조물인 붉은 용이 어떻게 하늘을 넘나드는가? 그는 어떤 길로 하늘과 땅을 오고 간 것인가? 그는 천사들이 오고 가는 길로 하늘과 땅을 넘나든 것이다(삿 6:12-21, 13:17-20, 눅 1:11, 1:26-27).

붉은 용이 예수께서 이루어 놓으신 멜기세덱 반차를 이용할 수 있는가? 그는 영육 간에 산 자가 아니라 영적인 존재, 무형의 존재이기 때문에 멜기세덱 반차의 길로 다닐 수가 없다. 그가 인자의 길을 통해서 오려면 공중의 권세 잡은 자로서 가지고 있던 모든 영광을 다 버리고 와야 한다. 이 땅에서 어린 아이로 태어나서 유년기, 청년기, 장년기를 거쳐야 하는 성장 과정을 통해서 열심히 구도의 길을 걸어야 한다. 그 결과 이 땅에서 하늘과 땅과 만물과 천사들에게 인정을 받아야 한다(호 2:21-22).

예수께서도 사생 30년 동안 절대 자신의 영광을 나타내지 않으셨다. 그리고 공생이 시작되는 첫 걸음에서 40일 금식하신 결과 하늘과 땅과 만물들에게 처음으로 인정을 받으심으로 성령의 인도함을 받아(마 4:1, 눅 4:1) 마귀와 싸울 수 있는 도전권을 얻으신 것이다.

만일 붉은 용이 인자의 길로 온다면 죽었다 부활해야 하는데, 그는 스스로 부활의 권능을 가지고 있지 못하다. 부활은 하나님의 것이다. 부활의 주이신 예수께서 그를 부활시켜 주실 리도 만무하다. 그렇기 때문에 붉은 용은 인자로 이 땅에 오지 못한다.

그는 무형의 존재이기 때문에 영육을 다 가진 산 자와는 싸울 수가 없다. 무형의 존재가 유형의 존재와 싸우려면 유형의 존재의 몸 속에 들어가서 그를 통해야만 싸울 수 있는 것이다. 그것이 창조 원리이다. 그래서 귀신들도 무저갱에 보내지 말고 돼지 떼에 들어가게 해 달라고 한 것이다(마 8:31, 막 5:12-13, 눅 8:31-32). 그렇기 때문에 붉은 용이 이 땅에서 역사하려면 마지막 때를 위해 심어놓은 자기 계열의 사람, 즉 인자를 통해서 역사해야 한다.

그런데 왜 그를 사람의 수로 지적해서 666이라는 세 사람으로 표현하고 있는 것인가? 붉은 용에 해당하는 6은 누구를 말하는 것인가? 그 6은 이 땅에서 창조의 길을 통해서 태어난 인자로서의 6이 아니라, 붉은 용이 어떤 특정인을 통해서 역사하는 대상의 인자를 말하는 것이다. 붉은 용의 권세와 능력을 부여받은 인자가 때에 맞게 그의 역할을 담당하는 것이다.

2. 바다의 짐승은 누구인가?

계 13:1-5 내가 보니 바다에서 한 짐승이 나오는데 뿔이 열이요 머리가 일곱이라 그 뿔에는 열 면류관이 있고 그 머리들에는 참람된 이름들이 있더라 내가 본 짐승은 표범과 비슷하고 그 발은 곰의 발 같고 그 입은 사자의 입 같은데 용이 자기의 능력과 보좌와 큰

> 권세를 그에게 주었더라 그의 머리 하나가 상하여 죽게 된 것 같
> 더니 그 죽게 되었던 상처가 나으매 온 땅이 이상히 여겨 짐승을
> 따르고 용이 짐승에게 권세를 주므로 용에게 경배하며 짐승에게
> 경배하여 가로되 누가 이 짐승과 같으뇨 누가 능히 이로 더불어
> 싸우리오 하더라 또 짐승이 큰 말과 참람된 말 하는 입을 받고
> 또 마흔두 달 일할 권세를 받으니라

붉은 용이 바다의 짐승에게 권세를 주고, 바다의 짐승은 땅의 새끼 양에게 권세를 준다. 여기서 바다란 무엇인가?

바다는 영적으로 세상을 말한다. 바다와 땅의 공통점은 세상을 말하는 것이지만 바다로 표현한 것은 세상 전체를 말하는 것이고 땅으로 표현한 것은 지역적인 어느 장소를 지적한 것이다. 바다에서 짐승이 올라온다는 말은 붉은 용이 마지막 때를 위해서 그들 나름대로 오래 전부터 예비하고 준비해놓은 자라고 말할 수 있다.

> 겔 28:2 인자야 너는 두로 왕에게 이르기를 주 여호와의 말씀에 네 마음이
> 교만하여 말하기를 나는 신이라 내가 하나님의 자리 곧 바다 중심
> 에 앉았다 하도다 네 마음이 하나님의 마음 같은 체 할찌라도 너는
> 사람이요 신이 아니어늘

바다의 중심은 하나님의 자리인데, 두로가 하나님의 자리에 앉아서 우는 사자가 되어 택한 백성들을 삼킨다고 했다. "바벨론이 나의 재앙 내림을 인하여 이같이 침륜하고 다시 일어나지 못하리니 그들이 쇠패하리라"(렘 51:64)는 말씀대로 분명히 바벨론

은 침륜당한 나라이다. 그가 두 번 다시 등장하지 못하도록 예레미야 선지자가 저주의 글을 써서 유브라데 강 속에 깊이 던져 넣었다. 그런데 문제는 마지막 재림 마당에 영적 바벨론으로 다시 기사회생한 것이다(계 14:8, 16:19, 17:5, 18:2, 18:10, 18:14-15, 18:21). 죽게 되었던 상처가 나으매 온 세상이 이상히 여기는 존재가 되어 나타난 것이다.

빛의 역사 속에서 "내가 동방에서 독수리를 부르며 먼 나라에서 나의 모략을 이룰 사람을 부를 것이라"(사 46:11)는 말씀처럼 어둠의 역사 속에서 바다의 짐승도 붉은 용이 지명하여 부르는 대상이 되는 것이다. 바다에서 나온 짐승의 특징은 다음과 같다.

첫째, 붉은 용에게 경배 드리는 대상이다

> 눅 4:5-6 마귀가 또 예수를 이끌고 올라가서 순식간에 천하만국을 보이며 가로되 이 모든 권세와 그 영광을 내가 네게 주리라 이것은 내게 넘겨준 것이므로 나의 원하는 자에게 주노라

예수께서 40일 금식하시고 주리신 후에 성령의 인도를 받아서 마귀에게 세 번 시험을 받는다. 마귀가 순식간에 천상천하의 영광을 보여주며 "네가 내게 절하면 이 모든 권세와 영광을 네게 주리라"고 했듯이, 바다의 짐승은 붉은 용에게 절하고 경배 드리는 대상을 말하는 것이다. 바다의 짐승은 붉은 용과 무관한 존재였는데 붉은 용이 보여준 영광에 의해서 순간적으로 절한다는 것이 아니다. 세상에 살고 있는 많은 짐승들 가운데 오랫동안 눈여

겨보며 주관하고 다스렸던 대상들 중에서 으뜸인 자를 말하는 것이다.

그렇기 때문에 예수께서 "너희는 너희 아비 마귀에게서 났으니 너희 아비의 욕심을 너희도 행하고자 하느니라 저는 처음부터 살인한 자요 진리가 그 속에 없으므로 진리에 서지 못하고 거짓을 말할 때마다 제 것으로 말하나니 이는 저가 거짓말쟁이요 거짓의 아비가 되었음이니라"(요 8:44)고 하셨다. 다시 말하면 오랫동안 이 세상에서 자기들의 때를 기다리며 키우고 양육하고 이끌어가던 대상 중에서 가장 뛰어난 자를 가리켜 바다의 짐승이라고 말하는 것이다.

둘째, 마흔두 달 동안 일할 권세를 받은 자이다

> 계 13:5 또 짐승이 큰 말과 참람된 말 하는 입을 받고 또 마흔두 달 일할 권세를 받으니라

여기서 마흔두 달이란 어떤 의미를 가지고 있는 것인가? 마흔두 달이란 후 3년 반을 의미하는 것이다. 후 3년 반은 어둠의 권세가 주관하는 기간으로서 바다의 짐승이 일할 권세를 받는 기간이다.

> 계 11:1-2 또 내게 지팡이 같은 갈대를 주며 말하기를 일어나서 하나님의 성전과 제단과 그 안에서 경배하는 자들을 척량하되 성전 밖 마당은 척량하지 말고 그냥 두라 이것을 이방인에게 주었은즉 저희가 거룩한 성을 마흔두 달 동안 짓밟으리라

빛의 역사가 진행되는 전 3년 반 동안 두 감람나무에게 성전 안을 척량하는 역사를 행하게 하셨다. 그리고 성전 밖 마당은 이방인에게 주었은즉 마흔두 달 동안 짓밟히게 되니 척량하지 말라는 것이다. 그 말씀처럼 바다의 짐승이 후 3년 반, 자기들이 넘겨받은 마흔두 달 동안에 이방을 짓밟을 수 있는 권세를 갖는 것이다. 빛의 역사가 진행되는 전 3년 반 동안 두 감람나무는 성전 안을 척량하는 역사를 행하는 반면, 빛이 없는 후 3년 반 동안 짐승이 성전 밖 마당을 척량하는 역사를 행하는 것이다.

그러므로 성전 안의 척량과 성전 밖을 척량하는 주체가 분명히 서로 다른 주체이며, 서로 다른 때의 주인공임을 알 수 있다. 그런 연유에서 "하늘과 그 가운데 거하는 자들은 즐거워하라 그러나 땅과 바다는 화 있을찐저"(계 12:12)라는 말씀의 의미는 성전 안에서 척량받은 자들은 성전 밖 마당을 척량하는 자들의 척량권 안에는 포함되지 않는 입장을 설명한 것이라고도 할 수 있다.

셋째, 죽게 되었던 상처가 나은 자이다

계 13:3 그의 머리 하나가 상하여 죽게 된 것 같더니 그 죽게 되었던 상처가 나으매 온 땅이 이상히 여겨 짐승을 따르고

죽게 되었던 상처가 나은 자로서 온 세상이 그를 이상히 여겼다. 다시 말하면 그가 이 땅에 자기의 정체와 실상을 분명하고 확실하게 인자로서 나타낼 때가 있다. 인자로 나타난 그가 하나님의 성전에 앉아 자기 자신을 가리켜 하나님이라고 하며 대적하는 자가 된다(살후 2:4).

그렇다면 그 상처는 언제 입은 상처를 말하는 것인가?

창 3:15 내가 너로 여자와 원수가 되게 하고 너의 후손도 여자의 후손과 원수가 되게 하리니 여자의 후손은 네 머리를 상하게 할 것이요 너는 그의 발꿈치를 상하게 할 것이니라 하시고

계 17:11 전에 있었다가 시방 없어진 짐승은 여덟째 왕이니 일곱 중에 속한 자라 저가 멸망으로 들어가리라

여인의 후손으로 오신 예수님에 의해서 머리를 징치 받은 옛 뱀을 말하는 것이다. 그가 스올에 들어가 숨어있었으나 예수께서 사망의 음부 속으로 들어가셨을 때 뱀의 머리를 징치하셨다. 이처럼 옛 뱀이 일곱 수에 들어있는 일곱 짐승 중 하나이면서도 기사회생해서 다시 자기 때에 등장하기 때문에 그가 여덟 번째 왕으로 등장하는 것처럼 성경은 말씀하고 있다.

마치 다윗이 예수님의 42대 족보에 두 번 등장하는 것처럼(마 1:6) 바다의 짐승도 그렇게 등장하기 때문에 그가 여덟 번째 등장하는 짐승의 왕이 되는 것이다. 앞서 말했듯이 바다의 짐승이 올라오는 바다는 세상 전체를 말하는 것이기 때문에 바다의 짐승은 세상 전체에서 가장 대표적인 존재가 되는 것이다. 다시 말하면 예수님께 징치당해서 머리가 상하기 전에 바다의 중심에 있었던 존재, 세상을 주관하던 존재를 말하는 것이다.

넷째, 자기를 가리켜 하나님이라고 한다

살후 2:4 저는 대적하는 자라 범사에 일컫는 하나님이나 숭배함을 받는 자 위에 뛰어나 자존하여 하나님 성전에 앉아 자기를 보여 하나님이라 하느니라

위 구절처럼 하늘의 뜻과 상관없이 자기 사심과 사욕을 위해서 하늘의 영광에 도전하는 자를 가리켜 바다의 짐승이라고 한다. 오랫동안 붉은 용이 그들을 통해서 역사하고자 하는 역사의 대상으로서 양육했던 자들이라고 말할 수 있다. 그런 유형의 대상 속에서 가장 머리 격이 되는 자를 상징적으로 바다의 짐승이라고 하는 것이다.

처음에는 바다의 짐승의 유형이 나타나지 않았다. 바다의 짐승이 여러 가지 유형으로 나타나다 드디어 666이라는 인자, 사람의 모습으로 등장하게 된다. 그가 등장하기 전까지는 다양한 6의 모습으로 등장하는 대상들이 있었지만 마지막에는 바다의 짐승이 실제적으로 뛰어난 인자로서 나타나게 된다. 종말론적인 입장에서 마지막에는 하나님을 대적하는 자가 하나님의 성전에 앉아서 자기를 하나님이라고 외치는 존재로 등장하는 것이다(살후 2:4).

바다의 짐승은 어디에서 올라오는 것인가?

계 12:17 용이 여자에게 분노하여 돌아가서 그 여자의 남은 자손 곧 하나님의 계명을 지키며 예수의 증거를 가진 자들로 더불어 싸우려고 바다 모래 위에 섰더라

해를 입은 여인을 공격했다가 실패한 붉은 용이 바다 모래 위에 선 이유는 바다의 짐승에게 권세를 주기 위해서이다. 그렇다면 붉은 용의 권세를 받는 바다의 짐승은 어디에 소속된 자인가? 영적 이스라엘 재림의 마당에서 제 밭을 중심으로 한 역사에 소속된 자라고 말할 수 있다.

왜냐하면 붉은 용과 그의 사자들이 철장의 권세를 가진 아이가 하늘로 올라가서 일으키는 하늘의 전쟁에서 패함으로 하늘에 서 있을 곳을 얻지 못해 다 쫓겨났다. 그것을 보복하기 위해서 철장의 권세를 가진 아이를 낳은 해를 입은 여인을 두 번째 공격하는 것이다. 그러나 신령한 땅이 입을 벌려서 붉은 용이 토한 강물을 삼키므로, 붉은 용이 해를 입은 여인을 해치지 못하자 분한 마음으로 바다 모래 위에 선 것이다. 그 이유는 바다의 짐승에게 권세를 주어 자기의 뜻을 이루기 위해서이다.

보편적으로 바다의 짐승이라면 어떤 짐승의 한 개체만을 생각하지만 그 짐승 안에는 그들 나름대로의 큰 힘을 가진 조직으로 구성되어 있다. 권세를 준다는 것은 보좌가 있다는 것이고, 보좌가 있다는 말은 거기 앉을 사람이 있다는 것이고, 또 앉을 사람이 있으면 그를 받들며 섬기며 그의 명에 따라 순종하는 사람들의 조직도 있게 마련이다.

3. 땅에서 올라오는 새끼 양은 누구인가?

계 13:11 내가 보매 또 다른 짐승이 땅에서 올라오니 새끼 양 같이 두 뿔이 있고 용처럼 말하더라

666의 세 번째 짐승은 '다른 짐승이 땅에서 올라오는데 새끼 양이라'고 표현했다. 이 새끼 양과 바다의 짐승은 어떤 관계인가? 새끼 양은 바다의 짐승에 의해서 낳아지는 관계이다. 그렇기 때문에 새끼 양이 바다의 짐승을 증거하기 시작한다.

그렇다면 바다의 짐승과 새끼 양의 차이점은 무엇인가? 바다의 짐승은 죽게 된 상처가 나은 존재이다. 바다의 짐승은 행동과 능력으로 자신의 권능을 나타내는데 반해서, 땅에서 올라온 새끼 양은 용처럼 말한다고 했다. 즉 새끼 양은 말씀을 하는 존재라는 것이다. 왜 땅에서 올라온 새끼 양은 말씀을 하는 존재인가?

666의 세 짐승은 "하나님이 하시는 일을 나도 할 수 있다"는 입장에서 전 3년 반에 하나님의 사람들이 행한 역사를 지켜보고 있다.

분명히 전 3년 반의 빛의 역사 속에도 세 사람이 등장한다. 해를 입은 여인과 두 감람나무와 두 촛대의 역사가 있다(계 11:4, 12:1-2). 때의 주인공은 각자 고유적인 자기의 때를 가지고 있다. 해를 입은 여인도 한 때·두 때·반 때를 가지고 있고, 두 감람나무도 3일 반이라는 자기의 때를 가지고 있다. 때를 가지고 있다는 말은 자기의 보좌가 있다는 것이다. 보좌가 있다는 것은 권세와 능력, 조직, 기구, 세력을 가지고 있다는 뜻이다.

그 때 안에는 자기의 고유적인 비밀이 들어있다. 그 비밀이 상대편에 누설되면 이루고자 하는 목적을 이루지 못한다. 두 감람나무는 본래 삼일 반, 즉 한 때·두 때·반 때를 마치고 잠이 들게 되어 있다. 그러나 제 밭에는 가라지들이 함께 자라고 있기 때문에 한 때와 두 때를 통해서 공의적인 말씀만 증거해야 한다. 그리고 남은 반 때의 비밀은 감추기 위해서 반 때의 사람에게 반 때의 말씀과 함께 넘겨준다. 그렇기 때문에 반 때의 주인공은 반 때의 말씀을 외치는 사람이다.

그 반 때의 말씀이 사도 요한이 먹은 작은 책, 다시복음이다(계 10:7-11).

그래서 재림 마당에 산비둘기와 집비둘기 새끼라는 두 제물이 등장하는 것이다. 빛의 입장에서의 세 번째 사람도 새끼라는 의미를 가지고 있고, 어둠의 편에서의 세 번째 사람도 새끼 양이다. 그런 의미에서 집비둘기 새끼가 어떻게 등장하는지 새끼라는 공통점을 깊이 생각해본다면 땅에서 올라온 새끼 양의 정체와 실상을 짐작해 볼 수 있다.

어미와 새끼는 낳고 낳아지는 관계를 말한다. 두 감람나무 역사에서 산비둘기와 집비둘기 새끼는 따로 구분된 관계이지만, 집비둘기가 새끼라는 것은 산비둘기에 의해서 낳아지는 관계를 의미한다. 즉 같은 계열, 같은 소속의 관계를 의미한다.

그러면 새끼 양이 땅에서 올라온 그 땅은 어디를 말하는 것인가? 신약의 마당은 귀신, 마귀, 사단 등이 예수님이 이루고자 하시는 천국복음을 대적했다. 그러나 재림 마당의 공통점은 무엇인가? 이 땅에서 거주하며 터를 잡고 생활하던 자들이 각자 자기 처소에서 서서히 자기의 정체와 실상을 드러내며 올라오는 것이다. 이처럼 구약 마당, 신약 마당, 재림 마당은 나름대로의 특징이 있다.

첫째 짐승은 바다에서 나오지만 두 뿔을 가진 새끼 양은 땅에서 올라온다고 했다. 두 뿔을 가지고 용 같이 말하는 새끼 양이 올라오는 그 땅은 어디를 말하는가? 재림 마당에서 역사하시는 제 밭을 의미하는 것이다(마 13:24).

> 겔 20:6 그 날에 내가 그들에게 맹세하기를 애굽 땅에서 인도하여 내어서 그들을 위하여 찾아 두었던 땅 곧 젖과 꿀이 흐르는 땅이요 모든 땅 중의 아름다운 곳에 이르게 하리라 하고

아담의 타락으로 땅이 저주를 받았지만 젖과 꿀이 흐르는 가나안 땅만은 저주에서 제외된 곳이다. 그래서 젖과 꿀이 흐르는 가나안 땅을 가리켜 하나님이 찾아두었던 땅이라고 했다(겔 20:6). 마찬가지다. 이 땅에서 천국을 이루기 위해 하나님께서 준비하시고 예비하신 땅이 제 밭이다.

그 비밀을 아는 마귀가 좋은 씨가 뿌려진 제 밭에 가라지들을 뿌린 것이다. 그 제 밭에 뿌려진 가라지들 중에서 새끼 양이 등장하는데, 그 새끼 양이 666의 세 번째 짐승이다.

그렇다면 땅에서 올라온 용 같이 말하는 두 뿔을 가진 새끼 양은 누구의 말씀을 대적하겠는가? 마지막 반 때의 말씀을 대적하는 것이다. 어느 때가 되어 반 때의 말씀이 공개되면 그 말씀을 도용하고 인용하여 마치 제 것인 양 외쳐댈 것이다(요 8:44). 그래서 땅에서 올라온 새끼 양이 용처럼 말하는 것이다.

정리하면, 붉은 용은 해를 입은 여인을 대적하고, 바다의 짐승은 두 감람나무를 죽이고, 땅에서 올라온 새끼 양은 집비둘기 새끼를 죽이는 대상이라고 할 수 있다.

계 12:12 그러므로 하늘과 그 가운데 거하는 자들은 즐거워하라 그러나 땅
과 바다는 화 있을찐저 이는 마귀가 자기의 때가 얼마 못된 줄을
알므로 크게 분내어 너희에게 내려갔음이라 하더라

왜 하늘과 공중에 거하는 자들은 복이 있는데, 땅과 바다에 거하는 자들은 화가 있는 것인가?

하늘에 있는 자들이 거할 곳을 얻지 못했다는 것은(계 12:8) 영영 쫓겨난 것을 말한다. 하늘과 공중에 거하는 자는 복이 있고, 땅과 바다에 거하는 자는 화가 있다는 것은 하늘과 공중에 거하는 자, 땅과 바다에 거하는 자가 각각 따로 있다는 것이다.

그렇다면 화를 받는 땅과 바다는 어떤 차이가 있는가? 땅이나 바다나 공통점은 세상이다. 그러나 바다는 넓은 의미로 본 세상 전체를 말하고, 땅은 제 밭을 말한다. 열매 맺는 백성이 넘겨받은 영적 이스라엘의 한 가운데가 제 밭이다. 땅과 바다의 공통점은 세상이지만, 바다는 세상 사람들이 처음부터 살고 있던 지구촌, 지구촌 안의 모든 신앙의 세계를 말하는 것이다. 더 구체적으로 표현하면 기독교뿐 아니라, 모든 종교가 함께 하는 세상이라고 할 수 있다.

III
666도 자기의 때를 가지고 있는가?

계 12:14 그 여자가 큰 독수리의 두 날개를 받아 광야 자기 곳으로 날아가 거기서 그 뱀의 낯을 피하여 한 때와 두 때와 반 때를 양육 받으매

계 11:11 삼일 반 후에 하나님께로부터 생기가 저희 속에 들어가매 저희가 발로 일어서니 구경하는 자들이 크게 두려워하더라

해를 입은 여인과 두 감람나무는 한 때·두 때·반 때, 삼일 반이라는 자신의 때를 가지고 있었다. 그런데 두 감람나무가 반 때를 넘겨주기 위해서 반 때를 앞당겨 잠이 든 것이다. 그렇기 때문에 반 때의 사명자가 자신에게 넘겨준 반 때의 사역을 다 이루어야 두 감람나무의 사역이 완성되어 다 마쳐지는 것이다.

이처럼 하나님의 사람들에게도 자기의 때가 있듯이 666이라는 세 짐승도 각자 고유적인 자기의 때가 있다.

붉은 용이 바다의 짐승에게 권세를 준다(계 13:4)는 것은 그에게 때를 준다는 의미도 된다.

눅 4:5-6 마귀가 또 예수를 이끌고 올라가서 순식간에 천하만국을 보이며

가로되 이 모든 권세와 그 영광을 내가 네게 주리라 이것은 내게
넘겨준 것이므로 나의 원하는 자에게 주노라

　마귀가 예수님을 시험하는 과정에서 순식간에 천하만국을 보여주며 "네가 내게 절하면 내가 넘겨받은 권세와 영광을 주리라"고 했다. 마귀가 넘겨받은 천하만국의 권세와 영광이 바로 붉은 용이 바다의 짐승에게 준 권세의 내용인 것이다. 부여받은 자기 권세와 영광 속에는 권세를 받는 자의 보좌가 있다. 보좌가 있다는 것은 보좌를 받들며 섬기는 보좌에 소속된 무리들이 있다는 뜻이다.

　다시 말하면 모세가 시내산에 두 번째 올라가서 40일 금식하고 율법과 계명을 받았다(출 34:28, 신 5:1-3) 그것을 받는 순간 모세는 권세를 받은 것이다. 모세 얼굴에 광채가 난 것이 권세를 받았다는 증거가 된다(출 34:29-30, 고후 3:7). 모세가 받은 권세 안에는 이스라엘 12지파, 70장로가 있고, 때가 있다. 그래서 모세가 광야의 지도자, 율법의 아버지가 된 것이다. 그것이 때를 받는다는 뜻이다.

　바다의 짐승이 붉은 용에게서 받는 권세의 내용은 무엇인가? 붉은 용은 본래 궁창의 세계에서 존재하고 있던 거룩한 자로서의 권세를 가지고 있었다. 그는 비록 셋째 하늘에서 쫓겨나기는 했지만 공중 권세를 잡고 있었던 자로서 본래 고유적으로 가지고 있던 자기의 영화로움과, 이 세상을 우선적으로 주관할 수 있는 기득권을 가지고 있다. 그런 것들을 모두 바다의 짐승이 받은 것이다. 그러니 바다의 짐승이 당연히 이 세상을 주관하게 되어 있는 것이

다. 땅과 바다에 있는 자들을 주관하는 때를 받은 것이다.

이처럼 자기 때가 있다는 것은 자기 조직이 있고, 조직 속에 보좌가 있다는 것이다.

또 새끼 양이 땅에서 올라왔다는 것도 혼자가 아니다. 바다의 짐승이 그에게 권세를 준다는 것은 그에게 때를 준다는 것이다. 그의 때 안에서 자기의 조직과 자기에게 넘겨준 기구를 받고, 그 안에 때의 주인으로서 자기의 보좌를 만드는 것이다.

모세는 어떤 사람인가? 영적으로 말하면 아버지의 보좌를 받은 사람이다. '율법의 아버지'란 여호와를 대신한 사람이라는 뜻이다. 영적으로 말하면 모세가 받은 계명과 율법은 정죄의 직분의 영광이기 때문에, 율법의 아버지란 여호와를 대신하여 역사하는 사람이라는 것을 의미한다.

후 3년 반 안에서 어둠의 권세를 가진 인자들도 동일하게 역사한다. 그들도 "하나님이 하시는 것을 나도 할 수 있다"는 동일한 원리로 역사하는 것이다. 전 3년 반 안에서 거룩한 광명한 자들이 하는 것처럼 그들도 광명한 천사로서 흉내 내는 것이다(고후 11:14).

그들은 제 밭에서 해를 입은 여인과 두 감람나무가 역사하신 그 역사의 세계를 처음부터 바라본 사람들이다. 해를 입은 여인과 두 감람나무가 역사하는 대로 그들도 자기 때에 주어진 권세에 의해서 그렇게 행하는 것이다.

그러나 그들이 한 가지 모르는 것이 있다. 한 때·두 때·반 때중에서 반 때의 비밀을 알지 못한다. 두 감람나무가 살아나는 것은 한 때·두 때·반 때, 즉 삼일 반 후에 살아나는 것이기 때문에, 반 때의 비밀을 안다는 것은 두 감람나무가 언제 살아나는지를 안다는 의미가 된다. 삼일 반은 곧 한 때·두 때·반 때가 되기 때문에 반 때의 사나이가 사명을 마치고 나야 큰 성길에 누워있던 두 감람나무가 살아나는 것이다.

이처럼 요한계시록 11장, 12장에 등장하는 거룩한 광명한 자들도 다 자기의 때를 가지고 있다. 이 땅의 주께서도 이 땅에서 한 때·두 때·반 때를 가지고 계셨기에 광야 자기만이 아시는 곳에서 양육을 받을 수 있는 것이다. 세상에서 가지고 계신 한 때·두 때·반 때를 세상을 떠난 입장에서도 동일하게 양육 받는 것이다. 그분은 본래 세상에 오기 전에도 그런 때를 가지고 계셨기에 세상에 와서도 한 때·두 때·반 때를 양육 받을 수 있다는 뜻이다.

부활이 먼저 있기에 예수님이 부활하신 것이지 예수님이 부활하셔서 부활이 생긴 것이 아닌 것처럼(고전 15:13-16), 해를 입은 여인이 이 땅에 오셔서 메시아로서의 삼일길을 걷는 것도 스스로 '내가 이렇게 걸어야겠다'고 해서 걷는 것이 아니다. 그 분이 전생에서 고유적인 자기의 때를 가지고 오셨기에 이 땅에서 그 길을 걸으실 수 있는 것이다.

렘 1:5 내가 너를 복중에 짓기 전에 너를 알았고 네가 태에서 나오기 전에 너를 구별하였고 너를 열방의 선지자로 세웠노라 하시기로

내가 너를 복중에 짓기 전에 알았고, 생명록에 기록되기 전에 알았다고 하신 것처럼, 미리 아신 자를 후회 없는 부르심으로 부

르신 것이다. 하나님께서 부르셨다는 것은 부르시기 전에 부름 받을 존재가 먼저 성립되어 존재하고 있었다는 것이다. 해를 입은 여인도 이 땅에 오시기 전, 전생에서는 이 땅에서 그런 삶을 살 수 있는 대상으로 존재하고 있었다는 것이다.

두 감람나무도 마찬가지다. 두 감람나무가 큰 성길 위에 누워 있는 삼일 반을 영적으로 말하면 한 때·두 때·반 때라고 할 수 있다. 왜 두 감람나무가 삼일 반 만에 살아나는 것인가? 흙·사람·생령의 삼일길을 통해 완성된 아담의 갈비뼈로 만든 존재가 하와이다. 그래서 신랑의 암호는 3이고, 신부의 암호는 3.5이다. 그렇기 때문에 장차 재림 마당에서 신랑과 신부가 될 이 땅의 주와 두 감람나무가 한 때·두 때·반 때를 가지고 있는 것이다.[41]

> 마 24:36 그러나 그 날과 그 때는 아무도 모르나니 하늘의 천사들도, 아들도 모르고 오직 아버지만 아시느니라

그런데 그 때는 하늘의 천사도, 아들도 모르고 아버지만 아신다. 각자가 가지고 있는 고유적인 자기 때는 오직 그를 지으신 하나님만 아신다는 것이다.

그 날과 그 때는 오직 주고받은 자만 알 수 있다(계 2:17). 그렇기 때문에 주신 분이 가르쳐주어야만 때에 맞는 옷을 입을 수 있다. 그 말은 때에 맞는 권세와 능력을 받는다는 것이다. 권세와 능력을 받았으면 때에 맞는 위용을 갖추어야 한다. 위용이란 때에

---

41) '종말론적 구속사 시리즈' 제 3권 <두 감람나무와 두 촛대, 그들은 누구인가?> 240-245쪽, 벽암 조영래 저, 도서출판 오색이슬

맞게 받은 자기의 권세를 통해서 자기를 영화롭게 하는 환경을 만드는 것이다. 그렇기 때문에 때의 주인공 안에는 아버지께서 주신 권세 안에 고유적으로 갖추어야 할 기구, 조직 등 모든 것이 갖추어져 있다. 두 감람나무도 그런 때를 받고, 그 때에 맞는 권세와 능력으로 역사하는 것이다.

두 감람나무 역사의 마당은 제 밭이고, 제 밭에는 알곡과 가라지라는 두 종류의 사람들이 있다. "사람의 원수가 곧 자기의 집안 사람이로다"(미 7:6)라는 집안은 첫째, 뜻의 가정인 제 밭을 말한다.

그렇기 때문에 제 밭에 뿌려진 좋은 씨, 두 감람나무는 좋은 씨알들에게나 가라지들에게나 공의적인 입장을 취해야 한다. 알곡과 가라지가 추수 때까지 함께 자라게 두라고 했기 때문에 가라지들을 뽑아서도 안 되고, 구별해서도 안 되고, 자르는 것은 더더욱 안 된다. 추수 때까지 좋은 씨알들과 가라지들이 함께 자란다는 것은 공의적인 한계 안에서 함께 은혜를 받는다는 것이다.

그렇다면 좋은 씨알들과 가라지들이 동일한 은혜를 받는 것인가? 좋은 씨가 그에게 주어진 한 때와 두 때의 사명을 마치게 되면, 남은 반 때는 어떻게 처리할 것인가? 그 반 때에 가라지들이 알지 못하는 깊은 비밀이 숨겨져 있는 것이다.

반 때는 어떤 역사가 이루어지는 때인가?

창 15:9 여호와께서 그에게 이르시되 나를 위하여 삼 년 된 암소와 삼 년 된 암염소와 삼 년 된 수양과 산비둘기와 집비둘기 새끼를 취할찌니라 여호와께서 아브라함과 횃불언약을 맺으면서 바치라고 하신 세 가지 제물의 내용이다. 삼 년 된 암소와 삼 년 된 암염소는 구약 마당을 위한 제물이고, 삼 년 된 수양은 신약 마당을 위한 제물이고, 산비둘기와 집비둘기 새끼는 재림 마당을 위한 제물이다.

신랑의 역사를 이루시는 신약 마당에서는 제물이 삼 년 된 수양으로, 예수님 한 사람이었다. 그러나 재림 마당의 제물은 산비둘기와 집비둘기 새끼라는 두 제물을 바쳐야 한다. 재림 마당은 비상하는 때이므로 제물도 비상하는 존재이어야 한다.

> 계 11:3-12 내가 나의 두 증인에게 권세를 주리니 저희가 굵은 베옷을 입고 일천이백육십 일을 예언하리라 이는 이 땅의 주 앞에 섰는 두 감람나무와 두 촛대니 만일 누구든지 저희를 해하고자 한즉 저희 입에서 불이 나서 그 원수를 소멸할찌니 누구든지 해하려 하면 반드시 이와 같이 죽임을 당하리라 저희가 권세를 가지고 -(중략)- 저희가 그 증거를 마칠 때에 무저갱으로부터 올라오는 짐승이 저희로 더불어 전쟁을 일으켜 저희를 이기고 저희를 죽일 터인즉 저희 시체가 큰 성길에 있으리니 그 성은 영적으로 하면 소돔이라고도 하고 애굽이라고도 하니 곧 저희 주께서 십자가에 못 박히신 곳이니라 -(중략)- 땅에 거하는 자들이 저희의 죽음을 즐거워하고 기뻐하여 서로 예물을 보내리라 하더라 삼일 반 후에 하나님께로부터 생기가 저희 속에 들어가매 저희가 발로 일어서니 구경하는 자들이 크게 두려워하더라 하늘로부터 큰 음성이 있어 이리로 올라오라 함을 저희가 듣고 구름을 타고 하늘로 올라가니 저희 원수들도 구경하더라

두 감람나무 역사에 시종 '저희'라는 복수의 단어가 등장하고 있다.

"삼일 반 후에 하나님께로부터 생기가 저희 속에 들어가매 저희가 발로 일어서니 구경하는 자들이 크게 두려워하더라 하늘로부터 큰 음성이 있어 이리로 올라오라 함을 저희가 듣고 구름을 타고 하늘로 올라가니 저희 원수들도 구경하더라"고 했다. 분명히 큰 성길 위에 누워계시던 분은 두 감람나무로 한 분이다. 그렇다면 실제로 살아서 올라가는 사람도 한 사람이 아니겠는가? 그런데 왜 '저희'라는 복수로 표현하고 있는 것인가? 그 이유는 두 감람나무라는 개체의 입장에서 보면 한 사람이지만 그가 올라갈 때에는 거룩한 구름을 타고 올라가기 때문이다.

> 행 1:9-11 이 말씀을 마치시고 저희 보는데서 올리워 가시니 구름이 저를 가리워 보이지 않게 하더라 올라가실 때에 제자들이 자세히 하늘을 쳐다보고 있는데 흰옷 입은 두 사람이 저희 곁에 서서 가로되 갈릴리 사람들아 어찌하여 서서 하늘을 쳐다보느냐 너희 가운데서 하늘로 올리우신 이 예수는 하늘로 가심을 본 그대로 오시리라 하였느니라

예수님도 부활 승천하실 때 거룩한 구름을 타고 올라가셨다. 그 구름은 자연계시적인 구름이 아니라 말할 줄 아는 구름, 의지를 가지고 있는 구름이다. 쉽게 말하면 천사들이 예수님을 옹위하여 모시고 올라가는 모습을 말한다.

두 감람나무가 하늘보좌로 올라갈 때에도 '저희'라고 표현한 것을 생각하면 혼자 올라가시는 것이 아니라 함께 올라가는 자가

있다는 것이다. 재림 마당의 제물은 분명히 두 사람이기에 '저희'라는 복수로 표현된 것이다. 그런 역사가 일어나기 때문에 저희 원수들도 놀라게 된다. 왜냐하면 두 감람나무가 혼자 올라가는 것이라고 알고 있었는데 올라가는 순간에 혼자가 아니라는 것을 알게 되기 때문이다.

재림 마당에 제 밭에 뿌려진 좋은 씨는 구약 마당에서 횃불언약의 주인공, 산 자의 첫 열매로서 하나님께 바쳐진 영적 장자인 요셉을 가리킨다(대상 5:2).[42]

본래 좋은 씨는 한 때·두 때·반 때를 가진 자였지만, 반 때를 앞당겨 잠이 든다. 반 때의 말씀이 작은 책, 다시 복음의 말씀인데, 그 말씀은 가라지들에게 허락된 말씀이 아니다.

작은 책, 다시 복음은 영생의 말씀이다. 영원한 생명을 가질 수 있는 부활과 변화의 말씀이다. 가라지들이 그 말씀을 듣고 부활해서는 안 되는 말씀이다. 성령이 아시아의 일곱 교회 중에서 서머나 교회에게 말씀하시기를 "이기는 자는 둘째 사망의 해를 받지 아니하리라"(계 2:11)고 했다. 가라지들이 부활한다면 그를 죽이거나 심판하지 못한다. 가라지들이 부활하면 자기 때가 연장되는 것이다. 그 점이 마귀가 가라지를 뿌린 목적이며, 계획한 노림수이다. 만일 가라지가 심판을 초월한 죽지 않는 산 자로 탄생되면 마귀가 창조권을 부여받은 자로서 그도 영생하면서 자기 이념, 사상, 논리를 주장하게 된다. 그렇게 되면 "하나님이 하시는 구속사의 세계를 나도 할 수 있다. 나도 하나님 같이 된다"는 목적을 이

---

[42] '종말론적 구속사 시리즈' 제 3권 <두 감람나무와 두 촛대, 그들은 누구인가?> 144-150쪽, 벽암 조영래 저, 도서출판 오색이슬

루게 되는 것이다.

　그래서 가라지들에게는 절대 한 때·두 때·반 때의 말씀을 전부 알게 해서는 안 되는 것이다. 그들에게는 공의적으로 줄 수 있는 한 때와 두 때의 말씀만을 공개해야 한다.

　예수께서 태초의 말씀을 피 속에 감추시고, 은혜와 진리를 물 속에 감추셨다.[43] 그 비밀은 오직 변화산에서 예수님의 십자가 사건을 상론한 모세와 엘리야밖에 알지 못한다(눅 9:31). 그 비밀을 지키기 위해서 유월절 양으로 오신 예수께서 아사셀 양으로서 십자가를 지신 것이다.

　신랑이 그런 길을 걸으신 것처럼 재림 마당의 신부도 다시 한 번 예수님의 방법을 선택해야 한다. 두 감람나무도 한 때·두 때·반 때를 가진 주인공으로서 그 길을 걸으면서 아무도 모르게 자기에게 주어진 반 때를 다른 사람에게 양도해 주어야 한다. 두 감람나무가 죽을 때 반 때의 말씀을 다 이 땅에 떨치고 가야 한다. 두 제물 중에서 아직 이 땅에 남아있는 집비둘기 새끼의 사명을 가진 사람에게 반 때의 말씀을 넘겨주어야 한다. 마치 용이 바다의 짐승에게 권세를 주고, 바다의 짐승이 땅에서 올라온 새끼 양에게 권세를 주는 것처럼(계 13:2, 13:12), 두 감람나무도 반 때의 말씀을 감추어둔 사람에게 넘겨주고 가야 한다.

　그래서 두 감람나무가 자신에게 주어진 한 때·두 때·반 때 중에서 반 때를 앞당겨 잠이 든 것이다. 예수께서 태초의 말씀을 땅에 떨치시고 인간 예수로 운명하셨기에 스스로 살아나실 수 없는

---

43) '종말론적 구속사 시리즈' 제 2권 <이 땅의 주, 그는 누구인가?> 420-425쪽, 벽암 조영래 저, 도서출판 오색이슬

것처럼(히 5:7), 두 감람나무가 반 때의 말씀을 다른 사람에게 넘겨주었기에 그도 역시 스스로 살아나지 못한다.

두 감람나무 역사는 언제 끝나는 것인가? 두 감람나무가 무저갱에서 올라오는 짐승에 의해 죽임을 당함으로 표면적으로는 끝난 것처럼 보이지만 이면적으로는 끝나지 않았다. 반 때의 사명자가 자기 사역을 다 마치는 날 두 감람나무 역사가 완전히 이루어지는 것이다. 그렇기 때문에 재림 마당에서 산비둘기와 집비둘기 새끼라는 두 제물을 사용하셨다. 제물이 두 가지라는 것은 하나님께서 두 가지 맥락의 때를 예비하신 것이다. 한 사람이 한 때와 두 때를 이루고, 나머지 한 사람이 반 때를 이룬다. 그 반 때에 주시는 말씀이 작은 책의 말씀이다.

계 10:8-11 하늘에서 나서 내게 들리던 음성이 또 내게 말하여 가로되 네가 가서 바다와 땅을 밟고 섰는 천사의 손에 펴 놓인 책을 가지라 하기로 내가 천사에게 나아가 작은 책을 달라 한즉 천사가 가로되 갖다 먹어버리라 네 배에는 쓰나 네 입에는 꿀 같이 달리라 하거늘 내가 천사의 손에서 작은 책을 갖다 먹어버리니 내 입에는 꿀 같이 다나 먹은 후에 내 배에서는 쓰게 되더라 저가 내게 말하기를 네가 많은 백성과 나라와 방언과 임금에게 다시 예언하여야 하리라 하더라

사도 요한이 받은 '작은 책'은 입에는 다나 배에는 쓴 말씀이다. 작은 책은 많은 백성과 나라와 방언과 임금에게 다시 예언해야 하는 '다시 복음'이다.

요 5:25 진실로 진실로 너희에게 이르노니 죽은 자들이 하나님의 아들의 음성을 들을 때가 오나니 곧 이 때라 듣는 자는 살아나리라

반 때의 말씀을 들어야만 죽은 자가 살아날 수 있다. 반 때의 말씀을 들은 사람만이 첫째 부활, 의인의 부활에 참여하는 사람이며, 하나님의 아들의 음성을 통해서 살려주는 대상이다. 반 때의 말씀을 듣지 못한 자는 절대 살아나지 못한다. 그것이 반 때의 말씀의 비밀, 암호이다. 그 반 때의 말씀이 재림 마당에서 감추어진 비밀이다. 즉 반 때의 비밀은 아무도 모르게 역사하셨다.

왜 반 때의 말씀, 작은 책, 다시 복음을 남겨주어야 하는가? 그 말씀을 남겨주지 않으면 아무도 후 3년 반에 견딜 자가 없기 때문이다. 따라서 반 때를 허락받은 자들은 하나님께서 그 날과 그 때를 감해주시는 축복을 받은 자들이다(마 24:22). 그렇지 않으면 후 3년 반에 붉은 용, 바다의 짐승, 새끼 양의 역사 속에서 아무도 신앙의 정절과 순결을 지킬 수 없게 된다.

두 감람나무 역사가 마쳐진 것을 어떻게 알 수 있는가?

계 11:6 저희가 권세를 가지고 하늘을 닫아 그 예언을 하는 날 동안 비 오지 못하게 하고 또 권세를 가지고 물을 변하여 피 되게 하고 아무 때든지 원하는 대로 여러 가지 재앙으로 땅을 치리로다

두 감람나무가 하늘 문을 닫고 역사했다는 것을 알 수 있다. 두 감람나무가 출현하기 전에는 각 교회마다 '은혜 충만', '성령 충

만', '말씀 충만'이라는 표어들이 많이 붙어있었다. 그러나 두 감람나무가 역사할 때에는 하늘 문을 닫고 역사했기 때문에 실제적으로 이 땅에서 은혜 충만, 말씀 충만, 성령 충만의 역사가 일어나지 않았다. 성경에는 그런 상황을 가리켜 "내가 기근을 땅에 보내리니 양식이 없어 주림이 아니며 물이 없어 갈함이 아니요 여호와의 말씀을 듣지 못한 기갈이라"(암 8:11)고 했다. 그때는 두 감람나무가 하늘 문을 닫고 역사할 때라고 말할 수 있는 것이다. 두 감람나무가 죽임을 당하여 큰 성길에 누워 있을 때에도 여전히 하늘 문이 닫힌 상태이다.

그렇다면 하늘 문은 언제 열리는 것인가?

영적인 상태에서 하늘과 이 땅을 오고 갈 때에는 하늘 문이 열릴 필요가 없다. 예를 들면 우리 영혼으로만 하늘나라에 갈 때는 하늘 문을 열고 닫을 필요가 없다. 사도 바울이 셋째 하늘에 갈 때에도 하늘 문이 열리지 않은 상태에서 갔다 온 것이다. 믿음으로 천국을 침노할 수 있다고 하셨기에 하나님께서 기뻐하시는 산 자의 믿음으로는 영혼이 하늘나라에 갈 수 있다. 영혼으로 가는 하늘나라는 굳이 문을 열 필요가 없다.

그러나 에덴동산의 아담과 하와는 영육 간에 산 자였기에, 그들이 불순종하여 타락함으로 에덴동산에서 추방될 때는 하늘 문을 열고 닫은 것이다(창 3:24). 또 예수께서 부활 승천하실 때에도 영육 간에 산 자로 올라가셨기에 당연히 하늘 문이 열리고 승천하신 것이다(행 1:9-11).

계 12:5 여자가 아들을 낳으니 이는 장차 철장으로 만국을 다스릴 남자라 그 아이를 하나님 앞과 그 보좌 앞으로 올려가더라 두 감람나무가 죽임을 당하여 큰 성길에 누워 있을 때, 그의 육신은 죽임을 당했지만 영혼은 하늘 보좌로 올라간다. 영혼만 올라갈 때에는 굳이 하늘이 열리지 않아도 올라갈 수 있다.

그러나 두 감람나무가 영육 간에 산 자로 올라갈 때는 공식적으로 하늘 문을 열고 올라가는 것이다(계 11:11-12). 하늘 문을 열고 올라갔다는 의미는 무엇을 말하는가? 두 감람나무가 살아나는 것을 제 밭 안의 사람들이 순간에 다 볼 수 있다는 것이다.

> 계 11:12-13 하늘로부터 큰 음성이 있어 이리로 올라오라 함을 저희가 듣고 구름을 타고 하늘로 올라가니 저희 원수들도 구경하더라 그 시에 큰 지진이 나서 성 십분의 일이 무너지고 지진에 죽은 사람이 칠천이라 그 남은 자들이 두려워하여 영광을 하늘의 하나님께 돌리더라

어린 양의 신부가 되시는 그리스도께서 올라가시는 때에는 제 밭에 있었던 알곡들만이 아니라 가라지들도 그 영광의 빛을 다 볼 수 있게 된다. 그렇기 때문에 가라지들에게는 그것을 보는 자체만으로도 심판이 되는 것이다. 그 때 큰 지진과 함께 큰 성이 무너지고 칠천 명이 죽는다. 그 사건을 목도하는 자들이 그제야 큰 두려움 속에서 하나님의 영광을 찬양한다는 것이다.

영육 간에 산 자가 된 두 감람나무가 철장으로 만국을 다스릴 남자가 되어 하늘 보좌로 올라가 하늘의 전쟁을 일으켜 붉은 용과 그의 사자들과 싸워 이긴다. 그가 대군 미가엘로서 하늘의 전쟁을 승리로 이끈 뒤, 윗물과 아랫물로 분리된 하늘을 통일시키고 다시 이 땅으로 내려온다. 어린 양의 신부, 즉 새 예루살렘 성으로 강림

하는 것이다(계 21:2).

> 마 24:27 번개가 동편에서 나서 서편까지 번쩍임 같이 인자의 임함도 그러하리라

동에서 서로 번쩍이는 빛은 전우주적인 빛을 말한다. 모든 만물들도 하나님의 아들들이 나타나기를 고대하고 탄식하고 있다(롬 8:19). 하나님의 아들이 나타나는 그 영광의 중심이신 어린양의 신부가 새 예루살렘 성으로 강림하실 때는 번개의 번쩍임 같이, 만유 안에 있는 모든 생명체들이 그 영광의 빛을 다 함께 바라보는 것이다.

제 4장

해를 입은 여인과 붉은 용의 싸움

I
하늘의 두 가지 이적

1. 왜 해를 입은 여인과 붉은 용의 이적이 하늘의 이적인가?

> 계 12:1-4 하늘에 큰 이적이 보이니 해를 입은 한 여자가 있는데 그 발아래는 달이 있고 그 머리에는 열두 별의 면류관을 썼더라 이 여자가 아이를 배어 해산하게 되매 아파서 애써 부르짖더라 하늘에 또 다른 이적이 보이니 보라 한 큰 붉은 용이 있어 머리가 일곱이요 뿔이 열이라 그 여러 머리에 일곱 면류관이 있는데 그 꼬리가 하늘 별 삼분의 일을 끌어다가 땅에 던지더라 용이 해산하려는 여자 앞에서 그가 해산하면 그 아이를 삼키고자 하더니

재림 마당은 빛과 어둠의 역사가 가장 공정하게 진행되는 역사의 과정이라고 말할 수 있다. 왜냐하면 하나님께서 인류 구속 사역을 이루기 위하여 계획하신 70이레 중에서 62이레와 7이레가 이루어졌고(단 9:24-27), 남은 한 이레를 전반과 후반으로 나누어 전 3년 반을 빛의 역사로, 후 3년 반을 어둠의 역사로 공정하게 매김을 했기 때문이다. 그렇기 때문에 어느 의미에서 본다면

재림 마당의 역사는 가장 뚜렷한 명분을 가진 빛과 어둠의 역사라고 말할 수 있다.

그런 입장에서 요한계시록 12장은 아주 공의적인 측면에서 하늘에 두 이적이 있다고 증거하고 있다. 하늘의 두 이적 중 하나는 해를 입은 여인의 역사이고, 다른 하나는 붉은 용의 역사이다. 이렇게 두 이적의 역사가 하늘의 역사의 세계임을 분명하게 제시하고 있다.

위 구절의 내용을 보면 땅에만 종말론적인 입장이 전개되는 것이 아니라 하늘과 땅이 동시적으로 종말론적 입장에 다다랐다는 것을 느낄 수 있다. 예수께서 종말론적인 입장에서 일어나는 재림 마당의 상황을 '창세 이후 전무후무한 환난'(마 24:21)이라고 표현하셨다.

왜 재림 마당의 종말론적 상황을 '창세 이후 전무후무한 환난'이라고 표현하셨는가? 붉은 용이 이 땅에 등장한 것은 창세 이후 재림 마당에서 처음 있는 일이기 때문이다. 예수님을 십자가에 달 때도 마귀가 역사했고, 그 마귀를 돕기 위해서 사단이 하늘에서 번개처럼 떨어졌지만(눅 10:18) 붉은 용, 옛 뱀은 이 땅에 등장하지 않았다. 그러나 재림 마당에서 하나님의 구속사역이 완성되는 것을 막기 위해 붉은 용이 이 땅에 등장하는 것이다.

왜 재림 마당에 붉은 용이 이 땅에 등장해야만 하는가?

하늘에서 이루어진 뜻대로 이 땅에서 하늘의 뜻을 이루려면 이 땅에 거룩한 성가정(聖家庭)이 이루어져야 한다. 그 성가정을 중심으로 이 땅에서 하늘의 역사를 펼쳐나가게 되어 있기 때문에, 그 성가정을 파괴하기 위해서 사단 마귀는 항상 무섭게 역사하고 있다. 인류의 첫 시조인 아담의 가정과 둘째 시조인 노아의 가정이 깨어지고, 셋째 시조인 아브라함의 가정은 깨어지지는 않았지만 많은 환난을 겪었다.

더욱이 재림 마당에서는 해를 입은 여인이 철장 권세를 가진 아이를 낳음으로 거룩한 뜻의 가정이 탄생하는 것이다(계 12:1-5). 재림 마당에서 사단 마귀는 그 거룩한 성가정이 탄생하지 못하도록 예의주시하며 대적하고 있는 것이다. 그 철장 권세를 가진 아이가 탄생하면 어둠의 권세는 궁창의 세계에 더 이상 발붙일 여지가 없어지기 때문이다.

그렇다면 철장 권세는 어떤 권세를 의미하는가?

철장 권세는 재림 마당에서 새롭게 생긴 권세가 아니다. 한마디로 철장 권세는 궁창의 세계의 네 생물의 영역과 권세 안에서 존재하던 화염검이라고 말할 수 있다. 화염검은 두루 도는 불 칼이다(창 3:24, 히 4:12). 화염검 앞에는 모든 것이 밝히 드러나고 감추어질 것이 없다. 그 검을 그룹이라는 특별한 천사가 가지고 있다. 따라서 하늘에서는 그 권세로 천군의 세계를 다스리며, 자기 지위와 처소를 지키지 않는 천군은 무저갱에 던질 수도 있다(유 1:6).

그러나 아무리 천사들이 화염검을 가지고 있다 해도 그들이 구속사의 세계를 이룰 수는 없다. 아브라함의 후손들이 구속사의 주인이 되어 천사들을 다스리고 심판하는 것이 하나님의 궁극적인 목표이다(히 1:14, 2:16, 고전 6:3). 그런데 아직 아브라함의 후손인 인자들이 그 권세를 받지 못하고 있다.

하나님께서 처음부터 인자들에게 철장 권세를 주시지 않으신 이유가 무엇인가? 철장 권세는 산 자들만이 가질 수 있는 권세이다. 멜기세덱 반차를 통해서 하나님 아들과 방불한 제사장이 되는 사람만이 가질 수 있는 것이지 아무나 가질 수 있는 것이 아니다. 따라서 마지막 때 종말론적 입장에서 아브라함의 후손 중에서 철장 권세를 가진 인자를 탄생시켜야 한다. 철장 권세를 가진 산 자만이 구속사의 세계를 완성할 수 있는 하나님의 후사가 된다.

그 역사를 위해서 창세기 15장을 통하여 아브라함과 횃불언약을 맺으신 것이다. 말씀이 육신으로 오신 예수께서 아브라함의 후손으로 이 땅에 오신 것처럼(요 1:14, 마 1:1-17), 장차 아브라함의 후손을 통해서 철장으로 만국을 다스릴 아이를 주시겠다는 최초의 언약이 횃불언약이다.[44]

횃불언약을 맺은 결과 아브라함, 이삭, 야곱의 산 자의 3대를 통하여(눅 20:37-38, 막 12:26-27) 4대 만에 요셉이라는 산 자의 열매가 탄생되었다(레 19:23-25). 그는 부여조(조상), 즉 아브라함, 이삭, 야곱보다도 더 큰 영광을 가진 존재이다(창 49:26). 아브라함, 이삭, 야곱은 개인적으로는 열매를 맺은 자들이나, 할례를 받지 못한 자라고 했다. 다시 말하면 사망 권세를 깨고 승리할 수 있는 부활의 능력은 받지 못한 자들이다. 그러나 4대인 요셉은 사망 권세를 깨고 부활할 수 있는 능력의 사람이다. 그런 산

---

44) '종말론적 구속사 시리즈' 제 3권 <두 감람나무와 두 촛대, 그들은 누구인가?> 92-100쪽, 벽암 조영래 저, 도서출판 오색이슬

자를 죽는 자의 족보에 둘 수 없어서 하나님께서 산 자의 씨로 거두셨다. 그는 이스라엘의 영적 장자로 열매 맺은 존재이다(대상 5:2). 영적 장자란 이스라엘 전체에서 가장 큰 영광을 가진 자라는 뜻이다.

그는 재림 마당에서 비로소 산 자로 탄생되는 것이 아니라, 이미 구약 마당에서 산 자의 열매로 거두임을 받은 존재이다. 예수께서 마귀의 세 번 시험에서 이기시듯, 그도 이긴 자로서 열매 맺은 존재이기에 제 밭에 좋은 씨로 뿌려질 수 있고, 두 번째 날아간 비둘기의 입에 물리는 감람 새 잎이 될 수 있는 것이다(창 8:11). 그것이 제 밭에 뿌려지는 좋은 씨의 본질이다.

좋은 농부는 아무리 흉년이 들어도 이듬해 농사를 위해 씨를 남겨둔다. 마찬가지다. 하나님께서도 장차 하나님의 목적을 이루시기 위해 한 씨를 준비하시는 것이다(요 12:24, 롬 9:29).

재림 마당은 일곱 날의 영광과 같다고 했다(사 30:26). 재림 마당에서 일곱 날의 영광을 주시고자, 더 좋은 영광과 상급과 축복을 주기 위해서 그 산 자의 씨를 천국이 이루어질 제 밭에 좋은 씨로서 뿌리는 것이다(마 13:24-30).

일곱 날의 영광 속에는 어떤 배려가 감추어져 있는 것인가? 천국을 이루려면 가장 필요한 것이 철장으로 만국을 다스릴 수 있는 권세이다. 철장 권세가 천국을 이루는 중심이 되어, 궁창을 중심으로 윗물과 아랫물로 분리된 하늘을 통일시킬 수 있는 경륜을 이룰 수 있는 것이다(창 1:6-8, 계 12:7-9).

그러나 아무리 좋은 씨로 이 땅에 뿌려졌다 할지라도 그가 만국을 다스릴 철장 권세를 가진 아이로 탄생하려면 사망의 통로를 통해 부활의 능력으로 사망 권세를 깨고 부활해야 한다. 하나님은 죽기까지 책임순종하며, 자기 영혼을 속건 제물로 산제사 드림으로 사망 권세를 깨고 부활하는 자만 하나님의 후사가 될 존재라고 믿으신다. 그런 자에게만 철장 권세를 주시는 것이다. 사망 권세를 깨지 못하는 완전하지 못한 사람에게 철장 권세를 맡기실 리가 없다.

재림 마당에서 철장 권세를 가진 아이로 탄생하는 역사를 위해 준비한 제 밭이 있기에 그 밭에 뿌릴 좋은 씨로 횃불언약의 주인공인 요셉을 예비하신 것이다. 그렇기 때문에 붉은 용이 그런 존재가 태어나지 못하게 대적하는 것은 당연한 일이다.

그렇다면 붉은 용이 어디에 등장하겠는가? 천국이 이루어질 제 밭에 등장한다는 것은 자명한 사실이다.

붉은 용이 재림 마당에 등장하는 이유는 첫째, 산 자의 신랑과 신부가 탄생됨으로 뜻의 가정이 이루어지는 것을 막기 위해서다. 둘째, 마귀가 제 밭에 뿌린 가라지를(마 13:24-30) 보호하기 위해서 붉은 용이 등장하는 것이다.

그렇다면 해를 입은 여인과 붉은 용의 사건은 분명히 이 땅에서 이루어지는 사건인데 왜 하늘의 이적이라고 했는가? 그 이유는 두 사람이 하는 일은 영적인 사건으로서 이 땅에 있는 사람들이 알 수 없는 사건이기 때문이다.

계 11:8 저희 시체가 큰 성 길에 있으리니 그 성은 영적으로 하면 소돔이라고도 하고 애굽이라고도 하니 곧 저희 주께서 십자가에 못 박히신 곳이니라

'영적으로 하면'이라는 의미가 무엇인가? 보이지 않는 영으로 역사한다는 의미가 아니다. 이 땅에서 인자를 통해서 역사하기는 하지만 아무나 알 수 없는 역사라는 것이다.

요한계시록 11:4에 기록된 두 감람나무의 역사는 영의 역사이다. 영의 역사라는 말은 하늘의 역사라는 것이다. 이 땅에서 이루시는 하늘의 역사를 '영적으로 하면'이라고 표현한 것이다.

말씀이 육신으로 오신 예수님도 이 땅에서 사생, 공생, 영생의 길을 걸으셨다. 인자로 살아가신 사생의 기간에는 영적인 역사를 하시지 않았다. 그러나 공생의 기간부터는 하늘나라의 역사를 이루시기 위해서 영적인 역사를 하셨다. 40일 금식하시고, 마귀에게 받은 세 번의 시험에서 이기시고, 십자가에 달려 죽으시고 3일 만에 부활하시어 하나님의 아들로 인정받으시고(롬 1:4), 이 땅에 40일 계시다가 500명이 보는 가운데 승천하신 모든 역사는 하늘의 역사이며 영적인 역사였다.

엘리야도 족보가 없이 등장하여 많은 역사를 행하고 엘리사가 보는 가운데 불 말과 불 수레를 타고 하늘로 승천하였다(왕하 2:11). 그는 이미 이긴 자로서 이 땅에 등장했기 때문에 그가 행한 모든 역사는 하늘나라의 역사이며 영적인 역사였다.

또 예수 그리스도의 세계를 이루는 중추적인 기둥이 된 아브라함과 다윗의 역사는 이 땅에서 하늘나라를 이루는 기초와 근간이 되는 영적인 역사였다. 그렇기 때문에 다윗이 성령에 감동되어 "어느 날을 정하여 오늘날이라고 외칠 때, 너희는 마음을 강퍅하게 하지 말라"(히 3:7-8, 4:7)고 당부한 것이다. 즉 '오늘날'의 역사가 하늘나라의 역사이며 영적인 역사의 세계라는 것이다.

신 29:29 오묘한 일은 우리 하나님 여호와께 속하였거니와 나타난 일은 영구히 우리와 우리 자손에게 속하였나니 이는 우리로 이 율법의 모든 말씀을 행하게 하심이니라

고전 2:10-13 오직 하나님이 성령으로 이것을 우리에게 보이셨으니 성령은 모든 것 곧 하나님의 깊은 것이라도 통달하시느니라 사람의 사정을 사람의 속에 있는 영 외에는 누가 알리요 이와 같이 하나님의 사정도 하나님의 영 외에는 아무도 알지 못하느니라 -(중략)- 사람의 지혜의 가르친 말로 아니하고 오직 성령의 가르치신 것으로 하니 신령한 일은 신령한 것으로 분별하느니라

영적인 일은 영적으로만 알 수 있고, 오묘한 역사이기 때문에 이 땅에 있는 인간들이 하늘의 두 이적을 알 수가 없다는 것이다. 하늘에서 이루어진 신령한 일이기 때문에 아무나 알 수 없다는 것이다.

그렇기 때문에 모세가 하나님의 선한 형상을 보여 달라고 말씀할 때 "나를 보고 살 자가 없다"(출 33:18-20)고 하셨다.

사 6:9-10 여호와께서 가라사대 가서 이 백성에게 이르기를 너희가 듣기는 들어도 깨닫지 못할 것이요 보기는 보아도 알지 못하리라 하여 이 백성의 마음으로 둔하게 하며 그 귀가 막히고 눈이 감기게 하라 염려컨대 그들이 눈으로 보고 귀로 듣고 마음으로 깨닫고 다시 돌아와서 고침을 받을까 하노라

이스라엘 백성들이 듣기는 들어도 깨닫지 못하며, 보기는 보아도 알지 못하게 하시는 이유는 그들이 눈으로 보고 귀로 듣고 마음으로 깨닫고 회개하여 다시 하나님께 돌아올까 두렵다는 것이다.

땅에 사는 인간들이 하늘의 이적을 바라보고 깨닫고 회개하고 뉘우치고 그 이적에 대해서 알고 찾아오기를 하나님께서 원치 않는다는 것이다. 그 이유는 하나님의 신묘막측하신 비밀을 알아서는 안 되는 사람들이 있기 때문이다(롬 11:33, 신 29:29, 시 139:14).

> 계 12:12 그러므로 하늘과 그 가운데 거하는 자들은 즐거워하라 그러나 땅과 바다는 화 있을찐저 이는 마귀가 자기의 때가 얼마 못 된 줄을 알므로 크게 분내어 너희에게 내려갔음이라 하더라

위 구절에는 두 종류의 사람들이 나온다. 하늘에 있는 자들과 땅에 있는 자들의 신앙의 차원이 다르다는 것을 확연히 알 수 있다. 예수께서 "나는 위에서 났고 너희는 아래서 났다"(요 8:23)고 하신 것처럼, 위에서 난 자들은 하늘에 속한 자들이고, 아래서 난 자들은 땅에 속한 자들이다. 오직 하늘의 이적은 하늘에 속한 자들만 알 수 있는 것이다.

왜 붉은 용이 장차 철장으로 만국을 다스릴 수 있는 아이를 낳으면 삼키려고 하는가? 하늘의 두 가지 이적이 서로 대치하고 있는 입장을 자세히 살펴보면 해를 입은 여인과 붉은 용은 서로가 서로를 잘 아는 존재라는 것을 알 수 있다. 붉은 용이 그 아이의

존재를 알기 때문에 삼키려고 하는 것이다.

장차 그 아이가 태어나서 하늘보좌로 올라가면(계 12:5) 어떤 일이 벌어지는가? 철장으로 만국을 다스릴 수 있는 아이가 하늘의 전쟁을 일으킨다. 그가 궁창을 중심으로 윗물과 아랫물로 구별되었던(창 1:6-7) 하늘을 통일시킨다. 그렇게 되면 궁창 아랫물을 차지하고 있던 붉은 용의 무리들이 더 이상 하늘에서 있을 곳을 얻지 못하고 이 땅으로 내어 쫓기게 된다(계 12:7-8). 붉은 용이 그 전모를 알기 때문에 해를 입은 여인이 철장 권세를 가진 아이를 낳으면 삼키려고 대기하고 있는 것이다.

그렇다면 철장 권세를 가진 아이가 탄생하기 전에 붉은 용이 그를 삼키면 되지 않는가?

물론 하늘의 두 이적이 대치하고 있는 동안에 끊임없이 붉은 용이 자기를 바라는 자들을 통하여 조직적으로 역사하고 있었다.

예를 들면, 해를 입은 여인의 말씀을 이단으로 몰아 이 땅에서 발붙이지 못하게 하려고 끊임없이 대적했다. 그런 목적을 달성하기 위해서는 이단감별사들을 동원하는 것이 가장 효과적인 방법이다. 이단감별사들에게 한 번 찍히면 소생이 불가능하기 때문이다. 그들은 이단을 척결한다는 거룩한 명분을 가지고 있지만, 자기들이 모르는 말씀을 하는 대상은 여지없이 이단으로 몰아세운다. 성경에 입각하여 선악을 분별하는 것이 아니라, 인간이 만든 잣대를 가지고 칼을 휘두르는 그들의 모습이야말로 붉은 용에게 권세를 받아 날뛰는 모습이 아닐 수 없다. 한두 사람이 아닌 많은 사람들이 오랜 세월에 걸쳐 해를 입은 여인을 집중적으로 공격함으로써 그의 일을 방해해 왔다.

생각해 보라! 임신 중에 있는 여인이 혹독한 고통 중에 빠지면 유산(流産)이 될 수도 있지 않은가? 그 점을 노리고 온갖 모함과 거짓을 통하여 역사하였건만 그 여인이 누구인가? 해를 입은 여인이시다. 어느 누가 그가 입고 있는 그 해를 이길 수 있겠는가?

비록 붉은 용이 창세 이후 처음으로 이 땅에 내려왔다 할지라도 그는 인자로서 이 땅에 온 존재가 아니다. 인자로서 이 땅에 온 존재가 아니기에 그는 직접적으로 해를 입은 여인을 공격하지 못한다. 간접적인 방법, 자기를 바라는 자, 자기에게 소속된 자들을 통하여 역사할 수밖에 없는 존재이다.

세상 말에도 한치 건너 두치라는 말이 있다. 내가 아닌 다른 사람을 통하여 역사하는 그 다른 존재가 내가 바라고 원하는 만큼 완벽하게 내 일을 해 줄 수 있겠는가? 하물며 해를 입은 실체인 그를 어찌 이길 수 있단 말인가? 붉은 용이 제아무리 용을 쓰고 몸부림쳐 보지만 결코 해를 입은 여인을 이길 수 없다는 사실이 성경 역사를 통하여 잘 나타나고 있지 않는가? 해를 입은 여인이 끝내 철장의 권세를 가진 아이를 하늘 보좌로 올리고(계 12:5), 그 자신은 자신의 일을 모두 온전히 마치고 큰 독수리의 두 날개를 가지고 유유히 광야로 날아가지 않았는가?(계 12:14)

철장의 권세를 가진 아이가 하늘 보좌로 올라가는 순간, 붉은 용에게 쓰임 받았던 이단감별사들이 자기들이 저지른 죄의 결과를 깨닫게 되며, 그동안 자기들이 붉은 용의 앞잡이로 쓰임 받았다는 것을 통감할 것이다.

철장으로 만국을 다스릴 아이는 어떤 존재인가?

> 계 12:5 여자가 아들을 낳으니 이는 장차 철장으로 만국을 다스릴 남자라 그 아이를 하나님 앞과 그 보좌 앞으로 올려가더라

예수께서 부활 승천하셔서 하늘 우편 보좌로 올라가신 이후 지금까지 피조물로서 하늘 보좌에 올라간 존재는 아무도 없었다. 위 구절은 해를 입은 여인이 낳은 철장 권세를 가진 아이가 태초 이래 최초로 피조물로서 하늘 보좌로 올라가는 장면이다.

그렇다면 앞으로 누구나 하늘보좌로 올라갈 수 있는 것인가? 과연 피조물이 어떻게 해서 하늘 보좌로 올라갈 수 있는 것인가?

> 시 2:7 내가 영을 전하노라 여호와께서 내게 이르시되 너는 내 아들이라 오늘날 내가 너를 낳았도다

마리아가 아기 예수를 탄생시켰을 때 "오늘날 내가 너를 낳았도다"라고 하지 않으셨다. 오직 예수께서 십자가를 통해 사망 권세를 깨시고 부활하셨을 때 "오늘날 내가 너를 낳았도다"(행 13:33, 히 1:5, 5:5)라고 하신 것이다.

위 구절의 말씀처럼 "내가 오늘날 너를 낳았다"라고 할 수 있는 대상만이 하늘 보좌로 올라갈 수 있는 것이다. 여기서 낳았다는 뜻은 산 자로 탄생한 것을 의미한다. 누구든지 하늘 보좌로 올라가려면 영육 간에 산 자가 되어야 한다. 사도 바울도 영적으로 셋째 하늘에 간 것이지, 영육 간에 간 것은 아니다(고후 12:1-4). 부활하신 예수께서 영육 간에 산 자로서 하늘 보좌로 가신 이후 지금까지 어느 누구도 하늘 보좌에 올라가지 못했다. 오직 부활의 능력으로 사망의 권세를 깨고 이긴 자, 하나님의 아들로 인정받은

자만이 영육 간에 하늘 보좌로 올라갈 수 있는 것이다(롬 1:4). 부활이 그토록 귀하고 거룩하기에 사도 바울께서도 어떻게든 부활에 이르고자 한다는 것이다.

> 빌 3:10-11 내가 그리스도와 그 부활의 권능과 그 고난에 참예함을 알려하여 그의 죽으심을 본받아 어찌하든지 죽은 자 가운데서 부활에 이르려 하노니

두 감람나무가 무저갱에서 올라오는 짐승에게 죽임을 당하고(계 11:7), 큰 성길에 누워있던 그의 시체가 3일 반 만에 살아나서 하늘로부터 "이리로 올라오라"는 음성을 듣고 두 발로 일어나서 하늘로 올라간다(계 11:11). 그 역사가 해를 입은 여인이 철장 권세를 가진 아이를 낳는 내용의 세계이다.

왜 두 감람나무의 시체가 땅에 묻히지 못하고 큰 성길 위에 누워 있어야만 하는 것인가?(계 11:8)

두 감람나무의 시체가 큰 성길에 누워있다는 것은 무슨 뜻인가? 죽은 시체를 대로변에 3일 반 동안 방치해둔다는 말인가? 법치국가라는 현실에서 시체를 대로변에 방치해 둘 리는 없을 것이다.

그렇다면 시체가 큰 성길에 누워있다는 의미는 무엇인가? 표면적으로는 죽었지만 영육 간에 부활할 때까지는 편히 안식 세계에 들어가지 못한다는 의미이다. 왜냐하면 두 감람나무의 역사를

방해하고 대적하던 자들이 그의 죽음에 큰 관심을 가지고 그의 행적에 대해 공론화하며 추이를 살펴보고 있기 때문이다. 그런 입장에서 두 감람나무의 본질이 되는 요셉의 경우를 살펴보고자 한다.

두 감람나무의 본질, 전신(前身)이 되는 요셉은 죽자마자 단풍나무 관에 입관되고 석관에 안치되었다. 요셉의 시체에 아무도 손을 대지 못하도록 이중으로 입관시킨 것이다. 그렇기 때문에 법궤는 5-6명이 짊어질 수 있었지만, 요셉의 관은 60명이 짊어질 수밖에 없는 무거운 관이었다(아 3:7).

그렇게 입관시킨 후 출애굽할 때, 요셉의 유언대로(창 50:25) 해골을 땅에 묻지 않고 40년 광야길과 젖과 꿀이 흐르는 가나안 땅을 회복하는 16년, 총 56년 동안 이스라엘 백성들이 메고 다녔다. 가나안 땅을 이스라엘 열두 지파에게 기업으로 나누어주고 비로소 아버지 야곱이 사 두었던 세겜 땅에 요셉의 해골을 묻었다(수 24:32). 이처럼 죽어서 입관만 하고 땅에 묻히지 않은 것이 요셉이 가진 고유적인 특징이기 때문에, 두 감람나무의 시체도 땅에 묻히지 못하고 큰 성길 위에 누워 있어야만 하는 것이다.

이상의 두 사건을 조명해 볼 때, 두 감람나무의 시체가 삼일 반 동안 큰 성길 위에 누워있다는 것은 영적으로 말하면 두 감람나무의 원형이 요셉이라는 것을 증명하는 것이라고 말할 수 있다.

그렇다면 하늘에 거하는 자들은 복이 있고, 땅과 바다에 거하는 자들은 화가 있다고 한 그 하늘은 어떤 하늘을 말하는 것인가?(계 12:12) 일반적인 개념으로 생각하는 셋째 하늘나라, 궁창의 세계를 말하는 것인가?

> 눅 17:20-21 바리새인들이 하나님의 나라가 어느 때에 임하나이까 묻거늘 예수께서 대답하여 가라사대 하나님의 나라는 볼 수 있게 임하는 것이 아니요 또 여기 있다 저기 있다고도 못하리니 하나님의 나라는 너희 안에 있느니라

하늘나라의 역사는 말씀이 인자를 통해서 이루어지는 역사의 세계이기 때문에 "하나님의 나라는 너희 안에 있느니라"고 말씀하신 것이 아니겠는가?

또 천국에 대한 일곱 가지 비유의 말씀 중, "천국은 좋은 씨를 뿌린 제 밭과 같으니"(마 13:24)라고 하셨다. 천국을 이루기 위해서 제 밭에 좋은 씨를 뿌렸다. 제 밭에서 천국이 이루어진다면 그곳이 곧 하늘나라라고 말할 수 있는 것이다.

하나님께서 하늘나라를 이루시기 위해 아브라함이 이삭을 바친 모리아의 한 산을 통하여 최초로 하나님의 성전을 짓게 하신 것처럼(창 22:2-14, 삼하 24:18-25, 대상 22:1), 제 밭도 그런 의미를 가지고 있다. 제 밭이 그런 고유적인 영광을 가진 영역이기 때문에 멸망의 가증한 것이 그곳을 침노하는 것이다. 그것을 가리켜 "멸망의 가증한 것이 거룩한 곳에 선 것을 볼 때에"(마 24:15)라고 말씀하셨다.

혹자는 '멸망의 가증한 것'이 거룩한 곳에 서면 다른 장소에 거룩한 것을 세우면 되지 않느냐고 할 수 있을 것이다. 그러나 그곳은 아무 때나 마음대로 바꾸는 장소가 아니다. 하나님께서 천국을 이루시기 위해서 만세 전부터 예비하시고 준비하신 거룩한 장소이다. 그러한 장소를 가리켜 천국이 이루어지는 곳, 하늘나라가 이루어지는 곳이라고 한다.

천국이 이루어질 제 밭에 좋은 씨를 뿌렸고, 좋은 씨가 뿌려진 제 밭에 마귀가 가라지를 뿌렸다는 것도 어느 면에서는 하나님께서 공의적인 측면으로 역사하신 것이라고 할 수 있다. 그러나 뿌리는 순서에는 차이가 있다. 좋은 씨는 하나님의 종을 통해서 저녁에 뿌려졌고(마 13:27) 가라지는 마귀를 통해서 밤에 뿌려졌다(마 13:25). 이처럼 제 밭 안에서 빛의 역사와 어둠의 역사가 동시적으로 진행은 되지만 순서적으로는 차이가 있다. 그런 입장에서 한 이레가 전 3년 반에는 빛의 역사로, 후 3년 반에는 어둠의 역사로 구별된 것이다.

제 밭을 주관하고, 섭리하고 제 밭을 통해서 하나님이 이루고자 하시는 목적의 입장에서 보면 "알곡이나 가라지나 추수 때까지 함께 자라게 두라"(마 13:30)는 말씀의 저의 속에는 공의의 하나님께서 재림 마당의 한 이레를 통해서 하늘의 뜻을 기어이 이루고자 하시는 굳은 의지가 담겨져 있다고 볼 수 있다.

이처럼 추수 때가 있다는 것은 하나님께서 정하신 때가 있다는 것이 분명하지 않은가? 그런데 오늘날 어느 누가 그런 때를 밝히 증거해주고 있는가? 그런 점이 오늘날 우리들에게 있어서 가장 큰 고통과 아픔의 괴로운 현실이 아니겠는가?

그렇다면 제 밭에서 알곡과 가라지가 각자의 열매를 맺을 때까지 자라는 과정에서 서로 어떤 관계적 입장을 취하게 되는가? 각자의 고유적인 열매를 맺기까지 서로 합력할 수 없는 관계이기 때문에, 예수께서 좋은 나무에서 나쁜 열매를 맺을 수 없고, 가시나무에서 좋은 열매를 맺을 수 없다고 나무와 열매의 비유를 들어 말씀하신 것이다(마 7:16-18). 알곡과 가라지는 아무리 같은 목적을 가지고 공통의 길을 걷는다고 해도 그들이 맺는 열매는 고유적인 자기 열매를 맺을 뿐이지 함께 공유하는 열매가 될 수 없다. 그렇기 때문에 추수 때까지 자라는 알곡과 가라지의 모습은 정해진 공의로운 장소 안에서 각자의 구도의 길을 걷는 구도자들의 모습이라고 할 수 있는 것이다.

결론으로 말하면, 하늘과 공중에 거하는 자들은 제 밭에서 좋은 씨알들로 추수된 사람들이라고 말할 수 있고, 땅과 바다에 거하는 자들은 제 밭 안에서 함께 자라는 가라지들이라고 말할 수 있다. 뿐만 아니라 해를 입은 여인의 역사를 알지 못하는 일반 성도들도 하늘의 역사를 알지 못하고 땅과 바다에 거하는 존재들이기 때문에 성도의 권세가 모두 깨어져 죽을 수밖에 없다(단 12:7, 마 24:22). 오직 첫째 부활, 의인의 부활로 구원받는 산 자들만이 살아남을 수 있는 것이다(계 20:4-6).

두 감람나무 역사는 영적인 역사이며(계 11:8), 하늘의 역사이기 때문에 하늘에 거하는 자들만이 알 수 있는 역사이다. 땅과 바다에 거하는 자들은 절대 하늘의 역사인 두 감람나무의 역사, 영의 역사를 알 수 없는 것이다.

오늘의 현실에서 진행되고 있는 신앙의 세계를 살펴보아도 땅과 바다에 거하는 자들의 신앙의 세계와 하늘에 거하는 자들의 신앙의 세계는 완전하게 구별되어 있다. 그렇기 때문에 재림 마당에서 이루어지는 하늘의 역사의 세계는 오직 하늘에 거하는 자들만이 알 수 있는 것이다.

2. 해를 입은 여인은 어떻게 탄생하는가?

> 요 1:1 태초에 말씀이 계시니라 이 말씀이 하나님과 함께 계셨으니 이 말씀은 곧 하나님이시니라

태초의 말씀이 하나님이시다. 하나님 품에 독생하신 태초의 말씀께서 육신으로 오신 분이 예수님이다(요 1:14).

그런데 예수께서 십자가에 달리셔서 가시관을 쓰신 머리에서 피를 흘리시고, 못이 박힌 양손과 양발에서 다 피를 쏟으셨다. 로마 병정이 확인사살을 위해 창으로 찌르니 피와 물이 나왔다(요 19:34)는 것은 한 방울의 피도 몸 속에 남지 않고 다 쏟으셨다는 뜻이다. 그 피 속에 태초의 말씀을 담고, 물 속에 은혜와 진리를 담아 이 땅에 떨치셨다. 그렇다면 예수께서 피와 물 속에 두고 가신 태초의 말씀과 은혜와 진리의 행방은 어떻게 되었는가?

> 요일 5:6-8 이는 물과 피로 임하신 자니 곧 예수 그리스도시라 물로만 아니요 물과 피로 임하셨고 증거하는 이는 성령이시니 성령은 진리니라 증거하는 이가 셋이니 성령과 물과 피라 또한 이 셋이 합하여 하나이니라

예수께서 피와 물 속에 태초의 말씀과 은혜와 진리를 두고 가셨지만 그 상태만으로는 아직 인격적인 태초의 말씀이라고 할 수 없다. 왜냐하면 예수께서 십자가 사건 이전에는 아직 영광을 받지 못하셨다고 말씀하셨기 때문이다.

요 7:37-39 명절 끝날 곧 큰 날에 예수께서 서서 외쳐 가라사대 누구든지 목마르거든 내게로 와서 마시라 나를 믿는 자는 성경에 이름과 같이 그 배에서 생수의 강이 흘러나리라 하시니 이는 그를 믿는 자의 받을 성령을 가리켜 말씀하신 것이라 (예수께서 아직 영광을 받지 못하신 고로 성령이 아직 저희에게 계시지 아니하시더라)

왜 하나님의 아들로 오신 예수께서 영광을 받지 못하셨는가? 그렇다면 예수님은 언제 영광을 받으시는 것인가? 예수께서 3일 만에 사망 권세를 깨시고 산 자로서 부활하셔서 아버지께 가심으로 비로소 영광을 받는 것이다(요 20:17). 그제야 예수님의 영이 독자적으로 역사할 수 있는 성령으로 완성되는 것이다.

그래서 오순절날 마가 다락방에 모인 120문도들에게 보혜사 성령께서 임하실 수 있었던 것이다(행 2:1-4).

그 성령께서 이 땅에 떨치신 예수님의 피와 물에 담긴 내용, 즉 태초의 말씀과 은혜와 진리를 알지 못하겠는가? 당연히 알고 찾을 것이다. 그러므로 태초의 말씀, 은혜와 진리, 성령, 이 셋이 하나가 되어 인격적인 태초의 말씀으로 완성되는 것이다. 그 인격적인 태초의 말씀을 가리켜 '해'라고 지칭한다.

시 84:11 여호와 하나님은 해요 방패시라 여호와께서 은혜와 영화를 주시며 정직히 행하는 자에게 좋은 것을 아끼지 아니하실 것임이니이다

시 19:5 해는 그 방에서 나오는 신랑과 같고 그 길을 달리기 기뻐하는 장사 같아서

해는 하나님이요, 신랑과 같다고 했다.

해를 입었다는 뜻은 무엇인가?

눅 9:30-31 문득 두 사람이 예수와 함께 말하니 이는 모세와 엘리야라 영광 중에 나타나서 장차 예수께서 예루살렘에서 별세하실 것을 말씀할쌔

십자가 사건을 앞두고 해같이 변형되신 예수께서 변화산에서 모세와 엘리야를 부르셨다(마 17:1-3, 막 9:1-4, 눅 9:28-31). 왜 구약의 많은 선지자들 중에서 하필 모세와 엘리야를 부르셨는가?

신 34:5-6 이에 여호와의 종 모세가 여호와의 말씀대로 모압 땅에서 죽어 벧브올 맞은편 모압 땅에 있는 골짜기에 장사되었고 오늘까지 그 묘를 아는 자 없느니라

유 1:9 천사장 미가엘이 모세의 시체에 대하여 마귀와 다투어 변론할 때에 감히 훼방하는 판결을 쓰지 못하고 다만 말하되 주께서 너를 꾸짖으시기를 원하노라 하였거늘

모세는 젖과 꿀이 흐르는 가나안 땅을 들어가지 못하고 비스

가산에서 죽은 사람이다. 그 이유에 대해 성경에는 모세가 망령되이 말하며 므리바 반석을 두 번 친 죄와 허물로 젖과 꿀이 흐르는 가나안 땅에 들어가지 못했다고 기록되어 있다(시 106:32-33, 민 20:10-12).

그러나 하나님께서는 장차 오실 초림주 예수님의 그림자인 모세를 은밀히 부활시키셔야 하기에 미가엘 천사장을 보내 모세의 시체를 놓고 마귀와 싸우게 하셨다.

생각해 보라! 장차 초림주로 오실 예수님의 그림자인 모세의 부활이 얼마나 중요한 문제인가? 분명히 미가엘 천사장이 마귀에게 "다만 하나님께서 너를 책망하시기를 원하노라"(유 1:9)고 했다. 그렇다면 언제 하나님께서 그 말씀대로 마귀를 책망하셨는가? 그 말씀이 어디에 기록되어 있는 것인가? 성경에 기록된 모든 말씀은 일점일획이라도 다 이루어져야 한다고 하셨다(마 5:18). 또, 성경에 기록된 모든 말씀은 다 짝이 있다(사 34:16)고 말씀하고 있다.

슥 3:1-4 대제사장 여호수아는 여호와의 사자 앞에 섰고 사단은 그의 우편에 서서 그를 대적하는 것을 여호와께서 내게 보이시니라 여호와께서 사단에게 이르시되 사단아 여호와가 너를 책망하노라 예루살렘을 택한 여호와가 너를 책망하노라 이는 불에서 꺼낸 그슬린 나무가 아니냐 하실 때에 여호수아가 더러운 옷을 입고 천사 앞에 섰는지라 여호와께서 자기 앞에 선 자들에게 명하사 그 더러운 옷을 벗기라 하시고 또 여호수아에게 이르시되 내가 네 죄과를 제하여 버렸으니 네게 아름다운 옷을 입히리라 하시기로 모세의 시체를 가져가려는 사단 마귀에게 미가엘 천사장이 "하나님께서 너를 책망하시기를 원하노라"고 한 것은, 마치 대제사장 여호수아의 죄와 허물을 대적하는 사단을 책망하시고 여호수아의 죄를 제하시고 더러운 옷을 벗겨 아름다운 옷으로 입혀주시는 내용과 같다. 표면적으로는 대제사장 여호수아의 죄를 제하여 주시는 내용이지만 그 이면에는 모세의 부활에 대한 놀라운 비의(秘意)가 들어있는 것이다.

> 유 1:9 천사장 미가엘이 모세의 시체에 대하여 마귀와 다투어 변론할 때에 감히 훼방하는 판결을 쓰지 못하고 다만 말하되 주께서 너를 꾸짖으시기를 원하노라 하였거늘

유다서에는 미가엘 천사장과 마귀가 싸운 결과에 대한 내용이 기록되어 있지 않지만, 신약 마당의 변화산에서 모세가 아버지의 영광으로 변화되신 예수님 앞에 나타난 것으로 보아 모세는 부활한 사람이라는 것을 알 수 있다(마 17:3, 막 9:4, 눅 9:30). 이처럼 하나님의 사람들의 죽음에는 큰 비의(秘意)가 감추어져 있는 것이다.

> 왕하 2:11 두 사람이 행하며 말하더니 홀연히 불 수레와 불 말들이 두 사람을 격하고 엘리야가 회리바람을 타고 승천하더라

또 엘리야는 죽음을 보지 않고 불 말과 불 수레를 타고 변화 승천한 사람이다. 모세와 엘리야는 영육 간의 산 자들이다. 해처럼 변형되신 예수님만이 산 자인 모세와 엘리야를 부르실 수 있는 것

이다. 이처럼 산 자들만이 아버지의 영광으로 변화되신 주님 앞에 설 수 있는 것이다.

분명히 모세와 엘리야가 나타나서 의논하신 것은 '장차 예수께서 예루살렘에서 별세하실 것'(눅 9:28-31)에 대한 내용이다. 예수님의 십자가 사건의 비밀! 그 사실을 아는 존재는 천상천하에 모세와 엘리야뿐이다.

비밀을 아는 자만이 그 비밀에 도전할 수 있는 것이다. 모세와 엘리야 두 사람 중에서 과연 누가 그 비밀에 도전할 수 있을 것인가? 부활의 영광이 변화의 영광보다 더 크다(살전 4:16-17). 따라서 부활한 모세가 엘리야보다는 그 비밀에 도전할 수 있는 순위가 앞서 있는 것이다.

구약 마당에 등장한 모세가 재림 마당에 다시 등장한다면 그는 예수께서 이 땅에 떨치신 태초의 말씀을 입기 위해 도전할 것이다. 그러나 비밀을 안다고 해서 금방 결과를 얻을 수 있는 것은 아니다. 하나님께서 태초의 말씀을 아무나 찾아서 가져갈 수 있도록 방치해 두셨겠는가? 그 비밀을 깨닫고 이기는 자가 되어야 하는 과정이 필요한 것이다.

타락한 아담이 생명나무 열매를 따먹고 영생할까 두려워 그룹들과 화염검으로 지키셨듯이(창 3:24), 사단 마귀들이 태초의 말씀을 입지 못하도록 네 생물로 하여금 지키게 하셨다. 그들과 싸워 이겨야만 태초의 말씀을 입을 수 있는 것이다.

야곱이 하나님과 씨름하여 이긴 사건을 자세히 살펴보고자 한다.

> 창 32:28-30 그 사람이 가로되 네 이름을 다시는 야곱이라 부를 것이 아니요 이스라엘이라 부를 것이니 이는 네가 하나님과 사람으로 더불어 겨루어 이기었음이니라 야곱이 청하여 가로되 당신의 이름을 고하소서 그 사람이 가로되 어찌 내 이름을 묻느냐 하고 거기서 야곱에게 축복한지라 그러므로 야곱이 그곳 이름을 브니엘이라 하였으니 그가 이르기를 내가 하나님과 대면하여 보았으나 내 생명이 보전되었다 함이더라

과연 야곱이 씨름하여 이긴 대상이 창조주 하나님이었을까? 창조주 하나님에 대해서 "오직 그에게만 죽지 아니함이 있고 가까이 가지 못할 빛에 거하시고 아무 사람도 보지 못하였고 또 볼 수 없는 자시라"(딤전 6:16)고 했다. 야곱이 씨름한 대상은 창조주 하나님이 아니라, 하나님을 대신하여 보낸 하나님의 사자, 즉 네 생물이었기에 씨름할 수 있는 것이 아니겠는가? 그러나 하나님께서는 하나님을 대신한 사자와 씨름하여 이긴 것도 하나님과 겨루어 이긴 것으로 인정해 주신 것이다.

마찬가지다. 이 땅에 인격적으로 완성된 태초의 말씀, 즉 '해'를 입기 위해서는 그 말씀을 지키는 네 생물과 씨름해야 하는 과정이 있는 것이다. 그 씨름이 단순한 씨름이겠는가? "죽으면 죽으리라!"는 생사를 오가는 사투와 함께 벌어지는 씨름이었을 것이다. 그 결과 이기는 자가 됨으로 비로소 해를 입을 수 있는 것이다.

해를 입었다는 것은 인자(人子)로서 하나님 화(化)된 존재를 의미한다. 피조물인 인간이 말씀 화(化), 하나님 화(化)된 존재이다.

시 104:2 주께서 옷을 입음 같이 빛을 입으시며 하늘을 휘장 같이 치시며

마치 주께서 옷을 입듯이 빛을 입으시는 것처럼, 피조물이 태초의 말씀이신 해를 입는 것이다.

왜 그를 가리켜 해를 입은 '여인'이라고 하는가? 그는 장차 철장으로 만국을 다스릴 아이를 낳아야 하는(계 12:5) 모성(母性)적 사명을 가졌기 때문이다. 그는 어둠의 권세자들의 대적과 방해를 받으며 온갖 어려움 속에서 철장으로 만국을 다스릴 아이를 탄생시키는 모성을 가진 존재이기에 여인이라고 표현한 것이다(계 12:1-5).

해를 입은 여인이 철장으로 만국을 다스릴 아이를 낳는 것은 사도 바울이 믿음의 아들인 디모데, 디도, 오네시모를 낳고(고전 4:17, 딤전 1:2, 1:18, 딤후 1:2, 딛 1:4, 몬 1:10), 베드로가 믿음의 아들 마가를 낳은 것과 차원이 다르다(벧전 5:13). 시편 2:7에서 부활하신 예수님을 가리켜 "너는 내 아들이라 오늘날 내가 너를 낳았도다"라는 차원으로 낳은 것을 말한다.

해를 입은 여인이 철장으로 만국을 다스릴 아이를 낳는 것은 영육 간의 산 자로서 이 땅의 세계뿐만 아니라, 천군의 세계까지 주관하며 다스릴 수 있는 존재를 낳는 것이다.

3. 해를 입은 여인이 역사하는 내용은 무엇인가?

계 11:4 이는 이 땅의 주 앞에 섰는 두 감람나무와 두 촛대니

계 12:1-5 하늘에 큰 이적이 보이니 해를 입은 한 여자가 있는데 그 발아래는 달이 있고 그 머리에는 열두 별의 면류관을 썼더라 이 여자가 아이를 배어 해산하게 되매 아파서 애써 부르짖더라 하늘에 또 다른 이적이 보이니 보라 한 큰 붉은 용이 있어 머리가 일곱이요 뿔이 열이라 그 여러 머리에 일곱 면류관이 있는데 그 꼬리가 하늘 별 삼분의 일을 끌어다가 땅에 던지더라 용이 해산하려는 여자 앞에서 그가 해산하면 그 아이를 삼키고자 하더니 여자가 아들을 낳으니 이는 장차 철장으로 만국을 다스릴 남자라 그 아이를 하나님 앞과 그 보좌 앞으로 올려가더라

계 12:14 그 여자가 큰 독수리의 두 날개를 받아 광야 자기 곳으로 날아가 거기서 그 뱀의 낯을 피하여 한 때와 두 때와 반 때를 양육 받으매

성경에 기록된 순서로 보면 해를 입은 여인이 요한계시록 11:4에서 이 땅의 주로서 '이 땅의 주와 두 감람나무·두 촛대의 역사'를 하고, 요한계시록 12:1에서 해를 입고, 요한계시록 12:5에서 철장으로 만국을 다스릴 수 있는 남자를 낳는다고 전개된다. 그리고 이어서 해를 입은 여인이 1차로 1260일 광야로 도망가고 (계 12:6), 2차로 큰 독수리의 두 날개를 받아 광야로 날아가 한 때·두 때·반 때를 양육 받는다(계 12:14). 그리고 붉은 용이 해를

입은 여인을 공격한다(계 12:13, 12:15)고 기록되어 있다.

    여기서 이런 문제제기를 할 수 있다. 두 감람나무의 역사는 해를 입지 않고는 역사할 수 없는데 왜 두 감람나무 역사가 먼저 기록되었는가? '종말론적 구속사 시리즈' 제 2권 <이 땅의 주, 그는 누구인가?>에서 소개한 것처럼 재림주가 이 땅에서 걷는 삼일길은 첫째, 해를 입은 여인이 되어야 하고 둘째, 이 땅의 주로서 두 감람나무 역사를 해야 하고 셋째, 재림주 멜기세덱의 영광을 입어야 한다.[45]

    그렇기 때문에 해를 입은 여인이 역사하는 순서는 제일 먼저 해를 입어야 하고 두 번째, 이 땅의 주로서 두 감람나무 역사와 포도를 거둔 후에 남은 것을 줍는 역사를 하고(사 24:13) 세 번째, 큰 독수리의 두 날개를 받아 광야로 가서 한 때·두 때·반 때 양육을 받아야 한다(계 12:14).

    그런데 왜 이 땅의 주로서의 역사를 마치고 나서, 해를 입은 여인의 역사가 시작되는 것처럼 소개되고 있는 것인가? 예수님은 운명하실 때 가지고 있던 피와 물을 쏟으시고 운명하셨다. 그러나 해를 입은 여인은 광야로 도망가실 때 해를 입은 채로 도망가신 것이다. 즉 큰 독수리의 두 날개를 가지고 도망가셨다. 그렇기 때문에 해를 입은 여인이 양육 받는다는 의미는 비록 그 분은 잠드셨지만 산 자라는 것이다. 엘리사가 죽었지만 그의 뼈에 죽은 시체가 닿자마자 살아났다는 것은 그가 산 자이기 때문에 그의 뼈에는 생기가 있었기 때문이다(왕하 13:20-21).

---

45) '종말론적 구속사 시리즈' 제 2권 <이 땅의 주, 그는 누구인가?> 411-496쪽, 벽암 조영래 저, 도서출판 오색이슬

마찬가지다. 그분은 죽었지만 산 자의 능력의 생기를 갖고 있기 때문에 그 생기를 불어넣어줄 수 있다는 관점을 깊이 생각해본다면 그분이 영육 간에 부활을 받지 않으셔도 다른 사람에게 생기를 불어넣어줄 수 있는 능력을 가지신 분이기 때문에 요한계시록 12장에 해를 입은 여인의 역사가 다시 소개된 것이다. 그만큼 재림 마당에서 해를 입은 여인의 역할이 가장 중요한 비중을 차지하고 있다. 해를 입었다는 그 자체가 가장 중요한 의미가 되며, 해를 입은 여인의 원형이 큰 독수리였다는 것이 그가 가지고 있는 비밀과 암호 중 가장 비중 있는 부분이기 때문에 그것을 강조하기 위해서 이 땅의 주 역사 다음으로 해를 입은 여인을 소개한 것이다.

해를 입은 여인이 큰 독수리의 두 날개를 받아 광야 자기 곳으로 날아가 한 때·두 때·반 때를 양육 받는다는 것이 무슨 뜻인가?

해를 입은 여인도 인자로 오신 분이기에 생을 마치고 운명하신다(히 9:27). 인간의 눈으로 보기에는 운명하신 분인데 왜 그 분을 가리켜 양육을 받는다고 하는 것인가? 그 이유는 다음과 같다.

> 요 1:1 태초에 말씀이 계시니라 이 말씀이 하나님과 함께 계셨으니 이 말씀은 곧 하나님이시니라

해를 입은 여인은 태초의 말씀을 가지신 분이다. 즉 인자로서 말씀을 입었기에 해를 입은 여인이라고 한다. 그가 아무리 해를 입었다 해도 시한부적인 육신을 가진 이상은 재림주로서의 영광을 받을 수 없다. 영적으로만 산 자는 재림주로서 영광을 받지 못한다. 영육 간에 산 자가 되어야만 재림주 멜기세덱의 영광을 받

는 것이다.⁴⁶⁾ 그렇기 때문에 해를 입은 여인도 예수님처럼 로마서 1:4의 과정을 이루어야 하는 것이다. 그런 산 자가 되는 과정이 양육을 받는 과정이다.

> 롬 1:4 성결의 영으로는 죽은 가운데서 부활하여 능력으로 하나님의 아들로 인정되셨으니 곧 우리 주 예수 그리스도시니라

여기서 한 가지 짚고 가야 할 것이 있다. 해를 입은 여인과 두 감람나무가 표면적으로는 똑같이 죽는다. 그런데 왜 해를 입은 여인은 양육을 받는다고 표현하고(계 12:14), 두 감람나무는 무저갱에서 올라온 짐승이 죽인다고 했는가?(계 11:7)

> 계 11:7 저희가 그 증거를 마칠 때에 무저갱으로부터 올라오는 짐승이 저희로 더불어 전쟁을 일으켜 저희를 이기고 저희를 죽일 터인즉

예수님은 태초의 말씀을 피 속에 담아 이 땅에 떨치시고 인간 예수로 스올에 들어가셨기에 스스로 살아나지 못함으로 아버지께 통곡과 눈물로 간구하심으로 들으심을 얻었다고 했다(히 5:7). 그 결과 사망 권세를 깨시고 부활하심으로 비로소 하나님의 아들로 인정받으신 것이다(롬 1:4).

그러나 해를 입은 여인은 태초의 말씀을 가지고 광야로 가기에 한 때·두 때·반 때 양육을 받은 후에 영육 간의 산 자로서 스스로 살아날 수 있는 것이다. 그렇기 때문에 해를 입은 여인은 이 땅

---

46) '종말론적 구속사 시리즈' 제 2권 <이 땅의 주, 그는 누구인가?> 487-489쪽, 벽암 조영래 저, 도서출판 오색이슬

에서 생을 마치고 잠이 들었지만 죽었다고 표현하지 않고 양육을 받는다고 말하는 것이다. 그가 아직 영육 간에 살아난 것은 아니지만, 죽은 자가 아니라 산 자라는 것이다.

그렇다면 두 감람나무는 왜 죽었다고 표현한 것인가? 그가 가진 한 때·두 때·반 때의 말씀 중 반 때의 말씀을 다른 사람에게 넘겨주고 죽었기 때문이다. 그렇기 때문에 두 감람나무는 스스로 살아나지 못한다. 생기가 그에게 들어가고 하늘에서 "이리로 올라오라"(계 11:12)는 음성과 함께 살아나는 것이다.

> 계 11:11-12 삼일 반 후에 하나님께로부터 생기가 저희 속에 들어가매 저희가 발로 일어서니 구경하는 자들이 크게 두려워하더라 하늘로부터 큰 음성이 있어 이리로 올라오라 함을 저희가 듣고 구름을 타고 하늘로 올라가니 저희 원수들도 구경하더라

그 말씀만 깊이 생각해 보아도 두 감람나무는 스스로 살아나는 것이 아니라, 누군가에 의해서 살아난다는 것을 알 수 있다. 큰 성길에 3일 반 동안 누워있던 두 감람나무에게 생기가 들어감으로 그가 영육 간에 산 자가 되어 하늘로 올라가는 것을 원수들까지도 바라보게 된다고 했다.

예수께서 감람산에서 500명이 보는 가운데 부활 승천하시고 하늘 우편 보좌로 올라가셨다(고전 15:6). 예수님 이후 두 감람나무가 피조물로서 최초로 하늘 보좌로 올라가는 존재이다. 죽은 자가 하늘 보좌로 올라갈 수 있는가? 하늘 보좌로 올리려면 그를 산 자로 탄생시켜야 한다. 그 산 자는 일반적인 개념의 산 자가 아니

라 영육 간에 산 자를 말한다(시 2:7, 히 1:5, 5:5, 행 13:33).

그렇게 낳은 자만이 철장으로 만국을 다스릴 수 있는 아이가 될 수 있고, 하늘 보좌로 올라갈 수 있는 대상이 되는 것이다. 두 감람나무가 영육 간에 산 자로서 철장으로 만국을 다스릴 남자가 되어 하늘 보좌로 올라가는 순간이 해를 입은 여인이 그를 낳은 순간이 되는 것이다.

예수님 외에는 아무도 지금까지 영육 간에 산 자로서 하늘 보좌에 올라간 사람은 없었다. 해를 입은 여인이 낳은 철장 권세를 가진 아이가 영육 간에 산 자로 하늘 보좌로 올라가기 위한 역사의 내용이 두 감람나무 역사인 것이다.

따라서 산 자가 되기 위해서는 그도 필연적으로 로마서 1:4 말씀을 이루어야 한다. 즉 죽음을 통과해서 산 자가 되어야 한다. 큰 성길에 누워있는 자가 3일 반 후에 영육 간에 산 자로 올라가야 한다.

> 계 12:5 여자가 아들을 낳으니 이는 장차 철장으로 만국을 다스릴 남자라 그 아이를 하나님 앞과 그 보좌 앞으로 올려가더라

위 구절에서 두 감람나무가 하늘 보좌로 올라갈 때 영육 간에 산 자로 올라가는 것인가? 무저갱에서 올라온 짐승에게 죽임을 당한 두 감람나무가 아직 영육 간에 산 자가 되지는 못했다. 예수님도 육신으로는 죽으심을 받았으나 영으로는 살리심을 받아 스올에 들어가신 것처럼(벧전 3:18), 두 감람나무도 육신으로는 죽임을 당했으나 영적으로는 올라갈 수 있다. 그러나 아직 영육 간에 산 자가 된 입장은 아니다.

왜 두 감람나무가 영육 간에 올라가지 못하는가? 두 감람나무 역사는 3일 반이라는 한 때·두 때·반 때의 역사가 마쳐져야 한다. 두 감람나무가 한 때와 두 때의 사역은 마쳤지만, 아직 반 때의 역사가 남아있기 때문에 큰 성길에서 그 역사가 마쳐지기를 기다리고 있는 것이다. 반 때의 사명자가 그 사역을 마치는 날 두 감람나무 역사가 모두 완성된다.

이처럼 신랑이 걸어야 될 창조의 길과 신부가 걸어야 될 창조의 길은 차이가 있다. 낳는 자와 낳아지는 자가 가지고 있는 영광의 근본이 다르다. 신부를 낳는 사람이 신랑이다. 그렇다면 당연히 신부를 낳는 신랑의 영광은 신부의 영광과는 차이가 있어야 한다.

예를 들면 예수님은 은 삼십 개에 팔렸고(마 26:15, 27:3), 요셉은 은 이십 개에 팔렸다(창 37:28). 그만큼 신랑의 영광과 신부의 영광에는 차이가 있다. 신랑과 신부의 영광이 다른 가장 근본적인 이유는 신랑은 해를 입고 죽었기 때문에 스스로 살아날 수 있지만, 신부는 스스로 살아나지 못하고 신랑으로부터 살리심을 받는 존재이기 때문이다. 신부는 스스로의 길을 걷지 못한다. 오직 신랑에 의해서만 신부의 길을 걸을 수 있는 존재이다. 신랑이신 해를 입은 여인이 신부가 될 두 감람나무를 살려주셔야만 한다. 큰 성길에 누워있는 두 감람나무에게 생기를 넣어주고 "이리로 올라오라"(계 11:12)는 음성에 의해 산 자의 신부가 탄생하는 것이다.

4. 해를 입은 여인이 양육 받는 내용은 무엇인가?

> 계 12:14-17 그 여자가 큰 독수리의 두 날개를 받아 광야 자기 곳으로 날아가 거기서 그 뱀의 낯을 피하여 한 때와 두 때와 반 때를 양육 받으매 여자의 뒤에서 뱀이 그 입으로 물을 강 같이 토하여 여자를 물에 떠내려가게 하려 하되 땅이 여자를 도와 그 입을 벌려 용의 입에서 토한 강물을 삼키니 용이 여자에게 분노하여 돌아가서 그 여자의 남은 자손 곧 하나님의 계명을 지키며 예수의 증거를 가진 자들로 더불어 싸우려고 바다 모래 위에 섰더라

하늘의 두 이적으로 시작된 해를 입은 여인의 역사는 표면적으로는 해를 입은 여인이 큰 독수리의 두 날개를 받고 광야 자기가 예비하신 곳으로 날아가는 것으로 역사가 마감된다. 그런데 여기에 놀라운 사실이 하나 있다.

왜 붉은 용이 더러운 물을 강물처럼 토해내서 그분을 공격하고 있는지 그 점이 사실 표면적으로는 설명할 수 없는 어려운 부분이다. 세상적으로 말하면 왜 운명하신 분을 붉은 용이 다시 공격한다는 말인가?

전도서 3:21에 "사람의 혼은 위로 올라가고 짐승의 혼은 아래로 내려간다"고 했다. 그 말씀에 비추어 생각한다면 당연히 해를 입은 여인의 혼도 위로 올라가게 되어 있다. 살리심을 받은 영혼이 하늘로 올라간다는 것은 너무도 당연한 말씀이다.

그런데 그러한 입장과는 달리 해를 입은 여인은 광야에서 한

때·두 때·반 때를 양육 받는다고 말씀하신다. 양육 받는다는 말은 해를 입은 여인의 영혼이 하늘로 올라가지 않고 광야 자기 곳에서 머물러 계신다는 것을 의미하는 것이다.

> 벧전 3:18-19 그리스도께서도 한번 죄를 위하여 죽으사 의인으로서 불의한 자를 대신하셨으니 이는 우리를 하나님 앞으로 인도하려 하심이라 육체로는 죽임을 당하시고 영으로는 살리심을 받으셨으니 저가 또한 영으로 옥에 있는 영들에게 전파하시니라

예수님도 마찬가지다. 예수님도 사람의 아들, 인자로 오셨기 때문에 당연히 그 영혼이 하늘로 올라가심이 마땅하다. 그런데 하늘로 올라가시지 않고 스올에 들어가셔서 노아 때에 물심판 받은 영혼들을 부활의 복음으로써 구원 시켜주셨다.

위 구절에서 양육 받는다는 의미를 찾아낼 수 있다. 양육 받는다는 것은 머물러 계시는 동안 이 땅에서 분명히 할 일이 있다는 것을 암시하고 있는 말씀이다. 그렇다면 이런 점을 생각해 보아야 한다.

예수께서 3일 동안 스올에 들어가셔서 부활의 복음을 전하신 것은 분명하게 소개가 되어 있다. 그런데 해를 입은 여인은 한 때·두 때·반 때 동안 양육을 받으신다는 말씀 외에 구체적인 사역은 언급되어 있지 않다.

예수님이 스올에 들어가셔서 3일 동안 하신 일과 해를 입은 여인이 광야에서 한 때·두 때·반 때를 양육 받으시는 것에는 어떤 차

이가 있는 것인가? 예수님은 죄인을 구하러 이 땅에 오신 분이지만(마 1:21, 9:13, 막 2:17, 눅 5:32, 딤전 1:15) 해를 입은 여인은 죄와 상관없이 자기를 바라는 자들(히 9:28), 즉 의인들에게 오시는 분이다.

> 계 6:9-11 다섯째 인을 떼실 때에 내가 보니 하나님의 말씀과 저희의 가진 증거를 인하여 죽임을 당한 영혼들이 제단 아래 있어 큰 소리로 불러 가로되 거룩하고 참되신 대주재여 땅에 거하는 자들을 심판하여 우리 피를 신원하여 주지 아니하시기를 어느 때까지 하시려나이까 하니 각각 저희에게 흰 두루마기를 주시며 가라사대 아직 잠시 동안 쉬되 저희 동무 종들과 형제들도 자기처럼 죽임을 받아 그 수가 차기까지 하라 하시더라

사도 요한이 본 재림 마당의 일곱 인, 일곱 나팔, 일곱 대접의 계시 중에서, 다섯째 인을 떼었을 때의 내용이다.

제단 아래 머물러 있는 순교자들이 "언제까지 우리가 기다려야 됩니까?"라고 하소연하자 "너희 동무 종들과 형제들도 죽임을 받아 그 수가 차기까지 기다리라"는 응답을 받았다. 그들의 말은 빈 허공에 대고 부르짖는 것이 아니라, 누군가 자기들의 말씀을 들어줄 수 있는 대상이 있기 때문에 그 대상과 대화를 하는 것이다.

그렇다면 제단 아래 있는 영혼들과 대화를 나누고 있는 분은 누구인가? 분명히 순교를 당한 영혼들은 의인들이다. 의인들에게 위로의 말씀과 흰 두루마기를 주시는 분은 죄와 상관없이 자기를 바라는 자들에게 두 번째 오시는 분이며(히 9:28), 광야에서 한

때·두 때·반 때를 양육 받고 계시는 해를 입은 여인이라는 것을 알 수 있다. 그는 비록 육신으로는 죽었으나, 산 자로서 제단 아래서 부르짖고 있는 의인들에게 위로의 말씀과 생기를 줄 수 있는 독수리[47]와 같은 분이다. 그분의 본질이 독수리이기에 큰 독수리의 두 날개를 받아 광야 자기 곳으로 날아간 것이다.

그리고 "저희 동무 종들과 형제들도 자기처럼 죽임을 받아 그 수가 차기까지 하라"(계 6:11)고 하시는 그 말씀의 저의 속에는 그들이 기다려야 될 시간이 있음을 암시하고 있다. 순교의 수가 차기까지 기다리라는 것은 언젠가 그들과 다시 재회할 때가 있다는 분명한 때를 시사하는 말씀이다.

해를 입은 여인이 제단 아래 순교자들을 다시 만나주는 때가 언제인가? 해를 입은 여인이 언제 영육 간에 부활하여 재림주 멜기세덱의 영광을 입을 것인가?

> 계 16:12 또 여섯째가 그 대접을 큰 강 유브라데에 쏟으매 강물이 말라서 동방에서 오는 왕들의 길이 예비되더라

> 계 16:15 보라 내가 도적 같이 오리니 누구든지 깨어 자기 옷을 지켜 벌거벗고 다니지 아니하며 자기의 부끄러움을 보이지 아니하는 자가 복이 있도다

일곱째 천사가 일곱째 나팔을 불 때는 예언된 모든 말씀이 이

---

47) '종말론적 구속사 시리즈' 제 4권 "네 생물, 그들은 누구인가?"에서 네 생물의 네 얼굴인 사자, 송아지, 사람, 독수리 중 마지막 독수리의 실체이신 분이다.

땅에서 다 이루어지는 때이다. 일곱째 인이 떼어져야 일곱째 천사장이 나팔을 부는 것이다. 일곱째 인을 떼시고 일곱째 천사장의 나팔소리와 함께 오시는 분은 재림주 멜기세덱으로 오신다. 그러나 그 때 오시면 택한 백성이라도 살아남을 자가 없기 때문에, 그 전에 오신다는 것이다. 그래서 도적같이 오신다고 표현한 것이다.

여섯째 인을 떼어야 여섯째 나팔이 불리고, 여섯째 나팔을 불어야 여섯째 대접이 쏟아진다(계 16:12). 즉 여섯째 대접을 쏟는다는 말씀에는 이미 여섯째 인을 떼었다는 말씀이다. 여섯째 인을 떼고 여섯째 나팔이 불리고 여섯째 대접을 쏟을 때 도적같이 오시는 분은 재림주 멜기세덱의 영광을 가지고 오시는 것이 아니라, 독수리의 상태로 오시는 것이다. 아직 재림주 멜기세덱의 영광을 받은 것은 아니다.

예수께서 "그날과 그때를 감해주지 않으면 택한 자라도 견딜 자가 없다"(마 24:22, 막 13:20)고 하셨다. 본래는 일곱째 인을 떼고 일곱째 천사장이 나팔 불 때 오시게 되어 있지만 그 날을 단축해서 여섯째 인을 떼고 여섯째 나팔이 불리고 여섯째 대접이 쏟아질 때 도적같이 오신다는 것이다.

그렇다면 공의의 하나님께서 법을 어기는 것이 아닌가?

살후 2:7 불법의 비밀이 이미 활동하였으나 지금 막는 자가 있어 그 중에서 옮길 때까지 하리라

하나님께서 공의의 원칙에 의해 정해놓은 전 3년 반과 후 3년

반이라는 명백한 때가 있음에도 불구하고, 어둠의 권세자들은 이미 전 3년 반부터 불법의 행위를 시작했다. 그들이 자기들의 영역을 펼치고 불법으로 활동을 시작한 것을 아시는 하나님께서 더 이상은 그들의 영역을 확장하지 못하게 막고 계셨다. 그들이 먼저 공의의 원칙을 지키지 않았기에 하나님께서도 택한 백성들에게 그 날과 그 때를 감해주실 수 있는 것이다.

> 살전 5:23 평강의 하나님이 친히 너희로 온전히 거룩하게 하시고 또 너희 온 영과 혼과 몸이 우리 주 예수 그리스도 강림하실 때에 흠없게 보전되기를 원하노라

그 때는 벌거벗고 다니지 말고 자기 옷을 지켜야 한다. 도둑 같이 오시는 재림주 멜기세덱을 영접할 수 있는 몸과 혼과 영을 온전히 보존하고 지켜야 하는 때이다.

다시 말하면 해를 입은 여인이 광야에서 한 때·두 때·반 때 양육 받는다는 것은 스스로 자신을 위해서 양육 받는다는 의미도 포괄적으로 함축되어 있지만, 마치 예수께서 스올에 들어가셔서 물로 심판 받은 영혼들에게 자비와 긍휼을 베풀어주셔서 부활의 복음으로 그들을 구원해주신 것처럼(벧전 3:18-20), 동일한 말씀의 역사로 자기를 바라는 자, 의인들을 구원하는 역사를 진행하고 계신다는 의미도 내포하고 있다. 초림주는 죄인을 위해서 역사하셨지만, 재림주 멜기세덱은 장차 산 자로 탄생할 의인들을 위해서 역사하시는 분이다. 그 점이 신약 마당과 재림 마당의 차이점이다.

5. 해를 입은 여인이 받은 큰 독수리의 두 날개는 무엇인가?

마 24:28 주검이 있는 곳에는 독수리들이 모일찌니라

마태복음 24장, 마가복음 13장, 누가복음 17장, 21장은 종말론에 대한 장(章)이다. 예수께서 친히 종말의 상황, 징조를 설명하시다가 마지막 결론이 "주검이 있는 곳에는 독수리들이 모일찌니라"고 하셨다.

이 구절이 성경에 기록된 가장 큰 난해절(難解節)이다. 마치 암호와 같이 말씀하셨기에 그 뜻을 알기가 쉽지 않지만 예수께서 친히 말씀하신 구절이기에 깊이 이해하고 궁구해야 할 중요한 내용이다. 더구나 재림 마당에서 재림의 영광을 맞이해야 하는 성도들의 입장에서는 결코 간과해서는 안 되는 핵심 중의 핵심이며, 재림의 비밀을 여는 가장 큰 비중의 열쇠가 되는 것이다.

그렇다면 성경에서 주검의 사건을 찾아볼 필요가 있다.

구약 마당에서 노아 심판 때 므두셀라의 죽음을 생각해 보고자 한다. 므두셀라는 이름은 '내가 죽으면 시작되리라'는 뜻이다. 므두셀라는 죽음의 의미를 가지고 일생을 산 사람이다. 그는 아들 라멕보다 더 오래 살았다(창 5:25-31). 과연 그의 이름대로 그의 죽음이 온 가족이 모일 수 있는 좋은 계기가 되었으며, 홍수 심판의 신호탄이 되었다.

정확하게 말하면 노아 600세 되던 해 2월 17일에 홍수가 내리기 시작했으나, 그보다 일주일 전인 2월 10일에 노아의 가족들

에게 방주에 타라는 명령을 하셨다(창 7:1-4). 2월 10일 노아의 가족들이 다 방주에 타자 하나님께서 바깥에서 문을 닫으시고 일주일 뒤에 물심판이 시작된 것이다(창 7:16).

신약 마당에서는 예수님의 십자가 사건을 생각할 수 있다.
예수께서 십자가 사역을 앞두고 제자들에게 "내가 죽었다가 살아나면 갈릴리에서 만나자"(마 26:32, 28:7, 28:10, 막 14:28, 16:7)고 말씀하셨다. 그런데 제자 중에서 그 말씀을 믿고 갈릴리에 가서 기다린 사람은 한 사람도 없었다. 제자들이 예수님의 말씀을 믿고 갈릴리에 가서 기다렸다면 그곳도 어떤 의미에서는 제자들이 꼭 있어야 될 자기 자리를 지키는 모임이 될 수 있었을 것이다. 그런데 말씀을 믿지 못함으로 말미암아 정해진 장소에 모일 수 있는 기회를 상실하고 말았다.

또 예수님이 십자가에 달리실 때에도 사도 요한 외에 나머지 열 제자는 다 도망갔다. 그리고 십자가 앞에는 예수님을 낳아주신 마리아와 사도 요한이 있었고, 그 주변에 또 몇 여자들이 있었고, 더 멀리 한 여자들의 무리가 있었다(요 19:25, 마 27:55, 막 15:40). 그래서 십자가 앞에 세 무리가 있었다. 그것도 어느 의미에서는 주검이 있는 곳에 독수리들이 모인 입장이 되는 것이다.

그렇다면 예수께서 친히 말씀하신 "주검이 있는 곳에 독수리들이 모일찌니라"고 하신 주검은 어떤 주검을 말하는 것인가?

출 19:4 나의 애굽 사람에게 어떻게 행하였음과 내가 어떻게 독수리 날개로 너희를 업어 내게로 인도하였음을 너희가 보았느니라

위 구절에서 말한 독수리는 누구를 상징하는 것일까? 은혜의 차원으로 말하면 구름기둥과 불기둥이 이스라엘 백성들을 인도했지만, 인자의 입장으로 말한다면 이스라엘 백성들을 출애굽시켜서 광야길로 인도한 모세를 말한다. 그러므로 모세를 짐승으로 비유하면 독수리라고 말할 수 있는 것이다. 모세가 독수리로서 이스라엘 백성들을 업어 나른 것이다.

주검이 있는 곳에 모이는 독수리들은 같은 계열, 같은 동류라고 말할 수 있다. 예를 들면 부모가 죽는 곳에 멀리 떨어져 있던 자식들이 모이고, 어미가 죽는 곳에 새끼들이 모이는 것처럼 주검과 모인 독수리들은 같은 계열, 같은 동류들이다. 여기서 말한 독수리는 생물계 독수리를 말하는 것이 아니라 인자화 된 독수리를 말하는 것이다.

> 계 12:14 그 여자가 큰 독수리의 두 날개를 받아 광야 자기 곳으로 날아가 거기서 그 뱀의 낯을 피하여 한 때와 두 때와 반 때를 양육 받으매

해를 입은 여인이 재림 마당의 독수리이다. 그의 근본이 독수리이기 때문에 그가 운명하는 순간 큰 독수리의 두 날개를 받아 광야 자기 곳으로 날아가는 것이다. 그렇다면 해를 입은 여인의 죽음에는 큰 비밀이 들어있다는 것을 알 수 있다. 큰 독수리의 두 날개를 받고 광야 자기 곳으로 날아가는 해를 입은 여인의 죽음을 이렇게 난해한 성경 구절로 표현한 이유가 무엇인가? 그의 죽음의 비밀을 아무도 알지 못하게 하기 위해서이다.

> 겔 1:10 그 얼굴들의 모양은 넷의 앞은 사람의 얼굴이요 넷의 우편은 사자

의 얼굴이요 넷의 좌편은 소의 얼굴이요 넷의 뒤는 독수리의 얼굴이니

계 4:6-7 보좌 앞에 수정과 같은 유리 바다가 있고 보좌 가운데와 보좌 주위에 네 생물이 있는데 앞뒤에 눈이 가득하더라 그 첫째 생물은 사자 같고 그 둘째 생물은 송아지 같고 그 세째 생물은 얼굴이 사람 같고 그 네째 생물은 날아가는 독수리 같은데

네 생물 가운데 네 번째 생물이 독수리이다. 네 생물 안에는 독수리가 한 마리이다. 그렇다면 구약 마당에 등장한 독수리와 재림 마당에 등장한 독수리는 동일한 존재라는 것을 알 수 있다. 구약 마당의 모세가 재림 마당에 해를 입은 여인으로 등장한 것이다. 즉 구약 마당의 독수리는 모세였고 재림 마당의 독수리는 해를 입은 여인이다. 네 생물에 들어있던 한 마리의 독수리가 구약 마당에는 모세로 등장했고, 재림 마당에는 해를 입은 여인으로 등장한 것이다.

그렇기 때문에 모세와 해를 입은 여인은 네 생물에 소속된 자들이다. 모세가 네 생물에 소속된 자이기 때문에 표면적으로는 아브라함의 7대 후손으로 이 땅에 왔지만 자기 조상 아브라함보다도 영광이 더 큰 자였다. 모세는 아담의 후손이 아니고, 아담에게 소속된 자가 아니다. 아담의 후손 중에는 율법을 받을 만한 사람이 없고, 율법을 초월할 만한 사람이 없었다. 모세가 아담의 계열이 아니었기 때문에 그는 율법으로 정죄함을 받을 수 있는 사람이 아니었다.

모세가 시내산에서 두 번째 40일 금식을 하고 율법과 계명을

받아 율법의 아버지가 되었다. 모세가 자신이 받은 율법으로 말미암아 정죄함을 받아 죽는 자라면 그는 율법을 받을 만한 자격이 없는 사람이다. 그는 율법에 저촉 받지 않고, 율법을 초월한 자이기에 율법 때의 주인으로 역사할 수 있었던 것이다.

그래서 하나님께서 부득이 아담의 후손이 아닌 네 생물 속에 있는 한 사람을 지명해서 이 땅에 오게 한 것이다. 그가 바로 모세이다. 그렇기 때문에 마귀가 모세의 시체를 가져갈 수 없는 것이다(유 1:9).

> 유 1:9 천사장 미가엘이 모세의 시체에 대하여 마귀와 다투어 변론할 때에 감히 훼방하는 판결을 쓰지 못하고 다만 말하되 주께서 너를 꾸짖으시기를 원하노라 하였거늘

미가엘 천사장이 유다서에서 마귀를 책망하는 가운데 "다만 하나님이 너를 책망하시기를 원하노라"고 했다. 본능적으로 아는 그들은 모세의 정체와 실상을 알 수가 없다. 미가엘 천사장이 그 비밀을 안다고 해도 하늘의 일급비밀을 마귀에게 대줄 수가 없기 때문에 "다만 주께서 너를 책망하시기를 원하노라"고 말한 것이다.

그렇다면 모세가 죽어야만 하는 이유가 무엇인가? 표면적으로는 죄 때문에 죽었지만 영적으로는 예수님 때문에 죽은 것이다. 모세는 예수님의 그림자이다. 그림자가 죽었다가 부활하면 실체도 부활할 수 있기 때문에 부득이 모세는 죽어야 한다. 모세가 죽어야 하기 때문에 민수기 20:10-11에서 므리바 반석을 두 번 치는 죄를 짓게 한 것이다(시 106:32-33). 모세가 죽었다가 부활해

야 모세의 실존의 영광이 되시는 예수께서 사망 권세를 깨시고 부활하실 수 있기 때문이다.

> 민 12:8 그와는 내가 대면하여 명백히 말하고 은밀한 말로 아니하며 그는 또 여호와의 형상을 보겠거늘 너희가 어찌하여 내 종 모세 비방하기를 두려워 아니하느냐

모세는 여호와의 형상을 볼 사람이라고 했고, 얼굴에 광채가 난 사람이다(출 34:29, 고후 3:7). 만약에 모세가 부활할 만한 가치가 없고, 죄로 인해 죽을 사람이라면 하나님께서 그런 영광을 주시지도 않았을 것이고 그런 말씀을 하실 리가 없었을 것이다.

그렇다면 모세가 언제 하나님의 선한 형상을 보았는가? 변화산에서 아버지의 영광으로 등장하신 해처럼 변형되신 예수님을 보았다(마 16:28, 17:1-3, 막 9:1-4, 눅 9:27-30).

한 가지 안타까운 점은 오늘날 신학은 마귀가 모세의 시체를 가져갔다고 가르친다. 만일 마귀가 모세의 시체를 가져갔다면 신약 마당의 변화산에 등장한 모세는 영육 간의 부활한 존재가 아니라, 영적으로만 부활한 존재일 것이다. 영적으로만 부활한 존재는 산 자의 하나님으로 변화되신 주님 앞에 설 수가 없다.

분명히 변화산에 등장한 모세는 영육 간에 산 자이기에 아버지의 영광으로 변화되신 주님 앞에 설 수 있었던 것이다. 따라서 미가엘 천사장이 모세의 시체를 빼앗아 왔다는 결론을 미루어 짐작할 수 있는 것이다.

"주검이 있는 곳에 독수리들이 모인다"(마 24:28)고 한 그 주검은 큰 독수리의 두 날개를 받는 해를 입은 여인의 주검이다. 그가 죽었기 때문에 새끼 독수리들이 다 모인 것이다. 큰 독수리의 두 날개를 받았다는 말은 독수리의 어미라는 것이다. 해를 입은 여인이 산 자의 태를 가진 어머니이다. 이것이 재림 마당의 가장 큰 비밀이다.

재림 마당에서는 독수리가 등장하고, 산비둘기와 집비둘기 새끼로서 비상하는 존재들이 제물이 된다. 그렇기 때문에 재림 마당의 하나님의 자녀들은 독수리같이 힘찬 날갯짓을 하며 비상하는 존재들이 되어야 한다(사 40:31).

6. 해를 입은 여인이 간 광야는 어떤 곳인가?

계 12:6 그 여자가 광야로 도망하매 거기서 일천 이백 육십일 동안 저를 양육하기 위하여 하나님의 예비하신 곳이 있더라

계 12:14 그 여자가 큰 독수리의 두 날개를 받아 광야 자기 곳으로 날아가 거기서 그 뱀의 낯을 피하여 한 때와 두 때와 반 때를 양육 받으매

해를 입은 여인이 두 번 광야로 가는 내용에는 차이점이 있다. 첫 번째 광야로 갈 때는 큰 독수리의 두 날개를 받았다는 말씀이 없는데 반해서, 두 번째 광야로 갈 때는 큰 독수리의 두 날개를 받고 날아간다고 했다.

또 첫 번째는 1260일 동안 하나님이 예비하신 장소로 도망간 다는 분명한 날짜와 장소가 명시되어 있다. 그렇기 때문에 이 사건은 이 땅에서 실존적으로 한 치의 오차도 없이 이루어져야 한다. 그러나 두 번째 광야로 갈 때는 한 때·두 때·반 때라는 시간과 광야 자기 곳이라는 장소가 비유와 상징으로 기록되어 있다.

> 출 2:11-14 모세가 장성한 후에 한번은 자기 형제들에게 나가서 그 고역함을 보더니 어떤 애굽 사람이 어떤 히브리 사람 곧 자기 형제를 치는 것을 본지라 좌우로 살펴 사람이 없음을 보고 그 애굽 사람을 쳐 죽여 모래에 감추니라 이튿날 다시 나가니 두 히브리 사람이 서로 싸우는지라 그 그른 자에게 이르되 네가 어찌하여 동포를 치느냐 하매 그가 가로되 누가 너로 우리의 주재와 법관을 삼았느냐 네가 애굽 사람을 죽임 같이 나도 죽이려느냐 모세가 두려워하여 가로되 일이 탄로되었도다

모세가 애굽인을 쳐 죽인 이유는 자신이 애굽의 왕자로서 히브리인을 괴롭히는 애굽인을 쳐 죽이면 히브리인들이 자신을 지도자로 인정해줄 것을 기대했기 때문이다. 그러나 오히려 그 살인 사건이 누설되어 바로가 모세를 죽이려고 했기에 바로의 낯을 피하여 미디안 땅으로 도망가게 되었다(출 2:15).

애굽의 왕자로 생활하던 모세가 하루아침에 타향살이를 하며 양을 치는 목동으로 전락하여 사는 동안 그의 마음이 얼마나 큰 회한과 괴로움으로 고통받았겠는가? 마치 형제들에 의해 종으로 팔려간 요셉처럼 모세 역시 자다가도 벌떡 벌떡 일어나고 싶은 심정이었을 것이다. 그러나 하나님께서는 모세가 이스라엘 민족을

인도할 수 있는 영도자로서의 자질과 인격을 갖출 때까지 미디안의 제사장 이드로의 사위로서 40년 동안 목동생활을 하게 하셨다(출 2:15-22).

드디어 40년 때가 차매 하나님께서 호렙산 떨기나무 불꽃 가운데서 모세를 부르시어 출애굽의 사명을 주심으로 결국 이스라엘 민족의 지도자로 다시 돌아오게 되었다(출 3:1-4:20). 모세가 자기의 의지로 이스라엘의 영도자가 되고자 할 때는 허락지 않으신 하나님께서 하나님의 의지로 모세를 불러 이스라엘 민족의 지도자로 세우신 것이다. 모세가 미디안 광야에서 양을 치는 목동으로서 보낸 40년 기간은 모세가 이스라엘 민족의 영도자로서 연단과 훈련을 받는 구도의 기간이었고, 미디안 광야는 구도의 도장이었던 것이다.

이처럼 모세가 살인사건으로 인해 첫 번째 광야로 도망간 것은 인자 모세로 도망간 것이나(출 2:11-15), 두 번째 출애굽 사건으로 인해 광야로 도망간 것은 큰 독수리로서 이스라엘 백성들을 등에 태우고 도망간 것임을 알 수 있다(출 19:4).

결국 모세의 살인사건은 이스라엘 백성들의 출애굽의 동기가 되었다. 그런 이유에서 하나님께서는 절대 모세의 살인을 죄로 정죄하지 않으셨다. 이 점을 특별히 깊이 있게 생각할 줄 아는 사람만이 독수리의 비밀, 즉 해를 입은 여인의 비밀을 알 수 있다. 다시 말하면 독수리인 해를 입은 여인도 직접적이든 간접적이든 살인을 해야만 하는 특별한 의미가 부여되었다는 것을 깨달을 수 있는 것이다.

성경에 모세의 살인사건과 비슷한 사건이 무엇인가?

삼하 24:10-17 다윗이 인구 수를 조사한 후에 그 마음에 자책하고 여호와께 아뢰되 내가 이 일을 행함으로 큰 죄를 범하였나이다 여호와여 이제 간구하옵나니 종의 죄를 사하여 주옵소서 내가 심히 미련하게 행하였나이다 하니라 –(중략)– 이에 여호와께서 그 아침부터 정하신 때까지 온역을 이스라엘에게 내리시니 단부터 브엘세바까지 백성의 죽은 자가 칠만 인이라 천사가 예루살렘을 향하여 그 손을 들어 멸하려 하더니 여호와께서 이 재앙 내림을 뉘우치사 백성을 멸하는 천사에게 이르시되 족하다 이제는 네 손을 거두라 하시니 때에 여호와의 사자가 여부스 사람 아라우나의 타작마당 곁에 있는지라 다윗이 백성을 치는 천사를 보고 곧 여호와께 아뢰어 가로되 나는 범죄하였고 악을 행하였삽거니와 이 양 무리는 무엇을 행하였나이까 청컨대 주의 손으로 나와 내 아비의 집을 치소서 하니라

다윗의 인구조사로 인해 이스라엘 백성 중에서 칠만 명이 죽임을 당했다. 그들의 죽음의 원인제공자는 다윗이었기 때문에 다윗이 "내가 범죄하고 악을 행했는데 왜 불쌍한 양들을 죽입니까? 나와 내 아비의 집을 치소서"(삼하 24:17)라고 탄원하였으나 하나님께서는 다윗의 죄로 여기지 않으셨다.

그 이유가 무엇인가? 다윗이 유대 왕이 될 때 이스라엘 백성들이 다윗에게 충성할 것을 맹세했다(삼하 5:1-3). 그런데 그들이 맹세의 언약을 배신하고, 압살롬을 위해 다윗과 싸우려고 전쟁을

일으켰다(삼하 15:11-13). 그래서 하나님께서 다윗을 격동시켜 이스라엘의 인구조사를 하게 하신 것이다.

성경에는 "다윗이 헷 사람 우리아의 일 외에는 평생에 여호와 보시기에 정직히 행하고 자기에게 명하신 모든 일을 어기지 아니하였음이라"(왕상 15:5)고 증거하고 있다. 다윗으로 인해 칠만 명이 죽었는데도 하나님께서 다윗의 죄로 여기지 않으신 것이다.

계 12:13-14 용이 자기가 땅으로 내어 쫓긴 것을 보고 남자를 낳은 여자를 핍박하는지라 그 여자가 큰 독수리의 두 날개를 받아 광야 자기 곳으로 날아가 거기서 그 뱀의 낯을 피하여 한 때와 두 때와 반 때를 양육 받으매

해를 입은 여인이 첫 번째 광야로 도망갈 때는 붉은 용이 핍박해서 도망간다. 그러나 두 번째 광야로 도망갈 때는 뱀의 낯을 피해서 도망간다고 했다. 분명히 붉은 용이 해를 입은 여인을 핍박한다고 했는데, 왜 뱀의 낯을 피해서 도망가는 것인가?

붉은 용은 인간의 눈에 보이지 않는 신령한 존재, 무형의 존재이다. 그러나 뱀은 인자로 등장한 대상이다.

마 23:33 뱀들아 독사의 새끼들아 너희가 어떻게 지옥의 판결을 피하겠느냐

마 3:7 요한이 많은 바리새인과 사두개인이 세례 베푸는데 오는 것을 보고 이르되 독사의 자식들아 누가 너희를 가르쳐 임박한 진노를 피하라 하더냐

예수님과 세례 요한이 종교지도자들을 향해 '뱀, 독사'라고 질책한 내용이다(마 12:34, 눅 3:7). 예수께서 질책하신 뱀들은 바리새인, 서기관, 제사장들로서 뱀의 하수인이 되어 뱀의 사상을 가지고 역사하는 인자들을 말하는 것이다.

따라서 붉은 용도 뱀이라는 인간들을 통해서 해를 입은 여자를 핍박하는 것이다. 특히 이단감별사들을 통해서……

분명히 인자의 입장에서 보면 큰 독수리의 두 날개를 가진 해를 입은 여인은 살아있는 존재가 아니라, 세상을 떠난 존재이다. 그런데 왜 뱀이 해를 입은 여인을 공격하는가? 해를 입은 여인이 생전에 쌓아 놓은 업적, 공로, 말씀의 내용에 대해서 비판하고 대적함으로 해를 입은 여인의 공적을 다 물거품으로 만들기 위해서이다.

그렇기 때문에 해를 입은 여인은 뱀의 낯을 피하여 양육을 받고자 한다. 뱀의 낯을 피한다는 것은 정면으로 충돌하여 그들의 입에 오르내리는 입장을 원하지 않는다는 것이다.

해를 입은 여인이 가는 광야는 어떤 곳인가?

막 1:13 광야에서 사십 일을 계셔서 사단에게 시험을 받으시며 들짐승과 함께 계시니 천사들이 수종들더라

신 8:2 네 하나님 여호와께서 이 사십년 동안에 너로 광야의 길을 걷게 하신 것을 기억하라 이는 너를 낮추시며 너를 시험하사 네 마음이 어떠한지 그 명령을 지키는지 아니 지키는지 알려하심이라

광야는 들짐승이 함께 있는 곳이다. 광야는 믿음을 시험하는 곳이며, 각자의 신앙의 의를 달아보는 곳이다. 아브라함이 모리아의 한 산에 갔을 때 이삭을 바치라는 시험을 받았다(창 22:1-2). 모리아의 한 산에 있는 '여호와이레'(뜻: 하나님께서 예비하시다), 그곳이 아브라함에게 예비해주신 광야가 된다(창 22:14).

그렇기 때문에 이스라엘 백성들이 천국을 상징하는 젖과 꿀이 흐르는 가나안 땅에 들어가려면 반드시 광야길을 통과해야 하는 것이다. 따라서 해를 입은 여인도 재림주 멜기세덱의 영광을 얻기까지 광야길을 걸어야 한다. 참되시고 의로우시고 공의로우신 재림주께서 자기 자녀들에게는 광야길을 걸으라고 하시고, 정작 자신이 그 길을 걷지 않으면 안 된다. 예수께서 애굽이라는 광야길을 걸으신 것처럼, 해를 입은 여인도 광야길을 걸어야 한다.

따라서 해를 입은 여인이 광야길을 걷는 과정을 가리켜 한 때·두 때·반 때를 양육 받는다고 표현한 것이다.

광야 자기 곳이란 어떤 곳인가?

계 12:14 그 여자가 큰 독수리의 두 날개를 받아 광야 자기 곳으로 날아가 거기서 그 뱀의 낯을 피하여 한 때와 두 때와 반 때를 양육 받으매

자기의 곳이란 정해진 곳, 한정된 장소를 말한다. 군대용어로 위수(衛戍)지역이라는 말이 있다. 마귀들은 정해진 처소를 벗어나는 불법을 저지르지만 해를 입은 여인은 불법을 저지를 수 없

다. 그래서 정해진 장소를 벗어나지 않고 그곳에 머물러 있는 것이다.

> 눅 4:13 마귀가 모든 시험을 다 한 후에 얼마 동안 떠나니라

예수께서 마귀에게 세 번 시험을 받으시고 승리하신 후에, 마귀가 잠시 동안 떠난 적이 있다. 예수님을 시험해보니 자기들이 상대하기에 만만하지 않은 상대라는 것을 간파한 마귀가 붉은 용에게 보고하느라 잠시 떠난 것이다. 그리고 예수님이 십자가를 지시기까지 잠시도 떠난 적이 없다. 항상 예수님의 좌편에는 사단 마귀가 머물러 있었다. 베드로가 장담할 때 사단 마귀가 박장대소하며 "우리가 한 번만 치면 나가떨어질 놈이 저런 소리를 합니다"라고 주님께 참소하는 것을 보시고, "보라 사단이 밀 까부르듯 하려고 너희를 청구하였으나 내가 너를 위하여 네 믿음이 떨어지지 않기를 기도하였노라"(눅 22:31-32)고 하셨다.

마찬가지다. 해를 입은 여인이 계신 처소에도 뱀이 잠시도 눈을 떼지 않고 감시하고 있다. 이처럼 뱀에게 철저한 감시를 당하는 입장에서 해를 입은 여인이 한 때·두 때·반 때를 양육 받고 있는 것이다. 그곳을 가리켜 광야 자기 곳이라고 표현한 것이다.

II
제 밭 안의 알곡과 가라지의 싸움

1. 마귀가 뿌린 가라지의 실체는 누구인가?

사 1:9 만군의 여호와께서 우리를 위하여 조금 남겨 두지 아니하셨더면 우리가 소돔 같고 고모라 같았으리로다

롬 9:29 또한 이사야가 미리 말한바 만일 만군의 주께서 우리에게 씨를 남겨 두시지 아니하셨더면 우리가 소돔과 같이 되고 고모라와 같았으리로다 함과 같으니라

하나님께서 한 씨를 남겨두지 않으셨다면 이 세상은 소돔과 고모라처럼 되었을 것이라는 내용이다. 그래서 예수께서 "천국은 제 밭에 좋은 씨를 뿌린 것과 같다"(마 13:24)라고 비유로 말씀하셨다. 이 땅에 하늘나라, 즉 천국을 이루시려면 중심이 되는 좋은 씨가 필요한 것이다.

마 13:24-25 예수께서 그들 앞에 또 비유를 베풀어 가라사대 천국은 좋은 씨를 제 밭에 뿌린 사람과 같으니 사람들이 잘 때에 그 원수가 와서 곡식 가운데 가라지를 덧뿌리고 갔더니

그런데 하나님께서 뿌린 좋은 씨를 견제하기 위해서 마귀도 가라지를 뿌렸다. 가라지라고 해서 쭉정이라는 개념으로 생각해서는 안 된다. 하나님 편의 좋은 씨와 일전(一戰)을 겨룰 수 있는 대상이어야 하기 때문에, 마귀가 가지고 있는 씨 중에서 나름대로 가장 좋은 씨를 뿌린 것이다.

그렇다면 마귀가 가지고 있는 가장 좋은 씨는 누구인가? 에덴 동산에서 생령된 아담을 타락시킨 옛 뱀이다. 그는 구속사의 첫 시조인 아담을 이긴 자로서 아담이 가진 권세와 영광을 다 빼앗아 온 자이다(눅 4:5-6).

또 구약 마당에서 마귀의 편에 서서 가장 충성했던 자가 누구인가?

> 왕상 16:30-33 오므리의 아들 아합이 그 전의 모든 사람보다 여호와 보시기에 악을 더욱 행하여 느밧의 아들 여로보암의 죄를 따라 행하는 것을 오히려 가볍게 여기며 시돈 사람의 왕 엣바알의 딸 이세벨로 아내를 삼고 가서 바알을 섬겨 숭배하고 사마리아에 건축한 바알의 사당 속에 바알을 위하여 단을 쌓으며 또 아세라 목상을 만들었으니 저는 그 전의 모든 이스라엘 왕보다 심히 이스라엘 하나님 여호와의 노를 격발하였더라

아합 왕의 부인 이세벨이 그 대표적인 예라고 말할 수 있다. 이세벨은 시돈 왕 엣바알[48]의 딸이다. 엣바알은 '바알의 사람, 바알

---

48) 엣바알-'바알의 사람', '바알이 그와 함께 한다'는 뜻. 두로와 시돈에 성행하던 아스다롯 신전의 제사장으로, 히람 1세의 마지막 후손(펠리스)을 살해하고 시돈 왕이 된 자이다(B.C. 891-859년). 그의 딸 이세벨을 아합 왕에게 주어 결혼 동맹을 맺었다.-라이프성경사전, 생명의 말씀사

이 그와 함께 한다'는 의미로 바알을 섬기던 제사장이었다.

그의 딸 이세벨 역시 바알과 아세라를 섬기는 자로서 남편 아합 왕으로 하여금 이스라엘에 바알 신전과 아세라 목상을 만들게 하여 하나님의 진노를 사게 한 장본인이다. 가증스런 우상 숭배자이며, 성경 역사상 가장 잔인하고 타락한 여인으로 지탄받고 있다(왕하 9:22). 아합의 아내가 된 이세벨은 먼저 남편 아합을 맹신적인 바알 숭배자로 만들었고(왕상 16:30-31, 21:25-26), 이스라엘 내에 음란하고 부패한 바알 숭배를 권장했으며, 450명의 바알과 400명의 아세라 선지자들을 포섭하여 조종했고, 사마리아에 바알 제단과 아세라 우상을 세웠다(왕상 16:31-33, 18:4, 18:13, 18:19).

이세벨은 여호와의 선지자들을 박해하고 살해했으며(왕상 18:4-13), 갈멜산의 영적 전투에서 패배한 후 엘리야를 죽일 계략을 꾸몄다(왕상 19:1-2, 19:10). 그리고 남편 아합 왕의 그릇된 욕심에 동조하여 나봇을 살해하고 그의 과수원을 탈취했으며(왕상 21:5-16), 자신의 딸 아달랴를 다윗 왕가와 결혼시킴으로써 바알 숭배의 악한 영향력이 남조 유다에까지 미치도록 했다(왕하 8:25-27, 대하 21:5-7). 그리고 백성을 미혹하는 음행과 술수를 많이 행한 사람이다(왕하 9:22).

이처럼 이세벨의 가증스런 죄악은 하나님의 분노를 자극했고, 결국 하나님의 사람 엘리야가 "개들이 그의 시체를 뜯어 먹고, 장사지낼 사람이 없을 것이라"(왕상 21:23, 왕하 9:10)는 그녀의 처참한 죽음을 예언했다. 그 결과 아합 왕가에 대한 무자비한 보복을 행했던 예후에 의해 비참한 종말을 맞게 됨으로써 엘리야의 예언이 성취되었다(왕하 9:7, 9:30-36). 이런 자야말로 마귀의 편에서 볼 때 자기의 목적을 이룰 수 있는 가장 적합한 자라고 말할 수 있다.

만약에 하나님께서 이세벨을 대적하기 위해서 호렙산에서 사전에 엘리야를 준비하지 않았다면 이스라엘 국교인 여호와 하나님을 믿는 신앙이 바알과 아세라를 섬기는 우상숭배로 바뀔 수밖에 없는 그런 극한 상황에까지 이르렀을 것이다. 그렇기 때문에 하나님께서 급히 엘리야를 파견한 것이다. 한 마디로 이세벨의 천적은 엘리야라고 말할 수 있다.

엘리야는 어떤 근본을 가진 사람이었는가? 모세가 아담의 후손이라기보다는 네 생물에 소속된 사람이듯, 엘리야도 네 생물 속에 존재해 있던 인격적인 대상이다.[49]

그렇다면 이세벨의 근본은 어떤 존재인가? 물론 표면적으로는 시돈 왕의 딸이지만 영적으로 말하면 그도 엘리야와 견줄만한 상대적인 계열 속에서 등장한 사람이라고 말할 수 있다.

구약 마당에서 이세벨이 얼마나 비참하게 죽었는가? 마귀의 입장에서는 이세벨이 순교자의 가장 대표적인 인물이라고 말할 수 있다. 그렇기 때문에 재림 마당에도 엘리야의 대적자인 이세벨이 다시 등장할 수밖에 없는 것이다. 요한계시록에 성령이 아시아의 일곱 교회 중, 두아디라 교회에 권면하는 말씀에 이세벨이 등장한다. 그는 자칭 선지자라고 하며 하나님의 종들을 꾀어 행음하게 하고, 우상의 제물을 먹게 하는 일을 자행한다는 것이다(계

---

49) '종말론적 구속사 시리즈' 제 4권 <네 생물, 그들은 누구인가?> 413-415쪽, 벽암 조영래 저, 도서출판 오색이슬

2:18-20).

　이세벨이 어떻게 재림 마당에 다시 등장할 수 있는가? 이세벨은 마귀가 가장 믿을 만하다고 인정하는 충성된 종이다. 전도서 3:21에서 짐승의 혼은 위로 올라가지 못한다고 했다. 따라서 이세벨의 혼은 위로 올라가지 못했을 것이다. 그렇다면 그 혼을 누가 받았겠는가? 당연히 스올을 관장하고 있던 짐승이 그의 혼을 받았을 것이다. 그렇기 때문에 땅에 머물러 있던 그가 붉은 용의 도움을 받아서 마치 죽게 된 상처가 나은 것처럼, 재림 마당에 다시 한 번 등장할 수 있는 것이다.

　따라서 마귀가 뿌린 가라지의 원형이 이세벨이다. 그렇다면 이세벨의 원형은 누구인가? 족장시대 셋의 계열을 타락시켰던 그 동일한 음녀들이라고 말할 수 있다. 구약의 마당에 등장한 음녀가 재림 마당에도 등장하는 것이다.

> 창 6:2 하나님의 아들들이 사람의 딸들의 아름다움을 보고 자기들의 좋아하는 모든 자로 아내를 삼는지라

　엘리야는 네 생물 속에 있던 계열의 사람이기에, 비록 구약 마당에 등장한 사람이지만 구약 마당에 지배를 받거나 종속되는 사람이 아니다. 마찬가지로 엘리야의 대적이 되었던 이세벨도 그런 존재이다.

　그렇기 때문에 그가 재림 마당에 음녀로서 다시 등장하는 존재가 될 수 있는 것이다. 마지막 때 등장하는 음녀는 지옥불보다 더 무서운 존재이다(아 8:6). 그렇기 때문에 그의 정체와 실상을 깨달아야 그를 상대로 이기는 존재가 될 수 있는 것이다.

2. 왜 마귀는 제 밭에 가라지를 뿌렸는가?

> 마 13:24-25 예수께서 그들 앞에 또 비유를 베풀어 가라사대 천국은 좋은 씨를 제 밭에 뿌린 사람과 같으니 사람들이 잘 때에 그 원수가 와서 곡식 가운데 가라지를 덧뿌리고 갔더니

하나님께서 좋은 씨를 뿌린 제 밭에 마귀도 가라지를 뿌렸다. 하나님께서는 이 땅에서 천국을 이루시고자 제 밭에 좋은 씨를 뿌렸는데, 마귀는 무슨 목적으로 제 밭에 가라지를 뿌린 것인가?

이는 루시퍼가 "지극히 높은 자와 비기리라"(사 14:12-14)는 욕심으로 역사한 것과 같은 맥락이다. 즉 "하나님이 할 수 있는 일을 나도 할 수 있다"는 입장에서 사단 마귀는 재림 마당에서 광명한 천사로 역사하는 것이다(고후 11:14).

이것은 단지 하나님께서 하시는 역사를 흉내내고 모방해 보겠다는 차원이 아니다. 공개적인 자리에서 하나님과 마귀의 두 진영이 가진 각자의 지혜, 지식, 능력을 통해서 각자의 세계를 이룩하며 구축하는 역사를 말한다. 동일한 장소, 동시적인 역사의 장(場) 안에서 진행되는 역사이다.

> 마 24:4-5 예수께서 대답하여 가라사대 너희가 사람의 미혹을 받지 않도록 주의하라 많은 사람이 내 이름으로 와서 이르되 나는 그리스도라 하여 많은 사람을 미혹케 하리라

> 마 24:23-26 그 때에 사람이 너희에게 말하되 보라 그리스도가 여기 있다 혹 저기 있다 하여도 믿지 말라 거짓 그리스도들과 거짓 선지

자들이 일어나 큰 표적과 기사를 보이어 할 수만 있으면 택하신 자들도 미혹하게 하리라 보라 내가 너희에게 미리 말하였노라 그러면 사람들이 너희에게 말하되 보라 그리스도가 광야에 있다 하여도 나가지 말고 보라 골방에 있다 하여도 믿지 말라

예수께서 친히 "그리스도가 여기 있다, 저기 있다 해도 나가지 말라"고 당부하신 배경에는 제 밭이라는 같은 공간에서 동시적으로 역사한다 해도 그 역사의 주인공들은 전혀 다른 존재라는 것을 강조하신 것이다. 그런 입장에서 "때가 아직 낮이매 나를 보내신 이의 일을 우리가 하여야 하리라 밤이 오리니 그때는 아무도 일할 수 없느니라"(요 9:4)고 하셨다. 어둠의 때에 일하는 사람은 그의 근본이 어둠에게 소속된 사람이라는 것이다. 그렇기 때문에 일할 수 없는 밤이 오기 전, 빛이 있는 동안에 힘써 일하라고 당부하신 것이다.

그런 공의적인 역사의 무대가 한 이레의 전 3년 반과 후 3년 반을 통해 진행된다. 한 이레를 절반으로 전 3년 반과 후 3년 반으로 나누었다는 것은 하나님의 공의가 살아있는 역사의 장이라는 것이다. 문제는 누가 먼저 전 3년 반의 역사를 시작하느냐는 것이다. 구약 마당에서는 마귀가 이긴 자로서 주도권을 잡고 있었다. 그러나 예수님이 본래대로 장자권을 회복하심으로[50] 재림 마

---

50) 다말이 유다를 통해 베레스와 세라를 임산할 때 먼저 손을 내민 세라를 잡아 제치고 베레스가 장자로 탄생했다(창 38:27-30). 유다 지파는 태중에서 장자권을 회복한 지파이기 때문에 예수님은 유다지파를 통해 오실 수밖에 없다(마 1:1-17). 베레스가 장자권을 회복함으로 신약 마당에 등장하신 예수님은 장자로 탄생하실 수 있었던 것이다.

당은 빛의 자녀들에게 우선권이 주어진다.

따라서 전 3년 반에는 빛이 역사하고, 후 3년 반에는 어둠이 역사한다. 전 3년 반에도 광명한 세 사람이 역사하고, 후 3년 반에도 666이라는 세 짐승이 등장하는 것이다. 이처럼 한 이레의 마당은 완전히 공개된 마당이며, 공의로운 마당이다.

그렇기 때문에 마귀도 70이레 중 한 이레의 때를 알고 있다. 마귀가 제 밭에 가라지를 뿌릴 때는 그 때를 알고 뿌린 것이다.

> 살후 2:7-8 불법의 비밀이 이미 활동하였으나 지금 막는 자가 있어 그 중에서 옮길 때까지 하리라 그 때에 불법한 자가 나타나리니 주 예수께서 그 입의 기운으로 저를 죽이시고 강림하여 나타나심으로 폐하시리라

그런데 마귀는 처음부터 그 공의를 어기고 불법을 저질렀다. 공개된 장소에서 공의로 정해진 대로 역사하지 않고 제 밭에 가라지를 뿌리는 불법을 저지르고 말았다. 마귀가 가라지를 뿌린 것이 외형적으로는 마귀가 저지른 불법의 사건이었지만, 하나님께서는 이미 그 모든 사건의 전모를 바라보고 묵인하셨다.

그렇게 하시는 하나님의 의도는 무엇인가? 제 밭을 마지막 구도의 도장으로 선택하시기 위해서 하나님의 의도적이고 주도면밀한 계획, 모략 속에서 이루어진 행위라고 말할 수 있는 것이다.

한 이레의 마당은 공개적인 마당이다. 공식적인 빛과 어둠의 마지막 대결장이다. 붉은 용과 해를 입은 여인의 두 이적을 하늘의 이적이라고 표현한 것도 공식적인 대결의 입장을 표명한 것이다.

마찬가지다. 제 밭에 뿌려진 좋은 씨는 빛의 대표자이고, 가라지는 어둠의 대표자이다. 그런 대표 원리를 통해서 한 장소에서 빛과 어둠의 마지막 최종적인 싸움을 하기 위해서 하나님께서 제 밭이라는 한 장소에 좋은 씨와 가라지를 뿌리게 하신 것이다. "하나님이 하시는 일을 나도 할 수 있다"는 입장에서 사단 마귀가 광명한 천사로 역사하도록 기회를 주신 것이다.

창 2:15 여호와 하나님이 그 사람을 이끌어 에덴동산에 두사 그것을 다스리며 지키게 하시고

하나님께서 아담에게 "지키고 다스리라"고 말씀하신 것은 이미 침범할 자가 있다는 것을 아신 것이다. 또 그들이 침범하면 뱀을 이겨내라는 의중으로 아담에게 당부하신 것이다. 에덴동산에서는 뱀이 알지 못하는 상태에서 침투했지만, 재림 마당에서는 마귀가 알고 가라지를 뿌린 것이다.

물론 에덴동산에서의 뱀의 침투도 예기치 못한 뜻밖의 사건의 침투가 아니라 하나님께서 주도면밀하게 펼쳐놓으신 구속사의 계획된 내용대로 이루어진 사건이었다. 그러나 아담과 하와가 하나님의 말씀대로 예비하며 준비하지 못한 입장으로 말미암아 결과적으로 뱀에게 당하고 만 것이다.

만약에 재림의 마당에서 동일한 말씀의 역사가 이루어진다면 마지막 때는 기필코 뱀을 이겨야 한다. 욥기 40:10-14 말씀대로 뱀을 굴복시켜야 한다. 굴복시킨다는 말은 누군가 원수를 발등상 앞에 무릎 꿇게 한다는 말이다.

계 2:7 귀 있는 자는 성령이 교회들에게 하시는 말씀을 들을찌어다 이기는 그에게는 내가 하나님의 낙원에 있는 생명나무의 과실을 주어 먹게 하리라

계 2:17 귀 있는 자는 성령이 교회들에게 하시는 말씀을 들을찌어다 이기는 그에게는 내가 감추었던 만나를 주고 또 흰 돌을 줄 터인데 그 돌 위에 새 이름을 기록한 것이 있나니 받는 자 밖에는 그 이름을 알 사람이 없느니라

그렇기 때문에 마지막 때 성령이 아시아의 일곱 교회에게 하시는 말씀 가운데 주신 축복은 오직 이김을 통해서만 허락하시는 역사의 세계임을 분명하게 알 수 있다. 이기는 자에게 하나님 낙원에 있는 생명나무 과실을 주어 먹게 하시고(계 2:7), 이기는 자에게 둘째 사망의 해를 받지 않게 하시고(계 2:11), 이기는 자에게 만국을 다스릴 수 있는 권세를 주시고(계 2:26), 이기는 자에게 흰 옷을 입게 하시고(계 3:5), 이기는 자에게 하나님 성전의 기둥이 되게 하시는(계 3:12) 축복을 주신다.

이처럼 이기는 자가 되라는 말은 도적인 씨름을 해야 하는 과정이 남아 있다는 것이다.

3. 왜 추수 때까지 가라지를 뽑지 말라고 하셨는가?

롬 11:33 깊도다 하나님의 지혜와 지식의 부요함이여, 그의 판단은 측량치 못할 것이며 그의 길은 찾지 못할 것이로다

왜 하나님의 지혜와 지식이 부요하며, 하나님의 판단은 측량할 수 없는가? 그러한 하나님의 지식, 지혜의 부요함의 세계를 제 밭에 뿌려진 알곡과 가라지의 사건을 통해서 살펴보고자 한다.

천국은 제 밭에 좋은 씨를 뿌린 것과 같다. 물론 주인이 종을 통해서 거룩한 한 씨를 뿌리게 하신 것이다. 그 씨를 남기지 않았더라면, 천국을 이룰 수 있는 제 밭에 뿌릴 씨로 준비하지 않으셨다면 마지막 세상은 소돔과 고모라 이상으로 심판 받을 수밖에 없는 그런 세상이 되고 말았을 것이다(사 1:9, 롬 9:29).

그래서 하나님께서 다니엘 9:24-27에 나오는 70이레의 구속사의 시간 중, 69이레를 통해서 이루신 역사의 기초와 터전 위에서 나머지 한 이레를 통하여 하늘나라를 이 땅에서 완전히 이루고자 마지막으로 시도하신 것이 제 밭에 좋은 씨를 뿌린 것이다.

예수께서도 "한 알의 밀이 땅에 떨어져 죽지 아니하면 한 알 그대로 있고 죽으면 많은 열매를 맺느니라"(요 12:24)고 하셨다. 그 한 알의 씨가 땅에 떨어짐으로 말미암아 많은 열매를 맺는다고 하신 말씀처럼 그 씨를 통해서 많은 열매를 맺는 그 열매들을 가리켜 약속의 자녀라고 말할 수 있다. 한 알의 좋은 씨를 통해서 그 안에서 열매 맺는 생령의 씨알들이 된 자들을 가리켜 약속의 자녀라고 할 수 있는 것이다.

그런데 제 밭에는 좋은 씨만 뿌린 것이 아니다. 마귀도 밤중에

가라지를 뿌렸다는 말씀을 볼 때, 하나님께서 비밀리에 좋은 씨를 뿌린 것이 아니라 공개적으로 뿌리신 것임을 짐작할 수 있다. 공개적으로 뿌리셔야 하기에 하나님께서 좋은 씨를 뿌릴 때 직접 뿌리지 않고 종을 통해서 뿌리신 것이 아닐까?

그렇기 때문에 하나님께서 행하시는 기이하고 신비하고 오묘한 역사의 세계, 그 지혜와 지식의 부요함은 인간의 말로 표현할 수 없다는 것이다(롬 11:33, 신 29:29, 시 139:14). 천국이 이루어질 제 밭에 좋은 씨를 뿌림으로 마귀로 하여금 가라지를 뿌리게 하신 것이 곧 하나님의 노림수이면서 하나님이 가지고 계시는 참되시고 의로우신 공의라는 것이다.

"악인도 악한 날에 적당하게 씌움을 입게 하신다"(잠 16:4)는 말씀대로 이미 하나님은 가라지를 뿌린 마귀의 속성과 그들이 이루고자 하는 그 역사의 세계를 바라보시면서, 항상 그들보다 앞서 신(神)의 한 수를 두고 계셨다는 것이다.

> 욥 23:10 나의 가는 길을 오직 그가 아시나니 그가 나를 단련하신 후에는 내가 정금 같이 나오리라

사람들은 자신이 나아가는 길을 모르지만 하나님은 사람들의 갈 길을 끝까지 훤히 바라보고 계시는 분이다. 하나님께는 빛과 어둠이 동일하다. 빛의 자녀들의 경우에만 그런 것이 아니다. 어둠의 자녀들의 경우에도 그들의 가는 길과 그들의 결말을 다 아시는 하나님이라는 것이다. 그렇기 때문에 하나님은 어둠을 통해서 빛을 더 영화롭게 영광스럽게 나타내고자 인간의 생각으로는 헤아릴 수 없는 그런 모략의 세계를 주관하시며 섭리하시며 역사하

고 계신다.

　마귀가 뿌린 그 가라지를 이용해서 종말론적인 구속사의 세계를 완성하시려는 하나님의 지혜와 지식과 모략은 항상 그들보다 한 발 앞서 역사하셨다.

　　고전 2:8 이 지혜는 이 세대의 관원이 하나도 알지 못하였나니 만일 알았더면 영광의 주를 십자가에 못 박지 아니하였으리라

　좋은 씨가 뿌려진 천국을 상징하는 제 밭에 마귀가 밤중에 와서 가라지를 뿌렸다. 마귀는 그들 나름대로의 어떤 목적이 있어서 가라지를 뿌렸을 것이다. 그들은 예수께서 영광의 주인 줄 알지 못하고 십자가에 못 박은 뼈저린 실패를 다시 바라보면서 나름대로 "이번만은 우리가 정녕 이기리라"는 각오로 뿌렸을 것이다. 이번에도 이기지 못하면 자기들의 때가 연장될 수 없기 때문이다.

　"추수 때가 되면 가라지를 먼저 베고 단으로 묶어서 불 못에 던지리라"(마 13:30)는 것이 제 밭을 향해 말씀하신 주인의 입장이었다. 마귀가 그런 주인의 입장을 아는 이상 그 말을 무시한 채 가라지를 뿌렸을 리는 없다. 그들도 나름대로 철저한 마음의 준비와 치밀한 계획 속에서 가라지를 뿌렸을 것이다.

　그렇다고 해서 마귀가 가라지를 뿌리면서 "너희들이 마귀의 씨다"라고 하지 않았을 것이다. "너희들이 제 밭의 주인공이 될 수 있는 자격자다"라고 하면서 뿌렸을 것이다. 그렇기 때문에 가라지는 자기들이 절대 마귀의 씨라고 생각하지 않는다. 가롯 유다가 예수님을 팔았지만 결국 자신이 마귀에게 이용당하고 버림을 받음으로 스스로 자살하고 말았다(마 27:3-5, 행 1:18). 만일 가

롯 유다가 자신의 결과를 미리 알았다면 예수님을 팔 리가 없었을 것이다.

제 밭에 뿌려진 가라지들도 평범한 씨들은 아니다. 한 씨를 남기지 않았다면 소돔과 고모라 같이 되었으리라는(사 1:9, 롬 9:29) 말씀대로 그들도 그들 나름대로 비장하게 준비된 마귀의 씨였을 것이다.

왜 하나님께서는 가라지를 뽑지 말고 추수 때까지 함께 자라게 두라고 하셨는가? 표면적인 이유로는 가라지를 뽑다가 좋은 씨가 다칠까봐 두렵다고 했다. 가라지가 가지고 있는 특징은 자신의 생존을 위해서 땅에 떨어지자마자 뿌리를 내려서 좋은 씨에 뿌리를 감고 만다. 그렇기 때문에 뽑을 수가 없다는 것이다.

그렇다면 단지 그런 사실 때문에 뽑지 못하게 하신 것일까? 만일 뽑고자 하는 의도를 가지셨다면 아예 처음부터 마귀로 하여금 가라지를 뿌리지 못하게 하셨을 것이 아니겠는가? 그러나 하나님께서는 종이 생각지 못하는 그 이상의 지혜와 지식, 모략을 가지고 이미 그 가라지를 통해서 이루고자 하시는 목적의 결과를 손에 쥐고 계신다.

좋은 씨와 가라지가 추수 때에 열매를 맺기 전까지는 너무 비슷하기 때문에 서로가 서로를 분별할 수가 없다. 옛날에는 벼를 선별해서 뿌리지 않고 수작업으로 뿌렸기 때문에 벼가 자라기 시작하면 피가 엄청나게 자란다. 벼가 자라기 전에 어린 모와 피가 섞여있으면 경험이 있는 사람들은 벼와 피를 분간할 수 있지만, 경험이 없는 사람은 분별하지 못한다. 그러나 어느 정도 자라면 모와 피를 구별할 수 있게 된다.

알곡과 가라지도 마찬가지다. 제 밭이라는 특성 속에서 그들도 함께 자라게 된다. 자랄수록 고유적인 각자 자기들의 형체가 드러나기 시작한다. 그러는 가운데 추수 때가 가까이 오기 시작한다. 분명히 마귀의 입장에서 주인의 말을 소홀히 여길 수가 없다. "추수 때까지 함께 자라게 두었다가 먼저 가라지를 베어 단으로 묶어서 불 못에 던지리라"고 했다. 추수 때가 오면 자기들이 뿌린 씨가 심판을 받게 된다는 것은 기정사실이다. 그렇다면 추수 때, 심판의 때가 오기 전에 마귀도 가라지를 통해서 자기들 나름대로 어떤 목적을 이루어야 한다.

그 목적을 이루는 과정을 예수께서는 포도원의 비유로 말씀하셨다.

"한 농부가 포도원을 세로 주었는데 추수 때가 되매 세를 받으려고 종들을 보내니 보내는 족족 상하게 하고 다치게 하고 죽이고 말았다. 그러자 내 아들을 보내면 설마 공경하리라고 생각했는데 '이는 유업을 이을 상속자니 그를 죽이고 그의 유업을 빼앗자'라고 해서 죽였다. 그러면 포도원의 주인이 오면 농부들을 진멸하고 다른 사람들에게 포도원을 주시지 않겠느냐?"라고 하셨다(마 21:33-40, 막 12:1-9, 눅 20:9-16). 그것이 비유의 말씀이라고 했지만 그 말씀을 제 밭의 입장으로 생각해본다면 마귀가 뿌린 가라지들의 특성을 하나님께서 이용하고 계시다는 것을 알 수 있다.

그렇다면 마귀가 가라지를 뿌렸을 때 처음부터 계획적으로 제 밭에 뿌린 좋은 씨를 죽이고 그의 유업을 빼앗고자 하는 것이 그들이 세운 계획이었을까? 마귀가 가라지를 뿌렸을 때는 분명한 목적과 주도면밀한 계획을 가지고 뿌린 것만은 확실한 사실이다.

다시 예수님의 경우와 비교해 보고자 한다. 예수님은 이 땅에 유월절 양으로 오셨기에 유월절에 죽으셔야만 한다. 그런데 바리새인, 서기관, 제사장들이 "유월절 명절에 예수님을 추포하면 민요가 날까 두렵다"고 하여 유월절 명절이 지난 다음에 추포하기로 했다(마 26:2-5, 막 14:1-2). 그것을 아신 예수께서 가룟 유다에게 정신적으로 압박을 가하기 시작했다. 그래서 가룟 유다가 그 압박에 못 이겨서 제사장들에게 예수님을 넘겨준 것이다.

마찬가지다. 가룟 유다를 압박하는 그런 입장으로 주인도 제 밭에 뿌려진 가라지들과 마귀를 압박했다. 무슨 말씀으로 그들을 압박했는가? "추수 때가 되면 그들을 먼저 베어서 단으로 묶고 불못에 던진다"라는 말씀으로 그들을 압박하므로 말미암아 그들의 계획이 본래대로 앞당겨 진행되었다는 것이다.

그 이유가 무엇인가? 이미 가라지가 제 밭에 뿌려진 이상 스스로 제 밭에서 나갈 수는 없다. 이미 그들의 모든 것이 제 밭을 통해서 진행되고 이루어졌기 때문에 스스로 제 밭을 벗어날 수는 없는 것이다. 그렇기 때문에 마귀의 입장으로는 추수 때가 가까워질수록 초조와 긴장과 불안감 속에서 자기들의 목적을 서둘러 단행하지 않으면 안 된다.

마귀가 뿌린 가라지를 제 밭의 주인의 입장에서는 어떻게 이용할 것인가? 또 한 편 제 밭에 가라지를 뿌린 마귀가 자기가 뿌린 가라지를 통해서 제 밭에서 어떤 목적을 이룰 것인가? 이 두 가지 싸움이 마치 해를 입은 여인과 붉은 용의 싸움과도 같은 것이다. 두 가지의 싸움이 대치되고 있는 이 현상이 해를 입은 여인과 붉은 용이 대치하고 있는 하늘의 두 이적과도 같은 싸움이라는 것이다.

그들은 이미 한 번의 실패를 경험하고 있다. 영광의 주를 모르고 십자가에 죽였다는 것이다(고전 2:8). 그런 마귀의 입장으로 본다면 제 밭에 있는 좋은 씨를 죽이고 유업을 빼앗는다는 것이 결코 쉽게만 생각할 일은 아니다.

예수님도 십자가 사건을 앞두시고 "내가 고민하여 죽게 되었다"(마 26:38, 막 14:34)는 말씀을 하신 적이 있다. 마귀의 입장으로도 그들이 고민하여 죽을 지경인 것이다. 제 밭에 뿌려진 가라지들이 그대로 있으면 어차피 죽게 될 텐데 추수 때까지 가만히 있다가 불 못에 던짐을 당할 것인가? 아니면 가라지를 뿌린 목적을 이루고 죽을 것인가?

그러나 가라지들의 주인의 입장에서는 가라지들을 통해서 분명한 목적을 이루고자 할 것이다. 그들이 이루려는 목적은 무엇인가? 첫째 제 밭의 주인공인 두 감람나무를 죽이는 것이다.

"미움은 곧 살인이라"고 했다. 마침내 좋은 씨에 대한 가라지들의 미움이 무르익어 사망의 분량에 다다름으로 제 밭의 주인공을 죽이고 말았다. 그것을 가리켜 "무저갱으로부터 올라오는 짐승이 저희로 더불어 전쟁을 일으켜 저희를 이기고 저희를 죽일 터인즉"(계 11:7)이라고 한 것이다. 제 밭의 가라지들이 좋은 씨로 역사한 두 감람나무를 죽인 장본인들이라는 것이다. 그러나 하나님께서는 그 죽음을 통해 철장의 권세를 가진 아이, 어린 양의 신부가 될 산 자를 탄생시키는 역사를 행하시는 것이다(계 11:11-12, 12:5, 19:7, 21:2).

요한계시록 8:13에 기록된 세 화 중에서 첫째 화는 무저갱에서 나온 황충이 일으키고, 둘째 화는 제 밭에 있던 가라지들이 두 감람나무를 죽이는 것이다. 제 밭에 좋은 씨를 뿌린 주인의 목적은 첫째, 가라지들에 의해서 두 감람나무를 죽게 만들어야 한다. 둘째, 가라지들이 바라고 원하는 대로 두 감람나무를 죽임으로써 그의 유업을 빼앗아가게 하는 것이다. 그렇게 함으로써 "멸망의 가증한 것이 거룩한 곳에 서리라"(마 24:15, 단 12:11)는 말씀을 이루시는 것이다.

이렇게 제 밭의 주인과 또 가라지를 뿌린 마귀의 입장은 서로 대치되고 있는 것이다. 서로 대치되고 있는 상황에서 추수 때가 가까울수록 초조해진 마귀는 기어이 자기들 목적을 단행하게 되어 있다.

> 마 13:30 둘 다 추수 때까지 함께 자라게 두어라 추수 때에 내가 추숫군들에게 말하기를 가라지는 먼저 거두어 불사르게 단으로 묶고 곡식은 모아 내 곳간에 넣으라 하리라

"가라지는 먼저 거두어 불사르게 단으로 묶는다"고 해서 가라지들이 단으로 묶이자마자 불에 던져지는 것이 아니다. 간단하게 표현된 구절이지만 제 밭 안의 사건들이 일직선상에서 말씀과 동시에 이루어지는 역사의 세계라고 생각해서는 안 된다. 여기에는 깊고 오묘한 의미가 담겨져 있다.

세상 소리에도 끼리끼리라는 말이 있다. 한 사람보다는 두 사람이 도움이 되고, 두 사람보다는 세 사람이 더 강하다. 성경에도 "한 사람이면 패하겠거니와 두 사람이면 능히 당하나니 삼겹줄은 쉽게 끊어지지 아니하느니라"(전 4:12)고 했다. 마음이 서로 통하는 가라지들끼리 단으로 묶인다면 그들이 얼마나 든든하고 강

한 조직력과 힘을 갖게 되겠는가?

그들에게 강한 저력이 생겼을 때 그들이 노리는 노림수가 무엇인가? 첫째, 천국을 이루고자 하는 제 밭을 탈취하는 것이다. 가라지들이 각자 혼자 있을 때는 감히 제 밭을 빼앗을 생각을 하지 못했다. 그러던 차에 추수 때가 되어서 결국은 가라지를 베어서 단으로 묶었다. 표면적으로도 알곡과 가라지가 구별된 것이다. 이제 그들이 구별이 되니까 야욕을 갖게 되었다. "먼저 제 밭을 차지하자"는 것이다. 단으로 묶어놓아 막강한 힘이 생기니까 제 밭을 빼앗으려는 마음을 먹게 된 것이다. 제 밭을 차지하기 위해서는 어떻게 해야 하는가? 제 밭의 주인공을 처단해야 한다. 그들이 먼저 해야 할 우선순위가 제 밭을 통해서 천국을 이루고자 하시는 하나님의 뜻을 짊어진 제 밭의 주인공, 좋은 씨를 먼저 제거해야 한다.

악인도 악한 날에 적당하게 이용하시듯(잠 16:4), 제 밭에 좋은 씨를 뿌렸던 주인이 가라지들의 영적인 탐욕과 탐심을 이용해서 좋은 씨를 죽이는 것이다.

> 계 11:7 저희가 그 증거를 마칠 때에 무저갱으로부터 올라오는 짐승이 저희로 더불어 전쟁을 일으켜 저희를 이기고 저희를 죽일터인즉

무저갱으로부터 올라오는 짐승이 두 감람나무를 죽이는 사건이 먼저 일어난다. 그리고 제 밭을 빼앗고자 거짓 모략과 술수를 도모한다.

그러나 아직은 해를 입은 여인이 존재하고 있기에 섣불리 제 밭을 빼앗지는 못한다. 가라지들은 이제나 저제나 호시탐탐 기회

만 노리고 있다. 그러다 마침내 해를 입은 여인이 큰 독수리의 두 날개를 받아 광야 자기 곳으로 날아가는 사건이 일어났다. 세상적으로 말하면 해를 입은 여인, 이 땅의 주께서 운명하신 것이다.

그러자 오직 제 밭을 탈취하고자 혈안이 되어 있던 가라지들이 머리를 맞대고 온갖 악한 꾀를 동원하기 시작한다. 마치 뱀이 에덴동산에서 거짓말로 하와를 유혹하여 자기의 목적을 이루듯이, 가라지들이 악한 궤휼(詭譎)과 모략(謀略)으로 제 밭을 탈취할 묘책을 마련한다. 상식적인 행동으로는 제 밭을 빼앗지 못하기에 비상식적이고 몰염치한 행동으로 수단 방법을 가리지 않고 자기들의 목적을 달성하는 것이다.

> 살후 2:3-4 누가 아무렇게 하여도 너희가 미혹하지 말라 먼저 배도하는 일이 있고 저 불법의 사람 곧 멸망의 아들이 나타나기 전에는 이르지 아니하리니 저는 대적하는 자라 범사에 일컫는 하나님이나 숭배함을 받는 자 위에 뛰어나 자존하여 하나님 성전에 앉아 자기를 보여 하나님이라 하느니라

가라지들이 제 밭을 빼앗기 위해서 그동안 충성을 맹세하던 제 밭의 주인에게 속았다는 등, 그분을 모함하고 음해하는 수단 방법을 다 동원하게 된다. 그 사건을 가리켜 먼저 배도하는 일이 있다고 했다. 그리고 하나님의 성전에 앉아서 자신을 하나님이라고 주장한다.

마침내 온갖 권계와 궤휼을 통하여 가라지들이 제 밭을 탈취하는 데 성공한다. 그들은 "드디어 해냈다!"는 탄성과 함께 환호하며 광분한다.

> 롬 11:33 깊도다 하나님의 지혜와 지식의 부요함이여 그의 판단은 측량치 못할 것이며 그의 길은 찾지 못할 것이로다

그러나 하나님의 깊으신 지혜와 지식과 모략을 어찌 짐작할 수 있을 것인가? 하나님께서는 제 밭을 내주는 대신 "멸망의 가증한 것이 거룩한 곳에 선 것을 보거든"(마 24:15), "미운 물건이 날개를 의지하여 설 것이며"(단 9:27)라는 예언을 성취하신 것이다.

> 마 24:15 그러므로 너희가 선지자 다니엘의 말한바 멸망의 가증한 것이 거룩한 곳에 선 것을 보거든 (읽는 자는 깨달을찐저)

> 단 9:27 그가 장차 많은 사람으로 더불어 한 이레 동안의 언약을 굳게 정하겠고 그가 그 이레의 절반에 제사와 예물을 금지할 것이며 또 잔포하여 미운 물건이 날개를 의지하여 설 것이며 또 이미 정한 종말까지 진노가 황폐케 하는 자에게 쏟아지리라 하였느니라

악인도 악한 날에 적당하게 쓰신다는 말씀처럼(잠 16:4), 하나님께서는 마귀가 뿌린 가라지들로 하여금 거룩한 곳에 가증한 것이 서게 하는 역사를 주관하시며 섭리하신 것이다.

이 모든 역사의 결과를 가라지들이 언제 알게 되는가? 3일 반 후에 하나님의 생기가 두 감람나무의 시체에 들어가고, 하늘로부터 "이리로 올라오라"는 음성을 듣고 두 발로 일어설 때, 자기들이 패배했다는 사실을 깨닫게 된다.

제 밭의 주인공인 좋은 씨 역시 이 모든 사건의 전모를 다 바라보며 이미 감지하고 있었다. 그는 산 자의 열매로 하나님께서 취하신 존재이다. 그가 장차 자신을 죽일 가라지들의 존재를 모르겠는가? 자신과 싸울 대적자인 이세벨, 즉 음녀의 정체를 알지 못하겠는가?

예수께서 가룟 유다의 정체와 실상을 이미 간파하고 계셨음에도 불구하고 회계를 맡은 제자로 곁에 두시고 끝까지 내색하지 않으셨다. 마찬가지다. 제 밭의 주인공인 좋은 씨도 알곡과 가라지들의 정체와 실상을 알면서 겉으로 내색하지 않는다. 그 이유는 "추수 때까지 알곡과 가라지가 함께 자라게 두라"고 하셨기 때문이다.

그런 역사의 과정에서 제 밭의 주인공이 겪어야 하는 환난이 얼마나 극심하겠는가?

다윗도 10년 동안 16군데 도피처를 도망 다니면서 환난을 받았다. 그 환난은 인간적으로나 영적으로나 가장 비참한 삶으로 전락한 생활이었다고도 말할 수 있다.

> 욥 23:10 나의 가는 길을 오직 그가 아시나니 그가 나를 단련하신 후에는 내가 정금 같이 나오리라

> 사 48:10 보라 내가 너를 연단하였으나 은처럼 하지 아니하고 너를 고난의 풀무에서 택하였노라

> 벧전 4:12-13 사랑하는 자들아 너희를 시련하려고 오는 불시험을 이상한

일 당하는 것 같이 이상히 여기지 말고 오직 너희가 그리스도의 고난에 참예하는 것으로 즐거워하라 이는 그의 영광을 나타내실 때에 너희로 즐거워하고 기뻐하게 하려 함이라

하나님은 기름 부으신 자를 사자 우리 속에서 혹독하게 연단시키신다. 바울도 "내가 사자의 입에서 건지웠느니라"(딤후 4:17)고 했다. 실제로 바울이 사자 우리에 들어간 것은 아니지만, 수없는 고통과 아픔을 겪게 한 그 인간들을 사자로 표현한 것이다.

제 밭의 주인공인 좋은 씨 역시 죽음에 이르기까지 인생의 밑바닥까지 내려가는 고통과 연단 속에서 도적(道的)인 과정을 치르게 된다. 그 과정을 통하여 산 자의 탄생을 이루고자 하시는 하나님의 구속사역을 이루시는 것이다.

이처럼 제 밭의 역사는 이 땅에서 영적으로 분명하고 확실하게 이루어지는 역사이다. 마치 하나님께서 노아의 가정, 아브라함의 가정을 통해 역사하시듯, 하나님께서 만세 전에 예비하시고 준비하신 제 밭을 통해 구속사역이 완성되는 것이다. "하늘에서 이루어진 뜻대로" 이 땅에서 인류 구속사역이 이루어지려면, 이 땅에는 만세 전에 준비한 제 밭이라는 장소가 분명히 있음을 깨달아야 한다.

III
왜 붉은 용이 해를 입은 여인을 공격하는가?

1. 왜 붉은 용이 토한 강물을 땅이 삼키는가?

> 계 12:15-16 여자의 뒤에서 뱀이 그 입으로 물을 강 같이 토하여 여자를 물에 떠내려가게 하려 하되 땅이 여자를 도와 그 입을 벌려 용의 입에서 토한 강물을 삼키니

위 구절에는 뱀이 입으로 물을 강 같이 토하는데, 용의 입에서도 강물을 토한다고 했다. 마치 뱀이 용이고, 용이 뱀인 것처럼 기록되어 있다. 그렇다면 뱀과 용은 어떤 관계인가?

요한계시록 13:18에도 세 짐승이 나오는데 다 같은 짐승이라고 말할 수는 없다. "지혜가 여기 있으니 그 짐승의 수를 세어보라. 그 수는 사람의 수니 육백육십 륙이라"고 했다. 그렇다면 세 짐승이 각각 서로 다른 개체임을 알 수 있다.

사도 바울이 "너희가 우리에게 들은바 하나님의 말씀을 받을 때에 사람의 말로 아니하고 하나님의 말씀으로 받음이니 진실로 그러하다"(살전 2:13)라고 했다. 사도 바울이 하나님의 말씀을 전한다고 해서 바울이 하나님 자체는 아니다. 그러나 말씀을 전하

는 순간에는 하나님을 대신해서 역사하는 것이다. 그렇기 때문에 하나님의 말씀을 전하는 사람이 비록 사람일지라도 그가 전하는 말씀을 하나님의 말씀으로 받아야 한다는 것이다.

    마찬가지다. 뱀과 용이 본질은 같은 존재이나, 해를 입은 여인을 공격한다는 한 가지 목적을 위해서 서로 혼연일치(渾然一致)가 되어서 역사하는 모습을 표현한 것이다.

    다시 말하면 붉은 용은 이 땅에 인자로 오지 못한 존재이다. 사단이 번개처럼 떨어지는 것을 보았다고 하신 말씀처럼 그는 천사들이 오는 길을 통해서 온 존재이다. 그러나 뱀은 천사의 길이 아닌 인자의 길로 온 존재이다. 아브라함, 이삭, 야곱의 3대를 통해서 4대인 요셉이 횃불언약을 통해서 산 자의 열매를 맺는 것처럼(레 19:23-25), 옛 뱀이 인자로 온 존재가 가라지이다. 그리고 옛 뱀, 마귀, 사단이라는 과정을 통해서 열매 맺은 존재는 붉은 용이다(계 12:9).

    따라서 해를 입은 여인이 영적인 차원에서 하늘의 역사를 할 때에는 붉은 용으로서 대적하는 역사를 하고, 해를 입은 여인이 큰 독수리의 두 날개를 받아 광야 자기 곳으로 날아가 한 때·두 때·반 때를 양육받을 때는 이 땅에서 일어나는 사건이므로 뱀으로 대적하는 역사를 하는 것이다. 그렇기 때문에 하나님의 사람들이 서로 합력하여 선을 이루듯(롬 8:28), 용이 뱀과 하나가 되어 자기들의 목적을 이루는 것이다. 인자화된 뱀이라는 수단을 통해서 붉은 용이 해를 입은 여인을 집중적으로 공격하는 최후의 대적함을 보여주는 것이다.

계 12:13 용이 자기가 땅으로 내어 쫓긴 것을 보고 남자를 낳은 여자를 핍
박하는지라

용이 뱀에게 물을 주어서 뱀으로 하여금 그 물을 토해내게 하여 해를 입은 여인을 공격한다(계 12:13, 12:15). 그 물로 인해 해를 입은 여인을 떠내려가게 하려는 것이다.

지금 해를 입은 여인은 어떤 상태에 있는 것인가? 큰 독수리의 두 날개를 받아 광야 자기 곳으로 날아가 한 때·두 때·반 때를 양육 받고 있다. 세상적인 표현으로 하면 해를 입은 여인이 잠이 든 상태이다. 쉽게 말하면 죽은 상태이다. 그런데 왜 뱀은 죽은 자를 상대로 물을 토해서 그를 떠내려가게 하려는가? 그렇게까지 살아 있는 존재가 죽은 사람을 공격할 필요가 있는 것인가? 인자화 된 뱀 혼자서는 이미 운명한 해를 입은 여인을 공격할 수가 없다. 논리적으로도 합당한 명분이 없다. 그러나 붉은 용이 뱀과 함께 하여 뱀을 도와주기 때문에 스스로 양육 받고 있는 해를 입은 여인을 공격할 수 있다.

용이 토하는 강물은 무엇인가?

계 17:1 또 일곱 대접을 가진 일곱 천사 중 하나가 와서 내게 말하여 가로되
이리 오라 많은 물위에 앉은 큰 음녀의 받을 심판을 네게 보이리라

음녀가 많은 물 위에 앉았다는 것은 그가 많은 물을 가지고 있다는 뜻이다. 이 물 속에는 많은 의인들의 피가 들어있다(계

17:6). 그들의 피를 마시고 취한 음녀가 가지고 있는 물로 해를 입은 여인을 공격하는 것이다.

해를 입은 여인을 떠내려가게 한다는 의미는 무엇인가? 해를 입은 여인이 스스로 예비하고 준비한 광야 자기 곳에서 양육을 받고 있는데, 물을 강 같이 쏟아내어 그곳에서 벗어나게 하려는 것이다. 구체적으로 표현하면 오늘날에는 매스 미디어가 발달되어 인터넷, SNS(Social Network Service) 등 많은 매체에 쉽게 접속할 수가 있다. 한 가지 문제점이 지적된 당사자는 감당할 수 없을 정도로 들끓는 여론에 시달리게 된다. 심한 경우 악플과 여론몰이 등을 견디지 못하여 목숨을 끊는 경우도 허다하다. 그런 매체를 이용하여 생전에 해를 입은 여인이 쌓아놓은 업적, 공로들을 다시 거론하면서 흠집을 내어 물거품을 만들려고 시도한다는 것이다.

그렇다면 이미 운명한 당사자에게 어떤 여론의 공격이 가해지는지 이해가 되지 않을 수도 있다. 그러나 요한계시록에서 벌어지는 마지막 해를 입은 여인과 붉은 용의 싸움에서는 상식을 벗어난 일들이 자행이 된다. 예전에는 부관참시(剖棺斬屍)라는 형벌이 있었다. 한 번 죽은 사람의 시신을 끄집어내어 다시 참형을 가하는 형벌이다. 세상 말에도 두 번 죽인다는 말이 있다. 붉은 용이 뱀들을 통해서 그런 역사를 자행한다는 것이다.

전 3년 반이 마감되고 후 3년 반이 되면 666이라는 세 짐승이 본격적으로 등장한다. 그들은 이미 지나간 시대에 있었던 해를 입은 여인의 사건을 공론화시키고 집요하게 물고 늘어질 것이다.

용이 토한 강물을 땅이 어떻게 삼키는가?

계 12:16 땅이 여자를 도와 그 입을 벌려 용의 입에서 토한 강물을 삼키니

세상에서도 작은 사건을 덮기 위해서 더 큰 사건을 벌려 무마시키는 경우가 있다. 마찬가지다. 해를 입은 여인을 공격하는 무리들에게 더 큰 자극을 줌으로써 그들의 관심을 자신들에게 돌리고자 하는 자들이 나타난다. 그들은 자기 무덤을 파려는 순교정신으로 붉은 용의 무리들에게 싸움을 거는 것이다.

마치 두꺼비가 뱀을 자극하여 자기를 삼키게 하는 이치와 같다. 두꺼비와 뱀은 천적 관계이다. 뱀이 두꺼비를 삼키면 죽기 때문에 되도록 삼키려고 하지 않는다. 그런데 두꺼비가 계속해서 뱀을 건드리기 때문에 뱀이 참다 참다 결국 홧김에 삼키고 만다. 두꺼비는 뱀에 의해서 죽지만, 뱀도 두꺼비가 가진 독에 의해서 죽는다. 그 때 두꺼비가 품고 있던 알들이 두꺼비와 뱀의 시신 속에 있는 양분을 이용하여 일정 기간이 지나면 부화됨으로 수많은 새끼 두꺼비들이 탄생한다.

이런 이치로 붉은 용을 자극하여 순교의 수를 이루는 사람들이 신령한 땅이 되는 것이다. "아벨의 피로부터 바라갸의 아들 사가랴의 피까지"(마 23:35)라고 하셨다. 아벨은 하나님께 바치는 제사 사건으로 가인에게 순교를 당한 첫 순교자이다(창 4:3-10). 또 사가랴는 요아스 왕의 잘못을 지적하고 책망하다가 순교를 당한 사람이다(대하 24:22).

이처럼 하나님의 뜻을 위한 순교자들이 죽임을 당할 때 땅이

그들의 피를 받는 것이다. 그것을 가리켜 "땅이 여자를 도와 그 입을 벌려 용의 입에서 토한 강물을 삼키니"(계 12:16)라고 표현한 것이다.

붉은 용이 토한 강물을 삼키는 땅은 누구인가?

붉은 용이 토한 강물을 삼켜 여자를 도와주는 땅의 존재는 무엇인가? 그것은 한 가지로만 말할 수는 없다.

첫째, 만물의 땅을 가리킨다.

> 창 4:10-11 가라사대 네가 무엇을 하였느냐 네 아우의 핏소리가 땅에서부터 내게 호소하느니라 땅이 그 입을 벌려 네 손에서부터 네 아우의 피를 받았은즉 네가 땅에서 저주를 받으리니

성경에 나타난 첫 순교자는 아벨이다. 하나님께서 장자인 가인의 제사를 받지 않고 아벨의 제사를 받으심으로(창 4:4-5), 가인이 아벨을 죽이는 순간 흘린 아벨의 피가 땅에 스며들었다. 그래서 땅이 아벨의 피를 받고 보니 그 피가 의인의 피였다. 믿음이 담긴 생명의 피였다.

"믿음으로 아벨은 가인보다 더 나은 제사를 하나님께 드림으로 의로운 자라 하시는 증거를 얻었으니 하나님이 그 예물에 대하여 증거하심이라 저가 죽었으나 그 믿음으로써 오히려 말하느니라"(히 11:4)는 말씀에서 아벨이 믿음으로 소리치고 있음을 알

수 있다. 그래서 땅이 하나님께 호소한 것이다. 아벨이 죽는 순간 만물인 땅이 입을 벌려 그 피를 받음으로 아벨을 도와준 것이다.

둘째, 순교자들이 신령한 땅이다.

> 계 6:9-11 다섯째 인을 떼실 때에 내가 보니 하나님의 말씀과 저희의 가진 증거를 인하여 죽임을 당한 영혼들이 제단 아래 있어 큰 소리로 불러 가로되 거룩하고 참되신 대주재여 땅에 거하는 자들을 심판하여 우리 피를 신원하여 주지 아니하시기를 어느 때까지 하시려나이까 하니 각각 저희에게 흰 두루마기를 주시며 가라사대 아직 잠시 동안 쉬되 저희 동무 종들과 형제들도 자기처럼 죽임을 받아 그 수가 차기까지 하라 하시더라

하나님의 말씀과 증거로 죽임을 당하여 제단 아래서 기다리는 순교자들을 말한다. 그들이 거하는 장소가 실제로는 지하에 잠들어 있지만 영적으로는 제단 아래가 되는 것이다. 또, 예수님을 마지막 순간까지 변론해드린 우편 강도도 신령한 땅과 같은 존재이다. 그들이 해를 입은 여인을 도와주는 땅과 같은 존재들이다.

셋째, 경건한 자손들의 거룩한 심전이 신령한 땅이다.

여기서 땅은 보이는 물질의 땅을 말하는 것이 아니다. 해를 입은 여인을 도우려는 의지를 가진 신령한 땅을 말한다.

붉은 용이 토한 그 더러운 물은 붉은 용이 쏜 독화살이라고 할 수 있다. 그 독화살을 삼켜주는 하나님의 자녀들은 순교적인 사명

을 가진 땅이라고 말할 수 있다. 하나님의 의를 위해서 더러운 물을 삼켜야만 되는 땅이다.

재림 마당에서 붉은 용이 물을 강 같이 토하여 해를 입은 여인을 떠내려가게 하려고 할 때 그를 믿고 따르는 자들이 해를 입은 여인을 해치지 못하도록 도와주는 신령한 땅이 되는 것이다. 경건한 자녀들의 거룩한 심전, 알곡을 뿌리기에 합당한 옥토를 신령한 땅이라고 한다.

> 계 12:17 용이 여자에게 분노하여 돌아가서 그 여자의 남은 자손 곧 하나님의 계명을 지키며 예수의 증거를 가진 자들로 더불어 싸우려고 바다 모래 위에 섰더라

붉은 용이 해를 입은 여인을 공격했으나 실패하자, 그 여자의 남은 자손들과 일전(一戰)을 겨루기 위해서 자기들의 텃밭인 모래 위에 선다는 것이다. 그러면 이제 결과적으로 화살이 어디로 돌아가는가? 그 여자의 남은 자손, 곧 '하나님의 계명과 예수의 증거를 가진 자들'에게 돌아간다.

'예수의 증거를 가진 자들'이란 누구를 말하는가? 교회마다 외치고 있는 '오직 예수'를 부르짖는 자들을 말하는가? 그렇지 않다. 그들에게 예수의 증거를 준 자는 누구인가? 해를 입은 여인이다. 그들이 해를 입은 여인에게 받은 예수의 증거는 일반적인 개념의 예수의 증거와는 차원과 영광이 다르다. 따라서 예수의 증거를 가진 자란 해를 입은 여인을 믿고 따르던 자들을 가리킨다. 그들은 해를 입은 여인에 소속된 자들, '그 여자의 남은 자손들'이다. 그들은 아브라함과 같은 산 자의 믿음을 가진 자들이다.

아브라함의 믿음은 인자의 역사를 믿는 믿음이다. 사람으로 등장한 멜기세덱으로부터 떡과 포도주로 축복을 받았고(창 14:17-20), 사람으로 온 여호와 하나님과 횃불언약을 맺었다(창 15:1-21).

성경 전체에서 아브라함처럼 인자로 오신 여호와 하나님과 함께 한 자리에서 먹고 마신 사람이 있는가? 아브라함은 인자로서 역사하시는 하늘의 역사의 세계를 인자의 입장에서 바라볼 수 있는 중심적인 인물이다.

동일한 말씀의 역사로 재림 마당에서도 아브라함과 같은 믿음을 가진 사람들만이 인자로 온 신랑, 신부를 만날 수 있다. 인자로 오신 멜기세덱과 그리스도로부터 축복을 받을 수 있는 것이다.

마지막 한 이레 속에서 이루어지는 재림 마당의 역사는 무형의 존재인 하나님이 역사하시는 세계가 아니라 인자 대 인자로서 역사하시는 세계이기 때문이다.

그렇기 때문에 너희가 대접하는 자 중에 그런 인자를 만날 수 있다고 했다(히 13:2). 실제로 아브라함이 여호와 하나님과 두 천사를 대접했고, 롯이 소돔과 고모라를 멸하기 위하여 사람으로 등장한 두 천사를 영접하였다(창 18:1-8, 19:1-3).

다시 한 번 강조한다면 재림 마당은 보이지 않는 하늘의 하나님, 하늘의 천사들이 영으로 역사하는 것이 아니다. 때의 주인이 되실 분과 천사 등 누구를 막론하고 다 인자로서 역사하는 시대이다.

이처럼 때에 맞는 말씀을 통하여 때의 주인을 알고 믿고 따르는 자들이 해를 입은 여자의 남은 자손들이다. 그들과 싸우기 위해서 붉은 용이 바다 모래 위에 서는 것이다.

2. 붉은 용이 서는 바다 모래는 누구인가?

계 12:15-16 여자의 뒤에서 뱀이 그 입으로 물을 강 같이 토하여 여자를 물에 떠내려가게 하려 하되 땅이 여자를 도와 그 입을 벌려 용의 입에서 토한 강물을 삼키니

왜 붉은 용은 해를 입은 여자를 공격해야만 하는가? 붉은 용이 해를 입은 여자를 공격하는 데에는 어떤 필연적인 이유가 있지 않은가?

붉은 용이 한 때·두 때·반 때를 양육 받고 있는 해를 입은 여인을 공격한다는 것은 붉은 용 나름대로 목적이 있기 때문에 공격하는 것이다. 해를 입은 여인이 해야 할 일을 하지 못하게 하기 위해서 공격하는 것이다. 그 말씀의 이면에는 많은 내용이 함축되어 있다.

첫째로는 그분이 산 자로서 부활하지 못하게 하기 위해서 공격하는 것이고, 두 번째는 그분이 철장 권세를 가진 아이를 낳지 못하도록 방해하고 대적하기 위해서 공격하는 것이다.

해를 입은 여인의 영혼은 일반적으로 죽은 영혼들의 입장과는 다르다. 그분의 영혼은 큰 독수리의 두 날개를 가지고 있는 영혼이기 때문에 양육 받고 있는 동안에 아주 민첩하고 신속하게 자기가 하고자 하는 일을 진행할 수 있다. 무능하여 움직이지 못하는 부동적인 입장이 아니라 아주 민첩하고 신속하게 활동하고 있는 살아있는 모습을 가리켜 "스스로 양육 받는다"라고 표현한 것이다.

그러나 그분이 가신 '광야 자기 곳'은 위수지역(衛戍地域)과 같은 곳이다. 그렇기 때문에 그분의 처소를 벗어나게 하려고 붉은

용이 끊임없이 대적하는 것이다. 결과적으로는 붉은 용이 해를 입은 여인을 대적하는데 실패를 했다. 그래서 할 수 없이 이제는 더러운 물을 강 같이 토해내서 그를 떠내려가게 하려고 했으나, 그마저도 땅이 입을 벌려서 물을 삼키므로 붉은 용이 목적을 이루지 못하고 실패하고 만다.

바다 모래는 무엇인가?

> 계 12:17 용이 여자에게 분노하여 돌아가서 그 여자의 남은 자손 곧 하나님의 계명을 지키며 예수의 증거를 가진 자들로 더불어 싸우려고 바다 모래 위에 섰더라

그래서 해를 입은 여인을 공격하다가 실패한 붉은 용이 다시 하나님의 계명과 예수의 증거를 가진 자들과 싸우려고 바다 모래 위에 선다(계 12:17).

왜 바다 모래 위에 섰는가? 해를 입은 여인과 싸우다 보니까 그들도 전력을 많이 소모했다. 그래서 재충전하여 상실한 전력을 회복하고, 다시 전열(戰列)을 가다듬어 새로운 역사를 하고자 바다 모래 위에 서는 것이다. 바다 모래란 바다에 거하는 자들로, 어둠의 편에서 자기를 바라는 자들이다. 붉은 용 나름대로 자기를 바라는 자들에게 권세와 능력을 주려고 기다리는 모습이다.

> 창 22:17 내가 네게 큰 복을 주고 네 씨로 크게 성하여 하늘의 별과 같고 바닷가의 모래와 같게 하리니 네 씨가 그 대적의 문을 얻으리라

갈 4:29-30 그러나 그 때에 육체를 따라 난 자가 성령을 따라 난 자를 핍박한 것 같이 이제도 그러하도다 그러나 성경이 무엇을 말하느뇨 계집 종과 그 아들을 내어 쫓으라 계집 종의 아들이 자유하는 여자의 아들로 더불어 유업을 얻지 못하리라 하였느니라

아브라함에게 약속하신 두 종류의 자손이 하늘의 별 같은 자손과 바다의 모래 같은 자손이다. 약속의 자손인 이삭은(갈 4:28) 하늘의 별 같은 자손이고, 혈과 육으로 태어난 이스마엘은 바다의 모래 같은 자손이다. 하늘의 유업을 받지 못하는 혈과 육으로 태어난 육신의 자손들이(고전 15:50) 바다의 모래와 같은 자들이다.

그런데 성경에는 육신의 자녀들이 항상 약속의 자녀들을 핍박한다고 기록되어 있다.

겔 27:3-4 너는 두로를 향하여 이르기를 바다 어귀에 거하여 여러 섬 백성과 통상하는 자여 주 여호와의 말씀에 두로야 네가 말하기를 나는 온전히 아름답다 하였도다 네 지경이 바다 가운데 있음이여 너를 지은 자가 네 아름다움을 온전케 하였도다

두로가 바다 중심, 즉 하나님의 자리에 앉아서 많은 무역으로 나름대로 어떤 목적을 이루는 내용이다.

겔 27:27-31 네 재물과 상품과 무역한 물건과 네 사공과 선장과 네 배의 틈을 막는 자와 네 장사와 네 가운데 있는 모든 용사와 네 가운데 있는 모든 무리가 네 패망하는 날에 다 바다 중심에 빠질 것임이여 네 선장의 부르짖는 소리에 물결이 흔들리리로

다 무릇 노를 잡은 자와 사공과 바다의 선장들이 다 배에 내려 언덕에 서서 너를 위하여 크게 소리질러 통곡하고 티끌을 머리에 무릅쓰며 재 가운데 굴이여 그들이 다 너를 위하여 머리털을 밀고 굵은 베로 띠를 띠고 마음이 아프게 슬피 통곡하리로다

그런 두로가 멸망하자 바다에 항해하는 자들이 그의 멸망을 보며 탄식하며 우는 모습이다. 그들이 땅과 바다에 거하는 자들이라고 말할 수 있다.

붉은 용이 서는 바다 모래도 자기의 계열, 계대, 소속을 의미하는 것이다. 그들은 다름 아닌 가라지들이다. 가라지들은 분명히 땅과 바다에 거하는 자들이다(계 12:12). 왜 그들이 땅과 바다에 거할 수밖에 없는가? 하늘의 전쟁에서 패하여 더 이상 자기들이 있을 곳을 얻지 못하고 내어 쫓겼기 때문에 그들은 땅과 바다에 거할 수밖에 없는 것이다(계 12:7-9).

그렇다면 그들이 왜 하늘의 전쟁에서 패하여 쫓겨날 수밖에 없는 것인가? 해를 입은 여인이 만국을 다스릴 수 있는 철장의 권세를 가진 아이를 낳아서 하늘 보좌로 올렸기 때문이다. 철장 권세를 가진 아이가 하늘 보좌로 올라가면 대군(大君) 미가엘의 입장이 되어서, 하늘의 전쟁을 통하여 궁창을 중심으로 분리된(창 1:7) 하늘의 세계를 하나로 통일시킨다(계 12:7-8). 그리스도 안에서 이루어지는 통일의 경륜을 통해서 천군의 세계가 하나로 통일되기에 더 이상 붉은 용이 설 자리가 없다. 그래서 하늘의 전쟁에서 패하여 이 땅에 쫓겨 온 그들을 가리켜 화를 받을 수밖에 없

는 땅과 바다라고 말하는 것이다. 그들이 붉은 용을 돕는 자들로서 해를 입은 여인을 대적하나 이기지 못한다.

앞서 소개한 것처럼, 해를 입은 여인은 완전한 인자로서 해를 입은 실존적인 당사자이지만, 붉은 용은 영적 차원의 존재이다. 세상 말에도 한 치 건너 두 치라는 말이 있다. 해를 입은 여인은 완전한 인자로 친히 역사하지만, 붉은 용은 자신이 직접 철장 권세를 가진 아이와 싸울 수가 없기 때문에 간접적으로 다른 사람을 통해 역사하게 된다. 자기에게 소속된 씨를 통해서 역사해야 하기 때문에 해를 입은 여인의 권세와 능력과는 큰 차이가 있다. 따라서 붉은 용은 절대 해를 입은 여인을 이길 수 없는 것이다.

제 5장

666, 최후의 종말

I
후 3년 반에 666이 행할 최후의 발악

계 13:16-18 저가 모든 자 곧 작은 자나 큰 자나 부자나 빈궁한 자나 자유한 자나 종들로 그 오른손에나 이마에 표를 받게 하고 누구든지 이 표를 가진 자 외에는 매매를 못하게 하니 이 표는 곧 짐승의 이름이나 그 이름의 수라 지혜가 여기 있으니 총명 있는 자는 그 짐승의 수를 세어 보라 그 수는 사람의 수니 육백육십 륙이니라

계 14:9-11 또 다른 천사 곧 세째가 그 뒤를 따라 큰 음성으로 가로되 만일 누구든지 짐승과 그의 우상에게 경배하고 이마에나 손에 표를 받으면 그도 하나님의 진노의 포도주를 마시리니 그 진노의 잔에 섞인 것이 없이 부은 포도주라 거룩한 천사들 앞과 어린 양 앞에서 불과 유황으로 고난을 받으리니 그 고난의 연기가 세세토록 올라가리로다 짐승과 그의 우상에게 경배하고 그 이름의 표를 받는 자는 누구든지 밤낮 쉼을 얻지 못하리라 하더라

재림 마당에 등장한 666이라는 세 짐승에게 경배를 하거나, 짐승의 표를 받은 자들은 누구를 막론하고 유황불 못에 들어간다고 했다.

짐승에게 경배한다는 말은 짐승과 그의 우상에게 예배를 드리는 것이다. 또 그들의 증거자가 되거나, 증인이 되는 것이다. 666의 증인으로서 그들이 주장하는 거짓 복음을 전하는 자가 되는 것이다. 또 이마와 손에 짐승의 표를 받는다는 것은 적그리스도에 소속된 일원이 되어 그들의 사상에 동화되는 것을 말한다.

왜 마지막 때는 단 한 번의 죄로 불 못에 들어갈 수밖에 없는가?
생령인 아담이 선악을 알게 하는 나무 실과를 따먹음으로 영을 빼앗겼다(창 3:6). 아담이 영을 빼앗겼을 때, 남아있는 혼과 몸을 통하여 빼앗긴 영을 다시 회복시키고자 했으나 가인이 아벨을 쳐 죽이므로 혼을 빼앗겼다(창 4:8). 영과 혼을 빼앗기고 남아있는 육을 통하여 혼과 영을 찾아오려고 했으나 셋의 후예들이 가인의 딸들과 한 몸이 됨으로 몸을 빼앗겼다(창 6:2-3). 이처럼 3단계 과정을 통하여 영, 혼, 몸이 완전 타락을 함으로 하나님께서 사람 지으심을 후회하시고 한탄하사 물로 심판하실 수밖에 없었다(창 6:5-7).
후 3년 반, 짐승이 주관하는 때에는 짐승의 표를 받거나, 우상에게 경배를 드리면 단 한 번의 죄로 불 못에 들어간다. 재림 마당에서는 세 번의 기회를 주시지 않는 이유가 무엇인가?
재림 마당에는 666이라는 세 사람이 같은 시대에 역사하기 때문이다. 666도 어둠의 권세의 입장으로 보면 성부 격, 성자 격, 성령 격의 의미를 가지고 있다. 붉은 용이 아버지 격이 되고, 바다의 짐승이 아들 격이 되고, 땅의 새끼 양이 성령 격이라는 의미를 가지고 있다. 붉은 용은 바다의 짐승에게 권세를 주었고, 바다의 짐승은 땅의 새끼 양에게 권세를 주었다. 세 사람이 같은 시대에 공존하고 있기 때문에 한 사람으로 인해 죄를 지으면 세 사람에 의해서 죄를 짓는 결과를 이루게 되고, 한 사람에게 소속이 되면 세 사람에게 소속이 되는 이치가 되는 것이다. 그렇기 때문에 단 한 번의 죄를 지어도 용서받지 못하는 것이다.

> 히 6:4-6 한번 비침을 얻고 하늘의 은사를 맛보고 성령에 참예한 바 되고 하나님의 선한 말씀과 내세의 능력을 맛보고 타락한 자들은 다시 새롭게 하여 회개케 할 수 없나니 이는 자기가 하나님의 아들을 다시 십자가에 못 박아 현저히 욕을 보임이라

빛이 있는 때에는 설령 죄를 지어도 회개할 수 있는 기회가 남아있다. 그러나 빛이 있는 동안이라 할지라도 생령의 입장에서는 단 한 번의 죄로도 돌이킬 수 없다(히 6:4-6).

아담이 한 번 선악과를 먹음으로 생령으로서의 모든 권세와 영광을 빼앗기고 에덴동산에서 쫓겨났고(창 3:6, 3:24), 모세도 므리바 반석을 치며 망령된 말을 하는 한 번의 죄와 허물로 가나안 땅에 들어가지 못했다(민 20:10-12, 시 106:32-33). 물론 모세의 죄에는 또 다른 구속사적 비의가 들어있지만, 표면적으로는 시편 106:32-33에 모세의 죄가 기록되었다.[51]

그 외의 사람들은 예수님의 십자가 보혈의 공로로 일흔 번씩 일곱 번이라도 사함 받을 수 있다고 하셨다(마 18:21-22).

---

51) '종말론적 구속사 시리즈' 제 2권 <이 땅의 주, 그는 누구인가?> 127-132쪽, 벽암 조영래 저, 도서출판 오색이슬

1. 왜 짐승의 때에 성도들이 666의 표를 받을 수밖에 없는가?

계 12:3-4 하늘에 또 다른 이적이 보이니 보라 한 큰 붉은 용이 있어 머리가 일곱이요 뿔이 열이라 그 여러 머리에 일곱 면류관이 있는데 그 꼬리가 하늘 별 삼분의 일을 끌어다가 땅에 던지더라 용이 해산하려는 여자 앞에서 그가 해산하면 그 아이를 삼키고자 하더니

붉은 용은 일곱 머리, 열 뿔을 가진 존재이다. 7은 영적 완전수를 상징한다. 그가 7수를 가지고 있는 것은 첫 아담의 권세와 영광을 빼앗아왔기 때문이다. 다시 말하면 첫 아담이 실패하여 7일 안식이 깨어짐으로, 이긴 자인 마귀가 7수를 차지하고 있는 것이다.

또 뿔은 구원의 표를 상징하는데(눅 1:69) 열 뿔을 가졌다는 것은 세상 열 왕의 권세와 같은 것이다(단 7:24). 그가 가진 권세와 영광은 누구도 대적할 수 없을 정도로 막강한 권세와 능력이다.

그가 한 번 꼬리를 휘두르니 하늘의 별 삼분의 일이 떨어진다. "머리는 곧 장로와 존귀한 자요 꼬리는 곧 거짓말을 가르치는 선지자라"(사 9:15)고 했다. 하늘의 별은 하나님의 택한 백성들이다. 그들이 붉은 용의 하수인의 거짓 복음에 속아서 떨어질 정도로 붉은 용이 대단한 위력의 권세를 행한다는 것이다.

붉은 용은 이 땅에 인자로서 등장하지 못한다. 붉은 용은 신령한 존재이기 때문에 고유적인 자기의 육신을 가지지 못하고

사람, 인자를 통해서 역사한다. 그가 전 3년 반에서는 영적인 존재로서 나름대로 자기를 바라는 자들을 찾아, 자기의 사상을 좋아하는 자들의 몸속에 들어가서 역사한다. 자기의 필요에 따라 때로는 A라는 인간의 처소에서, 때로는 B라는 인간의 처소에서 역사한다.

그러나 후 3년 반, 자기의 때가 되면 고유적인 대상을 통해서 역사한다. 자기의 때, 후 3년 반에는 자기가 준비한 자들을 통해 역사하는 것이다. 제 밭에 마귀를 통해 밤중에 가라지를 뿌렸다. 가라지로 뿌려진 대상은 인자로 온 존재이다. 좋은 씨처럼 이 땅에 사람의 길을 통해서 왔기에 붉은 용이 그를 통해 역사하는 것이다.

붉은 용이 왜 바다 모래에 서는가? 바다의 짐승에게 권세를 주기 위해서다. 바다의 짐승은 무형의 존재가 아니라 유형의 존재이다. 그는 무저갱에서 나온 존재이다. 예수 그리스도께로부터 머리를 징치당한 존재로서 그 누구보다 해를 입고 이 땅의 주로서 역사하시는 해를 입은 여인을 잘 아는 존재이다. 그런 바다의 짐승이 붉은 용의 권세를 받았으니 후 3년 반에 막강한 능력을 가지고 역사하기 시작한다.

계 13:1-3 내가 보니 바다에서 한 짐승이 나오는데 뿔이 열이요 머리가 일곱이라 그 뿔에는 열 면류관이 있고 그 머리들에는 참람된 이름들이 있더라 내가 본 짐승은 표범과 비슷하고 그 발은 곰의 발 같고 그 입은 사자의 입 같은데 용이 자기의 능력과 보좌와 큰 권세를 그에게 주었더라 그의 머리 하나가 상하여 죽게 된 것 같더니 그 죽게 되었던 상처가 나으매 온 땅이 이상히 여겨 짐승을 따르고 바다의 짐승 역시 열 뿔과 일곱 머리를 가진 존재이다. 붉은 용이 자기의 능력과 보좌와 큰 권세를 준 대상이다. 그는 머리를 상하여 죽게 된 존재였으나 그 죽게 된 상처가 나은 자로서 온 세상이 따르며 경배하게 된다. 그는 일곱에 속한 자였으나 여덟 번째 왕으로 등장하는 자라고 했다(계 17:11).

계 13:4-8 용이 짐승에게 권세를 주므로 용에게 경배하며 짐승에게 경배하여 가로되 누가 이 짐승과 같으뇨 누가 능히 이로 더불어 싸우리요 하더라 또 짐승이 큰 말과 참람된 말 하는 입을 받고 또 마흔두 달 일할 권세를 받으니라 짐승이 입을 벌려 하나님을 향하여 훼방하되 그의 이름과 그의 장막 곧 하늘에 거하는 자들을 훼방하더라 또 권세를 받아 성도들과 싸워 이기게 되고 각 족속과 백성과 방언과 나라를 다스리는 권세를 받으니 죽임을 당한 어린 양의 생명책에 창세 이후로 녹명되지 못하고 이 땅에 사는 자들은 다 짐승에게 경배하리라

바다의 짐승이 붉은 용으로부터 받은 권세로 하나님을 대적하며 성도들과 싸워 이기며, 여러 족속과 백성과 방언과 나라를 다스리는 권세를 받는다. 어린 양의 생명책에 기록되지 못한 자는 다 짐승에게 경배를 드릴 수밖에 없는 상황이 벌어진다.

계 13:11-15 내가 보매 또 다른 짐승이 땅에서 올라오니 새끼 양 같이 두 뿔이 있고 용처럼 말하더라 저가 먼저 나온 짐승의 모든 권세를 그 앞에서 행하고 땅과 땅에 거하는 자들로 처음 짐승에게 경배하게 하니 곧 죽게 되었던 상처가 나은 자니라 큰 이적을 행

하되 심지어 사람들 앞에서 불이 하늘로부터 땅에 내려오게 하고 짐승 앞에서 받은바 이적을 행함으로 땅에 거하는 자들을 미혹하며 땅에 거하는 자들에게 이르기를 칼에 상하였다가 살아난 짐승을 위하여 우상을 만들라 하더라 저가 권세를 받아 그 짐승의 우상에게 생기를 주어 그 짐승의 우상으로 말하게 하고 또 짐승의 우상에게 경배하지 아니하는 자는 몇이든지 다 죽이게 하더라

바다의 짐승은 땅에서 올라오는 새끼 양에게 권세를 준다. 붉은 용이 바다의 짐승에게 권세를 주고, 바다의 짐승이 땅의 새끼 양에게 권세를 줌으로 그가 바다의 짐승이 행한 권세를 그대로 행한다. 우상에게 생기를 주어 말하게 하고, 엘리야처럼 하늘에서 불이 내리게 하고, 심지어 죽은 사람까지 살리는 기사이적을 보여준다.

예를 들면 많은 성도들이 모인 성전에 강아지를 안고 나와서 강아지와 사람처럼 대화를 한다. 그리고 죽은 시체에 안수하니 죽은 시체가 살아나 두 발로 벌떡 일어선다. 오늘날 성도들이 얼마나 기사이적을 좋아하는가? 초능력을 가진 인간에게는 무조건 무릎을 꿇고 만다.

그 순간 많은 성도들이 "저야말로 재림 예수가 아닌가? 예수님이 병자를 낫게 하고 죽은 나사로를 살리신 것처럼 저 사람도 저런 능력을 행하는 것을 보니 틀림없는 재림 예수가 오신 것이다"라고 경배하게 된다는 것이다.

그렇기 때문에 우리는 성경을 자세히 보아야 한다. 새끼 양이 짐승과 대화를 한다고 해서 그것이 처음 있는 신기한 일이 아니다. 성경에는 발람이 나귀와 대화한 장면이 기록되어 있다.

민 22:27-30 나귀가 여호와의 사자를 보고 발람의 밑에 엎드리니 발람이 노하여 자기 지팡이로 나귀를 때리는지라 여호와께서 나귀 입을 여시니 발람에게 이르되 내가 네게 무엇을 하였기에 나를 이같이 세 번을 때리느뇨 발람이 나귀에게 말하되 네가 나를 거역하는 연고니 내 손에 칼이 있었더면 곧 너를 죽였으리라 나귀가 발람에게 이르되 나는 네가 오늘까지 네 일생에 타는 나귀가 아니냐 내가 언제든지 네게 이같이 하는 행습이 있더냐 가로되 없었느니라

발람의 앞을 가로막는 나귀를 세 번 때리니 나귀가 발람에게 "내가 네게 무엇을 하였기에 나를 이같이 세 번을 때리느뇨?"라고 묻자, 발람이 나귀에게 "네가 나를 거역하는 연고니 내 손에 칼이 있었더면 곧 너를 죽였으리라"고 대답했다. 나귀가 발람에게 "나는 네가 오늘까지 네 일생에 타는 나귀가 아니냐? 내가 언제든지 네게 이같이 하는 행습이 있더냐?"라고 묻자, 발람이 나귀에게 "없었느니라"고 했다. 여호와께서 나귀의 입을 열어 발람과 대화하는 장면이다. 이런 내용을 안다면 666의 세 짐승들이 행하는 기사이적이 결코 신기한 능력이 아니라는 것을 알 수 있다.

또, 새끼 양이 하늘에서 불이 내려오게 한다. 그렇다면 불이 하늘에서 내려온 사건이 처음 등장하는 일인가?

왕상 18:36-38 저녁 소제 드릴 때에 이르러 선지자 엘리야가 나아가서 말하되 아브라함과 이삭과 이스라엘의 하나님 여호와여 주께서

이스라엘 중에서 하나님이 되심과 내가 주의 종이 됨과 내가 주의 말씀대로 이 모든 일을 행하는 것을 오늘날 알게 하옵소서 여호와여 내게 응답하옵소서 내게 응답하옵소서 이 백성으로 주 여호와는 하나님이신 것과 주는 저희의 마음으로 돌이키게 하시는 것을 알게 하옵소서 하매 이에 여호와의 불이 내려서 번제물과 나무와 돌과 흙을 태우고 또 도랑의 물을 핥은지라

엘리야가 갈멜산 전투에서 '하늘에서 불이 내려 제물을 태우는 신(神)이 참 하나님이라'는 주제로 거짓 선지자들과 싸우는 중에 엘리야의 기도로 하늘에서 불이 내려왔다. 엘리야의 승리로 바알 선지자 450명을 기손 시냇가에서 죽인 사건이다.

또 666이 죽은 시체를 살리는 것은 육체가 보존되어 죽은 자들의 영혼을 불러들여 살아나게 하는 것이다. 그것은 부활과 엄격한 차이가 있다.

막 5:38-42 회당장의 집에 함께 가사 훤화함과 사람들의 울며 심히 통곡함을 보시고 들어가서 저희에게 이르시되 너희가 어찌하여 훤화하며 우느냐 이 아이가 죽은 것이 아니라 잔다 하시니 저희가 비웃더라 -(중략)- 가라사대 달리다굼 하시니 번역하면 곧 소녀야 내가 네게 말하노니 일어나라 하심이라 소녀가 곧 일어나서 걸으니 나이 열두 살이라 사람들이 곧 크게 놀라고 놀라거늘

눅 7:11-15 그 후에 예수께서 나인이란 성으로 가실쌔 제자와 허다한 무리

> 가 동행하더니 성문에 가까이 오실 때에 사람들이 한 죽은 자를 메고 나오니 이는 그 어미의 독자요 어미는 과부라 -(중략)- 예수께서 가라사대 청년아 내가 네게 말하노니 일어나라 하시매 죽었던 자가 일어앉고 말도 하거늘 예수께서 그를 어미에게 주신대

이스라엘의 기후는 온도가 높아 시체가 하루만 지나면 부패하기 시작한다. 그래서 특별한 경우를 제외하고 일반 백성들은 사람이 죽으면 하루를 넘기지 않고 장례를 치른다.

예수께서 회당장 야이로의 딸과 나인 성 과부의 독자를 살리실 때는 죽은지 만 하루가 지나지 않아 육체가 부패하지 않고 온전한 자들이었다. 육체가 부패하지 않은 상태에서는 그의 몸을 떠난 영혼을 부를 수가 있다. 그것은 부활이 아니라 소생(蘇生)이다.

> 요 11:39-44 예수께서 가라사대 돌을 옮겨 놓으라 하시니 그 죽은 자의 누이 마르다가 가로되 주여 죽은지가 나흘이 되었으매 벌써 냄새가 나나이다 예수께서 가라사대 내 말이 네가 믿으면 하나님의 영광을 보리라 하지 아니하였느냐 하신대 돌을 옮겨 놓으니 -(중략)- 이 말씀을 하시고 큰 소리로 나사로야 나오라 부르시니 죽은 자가 수족을 베로 동인 채로 나오는데 그 얼굴은 수건에 싸였더라 예수께서 가라사대 풀어 놓아 다니게 하라 하시니라

그러나 나사로는 죽은지 나흘이 지나 냄새가 나는 상태였다.

즉 육체가 부패하여 파괴된 상태에서 살리신 것이다(고후 5:1). 그것은 부활이다. 소생과 부활은 완전히 다르다. 부활은 오직 창조주 하나님께서만 행하실 수 있는 능력이다.

재림 마당에서 666이라는 세 짐승이 행하는 소생의 이적을 보고 부활의 능력으로 믿어서는 안 된다. 소생의 능력은 생령의 존재라면 얼마든지 행할 수 있는 것이다.

> 왕상 17:21-22 그 아이 위에 몸을 세 번 펴서 엎드리고 여호와께 부르짖어 가로되 나의 하나님 여호와여 원컨대 이 아이의 혼으로 그 몸에 돌아오게 하옵소서 하니 여호와께서 엘리야의 소리를 들으시므로 그 아이의 혼이 몸으로 돌아오고 살아난지라

> 왕하 4:32-35 엘리사가 집에 들어가 보니 아이가 죽었는데 자기의 침상에 눕혔는지라 들어가서는 문을 닫으니 두 사람 뿐이라 엘리사가 여호와께 기도하고 아이의 위에 올라 엎드려 자기 입을 그 입에, 자기 눈을 그 눈에, 자기 손을 그 손에 대고 그 몸에 엎드리니 아이의 살이 차차 따뜻하더라 엘리사가 내려서 집 안에서 한 번 이리저리 다니고 다시 아이 위에 올라 엎드리니 아이가 일곱 번 재채기 하고 눈을 뜨는지라

구약 마당에서 엘리야도 죽은 사렙다 과부의 외아들을 살려주었고, 엘리사도 죽은 수넴 여인의 아들을 살려주었다. 엘리야가 죽은 사렙다 과부의 아들의 혼을 불러들이니 그 아이의 혼이 몸으로 돌아와 살아났다고 기록되어 있다.

신약 마당에서도 베드로가 다비다, 다른 말로 도르가라는 여

제자가 죽었을 때 살려주었고(행 9:36-40), 바울이 강론 중에 3층에서 떨어진 유두고라는 청년을 살려주었다(행 20:7-12). 이처럼 생령의 능력으로는 얼마든지 죽은 영혼을 불러들일 수가 있는 것이다.

후 3년 반에 세 짐승들이 붉은 용으로부터 권세와 능력을 받아 그런 역사를 행하면서 자기들이 광명한 천사, 광명한 새벽별이라고 외친다(고후 11:13-15). 게다가 이미 공개된 작은 책의 말씀을 인용하여 자기들의 말씀처럼 증거한다. 성도들이 들어오던 하나님의 말씀과 전혀 다른 말씀을 하면 그들에게 넘어가겠는가? 하나님의 말씀에 더 살을 붙여서 증거하며, 능력까지 행하기 때문에 거기에 넘어갈 수밖에 없는 것이다.

빛이 주인으로 역사하시는 전 3년 반에는 죄를 지어도 회개할 기회가 있지만, 후 3년 반에는 세 짐승이 주인으로 역사하는 때이므로 한 번 경배하면 그대로 짐승에게 인침 받는다. 그 때는 회개하여 돌이킬 기회가 없는 때이다. 세 짐승의 기사이적에 미혹되어 "아멘"하는 순간 이마에, 손에 666이라는 짐승의 표를 받는 것이다. 짐승에게 경배하는 순간, 그의 소속이라는 인침을 받은 결과가 되기에 불 못을 면할 길이 없다.

그렇기 때문에 성도의 권세는 다 깨어지는 것이다. 오직 성별된 성도만이 살아남게 된다. 다니엘 같은 성별된 성도만이 사자굴에서도 목숨을 두려워하지 않고 기도함으로써 살아남았고(단 6:16-23), 다니엘의 세 친구와 같은 성별된 성도만이 평소보다 7배나 뜨거운 불 속에서 신의 아들이 함께 해 줌으로 살아남았다(단 3:19-27). 그밖에 일반 성도들은 후 3년 반에 다 성도의 권세가 깨어지는 상황이 벌어진다.

2. 왜 하나님께서 성도의 권세를 깨시는가?

> 단 12:7 내가 들은즉 그 세마포 옷을 입고 강물 위에 있는 자가 그 좌우 손을 들어 하늘을 향하여 영생하시는 자를 가리켜 맹세하여 가로되 반드시 한때 두 때 반 때를 지나서 성도의 권세가 다 깨어지기까지니 그렇게 되면 이 모든 일이 다 끝나리라 하더라

위 성구에서 "한 때·두 때·반 때를 지나서 성도의 권세가 다 깨어지기까지니 그렇게 되면 이 모든 일이 다 끝나리라"고 하신 모든 일이 다 끝나는 때는 어느 때를 말하는 것인가? 그때가 되면 성도의 권세가 다 깨어져야 하는 이유가 무엇인가?

첫째, 어둠의 권세가 깊어졌기에 성도의 권세가 깨어진다

주전 400년 전 말라기 선지자가 이스라엘의 마지막 선지자였다. 그 이후 예수께서 오시기까지 약 400년 동안 선지자의 시대가 끊어지고 캄캄한 어둠의 시대가 진행되었다. 빛이 사라진 그 시대에 어둠의 권세가 무엇을 했는가?

구약의 다니엘 선지자는 네 부분으로 나뉘어진 큰 금신상의

계시를 통하여 이스라엘이 바벨론, 메대 바사, 헬라, 로마라는 강대국들에 의해서 무참히 짓밟힐 것을 예언했다(단 2:31-33). 한 마디로 사단, 마귀가 400년 동안 한 일은 여인의 후손으로 오시는 메시야를 믿을 수 없도록 세상의 틀을 구조적으로 확고하게 만들어놓은 것이다.

재림 마당도 마찬가지다. 62이레와 7이레가 이루어지고 남은 한 이레를 통해서 하늘에서 이루어진 뜻대로 이 땅에서 하늘나라를 이루고자 하시는 역사를 이루지 못하도록 어둠의 권세가 필사적으로 방해하고 대적하고 도전하기에 적합한 인간의 삶의 시스템을 구조적으로 구축해 놓았다. 그렇기 때문에 2,000년 전 신약 마당보다 재림 마당에서의 죄악이 이천 배나 더 깊어졌다고 한다. 그런 막강한 어둠의 권세 속에서 성도의 권세가 다 깨어지는 것이다.

> 사 1:9 만군의 여호와께서 우리를 위하여 조금 남겨 두지 아니하셨더면 우리가 소돔 같고 고모라 같았었으리로다

> 롬 9:29 또한 이사야가 미리 말한바 만일 만군의 주께서 우리에게 씨를 남겨 두시지 아니하셨더면 우리가 소돔과 같이 되고 고모라와 같았으리로다 함과 같으니라

마지막 때 남겨둔 한 씨가 누구인가? 천국을 이룰 수 있는 제 밭에 뿌린 좋은 씨를 말한다. 그 한 씨를 준비하지 않으셨다면 마지막 세상은 소돔과 고모라 이상으로 심판 받을 수밖에 없는 세상이 되고 말았을 것이다. 그처럼 마지막 죄악이 최절정을 향

해 치닫고 있는 영적인 소돔과 고모라 시대에 살고 있는 성도의 입장에서 신앙의 정절과 순결을 지키는 것은 자기 목숨을 걸어야 할 정도로 힘든 일이다.

하나님께서 성도를 내팽개치고 버려두셨기 때문에 성도의 권세가 모두 깨어지는 것이 아니다. 아무리 성도들이 가지고 있는 말씀의 권세와 능력, 믿음으로 맞서도 어둠의 권세를 싸워 이길 수 없다는 것이다. 그런 입장에서 성도의 권세가 다 깨어진다고 말한 것이다.

초림 때에는 예수께서 "사단이 하늘로서 번개같이 떨어지는 것을 내가 보았노라"(눅 10:18)고 말씀하신 대로 마귀를 도우러 사단만 내려왔지만 마지막 재림 때는 이 땅에 하늘의 전쟁에서 패하고 쫓겨 온 붉은 용과 그의 사자들이 다 등장한다. 그렇기 때문에 신약 때와는 비교할 수 없을 만큼 재림 마당이 '창세이후 전무후무한 환난'의 시대가 되는 것이다.

둘째, 의인 중에서 악인을 골라내기 위해서 성도의 권세를 깨신다

> 마 13:47-50 또 천국은 마치 바다에 치고 각종 물고기를 모는 그물과 같으니 그물에 가득하매 물 가로 끌어내고 앉아서 좋은 것은 그릇에 담고 못된 것은 내어 버리느니라 세상 끝에도 이러하리라 천사들이 와서 의인 중에서 악인을 갈라내어 풀무 불에 던져 넣으리니 거기서 울며 이를 갊이 있으리라

> 사 17:6   그러나 오히려 주울 것이 남으리니 감람나무를 흔들 때에 가장 높은 가지 꼭대기에 실과 이삼 개가 남음 같겠고 무성한 나무의 가장 먼 가지에 사오 개가 남음 같으리라 이스라엘의 하나님 여호와의 말씀이니라

농부들이나 과수원을 운영하는 분들이 좋은 상품의 농작물을 얻으려면 적당한 비율로 적과(摘果)를 해준다. 과일이 많이 열리는 대로 그대로 두면 과일이 크게 자라지 않아 상품가치가 없기 때문에 적당한 비율로 솎아 주어야 한다. 하나님께서도 적과를 하시는데, 수만 개가 달리는 감람나무에서 본 가지에는 2-3개, 무성한 먼 가지에는 4-5개만 남게 하신다는 것이다.

즉 수만 개도 넘게 달리는 감람나무 열매를 여덟 개만 남겨두고 다 떨어지게 하시는 것이 '성도의 권세가 다 깨어지기까지'라는 것이다. 적과로 인해 떨어지는 열매들은 성도의 권세가 깨어지는 대상이고, 남아있는 여덟 개의 열매는 성도 중의 성도, 성별된 성도라는 것이다. 성도의 권세가 깨어지는 대상은 생명의 부활로 구원 받는 자들이고, 남아있는 여덟 개의 열매는 의인의 부활, 첫째 부활에 참여할 수 있는 자들이다.

왜 그런 역사를 하시는 것인가? 초림주 예수님은 의인을 구원하러 오신 분이 아니라 죄인을 구원하러 오신 분이기 때문에 십자가상에서 그 고통 중에서도 죄인들을 위해서 끝까지 용서의 기도를 해주셨다(눅 23:34).

그러나 재림주는 죄인을 구원하러 오시는 분이 아니라, 의인을 구원하러 오시는 분이다. 죄인을 위해서 오시면 예수님처럼 또 십자가를 져야 한다. 물론 재림주도 이 땅에서 삼일길을 걷

기 위해서는 십자가를 지셔야 하지만, 재림주는 의인을 위해서 오셨기 때문에 보이는 십자가를 지시는 분은 아니다.

재림 마당에서 창세 이후 전무후무한 환난으로 인해 성도들은 다 떨어지게 되어 있다. 불신자들이 떨어지는 것이 아니라, 생명의 부활로 구원을 받는 성도들이 다 떨어지는 것이다. 그만큼 재림 마당에서는 구원받기가 힘들다는 것이다. 오직 첫째 부활, 의인의 부활에 들어가는 사람만이 남는 자가 된다(롬 9:27).

> 히 9:28 이와 같이 그리스도도 많은 사람의 죄를 담당하시려고 단번에 드리신바 되셨고 구원에 이르게 하기 위하여 죄와 상관없이 자기를 바라는 자들에게 두 번째 나타나시리라

재림주가 오실 때 죄와 상관없이 '자기를 바라는 자들'에게 오신다는 '바라는 자들'은 누구인가? 그들은 성도가 아니라 성도 중의 성도를 말하는 것이다. 그렇기 때문에 다니엘서를 가리켜서 성도 중의 성도의 장(章), 성별된 성도의 장이라고 한다. 왜냐하면 첫째 부활에 참여하는 의인의 기준이 어떤 신앙의 척도를 말하는 것인지 분명히 다니엘서에 그 기준이 나와 있기 때문이다.

> 마 24:15 그러므로 너희가 선지자 다니엘의 말한바 멸망의 가증한 것이 거룩한 곳에 선 것을 보거든 (읽는 자는 깨달을찐저)

예수께서도 종말론에 대하여 "다니엘서를 읽는 자는 깨달을찐저"라고 친히 말씀하셨다. 그 정도로 다니엘서에는 때에 관한

비밀이 기록되어 있기 때문에, 다니엘서를 깊이 궁구하며 읽고 깨닫는다면 각자 자기의 신앙의 척도를 어느 정도 분별하고 짐작할 수 있다는 것이다.

하나님께서 감람나무를 흔드신다는 것은 시험 들게 하고, 못 믿게 하시겠다는 것이다. 그 이유가 무엇인가? 의인의 부활의 영광을 위해서 오신 재림주의 역사 속에 첫째 부활에 참여하지 못하는 사람들이 섞여 있으면 안 되기 때문이다.

노아, 다니엘, 욥 이 세 의인이 "하나님! 우리 세 의인의 가족 중에서 단 한 사람이라도 기근, 짐승, 칼, 온역의 네 가지의 심판에서 긍휼을 베풀어주실 수 없습니까?"(겔 14:13-20)라고 거듭해서 네 번을 묻는 장면이 기록되어있다. 그러나 하나님께서 네 번 다 "안 돼, 안 돼, 안 돼, 안 돼! 아무리 너희가 의인일지라도 너희들의 믿음으로 너희 자신만 구원을 받는 것이지, 설령 자식일지라도 다른 사람은 절대 구원 받지 못한다"라고 하셨다.

여기서 말한 구원은 첫째 부활, 의인의 부활을 말한다. 첫째 부활, 의인의 부활은 자기 믿음으로 자기만 구원받을 수 있는 것이다. 하나님께서는 성도와 성별된 성도를 구별하는 그 기준을 바라보시며 안 된다고 하신 것이다.

따라서 성도의 권세가 깨어진다는 그 기준이 얼마나 두렵고 떨리는 내용인지 알아야 한다.

첫째, 주일을 지키지 않는 사람은 성도의 권세가 깨어지는 대상이다. 주일은 절대적인 하나님의 시간이다. 하나님의 시간인 주일을 범해서는 안 된다. 구약 마당에서는 안식일을 지키지 않는 사람은 죽이라고 하셨기에 실제로 안식일에 불을 피운 사람을 죽인 일이 있었다(출 35:2-3).

둘째, 절기를 지키지 않는 사람도 성도의 권세가 깨어지는 대상이다. 3대 절기를 지키지 않는 사람은 백성 중에서 끊어진다고 하셨다(출 12:15, 12:19, 민 9:13). 즉 영적으로 죽는다는 것이다.

그리고 주일과 절기를 다 지킨다 할지라도 40년 광야길에서 이스라엘 백성들이 우상숭배, 간음, 시험, 원망의 네 가지의 죄를 지음으로 출애굽한 1세대들이 광야에서 죽은 것처럼(고전 10:7-10), 재림 마당에서도 동일한 네 가지의 죄를 짓는 사람은 절대 첫째 부활에 들어가지 못한다.

셋째, 때의 주인을 모르는 사람도 성도의 권세가 깨어지는 대상이다. 구약 마당에서는 모세가 때의 주인으로 역사했고, 신약 마당에서는 말씀이 육신으로 오신 예수께서 때의 주인으로 역사하셨다. 자기 때에 자기 땅에 오신 예수님을 알아보지 못하고 십자가에 못 박고, 대적하고 욕한 자들이 구원을 받을 수 있을 것인가? 분명히 표면적인 이스라엘은 선민의 축복을 빼앗기고 그 나라의 열매 맺는 백성들이 그 축복과 영광을 받는다고 하셨다(마 21:43).

마찬가지로, 재림 마당에는 해를 입은 여인이 이 땅의 주로서, 때의 주인으로 역사하신다. 그런 때의 주인을 알아보지 못하는 사람들은 성도의 권세가 깨어지는 대상이 될 수밖에 없는 것이다.

만일 위의 기준에 부적합한 사람들이 끼어 있다면 그들의 신앙이 다 깨어지고, 오직 남는 자, 허락된 자, 축복받은 자만이 남을 때까지 하나님께서는 계속적으로 감람나무를 흔드실 수밖에 없다. 의인 중에서 악인을 골라내기 위해서 갈대자로 척량하는 범주는 성전 바깥이 아니라 성전 안이다(계 11:1, 겔 9:6, 벧전 4:17-18, 마 13:47-50). 성전 안은 의인들만 있는 곳인데 의인인 체 하는 인간들이 그 안에 섞여 있기 때문에 갈대자로 척량해야만 한다.

> 벧전 4:17-18 하나님 집에서 심판을 시작할 때가 되었나니 만일 우리에게 먼저 하면 하나님의 복음을 순종치 아니하는 자들의 그 마지막이 어떠하며 또 의인이 겨우 구원을 얻으면 경건치 아니한 자와 죄인이 어디 서리요

의인도 이렇게 구원 받는 수가 희박한데 하물며 죄인이 설 자리가 있겠느냐는 말씀이다. 그런 이유로 하나님께서는 의인 중에서 악인을 골라내시고자 성도의 권세를 깨시는 것이다.

3. 왜 예수께서 창세 이후 전무후무한 환난이라고 하셨는가?

> 마 24:21 이는 그 때에 큰 환난이 있겠음이라 창세로부터 지금까지 이런 환난이 없었고 후에도 없으리라

예수께서 말씀하신 창세 이후 전무후무한 환난의 내용은 무엇인가? 이 땅에서 언제 그 말씀이 이루어졌는가?

눅 19:41-44 가까이 오사 성을 보시고 우시며 가라사대 너도 오늘날 평화에 관한 일을 알았더면 좋을 뻔하였거니와 지금 네 눈에 숨기웠도다 날이 이를찌라 네 원수들이 토성을 쌓고 너를 둘러 사면으로 가두고 또 너와 및 그 가운데 있는 네 자식들을 땅에 메어치며 돌 하나도 돌 위에 남기지 아니하리니 이는 권고 받는 날을 네가 알지 못함을 인함이니라 하시니라

예수께서 예루살렘 성을 바라보시며 크게 통곡하셨다. 장차 로마의 베스파시아누스 황제의 아들 디도(Titus)가 와서 예루살렘 성을 포위하고, 돌 위에 돌 하나도 남기지 않는 대참상이 벌어질 것을 바라보시며 우신 것이다. 그 당시 로마군대가 침공하자 사람들이 예루살렘 성으로 모여들었는데 로마 군대가 성 바깥에 토성을 쌓음으로 성 안에 모였던 110만 명이 완전히 포위를 당해 도망갈 수가 없게 되었다. 얼마 지나지 않아 성 안에 양식이 떨어지게 되고, 급기야는 자식들을 잡아먹는 참상이 벌어졌다. 특히 로마 군인들이 어린아이의 두 다리를 들고 화강암으로 된 성벽에 메어치면, 그것을 몰래 숨어서 바라보던 사람들이 그 즉사한 시체를 서로 가져다 삶아먹느라 아비규환이었다. 그리하여 성 중에 남아있던 110만 명 중에서 한 명도 살아남지 못하고 다 죽은 것이다.[52]

시 137:7-9 여호와여 예루살렘이 해 받던 날을 기억하시고 에돔 자손을 치소서 저희 말이 훼파하라 훼파하라 그 기초까지 훼파하라 하였나이다 여자 같은 멸망할 바벨론아 네가 우리에게 행한 대로 네

---

52) 유대전쟁사-요세푸스, 생명의 말씀사

게 갚는 자가 유복하리로다 네 어린 것들을 반석에 메어치는 자는 유복하리로다

이미 구약 마당에서 시편 기자를 통해 예루살렘 성의 참상을 예고한 바 있었다. 신약 마당에서 그들이 당한 참상은 아벨로부터 사가랴까지 흘린 피 값이었다(마 23:35-36).

마 27:22-26 빌라도가 가로되 그러면 그리스도라 하는 예수를 내가 어떻게 하랴 저희가 다 가로되 십자가에 못 박혀야 하겠나이다 빌라도가 가로되 어찜이뇨 무슨 악한 일을 하였느냐 저희가 더욱 소리질러 가로되 십자가에 못 박혀야 하겠나이다 하는지라 빌라도가 아무 효험도 없이 도리어 민란이 나려는 것을 보고 물을 가져다가 무리 앞에서 손을 씻으며 가로되 이 사람의 피에 대하여 나는 무죄하니 너희가 당하라 백성이 다 대답하여 가로되 그 피를 우리와 우리 자손에게 돌릴찌어다 하거늘 이에 바라바는 저희에게 놓아주고 예수는 채찍질하고 십자가에 못 박히게 넘겨주니라

예수님 당시 명절에는 죄인을 한 사람 석방해주는 관례가 있었다. 빌라도가 아내의 권고로 예수님을 십자가에 못 박고 싶지 않아서 군중들에게 "바라바와 예수 중에서 누구를 놓아주랴?"고 물으니 군중들이 "바라바를 내어주고 예수는 십자가에 못 박아야 한다"고 소리 질렀다. 그러자 빌라도가 손을 씻으며 "이 사람의 피에 대해 나는 무죄하니 너희가 당하라"고 하자 "그 피를 우리와 우리 자손에게 돌릴찌어다"라고 했다. 그들이 피를 걸고

맹세한 결과 그들 당대와 후손들이 창세 이후 전무후무한 환난을 당한 것이다. 그들이 말한 '우리'는 로마의 디도 장군에 의해서 죽임을 당한 110만 명이고, '우리 자손'은 히틀러에 의해서 대학살을 당한 600만 명의 유대인들이다.

그렇다면 예수께서 말씀하신 창세 이후 전무후무한 환난은 위에서 소개한 사건들로 끝난 것인가?
예수님은 장차 재림 마당에서 일어날 환난을 바라보시며 말씀하신 것이다. 재림 마당에서는 지금까지 오지 않던 붉은 용과 그의 사자들이 하늘의 전쟁에서 패하여 이 땅으로 내려오기 때문에 유대인들이 겪은 환난과 비교할 수 없는 창세 이후 전무후무한 환난이 일어난다.
붉은 용과 바다의 짐승과 땅에서 올라오는 새끼 양이 666이라는 세 짐승으로서 믿는 성도들을 삼키고, 성별된 성도들을 죽이는 대참상이 일어날 것이다.

> 계 12:13 용이 자기가 땅으로 내어 쫓긴 것을 보고 남자를 낳은 여자를 핍박하는지라

붉은 용이 하늘에서 내쫓긴 것을 알았다는 의미가 무엇인가? 붉은 용이 그 때까지는 그래도 자신의 능력을 믿고 하나님과 겨루었으나 철장 권세를 가진 아이가 탄생함으로 도저히 더 이상 하늘에 발붙일 곳이 없어 이 땅으로 쫓겨 온다. 그리고 철장 권세를 가진 아이를 낳은 해를 입은 여인을 떠내려가게 하려고 물을 강 같이 토했으나, 땅이 여자를 도와 강물을 삼킴으

로 자기의 모든 계획이 무산되었다. 그렇기 때문에 그 때부터는 "이왕에 죽는 것, 이판사판이니 죽기까지 대적해보자"라는 심정으로 그 여자의 남은 자손, 예수의 증거를 가진 자들을 우는 사자처럼 찾아다니는 것이다(벧전 5:8, 눅 21:22-26).

그 때 해를 입은 여인과 두 감람나무에게 소속된 성도들은 붉은 용의 표적이 되어 환난을 면할 수가 없다.

창세 이후 전무후무한 환난은 무엇인가?

요한계시록에는 영원한 복음과(계 14:6) 다시 복음이(계 10:11) 등장한다. 그렇다면 두 복음의 차이점은 무엇인가?

> 계 14:6 또 보니 다른 천사가 공중에 날아가는데 땅에 거하는 자들 곧 여러 나라와 족속과 방언과 백성에게 전할 영원한 복음을 가졌더라

영원한 복음은 처음부터 있었던 복음이며 일반 계시를 말한다. 하나님께서 정하신 70이레의 구속사역 중에서 율법과 선지자의 역사로 인해 62이레가 이루어졌고, 예수께서 7이레를 이루심으로 69이레가 이루어졌고, 나머지 한 이레가 남았다. 재림 마당에서 이루어야 할 남은 한 이레는 전 3년 반과 후 3년 반으로 나누어진다. 한 이레의 역사는 처음부터 존재했던 영원한 복음 속에 있는 내용이다.

> 계 10:7-11 일곱째 천사가 소리 내는 날 그 나팔을 불게 될 때에 하나님의

비밀이 그 종 선지자들에게 전하신 복음과 같이 이루리라 하늘에서 나서 내게 들리던 음성이 또 내게 말하여 가로되 네가 가서 바다와 땅을 밟고 섰는 천사의 손에 펴 놓인 책을 가지라 하기로 내가 천사에게 나아가 작은 책을 달라 한즉 천사가 가로되 갖다 먹어버리라 네 배에는 쓰나 네 입에는 꿀 같이 달리라 하거늘 내가 천사의 손에서 작은 책을 갖다 먹어버리니 내 입에는 꿀 같이 다나 먹은 후에 내 배에서는 쓰게 되더라 저가 내게 말하기를 네가 많은 백성과 나라와 방언과 임금에게 다시 예언하여야 하리라 하더라

그러나 다시 복음은 일반계시 속에 삽입된 계시이기 때문에 중간계시, 삽입된 계시라고도 한다. 어떤 특정인들을 위해서 하나님이 삽입한 계시로서, 영원한 복음 속에 처음부터 들어 있지 않고 새롭게 넣은 복음이다. 또 많은 백성과 나라와 방언과 임금에게 다시 예언하라고 하셨기에 '다시 복음'이라고도 한다.

여기서 말한 일곱째 천사는 일곱 번째 나팔을 부는 천사장이다. 이 천사장이 나팔 불 때 하나님께서 그 종들을 통해서 예언하신 모든 말씀이 이루어진다고 했다. 하나님께서 종들을 통해서 예언하신 모든 말씀은 다시 복음, 사도 요한이 먹은 작은 책을 말한다. 즉 일곱 인, 일곱 나팔, 일곱 대접의 역사를 말하는 것이다.

계 15:7 네 생물 중에 하나가 세세에 계신 하나님의 진노를 가득히 담은 금대접 일곱을 그 일곱 천사에게 주니

일곱 인, 일곱 나팔, 일곱 대접의 역사는 네 생물이 주관하는 하나님의 심판의 역사이다. 일곱 인, 일곱 나팔, 일곱 대접의 역사를 통하여 하나님께서 자기의 종들을 통해 예언하신 말씀이 다 이루어지는 것이다. 여기서 말하는 종들은 일반적인 선지자가 아니라, 일곱 인, 일곱 나팔, 일곱 대접의 역사에 소속된 종들이며, 반 때를 통해 역사하는 종들이다.

일곱 인, 일곱 나팔, 일곱 대접의 역사는 하나님께서 인류 구속사역을 마감하시는 끝자락에서 행하시는 마지막 심판의 역사이다. 중간계시의 입장에서 본 종말론적 환난이며, 다시 복음에 의한 종말론적 심판이다. 요한계시록 10장에서 사도 요한이 먹은 작은 책의 내용이 일곱 인, 일곱 나팔, 일곱 대접의 역사의 내용인 것이다.

요한계시록 10:7에서 "하나님의 비밀이 그 종 선지자들에게 전하신 복음과 같이 이루리라"고 해서 세상 종말이 오는 것은 아니다. 다시 복음, 중간계시, 특별계시의 역사는 이루어졌지만 아직 영원한 복음의 역사가 남아있는 것이다.

> 계 6:12-14 내가 보니 여섯째 인을 떼실 때에 큰 지진이 나며 해가 총담 같이 검어지고 온 달이 피 같이 되며 하늘의 별들이 무화과나무가 대풍에 흔들려 선 과실이 떨어지는 것 같이 땅에 떨어지며 하늘은 종이 축이 말리는 것 같이 떠나가고 각 산과 섬이 제 자리에서 옮기우매

위 성구에는 하늘의 권능들이 흔들리는 내용이 기록되어 있

다. 여기서 해와 달과 별들의 권능이 흔들린다는 내용은 일반계시의 입장에서는 태양계가 파괴된 상태를 말하는 것이지만, 특별계시의 입장에서는 광명한 자들, 즉 인자를 가리킨 것이다. 중간계시의 역사가 마쳐지면 그 역사를 주관하시던 하나님의 사람들이 더 이상 개입할 필요가 없게 된다. 이미 영원한 복음을 통한 종말론적인 역사가 준비되어 있고, 그 역사를 담당할 사람들이 예비되어, 그들에 의해서 모든 역사가 이루어지기 때문이다.

> 계 16:17-21 일곱째가 그 대접을 공기 가운데 쏟으매 큰 음성이 성전에서 보좌로부터 나서 가로되 되었다 하니 번개와 음성들과 뇌성이 있고 또 큰 지진이 있어 어찌 큰지 사람이 땅에 있어 옴으로 이같이 큰 지진이 없었더라 큰 성이 세 갈래로 갈라지고 만국의 성들도 무너지니 큰 성 바벨론이 하나님 앞에 기억하신바 되어 그의 맹렬한 진노의 포도주 잔을 받으매 각 섬도 없어지고 산악도 간 데 없더라 또 중수가 한 달란트나 되는 큰 우박이 하늘로부터 사람들에게 내리매 사람들이 그 박재로 인하여 하나님을 훼방하니 그 재앙이 심히 큼이러라

여섯째 대접이 큰 강 유브라데에 쏟아지면 강물이 마르고 동방에서 왕들이 오는데, 개구리 같은 세 더러운 영을 가진 세 짐승이 등장한다. 그들은 아마겟돈 전쟁을 위하여 모인 자들이다(계 16:12-16).

그리고 이어서 일곱째 대접이 쏟아지면 큰 성이 세 갈래로 갈라지고 중수가 한 달란트나 되는 큰 우박이 쏟아진다고 했다.

중수가 한 달란트라면 약 34㎏이다. 그런 우박이 비처럼 쏟아지는데 그 무서운 심판에서 살아남을 종자가 있겠는가? 그런 무서운 어려움을 겪고 살아남은 자들이 회개하지 않고 도리어 하나님을 대적하며 훼방한다고 했다. 일곱 인, 일곱 나팔, 일곱 대접의 역사는 하나님의 주권적인 권세와 능력에 의해서 주도되는 역사이다. 그 역사는 다시복음, 특별계시로 인해 나타나는 환난이며 어느 특정한 장소, 열매 맺는 백성, 제 밭에 있는 자들에게만 임하는 놀라운 구속사의 역사이다.

그 역사가 이루어지고 난 후에 일반계시의 역사가 연결되어 세 왕을 모은 자들로 하여금 세계 3차 대전을 일으키는 것이다. 따라서 세계 3차 대전은 전 세계적으로 임하는 환난이다.

> 눅 21:25-26 일월성신에는 징조가 있겠고 땅에서는 민족들이 바다와 파도의 우는 소리를 인하여 혼란한 중에 곤고하리라 사람들이 세상에 임할 일을 생각하고 무서워하므로 기절하리니 이는 하늘의 권능들이 흔들리겠음이라

예수께서 친히 말씀하신 종말론의 내용이다. 마태복음 24장, 마가복음 13장, 누가복음 17:26-37, 21장은 일반계시의 입장에서 본 종말장이다. 전 세계적으로 3차 대전이 일어난 뒤, 하나님의 권능에 의해서 지구의 존재가 사라진다는 것이다.

> 계 16:19 큰 성이 세 갈래로 갈라지고 만국의 성들도 무너지니 큰 성 바벨론이 하나님 앞에 기억하신바 되어 그의 맹렬한 진노의 포도주 잔을 받으매

일곱째 대접의 역사로 인해 지구가 세 갈래로 쪼개지고, 지구가 쪼개지면 자연히 태양계가 파괴될 수밖에 없다. 그렇기 때문에 예수께서 친히 '창세 이후 전무후무한 환난'이라고 말씀하신 것이다(마 24:21, 막 13:19).

그렇다면 창세 이후 전무후무한 환난의 내용은 무엇인가?

첫째, 성도의 권세가 다 깨어지기까지 아무도 그 사실을 알지 못한다.

노아 때 물로 심판 받아 죽으면서도 자기들이 왜 죽어야 하는지 알지 못한 것처럼(마 24:39), 성도의 권세가 다 깨어져도 왜 성도의 권세가 다 깨어져야 하는지 아는 사람이 없다는 것이다.

둘째, 일곱 인·일곱 나팔·일곱 대접의 역사가 마쳐지기까지 다시 복음의 역사, 구속사의 비밀을 아무도 깨닫지 못한다.

이 땅에서 실제로 그런 역사가 이루어졌는데도 아무도 알지 못한다는 것이다. 오직 제 밭에서 좋은 씨를 통해 좋은 씨알들이 된 사람들 외에는 깨닫는 사람이 없다. 그래서 예수께서 친히 "천국의 비밀이 너희에게는 허락되었으나 저들에게는 허락되지 않았다"(마 13:11)라고 말씀하신 것이다. 그러나 "그들 가운데 선지자가 있었음을 알지니라"(겔 2:5, 33:33)는 말씀대로 누군가 이 땅에서 이루어진 구속사의 내용을 전해야 한다.

셋째, 때의 주인을 알지 못하고, 때에 맞는 말씀을 알지 못하기 때문에 때의 주인을 대적한다.

예수님 당시에도 자기 땅에 오신 메시아를 알아보지 못한 선민 이스라엘 백성들이 4천 년 동안 기다려온 메시아를 십자가에 못 박아 죽이고 말았다. 그 결과 "하나님 나라를 빼앗기고 그 나라의 열매 맺는 백성들이 받으리라"(마 21:43)는 포도원 비유의 말씀대로 그들은 선민의 축복과 영광을 빼앗기고 말았다.

재림 마당에서도 때의 주인으로 역사하신 해를 입은 여인을 알지 못하고 대적한 자들이 구원받을 수 있겠는가? 또 장차 신부의 영광을 입을 그리스도를 비난하고 정죄하고 증오한 자들이 구원받을 수 있겠는가? 그런 그들이 성도의 권세가 깨어지는 자들이다.

물론 성도의 권세가 깨어진다고 해서 불 못에 떨어지는 것은 아니다(계 20:14). 생명의 부활로 영혼 구원은 받지만 해를 입은 여인과 그리스도의 역사 안에는 들어오지 못한다. 즉 첫째 부활, 의인의 부활로는 구원 받지 못한다.

위의 세 가지 내용은 중간계시 안에 있는 창세 이후 전무후무한 환난이다. 이 세 가지가 끝나면 천년왕국의 시대가 도래한다(계 20:4-6). 영육 간에 산 자가 된 하나님의 아들들이 산 자의 세계를 펼쳐나가고, 죽는 자들을 다스리는 시대를 말한다. 그런 세계가 실제로 도래함에도 불구하고 인간들이 절대 회개하지 않는다. 그 이유는 붉은 용은 이미 잡혀서 무저갱에 갇혀 있고, 자기들의 모든 권세는 이미 빼앗긴 상태이기 때문이다. 어차피 이판사판인 상황이라 생각하고 회개하지 않는 것이다.

넷째, 온 세상에 세계 3차 대전이라는 마지막 대환난이 온다.

계 20:3 무저갱에 던져 잠그고 그 위에 인봉하여 천 년이 차도록 다시는 만국을 미혹하지 못하게 하였다가 그 후에는 반드시 잠간 놓이리라

무저갱에 가두었던 자들을 천년이 차매 잠시 놓아준다. 그 이유는 그들로 하여금 성전 밖 마당을 마흔두 달 동안 짓밟게 하기 위해서다. 그래서 그들이 세 왕을 통해서 3차 대전을 일으키는 것이다. 마지막으로 자기들이 가진 권세와 능력으로 인간들의 마음을 정복해서 서로 미워하게 만들어 3차 대전을 일으키는 것이다. 즉 인간이 인간에 의해서 심판을 받게 되는 것이다.

다섯째, 지구가 깨어지고 태양계가 서로 부딪혀 사라진다.
이제는 더 이상 지구가 존재할 의미가 없기에 하나님께서 하늘의 권능을 이용하여 태양계를 파멸시키고 지구가 세 갈래로 부숴지게 만드시는 것이다(계 16:19).
지구가 깨어지고 태양계가 사라지는 것은 핵폭탄에 의해서가 아니라 하나님의 권능으로 하늘의 권능이 흔들리고, 태양계가 서로 부딪힘으로 깨어지는 것이다(마 24:29, 눅 21:25-26).
넷째와 다섯째 사건은 일반계시 속에 있는 창세 이후 전무후무한 환난의 내용이다.

요한계시록에는 일반계시와 중간계시가 따로 구별되어 기록되지 않고 포괄적으로 소개되고 있다. 그러나 신령한 눈으로 보면 일반계시와 중간계시의 내용이 서로 다르게 구별되어 있다.

중간계시의 영적인 내용이 시기적으로는 차이가 있지만 일반계시로도 전환되어 실제적인 사건으로 나타나기도 한다.

예를 들면, 중간계시 속에 불법의 아들이 나타나기도 하지만 중간계시가 끝나고 오랜 시간 후에 일반계시 속에도 등장한다(살후 2:3-4). 분명히 요한계시록 13장에 등장하는 666이 영적인 입장에서는 중간계시 속에서 이루어지지만, 육적인 입장에서는 일반계시 속에서도 이루어지는 것이다. 영적으로 이루어진 일들이 육적으로도 이루어지려면 누군가 그 영적인 일을 깨달아야 한다. 그런 사람을 통해서 결과가 이루어질 때 영육 간에 이루어졌다고 한다. 이처럼 성경에 기록된 재림의 예언은 한 치의 오차도 없이 영육 간에 다 이루어지게 되어 있다.

4. 후 3년 반, 짐승의 때에 순교의 역사가 이루어진다

> 계 6:9-11 다섯째 인을 떼실 때에 내가 보니 하나님의 말씀과 저희의 가진 증거를 인하여 죽임을 당한 영혼들이 제단 아래 있어 큰 소리로 불러 가로되 거룩하고 참되신 대주재여 땅에 거하는 자들을 심판하여 우리 피를 신원하여 주지 아니하시기를 어느 때까지 하시려나이까 하니 각각 저희에게 흰 두루마기를 주시며 가라사대 아직 잠시 동안 쉬되 저희 동무 종들과 형제들도 자기처럼 죽임을 받아 그 수가 차기까지 하라 하시더라

위 성구에는 다섯째 인을 뗄 때에 제단 아래에 있는 순교자들의 피의 호소가 기록되어 있다. "우리가 언제까지 기다려야 합니까?"라고 할 때 흰 두루마기를 주시면서 "저희 동무 종들과 형제들도 자기처럼 죽임을 받아 그 수가 차기까지 기다리라"고 하셨다. 분명히 순교의 수를 채우는 역사가 남아있다는 것이다.

그렇다면 순교의 수는 언제 차는 것인가? 성경에는 매 시대마다 순교자들이 있었다.

구약 마당의 순교자들은 누구인가?

> 마 23:35 그러므로 의인 아벨의 피로부터 성전과 제단 사이에서 너희가 죽인 바라갸의 아들 사가랴의 피까지 땅 위에서 흘린 의로운 피가 다 너희에게 돌아가리라

예수께서 친히 "아벨의 피로부터 사가랴의 피까지 이 세대가 담당하리라"고 하셨다. 구약 마당의 첫 순교자는 가인에게 죽임을 당한 아벨이었다(창 4:8). 가인과 아벨이 동시에 하나님께 제사를 드렸으나 하나님께서는 믿음으로 제사를 드린 아벨의 제물을 받으셨다(창 4:3-4, 히 11:4). 따라서 구약 마당에서 채워지는 순교의 수를 '아벨로부터 사가랴까지'라고 말할 수 있다. 물론 그 이후에도 순교의 수가 있었지만 그 당시 세대가 담당할 순교의 수의 한계를 말씀하신 것이다.

동일한 말씀의 역사의 입장에서 본다면(벧후 3:7) 구약 마당에서 순교의 수가 시작되고 이루어진 것처럼, 신약 마당에서도

순교의 수가 시작되어 채워지고, 재림 마당에서도 순교의 수가 시작되어 채워지는 분명한 시작과 끝이 있다는 것이다.

신약 마당의 순교자들은 누구인가?

> 마 2:16-18 이에 헤롯이 박사들에게 속은 줄을 알고 심히 노하여 사람을 보내어 베들레헴과 그 모든 지경 안에 있는 사내아이를 박사들에게 자세히 알아본 그 때를 표준하여 두 살부터 그 아래로 다 죽이니 이에 선지자 예레미야로 말씀하신바 라마에서 슬퍼하며 크게 통곡하는 소리가 들리니 라헬이 그 자식을 위하여 애곡하는 것이라 그가 자식이 없으므로 위로 받기를 거절하였도다 함이 이루어졌느니라

헤롯이 동방박사로부터 메시아 탄생의 소식을 듣고 그를 죽이려고 자신도 경배하려고 하니 자세히 알려달라고 했다(마 2:8). 그러나 하나님께서 박사들에게 헤롯을 피해 다른 길로 고국에 돌아가게 하시고(마 2:12), 아기 예수님을 애굽으로 피신하도록 지시하셨다(마 2:13-15). 그러자 헤롯이 박사들에게 속은 사실을 알고 분하여 베들레헴과 주변 지역에 사는 두 살 이하의 사내아이들을 다 죽였다(마 2:16). 그 당시 죽은 아기들은 예수님으로 인해 순교를 당한 대상들이었다.

> 행 12:1-2 그 때에 헤롯 왕이 손을 들어 교회 중 몇 사람을 해하려하여 요한의 형제 야고보를 칼로 죽이니

행 7:59-60 저희가 돌로 스데반을 치니 스데반이 부르짖어 가로되 주 예수여 내 영혼을 받으시옵소서 하고 무릎을 꿇고 크게 불러 가로되 주여 이 죄를 저들에게 돌리지 마옵소서 이 말을 하고 자니라

예수님의 십자가 사역 이후에 열두 사도 가운데 제일 먼저 순교를 한 사람이 요한의 형제 야고보이다. 사도 중에서는 야고보가, 집사 중에서는 스데반이 제일 먼저 순교를 했다.

하나님은 공의의 하나님, 질서의 하나님, 인격의 하나님이시기에 모든 것을 평균케 하신다(고후 8:13-14). 다시 말하면 순교의 역사가 진행되는 과정 안에서도 하나님은 질서의 차원에서, 영광의 순서와 형평성에 따라, 순교의 수도 어느 한 편에 치우치지 않도록 평균적으로 골고루 조화롭게 순교의 대상으로 인도하신다. 그것이 순교의 반차 안에 있는 내용이다.

결과적으로 신약 마당에서 가룟 유다를 제외한 열한 사도는 모두 순교를 했다. 또 마가의 다락방에서 아버지의 약속의 성령의 인침을 받은 120문도도 거의 다 순교를 했다. 그들은 성령의 인도를 통해 첫째 부활에 들어간 사람들로서 열두 사도 안에서 순교한 것이다. 동일한 말씀의 역사 안에서는 처음과 나중의 역사가 같다는 것이다.

성경에는 부활하신 예수님이 40일 동안 사람들에게 보이시며 열한 번째로 500명이 보는 가운데 승천하신 사실과(고전 15:6) 열 번째까지 만나신 사람들에 대한 내용이 아주 간단하게 기록이 되어 있다. 120문도 안에 들어가 있는 사람들은 부활

하신 예수님과 열 번의 과정 안에서 다 만났던 사람들이다.

과연 사망 권세를 깨시고 부활하신 예수님이 사랑하는 제자들과 몇 마디 말씀만 하고 헤어졌겠는가? "이것을 비사로 너희에게 일렀거니와 때가 이르면 다시 비사로 너희에게 이르지 않고 아버지에 대한 것을 밝히 이르리라 "(요 16:25)고 하셨다.

요 20:21-22 예수께서 또 가라사대 너희에게 평강이 있을찌어다 아버지께서 나를 보내신 것 같이 나도 너희를 보내노라 이 말씀을 하시고 저희를 향하사 숨을 내쉬며 가라사대 성령을 받으라

예수께서 사망의 권세를 깨시고 부활하신 후, 처음 열한 제자들을 만나실 때 숨을 내쉬며 성령을 받으라고 하시며 성령을 주셨다.

요 7:39 이는 그를 믿는 자의 받을 성령을 가리켜 말씀하신 것이라 (예수께서 아직 영광을 받지 못하신 고로 성령이 아직 저희에게 계시지 아니하시더라)

요 20:16-17 예수께서 마리아야 하시거늘 마리아가 돌이켜 히브리 말로 랍오니여 하니 (이는 선생님이라) 예수께서 이르시되 나를 만지지 말라 내가 아직 아버지께로 올라가지 못하였노라 너는 내 형제들에게 가서 이르되 내가 내 아버지 곧 너희 아버지, 내 하나님 곧 너희 하나님께로 올라간다 하라 하신대

예수께서 십자가를 지시기 전에는 아직 영광을 받지 못하

신 고로 성령이 계시지 않았다고 했다. 또 부활하신 후에 처음 만난 막달라 마리아가 너무 반가워서 예수님을 만지려고 할 때 "나를 만지지 말라 내가 아직 아버지께로 올라가지 못했다"라고 하셨다. 그런데 예수께서 제자들을 처음 만났을 때는 "성령을 받으라"고 하시며 성령을 힘차게 불어 넣어 주셨다. 또 믿지 못하는 도마에게 "네 손을 내밀어 내 옆구리에 넣어 보라"(요 20:27)고 하셨다.

위의 두 구절을 비교해 볼 때, 예수께서 사망 권세를 깨시고 부활하셔서 제일 먼저 아버지가 계신 보좌에 올라갔다 오셨다는 것을 알 수 있다. 예수님이 이미 아버지께로부터 영광을 받으셨기 때문에 성령을 받으라고 말씀하신 것이다. 성령은 하나님의 깊은 곳을 통달한다고 했다(고전 2:10). 예수께서 제자들에게 성령을 주셨기에 열 번 만나시는 과정을 통해서 비사로 이르지 못할 말씀을 주셨다는 것을 미루어 짐작할 수 있다. 40일 후면 이 땅을 떠나 하늘로 승천하실 예수께서 사랑하는 제자들에게 창세 전부터 감추었던 하나님의 지혜의 말씀, 천국 복음을 주신 것이다.

이것이 감추어진 비밀이다. 분명히 부활하신 예수께서 제자들과 만나실 때마다 하신 말씀이 있었을 것이다. 성경에 표면적으로는 기록되지 않았지만 그 속에는 마귀, 사단이 알지 못하는 놀라운 비밀의 말씀이 있었다는 것이다.

> 막 10:35-39 세베대의 아들 야고보와 요한이 주께 나아와 여짜오되 선생님이여 무엇이든지 우리의 구하는 바를 우리에게 하여주시기를 원하옵나이다 이르시되 너희에게 무엇을 하여주기를 원하느

냐 여짜오되 주의 영광 중에서 우리를 하나는 주의 우편에, 하나는 좌편에 앉게 하여 주옵소서 예수께서 가라사대 너희 구하는 것을 너희가 알지 못하는도다 너희가 나의 마시는 잔을 마시며 나의 받는 세례를 받을 수 있느냐 저희가 말하되 할 수 있나이다 예수께서 이르시되 너희가 나의 마시는 잔을 마시며 나의 받는 세례를 받으려니와

오른쪽 왼쪽 보좌를 구하던 야고보, 요한은 예수께서 "나의 받을 세례를 받을 수 있느냐?"라고 할 때 예수님이 받을 세례가 무엇인지 알지 못하고 다만 세례 요한이 주던 요단강의 물세례인 줄 알고, 자기들도 그 세례를 받을 수 있다고 장담했다. 예수님이 받으실 세례는 다름 아닌 십자가 상에서 받을 세례를 말씀하신 것이다.

눅 12:50 나는 받을 세례가 있으니 그 이루기까지 나의 답답함이 어떠하겠느냐

신약 마당의 120문도들도 물론 영광은 다르지만, 허락해 주신 분량대로 예수님이 마셨던 그 잔을 마시고 그 세례를 다 받은 것이다.

재림 마당의 순교의 수는 언제 채워질 것인가?

다섯째 인을 뗄 때 제단 아래 있는 순교자들이 "우리 피를 신원해주지 아니하시기를 언제까지 하시려나이까?"(계 6:10)

라고 물으니, "저희 동무 종들과 형제들도 자기처럼 죽임을 받아 그 수가 차기까지 하라"(계 6:11)고 하셨다. 재림 마당에서도 분명히 순교의 수가 시작되고 채워진다는 말씀이다. 이미 재림의 마당에서도 순교의 수가 시작이 되었고, 순교의 남은 수를 채우는 과정이 분명히 진행되고 있다는 것이다.

> 히 4:7-9 오랜 후에 다윗의 글에 다시 어느날을 정하여 오늘날이라고 미리 이같이 일렀으되 오늘날 너희가 그의 음성을 듣거든 너희 마음을 강퍅케 말라 하였나니 만일 여호수아가 저희에게 안식을 주었더면 그 후에 다른 날을 말씀하지 아니하셨으리라 그런즉 안식할 때가 하나님의 백성에게 남아 있도다

다시 말하면 여호수아가 이스라엘 백성들에게 안식을 주었더라면 안식의 수가 남아있을 수가 없다. 그러나 여호수아가 이스라엘 백성들에게 안식을 다 주지 못했다. 안식의 수가 남아 있기 때문에 다윗이 성령에 감동 되어서 "오늘날이라고 외칠 때에 너희는 마음을 강퍅하게 하지 말라"고 한 것이다. '오늘날'의 역사 속에서 채워지지 않은 안식의 수를 채우는 역사가 동일한 말씀의 역사로 진행이 된다는 것이다.

> 롬 12:1 그러므로 형제들아 내가 하나님의 모든 자비하심으로 너희를 권하노니 너희 몸을 하나님이 기뻐하시는 거룩한 산 제사로 드리라 이는 너희의 드릴 영적 예배니라

재림 마당의 순교는 이 땅의 주와 두 감람나무 안에서만 순

교의 역사가 이루어진다. 왜냐하면 일반 성도의 권세는 다 깨어 진다고 했기 때문이다(단 12:7).

　재림 마당에서 순교의 수가 시작되고 마치기까지의 순교의 수는 분명히 시작과 끝이 있다. 신약 마당을 보아도 첫째 부활에 들어가는 사람들은 절대 순교를 하지 않고는 들어가지 못한다. 로마서 12:1-2 말씀처럼 십자가를 통해서 자신을 하나님 앞에 산 제물로 산 제사 드리지 못하는 사람은 절대 첫째 부활에 들어가지 못한다. 다시 말하면 순교에 대한 다른 표현이 신령한 산 제사, 영적 예배라는 것이다.

　아브라함이 이삭을 바친 사건이 영적 예배, 산 제사를 드린 것이다. 자기 목숨보다 백 배, 천 배 귀한 아들을 번제로 죽여 바치는 그것이 산 제사이다. 번제란 칼로 목을 쳐 죽인 다음에 각을 떠서 태우는 제사이다. 자신이 죽는 것보다 더 큰 아픔의 순교를 말하고 있는 것이다.

　재림 마당에서는 순교의 수가 어떻게 이루어질 것인가?
　이미 재림 마당에서도 순교의 수가 시작이 되었다. 재림 마당에서 가장 중심이 되는 순교자가 누구인가? 성경에는 그 순교자의 이름이 기록되어 있다.

> 계 2:12-13 버가모 교회의 사자에게 편지하기를 좌우에 날선 검을 가진 이가 가라사대 네가 어디 사는 것을 내가 아노니 거기는 사단의 위가 있는 데라 네가 내 이름을 굳게 잡아서 내 충성된 증인 안디바가 너희 가운데 곧 사단의 거하는 곳에서 죽임을 당할 때에도 나를 믿는 믿음을 저버리지 아니하였도다

성령이 아시아의 일곱 교회에 하시는 말씀에는 '안디바'라는 순교자의 이름이 명확하게 기록되어 있다. 안디바는 아시아의 일곱 교회 중에서 세 번째 교회인 버가모 교회에 등장한다. 재림 마당에서의 충성된 증인 안디바가 죽을 때에도 믿음이 흔들리지 않고 신앙의 정절과 순결을 지켰다는 것이다.

 그 말씀의 의미 속에는 안디바가 편안히 죽은 것은 아니라는 것을 알 수 있다. 안디바가 신앙의 정절과 순결을 지킬 수 있는 그런 기준, 폿대의 입장에서 죽임을 당하는 순간까지도 믿음을 저버리지 않고 순교를 당했다는 것을 알 수 있다.

 그러한 순교가 재림의 마당에서는 언제 시작될 것인가? 대제사장의 족보 속에서 그 입장과 환경을 한 번 찾아보고자 한다.

 예수님이 십자가에 달리실 때에도 대제사장인 안나스, 가야바와 빌라도, 헤롯이 결탁을 했다(눅 23:12). 안나스와 가야바가 그들의 정권에 필요한 물질을 채워주던 장본인이었다.

 대제사장의 족보를 생각해보자. 그 당시에는 로마의 총독들, 로마가 세운 왕들이 대제사장을 세웠다. "내가 집권하고 있는 동안에 누가 이스라엘 백성들에게서 많은 물질을 착취해서 나의 뒷바라지를 잘 해줄 것인가?"라는 근거도 없고 뿌리도 없는 기준과 입장에서 하나님의 선지자들이 이용을 당한 것이다. 정치인들이 자기들의 뒷바라지에 필요한 존재로 쓰임 받을 사람들을 대제사장으로 세워 이용한 것이다.

 그런데 하늘의 전쟁에서 패해서 쫓겨 온 붉은 용이 이 땅에 서면 이 땅에는 무슨 시대가 오는가? 혼란한 시대가 온다. 그러므로 절대 그 때부터는 하늘의 일을 도와주는 사람들이 이 세상을 집권하지 않는다. 하늘의 일을 반대하는 사람들이 정치, 경제, 군사 등 모든 분야를 주도하게 된다.

해를 입은 여인이 이 땅을 주관했을 때와 붉은 용이 이 땅을 주관했을 때와는 그런 빛과 어둠의 차이가 실제로 나타난다. 예수께서 친히 "내가 세상에 화평을 주러 온 줄로 생각지 말라 화평이 아니요 검을 주러 왔노라"(마 10:34, 눅 12:51)고 하셨다. 그 검으로 한 가족을 이루며 엉켜있는 뿌리를 잘라내라는 것이다. 알곡과 가라지가 혈맥이라는 뿌리로 서로 엉켜 붙어있다. 그래서 그 뿌리를 자르지 않으면 분리가 될 수 없다. 뿌리를 자르지 않으면 하나는 데려가고 하나는 버려둠을 당하는 그런 분리의 역사를 할 수가 없는 것이다(마 24:40-41, 눅 17:34-35).

빛의 하나님도 이 땅에 오셔서 그런 역사를 하시고 있다. 빛이 있는 동안에는 빛의 역사가 어둠의 역사보다 확실히 더 우세한 입장에서 역사되지만, 붉은 용이 이 땅에 오는 순간부터는 빛의 역사 때와 역현상이 일어난다는 것이다.

그렇기 때문에 그들이 주도권을 잡게 되고 그들이 기득권을 회복하게 되고 그들이 일시적인 권세를 받음으로 말미암아 아버지의 이름을 가진 자, 어린 양의 증거를 가진 자들을 공격하게 되어 있다. 그 공격을 가리켜서 예수께서 "내가 온 것은 사람이 그 아비와, 딸이 어미와, 며느리가 시어미와 불화하게 하려 함이니 사람의 원수가 자기 집안 식구리라"(마 10:34-36, 눅 12:51-53)는 말씀을 하셨다.

그 때에는 그 현상을 누가 주도하게 되는 것인가? 그 시대의 기득권을 가지고 있는 붉은 용이 그런 역사를 하는 것이다.

그 때부터 순교의 수가 차기 시작하는 것이다. 불법이 횡행한다는 말은 정치, 경제의 모든 주권자들이 어둠에 소속되어 있는 자들이기 때문에 그런 불법이 자행되는 시대가 펼쳐진다는 것이다. 불법이 현행법보다 더 우세하게 진행될 수밖에 없는 이유가 무엇인가?

666이 자기 시대에 그들이 가지고 있는 모든 권세와 능력을 나타내고 있기 때문에 그들이 저지르는 불법의 만행을 정권으로도, 법으로도, 권한으로도 아무도 제재하거나 막을 수 없다는 것이다. 도리어 자신들이 가지고 있는 모든 기득권을 그들에게 바친다는 것이다.

그렇기 때문에 창세 이후 전무후무한 환난 때에 나머지 순교의 수가 채워지는 것이다. 신약 마당의 순교자들이 120문도였다면 마지막 때 순교자들은 누구이겠는가?

"용이 여자에게 분노하여 돌아가서 그 여자의 남은 자손 곧 하나님의 계명을 지키며 예수의 증거를 가진 자들로 더불어 싸우려고 바다 모래 위에 섰더라"(계 12:17)에서 그 남은 자들이 누구인가? 아버지의 이름과 어린 양의 증거를 받은 자들이다. 남은 자들이 바로 순교자들이다. 그들이 첫째 부활, 의인의 부활로 구원받을 자들이다.

순교에는 세 가지의 순교가 있다.

계 14:12-13 성도들의 인내가 여기 있나니 저희는 하나님의 계명과 예수 믿음을 지키는 자니라 또 내가 들으니 하늘에서 음성이 나서 가로되 기록하라 지금 이후로 주 안에서 죽는 자들은 복이 있도다 하시매 성령이 가라사대 그러하다 저희 수고를 그치고 쉬리니 이는 저희의 행한 일이 따름이라 하시더라

첫째, 믿음의 순교이다. 위 구절은 믿음의 순교에 해당하는 내용이다. 평안하고 안전한 때이지만 육신의 소욕을 통해서 우는 사자가 되어 역사하는 마귀의 궤휼과 술수와 모략 속에서 끝까지 믿음으로 신앙의 정절과 순결을 지키고 잠든 사람들은 믿음의 순교를 한 사람들이다. 그것은 짐승의 권세에 의해서 십자가를 통해서 받는 순교가 아니라 개인적인 믿음의 순교라고 말할 수 있다.

둘째, 보이는 십자가의 순교이다. 신약 마당에서의 120문도들은 끝까지 신앙의 정절과 순결을 지킴으로 공개적으로 순교했다. 그들은 "사마리아와 땅 끝까지 이르러 내 증인이 되리라"(행 1:8)는 주님의 말씀에 순종하여 주님의 부활의 복음을 전파하며, 초대교회의 초석을 이루는 순교의 십자가를 짊어진 자들이었다.

셋째, 영적인 십자가의 순교이다. 버가모 교회에서 죽임을 당하는 안디바가 당하는 순교를 말한다. 세상 사람들이 다 보는 가운데 당하는 순교이다. 안디바의 순교는 믿음으로 고난의 아픔을 짊어지는 순교와는 다르다. 그는 이 세상에서 가장 비열하고, 가장 저주스럽고, 가장 더럽고 추악한 자로서 십자가를 짊어진다. 안디바는 그 시대에 남은 약속의 자녀들에게 큰 귀감이

되며 모범이 되는 순교의 십자가를 짊어진 사람이라고 말할 수 있다. 안디바의 죽음은 두 감람나무의 죽음을 상징적으로 보여 주는 그림자적인 대속의 십자가라고 말할 수 있다.

재림 마당에서 해를 입은 여인과 그리스도를 따르는 무리들이 신령한 땅이 되어 붉은 용이 토한 더러운 강물을 삼키는 역사를 하는 것도 안디바와 같은 순교를 말한다(계 12:16). 그들은 "저희 동무 종들과 형제들도 자기처럼 죽임을 받아 그 수가 차기까지 하라"(계 6:11)는 말씀의 중심이 되는 자들이다. 물론 아무나 그런 순교를 하는 것은 아니다. 미리 아신 자들로 그 뜻대로 부르심을 입은 자들(롬 8:28-29), 하나님의 후회함이 없는 부르심으로 택한 자들만이(롬 11:29) '붉은 용이 토한 강물을 삼키는 신령한 땅'이 될 수 있는 자들이다.

> 막 13:12-13 형제가 형제를, 아비가 자식을 죽는 데 내어 주며 자식들이 부모를 대적하여 죽게 하리라 또 너희가 내 이름을 인하여 모든 사람에게 미움을 받을 것이나 나중까지 견디는 자는 구원을 얻으리라

> 계 13:10 사로잡는 자는 사로잡힐 것이요 칼로 죽이는 자는 자기도 마땅히 칼에 죽으리니 성도들의 인내와 믿음이 여기 있느니라

"나중까지 견디는 자는 구원을 얻으리라"고 했고, "너희 인내로 너희 영혼을 얻으리라"(눅 21:19)고 했다. 인내로 끝까지 참고 견디는 자가 영혼의 구원을 받는 것이다.

하나님께서 보내신 자녀는 하나님의 씨를 가지고 있다(요

일 3:9). 그 씨 속에는 십자가가 있다. 하나님의 자녀들은 다 자기 십자가를 지고 온 사람들이다(마 10:38, 16:24, 막 8:34, 눅 9:23, 14:27). 이 땅에서 생활하다 보니 십자가를 지게 되는 것이 아니라, 태어날 때부터 예정 가운데 십자가를 지고 태어나는 것이다. 따라서 하나님의 자녀들은 끝까지 말씀에 순종하며 따를 수밖에 없는 것이다.

II
666이 주는 표를 받지 않는 방법은 무엇인가?

계 13:16-17 저가 모든 자 곧 작은 자나 큰 자나 부자나 빈궁한 자나 자유한 자나 종들로 그 오른손이나 이마에 표를 받게 하고 누구든지 이 표를 가진 자 외에는 매매를 못하게 하니 이 표는 곧 짐승의 이름이나 그 이름의 수라

고대 사회에서는 주인이 종들에게 이마나 손에 낙인을 찍어서 영원히 자기의 소유라는 표시를 했다. 소나 돼지 등의 가축에게도 주인이 쇠를 달구어서 각자 자기 소유라는 낙인을 찍는다.

마찬가지다. 666이 주는 표를 받는 것을 다른 말로 표현하면 666이라는 세 짐승으로부터 인침을 받는다고 한다. 인침이란 "너는 내 것이라"는 인정을 받는 것이다. 그 결과는 불 못이다. 더구나 세 짐승이 주관하는 후 3년 반에는 단 한 번의 우상숭배로 영원히 불 못에 떨어진다. 더 이상 회개의 기회가 주어지지 않는 때이기에 우상숭배의 죄를 지어서는 절대 안 되는 것이다.

666이 주는 표를 오른손이나 이마에 받으면 세 짐승의 하수인이 되어 그들이 원하고 바라는 대로 믿고 따르며 행동으로 옮

기게 된다. 이마에 표를 받으면 자동적으로 손에도 표를 받는 결과에 이르게 된다. 하나님의 말씀과 성령으로 충만해진 성도들이 누가 시키지 않아도 세상으로 나아가 전도에 힘쓰는 것과 마찬가지다. 666의 세 짐승이 주관하는 후 3년 반에 그들이 주는 사상, 이념, 거짓 복음을 가지고 다른 사람에게 전하거나 행하는 자들은 오른손이나 이마에 666이라는 짐승의 표를 받은 자들이다.

그렇다면 인간의 능력보다 훨씬 월등한 붉은 용, 바다의 짐승, 땅의 새끼 양의 능력을 땅에 붙어사는 인생들이 어떻게 이길 수 있을 것인가? 만일 이길 수 있는 방법이 없다면 하나님의 백성은 남는 자가 없게 될 것이다. 하나님이 원하시는 것은 자기 백성이 666과 싸워 이기는 것이다. 세 짐승과 싸워 이기려면 우선 666이 주는 표를 절대 받지 않아야 한다. 그렇다면 666이 주는 표를 받지 않는 방법은 무엇인가?

1. 성부와 성자와 성령의 세 인을 받아야 한다

성부와 성자와 성령의 하나님께서도 자기 백성들, 자기 자녀들에게 그런 소유의 인을 치는 것이다. 그 인은 보이지 않는 속사람에게 인을 치기에 육신의 눈으로 드러나게 보이지 않는다.

왜 성부와 성자와 성령의 세 인을 받아야 하는가?

첫째, 성부 하나님의 인침을 받아야 하는 이유는 우리가 성도로서의 삶을 영위하려면 우리를 지켜주시려고 애쓰시는 아버지의 절대적인 보호와 방어가 필요하기 때문이다.

둘째, 성자 하나님의 인침을 받아야 하는 이유는 예수께서 십자가 보혈의 은총으로 우리의 죄를 사해주시고 멜기세덱 반차를 이루셨기 때문이다.

셋째, 성령의 인침을 받아야 하는 이유는 성령의 보증으로 우리가 하나님의 자녀로서 인정받을 수 있기 때문이다. "또 누구든지 말로 인자를 거역하면 사하심을 얻되 누구든지 말로 성령을 거역하면 이 세상과 오는 세상에도 사하심을 얻지 못하리라"(마 12:32, 눅 12:10)고 하셨다. 아버지의 영광이 이루어지는 그 순간에 이르기까지 성령께서 우리를 보증해주신다. 그렇지 않은 존재는 어떤 존재도 인정받지 못한다. 오직 성령께서 보증해주셔야만 아버지와 어린 양이 인정하시는 것이다. 세상에서도 함부로 남의 보증을 서지 않는다. 하물며 하늘나라가 이루어지는 영광 안에서 성령만이 보증해줄 수 있고, 그 성령의 보증만을 아버지와 어린 양이 인정하시기 때문에 반드시 성령의 인을 받아야 한다. 이처럼 세 인을 받은 사람은 어떤 환난에서도 보호를 받을 수가 있다.

아벨을 죽인 가인에게도 하나님께서 표를 주시면서 가인을 죽이는 자는 7배의 벌을 받는다고 하셨다(창 4:15). 살인자 가인에게도 표를 주신 이상 죽이지 못하게 보호하신 하나님이신데, 성부와 성자와 성령의 인을 받은 사람을 666으로부터 보호해주시는 것은 너무 당연한 일이 아니겠는가?

666이 오른손과 이마에 인을 치는 것처럼, 하나님께서도 이마에 인을 치신다. 이마에 인을 친다는 것은 무슨 뜻인가? 이마는 그 사람이 가지고 있는 사상, 이념을 말한다.

> 계 14:1-4 또 내가 보니 보라 어린 양이 시온산에 섰고 그와 함께 십사 만 사천이 섰는데 그 이마에 어린 양의 이름과 그 아버지의 이름을 쓴 것이 있도다 -(중략)- 이 사람들은 여자로 더불어 더럽히 아니하고 정절이 있는 자라 어린 양이 어디로 인도하든지 따라가는 자며 사람 가운데서 구속을 받아 처음 익은 열매로 하나님과 어린 양에게 속한 자들이니

시온산에 선 14만 4천인들은 이마에 아버지의 이름과 어린 양의 이름이 기록된 사람들이다. 그들의 머리에는 영원히 지워지지 않고 영원히 기억될 수밖에 없는 아버지와 어린 양에 대한 깊은 지혜와 지식과 말씀으로 충만하기에, 어린 양과 함께 시온산에 설 수 있는 것이다. 그들은 신앙의 정절과 순결을 지킨 자로서 어린 양이 어디로 인도하든지 따라가는 자들이다. 그들은 많은 사람들 가운데 구속을 받은 자들로서, 하나님과 어린 양에게 속한 열매들이다.

> 요 6:27 썩는 양식을 위하여 일하지 말고 영생하도록 있는 양식을 위하여 하라 이 양식은 인자가 너희에게 주리니 인자는 아버지 하나님의 인 치신 자니라

예수님도 아버지 하나님께서 인 치신 자라고 하셨다. 하나님

의 아들로 오신 예수님도 이 땅에서 인침을 받아야 하는데 하물며 피조물인 인간들이 인침을 받지 않고 이기는 자가 될 수 있겠는가?

2. 인치는 자는 누구인가?

계 7:2-3 또 보매 다른 천사가 살아계신 하나님의 인을 가지고 해 돋는 데로부터 올라와서 땅과 바다를 해롭게 할 권세를 얻은 네 천사를 향하여 큰 소리로 외쳐 가로되 우리가 우리 하나님의 종들의 이마에 인치기까지 땅이나 바다나 나무나 해하지 말라 하더라

재림 마당에서 인치는 역사가 이루어진다. 위 구절을 자세히 살펴보면 '다른 천사'가 하나님의 인을 가지고 오는 네 천사들에게 명령을 한다. 이 땅에 와서 역사하는 천사는 인자화된 천사를 말한다. 다시 말하면 아버지의 인, 어린 양의 인, 성령의 인을 칠 수 있는 사람들이 인자의 역사를 통해서 등장한다는 것을 알 수 있다.

사 17:6-7 그러나 오히려 주울 것이 남으리니 감람나무를 흔들 때에 가장 높은 가지 꼭대기에 실과 이삼 개가 남음 같겠고 무성한 나무의 가장 먼 가지에 사오 개가 남음 같으리라 이스라엘의 하나님 여호와의 말씀이니라 그 날에 사람이 자기를 지으신 자를 쳐다보겠으며 그 눈이 이스라엘의 거룩하신 자를 바라보겠고

"그 날에 사람이 자기를 지으신 자를 쳐다보겠으며 그 눈이 이스라엘의 거룩하신 자를 바라보겠고"라는 말씀의 의미가 무엇인가? 감람나무를 흔드는 역사가 행해질 때는 분명히 나무를 흔드는 사람이 함께 하고 있다는 것을 그제야 사람들이 알게 된다는 것이다(사 17:7).

마지막 때 이 땅에 인침의 역사가 있다면 그 인치는 각각의 인의 주인이 이 땅에 함께 하고 있다는 사실을 알게 된다. 그러나 한 사람이 세 인을 모두 치는 것은 아니다. "아버지께 듣고 배운 자만이 내게 올 수 있다"(요 6:45), "아들의 소원의 계시를 받은 자만이 아버지를 알 수 있다"(마 11:27, 눅 10:22)는 서로 상호적인 입장에서 아버지와 아들의 역사가 각각 나뉘어져 있다는 것을 알게 된다. 그렇기 때문에 아버지께서는 아버지의 인을 쳐주시고, 아들은 아들의 인을 쳐주시고, 성령께서는 성령의 인을 쳐주시는 것이다. 재림 마당에서는 무형의 존재가 역사하는 것이 아니라, 인자로서 역사하는 때이다.

요한계시록 13장에 등장하는 붉은 용, 바다의 짐승, 땅에서 올라오는 새끼 양이라는 666도 그 수를 세어보니 사람의 수라고 했다. 사단 마귀들도 인자로 온다는데, 성부와 성자와 성령 하나님께서는 왜 인자로 오시지 못하는가? 하나님은 오직 무형의 존재로만 존재하시고 역사하신다는 기독교인들의 고정관념이 참으로 어리석고 황당하다는 것을 알아야 한다. 그 고정관념을 깨뜨리고자 예수께서 친히 말씀이 육신으로 오신 엄연한 인자의 역사가 있는 데도 아직도 하나님은 하늘에서 구름타고 오시는 하나님이며, 천사는 날개 달린 존재라고 생각하는 것이 오늘날 기독교의 현실이다.

재림 마당에서의 인침의 역사는 무형의 존재가 아니라 인자 대 인자로서 인을 치는 것이다. 말씀은 주고받는 자만 알 수 있듯이(계 2:17), 인침의 역사는 인치는 자와 인침 받는 자만 알 수 있다. 재림 마당에서의 성도들은 분명히 인침을 받아야 한다. 죽어서 하늘나라에 가서 인침 받는 것이 아니라, 이 땅에서 인침을 받아야 한다. 세 인을 쳐주시는 분들이 다 이 땅에 인자로 오시기 때문이다.

단 하나님의 인을 받아야지 짐승의 인침을 받으면 그 순간 불 못으로 들어가는 결과를 초래하게 된다. 절대 666, 짐승의 인을 받아서는 안 된다. 아버지의 인과 어린 양의 인과 성령의 인을 받아야 한다.

재림 마당에서의 아버지와 어린 양은 누구인가?

계 11:4 이는 이 땅의 주 앞에 섰는 두 감람나무와 두 촛대니

계 11:8 저희 시체가 큰 성길에 있으리니 그 성은 영적으로 하면 소돔이라고도 하고 애굽이라고도 하니 곧 저희 주께서 십자가에 못 박히신 곳이니라

분명히 성경에는 '저희 주께서 십자가에 못 박히신 것'과 같은 죽음이 있다. 표면적으로는 예수님의 죽음과 다르지만 이면적으로는 예수님과 같은 죽음이라는 것이다. 즉 영적으로 말하면 두 감람나무의 죽음이 예수님이 십자가에 못 박힌 것과 같은

죽음이라는 뜻이다.

따라서 요한계시록에서 말하는 어린 양은 '이 땅의 주 앞에 선 두 감람나무'를 말한다. 재림 마당에서는 두 감람나무가 어린 양으로서 인을 치는 사람이다. 예수님만이 어린 양이 아니다. 예수님은 지금 예수가 아닌 성자 하나님으로서 영광을 받기 위해서 우편 보좌에 계신다. "원수가 네 발등상 앞에 무릎 꿇기까지"(눅 20:43, 행 2:35, 히 1:13, 10:13, 빌 2:10) 우편 보좌에서 영광 받기 위해 만유 안에서 기다리고 계신다. 지금 우편 보좌에 계시는 분은 예수가 아니라 성자 하나님이시다.

재림 마당의 두 감람나무도 일찍 죽임을 받았다. 반 때를 앞당겨 무저갱에서 올라오는 짐승에게 죽임을 당했다(계 11:7). 그 어린 양이 표면적인 이스라엘 백성이 아니라 영적인 이스라엘 백성에게 인을 친다는 것이다. 영적인 이스라엘 백성들은 그 나라의 열매 맺는 백성들이기 때문이다(마 21:43).

> 요일 2:23 아들을 부인하는 자에게는 또한 아버지가 없으되 아들을 시인하는 자에게는 아버지도 있느니라

재림 마당의 아버지는 누구인가? 두 감람나무를 철장 권세를 가진 아이로 낳는 해를 입은 여인이다(계 12:5). 그 아버지와 아들의 관계를 아는 자들에게 아버지의 인, 어린 양의 인을 치는 것이다.

그런 역사가 이루어지기 때문에 예수께서 "인자가 아버지의 영광으로 오리라"고 친히 말씀하신 것이다.

마 16:27 인자가 아버지의 영광으로 그 천사들과 함께 오리니 그 때에 각 사
람의 행한 대로 갚으리라

마 25:31 인자가 자기 영광으로 모든 천사와 함께 올 때에 자기 영광의 보좌
에 앉으리니

막 8:38 누구든지 이 음란하고 죄 많은 세대에서 나와 내 말을 부끄러워하면
인자도 아버지의 영광으로 거룩한 천사들과 함께 올 때에 그 사람을
부끄러워하리라

3. 인침의 역사는 언제 이루어지는 것인가?

히 4:7 오랜 후에 다윗의 글에 다시 어느 날을 정하여 오늘날이라고 미리 이
같이 일렀으되 오늘날 너희가 그의 음성을 듣거든 너희 마음을 강퍅케
말라 하였나니

다윗이 성령에 감동되어 어느 날을 정해 '오늘날'이라고 했다 (히 4:7, 3:7-8). 구약과 신약과 재림 마당에는 각각 '오늘날'의 역사가 있다. 구약 마당에는 이스라엘 백성들이 출애굽하여 젖과 꿀이 흐르는 가나안 땅에 들어갈 때 40년 광야길을 걸었다. 그 광야길의 역사가 '오늘날'의 역사이다. '오늘날'의 역사에는 그 역사를 이끄시는 때의 주인이 있다. 구약 마당에서는 모세가 때의 주인으로서 '오늘날'의 역사를 행했다.

'오늘날'의 역사에는 만나가 내린다. 구약 마당은 실물로 보여주시고 역사하신 때이기에 이스라엘 백성들에게 궁창의 문을 여시고 비같이 내려주시는 만나, 즉 보이는 만나를 주셨다(시 78:23-24).

> 요 1:29 이튿날 요한이 예수께서 자기에게 나아오심을 보고 가로되 보라 세상 죄를 지고 가는 하나님의 어린 양이로다

> 요 1:20-23 요한이 드러내어 말하고 숨기지 아니하니 드러내어 하는 말이 나는 그리스도가 아니라 한대 또 묻되 그러면 무엇, 네가 엘리야냐 가로되 나는 아니라 또 묻되 네가 그 선지자냐 대답하되 아니라 또 말하되 누구냐 우리를 보낸 이들에게 대답하게 하라 너는 네게 대하여 무엇이라 하느냐 가로되 나는 선지자 이사야의 말과 같이 주의 길을 곧게 하라고 광야에서 외치는 자의 소리로라 하니라

신약 마당에서는 예수께서 때의 주인으로 역사하셨다. 구약 마당에서는 보이는 광야길을 걸었지만 때가 바뀜으로 신약 마당에서부터는 모든 것이 인자의 역사로 진행된다. 따라서 신약 마당에서는 세례 요한이 인자로서 광야길이 되어 역사했다(사 40:3). 신약 마당의 '오늘날'의 역사에는 예수께서 공개된 만나로 역사하셨다(요 6:35, 6:48-51, 6:58).

> 계 11:4 이는 이 땅의 주 앞에 섰는 두 감람나무와 두 촛대니

재림 마당에도 '오늘날'의 역사가 있다. 이 땅의 주께서 때의 주인이 되어 두 감람나무라는 신부의 역사를 하는 것이 '오늘날'의 역사이다. 재림 마당의 '오늘날'에는 감추인 만나를 주신다 (계 2:17).

> 히 4:8-11 만일 여호수아가 저희에게 안식을 주었더면 그 후에 다른 날을 말씀하지 아니하셨으리라 그런즉 안식할 때가 하나님의 백성에게 남아 있도다 이미 그의 안식에 들어간 자는 하나님이 자기 일을 쉬심과 같이 자기 일을 쉬느니라 그러므로 우리가 저 안식에 들어가기를 힘쓸지니 이는 누구든지 저 순종치 아니하는 본에 빠지지 않게 하려 함이라

구약 마당에서 여호수아가 안식의 역사를 다 완성했다면 신약 마당에 안식의 역사가 없을 것이다. 그러나 안식의 수가 남아있기에 안식에 들어가기에 힘쓰라고 당부하시는 것이다. 마찬가지로 재림 마당에도 오늘날의 역사를 통해 안식에 들어갈 자들이 남아있다는 것이다.

이처럼 구약과 신약과 재림이라는 세 마당에는 '오늘날'의 역사가 있다. '오늘날'의 역사는 하나님이 친히 주관하시는 카이로스[53]의 시간이다. '오늘날'의 역사에는 반드시 만나가 내리고 구름기둥과 불기둥의 역사가 있다. '오늘날'의 역사를 통해서 신령한 광야길, 안식을 이루는 것이다. 따라서 이 세 마당에서 이루

---

53) 시간에는 크게 세 종류가 있다. 카이로스는 하나님께서 주관하시며 역사하시는 시간이고, 크로노스는 세상사에 속한 시간이고, 호라는 믿음의 시간이다.

어지는 '오늘날'의 역사 안에서 인침을 받는 것이다.

　세 마당을 통해서 안식을 주시는 것은 인류 구속사의 역사가 한쪽으로만 치우치지 않고 고루 평균케 하기 위해서이다(고후 8:13-14).

4. 세 인을 받으려면 어떻게 해야 하는가?

　첫째, 말씀을 경외해야 한다. "믿음은 들음에서 나며 들음은 그리스도의 말씀으로 말미암았느니라"(롬 10:17)고 했다. 말씀을 받지 않고는 절대 우리의 심령의 그릇 속에 믿음이 담겨지지 않는다. 그 이유는 하나님께서 피조 세계를 지으실 때 믿음으로 뜻을 세우시고, 말씀으로 창조하셨기 때문이다(히 11:3). 그렇기 때문에 그 말씀을 기뻐하고 감사하고 경외하지 않으면 절대 아버지의 인과 어린 양의 인을 받을 수가 없는 것이다.

　"우리가 다 하나님의 아들을 믿는 것과 아는 일에 하나가 되어 온전한 사람을 이루어 그리스도의 장성한 분량이 충만한 데까지 이르리니"(엡 4:13)라고 하셨다. 우리 영혼에 말씀을 채워 아는 것과 믿는 것에 온전한 하나를 이루는 것이 우리가 도달할 최종 목적지인 것이다.

　둘째, 끊임없이 깨어 기도해야 한다. 기도는 영의 호흡이다. 기도하지 않는 자는 영적으로 죽은 사람이라고 했다. 또 기도를 쉬는 것이 죄라고 했다(삼상 12:23).

눅 18:3-7 그 도시에 한 과부가 있어 자주 그에게 가서 내 원수에 대한 나의 원한을 풀어 주소서 하되 그가 얼마 동안 듣지 아니하다가 후에 속으로 생각하되 내가 하나님을 두려워 아니하고 사람을 무시하나 이 과부가 나를 번거롭게 하니 내가 그 원한을 풀어 주리라 그렇지 않으면 늘 와서 나를 괴롭게 하리라 하였느니라 주께서 또 가라사대 불의한 재판관의 말한 것을 들으라 하물며 하나님께서 그 밤낮 부르짖는 택하신 자들의 원한을 풀어 주지 아니하시겠느냐 저희에게 오래 참으시겠느냐

예수님도 불의한 재판관과 과부의 예를 드셨다. 불의한 재판관도 늘 와서 괴롭게 함으로 원한을 풀어주는데, 하나님께서 택한 자녀들이 밤낮 부르짖는 원한을 풀어주지 않으실 리가 없다는 것이다. 그렇기 때문에 기도하지 않는 사람은 자신에게는 부족함이 없어서 기도할 필요가 없다고 생각하는 사람이다. 어린 아이도 울고 보채야 젖을 주는 것처럼, 하나님께 간절히 기도해야 후 3년 반의 환난에서 감함을 받을 수 있다.

셋째, 감사해야 한다. 감사가 없는 기도, 봉사, 헌신은 다 거짓되고 인위적인 것이다. 인간의 힘과 의지만으로 하는 것에는 한계가 있다. 무엇을 하든 감사가 따라야 결과가 아름답게 이루어진다.

5. 인치는 역사는 무엇으로 하는가?

> 단 12:5-6 나 다니엘이 본즉 다른 두 사람이 있어 하나는 강 이편 언덕에 섰고 하나는 강 저편 언덕에 섰더니 그중에 하나가 세마포 옷을 입은 자 곧 강물 위에 있는 자에게 이르되 이 기사의 끝이 어느 때까지냐 하기로

위 구절에는 두 사람이 등장한다. 두 사람이 강 이편, 저편에 섰다고 했지만 두 다리를 벌리고 선 사람은 한 사람, 즉 두 감람나무를 가리킨다. 그 사람이 강물 위에 있는 사람에게 마지막 때를 묻는 장면이다. 그것은 요한계시록 10장에서 사도 요한이 힘센 천사로부터 작은 책을 받아먹는 내용과 같은 맥락의 말씀이다.

> 계 10:7-11 일곱째 천사가 소리 내는 날 그 나팔을 불게 될 때에 하나님의 비밀이 그 종 선지자들에게 전하신 복음과 같이 이루리라 하늘에서 나서 내게 들리던 음성이 또 내게 말하여 가로되 네가 가서 바다와 땅을 밟고 섰는 천사의 손에 펴 놓인 책을 가지라 하기로 내가 천사에게 나아가 작은 책을 달라 한즉 천사가 가로되 갖다 먹어버리라 네 배에는 쓰나 네 입에는 꿀 같이 달리라 하거늘 내가 천사의 손에서 작은 책을 갖다 먹어버리니 내 입에는 꿀 같이 다나 먹은 후에 내 배에서는 쓰게 되더라 저가 내게 말하기를 네가 많은 백성과 나라와 방언과 임금에게 다시 예언하여야 하리라 하더라

사도 요한이 먹은 작은 책이 무엇인가? "많은 백성과 나라와 방언과 임금에게 다시 예언하라"는 '다시 복음'이 작은 책이다. 구교와 신교를 통해서 기독교 복음이 널리 전파되었지만 그것만으로는 666의 표를 받지 않고 이기는 자가 되기 힘들기 때문에, 재림 마당에서 '다시 복음'으로 자기 백성들을 지키시려는 하나님의 은총의 역사이다.

> 마 24:22 그 날들을 감하지 아니할 것이면 모든 육체가 구원을 얻지 못할 것이나 그러나 택하신 자들을 위하여 그 날들을 감하시리라

그 날들을 감해주신다는 것은 보이는 날짜로도 감해주실 수 있지만, 666의 세 짐승을 이길 수 있는 말씀을 주신다는 것이다. 그 말씀이 바로 작은 책, 다시 복음이다.

작은 책, 다시 복음은 언제 받는 것인가? 7년 대환난 중에서 어둠의 권세에게 내준 후 3년 반 안에 반 때가 들어있다. 본래는 두 감람나무가 한 때·두 때·반 때의 주인공이다. 그러나 두 감람나무는 제 밭에 뿌려진 좋은 씨로서 알곡과 가라지가 함께 공존하는 입장에서 제한된 말씀밖에 하지 못한다. 그렇기 때문에 다른 사람에게 반 때를 넘겨주기 위해서 한 때와 두 때의 사역만을 행하고 반 때를 앞당겨 잠이 든다.

예수께서 십자가 상에서 사단 모르게 피 속에 태초의 말씀을 감추어 떨치신 것처럼, 두 감람나무도 반 때의 말씀을 사단 마귀, 가라지들이 모르게 다른 사람에게 넘겨준 것이다. 다시 말하면 재림 마당의 두 제물인 산비둘기와 집비둘기 새끼 중에서 산비둘기의 역사만 행하고, 나머지 반 때는 집비둘기 새끼에게

때를 넘겨준 것이다. 집비둘기 새끼의 역할을 하는 사람이 반 때의 주인공으로서 반 때 안에서 작은 책, 다시 복음을 자기 백성들에게 주는 것이다. 반 때의 말씀이 곧 작은 책의 말씀이며, 일반계시에 삽입된 계시, 중간계시라고 할 수 있다.

재림 마당의 성도는 반 때의 축복을 받아야 첫째 부활, 의인의 부활로서 영육 간의 부활을 받을 수 있다. 반 때 안에서 주시는 작은 책, 다시 복음은 비사로 이르지 않고 밝히 이르시는 아버지의 말씀이기 때문이다(요 16:25). 아무리 잘 믿는 목사, 신부, 성도라 해도 작은 책, 다시 복음을 받지 않고는 절대 후 3년 반 안에서 살아남지 못한다. 그들은 해를 입은 여인과 붉은 용의 비밀을 알지 못하기 때문에 666이라는 세 짐승과 싸워 이길 수가 없는 것이다.

영육 간의 부활을 받으려면 반 때 안에서 성령의 인침을 받아야 한다. 아버지의 인, 어린 양의 인, 성령의 인을 받은 사람만이 영원한 생명을 받는 것이다(요일 2:25). 반 때 안에서 인침 받은 사람들이 요한계시록 14:1에서 이마에 '아버지의 이름과 어린 양의 이름'이 있는 자들이다. 아버지의 인과 어린 양의 이름을 가진 사람들에게 성령이 인을 쳐주시는 것이다.

계 8:1 일곱째 인을 떼실 때에 하늘이 반시 동안쯤 고요하더니

생령인 아담과 생령의 분신인 하와도 뱀의 유혹에 넘어갔는데 생령도 되지 못한 인간들이 666의 유혹을 어떻게 이길 것인가? 일곱째 인을 떼시면 창세 이후 전무후무한 환난이 오기 때

문에 666의 유혹에 넘어가지 않게 하기 위해서 반시진의 역사를 준비하신 것이다.

반시진이란 반 때의 역사가 마쳐지고 하나님께서 자기 백성들이 신앙의 의를 이룰 수 있도록 특별한 의미를 부여해주신 시간이다. 예수께서 제자들에게 "너희는 예루살렘을 떠나지 말고 아버지의 약속을 기다리라"(행 1:4)고 하심으로 사도들이 아버지의 약속의 성령을 기다리는 것과 같은 기간이다.

일곱 인, 일곱 나팔, 일곱 대접의 역사 중에서 일곱째 인을 떼는 역사는 셋째 화의 사건임에도 불구하고 반시진이라는 빛의 시간이 포함되어 있기에 화를 당하는 시간이 짧아진다. 하나님께서 자기 백성들에게는 그날과 그때를 감해주심으로 결코 긴 환난의 시간을 겪지 않게 하시려는 배려가 반시진이다.

이 반시진 안에서 각자 신앙의 의가 이루어지는 것이다. 각자의 신앙의 능력으로 이루어지는 의가 아니라, 보내신 이의 능력을 입음으로 "미리 정하신 그들을 또한 부르시고 부르신 그들을 또한 의롭다 하시고 의롭다 하신 그들을 또한 영화롭게 하셨느니라"(롬 8:30)는 대상이 된다.

그들은 둘째 사망의 해를 입지 않는 존재이므로(계 2:11, 20:6) 절대 사망의 권세가 건드리지 못한다. 어떠한 독을 마셔도 죽지 않으며(막 16:18), 666의 표를 받거나 그들이 인치는 대상이 아니다.

그 역사에 동참하는 사람들은 천사화된 인자, 인자화된 천사들이다. 그들은 만세 전에 하늘에서 아버지와 어린 양과 함께 하던 자들인데 재림 마당에 다시 등장하여 그리스도의 신성조직으로서 하늘의 역사를 이 땅에서 이루어드리는 것이다.

III
666, 그들이 받을 심판은 무엇인가?

계 20:2-3 용을 잡으니 곧 옛 뱀이요 마귀요 사단이라 잡아 일천 년 동안 결박하여 무저갱에 던져 잠그고 그 위에 인봉하여 천 년이 차도록 다시는 만국을 미혹하지 못하게 하였다가 그 후에는 반드시 잠간 놓이리라

용을 잡아 일천 년 동안 결박하여 무저갱에 던져 잠그고, 천 년이 차도록 인봉하였다가 잠깐 놓아준다고 했다. 용을 던져 잠그는 무저갱은 어떤 곳을 말하는가?

1. 무저갱이란 무엇인가?

무저갱(無低坑-없을 무, 밑 저, 굴 갱)이란 밑이 없는 굴이라는 뜻이다. '갱'은 굴을 의미한다. 무저갱은 바닥이 보이지 않을 정도로 끝이 없는 갱도와 같은 곳이다. 얼마나 깊은지 가도 가도 끝이 없는 굴을 말한다. 그래서 사단 마귀가 제일 무서워하

고 싫어하는 곳이 굴이라고들 말한다.

불 못과 무저갱은 완전히 다른 곳이다. 무저갱은 일시적으로 가두어 두는 곳이지, 심판의 대상으로서 영원히 심판하는 곳이 아니다. 하늘의 법도와 율례와 규례를 범한 존재에게 그에 상응하는 일시적인 심판으로 잠정적으로 제한된 곳에 구속해 놓는 장소를 말한다. 지구는 생명체가 존재하는 곳이기 때문에 아름다운 초록별이지만, 달 같은 행성에는 생명체가 존재하지 못한다. 그런 곳을 가리켜 무저갱이라고 표현한다. 무저갱에 가둔다는 것은 감옥처럼 만들어진 특정한 장소가 아니라, 생명체가 없는 곳에 머물도록 명령하는 것을 말한다.

만일 그곳에 머물러야 하는 존재가 그곳을 이탈하거나 탈출할 경우에는 불 못으로 가는 영원한 심판을 받는다. 그렇기 때문에 하늘의 지엄하신 율례와 규례와 명령을 범하지 못하는 것이다. 지존자의 명령이 있기 전에는 절대 나오지 못하는 상태를 가리켜서 '무저갱에 던져 잠그고'라고 한 것이다.

> 유 1:6 또 자기 지위를 지키지 아니하고 자기 처소를 떠난 천사들을 큰 날의 심판까지 영원한 결박으로 흑암에 가두셨으며

자기 지위를 지키지 않고 처소를 떠난 천사들을 영원한 결박으로 흑암에 가두신다고 했다. 여기서 영원한 흑암이라는 말은 빛이 없고 생명이 없는 깊은 어둠의 세계를 말한다. 그곳이 바로 무저갱이다.

그런데 왜 그곳을 흑암이라고 표현했는가?

창 1:2 땅이 혼돈하고 공허하며 흑암이 깊음 위에 있고 하나님의 신은 수면에 운행하시니라

창조원리적인 입장에서 흑암은 죄가 머무를 수 있는 곳, 죄가 자생할 수 있는 곳을 말한다. 한 마디로 말하면 죄의 뿌리가 머물 수 있는 곳이라고 말할 수 있다. 그 깊은 흑암을 무저갱이라고 하는 것이다.

그래서 귀신들이 예수님만 보면 무서워 떨면서 "왜 우리 때가 남았는데 우리를 멸하러 오셨나이까? 우리를 무저갱에 들어가게 하지 마소서"(막 1:24, 눅 4:34, 8:30-31)라고 하소연했다.

눅 8:26-33 갈릴리 맞은편 거라사인의 땅에 이르러 육지에 내리시매 그 도시 사람으로서 귀신들린 자 하나가 예수를 만나니 이 사람은 오래 옷을 입지 아니하며 집에 거하지도 아니하고 무덤 사이에 거하는 자라 예수를 보고 부르짖으며 그 앞에 엎드리어 큰 소리로 불러 가로되 지극히 높으신 하나님의 아들 예수여 나와 당신과 무슨 상관이 있나이까 -(중략)- 예수께서 네 이름이 무엇이냐 물으신즉 가로되 군대라 하니 이는 많은 귀신이 들렸음이라 무저갱으로 들어가라 하지 마시기를 간구하더니 마침 거기 많은 돼지 떼가 산에서 먹고 있는지라 귀신들이 그 돼지에게로 들어가게 허하심을 간구하니 이에 허하신대 귀신들이 그 사람에게서 나와 돼지에게로 들어가니 그 떼가 비탈로 내리달아 호수에 들어가 몰사하거늘

예수께서 거라사인의 땅에 귀신들린 자에게 들어있던 귀신

을 나오게 하셨다. 그에게는 많은 귀신의 무리가 있어서 '군대'라고 표현했다. 그들이 몸에서 나오자 무저갱에 들어가지 않기를 간절히 부탁하면서 "차라리 저 돼지 떼에게 들어가게 해주소서"라고 하자, 예수께서 허락하심으로 귀신들이 돼지 떼에 들어갔다. 귀신이 들어가니까 돼지들이 요동을 해서 호수로 다 뛰어 들어가 몰살했다는 내용이다.

왜 귀신들이 무저갱에 들어가라 하지 마시기를 간구했을까?

왜 지구를 하늘의 발등상이라고 말하는가? 사람을 '소우주'라고 말한다. 사람의 신체에서 발이 가장 밑바닥에 있듯이, 지구촌이 하늘과 생명줄로 연결되어 있는 바닥이라는 뜻이다.

물론 물리학적으로 보면 하늘과 지구는 몇 개의 은하계를 넘나들어야 갈 수 있는 거리이다. 빛으로도 수십 억, 수백 억 광년을 가야 하는 멀리 떨어져 있는 곳이다. 그런데 그런 지구를 가리켜서 '하늘의 발등상이라'고 한다. 시편 148:4에 '하늘의 하늘도 찬양하며 하늘 위에 있는 물들도 찬양할찌어다'라는 말씀이 있는 것처럼 하늘의 세계는 물로 연결되어 있는 세계이다. 또 하늘의 세계는 말씀으로, 빛으로, 생명으로 연결되어 있는 세계를 말한다.

물리적으로 말하면 지구는 하늘과 엄청나게 떨어져 있다. 그러나 하나님이 창조하신 생명체의 연결고리로는 하나의 생명으로 연결된 육체의 마지막 끝부분과 같은 곳이라는 것이다. 그것을 가리켜서 지구는 하늘의 발등상이라고 말하는 것이다.

"너희 몸은 말씀과 성령이 거하는 성전이다"(고전 3:16, 6:19, 고후 6:16)라고 하셨다. 하나님의 성전이 있는 그곳이 곧 생명의 세계이고 빛의 세계이다. 그 외의 세계는 생명체가 존재할 수 없는 광물질로만 이루어진 세계이다. 그곳은 귀신들이 자기들의 목적을 위해 이용할 수 있는 대상이 없는 곳이다.

그런 이유에서 "차라리 무저갱에 들어가지 말게 하시고 저 돼지 떼에 들어가게 해 주소서"라고 간구한 것이다. 귀신들이 제일 무서워하는 것이 무저갱에 들어가는 것이다.

그러면 귀신들이 좋아하는 곳은 어디인가? 생명이 존재하는 곳, 살아있는 생물이나 인간들이 있는 곳을 좋아한다. 누구를 막론하고 생명이 있는 피조물은 귀신들이 들어갈 수 있는 존재들이다. 귀신이 들어갈 만한 조건만 갖추어져 있으면 들어갈 수 있다. 그러나 그러한 조건이 성립되지 않았는데 침입하는 것은 불법이기에 무서운 영적 죄가 된다. 창조 원리를 어기면 무저갱으로 들어가야 한다.

그래서 귀신들이 돼지 떼에라도 들어가게 해 달라고 간구한 것이다. 왜냐하면 돼지 떼도 살아있는 생명의 존재이기 때문이다. 빛의 세계, 궁창의 세계, 생명이 있는 세계 속에 들어간다는 것은 그래도 그들이 거할 집이 있고, 존재할 공간이 되어주는 대상들이 있다. 그러나 달이라든가 화성 같은 행성은 물도 없고 생명이 전혀 존재하지 않는 곳이 다. 그런 곳을 가리켜 무저갱이라고 한다.

그곳이 얼마나 외롭고 고독하고 쓸쓸한 곳이겠는가? 아브라함이 부자에게 "너희와 우리 사이에는 큰 구렁이 있어서 거기에서 이리로 건너올 수도 없고 여기에서 그리로 건너갈 수도 없다"(눅 16:26)고 했다. 장애물이 있어서 오고가지 못한다는 의미가 아니다. 너희들이 가진 능력으로는 거기에서 이곳으로 오려고 해도 도무지 올 수 없다는 뜻이다.

학의 날개를 가진 두 여인이 에바 속에 갇혀있는 악의 여인을 옮기는 것처럼(슥 5:5-11), 무저갱에 한 번 옮겨지면 자의적으로는 다시 돌아오지 못하고 나올 수가 없는 것이다. 아무리 사단, 마귀라 할지라도 그들이 몇 개의 은하계를 넘나드는 초월적 신성을 갖지 못한 이상, 한 번 무저갱으로 떨어지면 그들의 영적 능력으로는 나올 수가 없다. 누가 지키고 감시해서 못 나가는 것이 아니다.

빛이 전혀 미치지 못하고 완전히 흑암에 싸여 있는 곳이기 때문에 한 번 그곳에 들어가면 어둠 때문에 나오지 못한다. 어둠의 장벽이 너무도 깊고 넓고 광활하기 때문에 앞이 전혀 보이지 않는다. 어둠의 세계가 너무 깊어서 영혼으로도 그 캄캄한 영역을 뚫고 나올 수가 없다. 우주 안에는 그런 공간, 그런 별들이 있다. 생명과 전혀 무관한 공간으로 세월의 개념이 없는 세계, 빛이 전혀 없는 곳이 무저갱이다. 그 곳에서는 절대 안식을 누릴 수가 없다.

그러나 무저갱과 반대로 하나님의 보좌는 의와 공의가 기초가 된다(시 89:14). "보라 내가 한 돌을 시온에 두어 기초를 삼았노니 곧 시험한 돌이요 귀하고 견고한 기초 돌이라 그것을 믿는 자는 급절하게 되지 아니하리로다"(사 28:16)고 했다. 하나님 나라는 기초돌 위에 세워진 거룩하고 영원한 나라이다.

그 기초돌, 머릿돌이 되시는 분이 바로 예수님이시다. 예수 그리스도께서 우리의 기초돌이 되시기에 그 기초 위에 세워진 나라는 영원무궁한 빛과 사랑과 생명의 나라가 되는 것이다.

무저갱에 들어가는 자는 누구인가?

> 전 3:21 인생의 혼은 위로 올라가고 짐승의 혼은 아래 곧 땅으로 내려가는 줄을 누가 알랴

> 시 49:20 존귀에 처하나 깨닫지 못하는 사람은 멸망하는 짐승 같도다

땅 아래로 내려가는 짐승의 혼은 생물학적 짐승이 아니라, 짐승 같은 사람이라고 했다. 그들은 땅 아래, 즉 지하의 세계, 어둠의 세계, 무저갱, 또는 음부로 내려간다. 그곳은 절대 안식이 없는 세계이다.

> 계 20:1-3 또 내가 보매 천사가 무저갱 열쇠와 큰 쇠사슬을 그 손에 가지고 하늘로서 내려와서 용을 잡으니 곧 옛 뱀이요 마귀요 사단이라 잡아 일천 년 동안 결박하여 무저갱에 던져 잠그고 그 위에 인봉하여 천 년이 차도록 다시는 만국을 미혹하지 못하게 하였다가 그 후에는 반드시 잠간 놓이리라

하늘에서 내려와 무저갱 열쇠를 가지고 역사하는 천사가 용을 잡아 결박하여 무저갱에 던져 잠근다. 그리고 천 년 동안 다

시는 만국을 미혹하지 못하게 했다가 천 년이 지나면 잠간 놓아주어 기회를 준다.

> 벧전 3:18-20 그리스도께서도 한번 죄를 위하여 죽으사 의인으로서 불의한 자를 대신하셨으니 이는 우리를 하나님 앞으로 인도하려 하심이라 육체로는 죽임을 당하시고 영으로는 살리심을 받으셨으니 저가 또한 영으로 옥에 있는 영들에게 전파하시니라 그들은 전에 노아의 날 방주 예비할 동안 하나님이 오래 참고 기다리실 때에 순종치 아니하던 자들이라 방주에서 물로 말미암아 구원을 얻은 자가 몇 명뿐이니 겨우 여덟 명이라

예수께서 노아 때 죽은 영혼들을 부활시켜주시고, 무저갱에 숨어있는 뱀의 머리를 징치하시고자 친히 스올로 내려가셨다. 십자가에서 운명하시고 3일 동안 육신으로는 죽임을 당하셨으나, 영혼은 살리심을 받고 음부에 가신 것이다. 예수께서 가신 옥이 무저갱, 스올, 음부를 의미하는 곳이다.

예수께서 스올에 들어가시기 위해 생축의 자리에까지 내려가셨고(엡 5:2), 심한 통곡과 눈물로 아버지께 간구와 소원을 올려 들으심을 얻음으로 아버지께서 살려주신 것이다(히 5:7, 롬 1:4). 그런 입장을 가리켜 "나는 죽을 수 있는 권세도 가졌고, 살 수 있는 권세도 가졌다"(요 10:18)라고 표현하신 것이다.

구약 4천 년 동안 이긴 자에게 종이 된 진 자들이 음부로, 지하의 세계로, 어둠의 세계로 내려갔다. 음부의 권세를 가진 자들은 육신을 죽일 수는 있으나 영혼은 심판하지 못한다. 영혼을 죽일 수 있는 권세는 갖지 못했다. 다시 말하면 영혼을 심판하

여 지옥, 둘째 사망인 불 못으로 던질 수 있는 능력이 없다는 것이다.

무저갱의 우두머리는 누구인가?

계 9:1-2 다섯째 천사가 나팔을 불매 내가 보니 하늘에서 땅에 떨어진 별 하나가 있는데 저가 무저갱의 열쇠를 받았더라 저가 무저갱을 여니 그 구멍에서 큰 풀무의 연기 같은 연기가 올라오매 해와 공기가 그 구멍의 연기로 인하여 어두워지며

계 9:11 저희에게 임금이 있으니 무저갱의 사자라 히브리 음으로 이름은 아바돈이요 헬라 음으로 이름은 아볼루온이더라

위 구절에서 보면 무저갱의 사자의 이름이 히브리어로는 아바돈이고, 헬라어로는 아볼루온인데, 의미는 '멸망자, 파괴자'라는 뜻이다. 그 무저갱에는 귀신들이 혼자 있는 것이 아니다. 무저갱에도 그 세계를 주관하며 다스리는 자가 있다.

그렇기 때문에 하나님께서 사망으로 심판하실 때 음부가 그 뒤를 따르게 하셨다(계 6:8). 그것은 그들에게 심판할 수 있는 권세를 준다는 의미가 아니라, 저주받은 자로서 그들이 가지고 있는 사망과 음부의 권세를 사용하신다는 것이다.

예수님이 스올에 들어가셔서 천국 복음, 부활 복음을 전하심으로 말미암아 물로 심판을 받았던 사람들이 영혼 구원, 즉 생명의 부활로 구원을 받을 수 있었다(벧전 1:9, 3:18-20). 그러

나 공중의 권세를 잡은 마귀, 사단은 밤낮없이 하나님의 백성들을 참소했다(계 12:10). 하나님의 백성들이 구원을 받았다는 말은 상대적으로 그들을 저주하고 참소했던 자들은 다 무저갱으로 떨어지고 말았다는 것이다. 그 무저갱의 사자인 아바돈, 또는 아볼루온이 무저갱에서 임금 노릇을 하는 자이다.

무저갱 열쇠를 받아 하늘에서 땅에 떨어진 별은 어떤 존재인가?

계 9:1 다섯째 천사가 나팔을 불매 내가 보니 하늘에서 땅에 떨어진 별 하나가 있는데 저가 무저갱의 열쇠를 받았더라

재림 마당에서 사망과 음부의 열쇠, 즉 무저갱의 열쇠를 가진 분은 어떤 존재인가?

계 1:18 곧 산 자라 내가 전에 죽었었노라 볼찌어다 이제 세세토록 살아 있어 사망과 음부의 열쇠를 가졌노니

분명히 일곱 금 촛대 사이에 일곱 별을 손에 쥐고 계신 분은 재림주이시다(계 1:13-18).
그런데 간혹 "타락한 천사 루시퍼가 무저갱 열쇠를 열고 무저갱에 갇혀있던 자들을 해방시키고 그들에게 자유를 준다"라고 주장하는 자들이 있는데, 그들의 주장은 잘못된 것이다.

계 9:4 저희에게 이르시되 땅의 풀이나 푸른 것이나 각종 수목은 해하지 말고 오직 이마에 하나님의 인 맞지 아니한 사람들만 해하라 하시더라

무저갱에서 연기와 같이 땅 위에 나오는 그들이 사람들을 다섯 달 동안 해하는 권세를 받는다. 그런데 하나님께서 "땅의 풀이나 푸른 것이나 각종 수목은 해하지 말고 오직 이마에 하나님의 인 맞지 아니한 사람들만 해하라"고 하셨다. 지금 무저갱에서 나오는 사자들이 하나님의 지시를 받고 있다. 그 말씀을 깊이 궁구해보면, '하늘에서 떨어진 별 하나'를 타락한 천사라고 말하기에는 앞뒤가 맞지 않는다.

만약에 루시퍼가 무저갱에 있는 사자들에게 와서 역사한다면 그렇게 할 리가 없다. 분명히 사망과 무저갱의 열쇠는 재림주께서 가지고 계시기 때문에 그 분이 그 열쇠를 주지 않고는 무저갱을 열 수가 없다. 재림주께서 인봉한 것을 누가 열 수 있는가?

따라서 하늘에서 떨어진 별은 타락해서 떨어진 별이 아니다. 힘센 천사, 주님의 천사가 와서 하나님이 주신 말씀의 권세와 능력으로써 무저갱에 갇혀있는 자들을 이용해서 그런 역사를 하는 것이다.

> 계 11:7 저희가 그 증거를 마칠 때에 무저갱으로부터 올라오는 짐승이 저희로 더불어 전쟁을 일으켜 저희를 이기고 저희를 죽일 터인즉

무저갱으로부터 올라오는 이 짐승을 통해서 하나님이 이 땅의 주 앞에 선 두 감람나무를 죽게 만든다는 것이다. 무저갱으로부터 올라온 짐승이라고 해서 정말 무시무시한 얼굴을 가진 대상인가?

무저갱으로부터 올라오는 이 짐승은 어떤 존재로 올라온다

는 것인가? 그리스도의 영이나, 마귀의 영이나 다 인자를 통해서 역사하는 것이다. 요한계시록에서 특히 중간계시에 해당하는 일곱 인, 일곱 나팔, 일곱 대접에 속한 말씀은 영적인 역사이다. 무저갱으로부터 올라오는 이 짐승은 바로 짐승의 영을 말하는 것이다. 이들도 자기를 바라는 자들, 인자를 통해서 역사를 한다는 것이다.

다시 말하면 귀신의 영을 받은 사람들이 두 감람나무를 죽게 만든다. 그 영을 무저갱으로부터 불러올린다. 그리고 그 영을 기다리고 그 영을 기뻐하는 사람들에게 들어감으로써 그들이 하나님의 뜻을 대적하는 무리의 중심세력이 되기도 한다.

> 계 17:8 네가 본 짐승은 전에 있었다가 시방 없으나 장차 무저갱으로부터 올라와 멸망으로 들어갈 자니 땅에 거하는 자들로서 창세 이후로 생명책에 녹명되지 못한 자들이 이전에 있었다가 시방 없으나 장차 나올 짐승을 보고 기이히 여기리라

분명히 뱀은 본래 비상하는 존재였지만 하나님께서 뱀을 저주하는 가운데, 짐승들 중에 가장 저주를 받아서 "너는 배로 기어 다니라"(창 3:14)는 존재가 되었다.

비상하던 뱀이 저주를 받아 땅에 찍혀 떨어진 곳은 무저갱이었다. 들짐승 중 가장 간교한 뱀이 무저갱 속에서 6천 년을 머물러 있었다. 뱀이 누구를 위해서 그렇게 충성한 것인가? 선악을 알게 하는 나무를 위해서 충성한 것이다. 뱀과 선악을 알게 하는 나무는 같은 동료가 아니라 주인과 종의 관계이다. 선악나무에게 있어서는 뱀이 가장 충성된 존재이다. 따라서 붉은 용은

자기에게 가장 충성한 뱀에게 보좌와 권세를 줄 수밖에 없다.

그것을 가리켜 "붉은 용이 바다의 짐승에게 권세를 주고, 바다의 짐승은 땅의 새끼 양에게 권세를 준다"고 하는 것이다. 이 세 짐승을 가리켜서 666이라고 하는데 그들에게 충성한 비중에 맞추어서 권세를 주는 것이다.

2. 음부(스올)⁵⁴⁾와 지옥(불못)⁵⁵⁾의 차이는 무엇인가?

> 마 5:29-30 만일 네 오른 눈이 너로 실족케 하거든 빼어 내버리라 네 백체 중 하나가 없어지고 온 몸이 지옥에 던지우지 않는 것이 유익하며 또한 만일 네 오른손이 너로 실족케 하거든 찍어 내버리라 네 백체 중 하나가 없어지고 온 몸이 지옥에 던지우지 않는 것이 유익하니라

> 마 10:28 몸은 죽여도 영혼은 능히 죽이지 못하는 자들을 두려워하지 말고 오직 몸과 영혼을 능히 지옥에 멸하시는 자를 두려워하라

예수께서 지옥에 대해 친히 말씀하셨다(마 5:22, 5:29-30,

---

54) 스올(Sheol)-죽은 사람이면 누구나 가는 곳으로 무덤, 음부, 사망을 뜻한다. 음부(陰府, Hades, Grave)와 같은 의미로 사용되고 있다-라이프 성경사전, 두산백과, 교회용어사전
55) 지옥(地獄, Hell)-생전의 죄과를 죽어서 영원한 고통 속에서 받는 형벌의 장소이다. 영원히 꺼지지 않는 불 못과 같은 의미로 사용되고 있다-교회용어사전, 두산백과

10:28, 18:9, 23:15, 23:33, 막 9:43, 9:45, 9:47, 눅 12:5, 약 3:6, 벧후 2:4). 예수께서 말씀하신 지옥이 둘째 사망, 불 못이다(계 20:14-15). 영원히 죽지도 못하고 뜨거운 불 속에서 소금이 튀는 곳 같다는 것이다(막 9:49). 666이라는 세 짐승의 표를 받고, 우상에게 경배 드린 사람, 짐승에게 인침 받은 사람들은 다 영원히 꺼지지 않는 불 못에 들어간다.

그러면 음부(스올)와 지옥(불 못)은 어떻게 다른 것인가?

음부, 스올은 어떤 곳인가?

음부, 스올, 무저갱은 아직 죄에 대한 판결이 나지 않은 곳이다. 즉 아직 심판이 이루어지지 않은 곳이다. 하늘로 올라가지 못한 죄인들의 영혼이 머물러 있는 곳이다. 머물러 있는 그곳을 누가 주관하고 있는가? 뱀이 주관하고 있다. 그래서 뱀에게 "너는 종신토록 흙을 먹을지니라"(창 3:14)고 말씀하신 것이다. 죄악된 인간들은 뱀에게 종속될 수밖에 없는 존재들이다.

> 계 20:1-3 또 내가 보매 천사가 무저갱 열쇠와 큰 쇠사슬을 그 손에 가지고 하늘로서 내려와서 용을 잡으니 곧 옛 뱀이요 마귀요 사단이라 잡아 일천 년 동안 결박하여 무저갱에 던져 잠그고 그 위에 인봉하여 천 년이 차도록 다시는 만국을 미혹하지 못하게 하였다가 그 후에는 반드시 잠간 놓이리라

무저갱 열쇠를 가진 천사가 붉은 용을 잡아 결박할 때 천 년 동안 무저갱에 던져 넣는다.

> 마 11:23 가버나움아 네가 하늘에까지 높아지겠느냐 음부에까지 낮아지리라 네게서 행한 모든 권능을 소돔에서 행하였더면 그 성이 오늘날까지 있었으리라

가버나움의 교만을 책망하시면서 "네가 음부의 문까지 낮아지리라"고 하셨다. 여기서 음부의 문까지 낮아진다는 것은 가장 비참한 자리를 말한 것이다.

> 눅 16:23 저가 음부에서 고통 중에 눈을 들어 멀리 아브라함과 그의 품에 있는 나사로를 보고

부자가 음부에서 고통 중에 눈을 들어 바라보니까 건너 편 다른 세계에 자기 집 문 앞에서 헌데를 핥던 거지 나사로가 아브라함의 품에 안긴 것을 보았다. 생전에는 나사로가 비참한 생활을 했지만 사후에는 입장이 뒤바뀌어 부자가 음부에서 고통 받는 입장이 되었다.

지금 부자는 음부에서 심판을 받은 상태인가? 부자가 음부에 있다는 말은 아직 심판을 받은 것이 아니라 심판을 받기 위해서 잠정적으로 하나님이 예비하신 곳에 가두어둔 입장이다. 따라서 음부는 무저갱과 같은 곳이다.

> 욘 2:1-2 요나가 물고기 뱃속에서 그 하나님 여호와께 기도하여 가로되 내가 받는 고난을 인하여 여호와께 불러 아뢰었삽더니 주께서 내게 대답하셨고 내가 스올의 뱃속에서 부르짖었삽더니 주께서 나의 음성을 들으셨나이다

요나가 물고기 뱃속에 있을 때 빛이 들어오지 않고 사방이 완전히 막힌 장소이므로 스올이라는 표현을 했다.

> 계 1:18 곧 산 자라 내가 전에 죽었었노라 볼찌어다 이제 세세토록 살아 있어 사망과 음부의 열쇠를 가졌노니

예수님은 사망과 음부의 열쇠를 가지신 분이다. 즉 사망과 음부를 친히 통치하시며 주관하시며 다스리신다는 말씀이다. 예수님의 권한으로 예속시키신다는 것이다. 예수께서 친히 무저갱에 들어가셔서 흙 차원의 인생들을 사람 차원으로 모두 회복하게 하심으로써 진 자들을 이긴 자들로 회복하셨다.

애굽에 있던 진 자인 이스라엘 백성들의 죄를 호리도 남지 않게 모두 갚게 함으로써 출애굽할 수 있었다. 애굽의 종으로 있던 그들이 이스라엘이라는 독자적인 나라의 거룩한 백성이 된 것이다. 이것은 예수께서 스올, 음부에 들어가셔서 흙 차원의 인생들을 모두 이끌어내신 것과 상징적으로 같은 맥락이 된다.

이처럼 예수께서 오시기 전까지는 음부, 무저갱을 다스리는 아바돈, 아볼루온이라는 임금이 있었다. 예수께서 사망과 음부의 열쇠를 가지셨다는 것은 아바돈, 아볼루온이 다스리는 무저갱이 아니라 하나님께서 친히 주관하시며 섭리하시며 역사하시는 무저갱이 되었다는 것이다. 그렇기 때문에 무저갱을 열고 붉은 용을 잡아서 잠정적으로 일천 년 동안 감금시킬 수 있었던 것이다.

계 6:8 내가 보매 청황색 말이 나오는데 그 탄 자의 이름은 사망이니 음부가 그 뒤를 따르더라 저희가 땅 사분 일의 권세를 얻어 검과 흉년과 사망과 땅의 짐승으로써 죽이더라

청황색 말은 죽음, 시체를 의미한다. 무저갱의 열쇠와 권세를 가진 네 생물이 무저갱에 있는 자들을 통해서 마지막으로 역사하는 세계가 전개되고 있다. 무저갱의 열쇠를 가진 네 생물이 하나님을 대신하여 죽일 자를 죽이려고 역사하고 있다. 탄 자의 이름은 사망이니 음부가 그 뒤를 따른다는 것은 음부가 말씀의 권세에 의해서 말씀대로 행하고 순복한다는 의미이다.

계 20:13-14 바다가 그 가운데서 죽은 자들을 내어주고 또 사망과 음부도 그 가운데서 죽은 자들을 내어주매 각 사람이 자기의 행위대로 심판을 받고 사망과 음부도 불 못에 던지우니 이것은 둘째 사망 곧 불 못이라

사망과 음부도 네 생물에 의해서 쓰임을 받지만 결과적으로 그들도 둘째 사망의 불 못에 던지워 심판을 받는 것이다.

지옥, 불 못은 어떤 곳인가?

계 21:8 그러나 두려워하는 자들과 믿지 아니하는 자들과 흉악한 자들과 살인자들과 행음자들과 술객들과 우상 숭배자들과 모든 거짓말 하는 자들은 불과 유황으로 타는 못에 참예하리니 이것이 둘째 사망이라

위 구절이 성경에서 불 못이라는 내용을 제일 잘 설명한 구절이다. 불 못은 어떤 곳인가? 불과 유황으로 타는 곳이다. 그리고 이 불 못을 가리켜서 둘째 사망이라고 말하는 것이다. 둘째 사망이란 두 번째 영혼의 심판을 받는 것을 말한다.

소돔과 고모라를 멸하시는 심판의 내용을 살펴보면 그곳도 불과 유황으로 심판하셨다(창 19:24). 그렇기 때문에 소돔과 고모라 때 불로 심판 받은 사람들은 예수께서 스올, 음부에 들어가셨을 때 구원의 대상이 되지 못했다. 그들은 이미 둘째 사망과 같은 의미의 불심판을 입었기 때문에 구원의 대상이 아니다.

예수께서 음부에 들어가셨을 때 구원의 대상은 물로 심판을 받은 사람들이었다(벧전 3:18-20). 물로 심판을 받은 것과 불로 심판을 받은 것에는 큰 차이가 있다. 물로 심판할 때 코로 기식하는, 호흡하는 대상은 다 죽었다(창 7:22). 그렇기 때문에 물의 심판은 육신의 심판을 말하는 것이다. 그러나 불의 심판은 영혼의 심판을 말하는 것이다.

"믿음의 결국은 영혼구원이라"(벧전 1:9)는 말씀처럼, 예수님이 스올, 음부에 들어가셨을 때 예수님이 구원한 대상은 물로 심판을 받은 사람들이었다. 물심판을 받은 사람들에게 자비와 긍휼을 베풀어주셨지만, 불심판을 받은 사람들은 절대 구원의 대상이 아니기 때문에 긍휼을 베풀어주지 않으셨다.

성도들이 운명하면 화장(火葬)하지 말라고 하는 이유가 거기 있는 것이다. 불심판은 영혼의 심판을 의미하는 것이며, 둘째 사망을 의미하기 때문에, 절대 불로 화장을 한 사람들은 마지막 때에도 영육 간에 부활을 하지 못한다. 그들은 영적인 부활밖에 하지 못한다.

영육 간에 부활한 사람과 영적으로 부활한 사람은 큰 차이가 있다. 영적인 부활은 생명의 부활로 구원 받는 차원이고, 영육 간의 부활은 첫째 부활로 구원 받는 차원이다. 영육 간에 부활하는 사람들이 머리라면 영적으로 부활을 받는 사람들은 지체로서 종속되는 입장이 된다. 생명의 부활을 받은 자들은 첫째 부활, 의인의 부활로써 하나님의 기업을 받는 자녀들을 받들며 섬기는 천사와 같은 존재가 되는 것이다(히 1:14, 고전 6:3, 계 20:4-5).

그렇기 때문에 성도들은 절대 화장을 하지 말라고 하셨는데, 오늘날 많은 목사님들이 화장을 권하고 있다. 교회에서 큰 임야나 산을 사서 납골당을 만든다. 죽은 성도의 몸을 화장해서 오래 보관할 수 있는 용기에 담아서 납골당 안에 안치한다. 그것은 분명히 성경 말씀에 위배된 것이다.

> 계 20:10 또 저희를 미혹하는 마귀가 불과 유황 못에 던지우니 거기는 그 짐승과 거짓 선지자도 있어 세세토록 밤낮 괴로움을 받으리라

예수님은 불과 유황 못에서 고통 받는 이들의 모습을 가리켜 뜨거운 불에 소금을 치듯 함을 받는다고 표현하셨다(막 9:49).

불 못은 소금을 불에 던졌을 때 소금이 불 속에서 튀는 것처럼, 불도 꺼지지 않는 곳이며 죽지도 못하고 영원히 고통을 받는 곳이다. 영혼은 죽는 존재가 아니다. 그렇기 때문에 죽을 수도 없는 것이다. 불과 유황이 타는 못에 던짐을 받으면 그렇게 영원부터 영원까지 고통을 겪으며 지낼 수밖에 없다.

그곳에 던져지는 사람들은 누구인가? 마귀와 짐승과 거짓 선

지자들이 모두 둘째 사망이 되는 불 못에 던짐을 받게 된다(계 20:13-14).

 구약 마당에서 심판을 받는 것과 신약 마당에서 심판을 받는 것과 재림 마당에서 심판을 받는 것은 차이가 있다. 심판이라는 의미, 기준은 같을지 몰라도 심판을 받는 결과는 전혀 다르다.
 구약 마당의 심판은 거의 육신에 대한 심판이다. 구약 마당에서는 죄의 기준을 육신에 두었다. 예를 들면 구약 마당에서는 마음으로 간음한 것은 정죄하지 않았다. 실제로 남녀가 행위를 해야 간음, 간통이라고 정죄했다. 그래서 구약 마당의 심판은 육체를 기준으로 정죄하는 심판이라고 말할 수 있다.
 그러나 신약 마당의 심판은 육신뿐만 아니라 마음으로 저지른 죄도 심판의 대상이 되었다. 다른 여인을 갖고 싶다는 마음만 품어도 이미 간음한 죄를 지은 것이다. 따라서 구약 마당에서는 몸이 심판의 기준이 되고, 신약 마당에서는 마음, 즉 혼이 심판의 기준이 되고, 재림 마당에서는 영이 심판의 기준이 된다.

> 계 20:13-14 바다가 그 가운데서 죽은 자들을 내어주고 또 사망과 음부도 그 가운데서 죽은 자들을 내어주매 각 사람이 자기의 행위대로 심판을 받고 사망과 음부도 불 못에 던지우니 이것은 둘째 사망 곧 불 못이라

 위 구절에서 "바다가 그 가운데서 죽은 자들을 내어 주고 또 사망과 음부도 그 가운데서 죽은 자들을 내어 주매 각 사람이 자기의 행위대로 심판을 받고"라는 의미를 깊이 생각해 볼 필요

가 있다.

죽은 사람은 각자 죽음에 이르게 된 원인과 동기를 가지고 있다. 어떤 사람은 교통사고로 죽고, 어떤 사람은 수영하다가 물에 빠져 죽고, 어떤 사람은 너무 괴로워서 스스로 목매달아 죽고, 어떤 사람은 병에 걸려 죽는 등, 모든 죽음에는 그 죽음의 원인이 되는 동기가 있게 마련이다.

하나님은 영혼을 심판하시는 분이 아니다. 다른 종교에서는 죽은 영혼을 심판한다고 주장하고 있다. 따라서 죽은 영혼들이 지옥에 가거나 극락으로 간다고 말하고 있다. 그러나 하나님은 결코 영혼을 심판하시는 분이 아니라, 인격적인 대상을 심판하신다. 인격적인 대상을 심판하신다는 것은 부끄러움을 알게 하는 심판이라는 것이다. 영혼을 심판한다면 심판하는 주인만이 그 영혼의 죄를 안다. "네가 태어나서부터 언제까지 이러이러한 죄를 지었지?"라고 그를 심판하는 신령한 자, 신 같은 존재만이 그의 죄를 알지, 다른 사람은 알지 못한다.

그러나 하나님의 심판은 스스로 직고하는 심판이다(롬 14:12). 스스로 직고는 하되, 만인 앞에서 죄를 직고하게 되어 있는 것이다. 예를 들면 생명의 부활로 구원을 받는 대상이라면 생명의 부활로 구원받는 기준에 합당한 모든 대상들 앞에서 스스로 자기 죄를 직고하게 되어 있다.

따라서 하나님께서 죽은 자들을 삼켜서 수용하고 있는 대상들로 하여금 모두 다 내어놓게 하신다는 것이다. 예를 들면 바다에 빠져 죽은 사람들 중에 시체를 못 찾은 사람들이 얼마나 많은가? 그러면 그 몸과 혼은 다 어디에 있는가? 그들의 몸과 혼은 바다에 있다.

또 무더기로 죽어서 땅에 묻힌 시체들이 얼마나 많은가? 전쟁이 나고 재난이 일어날 때마다 누구인지도 모르는 사람들이 한꺼번에 죽어 땅의 한 곳에 묻혀있다. 그 죽은 혼들이 다 거기에 머물러 있는 것이다. 육신을 이루었던 요소들이 땅으로 다 스며드는 것이다. 그러면 마지막 부활 때는 그곳에서 다 부활하게 된다. 그렇게 부활을 시킨 후에 하나님께서 심판하시는 것이다. 심판을 하신 후에 불 못, 지옥에 던지시는 것이다.

그렇기 때문에 성도라면 반드시 생명록에 기록되어야 한다.

> 출 32:32 그러나 합의하시면 이제 그들의 죄를 사하시옵소서 그렇지 않사오면 원컨대 주의 기록하신 책에서 내 이름을 지워 버려주옵소서

> 빌 4:3 또 참으로 나와 멍에를 같이 한 자 네게 구하노니 복음에 나와 함께 힘쓰던 저 부녀들을 돕고 또한 글레멘드와 그 외에 나의 동역자들을 도우라 그 이름들이 생명책에 있느니라

> 계 20:15 누구든지 생명책에 기록되지 못한 자는 불 못에 던지우더라

이처럼 구약 마당에도 생명책이 있고(출 32:32), 신약 마당에도 생명책이 있고(빌 4:3), 재림 마당에도 생명책이 있다(계 20:15). 세 마당에서 생명책에 기록되지 않은 사람들은 다 불 못이다.

그런데 재림 마당과 신약 마당의 차이점은 무엇인가? 신약 마당에서는 사단, 마귀, 귀신들이 이 땅에서 역사를 했다. "사단이 번개처럼 떨어지는 것을 내가 보았노라"(눅 10:18)고 말씀하신 것처럼, 사단이 마귀들과 귀신들을 도와주기 위해서 하늘에서 번개처럼 내려온 것이다.

그러나 재림의 마당은 666이라는 세 짐승들이 등장한다. 일곱 번째 등장했던 짐승 중 하나가 여덟 번째 짐승으로 등장한다는 말씀을 기억해야 한다(계 17:11). 재림 마당은 붉은 용, 바다의 짐승, 땅의 새끼 양이라는 세 짐승이 다 등장하는 마당이다. 재림 마당에 세 짐승이 등장하는 이유는 몸과 혼과 영, 세 가지가 다 타락할 수밖에 없는 마당이기 때문이다.

생명록에 기록되지 못한 사람은 부분적인 죄를 짓는 것이 아니라 몸과 혼과 영의 세 가지가 모두 죄를 짓는 완전 타락을 하게 된다. 몸과 혼과 영이 다 타락하면 세 짐승이 몸에만 인치는 것이 아니라 몸과 혼과 영에 다 인을 치는 것이다.

그렇기 때문에 재림 마당에서 구원 받지 못하는 사람은 무조건 불 못이다. 재림 마당은 666이라는 세 짐승이 역사하는 마당이기 때문에 생명록에 기록되지 못한 자들은 완전타락으로 말미암아, 다 불 못에 들어가는 것이다.

> 계 19:20 짐승이 잡히고 그 앞에서 이적을 행하던 거짓 선지자도 함께 잡혔으니 이는 짐승의 표를 받고 그의 우상에게 경배하던 자들을 이적으로 미혹하던 자라 이 둘이 산 채로 유황불 붙는 못에 던지우고

그러나 결국 짐승도 잡히고, 그 앞에서 이적을 행하던 거짓

선지자도 함께 잡혀 산 채로 유황불 붙는 불 못에 던져지게 된다. 세 짐승에게 표를 받고 그 우상에게 경배하던 자들은 불 못을 피할 길이 없다.

마 23:33 뱀들아 독사의 새끼들아 너희가 어떻게 지옥의 판결을 피하겠느냐

예수께서 종교지도자들을 향해서 "독사의 자식들아, 너희가 어떻게 지옥의 판결을 피하겠느냐?"라고 하신 것은 그들은 이미 지옥의 판결을 받기로 작정된 자들이라는 것이다. 그들은 절대 구원이라는 것이 해당되지 않는다. 그 이유는 그들의 근본이 독사의 자식, 뱀의 후손들이기 때문이다.

지옥(불 못)은 마지막 심판을 통해서 최종적으로 구속되는 것을 말한다. 따라서 지옥에 들어갔다는 것은 최후의 심판을 받아 불 못에 떨어졌다는 것이다. 지옥의 판결을 받는 사람은 몸과 혼과 영이 전적으로 다 타락한 자들이다.

3. 음녀가 받을 최후의 심판

계 17:1-4 또 일곱 대접을 가진 일곱 천사 중 하나가 와서 내게 말하여 가로되 이리 오라 많은 물위에 앉은 큰 음녀의 받을 심판을 네게 보이리라 땅의 임금들도 그로 더불어 음행하였고 땅에 거하는 자들도 그 음행의 포도주에 취하였다 하고 곧 성령으로 나를 데리고 광야

로 가니라 내가 보니 여자가 붉은 빛 짐승을 탔는데 그 짐승의 몸에 참람된 이름들이 가득하고 일곱 머리와 열 뿔이 있으며 그 여자는 자주 빛과 붉은 빛 옷을 입고 금과 보석과 진주로 꾸미고 손에 금잔을 가졌는데 가증한 물건과 그의 음행의 더러운 것들이 가득하더라

성령께서 사도 요한을 데리고 광야로 가서 붉은 빛 짐승을 탄 음녀의 모습을 보여주시는 장면이다.

예수님도 40일 금식하시고 주리신 후에 성령께서 광야로 인도해서 마귀에게 시험을 받으셨다(마 4:1, 막 1:12, 눅 4:1). 성령께서 사도 요한을 친히 인도하여 음녀를 보여주셨다는 것은 그만큼 음녀의 존재가 결코 간과(看過)해서는 안 될 중요한 의미를 가진 존재라는 사실이 아니겠는가?

왜 음녀가 성도들의 피에 취했다고 하는가?

계 17:6 또 내가 보매 이 여자가 성도들의 피와 예수의 증인들의 피에 취한지라 내가 그 여자를 보고 기이히 여기고 크게 기이히 여기니

물 위에 앉은 음녀가 성도들의 피와 예수의 증인들의 피에 취했다는 것이다. 음녀가 성도들의 피에 취했다는 말은 무슨 뜻인가? 그 말의 의미는 음녀가 그들의 영혼을 자기의 수하에 다 집어삼켰다는 뜻이다. 그가 성도의 권세를 다 깨었다는 뜻이다.

이 여자가 붉은 빛 짐승을 타고 있다. 그 짐승은 일곱 머리와

열 뿔을 가진 존재이며 몸에 참람된 이름들이 가득한 존재이다. 그 짐승을 타고 있는 여자가 음녀이다.

음녀의 근본은 무엇인가? 족장 시대에 셋의 후예들이 가인의 딸들의 미색에 빠지고 말았다. 아담이 타락함으로 영을 빼앗기고, 가인이 아벨을 죽임으로 혼을 빼앗기고, 셋의 후손들에게는 그나마 거룩한 몸이 하나 남아 있었는데 결국 가인의 딸들의 미색에 빠져서 그 거룩한 몸까지도 깨어지고 말았다. 그들이 음녀의 원형이 되는 존재들이다. 음녀의 원조가 육체를 통해 역사한 것이다. 그것이 음녀가 가지고 있는 권세와 능력이다.

반석 위에 지나간 뱀의 자취는 남지 않는다(잠 30:19). 다양하게 변신하는 그의 변신술은 아무도 눈치채지 못한다는 것이다. 그가 제 밭에 기어들어와 자기의 조직을 세우기 시작한다. 좋은 씨가 역사하는 제 밭에서 좋은 씨의 말씀을 이용하고 자기 것으로 만든다. 즉 하나님의 것을 자기 것으로 만들 줄 아는 뛰어난 처세술과 탁월한 경영능력을 갖고 있는 존재이다.

> 창 4:19 라멕이 두 아내를 취하였으니 하나의 이름은 아다요 하나의 이름은 씰라며

창세기에 기록된 가인의 족보의 마지막 사람인 라멕의 두 아내의 이름이 아다와 씰라이다.[56] 그들이 본질적으로 가지고 있

---

56) 아다-라멕의 아내로서 '장식한 자, 꾸민 자, 광명'이라는 뜻, 남자를 유혹하고자 몸을 장식하여 꾸미고 치장하는 자였다. 씰라-라멕의 아내로서 '그늘, 보호, 딸랑딸랑 울리다'라는 뜻, 본성이 음흉한 여자로서 남편에게 듣기 좋은 말로 아부하는 성향을 갖고 있다.-라이프 성경사전, '구속사 시리즈' 제 1권 <창세기의 족보> 94쪽, 박윤식 저, 휘선

는 그들의 본색은 적을 육체로 유혹하여 멸망시킬 수 있는 뛰어난 무기를 가지고 있다. 즉 자기 남자를 기쁘게 해 줄 수 있는 천부적인 재능을 통해서 적을 침략할 수 있는 무기로 사용하는 것이다.

다시 말하면 가인 계열의 혈대 안에서 갈고 닦은 경영의 묘, 처세술을 적을 침몰시키기 위한 뛰어난 무기로 사용할 줄 안다는 것이다. 그런 입장에서 재림의 마당에 등장하는 음녀도 그런 처세술이 뛰어나다는 것이다. 자기 시대에 있어서는 세상의 자녀들이 더 지혜롭다는 말씀도 그런 차원으로 해석할 수 있다. 음녀가 가지고 있는 처세술은 하나님의 자녀들의 능력보다 더 지혜롭고 뛰어나다는 것이다.

"죽게 되었던 상처가 나으매 온 세상이 기이히 여기더라"(계 13:3)고 했다. 누가 죽게 되었던 자인가? 머리를 징치해서 죽게 되었던 자, 곧 옛 뱀이다. 붉은 용이 자기 때에 등장해서 죽게 되었던 옛 뱀을 다시 기사회생시킴으로 사람들이 "어? 저는 옛날에 죽었던 존재가 아닌가? 그런데 저가 어떻게 다시 살아났지? 왜 다시 등장했지?"라고 기이히 여긴다는 것이다.

마지막 때는 아담과 하와를 타락시켰던 그 뱀이 다시 등장한다. 그때보다도 더 신출귀몰한 능력을 가진 자로 등장하여 하나님의 백성들, 성도의 권세를 다 깨는 것이다.

> 계 12:13 용이 자기가 땅으로 내어 쫓긴 것을 보고 남자를 낳은 여자를 핍박하는지라

"자기가 땅으로 내어 쫓긴 것을 보고"란 무슨 의미인가? 철장으로 만국을 다스릴 남자가 탄생한 것을 보고, 그제야 붉은 용이 자신이 땅으로 내어 쫓긴 것을 알게 되었다는 것이다. 이 말씀을 깊이 생각하면 마지막 때 뱀으로 등장하는 자는 자신이 뱀인지조차 모른다는 뜻이다. 다시 말하면 모든 이루어진 결과를 보고 "아, 내가 지금까지 뱀으로 쓰임을 받았구나!"라는 것을 그제야 안다는 것이다.

아무리 뱀으로 쓰임 받는 존재라도 자신이 뱀이라는 것을 알고 역사하는 사람은 없다. 결과가 드러나서야 비로소 "어? 그러면 나는 무엇인가? 내가 지금까지 뱀으로 쓰임 받았다는 것인가?"라고 자기 존재를 그제야 알게 된다는 것이다. 그 때는 돌이킬 수 없는 결과에 이르기 때문에 그 때부터는 이를 갈고 저주하면서 자기가 할 수 있는 모든 능력을 총동원해서 최후의 발악을 하게 된다.

그렇기 때문에 마지막 때는 아담을 타락시켰던 그 옛 뱀이 혼자 오지 않고 자기 새끼들을 다 데리고 온다. 그 뱀이 아담을 타락시켰던 뱀이지만 그때보다도 더 무서운 불 뱀으로 등장하는 것이다.

> 사 14:29 블레셋 온 땅이여 너를 치던 막대기가 부러졌다고 기뻐하지 말라 뱀의 뿌리에서는 독사가 나겠고 그 열매는 나는 불 뱀이 되리라

그래서 흰 돌을 받아야 그 위에 기록된 이름을 안다고 했다. 흰 돌을 받기 전에는 자기가 누구인지 모른다. 자신이 천상의 세계에서 어떤 존재로 있다가 이 땅에 왔는지 아무도 알지 못한

다. 다만 이긴 자가 되어서 흰 돌을 받아야 알 수 있는 것이다(계 2:17).

마찬가지로, 뱀들도 짐승들도 자기에게 나타난 결과를 보고 그제야 안다는 것이다. 그렇기 때문에 그 때는 "산아, 바위야 순간적으로 나를 박살내서 내 앞에 드러나고 있는 모든 현실의 역사를 보지 못하게 해다오"(계 6:15-16, 눅 23:30)라고 하는 것이다. 그러나 그때는 자기 의지로는 죽으려야 죽을 수도 없다. 하나님께서 이미 죽지 못하게 다 막아놓으셨기 때문이다.

재림 마당의 음녀는 어디에서 역사하는가?

> 계 12:17 용이 여자에게 분노하여 돌아가서 그 여자의 남은 자손 곧 하나님의 계명을 지키며 예수의 증거를 가진 자들로 더불어 싸우려고 바다 모래 위에 섰더라

"용이 바다 모래 위에 섰다"는 것은 붉은 용이 오랜 시간 머물러 있으면서 누구를 기다리거나, 어떤 목적을 행하기 위해서 준비하는 모습이라고도 말할 수 있다. 하늘나라의 역사를 알고 있는 붉은 용이 마지막 때 다시 이 세상을 소돔과 고모라 같은 세상으로 만들기 위해서 음녀를 준비하고 있는 것이다. 마지막 때는 싸움이 꼬리로부터 진행되지 않고 머리로부터 진행된다. 마지막 때 제 밭 안에 알곡과 가라지들이 다 모인 것은 그들의 싸움이 결코 꼬리의 싸움이 아니라 머리의 싸움이라는 것을 의미한다.

붉은 용이 해를 입은 여인과 싸우는 목적은 첫째, 해를 입은 여인이 철장으로 만국을 다스릴 아이를 낳지 못하게 하려는 것이고 둘째, 자기 자녀들인 가라지들을 보호하기 위해서이다. 여기서 가라지는 음녀를 말한다. 제 밭의 가라지들 중에서 하나님의 사람과 싸우게 하고, 하나님의 사람들을 대적하게 하고 믿지 못하게 방해하는 역사를 행하기 위해서 사전적으로 음녀를 준비하는 것이다.

마귀가 제 밭에 가라지를 뿌린 목적이 무엇인가? 제 밭에서 이루어질 하나님의 구속사역을 무산시키려는 것이다. 그 뜻을 이루기 위해서는 좋은 씨를 제거하고 제 밭을 차지해야 한다.

> 마 24:15 그러므로 너희가 선지자 다니엘의 말한바 멸망의 가증한 것이 거룩한 곳에 선 것을 보거든 (읽는 자는 깨달을찐저)

> 살후 2:4 저는 대적하는 자라 범사에 일컫는 하나님이나 숭배함을 받는 자 위에 뛰어나 자존하여 하나님 성전에 앉아 자기를 보여 하나님이라 하느니라

제 밭을 차지하는 가라지들의 행위의 결과가 구속사의 차원에서 말한다면 거룩한 곳에 가증한 것이 서는 것이다. 붉은 용의 무리들이 거룩한 곳의 주인이 되는 것이다. 그리고 하나님의 성전에 앉아서 스스로 하나님이라고 주장하는 것이다.

음녀가 탄 붉은 빛 짐승은 누구인가?

계 19:11-16 또 내가 하늘이 열린 것을 보니 보라 백마와 탄자가 있으니 그 이름은 충신과 진실이라 그가 공의로 심판하며 싸우더라 그 눈이 불꽃같고 그 머리에 많은 면류관이 있고 또 이름 쓴 것이 하나가 있으니 자기 밖에 아는 자가 없고 또 그가 피 뿌린 옷을 입었는데 그 이름은 하나님의 말씀이라 칭하더라 하늘에 있는 군대들이 희고 깨끗한 세마포를 입고 백마를 타고 그를 따르더라 그의 입에서 이한 검이 나오니 그것으로 만국을 치겠고 친히 저희를 철장으로 다스리며 또 친히 하나님 곧 전능하신 이의 맹렬한 진노의 포도주 틀을 밟겠고 그 옷과 그 다리에 이름 쓴 것이 있으니 만왕의 왕이요 만주의 주라 하였더라

위 구절에서 백마를 타신 분의 이름은 진실과 충신이라고 했고, 옷과 다리에는 만왕의 왕이요, 만주의 주라고 적혀있다.

그 백마는 실제로 사람이 타는 말(馬)이 아니다. 백마를 타신 분이 가지고 있는 가장 고유적인 권세와 능력을 가진 존재를 상징한다고 할 수 있다. 백마는 승리자를 상징하는 말이다.

백마를 탄 자는 입에서 이한 검이 나온다. 입에서 이한 검이 나온다는 것은 무슨 뜻인가? 예수께서 창조의 말씀으로써 역사하셨다. 그 말씀은 말씀과 동시에 이루어지는 역사의 세계이기에, 그보다 더 큰 권세와 능력은 없다. 창조의 말씀보다 더 큰 권세와 능력이 어디 있는가? 예수님의 말씀 한 마디에 생사여부가 결정되고, 말씀 한 마디에 무화과나무가 뿌리째 말라버린다(마 21:19, 막 11:20).

예수님이 공생애 과정에서 오직 하나님만이 하실 수 있는 역사를 하셨다. 하나님의 시간, 카이로스의 시간을 가지고 하나님의 말씀의 권세를 행하셨다. 38년 된 앉은뱅이에게 걸으라고 하면 순간적으로 걷고(요 5:2-9), 눈을 뜨라고 말씀하시면 태어나면서부터 장님이 된 자가 눈을 뜬다(막 10:46-52). 그것은 창조주가 가지고 계신 태초의 말씀의 권세가 말씀과 동시에 이루어지는 모습이다. 그 말씀을 입으신 분이 재림 마당에서 백마를 타고 등장하는 모습이다.

상대적으로 음녀는 붉은 빛 짐승을 탄다. 재림주는 '자기를 바라는 자들'에게 오신다고 한 것처럼(히 9:28), 음녀가 붉은 용, 짐승을 탔다는 것은 음녀가 '붉은 용을 바라는 자'로서, 붉은 용과 함께 해주는 여자라는 것이다. 그 짐승의 몸에는 참람된 이름들이 가득하고 일곱 머리와 열 뿔이 있다고 했다. 일곱 머리와 열 뿔을 가진 짐승은 붉은 용을 말하는 것이다(계 17:3, 17:7, 17:9, 17:12).

해를 입은 여인이 두 번째 큰 독수리의 두 날개를 받아서 광야로 가서 한 때·두 때·반 때를 양육 받는데(계 12:14), 해를 입은 여인과 맞서 상대적 입장에서 광야에서 양육을 받는 존재가 음녀이다. 이렇게 악의 입장에서 놀라운 영향력을 끼칠 수 있는 음녀가 마지막 때 등장을 하기에 성령께서 요한에게 음녀가 역사하는 장면을 친히 보여주고 있는 것이다(계 17:3-6).

음녀는 붉은 용을 탄 여자일 수도 있고, 소돔과 고모라 같은 큰 성일 수도 있고, 영적 이스라엘에 등장하고 있는 특정한 나라, 특정한 민족, 특정한 어둠의 권세의 주인공들이라고도 할 수 있다. 특정적인 사람, 성, 나라, 민족이라고 말할 수 있다.

그렇기 때문에 "많은 백성과 나라와 방언과 임금들에게 다시 복음을 전하라"(계 10:11)는 많은 백성과 나라와 방언과 임금들은 음녀가 차지하고 있는 성, 백성, 나라, 민족이라고도 말할 수 있다.

> 계 11:12-13 하늘로부터 큰 음성이 있어 이리로 올라오라 함을 저희가 듣고 구름을 타고 하늘로 올라가니 저희 원수들도 구경하더라 그 시에 큰 지진이 나서 성 십분의 일이 무너지고 지진에 죽은 사람이 칠천이라 그 남은 자들이 두려워하여 영광을 하늘의 하나님께 돌리더라

두 감람나무에게 삼일 반 후에 생기가 들어가 살아날 때, 그를 죽인 가라지들도 보는 가운데 두 발로 일어선다. 그 때 지진으로 인해 성 십분의 일이 무너지고 칠천 명이 죽는다고 했다.

그 성은 어떤 성을 의미하는가? 음녀가 몸담고 있던 성으로, 음녀가 빼앗아 차지하고 있던 제 밭을 말한다.

이 여자는 붉은 용을 타고 있지만 바다의 짐승과 땅의 새끼 양도 탈 수 있는 존재이다. 붉은 용을 탈 수 있는 존재라면 당연히 바다의 짐승과 땅의 새끼 양도 탈 수 있다. 그가 가장 큰 권세자를 삼킨 존재인데 그 밑에 있는 하수인들은 당연히 삼킬 수 있다. 대장이 항복하면 그 밑에 소속된 사람들, 졸병들은 다 항복한 패잔병이 되는 것이다. 음녀가 노리는 노림수가 그것이다.

그렇기 때문에 제 밭의 싸움은 가장 큰 영광을 가진 우두머

리들의 전쟁이다. 마치 얍복강에서 70가족을 대표해서 야곱이 싸우는 것처럼 마지막 때에도 이 음녀가 하나님의 거룩한 자들을 하나하나 삼키는 놀라운 역사의 세계가 펼쳐진다.

음녀가 붉은 용을 타고 있다고 해서 음녀가 붉은 용보다 영광이 더 크다는 의미는 아니다. 그렇다면 음녀가 붉은 용을 탔다는 것은 어떤 뜻인가?

붉은 용은 인자의 존재가 아닌 신령한 무형의 존재이다. 붉은 용은 고유적인 자기의 몸을 가지고 있지 못하기 때문에 인자, 사람을 통해서 역사를 해야 한다. 그렇기 때문에 음녀를 통해서 역사한다. 다시 말하면 붉은 짐승은 붉은 용을 상징하며, 붉은 짐승을 탄 음녀는 유형의 존재인 인자를 말한다.

일곱 머리, 열 뿔을 가진 짐승이란 무슨 의미인가?

여기에서 한 가지 알아야 할 것은, 짐승의 머리는 일곱 개이고 뿔이 열 개이다. 열 뿔은 이 세상에 등장할 열 왕을 말하는 것이고 일곱 수는 땅의 4수와 하늘의 3수가 합해진 수로서 영적 완전수이다.

> 눅 4:5-6 마귀가 또 예수를 이끌고 올라가서 순식간에 천하만국을 보이며 가로되 이 모든 권세와 그 영광을 내가 네게 주리라 이것은 내게 넘겨준 것이므로 나의 원하는 자에게 주노라

마귀가 예수님을 시험하는 내용 중에 천상천하의 모든 영광을 보여주면서 "이것은 내게 넘겨준 것이라"고 한 것처럼, 일곱 머리와 열 뿔은 넘겨받은 모든 대상을 말하는 것이다. 잠정적인 입장에서 말한다면 그가 아담을 이김으로 하나님의 후사에게 주고자 했던 하늘과 땅의 모든 권세와 영광을 넘겨받았다. 넘겨받은 그 영광을 표현할 때 일곱 머리와 열 뿔을 가지고 있다고 말하는 것이다.

또 7수는 6일 창조 후의 7일, 안식일을 의미하는 것이다. 즉 마귀가 일곱 머리를 가지고 있다는 것은 안식일을 빼앗았다는 것이다. 하늘과 땅과 안식일의 영광을 다 차지한 것을 가리켜 일곱 머리와 열 뿔이라고 말하는 것이다.

그렇다면 그 짐승의 정체는 누구인가? 분명히 그가 무저갱에 있던 자였다. 예수께서 세상 끝에 오셔서 창세기 3:15에서 "여자의 후손은 네 머리를 상하게 할 것이요 너는 그의 발꿈치를 상하게 할 것이니라"고 예언하신 말씀대로 뱀의 머리를 징치하셨다. 머리를 징치했다는 말은 그가 무저갱으로 들어갔다는 것이다. 그가 무저갱에 갇혀 있었는데, 그의 때에 다시 여덟 번째 짐승으로 등장한다. 다시 등장하는 그 모습을 가리켜서 죽게 된 상처가 나은 자라고 표현한 것이다.

붉은 용이 바다의 짐승에게 권세를 주고 바다의 짐승이 땅의 새끼 양에게 권세를 준다는 말은, 이미 권세 받을 자가 다 정해져 있다는 것이다. 그렇기 때문에 예정된 자들이 정해진 순서에 의해서 권세를 받는 것이다.

음녀는 일곱 머리와 열 뿔을 가진 붉은 빛 짐승을 탄 여자이다. 즉 붉은 용을 탄 것이다. 이러한 음녀가 누구를 찾아다니는가? 우리의 마음 속에 우상이 있으면 누구를 막론하고 음녀가 가서 그 사람을 타게 되어 있다. 붉은 용이 바다 모래 위에 서는 것처럼, 우상이 있는 심령 속에는 붉은 짐승을 탄 음녀가 찾아다니면서 그 심령에 앉아 그 자리를 자기 자리로 만든다는 것이다.

따라서 음녀는 붉은 용을 탈 수 있는 특정한 한 사람일 수도 있고, 붉은 용이 그들을 통해 역사할 수 있는 모든 대상이 다 음녀가 되기도 한다.

음녀와 짐승의 관계를 성경 어디에서 찾아볼 수 있을까?

> 겔 1:26-28 그 머리 위에 있는 궁창 위에 보좌의 형상이 있는데 그 모양이 남보석 같고 그 보좌의 형상 위에 한 형상이 있어 사람의 모양 같더라 내가 본즉 그 허리 이상의 모양은 단 쇠 같아서 그 속과 주위가 불 같고 그 허리 이하의 모양도 불 같아서 사면으로 광채가 나며 그 사면 광채의 모양은 비오는 날 구름에 있는 무지개 같으니 이는 여호와의 영광의 형상의 모양이라 내가 보고 곧 엎드리어 그 말씀하시는 자의 음성을 들으니라

네 생물의 머리에는 면류관 대신 궁창이 있고, 궁창 안에는 보좌가 있는데 그 보좌에는 인자 같은 이가 있어 그 인자 같은 이를 여호와 하나님의 영광의 형상의 모양이라고 했다. 이를 달리 표현하면, 여호와의 영광이라는 인자 같은 이가 네 생물의

머리에 타고 있는 형상이다.

이 관계를 통해 음녀가 일곱 머리와 열 뿔을 가진 붉은 짐승을 타고 있는 모습을 이해할 수 있다. 여호와의 영광의 형상의 모양을 가진 인자가, 궁창 안의 보좌에서 네 생물을 명령하는 분이다. 그의 말씀대로 네 생물은 움직일 수밖에 없다. 마찬가지다. 일곱 머리와 열 뿔을 가지고 있는 붉은 짐승을 탄 음녀가 짐승의 주인이기에 짐승을 조종하고 지휘하고 명령하는 사람이다.

이처럼 짐승도 조직이 있다. 일곱 머리와 열 뿔이 짐승이 가지고 있는 조직의 내용이다. 음녀가 일곱 머리와 열 뿔들을 다 조종하고 있는 것이다. 그러면서 거룩한 곳에 앉아서 자기가 하나님인 척 한다.

> 계 17:18 또 네가 본바 여자는 땅의 임금들을 다스리는 큰 성이라 하더라

물 위에 앉은 음녀를 가리켜 땅의 임금들을 다스리는 큰 성이라고 했다.

> 계 11:11-13 삼일 반 후에 하나님께로부터 생기가 저희 속에 들어가매 저희가 발로 일어서니 구경하는 자들이 크게 두려워하더라 하늘로부터 큰 음성이 있어 이리로 올라오라 함을 저희가 듣고 구름을 타고 하늘로 올라가니 저희 원수들도 구경하더라 그 시에 큰 지진이 나서 성 십분의 일이 무너지고 지진에 죽은 사람이 칠천이라 그 남은 자들이 두려워하여 영광을 하늘의 하나님께 돌리더라

두 감람나무가 3일 반 후에 하늘로부터 "이리로 올라오라"는 음성을 듣고 두 발로 일어서서 하늘로 승천한다. 그것을 보는 순간에 큰 성의 십분의 일이 무너지고 칠천 명이 죽는다. 거기서 말하는 큰 성은 어느 성을 말하는 것인가?

> 시편 68:15-16 바산의 산은 하나님의 산임이여 바산의 산은 높은 산이로다 너희 높은 산들아 어찌하여 하나님이 거하시려 하는 산을 시기하여 보느뇨 진실로 여호와께서 이 산에 영영히 거하시리로다

바산의 산은 하나님의 산이며, 높은 산이라고 했다. 하나님의 역사는 항상 작은 곳에서 이루어진다. 이스라엘도 수가 적어서 택하셨다고 했다(신 7:7). 그 작은 산을 통하여 하나님이 역사하실 때 시기하지 말라는 것이다. 그 작은 산은 영적으로는 하나님이 임재하시고 강림하시는 거룩한 산이기 때문이다. 병거가 천천이고 만만인 하나님의 거룩한 큰 산이라고 할 수 있다.

그렇다면 성전이 있는 제 밭이라는 동산이 큰 성이라고 말할 수 있다. 따라서 음녀가 앉는 자리는 큰 산이며, 큰 성이라고도 할 수 있는 것이다. 거기에 앉아서 짐승들을 조종하는 존재가 바로 음녀가 되는 것이다.

"그가 예수의 증인과 성도들의 피에 취했다"는 말은 그가 가지고 있는 권세와 능력을 통해서 그가 최고의 영화로움의 절정에 빠져있다는 뜻이다. 그의 기운이 최고조에 달해서 상승된 최고의 분위기에 휩싸여 있는 상태라고 말할 수 있다. 그가 예수

의 증인과 성도들의 피에 취했다는 말은 의인들과 싸워서 이겼다는 것이다. 거짓말을 동원했든, 사기를 쳤든 어떤 방법으로든 일단 이겼기 때문에 그들의 영혼을 접수한 상태를 말한다. 성경에서는 그것을 가리켜 "거룩한 곳에 가증한 것이 섰다"고 표현하고 있다(마 24:15-16).

그렇지만 마지막 때에는 그 성이 깨어지게 되어 있다. 그 성이 깨어진다는 말은 그 성이 깨어져서 영영히 사라진다는 뜻이 아니다. 그 성이 깨어진다는 말은 그들이 가지고 있던 권세가 깨어짐으로 그들이 그 성을 소유할 수 없게 된다는 것이다. 그 성을 본래 주인에게 다시 돌려주게 된다는 의미이다.

왜 음녀를 바벨론이라고 하는가?

계 17:4-5 그 여자는 자주 빛과 붉은 빛 옷을 입고 금과 보석과 진주로 꾸미고 손에 금잔을 가졌는데 가증한 물건과 그의 음행의 더러운 것들이 가득하더라 그 이마에 이름이 기록되었으니 비밀이라, 큰 바벨론이라, 땅의 음녀들과 가증한 것들의 어미라 하였더라

위 구절에 등장하는 음녀는 큰 바벨론이며, 땅의 음녀와 가증한 것들의 어미라고 한다. 왜 음녀의 이름이 바벨론인가? 그는 침륜을 당한 바벨론의 태, 그 기초 위에서 탄생하여 등장한 존재라는 것이다.

렘 50:17 이스라엘은 흩어진 양이라 사자들이 그를 따르도다 처음에는 앗수르 왕이 먹었고 다음에는 바벨론 왕 느부갓네살이 그 뼈를 꺾도다

바벨론이라는 나라가 가진 특징은 무엇인가? 바벨론은 하나님께서 이스라엘을 징치하시고 심판하시는 도구로 삼으신 나라이다.

하나님의 의중은 바벨론 왕이 이스라엘 백성들의 뼈를 꺾으라고 맡긴 것은 아니다. 그런데 그가 하나님의 뜻을 무시하고 이스라엘 백성들의 뼈를 꺾었다. 바벨론 왕이 정정당당하게 싸워 이겨서 이스라엘 백성들을 포로로 잡아간 것이 아니다. 하나님께서 이스라엘 백성들의 죄로 인해 그들을 바벨론에 던졌기 때문에, 마치 새의 둥지에서 새알을 줍듯이 거저 취한 것이다(사 10:14, 렘 17:11). 그렇기 때문에 바벨론 왕은 이스라엘 백성들의 뼈를 꺾어서는 안 된다. 이스라엘 백성들을 자기에게 던져주신 하나님을 생각해서라도 이스라엘 백성들에게 자비와 긍휼을 베풀어주어야 한다.

율법에는 아무리 큰 죄인이라도 태장으로는 40대 이상 때리지 못하게 되어 있다. 그래서 혹시 때리다가 숫자를 잊어버릴까 봐 염려해서 일반적으로 38대를 때렸다고 한다. 바벨론의 느부갓네살도 이스라엘 백성들에게 그런 긍휼을 베풀어야 했는데, 뼈를 꺾었다는 말은 40대를 넘게 때림으로 살만 터진 것이 아니라 뼈까지도 다치게 했다는 것이다. 이처럼 하나님의 백성들에게 가장 잔인하게 대한 나라가 바벨론이다.

> 계 18:2-4 힘센 음성으로 외쳐 가로되 무너졌도다 무너졌도다 큰 성 바벨론이여 귀신의 처소와 각종 더러운 영의 모이는 곳과 각종 더럽고 가증한 새의 모이는 곳이 되었도다 그 음행의 진노의 포도주를 인하여 만국이 무너졌으며 또 땅의 왕들이 그로 더불어 음행하였으

며 땅의 상고들도 그 사치의 세력을 인하여 치부하였도다 하더라 또 내가 들으니 하늘로서 다른 음성이 나서 가로되 내 백성아, 거기서 나와 그의 죄에 참예하지 말고 그의 받을 재앙들을 받지 말라

하나님께서는 우리에게 영적 바벨론에서 탈출하라고 말씀하신다. 하나님께서 처음에 이스라엘 백성들과 시내산에서 계명과 율법을 주시고 언약을 맺은 것이 출애굽의 언약이다. 그런데 이제는 출바벨론의 언약으로 바뀌었다. "보라 날이 이르리니 그들이 다시는 이스라엘 자손을 애굽 땅에서 인도하여 내신 여호와의 사심으로 맹세하지 아니하고 이스라엘 집 자손을 북방 땅, 그 모든 쫓겨났던 나라에서 인도하여 내신 여호와의 사심으로 맹세할 것이며"(렘 16:14-15, 23:7-8)라고 했다. 그래서 하나님의 언약이 출애굽 언약에서 출바벨론의 언약으로 새롭게 맺어진 것이다.

마지막 때에도 우리가 출바벨론 해야 한다. 지금 표면적으로는 지구상에 바벨론이라는 나라는 없다. 그러면 바벨론이라는 나라가 지금 지구상에 없는데 왜 바벨론에서 탈출하라고 하시는 것인가? 바벨론이라는 나라의 영적인 의미는 무엇인가?

바벨론은 다니엘이 본 우상 중에 머리 부분이다. 여기서 말하는 바벨론은 우상을 말하는 것이다.

구약 때의 우상은 실제적으로 어떤 대상을 물건으로 만들어서 받들며 섬기는 것이라고 했지만, 신약에 와서 예수님이 "아비나 어미를 나보다 더 사랑하는 자는 내게 합당치 아니하고

아들이나 딸을 나보다 더 사랑하는 자도 내게 합당치 아니하고"(마 10:37)라고 하셨다. 하나님보다 더 사랑하는 것은 어떤 대상이든 우상이라는 것이다.

그리고 바울이 "앉아서 먹고 마시며 일어나서 뛰논다 함과 같으니라"(고전 10:7)고 우상에 대한 정의를 내렸다. 구약 때의 상황을 바라보면서 구약 때 이스라엘 백성들의 행위가 다 우상을 섬긴 것이라고 설명하고 있다.

따라서 요한계시록에서 말하는 바벨론은 지도상에 존재하는 실제적인 나라를 말하는 것이 아니라 우리 마음 속에 있는 우상에서 벗어나라는 것이다. "하늘나라는 어떻게 이루어집니까? 우리에게 보여주십시오"라고 묻는 사람들에게 예수께서 "하나님의 나라는 볼 수 있게 임하는 것이 아니요 또 여기 있다 저기 있다고도 못하리니 하나님의 나라는 너희 안에 있느니라"(눅 17:20-21)고 말씀하셨다. 우리 마음에 하늘나라가 이루어질 수 있듯이, 상대적으로 우리 안에 우상의 나라도 이루어질 수 있다는 것이다.

왜 음녀는 불로 심판해야 하는가?

이 음녀의 사건은 다른 곳에서 벌어지는 것이 아니다. 물론 음녀의 사건은 일반계시 속에서도 이루어지지만, 짐승을 탄 이 음녀가 우선적으로는 아버지의 이름과 어린 양의 증거를 가진 제 밭 안에 있는 사람들에게 역사할 것이다. 이 음녀는 어느 개인의 특징을 가지고 있는 상징적인 모습이기도 하지만 또 많은 대상과 많은 지역을 성적으로 타락시키는 역할을 가진 대상이라고도 생각할 수 있다.

예수님 당시의 세 제자는 겟세마네 동산에서 잠으로 다 쓰러졌지만 마지막 때는 음풍으로 다 쓰러지는 것이다. 남자, 여자들이 다 색(色)으로 쓰러진다. 음풍은 남자에게만 분다는 소리가 아니다. 마지막 때는 여자의 때이므로 은혜 받는 것도 여자들이 더 앞서지만, 타락하는 것도 여자들이 더 빠르다. 그렇기 때문에 요한계시록 17장에도 음녀가 등장하는 것이다. 여자들이 음풍을 일으키는 것이다.

> 롬 1:26-27 이를 인하여 하나님께서 저희를 부끄러운 욕심에 내어 버려 두셨으니 곧 저희 여인들도 순리대로 쓸 것을 바꾸어 역리로 쓰며 이와 같이 남자들도 순리대로 여인 쓰기를 버리고 서로 향하여 음욕이 불 일듯 하매 남자가 남자로 더불어 부끄러운 일을 행하여 저희의 그릇됨에 상당한 보응을 그 자신에 받았느니라

> 유 1:7 소돔과 고모라와 그 이웃 도시들도 저희와 같은 모양으로 간음을 행하며 다른 색을 따라 가다가 영원한 불의 형벌을 받음으로 거울이 되었느니라

위 구절에서 소돔과 고모라는 성적(性的)으로 타락한 상징적인 도시를 의미하고 있다. 소돔 성의 멸망을 예고하러 간 두 천사가 롯의 집에 머물러 있을 때 그 성 사람들이 롯의 집을 에워싸고 두 천사를 내어달라고 요구하는 장면이 있다(창 19:4-5).

소돔과 고모라는 다른 색(色)을 따라가다 영원한 불의 형벌로 불심판을 받은 곳이다. 소돔과 고모라의 심판은 성적인 심판이다. 남자가 남자들로 남색을 하고 여자가 여자들로 여색을 하는, 그래서 하나님이 창조하신 창조의 원리를 역행하는 음풍이 소돔과 고모라를 장악하고 있었기 때문에 하나님께서 친히 물로 심판하지 아니하시고 불로 심판하신 것이다. 그러기에 소돔과 고모라에서 롯의 가족 외에는 한 명도 살지 못하고 다 죽었다. 이처럼 간음과 음행은 아버지께서 직접 심판하시는 것이다.

> 신 4:24 네 하나님 여호와는 소멸하는 불이시요 질투하는 하나님이시니라

> 히 13:4 모든 사람은 혼인을 귀히 여기고 침소를 더럽히지 않게 하라 음행하는 자들과 간음하는 자들을 하나님이 심판하시리라

재림의 심판은 구속사의 세계를 끝내시는 마지막 심판이기 때문에 어둠의 권세 전체가 완전히 심판을 받는 대상이다. 그렇기 때문에 거기에는 자비와 긍휼이 없는 심판이 따른다. 즉 물로 심판하는 것이 아니라, 불로 심판하는 것이다.

제 밭에서 자란 가라지를 추수 때까지 자라게 두었다가 단으로 묶어서 유황불에 던지신다는 것이다. 따라서 그들은 불심판 속에서 절대 구원받지 못한다.

불심판은 아버지의 고유적인 심판이다. 음란에 관계된 죄는 아버지가 직접 심판하시지 아들이 심판하지 않는다. 구약을 자세히 보아도 불로 죽이라는 대상이 있다. 자기 아내와 장모를 아울러 취하는 자는 불로 죽인다(신 27:23). 제사장의 딸이 행

음하면 불로 태워 죽인다(레 21:9). 죄질이 나쁜 음란의 대상은 불로 심판을 받는다. 유다가 자기의 며느리 다말이 과부가 되었음에도 불구하고 행음하여 잉태했다는 말만 듣고 "그를 끌어내어 불사르라"(창 38:24)고 했다.

마지막 때 왜 아버지께서 심판하시는가? 마지막 때는 음녀들의 역사로 성도의 권세가 다 깨어지기 때문이다. 그렇기 때문에 불로 심판하는 것이고, 불심판이기 때문에 아버지의 때라고 말씀할 수 있는 것이다.

물심판은 긍휼이 있는 심판이기에 예수께서 노아 때 죽은 영혼들에게 부활의 복음을 전파하심으로 그들의 영혼을 구원해주셨다(벧전 3:18-20).

그러나 마지막 때는 부분적인 심판이 아니라 완전 심판을 하는 때이다. 그렇기 때문에 불심판을 하는 것이다. 불심판은 긍휼이 없는 심판이다(약 2:13). 에스겔 14장에 노아, 다니엘, 욥, 세 의인이 자기 가족 중에서 한 사람이 아니라, 세 가족 중에서 한 사람을 구할 때마다 안 된다고 거절하신 것은 마지막 때 심판이 불심판이기 때문이다. 다시 말하면 의인의 부활, 첫째 부활의 대상만이 불심판에서 구원받을 수 있는 존재들이다(벧후 3:7).

완전 심판이라는 말씀은 완전한 자만이 구원을 받는 심판이라는 의미가 된다. 그렇기 때문에 하나님께서 아브라함에게도 완전하라고 말씀하셨고(창 17:1), 노아에게 완전한 은혜를 주심으로 노아를 완전한 자로 만드신 것이다(창 6:9).

마찬가지다. 우리가 마지막 때 다 완전한 의인이 되어야 완전한 심판에서 벗어날 수 있다. 그렇기 때문에 "너희가 불시험이 오는 것을 이상히 여기지 말라"(벧전 4:12, 고전 3:13)고 했다. 마지막 때는 불심판이기 때문에 그 심판에서 구원할 자들을 미리 불시험으로 연단하시고 시험하신다는 것을 원칙으로 받아들이라는 것이다. 그 말씀 속에는 "앞으로 불심판이 오니까 너희도 빨리 심판을 받기 전에 노아처럼 완전한 자가 되라"는 의미가 들어있는 것이다.

최후에 음녀를 누가 죽이는가?

> 계 17:16-17 네가 본 바 이 열 뿔과 짐승이 음녀를 미워하여 망하게 하고 벌거벗게 하고 그 살을 먹고 불로 아주 사르리라 하나님이 자기 뜻대로 할 마음을 저희에게 주사 한 뜻을 이루게 하시고 저희 나라를 그 짐승에게 주게 하시되 하나님 말씀이 응하기까지 하심이니라

결론으로 말하면 짐승을 탔던 그 여자를 결국은 그 짐승이 죽인다. 마지막에는 하나님께서 짐승들에게 자기 뜻대로, 마음대로 할 수 있는 권세를 주어서 자기를 타고 있던 음녀, 그 여자를 죽이는 것이다.

그렇다면 그동안 자기를 타고 자기를 마음껏 조종하고 주장하고 있었던 그 음녀를 왜 짐승이 죽이는가?

> 단 7:3-7 큰 짐승 넷이 바다에서 나왔는데 그 모양이 각각 다르니 첫째는 사

자와 같은데 독수리의 날개가 있더니 내가 볼 사이에 그 날개가 뽑혔고 또 땅에서 들려서 사람처럼 두 발로 서게 함을 입었으며 또 사람의 마음을 받았으며 다른 짐승 곧 둘째는 곰과 같은데 그것이 몸 한편을 들었고 그 입의 잇사이에는 세 갈빗대가 물렸는데 그에게 말하는 자가 있어 이르기를 일어나서 많은 고기를 먹으라 하였으며 그 후에 내가 또 본즉 다른 짐승 곧 표범과 같은 것이 있는데 그 등에는 새의 날개 넷이 있고 그 짐승에게 또 머리 넷이 있으며 또 권세를 받았으며 내가 밤 이상 가운데 그 다음에 본 네째 짐승은 무섭고 놀라우며 또 극히 강하며 또 큰 철 이가 있어서 먹고 부숴뜨리고 그 나머지를 발로 밟았으며 이 짐승은 전의 모든 짐승과 다르고 또 열 뿔이 있으므로

위 구절에 등장하는 네 짐승 중에서 첫 번째 짐승이 사자이고, 두 번째 짐승은 갈비뼈를 물고 있는 곰이고, 세 번째 짐승이 표범이다. 네 짐승 중에서도 네 번째 짐승이 가장 포악한 짐승으로 설명되어 있다. 그런데 이름이 나오지 않는다. 말라기 선지자 이후 예수님이 이 땅에 오시기 전 400년 동안 실제로 구속사의 세계에 이런 나라들이 시대에 따라 네 짐승으로 등장했었다.

단 2:31-33 왕이여 왕이 한 큰 신상을 보셨나이다 그 신상이 왕의 앞에 섰는데 크고 광채가 특심하며 그 모양이 심히 두려우니 그 우상의 머리는 정금이요 가슴과 팔들은 은이요 배와 넓적다리는 놋이요 그 종아리는 철이요 그 발은 얼마는 철이요 얼마는 진흙이었나이다

다니엘 7장에 등장하는 네 짐승의 모양이 구별되듯이 큰 우상의 모양도 네 등분으로 구분되어 설명되어 있다. 머리는 정금으로 되어있고, 가슴과 팔은 은으로 되어있고, 배와 넓적다리는 놋으로 되어 있고, 발은 철과 진흙으로 되어 있다. 이는 같은 대상을 다니엘 7장에서는 짐승으로 구분하고, 다니엘 2장에서는 우상으로 구분한 것이지 내용과 맥락은 같은 것이다.

> 단 2:38-40 인생들과 들짐승과 공중의 새들, 어느 곳에 있는 것을 무론하고 그것들을 왕의 손에 붙이사 다 다스리게 하셨으니 왕은 곧 그 금 머리니이다 왕의 후에 왕만 못한 다른 나라가 일어날 것이요 세째로 또 놋 같은 나라가 일어나서 온 세계를 다스릴 것이며 네째 나라는 강하기가 철 같으리니 철은 모든 물건을 부숴뜨리고 이기는 것이라 철이 모든 것을 부수는 것 같이 그 나라가 뭇 나라를 부숴뜨리고 빻을 것이며

따라서 첫째 짐승과 우상의 정금으로 된 머리 부분은 바벨론, 두 번째 짐승과 우상의 팔과 가슴은 메대와 바사, 세 번째 짐승과 우상의 배와 넓적다리는 헬라, 네 번째 짐승과 우상의 발은 로마를 상징한다.

그러나 가장 무서운 네 번째 짐승인 로마가 결국은 뜨인 돌인 하나님의 말씀, 복음 앞에 부서져 가루가 되었다(단 2:34-35). 실제로 있었던 역사를 살펴볼 때 로마의 황제인 콘스탄티누스 대제가 기독교를 국교로 받아들임으로 로마라는 거대한

우상이 산산이 부숴지는 역사가 이루어진 것이다.[57]

"이 돌 위에 떨어지는 자는 깨어지겠고 이 돌이 사람 위에 떨어지면 저를 가루로 만들어 흩으리라"(마 21:44)고 한 것처럼, 기독교를 박해하고 처참하게 하나님의 백성을 죽이던 거대한 나라, 로마를 뜨인 돌이 친 것이다.

그렇다면 인자의 입장에서 이 뜨인 돌은 누구를 가리키는가? 하나님의 복음이 뜨인 돌이 되어 로마를 친 사람은 바울이다. 왜 예수께서 다메섹 도상을 달리던 사울을 빛의 그물로 포획하여 바울로 만드셨는가?(행 9:3-18) 바울을 로마로 보내시기 위해서이다. 바울을 로마로 보내게 된 경위는 체포된 바울이 가이사 황제에게 재판을 받기를 청원함으로 로마로 가게 되었다(행 25:12-21). 그것은 전적으로 하나님께서 주관하신 섭리의 역사였다. 바울의 남은 생은 복음 전파로 바친 생이었다. 바울은 로마 지하 감옥에서 죽기까지 복음을 전하다, 마지막에는 지하 감옥에서 칼을 맞고 목이 떨어져 순교했다.

바울이 뜨인 돌의 사명을 감당해야 할 사람이기에 예수님이 바울을 로마로 보내신 것이다. 그 결과 바울이 이방의 그릇으로서(행 9:15) 죽기까지 두려워하지 아니하고 로마에서 복음을 전함으로써 네 번째 짐승을 굴복시켰다.

---

57) 밀라노 칙령-313년, 로마의 콘스탄티누스 황제 때 다른 종교와 마찬가지로 로마 가톨릭교회도 공인되었다. 로마 제국내의 모든 사람에게 신앙의 자유를 허용해 주고 기독교인에게 교회를 조직할 권리를 포함하는 법적인 권리를 보장해주며, 둘째로는 기독교 탄압시대에 몰수한 교회의 재산을 반환하고 이에 대해 국가가 충분한 보상을 주도록 했다-대박해와 밀라노 칙령, 트레이더

로마가 가장 무서운 짐승이었다면 그 로마를 타고 있던 여자는 누구인가? 요한계시록 17장에 등장하는 음녀와 같은 맥락이다.

로마라는 네 번째 짐승을 타고 있던 음녀란 무엇인가? "모든 길은 로마로 통한다"라는 말을 보아도 로마가 그 당시 얼마나 막강한 권세를 가진 나라였는지 알 수 있다. 그 당시 로마가 얼마나 뛰어난 문화를 이루었는지 살펴보면, 공중목욕탕에 수세식 화장실이 있었고, 귀족들은 화장실에서 비데를 사용했다고 한다. 그만큼 로마의 문화는 우리가 생각하는 것보다 훨씬 더 찬란한 문화를 보유하고 있었다.

그렇게 로마의 문화를 찬란하게 이끌어가던 상징적인 그 대상을, 가장 무서운 네 번째 짐승인 로마를 타고 있는 음녀, 여자라고 말할 수 있다.

> 렘 25:9 보라 내가 보내어 북방 모든 족속과 내 종 바벨론 왕 느부갓네살을 불러다가 이 땅과 그 거민과 사방 모든 나라를 쳐서 진멸하여 그들로 놀램과 치소거리가 되게 하며 땅으로 영영한 황무지가 되게 할 것이라

하나님께서 왜 이방인인 바벨론의 느부갓네살을 나의 종이라고 하셨는가? 하나님께서 이제 막 신흥제국으로 부상하는 바벨론에 힘을 실어주기 시작하셨다. 하나님께서 바벨론에 관심을 집중하시며 점점 강국으로 부흥할 수 있는 터전을 만들어주신 이유가 무엇인가? 그 당시 두로를 치게 하기 위해서이다.

그 당시 두로는 애굽보다 더 막강한 최고의 권세를 가진 나라였다. 과거에 섬나라 영국은 세계 여러 나라를 식민지로 삼아

무역을 함으로 '해가 지지 않는 나라'라는 이름으로 불리었다. 마찬가지다. 섬나라 두로가 무역이 풍성하므로 모든 나라가 두로를 통하지 않으면 경제가 어려울 정도로 두로가 점점 막강한 힘을 가진 강대국으로 부상하기 시작했다.

두로는 누구를 상징하는가?

> 창 11:1-9 온 땅의 구음이 하나이요 언어가 하나이었더라 이에 그들이 동방으로 옮기다가 시날 평지를 만나 거기 거하고 서로 말하되 자, 벽돌을 만들어 견고히 굽자 하고 이에 벽돌로 돌을 대신하며 역청으로 진흙을 대신하고 또 말하되 자, 성과 대를 쌓아 대 꼭대기를 하늘에 닿게 하여 우리 이름을 내고 온 지면에 흩어짐을 면하자 하였더니 -(중략)- 자, 우리가 내려가서 거기서 그들의 언어를 혼잡케 하여 그들로 서로 알아듣지 못하게 하자 하시고 여호와께서 거기서 그들을 온 지면에 흩으신고로 그들이 성 쌓기를 그쳤더라 그러므로 그 이름을 바벨이라 하니 이는 여호와께서 거기서 온 땅의 언어를 혼잡케 하셨음이라 여호와께서 거기서 그들을 온 지면에 흩으셨더라

창세기 11장에서 니므롯이 바벨탑을 쌓았다. 그가 거대한 제국의 중심이 되어서 "하나님께서 우리를 어떻게 치시더라도 우리는 흩어지지 말고 하나가 되자! 하나가 되어 거대한 한 민족, 한 나라를 세우자!"라는 의미에서 탑을 쌓기 시작한 것이다. 하나님의 입장에서는 "저들을 그냥 두었다가는 나중에 저들을

제압하기가 어렵지 않겠는가?"라는 심정으로 개입하셔서 언어를 혼잡하게 하여 그들이 만들려고 했던 거대한 바벨탑을 세우지 못하게 하셨다.

그 이유는 하나님도 사람을 통해서 역사하셔야 하기 때문이다. 만일 거대한 제국이 완전히 이루어지고 나면 사람들을 통해서 그 제국을 허물기가 매우 힘이 들기 때문에 거대한 제국의 상징인 바벨탑을 더 이상 쌓지 못하게 하신 것이다. 그런데 역사가 흐르면서 결국 두로가 그런 제국으로 탄생되었다. 그래서 하나님께서는 두로를 더 이상 그대로 둘 수가 없었다. 시간이 가면 갈수록 두로는 점점 더 막강해져서 그 어떤 사람의 힘으로도 제압할 수 없는 강대한 연합국가가 된다. 그래서 하나님께서 두로를 치게 하기 위해서 신흥국가인 바벨론을 부흥시켜 강력한 군사력을 갖춘 나라로 키워서 결국 바벨론이 두로를 파멸시키게 하셨다(겔 26:7).

그러면 그 당시 바벨론과 두로의 관계는 어떤 관계였는가? 그 당시에는 모든 교역이 두로를 중심으로 해서 이루어졌기 때문에 바벨론도 두로와 통상을 하지 않으면 절대 왕성한 제국으로 커나갈 수가 없었다.

바벨론을 강력한 제국으로 세우기 위해서 하나님께서 바벨론을 두로에게 가장 충성스러운 나라가 되게 하셨다. 그럼으로써 두로를 통해서 바벨론을 점점 막강한 군사력을 가진 제국으로서의 면모를 갖추게 하신 것이다.

하나님께서 바벨론을 강력한 연합군, 제국으로 만들기 위해서 예레미야를 통해서 '너희들이 살려면 다 바벨론의 종이 되라'

는 핵심적인 예언을 하게 하셨다. 그 말씀은 이스라엘 백성에게만 하신 것이 아니라, 주변의 모든 이웃 나라들에게 하신 말씀이다. 그래서 결국 주변 국가들이 다 바벨론에 흡수되어 거대한 제국이 된 것이다. 물론 그러한 역사의 과정 중에 하나님께서 이스라엘 백성들도 70년 동안 바벨론에게 넘겨주셨다.

이렇듯 바벨론을 거대한 제국으로 만드신 후, 그제서야 바벨론으로 하여금 두로를 치게 하신 것이다. 상당히 오랜 기간 싸움을 했다. 너무도 처절한 싸움이었다. 그 결과 두로를 멸망시켰는데도 노획물을 얻지 못했다. 그래서 하나님께서는 두로를 친 대가로 바벨론에게 애굽을 준 것이다. 애굽의 오른팔을 꺾어서 힘을 쇠잔하게 만든 다음 바벨론 앞에 굴복시켜서 바벨론으로 하여금 애굽의 모든 보화를 다 가져오게 하셨다(겔 29:18-20).

그 당시 두로를 중심으로 교역을 함으로써 각자 부흥하는 모든 나라들이 마치 두로가 타고 있는 짐승 같은 나라들이었다.
짐승으로 말하면 주인을 태우고 다니는 나귀 또는 말 같은 입장이다. 타는 사람은 머리가 되는 주인이고, 태우는 사람은 주인의 종과 같은 입장이 되는 것이다. 탄 자와 태운 자는 주종 관계이다. 그 당시의 두로는 모든 나라를 타고 있는 주인과 같은 존재였다. 그렇기 때문에 하나님께서 두로를 멸망시킨 것이다.

겔 28:2-3 인자야 너는 두로 왕에게 이르기를 주 여호와의 말씀에 네 마음이 교만하여 말하기를 나는 신이라 내가 하나님의 자리 곧 바다 중심에 앉았다 하도다 네 마음이 하나님의 마음 같은 체할찌라도 너는 사람이요 신이 아니어늘 네가 다니엘보다 지혜로와서 은밀한 것을 깨닫지 못할 것이 없다 하고

두로가 그렇게 하나님의 자리에 앉아서 온 세상을 호령할 수 있었던 것은 자신이 가장 지혜롭다는 교만한 마음으로 행한 것이다. 그는 다니엘보다 지혜롭다는 자만심에 사로잡혀 있었다. 그런 그가 온 세상을 점령하고 온 세상의 중심이 되어, 하나님께서 임재하셔야 될 바다 한가운데를 차지하고 있었던 것이다. 그런 그의 세력을 꺾기 위해서 하나님께서는 그가 타고 있던 짐승과 같은 바벨론을 통해 두로를 치는 역사를 하신 것이다.

두로가 탄 바벨론이라는 짐승을 통해 두로를 멸망시키신 것처럼, 하나님께서 짐승에게 마음대로 하게 할 마음을 주어서 결국은 자기를 탔던 그 여자를 죽이는 것이다(계 17:16-17). 그 결과 음녀가 가졌던 나라를 짐승들이 차지함으로 하나님의 말씀이 응하게 된다고 하셨다.

여기서 한 가지 알아야할 것이 있다. 표면적으로는 열 짐승이 음녀를 죽이지만, 결국 그 짐승을 움직이시는 분은 하나님이시다.

재림 마당의 제 밭에 등장한 음녀가 하나님의 성전에 앉아서 자신이 하나님이라고 주장하며 불법을 자행할 때 하나님의 입의 기운으로 죽인다고 하셨다(살후 2:7-8). 결국 666의 세 짐승이 하나님의 지엄하신 심판대에서 최후의 종말을 맞이하는 것이다.

제 6장

맺음말

맺음말

1. 왜 "인자가 올 때 믿음을 보겠느냐?"라고 하셨는가?

오늘의 대한민국은 기적에 가까운 경제성장과 함께 놀라운 기독교 부흥의 금자탑을 이루었다. 기독교가 국교가 아닌 나라임에도 불구하고 기독교 국가보다도 더 많은 선교사를 세계 각지에 파견하고 있으며, 수많은 교회에서 새벽 제단을 쌓기에 열심을 내고, 도시는 물론이요 시골 구석구석까지 교회가 없는 곳이 없을 정도이다. 밤이면 빨간 십자가의 네온이 밤하늘을 물들이고 있고, 서너 집에 한 집 단위로 교회 명패가 붙어있다.

해마다 신학교에서는 수천 명의 목사, 전도사를 배출하고 있고, 전국적으로 약 3만 개가 넘는 교회가 세워져 있다.

이처럼 한국에만 해도 성도가 넘치고 있는데, 왜 예수께서는 "인자가 올 때 믿음을 보겠느냐?"(눅 18:8)라고 말씀하셨는가? 그 말씀의 의미는 표면적인 숫자와 관계없이 그들의 중심을 보시고 하신 말씀이 아니겠는가? 양적으로는 놀라우리만큼 성장해가고 있지만 진정 하나님께서 바라시는 길과 다른 길을 가고 있다는 결론이 아니겠는가?

그렇다면 왜 이런 결과가 생기는 것일까?

첫째, 초보의 신앙에서 벗어나지 못하기 때문이다

히 6:1-3 그러므로 우리가 그리스도 도의 초보를 버리고 죽은 행실을 회개함과 하나님께 대한 신앙과 세례들과 안수와 죽은 자의 부활과 영원한 심판에 관한 교훈의 터를 다시 닦지 말고 완전한데 나아갈찌니라 하나님께서 허락하시면 우리가 이것을 하리라

위 구절은 예수님 이후 지금까지 2천 년 동안 읊어먹은 초보의 신앙의 내용이다. 회개, 신앙, 세례, 안수, 부활, 심판의 교훈의 터를 다시 닦지 말고 완전한데로 나아오라는 말씀이다. 오늘까지 신앙의 핵심이라고 믿고 가르치는 회개, 신앙, 세례, 안수, 부활, 심판의 교훈이 초보의 신앙이니 더 이상 닦지 말라는 것이 얼마나 청천벽력(靑天霹靂)같은 놀라운 말씀인가?

그런데 문제는 이런 분명한 말씀이 기록되어 있음에도 불구하고 오늘날 목회자들은 자기들이 가르치는 말씀이 오늘날의 말씀이며, 완전한 말씀이라고 생각하고 지금도 그대로 답습하며 가르치고 있다. 그들은 하늘로 가는 길을 가르쳐주지 못하고, 오직 이 땅에서 어떻게 하면 행복하게 잘 살 수 있는지 땅의 법, 기복신앙만을 가르치는 사람들이라고 말할 수밖에 없다. 목회자들뿐만 아니라 성도들 역시 그런 기복신앙을 추구하고 선호하며, 신유은사 등 기사이적을 행하는 곳을 찾아다닌다. 그들은 이 땅에서 산 자

의 세계가 펼쳐지는 천년왕국의 세계의 비밀을 알지 못하고, 알려고 하지도 않는다.

그렇기 때문에 하나님께서는 초보의 신앙을 버리고 완전한 데로 나아오라는 것이다. 그렇다면 어떻게 해야 완전한 데로 나아갈 수 있는 것인가? 완전한 데로 나아가는 것은 인간의 지식과 지혜로 되는 것이 아니라, 오직 하나님께서 허락한 자만이 행할 수 있다는 것이다(히 6:3, 마 13:11, 막 4:11).

> 히 5:11-14 멜기세덱에 관하여는 우리가 할 말이 많으나 너희의 듣는 것이 둔하므로 해석하기 어려우니라 때가 오래므로 너희가 마땅히 선생이 될 터인데 너희가 다시 하나님의 말씀의 초보가 무엇인지 누구에게 가르침을 받아야 할 것이니 젖이나 먹고 단단한 식물을 못 먹을 자가 되었도다 대저 젖을 먹는 자마다 어린 아이니 의의 말씀을 경험하지 못한 자요 단단한 식물은 장성한 자의 것이니 저희는 지각을 사용하므로 연단을 받아 선악을 분변하는 자들이니라

왜 히브리기자는 "멜기세덱은 어렵다"고 한탄하고 있는가? 젖이나 먹고 단단한 식물을 먹지 못하는 자들은 멜기세덱을 깨닫지 못하고, 장성한 자들만이 멜기세덱을 알 수 있기 때문이다. 따라서 완전한 데로 나아갈 수 있는 방법은 멜기세덱뿐이라는 것이다. 멜기세덱으로써만 장성한 신앙을 가질 수 있고, 지각을 사용하여 연단을 받아 선악을 분별할 수 있다는 것이다.

이처럼 초보의 신앙과 장성한 신앙을 구별하는 데에는 멜기세덱이라는 분명한 기준이 세워져 있는 것이다.

둘째, 때의 주인을 알려주는 목자가 없기 때문이다

마 21:33-43 다시 한 비유를 들으라 한 집 주인이 포도원을 만들고 산울로 두르고 거기 즙 짜는 구유를 파고 망대를 짓고 농부들에게 세로 주고 타국에 갔더니 실과 때가 가까우매 그 실과를 받으려고 자기 종들을 농부들에게 보내니 농부들이 종들을 잡아 하나는 심히 때리고 하나는 죽이고 하나는 돌로 쳤거늘 다시 다른 종들을 처음보다 많이 보내니 저희에게도 그렇게 하였는지라 후에 자기 아들을 보내며 가로되 저희가 내 아들은 공경하리라 하였더니 농부들이 그 아들을 보고 서로 말하되 이는 상속자니 자 죽이고 그의 유업을 차지하자 하고 이에 잡아 포도원 밖에 내어쫓아 죽였느니라 -(중략)- 그러므로 내가 너희에게 이르노니 하나님의 나라를 너희는 빼앗기고 그 나라의 열매 맺는 백성이 받으리라

이스라엘의 경우도 마찬가지다. 시대마다 보내는 하나님의 종·선지자들을 죽이고, 때가 차매(갈 4:4) 자기 땅에 메시아로 오신 예수님을 알아보지 못하고 십자가에 못 박고 말았다(요 1:11, 고전 2:8). 선민이라는 자부심을 가진 이스라엘 백성들이 자기들이 그토록 바라던 메시아를 십자가에 못 박아 죽인 이유가 무엇인가? 그들은 때의 주인을 알아보지 못한 것이다. 예수님 당시 24,000명의 제사장들과 바리새인들, 서기관들, 유사들이 있었지만 그들은 때에 맞는 양식을 백성들에게 먹이지 못했다. 때에 맞는 양식을 먹지 못했기에 때의 주인을 알지 못한 것이다.

마 23:13 화 있을찐저 외식하는 서기관들과 바리새인들이여 너희는 천국 문을 사람들 앞에서 닫고 너희도 들어가지 않고 들어가려 하는 자도 들어가지 못하게 하는도다

그들은 하나님이 보내신 선지자들을 죽이고 핍박했기에, 그들이 죽인 의인들의 피가 피를 흘리게 한 자들과 그들을 따르는 자들에게로 돌아가는 결과를 이루었다(마 23:33-35, 겔 2:5, 33:33). 그들은 천국 문을 닫고 자기들만 들어가지 않은 것이 아니라, 다른 사람들까지 들어가지 못하게 한 것이다. 그 결과 "하나님의 나라를 너희는 빼앗기고 그 나라의 열매 맺는 백성이 받으리라"(마 21:43)는 말씀대로 선민의 축복을 열매 맺는 다른 나라에 빼앗기고 말았다.

성경 전체에서 가장 중요한 핵심은 때의 주인을 알아야 한다는 것이다. 구약 마당에서의 때의 주인은 모세였고, 신약 마당에서의 때의 주인은 예수님이었고, 재림 마당에서의 때의 주인은 이 땅의 주로(계 11:4) 역사하는 해를 입은 여인과 두 감람나무이다.

마 7:21-23 나더러 주여 주여 하는 자마다 천국에 다 들어갈 것이 아니요 다만 하늘에 계신 내 아버지의 뜻대로 행하는 자라야 들어가리라 그 날에 많은 사람이 나더러 이르되 주여 주여 우리가 주의 이름으로 선지자 노릇하며 주의 이름으로 귀신을 쫓아 내며 주의 이름으로 많은 권능을 행치 아니하였나이까 하리니 그때에 내가 저희에게 밝히 말하되 내가 너희를 도무지 알지 못하니 불법을 행하는 자들아 내게서 떠나가라 하리라

때의 주인을 알지 못하고 자기 나름대로의 신앙의 색깔을 가지고 충성한 자들을 향해서 주님께서 "나는 너희를 도무지 알지 못하니 불법을 행하는 자들아 내게서 떠나가라"고 하신다는 것이다.

계 11:4 이는 이 땅의 주 앞에 섰는 두 감람나무와 두 촛대니

계 12:1-5 하늘에 큰 이적이 보이니 해를 입은 한 여자가 있는데 그 발 아래는 달이 있고 그 머리에는 열두 별의 면류관을 썼더라 이 여자가 아이를 배어 해산하게 되매 아파서 애써 부르짖더라 하늘에 또 다른 이적이 보이니 보라 한 큰 붉은 용이 있어 머리가 일곱이요 뿔이 열이라 그 여러 머리에 일곱 면류관이 있는데 그 꼬리가 하늘 별 삼분의 일을 끌어다가 땅에 던지더라 용이 해산하려는 여자 앞에서 그가 해산하면 그 아이를 삼키고자 하더니 여자가 아들을 낳으니 이는 장차 철장으로 만국을 다스릴 남자라 그 아이를 하나님 앞과 그 보좌 앞으로 올려가더라

분명히 요한계시록 11:4에는 '이 땅의 주와 두 감람나무의 역사'가 기록되어 있고, 요한계시록 12:1-5에는 해를 입은 여인이 철장 권세를 가진 아이를 낳는 역사가 기록되어 있다.

그런데 오늘날 신학에서는 요한계시록에 등장하는 해를 입은 여인, 철장으로 만국을 다스릴 아이, 어린 양, 그리스도, 힘센 천사 등 신령한 존재는 무조건 다 예수, 또는 교회라고 가르친다. 그러니까 앞뒤가 맞지 않는다. 솔직히 오늘날 목회자들은 요한계시록을 건드리지 않는다. 잘해야 본전이고 잘못하면 이단으로 몰리기 때문에 아예 다루지 않는 것이 상책이라고 생각한다. 주석에서

도 정확한 해석을 찾아보기 힘들다. 이 땅의 주가 다르고, 해를 입은 여인이 다르고, 두 감람나무가 또 다르고 철장의 권세를 가진 아이가 또 다르다. 어떻게 보면 통탄할 일이다.

해를 입은 여인이 첫 번째는 광야로 도망가서 1260일 동안 양육을 받고(계 12:6), 두 번째는 큰 독수리의 두 날개를 받아 한 때·두 때·반 때 양육을 받는다고 했는데(계 12:14), 신학의 주장대로라면 교회가 광야로 도망간다는 것인가? 교회가 독수리 등에 업혀서 광야로 날아가는 것인가? 해를 입은 여인이 예수님이라면 지금 하늘 우편 보좌에 계신 예수님이 언제 이 땅으로 내려오셔서 광야로 도망을 다니신다는 말인가? 도무지 말이 되지 않는 주장이다.

또, 해를 입은 여인이 철장으로 만국을 다스릴 남자를 낳아 하늘 보좌로 올린다고 했는데(계 12:5), 신학의 주장대로라면 교회가 교회를 낳는다는 말인가? 아니면 예수님이 예수님을 낳는다는 것인가? 도무지 앞뒤가 맞지 않는 터무니없는 주장이다. 목회자들이 부분적인 은사, 은혜를 다루는 말씀에는 다 달인이 되어 말씀을 자세하게 풀어서 얼마나 이해하기 쉽게 증거하고 있는지 모른다. 그러나 때를 모르기 때문에 때의 주인을 소개하지 못하고 있다.

> 잠 15:23 사람은 그 입의 대답으로 말미암아 기쁨을 얻나니 때에 맞은 말이 얼마나 아름다운고

그래서 때에 맞는 말씀이 가장 아름다운 말씀이라는 것이다.

마 24:45 충성되고 지혜 있는 종이 되어 주인에게 그 집 사람들을 맡아 때를 따라 양식을 나눠 줄 자가 누구뇨

충성되고 지혜있는 종은 때에 맞는 양식을 양들에게 나누어주는 자라고 했다(눅 12:42). 이 말씀을 깊이 궁구해보아도 때를 분별하는 지혜가 가장 중요한 핵심이라는 것을 알 수 있다.

그런데 오늘날 신학교에서 이런 난제(難題)들을 다루지 않고, 주석에서도 난해절(難解節)로 제켜놓고 있기에 오늘날 성도들이 재림의 핵심을 알지 못하고 있다. 오히려 그런 틈새를 이용해서 각종 이단들이 판을 치는 것이다.

셋째, 인자의 역사를 알지 못하기 때문이다

갈 3:7-9 그런즉 믿음으로 말미암은 자들은 아브라함의 아들인줄 알찌어다 또 하나님이 이방을 믿음으로 말미암아 의로 정하실 것을 성경이 미리 알고 먼저 아브라함에게 복음을 전하되 모든 이방이 너를 인하여 복을 받으리라 하였으니 그러므로 믿음으로 말미암은 자는 믿음이 있는 아브라함과 함께 복을 받느니라

아브라함과 같은 믿음을 가진 자들은 아브라함과 같은 복을 받을 수 있다고 했다. 그래서 많은 성도들이 아브라함과 같은 믿음을 달라고 소리쳐 기도하고 있다.

과연 아브라함의 믿음은 어떤 믿음인가?

대하 20:7 우리 하나님이시여 전에 이 땅 거민을 주의 백성 이스라엘 앞에서 쫓아내시고 그 땅으로 주의 벗 아브라함의 자손에게 영영히 주지 아니하셨나이까

사 41:8 그러나 나의 종 너 이스라엘아 나의 택한 야곱아 나의 벗 아브라함의 자손아

약 2:23 이에 경에 이른바 아브라함이 하나님을 믿으니 이것을 의로 여기셨다는 말씀이 응하였고 그는 하나님의 벗이라 칭함을 받았나니

성경에는 아브라함을 하나님의 벗이라 칭하셨다는 말씀이 세 군데 기록되어 있다. 세 군데에 기록되었다는 것은 성부, 성자, 성령께서 인정해주시는 내용이 아니겠는가? 그렇다면 아브라함의 믿음은 어떤 믿음이었기에 하나님의 벗이 될 수 있었는가?

아브라함의 믿음의 특징은 인자로 역사하시는 하나님을 영접한 믿음이다. 사람으로 등장한 멜기세덱으로부터 떡과 포도주로 축복을 받았고(창 14:17-20), 사람으로 찾아오신 여호와 하나님과 두 천사를 영접하여 대접하였다(창 18:1-8).

창 14:17-20 아브람이 그돌라오멜과 그와 함께한 왕들을 파하고 돌아올 때에 소돔 왕이 사웨 골짜기 곧 왕곡에 나와 그를 영접하였고 살렘 왕 멜기세덱이 떡과 포도주를 가지고 나왔으니 그는 지극히

높으신 하나님의 제사장이었더라 그가 아브람에게 축복하여
가로되 천지의 주재시요 지극히 높으신 하나님이여 아브람에
게 복을 주옵소서 너희 대적을 네 손에 붙이신 지극히 높으신
하나님을 찬송할찌로다 하매 아브람이 그 얻은 것에서 십분 일
을 멜기세덱에게 주었더라

아브라함이 떡과 포도주로 축복해준 멜기세덱에게 십일조를
바쳤다는 것은 멜기세덱을 하나님으로 믿었다는 것이다.

창 18:1-8 여호와께서 마므레 상수리 수풀 근처에서 아브라함에게 나타나시
니라 오정 즈음에 그가 장막 문에 앉았다가 눈을 들어 본즉 사람
셋이 맞은편에 섰는지라 그가 그들을 보자 곧 장막 문에서 달려
나가 영접하며 몸을 땅에 굽혀 가로되 -(중략)- 아브라함이 급히
장막에 들어가 사라에게 이르러 이르되 속히 고운 가루 세 스아
를 가져다가 반죽하여 떡을 만들라 하고 아브라함이 또 짐승 떼
에 달려가서 기름지고 좋은 송아지를 취하여 하인에게 주니 그가
급히 요리한지라 아브라함이 뻐터와 우유와 하인이 요리한 송아
지를 가져다가 그들의 앞에 진설하고 나무 아래 모셔 서매 그들이
먹으니라

성경 전체에서 아브라함처럼 인자로 오신 여호와 하나님과 함
께 한 자리에서 먹고 마신 사람이 있는가? 아브라함은 인자로서
역사하시는 하늘의 역사의 세계를 믿음으로 바라볼 수 있는 중심
인물이 되었다.

그래서 하나님께서 아브라함에게 복의 근원이라는 축복을 해

주신 것이다(창 12:2). 대부분의 성도들의 개념은 예수님만이 복을 주시는 분이라고 생각하고 있기에, 무조건 예수님께 복을 구한다.

그러나 신실하시고 정직하신 하나님께서 아브라함에게 복을 맡기셨기에(창 12:2-3), 아브라함을 통해서만 복을 주실 수 있다는 것이다.

> 눅 20:37-38 죽은 자의 살아난다는 것은 모세도 가시나무떨기에 관한 글에 보였으되 주를 아브라함의 하나님이요 이삭의 하나님이요 야곱의 하나님이시라 칭하였나니 하나님은 죽은 자의 하나님이 아니요 산 자의 하나님이시라 하나님에게는 모든 사람이 살았느니라 하시니

아브라함처럼 인자로 오신 하나님, 인자로 오신 메시아, 인자로 오신 때의 주인을 믿는 믿음이 최고의 경지에 이르는 믿음이다. 인자로 오신 멜기세덱, 인자로 오신 여호와 하나님을 믿는 믿음을 가리켜 산 자의 믿음이라고 한다. 그렇기 때문에 예수께서 친히 아브라함, 이삭, 야곱을 가리켜 산 자라고 표현하신 것이다.

동일한 말씀의 역사로 재림 마당에서도 아브라함과 같은 믿음을 가진 사람들만이 인자로 온 신랑, 신부를 만날 수 있는 것이다. 인자로 오신 멜기세덱과 그리스도로부터 축복을 받을 수 있는 것이다. 그 인자가 누구인지 알려주는 사람이 없고, 아는 사람도 없기에 예수께서 "인자가 올 때 믿음을 보겠느냐?"(눅 18:8)라고 한탄하신 것을 알아야 한다.

재림 마당에서 반드시 알아야 할 인자가 누구인가? 해를 입은

여인과 철장의 권세를 가진 아이, 장차 산 자의 신랑과 신부가 될 주인공들이다. 그 두 분의 역사의 내용을 아는 사람만이 아브라함 같은 믿음을 가질 수 있다. 해를 입은 여인을 만나는 사람은 자동적으로 그가 낳은 철장의 권세를 가진 아이를 만나게 되어 있다.

> 요 6:45 선지자의 글에 저희가 다 하나님의 가르치심을 받으리라 기록되었은즉 아버지께 듣고 배운 사람마다 내게로 오느니라

> 눅 10:22 내 아버지께서 모든 것을 내게 주셨으니 아버지 외에는 아들이 누군지 아는 자가 없고 아들과 또 아들의 소원대로 계시를 받는 자 외에는 아버지가 누군지 아는 자가 없나이다 하시고

> 요일 2:22-23 거짓말 하는 자가 누구뇨 예수께서 그리스도이심을 부인하는 자가 아니뇨 아버지와 아들을 부인하는 그가 적그리스도니 아들을 부인하는 자에게는 또한 아버지가 없으되 아들을 시인하는 자에게는 아버지도 있느니라

위 구절들은 아버지와 아들이 상호 간에 절대 불가분의 관계임을 말씀하고 있다. 재림 마당에서 마지막 신앙의 의는 아버지만 알아서도 안 되고, 아들만 알아서도 안 되고, 아버지와 아들을 함께 알아야 하는 것이다.

마지막 한 이레 속에서 이루어지는 재림 마당의 역사는 무형의 존재인 하나님이 역사하시는 세계가 아니라 인자 대 인자로서 역사하시는 마당이다.

히 13:2 손님 대접하기를 잊지 말라 이로써 부지중에 천사들을 대접한 이들이 있었느니라

그렇기 때문에 너희가 손님을 대접하는 자 중에 그런 인자를 만날 수 있다는 것이다. 실제로 아브라함이 인자로 오신 여호와 하나님과 천사를 대접했고(창 18:1-8), 롯이 소돔과 고모라를 멸하기 위하여 인자로 등장한 천사를 영접했다(창 19:1-3).

이스라엘 백성들은 야훼, 여호와를 나의 주님이라고 믿었지만, 아브라함은 멜기세덱을 나의 주님이라고 믿었기에 멜기세덱에게 십일조를 바쳤다. 그렇기 때문에 아브라함 같은 믿음을 가진 사람들은 멜기세덱을 나의 하나님으로 믿는 믿음이라고 말할 수 있다. 그 멜기세덱이 정죄의 직분을 가진 자들에게는 여호와로 역사하고, 의의 직분을 가진 자들에게는 멜기세덱으로 역사한 것이다(고후 3:7-9). 아브라함이 의의 직분의 영광을 가진 자였기에 여호와께서 인자로 찾아오실 수 있었다. 오직 하나님의 벗으로 (대하 20:7, 사 41:8, 약 2:23) 인정받은 아브라함의 믿음으로만 그 사실을 알 수 있는 것이다.

다시 한 번 강조하면 재림 마당은 보이지 않는 하늘의 하나님, 하늘의 천사들이 영으로 역사하는 것이 아니라 하나님과 천사들 모두 다 인자로서 역사하는 시대이다.

그런데 오늘의 신학은 인자로서 오실 수 있는 유일한 존재는 오직 '재림 예수'밖에 없다고 주장한다. 다른 사람들은 절대 인자로서 오지 못한다고 생각한다. 그것이 신학이 가지고 있는 중심사상이라고 말할 수 있다. 그러한 사상은 첫 단추부터 잘못 끼운 모순된 신앙으로 이루어진 것이라고 말할 수 있다.

계 13:16-18 저가 모든 자 곧 작은 자나 큰 자나 부자나 빈궁한 자나 자유한 자나 종들로 그 오른손에나 이마에 표를 받게 하고 누구든지 이 표를 가진 자 외에는 매매를 못하게 하니 이 표는 곧 짐승의 이름이나 그 이름의 수라 지혜가 여기 있으니 총명 있는 자는 그 짐승의 수를 세어 보라 그 수는 사람의 수니 육백육십 륙이니라

666이라는 세 짐승도 분명히 사람의 수이기에, 지혜 있는 자나 총명 있는 자는 그 수를 세어보라고 했다. 사단 마귀들도 재림 마당에 사람으로 등장해서 하나님의 사람들과 싸우는데, 왜 거룩한 하나님의 사람들이 이 땅에 인자로 오시지 못한다고 생각하는가?

오늘날 대부분의 성도들은 거룩한 하늘의 광명한 자들이(슥 14:6) 이 땅에 올 수 없다는 고정관념에서 탈피하지 못함으로 많은 문제점을 안고 있다.

마 16:27 인자가 아버지의 영광으로 그 천사들과 함께 오리니 그 때에 각 사람의 행한 대로 갚으리라

마 25:31 인자가 자기 영광으로 모든 천사와 함께 올 때에 자기 영광의 보좌에 앉으리니

막 8:38 누구든지 이 음란하고 죄 많은 세대에서 나와 내 말을 부끄러워하면 인자도 아버지의 영광으로 거룩한 천사들과 함께 올 때에 그 사람을 부끄러워하리라

분명히 예수께서 "인자가 아버지의 영광으로 오리라"고 친히 말씀하셨다. 인자는 누구인가? 구름타고 하늘에서 오시는 분이 아니다. 여인의 태를 통해서 탄생한 사람의 아들(人子, Son of Man)이라는 것이다. 예수께서 인자로 오신 것처럼, 다시 오시는 분도 인자로, 사람의 아들로 오신다는 것이다.

요 5:43 나는 내 아버지의 이름으로 왔으매 너희가 영접지 아니하나 만일 다른 사람이 자기 이름으로 오면 영접하리라

분명히 예수께서 "다른 사람이 자기 이름으로 오면 영접하리라"고 친히 말씀하셨다. 그런데 왜 오늘날 성도들은 예수님 외에 다른 분은 사람으로 올 수 없다고 생각하는가? 왜 예수님을 구주로 믿는 성도들이 오히려 예수께서 친히 하신 말씀을 믿지 못하는가?

누가 그렇게 가르쳐 준 것인가? 누가 그런 사상을 심어준 것인가? 그런 사상을 가지고 있는 자체가 이마에 인침을 받은 것이 아니겠는가? 그 인을 쳐준 사람이 누구인가? 하나님, 예수님이 주신 것은 절대 아닐 것이다. 그런 사상을 가지고 있다는 것, 그런 깊은 의식, 생각을 가지고 있다는 자체가 이미 그들은 어린 양과 아버지가 아닌 다른 존재로부터 인침을 받은 것이 아니겠냐는 것을 감히 말하고 있는 것이다.

그렇다면 예수님이 말씀하신 '자기 이름으로 오는 다른 사람'은 누구인가? 한 마디로 예수님을 대신해서 오시는 분이다. 예수께서 보내서 이 땅에 오시는 대행자이다. 말씀이 육신이 되어 여인의 길로 오셨다가 십자가 사역을 마치시고 하늘 우편보좌에 성

자 하나님으로 계시는 주님은 두 번 다시 이 땅에 오시지 않는다. 자신의 사역을 대행할 사람을 대신 보내시는 것이다. 그 말만 잘 생각해 보아도 재림주는 절대 '재림 예수'로 오시지 않는다는 것을 알 수 있다.

예수께서 십자가의 피에 담아 이 땅에 떨치신 태초의 말씀이 성령과 하나가 되어 인격적인 태초의 말씀(요 1:1), 완전한 태초의 말씀, 즉 해(시 84:11, 19:5)가 되셨다. 그 해를 입은 여인이 '자기 이름으로 오는 다른 사람'이다. 예수께서 그분에게 자신이 가진 모든 것을 넘겨주셨기에, 그분이 예수님을 대신해서 오실 수 있는 것이다.

따라서 재림주의 이름은 '재림 예수'가 아니라 '멜기세덱'이라는 것이다. 그 비밀을 오직 하나님께로부터 택함을 받은 자, 허락받은 자들만 알게 하시고자 감추어두신 것이다(마 13:11, 눅 8:10). 그것이 자신과의 싸움에서, 세상과의 싸움에서, 육신의 소욕과의 싸움에서, 어둠의 권세와의 싸움에서 이긴 자들만이 먹을 수 있는 감추었던 만나이다(계 2:17).

정리하면 하나님의 비밀은 예수님이고(골 1:27, 2:2), 예수님의 비밀은 멜기세덱이다. 또 멜기세덱의 비밀은 두 감람나무와 두 촛대이다. 그들은 아브라함이 횃불언약을 통해 바친 산비둘기와 집비둘기 새끼라는 재림 마당의 제물들이다(창 15:9).[58]

성경에는 재림주 멜기세덱의 영광을 입으실 해를 입은 여인이 어떻게 묘사되었는가?

---

58) '종말론적 구속사 시리즈' 제 3권 <두 감람나무와 두 촛대> 52-58쪽, 벽암 조영래 저, 도서출판 오색이슬

계 10:1-3 내가 또 보니 힘센 다른 천사가 구름을 입고 하늘에서 내려 오는데 그 머리 위에 무지개가 있고 그 얼굴은 해 같고 그 발은 불기둥 같으며 그 손에 펴 놓인 작은 책을 들고 그 오른발은 바다를 밟고 왼발은 땅을 밟고 사자의 부르짖는 것 같이 큰 소리로 외치니 외칠 때에 일곱 우뢰가 그 소리를 발하더라

머리에 무지개를 쓰신 분이다. 즉 무지개 언약을 가지신 분으로서 해 같은 얼굴과 불기둥 같은 발로 땅과 바다를 밟고 일곱 우레를 발하시는 작은 책의 주인이시다.

계 19:11-16 또 내가 하늘이 열린 것을 보니 보라 백마와 탄 자가 있으니 그 이름은 충신과 진실이라 그가 공의로 심판하며 싸우더라 그 눈이 불꽃 같고 그 머리에 많은 면류관이 있고 또 이름 쓴 것이 하나가 있으니 자기 밖에 아는 자가 없고 또 그가 피 뿌린 옷을 입었는데 그 이름은 하나님의 말씀이라 칭하더라 하늘에 있는 군대들이 희고 깨끗한 세마포를 입고 백마를 타고 그를 따르더라 그의 입에서 이한 검이 나오니 그것으로 만국을 치겠고 친히 저희를 철장으로 다스리며 또 친히 하나님 곧 전능하신 이의 맹렬한 진노의 포도주 틀을 밟겠고 그 옷과 그 다리에 이름 쓴 것이 있으니 만왕의 왕이요 만주의 주라 하였더라

백마를 타신 분은 충신과 진실, 많은 면류관을 쓰신 분, 피 뿌린 옷을 입은 분, 하나님의 말씀 등 많은 별칭을 가지신 '만왕의 왕이요, 만주의 주'이시다. 해를 입은 여인이 하늘의 군대를 거느리고 승리하신 모습을 말한다.

넷째, 멜기세덱과 멜기세덱의 반차를 알지 못하기 때문이다

창 14:17-20 아브람이 그돌라오멜과 그와 함께한 왕들을 파하고 돌아올 때에 소돔 왕이 사웨 골짜기 곧 왕곡에 나와 그를 영접하였고 살렘왕 멜기세덱이 떡과 포도주를 가지고 나왔으니 그는 지극히 높으신 하나님의 제사장이었더라 그가 아브람에게 축복하여 가로되 천지의 주재시요 지극히 높으신 하나님이여 아브람에게 복을 주옵소서 너희 대적을 네 손에 붙이신 지극히 높으신 하나님을 찬송할찌로다 하매 아브람이 그 얻은 것에서 십분 일을 멜기세덱에게 주었더라

시 110:4 여호와는 맹세하고 변치 아니하시리라 이르시기를 너는 멜기세덱의 반차를 좇아 영원한 제사장이라 하셨도다

히 7:1-3 이 멜기세덱은 살렘 왕이요 지극히 높으신 하나님의 제사장이라 여러 임금을 쳐서 죽이고 돌아오는 아브라함을 만나 복을 빈 자라 아브라함이 일체 십분의 일을 그에게 나눠주니라 그 이름을 번역한즉 첫째 의의 왕이요 또 살렘 왕이니 곧 평강의 왕이요 아비도 없고 어미도 없고 족보도 없고 시작한 날도 없고 생명의 끝도 없어 하나님 아들과 방불하여 항상 제사장으로 있느니라

성경 전체에서 멜기세덱에 대한 말씀은 몇 군데 나오지 않는다. 그러나 그 몇 구절이 얼마나 중요한지 아는 사람은 별로 많지 않다.

'멜기세덱'과 '멜기세덱 반차'에 대해 물으면 "그 까짓 것! 성경

에 몇 구절 나오지도 않는 내용에 왜 관심을 기울여 알려고 하고 믿으려고 하느냐? 그런 것은 별로 중요한 것이 아니다"라고 일축해버리고, 오히려 멜기세덱을 말하는 곳을 이단으로 취급하는 일이 자행되고 있다.

물론 자신이 '멜기세덱'이라며 성경 말씀을 이용해서 교세를 확장하는 잘못된 무리들도 있다. 그렇기 때문에 오늘의 성도들은 멜기세덱에 대해 분명하고 정확하게 알아야 한다.

왜 멜기세덱을 알아야 하는가?

> 히 7:3 아비도 없고 어미도 없고 족보도 없고 시작한 날도 없고 생명의 끝도 없어 하나님 아들과 방불하여 항상 제사장으로 있느니라

멜기세덱은 피조물로서 하늘의 제사장이 된 존재이다. 죽는 존재는 하늘의 제사장이 될 수 없고, 영원한 생명을 가진 영육 간에 산 자만이 하늘의 제사장이 될 수 있다. 인류의 첫 시조 아담이 말씀에 순종하여 선악을 알게 하는 나무 열매를 먹지 않고, 생명나무 열매를 먹었다면 멜기세덱이 되었을 것이고, 이 땅에는 멜기세덱 반차가 완성되어 산 자들이 탄생할 수 있는 길이 열렸을 것이다.

그러나 첫 아담이 그 길을 완성하지 못하고 실패했기에 예수께서 멜기세덱이 되시고자 이 땅에 둘째 아담으로 오셨다(고전 15:45-47). 이 땅에 산 자들이 하늘로 갈 수 있는 멜기세덱 반차를 이루시고자 십자가 사역을 통하여 가지고 오신 태초의 말씀을

이 땅에 다 떨치시고, 인간 예수로 사망 권세 속으로 들어가신 것이다. 그러나 아버지께 통곡과 눈물로 간구하심으로 들으심을 얻어(히 5:7) 사망을 이기고 부활하심으로 비로소 하나님의 아들로 인정받으셨다(롬 1:4). 즉 죽었다 살아나심으로 하늘의 대제사장 멜기세덱이 되신 것이다. 따라서 부활하신 예수께서 이 땅에 40일 계신 동안은 영육 간에 산 자의 모습을 보여주신 영생의 기간이었다(눅 24:36-43).

그리고 감람산에서 500명이 보는 가운데 부활 승천하실 때 멜기세덱의 반차를 좇아 하늘로 가신 것이다(행 1:9, 고전 15:6).

이 땅에서 누구든 멜기세덱이 되려면 죽었다 살아나는 과정을 거쳐야 한다. 멜기세덱은 절대 말로 증거하는 것이 아니다. 오직 사망 권세를 깨고 승리한 자만이 멜기세덱이 될 수 있는 것이다.

그런 멜기세덱의 근본과 탄생의 비밀을 알지 못하고, 시한부 인생으로서 밥 먹고 똥 싸는 인간들이 "내가 멜기세덱이다"라고 주장하는 자들은 다 가짜들이다. 스스로 멜기세덱이라고 주장하는 자체만으로도 자신이 멜기세덱이 아니라는 것을 증명하는 것이다. 참으로 멜기세덱의 근본조차 알지 못하는 자들의 만행이며, 횡포가 아닐 수 없다.

오늘날 기독교인들이 그만큼 성경을 알지 못하고, 또 그들을 올바른 길로 인도해주는 목자들이 없기에 그런 이단들이 날뛰는 것이고, 많은 성도들이 그런 이단들에게 자기 영혼을 빼앗기는 것이다.

네 생물이 정죄의 직분을 가진 자들에게는 여호와로 역사했고, 의의 직분을 가진 자들에게는 멜기세덱으로 역사했다.[59] 여호와는 구약 마당에서 몽학선생, 후견인, 청지기로 역사했으나(갈 3:24-25, 4:2, 호 12:5, 행 7:35, 7:38, 7:53) 때가 차매 예수께서 약속의 자손으로 오심으로(갈 4:4) 자기 사역을 다 마치고 사라져 두 번 다시 나타나지 않는다.[60]

그러나 멜기세덱은 장차 재림 마당에서 역사할 존재이다. 그렇기 때문에 멜기세덱을 모르면 재림의 비밀을 알 수 없는 것이다.

멜기세덱을 알아야 멜기세덱으로부터 축복을 받을 수 있는 것이다. 멜기세덱은 절대 무형의 존재로 등장해서 축복하지 않는다. 초림주 예수는 '자기 백성을 저희 죄에서 구원하시기 위해서 오시는 분'(마 1:21)이지만, 재림주는 '죄와 상관없이 자기를 바라는 자들에게 두 번째 오시는 분'(히 9:28)이다. 이처럼 멜기세덱을 정확히 깨닫고 아는 자들만이 재림주를 바라는 자들이다. 이러한 자기를 바라는 자들만이 재림주 멜기세덱이 오실 때 아브라함처럼 멜기세덱으로부터 축복을 받을 수 있지 않겠는가?

왜 멜기세덱 반차를 알아야 하는가?

히 6:20 그리로 앞서 가신 예수께서 멜기세덱의 반차를 좇아 영원히 대제사장이 되어 우리를 위하여 들어 가셨느니라

---

59) '종말론적 구속사 시리즈' 제 4권 <네 생물, 그들은 누구인가?> 219-223쪽, 벽암 조영래 저, 도서출판 오색이슬
60) '종말론적 구속사 시리즈' 제 4권 <네 생물, 그들은 누구인가?> 212-215쪽, 벽암 조영래 저, 도서출판 오색이슬

하나님이 사람으로 오신 예수님도 멜기세덱 반차를 좇아 하늘의 대제사장이 되셨다(히 5:6, 5:10, 6:20, 7:11, 7:17). 그렇다면 멜기세덱 반차의 길이 얼마나 중요한 길이겠는가? 이 땅에서 하늘로 오고가는 길이 멜기세덱 반차이기에 예수께서도 그 길을 통해 이 땅에 오셨고, 또 그 길을 따라 하늘로 가셔야만 하는 것이다.

멜기세덱 반차를 통하지 않고는 절대 하늘의 제사장이 될 수 없고, 산 자의 영광을 입지 못하기 때문에 예수께서 친히 우리를 위해서 그 길로 들어가셨다. 그리고 재림 마당에 이 땅의 주와 두 감람나무께서 그 길로 들어가시는 것이다.

그런데 멜기세덱 반차를 알지 못하는 자들이 어찌 하늘나라의 일을 알 수 있으며, 하늘에 갈 수 있겠는가?

이 땅에 하늘나라 천년왕국, 신천신지가 이루어지는데 그 시대는 산 자들이 주관하며 다스리는 시대이다. 천 년 동안 산 자들이 죽는 존재들을 주관하며 다스리는 신정국가(神政國家)의 시대가 도래하기 때문에 영육 간에 산 자가 되어야만 하는 것이다. 마치 신의 아들들과 같은 산 자들이 죽는 존재들을 다스리는 권세와 영광은 '가히' 상상할 수가 없는 것이다. 그 때는 아무리 목사, 신부라 해도 늙어죽는 시한부적인 존재들은 신천신지의 세계에 끼어들지 못한다.

> 계 20:4-6 또 내가 보좌들을 보니 거기 앉은 자들이 있어 심판하는 권세를 받았더라 또 내가 보니 예수의 증거와 하나님의 말씀을 인하여 목 베임을 받은 자의 영혼들과 또 짐승과 그의 우상에게 경배하지도 아니하고 이마와 손에 그의 표를 받지도 아니한 자들이 살아서 그

> 리스도로 더불어 천 년 동안 왕노릇 하니 (그 나머지 죽은 자들은 그 천 년이 차기까지 살지 못하더라) 이는 첫째 부활이라 이 첫째 부활에 참예하는 자들은 복이 있고 거룩하도다 둘째 사망이 그들을 다스리는 권세가 없고 도리어 그들이 하나님과 그리스도의 제사장이 되어 천 년 동안 그리스도로 더불어 왕노릇 하리라

멜기세덱 반차를 따르는 의인들이 첫째 부활, 의인의 부활로 산 자가 되어 천 년 동안 그리스도와 함께 왕노릇하는 동안에 죽은 자들은 천 년 동안 무덤에 머물다가 천 년이 끝난 뒤에 생명의 부활과 심판의 부활을 받는다(요 5:29). 세 가지 부활 중 첫째 부활, 의인의 부활로 구원받는 자들이 가장 복되고 거룩한 자라고 했다. 그들은 영육 간에 산 자가 되기 때문에 둘째 사망의 해를 받지 않는 자들이라는 것이다.

그렇다면 오늘날 성도들이 첫째 부활, 생명의 부활, 심판의 부활이라는 세 가지 부활이 있다는 사실을 알고 믿고 따르고 있는가? 아마 목회자들 중에도 세 가지 부활이 있다는 사실을 깨닫고 가르치는 경우는 많지 않을 것이다. 첫째 부활, 의인의 부활로 구원받는 대상들만이 영육 간에 산 자가 되는데, 오늘날 신학에서는 산 자의 세계를 가르치지 않는다. 그러나 천년왕국의 세계, 산 자의 세계는 재림 마당에서 실제로 이루어지는 세계이기 때문에 결코 간과해서는 안 된다.

이 땅에 실제로 그런 산 자의 세계가 이루어져서 산 자들이 하나님의 제사장이 되고, 신정국가를 세워 죽는 자들을 다스리고 통치할 때 어떤 현상이 벌어질 것인가?

슥 13:4-6 그 날에 선지자들이 예언할 때에 그 이상을 각기 부끄러워할 것이며 사람을 속이려고 털옷도 입지 아니할 것이며 말하기를 나는 선지자가 아니요 나는 농부라 내가 어려서부터 사람의 종이 되었노라 할 것이요 혹이 그에게 묻기를 네 두 팔 사이에 상처는 어찜이냐 하면 대답하기를 이는 나의 친구의 집에서 받은 상처라 하리라

위 구절은 오늘날 목회자들의 경우를 증거한 예언의 말씀이다. 목회자들이 때에 관한 말씀, 산 자의 세계에 관한 말씀을 증거하지 못했다. 그런데 산 자의 영광이 나타나기 시작한다. 그러자 성도들이 "이게 어떻게 된 거야? 왜 이런 산 자의 세계가 있었는데 우리들에게 산 자의 세계에 대한 말씀을 한 번도 증거해 주지 않았지?" 그러니까 목사들이 당혹스럽고 부끄러워 옷을 바꾸어 입고 다 도망간다는 것이다. 털옷을 입지 않는다는 것은 목사의 예복을 입지 않는다는 것이다. 그래서 막상 재림의 영광이 나타나면 그들이 다 두들겨 맞고 쫓겨나 도망간다고 했다.

도망가다 잡힌 목사들은 성도들에게 얻어맞아 상처가 생길 것이다. 그래서 사람들이 "당신 목사지?" 하면 "아닙니다. 저는 어려서부터 지금까지 농사짓는 농부였습니다"라고 거짓말을 한다. 그러면 "네 두 팔 사이에 난 상처는 무엇이냐?"라고 물으면 "친구네 집에 놀러갔다가 받은 상처입니다"라고 둘러댄다는 것이다.

그래서 마지막 때는 차라리 죽는 것이 더 나을 정도의 부끄러움 속에서 "산아 바위야 나를 가려다오. 차라리 나를 덮어서 이 부끄러움 속에서 나를 숨겨 달라"(계 6:15-16, 눅 23:30)고 부르짖는다는 것이다.

2. 천년왕국은 어떤 세계인가?

계 20:4 또 내가 보좌들을 보니 거기 앉은 자들이 있어 심판하는 권세를 받았더라 또 내가 보니 예수의 증거와 하나님의 말씀을 인하여 목 베임을 받은 자의 영혼들과 또 짐승과 그의 우상에게 경배하지도 아니하고 이마와 손에 그의 표를 받지도 아니한 자들이 살아서 그리스도로 더불어 천 년 동안 왕노릇 하니

계 20:6 이 첫째 부활에 참예하는 자들은 복이 있고 거룩하도다 둘째 사망이 그들을 다스리는 권세가 없고 도리어 그들이 하나님과 그리스도의 제사장이 되어 천 년 동안 그리스도로 더불어 왕노릇 하리라

천 년이란 무슨 의미인가?

위 구절에서 말하는 천 년은 "하루가 천 년 같고 천년이 하루 같은 이 한 가지 사실을 잊지 말라"(벧후 3:8)는 천 년을 말하는 것인가? 6일 창조역사가 끝나고 하나님이 일곱째 날 안식하셨다는 7일, 즉 창조의 7천 년을 말하는 것인가? 여기서 말하는 천 년은 마귀에게 빼앗긴 안식의 천 년을 말하는 것이다.

첫째 부활로 구원받은 자들이 그리스도와 함께 천년왕국을 이루는 동안에는 사단 마귀가 절대 등장할 수 없다. 이미 하늘에서 내려오는 천사가 무저갱의 열쇠와 큰 쇠사슬을 가지고 붉은 용을 무저갱에 가두고 천 년 동안 인봉했기 때문이다.

> 계 20:3 무저갱에 던져 잠그고 그 위에 인봉하여 천 년이 차도록 다시는 만국을 미혹하지 못하게 하였다가 그 후에는 반드시 잠간 놓이리라

붉은 용이 천 년이 차도록 갇혀 다시 만국을 미혹하지 못하게 했다가 그 후에 반드시 잠간 놓인다고 했다. 천 년 동안은 그들이 인류의 삶의 현장 속에서 존재할 수 없다. 그 이유가 무엇인가? 이 땅에는 첫째 부활, 의인의 부활로 부활 받은 산 자들의 세계가 이루어지고 나타났기 때문에(계 20:4-6), 그들이 결코 자기들이 가지고 있는 권세와 능력을 가지고 인간 현실 속에 등장할 수 없는 것이다.

그것이 하나님께서 7일의 창조 속에 뜻으로 정해놓으신 하나님의 경륜의 세계이다. 그것이 천년왕국 속에 있는 산 자의 영광의 세계이다.

여기서 말한 그리스도는 누구인가?

> 고전 15:23 그러나 각각 자기 차례대로 되리니 먼저는 첫 열매인 그리스도요 다음에는 그리스도 강림하실 때에 그에게 붙은 자요

재림 마당의 그리스도는 예수님을 말씀한 것이 아니라, 영육간에 산 자로 탄생하여 만국을 다스릴 수 있는 철장 권세를 가진 아이를 말하는 것이다(계 11:11, 12:5). 그리스도란 '기름 부음을 받은 자'라는 뜻이다. 해를 입은 여자, 이 땅의 주로부터 기름 부음을 받은 두 감람나무가(계 11:4) 사망 권세를 깨고 철장 권세를

가진 아이가 되어, 하늘 보좌로 올라가 하늘의 전쟁을 통하여 하늘을 통일시킨 후에, 이 땅에 내쫓긴 붉은 용을 잡아 무저갱에 천 년 동안 가두는 사람이다.

예수께서도 멜기세덱 반차를 좇아서 하늘의 대제사장이 되셨다(시 110:4, 히 5:6, 5:10, 6:20, 7:11, 7:17). 그리고 이 땅에 40일 동안 계셨다. 재림 마당에서도 첫째 부활, 의인의 부활로 구원받은 산 자들이 그리스도의 제사장, 멜기세덱 지파에 소속된 제사장이 되어 그리스도와 함께 천 년 동안 왕노릇하는 기간을 천년왕국이라고 한다.

> 벧전 2:9 오직 너희는 택하신 족속이요 왕 같은 제사장들이요 거룩한 나라요 그의 소유된 백성이니 이는 너희를 어두운데서 불러내어 그의 기이한 빛에 들어가게 하신 자의 아름다운 덕을 선전하게 하려 하심이라

그들은 택한 자들로서 왕 같은 제사장이며 거룩한 나라이며 재림주 멜기세덱에게 소속된 백성들이다. 그들이 그리스도의 신성조직으로서 그리스도를 중심으로 신정국가(神政國家)를 이룩하는 것을 가리켜 천년왕국이라고 한다.

천년왕국은 언제부터 시작되는가?

> 계 10:7 일곱째 천사가 소리 내는 날 그 나팔을 불게 될 때에 하나님의 비밀이 그 종 선지자들에게 전하신 복음과 같이 이루리라

일곱째 천사의 나팔에 하나님의 비밀이 그 종 선지자들이 전한 말씀대로 다 이루어진다는 것은 중간계시, 삽입된 계시가 다 이루어진다는 것이다. 즉 작은 책의 역사, 다시 복음의 역사가 다 마쳐진다는 것이다.

그 역사에 동참한 하나님의 종은 누구를 말하는 것인가? 중간계시 속에서 하나님의 말씀을 증거한 '이 땅의 주 앞에 선 두 감람나무와 두 촛대'(계 11:4)를 말한다. 그들이 예언한 모든 말씀들이 다 이루어지는 것이다. 그리고 나면 그 때부터는 산 자들이 다스리는 세계가 도래하게 된다. 죽는 자들은 죽는 자들대로의 삶을 사는 가운데 영육 간에 산 자들이 탄생해서 그들을 치리하고 통치하는 세계이다(계 20:5).

분명히 성경에는 일곱 인이 떼어지면, 일곱째 나팔이 불려지고, 일곱째 대접이 쏟아진다고 했다. 그런데 왜 아직 일곱째 대접이 쏟아지기 전인데 하나님의 비밀이 다 이루어진다고 했는가?(계 10:7) 그 이유는 산 자의 영광을 받은 자들이 제 밭의 가라지를 심판하고 척결하는 과정이 일곱째 대접의 역사이기 때문이다. 또 옛 뱀, 마귀, 사단이라고 하는 용을 잡아 무저갱에 천 년 동안 가둔다. 이 모든 역사를 산 자들이 주관하며 역사하는 것이다.

고전 15:51-54 보라 내가 너희에게 비밀을 말하노니 우리가 다 잠잘 것이 아니요 마지막 나팔에 순식간에 홀연히 다 변화하리니 나팔 소리가 나매 죽은 자들이 썩지 아니할 것으로 다시 살고 우리도 변화하리라 이 썩을 것이 불가불 썩지 아니할 것을 입겠고 이 죽을 것이 죽지 아니함을 입으리로다 이 썩을 것이 썩지 아니함을 입고 이 죽을 것이 죽지 아니함을 입을 때에는 사망이 이김의 삼킨바 되리라고 기록된 말씀이 응하리라

계 20:6 이 첫째 부활에 참예하는 자들은 복이 있고 거룩하도다 둘째 사망이 그들을 다스리는 권세가 없고 도리어 그들이 하나님과 그리스도의 제사장이 되어 천 년 동안 그리스도로 더불어 왕노릇 하리라

그 때 산 자들은 사망의 독이 그들을 해치지 못한다. 그것을 가리켜 성경에서는 둘째 사망의 해를 받지 않는다고 했다. 그런 산 자의 세계가 이루어지면 죽는 목사, 신부들은 근처에 얼씬도 하지 못한다. 오직 죽지 않는 산 자들이 목사가 되어야 한다.

히 8:5 저희가 섬기는 것은 하늘에 있는 것의 모형과 그림자라 모세가 장막을 지으려 할 때에 지시하심을 얻음과 같으니 가라사대 삼가 모든 것을 산에서 네게 보이던 본을 좇아 지으라 하셨느니라

구약 마당에서 모세에게 보여주신 식양대로 이 땅에 성막을 지었다. 그리고 24,000명의 제사장이 있었다. 그렇기 때문에 이 땅에 있는 성전과 성물들은 다 하늘의 것에 대한 그림자이다. 마지막 때 이 땅에 참 성전이 이루어지려면 하늘의 제사장이 있어야 한다. 그 하늘의 제사장은 아론의 반차를 통해서 이루어지는 것이 아니라, 멜기세덱 반차를 통해서만 탄생되는 것이다. 멜기세덱 반차는 육체에 상관된 법이 아니라 영원무궁한 생명의 능력을 좇아 이루어지는 것이기 때문이다(히 7:16).

천년왕국의 세계가 끝나면 예수께서 마태복음 24장, 마가복음 13장, 누가복음 17:20-37, 21장에서 일반계시로 예언하신 말씀들이 다 이루어진다. 하늘의 권능들이 흔들리고 지구가 사라지는 것이다. 그 때는 마지막이라는 생각에 회개하지 않고, 서로가 서로를 죽이는 짐승 같은 인간들로 변한다. 그런 창세 이후 전무후무한 환난 때에 산 자들은 이 땅에 남아있지 않고 신랑과 신부가 되시는 멜기세덱과 그리스도를 따라 아버지의 집으로 이동하는 것이다(요 14:2).

모세의 인도를 따라 약 200만 명의 이스라엘 백성들이 젖과 꿀이 흐르는 가나안 땅으로 이동하듯, 영육 간에 산 자가 된 생령들이 이동하는 '생령의 대이동'이 이루어지는 것이다. 아버지의 집은 만유 바깥에 있는 곳이다. 우주공간에 산재한 별들의 거리가 빛의 속도로도 수백 억 광년이 된다고 한다. 그곳은 산 자가 아니면 도저히 갈 수 없는 곳이다. 하물며 그 우주공간을 넘어 아버지의 집으로 가는 것은 산 자외에는 불가능한 일이다.

> 사 65:20-25 거기는 날 수가 많지 못하여 죽는 유아와 수한이 차지 못한 노인이 다시는 없을 것이라 곧 백 세에 죽는 자가 아이겠고 백 세 못되어 죽는 자는 저주 받은 것이리라 -(중략)- 그들이 부르기 전에 내가 응답하겠고 그들이 말을 마치기 전에 내가 들을 것이며 이리와 어린 양이 함께 먹을 것이며 사자가 소처럼 짚을 먹을 것이며 뱀은 흙으로 식물을 삼을 것이니 나의 성산에서는 해함도 없겠고 상함도 없으리라 여호와의 말이니라

산 자의 세계는 생각과 동시에 갈 수 있는 세계이다. "달나라

에 가고 싶다"고 생각하는 순간 그 사람의 몸은 이미 달나라에 가 있고, "바나나가 먹고 싶다"고 생각하는 순간 그 사람의 입에 바나나가 들어와 있다. 산 자는 똑같은 사람인데 영원한 생명을 가지고 있기에 늙지 않고, 먹지 않아도 죽지 않으며, 무엇을 먹으면 뒤로 배설되지 않고 생명의 원동력으로 바뀐다(눅 24:41-43). 시공을 초월하는 존재이므로 빛의 속도로 1억 광년 가는 곳을 산 자의 속도로는 몇 초 만에도 갈 수 있다. 그들은 둘째 사망의 해를 입지 않는 존재이므로(계 20:6), 핵폭탄이 그들을 부술 수 없고, 1500만도가 넘는 태양의 중심에서 유유자적(悠悠自適) 산책할 수 있는 존재들이다. 그것이 산 자가 가지고 있는 능력이다.

그들은 멜기세덱 반차를 통해서 영원무궁한 생명의 능력을 입은 자들로서 우주를 마음대로 운행할 수 있고, 주관하며 다스릴 수 있는 존재이다.

이런 천년왕국의 시대가 도래한다고 해도 지구가 멸망하는 것이 아니다. 지금처럼 세상은 여전히 그대로 진행되고, 그 안에 산 자들이 존재한다. 약 70억 인구 중에 그런 산 자들이 함께 섞여 사는 것이다. 그들은 그리스도의 신성조직(神聖組織)의 대상자들이다. 그들만이 해를 입고 이 땅의 주로서 역사하신 아버지와 그 분이 기름 부으신 그리스도를 아는 것과 믿는 것에 온전한 하나를 이루는 비밀과 암호를 가지고 있다(엡 4:13).

그 때 산 자들이 누리는 영광은 말로 표현할 길이 없는 '가히'의 영광이다. 의인의 영광이 나타나는 거룩한 빛 앞에 죽는 자들이 얼마나 놀라고 경악할 것인가? 그들은 하나님의 왕 같은 거룩한 제사장으로서(벧전 2:9), 하나님의 후사로서(히 1:14), 하나님의 장자로서(출 4:22) 말로 형용할 수 없는 영광을 가진 때의 주인공들이 되는 것이다.

계 20:1-3 또 내가 보매 천사가 무저갱 열쇠와 큰 쇠사슬을 그 손에 가지고 하늘로서 내려와서 용을 잡으니 곧 옛 뱀이요 마귀요 사단이라 잡아 일천 년 동안 결박하여 무저갱에 던져 잠그고 그 위에 인봉하여 천 년이 차도록 다시는 만국을 미혹하지 못하게 하였다가 그 후에는 반드시 잠간 놓이리라

천 년 동안 용을 결박하여 무저갱에 가두어 두었다가 천 년이 차면 잠깐 놓아준다. 왜 천 년이 차매 풀어주는 것인가? 천년왕국이 마쳐지면 산 자들은 다 이 땅을 떠나기 때문이다.
마지막으로 붉은 용에게 회개할 기회를 주지만 절대 회개하지 않고, 자기들이 할 수 있는 능력을 다 발휘하여 이 땅에 남아 생명의 부활로 구원받을 하나님의 백성들을 죽이고자 세계 3차 대전을 일으키는 것이다.

계 16:17-21 일곱째가 그 대접을 공기 가운데 쏟으매 큰 음성이 성전에서 보좌로부터 나서 가로되 되었다 하니 번개와 음성들과 뇌성이 있고 또 큰 지진이 있어 어찌 큰지 사람이 땅에 있어 옴으로 이같이 큰 지진이 없었더라 큰 성이 세 갈래로 갈라지고 만국의 성들도 무너지니 큰 성 바벨론이 하나님 앞에 기억하신바 되어 그의 맹렬한 진노의 포도주 잔을 받으매 각 섬도 없어지고 산악도 간 데 없더라 또 중수가 한 달란트나 되는 큰 우박이 하늘로부터 사람들에게 내리매 사람들이 그 박재로 인하여 하나님을 훼방하니 그 재앙이 심히 큼이러라

그리고 하나님의 권능에 의해서 일반계시에서 예언한대로 태양계의 질서가 파괴되고 지구가 세 갈래로 찢어지는 종말이 오는 것이다. 그러나 그 지구 종말은 산 자들과는 아무 상관이 없다. 산 자들은 생령의 대이동으로 지구를 떠나 아버지의 집으로 가기 때문이다. 그것을 가리켜 광명한 자들이 떠난다고 기록한 것이다(슥 14:6).

이 천년왕국은 이 땅에 실제로 이루어지는 세계이다. 산 자의 영광이 이 땅에서 실제로 이루어질 것이다. 예수께서 "천지가 없어지기 전에는 율법의 일점일획이라도 반드시 없어지지 아니하고 다 이루리라"(마 5:18)고 하셨다. 예수님 말씀의 중심은 "나는 부활이요 생명이니 나를 믿는 자는 죽어도 살겠고 무릇 살아서 나를 믿는 자는 영원히 죽지 아니하리라"(요 11:25-26)는 것이다. 즉 부활과 변화의 말씀이 이 땅에서 다 이루어져야 하는데 온 세상을 통해서 이룰 수 없으니 제 밭을 통해서 이루어지는 것이다.

율법의 일점일획도 남기지 않고 다 이루어져야 하는데, 하물며 예수께서 친히 하신 말씀들이 이루어지지 않겠는가? 일반계시 속에 들어있는 중간계시가 이루어짐으로 이 땅에는 산 자의 세계, 신천신지, 천년왕국이 이루어지는 것이다.

필자는 "종말론적 구속사 시리즈" 제 1권~제 4권까지 출간했고, 지금 제 5권의 출간을 준비하고 있다. 종말론이라면 소위 이단들이 세상의 종말이 온다고 혹세무민(惑世誣民)하는 경우를 떠올린다. 그러나 필자가 전하려는 종말론은 세상 사람들이 생각하는 지구의 종말을 말하는 것이 아니다. 구속사적 종말론은 빛의 역사의 끝을 말한다. 하나님이 이 땅에서 산 자의 세계, 신천신지를 이루려는 구속사역이 마쳐지는 종말을 말한다.

중간계시의 마지막에 "이 땅의 주 앞에 선 두 감람나무와 두 촛대"(계 11:4)의 역사가 등장하고, 그 뜻을 대적하며 방해하는 666이 등장한다. 그 역사의 내용이 중간계시의 내용이다.

> 슥 4:2-3 그가 내게 묻되 네가 무엇을 보느냐 내가 대답하되 내가 보니 순금 등대가 있는데 그 꼭대기에 주발 같은 것이 있고 또 그 등대에 일곱 등잔이 있으며 그 등대 꼭대기 등잔에는 일곱 관이 있고 그 등대 곁에 두 감람나무가 있는데 하나는 그 주발 우편에 있고 하나는 그 좌편에 있나이다 하고

두 감람나무가 일곱 관을 통해서 일곱 등잔에 기름을 공급하는 주인공이다. 그 기름이 바로 중간계시의 말씀, 다시 복음, 작은 책이다. 그 말씀을 믿고 따르는 자들은 두 감람나무의 보좌가 되는 두 촛대의 교회에 소속된 자들이다. 그들이 일곱 촛대가 되는 일곱 교회를 주관하며 관리하며 운영하는 사람들이다.

그 역사를 이루기 위해 부르심을 입은 사람들은 하나님의 후회하심이 없는 은사로 부르신 약속의 자녀, 의인들이다(롬 11:29). 그들은 하나님께서 "미리 정하신 그들을 또한 부르시고 부르신 그들을 또한 의롭다 하시고 의롭다 하신 그들을 또한 영화롭게 하기 위해"(롬 8:30) 예정 가운데 택하신 자들이다. 그러나 예정 가운데 택함을 받았다고 해서 저절로 의인이 되는 것은 아니다. 그들이 산 자로서 열매 맺기까지 오늘날이라는 광야길을 통하여 여러 가지 모양으로 불시험과 연단을 받아야 한다(고전 3:12-

15, 벧전 4:12-13, 욥 23:10, 사 48:10). 그 과정에서 끝까지 참고 견디며 이기는 자들만이 산 자의 영광을 받는 것이다(계 2:7, 2:11, 2:17, 2:26, 3:5, 3:12, 3:21).

그들은 하나님께로부터 온 자들이기에 천국의 비밀을 허락받은 자들이다(마 13:11, 눅 8:10). 그러나 그들이 세상에서는 미말에 사람들의 구경거리가 되며, 만물의 찌끼같이 되는 자들이다(고전 4:9-13). 그들은 하나님의 씨를 가진 자들이며(요일 3:9) 태어나면서부터 자기의 십자가를 짊어지고 온 자들이기 때문이다(마 10:38, 16:24, 막 8:34, 눅 9:23, 14:27).

3. 왜 666의 정체와 실상을 알아야 하는가?

첫째, 깨어지는 성도의 권세 속에서 끝까지 남는 자가 되기 위해서이다.

> 단 12:7 내가 들은즉 그 세마포 옷을 입고 강물 위에 있는 자가 그 좌우 손을 들어 하늘을 향하여 영생하시는 자를 가리켜 맹세하여 가로되 반드시 한때 두 때 반 때를 지나서 성도의 권세가 다 깨어지기까지니 그렇게 되면 이 모든 일이 다 끝나리라 하더라

첫 아담으로부터 지금까지 예수님 외에는 어느 누구도 사단 마귀의 권세와 싸워 승리한 자는 없었다. 예수님의 세 제자들도 마귀가 한 번 치니 다 잠으로 나가 떨어졌다(마 26:40, 막 14:37,

눅 22:46). 예수께서 수제자 베드로에게도 "사단이 밀 까부르듯 하려고 너희를 청구하였으나 내가 너를 위하여 네 믿음이 떨어지지 않기를 기도하였노라"(눅 22:31-32)고 친히 말씀하셨다. 그래서 예수님을 세 번 부인한 베드로가 회개하고 십자가에 거꾸로 달려 순교할 수 있었던 것이다.

이처럼 사단 마귀도 이기기 힘든 존재인데 설상가상으로 재림마당에는 붉은 용이 등장하는 것이다. 붉은 용이 바다의 짐승, 땅의 새끼 양에게 권세를 줌으로 666이라는 가공할만한 두려운 세력으로 역사하게 된다. 그렇기 때문에 666의 권세와 능력에 의해 성도의 권세는 다 깨어진다고 했다. 성도의 권세가 깨어진다는 것은 어둠의 권세에게 경배 드리고 굴복한다는 뜻이다.

왜 성도들이 666에게 굴복하게 되는가? 붉은 용의 정체는 열 가지 지혜로 지음을 받은 루시퍼로서 생령의 능력을 가진 존재이다. 게다가 생령인 아담을 이김으로 받은 권세와 영광까지 가지고 있기에 그의 권세와 능력은 가히 상상을 초월하는 능력이다. 오죽하면 말씀이 육신으로 오신 예수님을 시험하는 마귀가 "천하만국을 보이며 가로되 이 모든 권세와 영광은 내가 넘겨받은 것이니 나에게 절하면 주리라"(눅 4:5-6)고 큰소리를 쳤겠는가?

그렇기 때문에 일반적인 성도의 믿음을 가지고는 붉은 용, 바다의 짐승, 새끼 양으로 역사하는 666을 이기지 못한다. 오직 다니엘과 세 친구들처럼 성별된 성도가 되어야 끝까지 남는 자가 될 수 있는 것이다(롬 9:27, 사 10:22).

둘째, 신령한 땅이 되어 용이 토한 강물을 삼켜야 하기 때문이다.

계 12:15-16 여자의 뒤에서 뱀이 그 입으로 물을 강 같이 토하여 여자를 물에 떠내려가게 하려 하되 땅이 여자를 도와 그 입을 벌려 용의 입에서 토한 강물을 삼키니

붉은 용이 철장으로 만국을 다스릴 남자를 낳은 해를 입은 여자를 물에 떠내려가게 하려고 더러운 물을 토한다. 그런데 붉은 용이 토한 더러운 물을 신령한 땅이 삼킨다고 했다.

신령한 땅은 누구인가? 해를 입은 여인과 철장 권세를 가진 아이에게 소속되어, 철장 권세를 가진 아이를 낳는 역사에 부름을 받아 동참한 자들이다. 그들은 재림주 멜기세덱의 비밀을 알고, 제 밭의 역사의 암호를 아는 자들이다. 그들은 장차 첫째 부활, 의인의 부활로써 영육 간에 산 자가 되어, 그리스도의 신성조직의 일원으로서 신정국가를 주관하며 다스릴 존재들이다.

마 24:29-31 그 날 환난 후에 즉시 해가 어두워지며 달이 빛을 내지 아니하며 별들이 하늘에서 떨어지며 하늘의 권능들이 흔들리리라 그 때에 인자의 징조가 하늘에서 보이겠고 그 때에 땅의 모든 족속들이 통곡하며 그들이 인자가 구름을 타고 능력과 큰 영광으로 오는 것을 보리라 저가 큰 나팔소리와 함께 천사들을 보내리니 저희가 그 택하신 자들을 하늘 이 끝에서 저 끝까지 사방에서 모으리라

막 13:27 또 그 때에 저가 천사들을 보내어 자기 택하신 자들을 땅 끝으로부터 하늘 끝까지 사방에서 모으리라

일곱째 천사가 나팔을 불 때 중간계시의 역사가 다 이루어진다(계 10:7). 그 때 인자화된 천사들이 하나님의 택하신 자들을 사방에서 모으는 역사를 한다. 그들은 신령한 추숫군이며 신령한 땅이 되는 사람들이다. 그들이 하늘의 군대가 되어 이 땅에서 마지막으로 붉은 용과의 한판 싸움을 하게 된다.

천사들이라고 해서 날개달린 영적인 존재가 아니다. 이 땅에 발붙이고 사는 인자들로서 천사의 사역을 담당하는 존재들이다. 그들이 언제 하늘 끝과 땅 끝까지 다니며 하나님의 택하신 자들을 모을 수 있는가? 그들을 모을 수 있는 길이 무엇인가? 중간계시, 작은 책, 다시 복음의 말씀을 선포하는 것이다. 가장 빠른 시간에 널리 선포하는 방법이 무엇인가? 책으로 써서 알리는 것이다. 그렇기 때문에 "종말론적 구속사 시리즈"를 계속적으로 쓰고 있는 것이다.

> 겔 2:5 그들은 패역한 족속이라 듣든지 아니 듣든지 그들 가운데 선지자 있은 줄은 알찌니라

> 겔 33:33 그 말이 응하리니 응할 때에는 그들이 한 선지자가 자기 가운데 있었던 줄을 알리라

믿든지 아니 믿든지 이 땅에 선지자가 있었음을 알리기 위해서 처음부터 정해진 순서대로 책을 쓰고 있는 것이다. 지금은 믿지 못할지라도 이 말씀이 응하게 되면, 그 때에는 이 말씀을 믿게 되리라는 것을 기도하는 마음으로 바라보며, 어떤 돌팔매질도 감수하겠다는 각오로 목숨을 내놓고 쓰고 있는 것이다.

이 말씀이 책으로 전파되면 어둠의 권세가 이 말씀에 살을 붙이고 각색을 해서 자기들 것처럼 도용(盜用)할 것이다. 그들이 새로운 말씀을 증거하고, 게다가 권세와 능력까지 행한다면 거기에 넘어가지 않을 자가 있겠는가? 그런 역사가 있겠기에 예수께서 "그리스도가 여기 있다, 저기 있다고 해도 가지 말라"(마 24:23-26)고 당부하신 것 아니겠는가? 그런 사실까지도 믿음으로 바라보며 책을 쓰고 있는 것이다.

> 엡 3:2-4 너희를 위하여 내게 주신 하나님의 그 은혜의 경륜을 너희가 들었을 터이라 곧 계시로 내게 비밀을 알게 하신 것은 내가 이미 대강 기록함과 같으니 이것을 읽으면 그리스도의 비밀을 내가 깨달은 것을 너희가 알 수 있으리라

> 갈 4:15 너희의 복이 지금 어디 있느냐 내가 너희에게 증거하노니 너희가 할 수만 있었더면 너희의 눈이라도 빼어 나를 주었으리라

　　그러한 이유 때문에 본서에는 그 세계의 모든 비밀을 밝히 증거하지 않고 대략적으로 소개하고 있다. 이 정도 차원의 말씀의 비밀을 이해하고 깨달을 수 있는 자들에게는 직접적으로 다음 차원의 비밀을 밝힐 것이다.

셋째, 이 나라 이 민족이 당할 환난을 깨달아야 하기 때문이다.

계 11:7-10 저희가 그 증거를 마칠 때에 무저갱으로부터 올라오는 짐승이 저희로 더불어 전쟁을 일으켜 저희를 이기고 저희를 죽일 터인즉 저희 시체가 큰 성길에 있으리니 그 성은 영적으로 하면 소돔이라고도 하고 애굽이라고도 하니 곧 저희 주께서 십자가에 못 박히신 곳이니라 백성들과 족속과 방언과 나라 중에서 사람들이 그 시체를 사흘 반 동안을 목도하며 무덤에 장사하지 못하게 하리로다 이 두 선지자가 땅에 거하는 자들을 괴롭게 한고로 땅에 거하는 자들이 저희의 죽음을 즐거워하고 기뻐하여 서로 예물을 보내리라 하더라

재림 마당에서 두 감람나무가 하늘 문을 닫고 외칠 때는 아무도 그를 해할 능력을 가진 자가 없다(계 11:5-6). 그러나 그가 증거를 마칠 때 무저갱에서 올라오는 짐승, 666의 세 짐승이 그를 죽이고 그의 시체를 장사하지 못하게 하고 큰 성길에 두고 삼일 반 동안 지켜본다고 했다. 그 때 땅에 거하는 자들이 두 감람나무의 죽음을 기뻐하여 서로 예물을 보낸다고 했다. 여기서 땅에 거하는 자들이란 666의 세 짐승과 부화뇌동(附和雷同)되어 두 감람나무를 대적하고 미워한 자들을 말한다.

일반적인 경우에는 평소에 아무리 감정이 상한 자라 할지라도 죽음 앞에서는 머리를 숙이고 조의(弔意)를 표한다. 그런데 두 감람나무의 죽음 앞에서 땅에 거하는 자들이 예물을 주고받으며 즐거워하고 기뻐한다는 것이다. 두 감람나무가 얼마나 땅에 거하는 자들에게 눈엣가시와 같은 자였으면 그가 죽었을 때 자축하며 축배를 들겠는가? 두 감람나무가 생전에 얼마나 땅에 거하는 자들을 괴롭혔는지 미루어 짐작할 수가 있다.

마치 예수님을 십자가에 못 박는 것이 하나님을 섬기는 예라고 생각하며(요 16:2) "그 피를 우리와 우리 자손에게 돌리소서"(마 27:25)라고 자신있게 외치던 선민 이스라엘 백성들의 경우처럼, 재림 마당에서 동일한 역사가 벌어지는 것이다.

어디 그 뿐인가? 이 땅의 주로서 두 감람나무 역사를 주관하시는 해를 입은 여인을 대적하여 그를 광야로 내쫓은 것도 모자라, 양육을 받고 있는 광야에까지 따라가 물을 강같이 토하여 떠내려가게 하려는 자들이 받을 심판이 얼마나 크겠는가?

> 렘 1:13-14 여호와의 말씀이 다시 내게 임하니라 이르시되 네가 무엇을 보느냐 대답하되 끓는 가마를 보나이다 그 면이 북에서부터 기울어졌나이다 여호와께서 내게 이르시되 재앙이 북방에서 일어나 이 땅의 모든 거민에게 임하리라

그렇기 때문에 끓는 가마가 북에서 남으로 기울어진 것이다. 지금 세계 여러 나라 중에서 끓는 가마가 북쪽에 걸린 나라가 어디 있는가? 오직 쌍태의 아픔을 가진 대한민국만이 거기에 해당되는 나라일 것이다. '이 땅의 주와 두 감람나무'라는 하나님의 사람들을 죽이고 핍박한 죄와 허물로 이 땅에는 '창세 이후 전무후무한 환난'이 일어나고, 성도의 권세가 다 깨어지는 것이다.

예수님을 십자가에 못 박은 죄로 표면적인 이스라엘 백성들이 심판 받은 것처럼, 영적 이스라엘인 대한민국 백성들의 죄와 허물로 이 나라 이 민족의 전쟁은 피치 못할 기정사실이 될 것이다. 이 모든 역사의 주범은 어둠의 권세의 주관자들, 즉 666이라는 세

짐승들이다.

그렇기 때문에 신령한 땅으로서 용이 토한 강물을 삼키는 자가 되려면 붉은 용이 이 땅에서 역사하는 전모를 밝히 알아야 한다. 지피지기 백전백승(知彼知己 百戰百勝), 적을 알고 싸워야 이길 수가 있는 것이다.

붉은 용은 마지막 싸움을 위해 이미 제 밭에 가라지들을 뿌리고 만반의 준비를 마쳤는데, 하나님의 성도들은 아직까지 그 사실을 알지도 못한 채 초보의 신앙 속에서 어린아이 옹알이하듯 "오직 예수!" "재림 예수!"만 외치고 있다. 어린아이 같은 그들을 바라보는 붉은 용, 바다의 짐승, 땅의 새끼 양의 입가에는 피비린내 나는 입맛을 다시는 미소가 번지고 있을 것이다.

참고문헌

- 개역한글 성경
- 개역개정 성경
- 공동번역 성경
- 새번역 성경
- 현대인의 성경
- 쉬운 성경
- 성경주석, 박윤선 저, 영음사
- 옥스퍼드 원어성경사전, 제자원
- 한영 해설 성경, 대한기독교서회
- 라이프 성경사전, 가스펠서브 저, 생명의 말씀사
- 구속사 시리즈 제 1권 〈창세기의 족보〉, 제 2권 〈잊어버렸던 만남〉, 제 6권 〈맹세언약의 영원한 대제사장〉, 제 7권 〈영원한 만대의 언약 십계명〉, 박윤식 저, 휘선
- 호크마 종합주석, 강병도 편저, 기독지혜사
- 엣센스 국어사전, 민중서림
- 두산 백과사전
- 한국어대사전, 고려대학교 민족문화연구원
- 표준국어대사전, 두산동아
- 새국어사전, 동아출판사
- 전자용어사전, 성안당
- 비전 성구사전, 하용조 편찬, 두란노
- 성구대사전, 이성호 편저, 성서연구원
- 기독교 대백과사전, 기독교문사
- 재림교 성경주석
- 물은 답을 알고 있다-에머토 마사루 저, 나무 심는 사람
- 대박해와 밀라노칙령, 트레이더
- 유대전쟁사, 요세푸스 저, 생명의 말씀사
- 교회용어 사전

666, 그들은 누구인가?
666, Who are They?

발 행 일	2018년 09월 17일
저 자	조영래
발 행 인	최정옥
펴 낸 곳	도서출판 오색이슬
주 소	27829 충북 진천군 진천읍 문화로 181-18
전 화	043-537-2006
팩 스	043-537-2050
블 로 그	blog.naver.com/osbooks

저자와의 협약 아래 인지는 생략되었습니다.
이 책은 저작권법에 의해 보호를 받는 저작물이므로 저작권자의 허락없이
이 책의 일부 또는 전체를 무단 복제, 전재, 발췌하면 저작권법에 의해 처벌을 받습니다.
저작권 등록번호: 제C-2018-024752호

ISBN	979-11-959397-6-3
값	20,000원